LES
HABITATIONS OUVRIÈRES
EN TOUS PAYS

PAR

Émile MULLER, O. A.,

Professeur à l'École centrale des Arts et Manufactures,
Ancien Président de la Société des Ingénieurs civils,
Architecte des Cités ouvrières de Mulhouse,
Membre du Jury de l'Exposition (section d'économie sociale) relative aux Habitations ouvrières,

ET

Émile CACHEUX, A. O.,

Professeur aux cités ouvrières des Lilas, de Saint-Leud'Esserent, de l'avenue d'Italie,
du Vésinet et Ménil, etc.
Médaillé d'or à l'Exposition d'hygiène de Londres et à l'Exposition nationale du travail, etc.
pour ses travaux relatifs aux Habitations ouvrières.

TEXTE DE 600 PAGES IN-OCTAVO

Prix (Texte et Planches) 60 Francs

PARIS

LES

HABITATIONS OUVRIÈRES

EN TOUS PAYS.

LES

HABITATIONS OUVRIÈRES

EN TOUS PAYS

PAR

Émile MULLER, O. ✿,

Professeur à l'École centrale des Arts et Manufactures,
Ancien Président de la Société des Ingénieurs civils,
Architecte des Cités ouvrières de Mulhouse,
Membre du Jury de l'Exposition (section d'Économie sociale) relative aux habitations ouvrières,

ET

Émile CACHEUX, ✿, ✿,

Fondateur des Cités ouvrières des Lilas, du boulevard Kellermann, de l'impasse Boileau,
du boulevard Mural, etc.,
Médailles d'or à l'Exposition d'hygiène de Londres et à l'Exposition universelle de Paris, 1878,
pour ses travaux relatifs aux Habitations ouvrières.

TEXTE DE **600** PAGES IN-OCTAVO.

Prix (Texte et Planches) : 60 Francs.

2ᵉ ÉDITION, ENTIÈREMENT REFONDUE.

PARIS
BAUDRY & Cⁱᵉ, LIBRAIRES-ÉDITEURS
15, rue des Saints-Pères, 15.
—
1889

BIBLIOGRAPHIE

1832.

1. Pauperism and cottage allotments. *Christian Observer*, London; vol. 32, pp. 574, 842.

1837.

2. Arbeiterquartier in Mühlhausen, *Allgemeine Bauzeitung*, p. 244. (Pl. 160 à 164.)

1838.

3. Projet d'association financière pour l'amélioration des habitations et l'assainissement des quartiers habités par la classe ouvrière de Bruxelles. Bruxelles 1846.

1847.

4. Wohnungen der Arbeiter. *Rombergs Zeitschrift für prakt. Baukunst*, p. 287.

1848.

5. Projet PUTEAUX. Construction de maisons à petits logements le long du boulevard extérieur. Paris, Imprimerie Leautey, 21, rue Saint-Guillaume.

1849.

6. FÖRSTER (L.). Entwurf für Arbeiterwohnungen in Wien. *Allgemeine Bauzeitung*, p. 119. (Pl. 263.)

1850.

7. ROBERT. Arbeiterwohnungen in England. *Allgemeine Bauzeitung*, p.152. (Pl. 329 à 333.)

8. ROBERTS. The dwelling of the labouring classes. London, 1850, 3ᵉ édition.

9. PARISIUS. Ueber Arbeiterwohnungen. Dans la Revue *Der Arbei-ter/reund*.

10. Statuten und Fundamentalschriften der berliner gemeinnützigen Baugesellschaft. Berlin, 1850.

11. ROBERTS (Henry). Des habitations des classes ouvrières par H. R. Traduit et publié par ordre du Président de la République. Paris, 1850.

1851.

12. EMMICH (W.). Wohnhäuser der berliner gemeinnützigen Bauge-sellschaft. *Zeitschrift für Bauwesen*, p. 146. (Pl. 25 et 26.)

13. SCRIVE frères et S. DANSET. Habitations ouvrières, brochure avec plans. Lille, 1851. Danel.

1852.

14. RUNGE (L.). Wohnhäuser für vier Arbeiterfamilien in London. *Zeitschrift für Bauwesen*, p. 48. (Pl. 14.)

15. HOFFMANN (C. W.). Die Wohnungen der Arbeiter und der Armen. Berlin, 1852.

16. ROBERTS (H.). Das Musterhaus für Arbeiterfamilien von H. R. Aus dem Englischen übersetzt von Busse. Potsdam, 1852.

1854.

17. George CLARK. Les habitations des classes ouvrières en France. Nouveau système de logements garnis pour célibataires à Paris. Paris. Imprimerie Chaix, 20, rue Bergère.

1855.

18. HUBER (V. A.). Reisebriefe aus Belgien, Frankreich und England.

Hamburg, 1855. (Contient une étude sur les habitations ouvrières en France, Belgique et Angleterre.)

1856.

19. Charpignon (le D'). Conseils d'hygiène aux ouvriers des villes et aux habitants des campagnes. 1856, in-12°. 1 fr.

20. Muller (Émile). Habitations ouvrières et agricoles. Paris, 1856. Victor Dalmont.

1857.

21. Arbeiterwohnungen zu Friedrichshafen. *Eisenbahnzeitung*, p. 29.

22. Huber. Die Wohnungsnoth der kleinen Leute in grossen Städten. Leipzig, 1857.

23. Ducpétiaux. Rapport sur un projet d'association pour la construction d'habitations ouvrières à Bruxelles. Bruxelles , 1857. E. Guyot.

24. Jean Dollfus. Note sur les cités ouvrières de Mulhouse. Brochure avec plan, extraite du compte rendu du congrès de Francfort-sur-Mein.

1858.

25. Arbeiterhäuser des Kohlenwerkes in Brandeisl. *Allgemeine Bauzeitung*, p. 86, (Pl. 176 et 177.)

26. Dwelling houses of London Poor. *London Quarterly Review*, vol. 9, p. 459.

27. Fonteret (A. L.). Hygiène physique et morale de l'ouvrier dans les grandes villes en général et dans la ville de Lyon en particulier. 1858, in-12, 3 fr.

1859.

28. Becker et Boring. Wie Arbeiterwohnungen gut und gesund einzurichten und zu erhalten sind. Basel, 1859.

1860.

29. Ueber Wohnungen für Arbeiterfamilien mit Rücksicht auf Heizung und Ventilation. *Zeitschrift für Bauhandwerk*, p. 193.

1861.

30. Arbeiterstadt in Mühlhausen. *Rombergs Zeitschrift für praktische Baukunst*, p. 213.

31. Wohnungsverhältnisse der arbeitenden Klassen in England. *Ibid.*, p. 141.

32. Arbeiterhaüser in Frankreich. *Scientif. Amer.* N. S. vol. V. 86.

1862.

33. TAYLOR. Ueber Arbeiterwohnungen gesundheitsdienliche Einrichtungen. (*Builder*, p. 904 et 925.)

34. EYTON. Arbeiterwohnungen zu Hull. *The Builder*, p. 569.

35. Bauernhäuser in Westfalen und Holstein. *Zeitschrift für Bauhandwerk*, p. 157.

36. FABRI. Die Wohnungsnoth der Arbeiter in den Fabrikstüdten. Elberfeld, 1862.

37. AKROYD (Edw.). Improved dwellings for the working classes. London, 1862.

38. James BEGG. Report of the committee on houses for the working classes in connexion with social morality to the General Assembly of the free church of Scotland. Edinburgh, Imprimerie Th. Constable, 1862.

1863.

39. STAPELTON. Arbeiterwohnung. One esquisse. *The Builder*, p. 131.

40. Gebäude für Arbeiter; Kostenberechnung. *Th Engineer*, vol. 16, p. 110.

41. Ueber Arbeiterwohnungen. *Civ. Engineering*, p 33.

42. KESTNER. Die Arbeiterstadt zu Mühlhausen in Elsass. *Hannover Bauzeitung*, p. 463.

43. FELBER. Arbeiterwohnungen. *Zeitschrift für Bauhandwerk*, p. 156.

44. DARBISHIRE. Wohnungen für die Armen. *Civil Engineering*, p. 368.

45. MADRE (Cte de). Des ouvriers et des moyens d'améliorer leurs conditions dans les villes. Paris, 1863. — Notice sur les constructions

élevées dans Paris pour loger les ouvriers. Paris, Typographie É. Panckoucke et Cie.

1864.

46. Ueber Arbeiterwohnungen. *The Builder*, p. 421.

47. BIRCH. Labourers cottages. *The Builder*, p. 952. (Pl.)

48. Arbeiterwohnungen. *Civ. Engineering*, p. 149.

49. KESTNER. Die Arbeiterstadt zu Mühlhausen in Elsass. *Bayerisches Kunst und Gewerbeblatt*, p. 307.

50. Competition for labourers' cottages. *Civ. Engineering*, p. 168.

51. FELBER. Arbeitercasernen. *Zeitschrift für Bauhandwerk*, p. 77.

52. DENTON. The ecomony of agricultural cottages. *Civ. Engineering*, p. 170, 201.

53. Questions sociales. Amélioration de la vie domestique de la classe ouvrière, par le D' Burggrave. 1864, in-8°. 3 fr.

54. SONNENMANN. Bericht für den deutschen Arbeiterkongress. (Ueber die Arbeiterwohnungen. Francfort-sur-Mein, 1864.

55. DE FUISSEAUX aîné. Questions ouvrières. Discours. Paris, 1864. 8°, 1 fr. 25.

56. DE FUISSEAUX aîné (E. N.). Des habitations ouvrières. Bruxelles, 1864.

57. Amélioration de la vie domestique de la classe ouvrière, par un anonyme. 1864, 8°. 3 fr.

58. LE ROUSSEAU (Julien). Projet d'établissement d'un quartier mixte et libre pour 10 000 âmes. Paris, 1864, brochure.

59. Statistics of dwellings improvements in the metropolis. London, 1864.

1865.

60. Die Wohnung und die Wohnungsnoth, von Klette. *Zeitschrift für Bauhandwerk*, p. 13, 30, 48.

61. JAPY. Habitations ouvrières. *Génie industriel*, vol. 29, 125.

62. *Peabody Gift to the poor of London*. Rapport des commissaires chargés d'appliquer la donation de 150 000 L. st. faite par Peabody pour créer à Londres l'œuvre la plus utile pour améliorer le sort des classes laborieuses. Londres, Spottiswoode and Co, New Street Square.

63. PENOT. Les cités ouvrières du Haut-Rhin. *Bulletin de la Société industrielle de Mulhouse*, p. 385.

64. KENDALL (J.). Labourers cottages. *The Builder*, p. 393 (Pl.).

65. COBBE (F. P.). Schools and dwellings of poor. *Fraser's Magazine*, vol. 73, p. 143.

66. Dwellings and food of laboring classes. *Christian Remembrancer*, vol. 50, p. 15.

67. *Der Arbeiterfreund Zeitschrift des Centralvereins für das Wohl der arbeitenden Klassen*, contient plusieurs articles sur les habitations ouvrières, dus à la plume de MM. BRAEMER, Parisius, Ende et Boeckmann.

68. BOURDIN (le Dr). Du Progrès considéré particulièrement au point de vue du bien-être hygiénique des classes laborieuses. 1865, 8°.

69. GOLTZ (von der). *Ländliche Arbeiterwohnungen*. Zeitschrift. Koenigsberg und Tilsitt, 1865.

70. Mittheilungen des preussischen Centralvereins für das Wohl der arbeitenden Klassen. Berlin, 1865.

1866.

71. Workmen's cottages at Leandaff, near Cardiff. *The Builder*, p. 885. (Planche.)

72. Arbeiterwohnungen, West Hill Park, Halifax. *Civ. Engineering*, p. 1 et 55.

73. FLATTICH (W. v.). Wohnhäuser für Arbeiter. *Zeitschrift des öst. Ingenieur und Architektenvereins*, p. 124. (Pl. 10 et 11.)

74. Dwelling-Houses of the Poor. *Chamber's Edinb. Journal*, vol 43, p. 252.

75 CHILD (G.-W.). Dwelling-Houses of the Poor and the Sanitary Legislation. *Contemporary Review*, vol. 32, 297.

76. VÉRON (Eugène). Les institutions ouvrières de Mulhouse et des environs, 1866, 8°, 5 fr.

77. POULAIN (C). Rapport sur les cités ouvrières. *Bulletin de la Société industrielle de Reims*, N° 9, août.

1867.

78. Wohnhäuser für niedere Eisenbahnbedienstete. *Zeitschrift für Bauwesen*. Berlin, p. 175 (pl. 25 à 28).

79. Détain (G.). Les habitations ouvrières. *Revue générale de l'architecture*, p. 158, 219 (pl. 44, 55, 56).

80. Wohnhäuser für niedere Eisenbahnbeamte. *Erbkams Zeitschrift*, p. 175.

81. Die Arbeiterstadt von Mühlhausen. *Wochenblatt Architekt.* V, p. 116.

82. Die Wohnungen der Armen in Städten. *Civ. Engineering* p. 35.

83. Simonin (Louis). Les cités ouvrières de mineurs, 1867, 18°. Brochure avec 12 planches. Paris, 12, rue Saint-Dominique-Saint-Germain.

84. Gæbler (Dʳ). Wohnhäuser der berliner gemeinnützigen Baugesellschaft. *Zeitschrift für Bauwesen*, p. 327 (pl. 42 à 45).

85. Arbeiterwohnungen *Deutsche Bauzeitung*, p. 249, 257.

86. Adkins (B.). Concrete cottages selling, Kent. *Building News and Engineering*, p. 74 (3 gravures).

87. Engel. Die Arbeiterhäuser auf der Ausstellung zu Paris 1867. *Ann. d. Ldw. in d. Kgl. preuss. St.*, p. 336, 348.

88. Penot (A.). Les cités ouvrières de Mulhouse et du département du Haut-Rhin. Nouvelle édition. Mulhouse et Paris, 1867, 8°, 3 fr. 50.

89. Simonin (Louis). Les cités ouvrières de houilleurs dans les mines du centre français. 1867, 12°, 3 fr.

90. Mognier (G.). Les institutions ouvrières de la Suisse, rédigé à la demande de la commission centrale de la Confédération suisse pour l'Exposition universelle de Paris. 1867, 8°, 3 fr.

91. Rabaud (pasteur Camille). La cité ouvrière de Mazamet. Appel à l'opinion sur les logements des pauvres. 1867, 8°, 0 fr. 60.

92. Degrand et le Dʳ Faucher. Les habitations ouvrières à l'Exposition universelle de 1867 à Paris. Collection des rapports du jury (t. XIII).

1868.

93. Detaing. Les habitations ouvrières. *Revue générale de l'architecture*, p. 64, 110, 209 (pl. 11 et 51).

94. Arbeiter-Quartier in Kuchen. *Deutsche Bauzeitung*, p. 299, 307 (6 gravures).

95. Arbeiterwohnungen. *Deutsche Bauzeitung*, p. 13.

96. Arbeiterwohnungen in Riga. *Notizblatt des technischen Vereins zu Riga*, p. 35, 145.

97. HELBERG. Ueber Arbeiterwohnungen. *Wochenblatt des Architekten-vereins*, p. 13.

98. KLESSE. Zur Frage der Arbeiterwohnungen. *Zeitschrift für Bauhandwerk*, p. 54.

99. REGIS DE CUREL. Habitations ouvrières pour l'Egypte. *Annales du Génie civil*, p. 475.

100. RIETER. Das Quartier für Angestellte und Arbeiter in Nieder-Töss bei Winterthur. *Schweizerische polytechnische Zeitschrift*, p. 59.

101. BÖHMCHES (F.). Arbeiterhäuser auf der Pariser Weltausstellung, 1867. *Allgemeine Bauzeitung*, 1868/69, p. 156 (pl. 24 à 28).

102. CHAPRON (L.). Maisons ouvrières. *Gazette des architectes et du bâtiment*, 1868/69, p. 251 (pl.).

103. Dwelling-Houses for Artisans at Mulhouse. *Saint-James Magazine*, vol. 22, 109.

104. FOUCHER DE CAREIL (comte). Les habitations ouvrières , 1868, 8°, fr. 5.

105. Description de la cité ouvrière de MM. Staub et Cie, de Kuchen, et des institutions qui s'y rattachent. Stuttgard, 1868.

1869.

106. Arbeiterwohnungen in Riga. *Notizblatt des technischen Vereins zu Riga*, p. 82.

107. BURDEN. Islington Workhouse. *The Builder*, p. 464, 467.

108. On dwellings for the working classes. *Engineer*, vol. 27, 223.

109. Das Staubsche Arbeiterquartier in Kuchen (Würtemberg). *Zeitschrift des Vereins deutscher Ingenieure*, p. 329.

110. HILBIG. Arbeiterwohnungen der Sprot'schen Stiftung in Riga. *Notizblatt des technischen Vereins zu Riga*, p. 82 (pl. 10 et 11).

111. STAUB. Les cités ouvrières. *Nouv. Ann. de construction*, p. 100.

112. FLATTICH. Ueber die Arbeiterhäuser der österr. Südbahngesellschaft in Marburg und Meidling (Auszug eines Vortrags). *Zeitschrift des österr. Ingenieur-Vereins*, p. 260.

113. Bour. Les maisons ouvrières à l'Exposition d'Amsterdam. *Annuaire industriel,* p. 692.

114. Artisans Dwelling-Houses. *British Quarterly Review,* vol. 51, p. 343.

115. Maisons ouvrières construites par le bureau de bienfaisance d'Anvers. 1869, 4°, 2 fr.

116. Sax. Die Wohnungszustände der arbeitenden Klassen und ihre Reform. Wien, 1869.

117. Laspeyres. Der Einfluss der Wohnung auf Sittlichkeit. Berlin, 1869.

118. Articles de M. Senftleben dans : *Der Arbeiterfreund.* Zeitschrift des Centralvereins für das Wohl der arbeitenden Klassen (1869-70).

1870.

119. Eissen (M.). Colonie ouvrière des mines de houille de Bandeisel. *Nouvelles Annales de construction,* p. 25 (pl. 11 et 12).

120. Oppermann. Maison de garde simple des chemins de fer de Portugal. *Nouvelles Annales de construction,* p. 75 (pl. 35).

121. Detaing. Habitations ouvrières. *Revue générale de l'architecture,* 1870-71, p. 66, 110, 214, 260 (pl 18 et 19).

122. Arbeiterwohnungen. *Notizblatt des technischen Vereins zu Riga,* p. 7.

123. Dwellings for the poor, Chequer Alley, St-Lucke's, Middlesex. *Builder,* p. 141.

124. Szaparkiewicz. Grundzüge (nebst Kostenanschlag) für die Herstellung von Arbeiterwohnungen bei Ziegel und Kalkwerken. *Notizblatt des deutschen Vereins der Ziegelf.,* p. 64.

125. Rinecker. Stewart's Hotel für Arbeiterinnen in New-York. *Zeitschrift des Bayer. Architekten und Ingenieur Vereins,* p. 9.

126. Ueber die neuen Nicoll'schen Patent Musterhäuser für Arbeiter. *Zeitschrift für Bauhandwerk,* p. 78.

127. On cottages for miners and agricultural labourers. *Mechanics Mag.* N. S., vol. 24, 164.

128. Labourers' cottages designed by the « Central cottage Improvement Society ». *Engineering,* vol. 30, p. 259.

129. Selection of Building Sites. Ed. *Engineering,* vol. 4, p. 365.

130. BALKOWSKI. Die zur Reform der Wohnungszustände in grossen Städten nothwendigen Massregeln. Wien, 1870.

131. STOLP. Die Wohnungsfrage. Dans le *Berliner städtische Jahrbuch*, 1870.

1871.

132. BÜRKNER. Arbeiter Familienhaus und Œfen für Arbeiterwohnungen ausgeführt in der Neumark. *Deutsche Bauzeitung*, p. 222 (5 gravures).

133. Arbeiterwohnungen in Riga. *Notizblatt des technischen Vereins zu Riga*, p. 7.

134. Arbeiter Colonie in Görz. *Rombergs Zeitschrift für prakt. Bauhandwerk*, p. 161.

135. FLETSCHER. Modeldwellings for the industrial classes. *Builder* p. 860 (gravures).

136. JAHNS. Ueber die Ausführung der Arbeiterhäuser in England. *Zeitschrift des Vereins deutscher Ingenieure*, p. 285.

137. STALLARD. On the economical construction of workmen's dwellings and especially in reference to improving the health and habits of the class. *Builder*, p. 343.

138. CHAPMAN. Improved dwellings for the very poor. *Builder*, p. 841.

139. Workingmen's dwelling-houses. *Old and New*, vol. 4, p. 749.

140. Cottage Building in Norway. *Eclectic Engineering Magazine*, vol. 6, p. 591.

141. MANEGA. Die Anlage von Arbeiterwohnungen. Weimar, 1871.

142. DOLLFUS-MIEG. Sur les maisons d'ouvriers construites à Dornach. *Bulletin de la Société industrielle de Mulhouse*, p. 288.

143. VUILLEMIN. Enquête sur les habitations, les écoles et le degré d'instruction de la population ouvrière des mines de houille des bassins du Nord et du Pas-de-Calais.

144. FERRAND (Stanislas). Les maisons de grand rapport et les loyers à bon marché. Brochure avec plans. Paris, 25, rue de la Paix.

145. GODIN. Solutions sociales. Organisation, fonctionnement, plans d'exécution et vue d'ensemble du familistère de Guise. Paris, Guillaumin, 14, rue de Richelieu.

146. Ueber Arbeiterhäuser von Beton. *Deutsch. Ing. Zeitschrift*, p. 83.

147. Arbeiterbäuser von Beton. — *Baugewerb. Zeitschrift*, p. 105. — *Bresl. Gewbbl.*, p. 36.

148. LETTE. Die Wohnungsfrage, 2e édition, Berlin, 1871.

149. LEBON (D F.). Des habitations ouvrières de Nivelles. Nivelles, 1871. Desprel-Poliard.

1872.

150. REBOLLEDO. Casas para obreros. Viuda é hijos de Galiano.

151. WILLEBRAND. Arbeiterwohnungen zu Rubensteinfeld. *Deutsche Bauzeitung*, p. 33, 37 (2 gravures).

152. Cottages for laboring classes. *Scientif. American*, N. S., vol. 26, p. 84.

153. HOFFMANN. Arbeiterwohnungen für zwei Familien; Anschlags Extrakt. *N. V. Ziegelf.*, p. 316, 320.

154. Dwelling Houses of London poor, par W. Gilbert. *Good Works*, vol. 13, p. 458.

155. WISS. Ueber die Wohnungsnoth in Deutschland, Berlin, 1872.

156. BRUCH. Wohnungsnoth und Hülfe. Dans le *Städtische Jahrbuch für Volkswirthsch. und Statistik*. Berlin, 1872.

157. KLASEN (Ludwig). Arbeiterwohnhaüser. Leipzig, 1872.

158. ENGEL. Die Wohnungsnoth, in der *Zeitschrift der preussichen Statistik Bureaux.*

159. Edouard RAOUX. Le familistère de Guise ou le Palais Social, brochure imprimée en nouvelle orthographe. Paris : Sandoz et Fischbacher, 33, rue de Seine.

1873.

160. Labourers'cottages. *Iron*, vol. I, p. 432, 464, 496, 520, 560, 585, 617, 649, 680, 712, 745, vol. II, p. 9.

161. Arbeiterhäuser. *Zeitschrift für Bauhandwerk*, p. 152, 163, 180.

162. Arbeiterhäuser (Nach Hagen's Theorie gewoelbter, feuersicherer Bauten). *Grothe Polytechnische Zeitschrift*, p. 462.

163. DITTMAR. Ueber Arbeiterwohnungen *Zeitschrift des Vereins deutscher Ingenieure*, p. 525.

164. HEMMING. Iron dwelling houses at the Vienna Exhibition 1873. *Engineering*, vol. 116, p. 410.

165. ENGEL. Die moderne Wohnungsnoth. Signatur, Ursachen und Abhülfe. Leipzig, 1873.

1874.

166. MORLOK. Colonie für die Niederbediensteten der k. würtemberg. Verkehrsanstalten. *Allgemeine Bauzeitung*, p. 78. (Pl. 79 à 89.)

167. BENISCHEK (I.). Arbeiterhäuser in Böhmen. *Techn. Blätter*, Prag, p. 73. (Pl. 6 à 14.)

168. D'AVIGDOR (E.). Arbeiterwohnungen in England. *Zeitschrift des österr. Ingenieur und Architekten Vereins*, p. 125. (Pl. 16 et 17.)

169. WIST (J.). Arbeiterwohnhaus auf der Wiener Weltausstellung, 1873. *Zeitschrift des österr. Ingenieur und Architekten Vereins*, p. 186. (Pl. 24 et 25.)

170. BOSE (E.). Des constructions rurales. *Gazette des Architectes et du Bâtiment*, p. 25, 33, 73, 81, 89 (gravures).

171. Arbeiterwohnungen. *Deutsche Bauzeitung*, p. 343.

172. CHANCELLOR (F.). Labourer's cottage Essex. *The Building News*, p. 488 (planche).

173. VON DER GOLTZ. Die Grosstädte in ihrer Wohnungsnoth und die durchgreifende Abhülfe. Leipzig, 1874.

174. Die Arbeiterhäuser in Böhmen. Herausgegeben vom deutschen polytechnischen Vereine in Böhmen (Abgedruckt aus *Technische Blätter*). Prag., 1874, Calve. Lex. 8° 76 pp. 8 Steintafeln, in qu. gr. 4.

175. WRIGLEY (EDM.). The Working man's way to wealth. A practical treatise on building associations. Philadelphia, 1874, S. K. Simon.

1875.

176. WIST (J.). Arbeiterwohnhaus auf der Wiener Weltausstellung, 1873. *Zeitschrift des österr. Ingenieur und Architekten Vereins*, p. 293. (Planches 26 à 28.)

177. SAULNIER (D.). Maison pour habitations d'ouvriers à Noisiel. *Encyclopédie d'architecture*, p. 110. (Pl. 306 et 307.)

178. Behr-Schmoldow (F.v.). Das Haus des ländlichen Arbeiters. Bau-Erfahrungen. Berlin, 1875, Wiegrand, 8°, 11 pp. et 2 planches.

179. Hirschberg (Rh.) et Feierabend (Oskar). Die Wohnhäuser der Bau- und Spargenossenschaft. Arbeiterheim in München. München, 1875. Brissel 4°, 54 pp. et 18 planches.

180. D'Avigdor (E.). Arbeiter-Werkstätten in Paris. Wien, 1875. Heft 8°, 12 pp. et 1 planche, 50 pfg.

181. Gattliff (Charles). On improved dwellings and their beneficial effect on health and morals, and suggestions for their extension. London, Edward Stanford, Charing Cross.

182. Houssoullier (Ch.). Habitations ouvrières en Angleterre. *Gazette des Architectes et du bâtiment*, p. 21 (gravures).

183. Macaulay (H.). Dwellings for the industrial classes. *The Builder*, p. 347. (Planches.)

184. Vanderlinden (Edouard). Etude sur l'amélioration des habitations ouvrières et sur l'organisation du domicile de secours en Belgique, 1875, 8°, 2 fr. 50.

185. Scratchley (Arthur). A practical treatise of building and land societies. London, 1875, 5° édition, C. et E. Layton.

186. Andrimont (J.d'). Notice sur les installations ouvrières de la Société civile des charbonnages du Hasard. Liège, 1875. Léon de Thier.

1876.

187. Barry (C.). Metropolitan artisans and labourers dwellings association. *The Building News*, p. 594 (Planche.)

188. Französiches Arbeiterhaus für zwei Familien. *Baugewerks Zeitung*. Berlin, p. 280 (2 gravures).

189. Esmann (A.). Arbeiterwohnhaus. *Baugewerks Zeitung*, p. 60 (gravures).

190. Die Einrichtungen zum Besten der Arbeiter auf den Bergwerken Preussens. Berlin, 1875-76, Ernst et Korn. 2 vol. 4° I. = V + 158 pp. II = VI + 98 pp.

191. Barmer Bau-Gesellschaft. Wohnungen für Arbeiter. Barmen, 1876, Hyll et Klein.

192. Wohlfahrtseinrichtungen der F. Krupp'schen Gussstahlfabrik zu Essen, zum Besten ihrer Arbeiter, 1876.

193. LORANSKY (A.). Aperçu sur les institutions subsidiaires pour les ouvriers attachés aux établissements métallurgiques en Russie. St.-Péters-bourg, 1876.

194. PRINTZSKÖLD (Dr O.). Rapport sur l'hygiène, le sauvetage et la condition des classes ouvrières en Suède. Stockholm, 1876. Imprimerie centrale.

195. HORNEMANN (Dr E.). Cités ouvrières en Danemarck. Copenhague, 1876, Œttinger.

196. KNUDSEN. Exposé statistique des institutions et sociétés danoises ayant pour but l'amélioration des classes ouvrières et peu aisées. Copen-hague, 1876, Œttinger.

197. WRIGLEY (Edm.). How to manage building associations. Phila-delphie, 1876. I. K. Simon. Directory and handbook of building and freehold Societies. London, 1876.

198. RAOUX (E.). La Cité des familles. — Brochure avec plans déve-loppant le projet de construction aux abords de Lausanne d'un établis-sement analogue au familistère de Guise. Lausanne, Imprimerie Allenspach.

199. Die Arbeiterwohnungen des Bochumer Vereins für Bergbau und Gussstahlfabrikation. Bochum. Druck von Wilh. Stumpt.

200. The rural labourer in his model home. *The Labourer's Friend*, No CCLII. 21, Exeter Hall. London.

1877.

201. WIST (J). Arbeiterwohnhaus auf der Wiener Weltausstellung, 1873. *Zeitschrift des österr. Ingenieur und Architekten Vereins*, p. 206. (Pl. 36 et 37).

202. Double cottage for labourers. *The Building News*, p. 438 (2 planches).

203. Houses of the poor in towns. *Cornhill Magasine* vol. 36, p. 74.

204. Labourer's cottages. *Building News*, p. 144, 168 (2 planches).

205. Improved dwellings for the labouring classes. New-York, 1877.

206. PLATT SAM (E.). Building societies. Not as they are but as they should be. London, 1877. E. W. Allen.

207. PAUL (D'). Rapport sur les habitations ouvrières exposées à Bruxelles en 1876. Bruxelles, 1877. Parent.

208. WIST (Jean). Les habitations ouvrières à l'Exposition universelle de 1873, à Vienne. Wien, 1877.

209. Mémoires couronnés à la suite du concours institué par la ville de Genève sur la question des petits logements. Genève, 1877. Carey.

210. ESTEULLE (E.). Historique de la fondation, de l'organisation et du fonctionnement de l'Union Foncière, fondée à Reims, sur le modèle des Building Societies anglaises, pour favoriser l'acquisition de la propriété. Brochure avec plans. 190 a.— *The Labourer's friend*. Housing of the poor N° CCLIII. London, 21, Exeter Hall.

1878.

211. Arbeiterhäuser in Mühlhausen. *Baugewerks Zeitung*, p. 150 et 627 (4 gravures).

212. LEMAITRE. Maisons ouvrières du Havre. *Nouvelles Annales de la construction*, p. 148. (Pl. 42.)

213. SORIEUL. Maisons ouvrières de Bolbec. *Nouvelles Annales de la construction*, p. 161. (Pl. 43 et 44.)

214. Cercle d'ouvriers dit « Cercle Franklin du Havre ». *Nouvelles Annales de la construction*, p. 147.

215. BŒMCHES (Fr.). Die Arbeiter Häuser auf der Pariser Weltausstellung von 1867. Wien, 1878.

216. MULLER (E.) et CACHEUX (E.). Les habitations ouvrières en tous pays (avec atlas, 72 planches). Paris, 1878. Baudry.

217 TOLLET (C.). Mémoire présenté au congrès international d'hygiène de Paris en 1878, sur les logements collectifs, hôpitaux, casernes, etc. Paris. G. Masson, Boulevard Saint-Germain.

218. But and Ben or Workman's house (avec plans). Brochure par W. H. Lascelles. 121, Bunhill Row. London, E. C.

219. Cités ouvrières de Bolbec et Cités ouvrières du Havre. Brochure avec plans. Le Havre, Imprimerie Leclerc, cours de la République, 174.

220. Visite à l'usine de Noisiel. Brochure avec plans de la Cité ouvrière de Noisiel. Paris, Typographie de E. Plon et C°, 8, rue Garancière.

1879.

221. Arbeiterhäuser in Dänemark. *Baugewerks Zeitung*, p. 3 et 16 (12 gravures).

222. SPETZLER (O.). Wohngebäude für verheirathete und unverheirathete Arbeiter des Bochumer Bergbau-Vereins. *Zeitschrift für Baukunde*, p. 537. (Pl. 30 à 34.)

223. SCHWERING. Arbeiter Colonie des Werkstättenbahnhofes in Leinhausen. *Zeitschrift des Architekten und Ing' Vereins Hannover*, p. 23. (Planche 767.)

224. GOSSET (A.). Cité ouvrière de l'usine de l'Espérance. *Encyclopédie d'architecture*, p. 86. (Pl. 591.)

225. CACHEUX et BRULÉ. Habitations ouvrières à Paris. *Nouvelles Annales de la construction*, p. 133. (Pl. 38.)

226. HOOLE (E.). Lambeth dwellings, Lambeth Road. *Building News*, p. 796 (une planche).

227. GOSSET (A.). Cité ouvrière de Courlancy (à Reims). *Encycl. d'architecture*, p. 84 (Pl. 595). *Nouvelles Annales ae la construction*, p. 4. (Pl. 3.)

228. VARINET. Type des maisons ouvrières de Gaulier, près Sedan. *Nouvelles Annales de la construction*, p. 6. (Pl. 4.)

229. Separate dwellings. Lodgings for artisans and labourers. *The Builder*, 1405 (gravures).

230. Selection of Building Cities. *Amer. Archit.*, vol. 7, p. 214.

231. CACHEUX (E). Moyens pratiques de remédier à la cherté des loyers des classes laborieuses dans Paris et aux environs. Brochure avec plan du lotissement d'un terrain de 9000ᵐ et des constructions qui y ont été élevées.

232. CACHEUX (E). Etude sur les habitations ouvrières qui se trouvaient à l'exposition universelle de 1878. Compte rendu du Congrès tenu à Montpellier par l'association française pour l'avancement des sciences. Discussion à laquelle ont pris part MM. F. Passy et M. Rozy. Paris, 76, rue de Rennes.

233. CACHEUX (E.). *Journal d'Hygiène.* — 24 avril : Habitations ouvrières. — 23 juin : La statistique et l'encombrement. — 13 novembre : Concession d'eau et vidanges.

234. HANSEN (P. Ch.). Ueber die Arbeiterwohnungen in Dänemark. *Vierteljahrsschrift für Volkswirthsch. und Kulturg.*, 1879.

235. STUDNITZ (von). Nordamerikanische Arbeiterwohnungen. Leipzig, 1879.

236. KLASEN (L.). Die Arbeiter Wohnhäuser in ihrer baulichen Anlage und Ausführung sowie die Anlage von Arbeiter-Colonien. Leipzig, 1879. Scholtze, 8°, 72 pp., 66 gravures, 2^MK (N° XLVI der deutschen Bautechn. *Taschen Bibl.*).

1880.

237. Holekamp (I.). Arbeiterkolonie Leinhausen. *Baugewerks Zeitung*, p. 596 (11 gravures).

238. HENREZ (P.). Maisons ouvrières de Varangeville-Dombasle. *Nouv. Annales de construction*, 150 (pl. 42).

239. Arbeiterwohnungen nach dem Cottage System. *Deutsche Bauzeitung*, p. 388, 428, 450.

240. CLARKE (Ch.). Dwellings for the industrial classes Hoxton. *The Builder*, p. 50 (gravures).

241. LAVY. Cité ouvrière d'Epernay. *Nouv. Annales de Construction*, p. 34 (pl. 11).

242. CACHEUX (E.). Journal *l'Architecte*, 6° année N°ˢ 49 à 52.

243. CACHEUX (E.). Rapport fait à la Société internationale des études pratiques d'économie sociale, sur la question des habitations ouvrières. Discusion à laquelle ont pris part MM. Delaire, A. Burat, M. Gaussen, C. Lavollée, E. Cheysson. *Bulletin de la Société d'Economie Sociale*. Tome VII.

244. CACHEUX (E.). Rapport à la Société des Ingénieurs Civils sur les habitations ouvrières exposées en 1878. Brochure avec plans. Paris, E. Capiaumont et V. Renault, 6, rue des Poitevins.

245. Publications de la Birkbeck-Building society. Offices : Southampton Buildings, Chancery Lane, London.

246. Every man, his own landlord, by H. G. Reid. Brochure avec gravure. London W. S. Partridge and Co, Paternoster row.

247. CACHEUX (E.). Rapport sur les habitations ouvrières construites boulevard Murat, à Paris, fait au Congrès de l'association française pour

l'avancement des sciences, tenu à Reims. Discussion à laquelle ont pris part MM. Le Carpentier, Yves Guyot, Félix Prunoy.

1881.

248. RATHKE (P.). Arbeiterwohnhaus für vier Familien in Dobritz. *Baugew. Zeitung*, p. 259 (3 gravures).

249. Sur les habitations ouvrières. *Économiste français*, 24 août 1881.

250. VARNHAGEN (O.). Ueber Arbeiterwohnungen. *Centralblatt der Bauverw*. Berlin, p. 133 (6 gravures).

251. Arbeiterwohnungen. *Wochenblatt für Arch. und Ing*. Berlin, p. 75 (gravures).

252. KOLZ (K.). Entwurf zu einem Arbeiterhause. *Deutsche Bauzeitung*, p. 192 (gravures).

253. Entwürfe prämirter Arbeiterhäuser. *Rombergs Zeitschrift*, p. 336 (pl. 33).

254. HOOLE (E.). South Lambeth dwellings, Lambeth Road. *The Builder*, 572 (2 planches).

255. Arbeiterwohnhaus in St-Petersburg. *Wochenblatt für Arch. und Ing*. Berlin, 469 (gravures).

256. Des cités ouvrières et du projet de leur établissement à Paris, par M. de Plasman, père. Librairie de Melle Muire, 63, rue de Passy, Paris.

257. *Économiste français*, 27 août. Rapport à l'Assemblée générale des actionnaires de la Société anonyme des habitations ouvrières de Passy-Auteuil.

1882.

258. TIDY. The dwellings of the poor. *The illustrated Carpent. and Builder*, vol. 11, p. 278.

259. TIDY. Sanitary Engineering, vol. VII, p. 133.

260. Les habitations ouvrières. *Société d'encouragement*, vol. 81 p. 481.

261. Les habitations ouvrières à Paris. *Moniteur industriel* (belge), vol. 9, p. 272.

262. Double cottage. *The Manufacturer and Builder*, vol. 14, p. 213.

263. Prize labourers' cottages. *The illustrated Carp. and Builder*, vol. 10, p. 386.

264. Specification of cottages. *Builder and Woodw.*, vol. 18 p. 121.

265. Artisans and labourers'dwellings. *Carp. and Builder*, vol. 11, p. 2 et 49.

266. PRIDGIN TEALE (F. Dʳ). Dangers au point de vue sanitaire des maisons mal construites. Paris, Ducher et Cⁱᵉ.

267. Cottages Mutual improvement Society. *Builder and Woodw.*, vol. 18, p. 42.

268. Société anonyme des habitations ouvrières de Passy-Auteuil. Rapport du jury chargé de juger le concours pour l'adoption du meilleur type d'habitations ouvrières. Brochure avec plans. Paris, Imprimerie Chaix.

269. LAVOLLÉE. Rapport à la Société d'Encouragement pour l'Industrie nationale, par M. Lavollée, sur les Habitations Ouvrières. *Bulletin* de la Société, année 1882.

270. CACHEUX (E.). Habitations ouvrières. *Nouv. Annales de Construction*, p. 103 (pl. 31 et 32).

271. KOLZ (K.). Arbeiterhäuser aus Beton. *Deutsche Bauzeitung*, p. 524 (gravures).

1883.

272. RUSCH (H.). Arbeiterwohnhaus mit Holzleistengeflecht. *Baugewerks Zeitung*, p. 401 (gravures).

273. SCHMÖLCKE (D.). Die zweckmässige Anlage des Arbeiterwohnhauses. *Wochenblatt für Arch. und Ing.* Berlin, p. 458 (gravures).

274. KOLZ (K.) Arbeiterhäuser bei Lübeck. *Deutsche Bauzeitung*, p. 197 (8 gravures).

275. BULTEEL (H.). Artisans dwellings. Plymouth. *Building News*, p. 126 (une planche).

276. PLUME (R.). Artisans and Labourers dwellings at Hornsey. *Builder*, p. 880 (2 planches).

277. DYSON (J.). Separate dwellings for small families. *Building News*, p. 338 (gravures).

278. ONGH. (H.). Artisans cottages. *Building News*, p. 357 (gravures).

279 Labourers dwellings. *Scientif. Amer.* suppl. pp. 6617.

280. Commission administrative chargée de l'étude des questions rela-

tives à la création des logements à bon marché pour la population ouvrière de Paris. Brochure contenant : 1° les rapports de M. le Directeur des travaux de Paris, de M. Bartet, ingénieur en chef ; — 2° les arrêtés préfectoraux instituant la commission et nommant les membres ; — 3° les propositions et pétitions adressées au conseil. — Institution de la Commission : Rapport de M. le Directeur des Travaux de Paris ; Rapport de M. l'Ingénieur en chef Bartet ; Arrêté préfectoral instituant la Commission (29 janvier 1883); Arrêté préfectoral nommant deux nouveaux membres (19 février 1883) ; Propositions et pétitions adressées au Conseil municipal et à l'Administration.

281. MANIER (M.), conseiller municipal. Expropriation au profit de la ville de Paris, du sol compris dans l'enceinte fortifiée, en indemnisant les propriétaires au moyen d'obligations communales hypothécaires amortissables.

282. Républicains communalistes du XIVᵉ arrondissement. Pétition demandant la mise à l'ordre du jour de la proposition précédente.

283. FIAUX, conseiller municipal. Construction par la ville de Paris : de maisons sur les terrains de la zone militaire y compris les fortifications de l'enceinte continue, qui seraient démolies.

284. DECAMP. Démolition de l'enceinte fortifiée et création d'un boulevard circulaire sur son emplacement.

285. PLAINCHAMP. Remplacement du mur d'enceinte de Paris par une nouvelle limite plus étendue, création d'une nouvelle ligne de boulevards extérieurs, et vente des terrains avec obligation de ne construire que des maisons d'un modèle déterminé et, au besoin, fixation d'un maximum des loyers par étage et par quartier. Etablissement d'un chemin de fer métropolitain.

286. LE ROUGE. Construction, par la Ville, de maisons de trois étages, sur les terrains qui longent les fortifications « intra-muros », au moyen des ressources provenant : 1° d'un emprunt de 300 millions ; — 2° d'un impôt de 2 francs par tête sur toute personne qui vient à Paris d'une distance de plus de 25 kilomètres.

287. Caisse Centrale Populaire. Note remise à la Commission administrative des logements à bon marché pour développer la proposition de se charger de la construction d'habitations ouvrières valant cent cinquante millions de francs.

288. VILLARD. Rapport présenté au Conseil municipal de Paris sur : 1° une proposition de M. Manier tendant à l'expropriation au profit de la

ville de Paris du sol compris dans son enceinte fortifiée ; — 2° diverses
pétitions relatives aux mesures à prendre pour arriver à l'abaissement du
prix des loyers.

289. CABOURNEAU. Brochure avec plans développant une proposition de
construire des maisons à petits logements sur 760 000 mètres de terrain
situé dans Paris.

290. AMOUROUX. Rapport annexé au procès-verbal de la séance du
13 décembre sur diverses propositions relatives à la construction des
logements à bon marché faites par M. E. Hamel ; MM. Vuuthier et Ball ;
M. Manier ; M. Cattiaux : la Caisse Centrale populaire ; M. Le Rouge ;
M. Minder ; M. Terrier : M. Harouard ; M. Yverneau ; M. Joly : M. Cabourneau : MM. Rolland et Plaisant ; M. Dodel ; M. Cheon : M. Potier, etc.

291. Commission administrative des logements à bon marché ; Mémoire
de M. le Préfet de la Seine au Conseil municipal contenant : Projet de
convention entre la Ville de Paris et le Crédit Foncier de France ; le projet
de loi approuvant cette convention et le rapport présenté au Conseil municipal par M. Gamard sur le projet de la convention à intervenir entre l'Etat
et le Crédit Foncier. — Procès-verbaux des séances de la Commission
administrative 24-27-31 mars et 3 avril 1883.

292. NARJOUX (Félix), architecte. Les logements à bon marché, ce qu'ils
sont, ce qu'ils doivent être. Paris, Vᵛᵉ A. Morel et Cⁱᵉ, libraires-éditeurs.

293. Arbeiterwohnungen in England, Frankreich und Deutschland.
Gesundheit, vol. 8, p. 9.

294. BALMER. Gesunde und billige Wohnungen für Arbeiter. *Bauge-
werksblatt*, vol. 2, p. 358.

295. GOSSELIN. Les habitations économiques. *Bulletin de la Société
industrielle de Rouen*, vol. 10, p. 480.

296. Labourers' and artisans' dwellings. *Carpenter*, vol. 13, p. 290.

297. SEVIN et LATTNER. Wohnhäuser für je eine Arbeiterfamilie. *Bauge-
werksblatt*, vol. 2, p. 17.

298. Arbeiterwohnhäuser. *Wochenblatt für Architekt und Ingenieur*,
vol. 5, p. 458.

299. Dwellings for the poor in large cities. *Plumber and Sanitary
Engineering*, vol. 8, p. 583.

300. Artisans' dwellings. *Carpenter*, vol. 13, p. 355.

301. Habitations ouvrières à La Roche. *Annales industrielles*, vol. 15,
2 p. 500.

302. Artisan dwellings, Whitechapel. *Builder*, vol. 45 p. 516.

303. Logements ouvriers . Plymouth. *Semaine des constructeurs*, vol. 8 p. 148.

304. Artisans estates, Harnsey. 113. *Builder*, vol. 47. p. 880.

305. Americanische Arbeiterwohnungen. *Baugew. Zeit.*, vol. 15, p. 156.

306. Arbeiterwohnhaus. *Baugewerks Zeitung*, vol. 15, p. 401.

307. Maison pour cité ouvrière. *Annales industrielles*, vol. 15, p. 2, 437.

308. Arbeiterhäuser des Bochumer Vereins. *Ann. für Gew. et Bauwesen*, vol. 12, p. 241.

309. Dwellings for the working classes. *Builder*, vol. 44, p. 616.

310. MEYER (Ferdinand). Les logements d'ouvriers. *Nouvelle Revue*, N° du 15 mai. Paris, typographie Chamerot.

311. VINCENT DU CLAUX. Petits logements parisiens. Bulletin des *Annales d'hygiène publique et de médecine légale*. 3ᵉ série, tome IX, N° 6.

312. CACHEUX (Émile). Conférence relative aux logements d'ouvriers dans les grandes villes , faite au Congrès de l'Association française, tenu à Rouen. Compte rendu du Congrès. Paris, 4, rue Antoine-Dubois.

313. REYGEAL. Rapport présenté au Conseil municipal de Paris, au nom de la commission des logements à bon marché , sur diverses propositions relatives à la construction de petites maisons.

314. Bulletin municipal officiel de la ville de Paris. Discussion de la convention relative à la construction de petits logements , à intervenir entre la ville et le Crédit Foncier. Séances des 14 et 20 juin.

315. Conseil municipal de Paris. Propositions de MM. Gamard et Réty au sujet de l'établissement de logements à bon marché. 16 avril 1883.

1884.

316. Arbeiterwohnungen. *Gesundheit*, vol. 9, p. 276, 337, 356.

317. Les logements insalubres et les logements à bon marché. *Semaine des constructeurs*, vol. 8, p. 328.

318. BOTREL. Habitations ouvrières. *Bulletin de la Société industrielle de Rouen*, vol. 12, p. 675.

319. NAPIAS. Les habitations ouvrières. *Annales industrielles*, vol. 16, p. 651.

320. Reed. Landhaus für 1 500 dollars. *American Agricult.*, vol.43, p 357.

321. The improved dwellings company limited. Special report of the directors upon the work accomplished during twenty one years. Brochure avec plans et tableaux de statistique. London, 34, Finsbury Circus.

322. Gesetze für Arbeiterwohnungen in England. *Gesundheit*, vol. 9, p. 309, 324.

323. Cacheux (Émile). Les habitations ouvrières. *Bulletin de la Société industrielle de Rouen*, vol. 12, p. 545.

324. Schwering. Arbeiter Colonie Leinhausen bei Hannover. *Zeitschrift des Architecten und Ingenieur-Vereins Hannover*, vol. 30, p. 556.

325. Arbeiterwohnhäuser. *Deutsches Baugewerks Bl.*, vol. 3, p. 773.

326. Steiner (Maximilien Dʳ). Ueber die Errichtung von Arbeiterwohnungen in Wien. Vienne, chez Alfred Hölder.

327. Artisans and labourer dwelling. *Builder*, vol. 46, p. 192, 249.

328. Les logements à bon marché. *Gazette des architectes*, vol. 20, p. 241.

329. Hoole. Dwellings of the poor in large towns. *Journal of arts*, vol. 32, p. 1023.

330. Tischler. Doppelwohngebäude auf den Stadterweiterungsgrunden a Wien. *Forsters Bauzeitung*, vol. 49, p. 103.

331. Artisian's dwellings Birmingham. *The illustrated Carpenter and Builder*, vol. 14, p. 145, 193.

332. Dwellings of the poor. *Sanitary Engineering*, vol. 8, p. 385.

333. The housing of the poor. *Builder*, vol. 46, p. 735.

334. Suburban cottages. *Builder and Woodw.*, vol. 20, p 84, 93.

335. Chalets doubles Felixtow. *Gazette des architectes*, vol. 20, p. 305.

336. Maison de garde. *Gazette des architectes*, vol. 20, p. 77.

337. Martens (G.). Arbeiterhäuser auf Marton Hall. *Architekt. Skizzenbuch*. Berlin, Heft 60 (pl. 3).

338. Grandpierre (Henri). Les logements à bon marché. Étude sur les discussions du Conseil municipal, projet de propositions. Paris, 1884, Robert et Cⁱᵉ, 19, rue du Faubourg-St-Denis.

339. Dauby (Fr.) et Jacquet (L.). Projet de construction de maisons à deux étages et sur rez-de-chaussée renfermant des logements à bon marché. Brochure avec plans, déposée au Conseil municipal, le 11 octobre 1884,

pour obtenir de l'État la démolition des fortifications entre le Point-du-Jour et Saint-Denis et de la ville, la location gratuite de terrains de la zone aux conditions suivantes : les logements auraient été loués à raison de 6 francs le mètre superficiel. Au bout de 75 ans, les constructions auraient fait retour à la ville.

340. Conseil municipal de Paris. Rapport présenté par M. Cernesson au nom de la commission spéciale des logements à bon marché, sur des propositions tendant à la construction directe par la ville.

341. Health in the dwelling. Dwellings for the poor. Sanitary construction of houses. Promotion of social science, 1884. Conférences faites à l'exposition d'hygiène de Londres.

342. SPENCER (Edward). Homes of Working Classes in Dublin, London.

343. LAVOLLÉE (René). Les classes ouvrières en Europe, Paris, Guillaumin.

1885.

344. CACHEUX (Émile). *L'Économiste pratique.* Construction et organisation des crèches, salles d'asiles, hôtels pour célibataires, cuisines économiques, bains, lavoirs, cercles populaires, nourriceries, maternités, dispensaires, hôpitaux, hospices, asiles de nuit, postes de secours, habitations pour ouvriers et employés, Paris, Baudry et Cie, 15, rue des Saints-Pères.

345. WINTZINGERODE-KNORR (Levin, Freiherr von). Die deutschen Arbeiterhäuser, ein Beitrag zur Lösung der Vagabondenfrage. Bericht erstattet im Auftrage des Vereins für Armenpflege und Wohlthätigkeit. Halle a/S. April 1885. O. Hendel, 2,50mk.

346. MASSON (L.) et MARTIN (Dr A.-J.). Les maisons salubres et insalubres à l'Exposition internationale d'hygiène de Londres. Texte et atlas. Paris, Masson.

347. WHITE (J.). Better homes for workingmen. New-York. Putnam and Sons.

348. SCHLOSS. The homes of the poor. London.

349. The royal commission of the housing of the working classes. 4 gros volumes in-4° contenant les dépositions des personnes appelées devant la commission d'enquête et le compte rendu des séances. London. Eyre and Spottiswoode.

350. Conseil municipal de Paris. Rapport présenté par M. Dreyfus au nom de la Commission des logements à bon marché sur un projet de construction de quatre maisons types renfermant des logements à bon marché.

351. CACHEUX (Émile). État en l'an 1885 des habitations ouvrières parisiennes. Brochure avec plans.

352. Bureau de bienfaisance de Nivelles. Moyen pratique de faciliter aux classes laborieuses l'accès du capital et de la propriété. Brochure de 13 pages. Nivelles, imprimerie Guignardé.

353. WOLFF (M. P.). Die Ernährung der arbeitenden Klassen. Ein Plan für Gründung öffentlicher Küchen, von M. P. W. kgl. preus. Hauptmann. Aus dem Deutschen vom Verfasser bearbeitete Ausgabe. Mit einer Vorrede von Prof. Dr J. König, in Münster i. W., und einem Plan. Berlin 1885 (April) Inl. Springer 2 Mk.

354. REICHARDT (Dr Erwin). Die Grundzüge der Arbeiterwohnungs-frage. Berlin 1885, Puttkammer und Mühlbrecht.

355. RUPRECHT (Dr Wilch). Die Wohnungen der arbeitenden Klassen in London. Goettingen 1885, Vandenhoek und Ruprecht.

356. SCHNÖLCKE. Das Wohnhaus des Arbeiters. Bonn 1885. E. Strauss. 2e édition, 12 planches, couronné par la Concordia.

1886.

357. HASSE (C.). Die Wohnungsverhältnisse der ärmeren Volksklassen in Leipzig. Leipzig 1886, Duncker et Humblot, in-8°, 100 pp. 2 Mk.

358. L'enquête sur la condition des petits logements en France et à l'étranger. *Union économique*, avril, mai.

359. FALIGAN (E.) L'amélioration des logements ouvriers et l'initiative privée en Angleterre. *Union économique*, juillet.

360. MUYDEN (G. van). Les habitations ouvrières. *Bibliothèque universelle et Revue suisse*, décembre.

361. Annuaire de législation étrangère publié par la Société de législation comparée. Paris, A. Cotillon et Cie, 25, rue Soufflot.

362. Comte D'HAUSSONVILLE. Misère et Remèdes. Misère à Paris. Calman-Lévy. Paris.

363. Westgarth prize essays on the street realignement reconstruction

and sanitation of central London and of the rehousing of the poorer classes 1886.

364. Mansion house Council on the Dwellings of the people. Report 1885-1886. London.

365. Die Wohnungsnoth der ärmeren Klassen in den deutschen Gross-städten. 2 volumes publiés par le Verein für Social Politik (Hambourg, Francfort. Strasbourg, Bochum, Chemnitz, Osnabrück, Crefeld, Dort-mund, Essen, Berlin, Elberfeld, Breslau, Leipzig, Londres, Paris et la France. 2 volumes Duncker et Humblot. Leipzig.

366. Verhandlungen der Generalversammlung des Vereins für Social Politik 24-25 septembre. 1 volume. Leipzig.

1887.

367. WISS (E.). La disette de logements pour les classes pauvres de la population dans les grandes villes. *Vierteljahrsschrift für Volksw.*, n° 1.

368. MONTMARTIN (E.). Les logements à bon marché. *Soleil*. Supplé-ment du 6 octobre.

369. CHEYSSON (E.). La question des habitations ouvrières en France et à l'étranger. La situation actuelle. Ses dangers. Ses remèdes. Conférence faite à l'exposition d'hygiène de la caserne Lobau. Paris, G. Masson, édi-teur, 120, boulevard Saint-Germain.

370. DELAIRE (A.). Les logements d'ouvriers et le devoir des classes dirigeantes. Extrait du *Contemporain*. Lyon, Imprimerie Ville et Perrussel.

371. F. ENGELS. Zur Wohnungsfrage. Social demokratische Bibliothek. XIII. Zurich 1887.

372. MOSSMANN. Lettre à M. Herkner sur son livre *Oberelsässische Baumwollenindustrie*.

373. Volumes de l'enquête sénatoriale américaine sur les relations du capital et du travail. *Foreign office report*, n° 43.

374. C. BERNARD. National and peoples Bank in the united States of America. Cooperation as a business. Putnam. New-York.

375. Building Association and home journal. 529. Commerce street. Philadelphie.

376. Conseil supérieur d'hygiène publique. Belgique. Enquête sur les

habitations ouvrières. Bruxelles. F. Hayer, imprimeur de l'Académie royale de Belgique.

377. *Zeitschrift des öst. Ingenieur und Architektenvereines*, n° 42 und 43. Die Arbeiterwohnhäuser und Bezirke (Favoriten) in Wien. Imprimerie R. Spies et Cie, à Vienne.

378. Conseils d'hygiène et Commissions des logements insalubres. Rapports sur leurs travaux. Paris. Imprimeries réunies, 58, rue Jean-Jacques-Rousseau.

379. Aloïs Meissner, Ingénieur. Extrait du *Bulletin de la Société des Ingénieurs et Architectes Hongrois*, Buda-Pesth, 1887.

380. Rémaury. Brochures réunissant les articles sur les habitations ouvrières publiés dans le *Génie Civil*. Paris, 6, rue de la Chaussée-d'Antin.

381. D' V. Vleminckx. Rapport au ministre de l'Intérieur belge, sur la construction des habitations destinées à la classe ouvrière.

382. I. Leclère. Compte rendu de l'enquête officielle faite sur les habitations ouvrières de la province de Liège.

383. Arthur Raffalovich. Le logement de l'ouvrier et du pauvre. Paris, Guillaumin et C°.

1888.

384. Régis Faure. Des habitations ouvrières et d'un devoir social. Clermont-Ferrand.

385. Émile Cacheux. Une cité sanitaire modèle. *Bulletin de la Société de Médecine publique.*

Le grand nombre de publications relatives à la question des habitations ouvrières fait voir l'importance qu'on commence à y attacher en France et à l'étranger. Tous les travaux que nous venons de citer n'ont pas une égale valeur; c'est pourquoi nous indiquerons quelques ouvrages qui intéresseront tous ceux qui se livrent à l'étude de la question si difficile des petits logements.

Nous parlerons aussi de *la construction hygiénique des logements collectifs* tels que la Caserne, par M. A. Gosset, architecte, à Reims.

Cette très intéressante et substantielle brochure résume très bien tout ce qui doit être connu des architectes et constructeurs d'habitations collectives, officiers du Génie, administrateurs d'hôpitaux, de collèges, lycées, etc.

La question des habitations ouvrières en France et à l'étranger, sa situation, ses dangers, ses remèdes, par CHEYSSON, ingénieur en chef des Ponts-et-chaussées, ancien directeur du Creusot. Il n'est pas permis de dire qu'on s'occupe sérieusement de cette question sociale si on n'a pas lu cette excellente brochure, publiée chez Masson en 1886. M. Cheysson met ses lecteurs au courant de tout ce qu'il faut savoir et ne jamais oublier. Il dit avec lord Beaconsfield : « La meilleure garantie de la civilisation est le logement : c'est l'école des vertus domestiques », et avec Blanqui : « Il n'y a pas de réforme qui mérite à un plus haut degré l'attention et le dévouement des amis de l'humanité ».

Et il le prouve à tous ceux, même les plus incrédules, qui liront cette petite brochure.

L'Economiste pratique. — *Habitations ouvrières*, par Emile CACHEUX. On y trouve les plus précieux documents pratiques : des modèles d'actes de toutes espèces, des règlements, des prix de revient, etc.

Un devoir social, par PICOT, membre de l'Institut. A aucune époque il n'a été fait un appel aussi chaleureux à tous les hommes qui ont la prétention d'être patriotes que celui-ci, présenté sous une forme charmante dans un petit livre qui a fait sensation. Nous engageons tout le monde à le lire, à le méditer et nous sommes convaincus qu'il sera un de ceux qui finiront par donner le mouvement que nous attendons depuis si longtemps en France !

RÉMAURY. — Encore un opuscule qu'il faut lire pour comprendre que la question ouvrière a une immense importance et qu'à défaut de devoir rempli par humanité, religion, philanthropie, il y a l'intérêt de contribuer soi-même par égoïsme à ces grandes œuvres qui feront les principaux éléments de la pacification sociale. Le petit nombre de pages de ces trois dernières importantes publications laisse sans excuse ceux qui, à un moment donné, oseraient dire : Je ne savais pas !

RENOUARD, de Lille. — Ses tableaux de ce qu'était Lille avant que la question ouvrière y fit son entrée et de ce qu'est aujourd'hui cette intelligente cité, sont suffisants et présentés par l'auteur avec un charme, une conscience, un dévouement à tout ce qui est utilité publique tels que tous ses lecteurs sont attentifs de la première à la dernière ligne, comme on l'est quand on lit l'œuvre d'un ami.

LAVOLLÉE. — Le rapport sur la question des habitations ouvrières fait à la société d'encouragement pour l'industrie nationale est rédigé dans un style à la fois clair et concis. Comme il arrive pour toutes les œuvres de

M. Lavollée, lorsqu'on commence à en lire une, on ne la quitte que lorsqu'on en a terminé la lecture.

Rossigneux. — Le rapport magistral, fait par M. Rossigneux à la Société d'encouragement sur les habitations ouvrières de M. Émile Cacheux, peut être consulté avec fruit par les personnes qui aiment les études consciencieuses.

Citons encore parmi les ouvrages français qui s'occupent d'habitations ouvrières la remarquable étude sur la Misère, par M Jules Siegfried, qui a valu à son auteur un prix de l'Académie des sciences morales et politiques ; le travail de M. Delaire, celui de M. Napias ; l'importante brochure de M. Narjoux ; les rapports de MM. les docteurs Du Mesnil et Marjolin aux conseils d'hygiène ; ceux des conseillers municipaux Dreyfus et Vilain à la commission des logements d'ouvriers et, enfin, l'ouvrage récent de M. A. Raffalowich, qui donne tant de détails curieux sur les logements d'ouvriers en Amérique, en Angleterre, en Allemagne et en France.

Parmi les publications qui donnent des détails sur l'intérieur des habitations ouvrières, on ne peut omettre de mentionner celle de MM. Masson et A. J. Martin, et la traduction de l'ouvrage anglais du Dr T. Pridgin Teale, qui signale les dangers, au point de vue sanitaire, des maisons mal construites.

Les documents étrangers les plus utiles à consulter sont les ouvrages qui rendent compte de l'enquête royale faite en Angleterre en 1884 sur l'état des habitations ouvrières anglaises, le travail de M. Ch. Gattlif, secrétaire de l'Association métropolitaine de Londres, le bel atlas de M. Staub, de Kuchén, et l'intéressante brochure rédigée par M Knudsen, bourgmestre de Copenhague.

Des habitations à bon marché. — Législation, par M. Antony Bouilliet. Un vol. in-8° raisin. Paris, Guillaumin et Cie.

INTRODUCTION

Après avoir présenté au lecteur une bibliographie très complète, qui, d'après nous, donne les documents de tout ce qu'il est intéressant de connaître de l'importante question des logements économiques, il se demandera sûrement ce que nous avons à lui offrir de plus pour son étude et quelle est la raison de notre publication.

Elle est bien simple : notre livre « *les habitations ouvrières en tous pays* », publié en 1878, a si bien été demandé partout que son édition est épuisée.

Nous considérons de plus que, étant au nombre des premiers promoteurs de la question des habitations économiques, un nouveau devoir nous est imposé qui ne nous permet pas de reproduire simplement notre premier livre. Nous mettrons donc cet ouvrage à jour, c'est-à-dire que nous y donnerons non-seulement ce qui est nécessaire pour étudier théoriquement ce que les philanthropes doivent connaître à ce sujet, mais encore tout ce qui permettra à nos lecteurs de prendre une décision en connaissance de cause, de choisir tel ou tel système dans des circonstances déterminées, de diriger au besoin, en tous cas de surveiller, les constructions et ensuite de les administrer.

En plus des aperçus et des projets qui nous sont personnels, étant le résultat de notre expérience, les lecteurs trouveront dans notre livre, des résumés, et des extraits de ce qui se trouve accumulé, mais éparpillé, dans les richesses bibliographiques que nous avons énumérées.

Ceux qui voudront plus de détails pourront alors recourir aux brochures ou aux livres spéciaux indiqués, et c'est précisément pour faciliter ces recherches que nous avons donné nos appréciations sur les principaux ouvrages.

Une dernière raison enfin explique la publication de cet ouvrage :

Les premières tentatives dans la voie de l'amélioration du logement des ouvriers français, faites par M. Émile Muller, datent de 1848; elles lui avaient été inspirées pendant sa vie en commun avec les ouvriers et leurs familles, alors qu'il faisait au chemin de fer de Mulhouse, en 1842, son apprentissage de mécanicien machiniste, sous les ordres de M. Polonceau. Ayant remporté le prix au concours qui fut ouvert à Paris en 1852, tandis qu'il était architecte des cités ouvrières de Mulhouse et de plusieurs autres villes, il considéra comme un devoir de publier en 1855 ses premiers travaux. Sa situation et sa clientèle à l'étranger, l'amitié qui l'unissait à Henri Roberts, l'architecte anglais, dont les œuvres ont été répandues dans le monde entier, et qui était avec le prince Albert à la tête du mouvement qu'on a appelé « l'amélioration du sort des classes laborieuses », ses rapports cordiaux avec M. Ducpétiaux qui a entraîné la Belgique dans la même voie, et avec tant d'autres promoteurs de cités ouvrières, avaient permis à M. E. Muller d'accumuler les documents les plus intéressants. Il était sollicité de toutes parts à les publier, mais ses multiples occupations ne lui permettaient pas d'entreprendre un aussi long travail.

Il est heureux de dire ici qu'il a eu la bonne fortune de

rencontrer un de ses élèves, M. Émile Cacheux, qui s'éprit comme lui de ces passionnantes études, qui de plus était en situation de faire des essais et des expériences en nature et qui se mit entièrement à sa disposition pour mener à bien la publication faite en 1878 de l'ouvrage intitulé *les Habitations ouvrières en tous pays*. L'édition que nous publions aujourd'hui et le livre publié personnellement par M. Émile Cacheux, sous le titre de *l'Économiste pratique*, qui, avec ses travaux désintéressés de construction et de propagande, lui ont valu la décoration de la Légion d'honneur, sont les seuls ouvrages, croyons-nous, qui résument toutes les études ayant trait à l'habitation économique.

Nous étions donc tout désignés pour continuer les publications commencées et mettre les intéressés au courant de la situation actuelle.

Nous avons, malheureusement, à regretter de ne pas voir aboutir tant d'efforts généreux faits en France, alors qu'à l'étranger nous assistons au développement des œuvres humanitaires.

Nous espérions, en 1878, que le mouvement était suffisamment donné et qu'enfin en France nous serions témoins de sérieux résultats, mais nous sommes absolument déçus dans notre attente. Il y a eu, certes, bien des maisons bâties, beaucoup d'ouvriers mieux logés, mais l'appel de M. Picot, la conférence de M. Cheysson, les articles de M. Rémaury et de tant d'autres, prouvent hélas! que nous ne sommes pas beaucoup plus avancés qu'il y a trente ans, si ce n'est qu'aujourd'hui, beaucoup de monde sait du moins tout ce qu'il reste à faire partout.

Ce qui nous étonne, c'est que de bons esprits tout dévoués, tout décidés à aller de l'avant, à payer de leur personne et de leur bourse, cherchent encore ce qui devrait être fait, alors qu'aujourd'hui tout, ou à peu près tout, est étudié et connu.

En effet, les plans et les devis abondent, il n'y a que l'embarras du choix pour satisfaire à tous les besoins, à tous les goûts, à toutes les habitudes et à toutes les bourses. — Il n'y a pas un architecte, mieux que cela, pas un maçon dans un pays quelconque, qui ne saurait donner satisfaction au philanthrope ou à la société qui voudra améliorer la situation des habitations reconnues mauvaises ou insuffisantes. De tous côtés, en tous pays, il y a des brochures qui donnent les règles de l'hygiène auxquelles il faut se conformer. Toutes les questions posées à nouveau, les mêmes qu'il y a trente-cinq ans, résumées dans de très intéressants questionnaires, ne conduisent, à notre sens, qu'à des pertes de temps, et, n'était la preuve de la préoccupation générale qu'elles indiquent, nous les regretterions. Elles pourraient, en effet, faire croire à la grande majorité des personnes qui ne sont pas au courant de la situation et qui n'y ont jamais réfléchi, qu'on en est encore à l'étude, aux préliminaires, à la période d'incubation, que déjà en 1855 je croyais, hélas! pouvoir signaler comme passée, et leur laisser ainsi supposer qu'elles ont tout le temps d'y penser.

Me basant sur ce que je voyais réussir en Angleterre, je pensais pouvoir annoncer en effet, en 1855, que nous entrions dans la période d'éclosion ou d'avénement. Et c'est après trente-trois ans que nous avons le chagrin de voir émettre les mêmes vœux au lieu de relater des succès! Mais cependant, reconnaissons-le, il y a un pas de fait, de nombreux essais tentés, de sérieuses expériences acquises, qui peuvent aujourd'hui, permettre partout d'agir à coup sûr, sans qu'il soit besoin d'attendre les résultats d'une enquête quelconque.

Évidemment, il y aura toujours quelque chose d'intéressant à recueillir dans les réponses faites à tant d'intelligentes questions posées dans ces enquêtes; mais pour constituer des sociétés, construire et améliorer des logements, *hygié-niser* les villes et villages de France, questions et réponses nouvelles ne sont nullement nécessaires.

Ce que nous considérons aujourd'hui comme devant marcher parallèlement aux efforts à faire par la classe qui a la prétention d'être dirigeante, c'est le dévouement et le désintéressement de tous. La philanthropie bien entendue devra s'appliquer aux créations d'utilité publique du genre de celles que nous étudions, des bains et lavoirs publics, complètement négligés aujourd'hui, et à obtenir le remplacement dans les programmes d'instruction primaire de quelques-uns des articles d'utilité contestable, par un exposé élémentaire de l'hygiène usuelle, celle notamment des habitations, des villes et des villages.

Nous voudrions qu'on enseignât partout en résumé ce que nous détaillons dans notre livre. Nous émettons le vœu que, à cette fin, le Ministère de l'Instruction publique mette en concours un manuel élémentaire d'hygiène pour les écoles primaires, afin qu'elle s'introduise dans les familles par les enfants, en attendant que la génération actuelle élevée et instruite puisse elle-même devenir plus exigeante et concourir à faire avancer les populations dans la voie de la conservation de la santé. Il y a longtemps que Blanqui écrivait ceci :

« J'ai étudié avec une religieuse sollicitude la vie privée » des familles d'ouvriers, et j'ose affirmer que l'insalubrité » de l'habitation est le point de départ de tous les vices, » de toutes les calamités de leur état social. Il n'y a pas » de réforme qui mérite à un plus haut degré l'attention et » le dévouement des amis de l'humanité. »

Demandons donc à M. le Ministre de l'Instruction publique de faire enseigner dans nos écoles tout ce qui a trait à cette question, adressons-nous aussi à nos Ministres de l'Intérieur et des Travaux publics pour les prier de provoquer la constitution de sociétés désintéressées en se mettant à leur tète ; tâchons d'obtenir de nos Chambres ce qu'il faudra de lois, ordonnances ou décrets, pour qu'enfin, au moment de la grande exposition du centenaire de 1789, à la veille de la fin du siècle inauguré par notre grande Révolution, nous n'entendions plus demander à nous républicains :

« Qu'a donc fait ou tenté la République dans la voie que
» vous indiquaient dès 1848, Blanqui et tant d'autres idoles
» du peuple parisien ?
» Qu'ont donc fait vos Conseils Municipaux de France,
» les élus du peuple, si prétentieux dans la défense de leurs
» droits, mais si peu soucieux de remplir leurs devoirs en
» général ?

Et que nous ne soyons pas forcés de reconnaître que rien, ou à peu près rien, n'a été fait dans la voie de l'amélioration.

Ajoutons que, puisque Paris et le Conseil général de la Seine ont la prétention d'être à la tète du mouvement social, de représenter le dévouement et le désintéressement, nous pouvons les considérer à part et demander aussi :

Qu'ont-ils fait, eux, pour réduire la mortalité de la grande ville de 26 %‰, chiffre actuel, à 16 %‰, chiffre qui est atteint déjà dans des quartiers privilégiés et dans d'autres villes.

Rien, toujours rien! Si pourtant, car on a annoncé, il y a cinq ans, qu'on allait enfin s'occuper de cette question des logements insalubres, des rues mortellement malsaines, des eaux et des égouts.

On a nommé des commissions, on a fait des discours, on a fait des mémoires, de nombreux et volumineux rapports ; on a prié tous les philanthropes et amis de l'humanité d'apporter leur concours à ces assises d'où devait enfin sortir le germe de l'assainissement de ce cher Paris, qui, tous les soirs et pendant la nuit surtout, est infesté comme ne l'est aucune commune de France, la plus malpropre, la plus malsaine.

On a même fait exécuter des plans et des devis par les premiers entre les plus habiles architectes de la ville. On a mis en adjudication des projets de constructions modèles et économiques.

On a tenté des accords avec le puissant Crédit Foncier de France, qui se prête de bonne grâce à tous les projets sérieux.

Et, après avoir vanté pendant des mois tout ce qu'allait faire la Municipalité de Paris et avoir fait croire à ses naïfs électeurs qu'enfin la République et leurs élus allaient aboutir à des solutions, on a profité de la première distraction venue pour éteindre tout ce beau feu, pour ne plus parler de rien, laisser manquer d'eau et mourir dans la vermine les malheureux de la population laborieuse.

Et l'on ne dira pas que le Conseil Municipal de Paris ne comprend pas dans son sein tout ce que la population peut désirer pour la représenter : des sages, des philanthropes, des socialistes de toutes les nuances, même des exagérés. Évidemment ce silence après tant d'efforts prouve qu'il y a de sérieuses difficultés à vaincre. Nous les connaissons, elles étaient à prévoir, mais elles ne constituent pour nos autorités municipales ni une raison ni une excuse pour renoncer à tout pour ne rien faire et pour ne pas seconder de toute leur puissance l'initiative privée.

Si nous recherchons ce qui a été fait dans une autre voie, presque aussi importante, au point de vue de l'hygiène celle des Bains et Lavoirs publics, que trouvons-nous ?

Encore des discours, les plus véhéments depuis 1848,

c'est vrai, mais rien que des discours ; discours des Ministres, des Préfets, des Académies, des Docteurs, des Municipalités, des Philanthropes, qui sont unanimes pour déclarer que là encore il y a un élément de vie, de santé, de force pour la population, à laquelle il est impossible d'imposer la propreté si on ne lui donne pas les moyens de l'obtenir soit gratuitement, soit à prix réduit. Il est inutile de redire ici ce que tout le monde sait, c'est que la balnéation pour les enfants, les adultes, les hommes et les femmes, artisans de tous métiers, constitue la moitié de la santé.

Le Conseil municipal de Paris a accordé à une Société la concession gratuite des eaux de condensation des machines de la ville. La Société a établi deux piscines où l'on peut prendre un bain en toute saison moyennant 0 fr. 50 c., linge compris. Suivant en cela ce qui venait d'être fait en Angleterre, où la Chambre des Lords a prescrit en 1847 la création d'établissements de cette nature dans toutes les villes et communes, en France on a, dès 1848, bien compris l'importance de ces créations ; les merveilleux discours de notre cher maître J.-B. Dumas, ministre du commerce, en font foi. Il s'est fondé alors une puissante société qui avait pris le nom de *Société des Bains et Lavoirs publics de France* ; son but était de se mettre à la tête du mouvement et de créer partout de ces établissements. Mais hélas ! tous les projets d'alors se sont effondrés avec la banqueroute de ladite société mal constituée. L'empire était fait et n'avait plus besoin de cette puissante réclame. Il avait du moins eu le mérite de vouloir donner l'impulsion, de patronner et de favoriser ces grandes œuvres d'utilité publique.

Les administrations municipales n'ont pas suivi, n'ont pas utilisé toutes les bonnes dispositions gouvernementales, et depuis, l'urgence a grandi et s'est fait comprendre de tous.

Mais qu'a fait la République pour y donner satisfaction ? Rien encore ! Absolument rien !

La Municipalité de Paris a-t-elle fait mieux ? Non. Elle a essayé en proposant la suppression, et avec raison, de tous les affreux bateaux qui augmentent l'infection de la Seine, mais elle n'a rien fait encore pour favoriser l'établissement de nombreux Bains et Lavoirs publics nécessaires et qui soient dignes de la population parisienne.

Ce qui est profondément triste, c'est de constater qu'Etat et municipalités sont restés sourds aux sollicitations qui leur sont faites de toutes parts depuis quarante ans, à l'appel si pressant que M. Picot, de l'Institut, a adressé, dans un livre charmant, non seulement aux patriotes, aux philanthropes, mais aux classes de toutes opinions, à qui il représente avec feu et conviction qu'il y a pour elles non seulement un devoir à remplir, mais une assurance à payer contre le danger de se voir un jour arracher ce qu'elles n'auront pas voulu faire de bonne grâce, avec le mérite apparent de faire œuvre de conscience et d'humanité. Le Gouvernement de la République a-t-il une seule excuse à alléguer après tant de dépenses improductives ? Nous n'en trouvons pas.

Les Municipalités qu'ont-elles à répondre aux reproches mérités de ne rien faire dans cette voie ?

Assisterons-nous encore longtemps à ce sommeil et à cette indifférence ? Espérons que non ! Espérons toujours et quand même.

En attendant le succès chez nous, nous allons dire à nos lecteurs ce qui se fait ailleurs et les développements énormes qu'ont pris chez nos voisins les questions de logements d'ouvriers et d'assainissement.

Nous leur décrirons en détail les vaines tentatives faites en France ; nous indiquerons comment devraient concourir à cette œuvre, de salut peut-être, les pouvoirs publics, les administrations municipales, les membres du clergé et les classes dirigeantes.

Nous leur dirons comment il est possible d'engager, par l'initiative privée, de tenter la constitution d'une puissante société capable de donner enfin le mouvement, mais à laquelle, son désintéressement étant constaté, Gouvernement et Municipalités devront accorder les plus grands avantages.

Et si, après ce suprême effort de personnalités dévouées qui ne cherchent ni places, ni traitements, ni sinécures, il est constaté que cette initiative vient se briser contre l'aveuglement, la sottise, l'égoïsme ou l'indifférence :

Eh bien alors, les hommes qui auront voulu se dévouer ayant du moins fait leur devoir, ce sera au gouvernement de la République à faire le sien et à imposer ses volontés souveraines aussi bien à la ville de Paris qu'à toutes les communes de France.

Émile MULLER & Émile CACHEUX.

CHAPITRE PREMIER

De la nécessité de continuer de s'occuper de l'amélioration des habitations ouvrières.

———

Tout le monde reconnaît aujourd'hui que ce qui agit le plus puissamment sur la moralité et le bien-être des classes laborieuses, c'est, sans contredit, l'état de leur logement. Quand les familles d'artisans sont logées dans de mauvaises conditions hygiéniques, il est impossible d'espérer les voir se conformer aux lois de la morale et aux prescriptions les plus élémentaires de l'hygiène qui distinguent toute société civilisée. Il n'est pas étonnant de voir, dans certains pays, les prêtres et les instituteurs renoncer à s'occuper des familles entassées pêle-mêle dans des bouges, sans souci de l'âge ni du sexe.

« Comment parler de morale et de religion à des malheureux qui » couchent à huit ou dix dans une même pièce, sans souci de l'âge » ni du sexe », dit le révérend R. Bickersteth.

Les instituteurs anglais n'essaient plus de lutter. « La chambre commune nous a battus », disent-ils. Il y a, en effet, toute une classe de la population que les conditions matérielles de l'existence dérobent à l'influence des enseignements des ministres des cultes et du maître d'école.

De nombreuses enquêtes dans tous les pays ont fait reconnaître les effets pernicieux des habitations encombrées et malsaines au point de vue de la morale et de l'hygiène. Lorsqu'on force un ouvrier à vivre dans un milieu malpropre, on a beau lui donner un salaire élevé, on peut être certain qu'il deviendra d'abord imprévoyant, puis intempérant et à la fin un pauvre misérable.

Quand un chef de famille ne trouve pas en rentrant chez lui un séjour agréable, il va chercher au dehors ses distractions, et il dépense au cabaret son temps et son argent. Livrée à elle-même, la mère de famille se décourage bientôt et se lasse des efforts tentés pour tenir son ménage propre ; obligée parfois de travailler pour se nourrir, elle et ses enfants, elle néglige son intérieur, et, hélas! dans quelques pays, elle cherche dans l'ivresse la consolation ou l'oubli de ses maux.

Quant aux enfants, ils ne reçoivent, dès lors, aucune espèce d'instruction ou d'éducation, et la honteuse promiscuité où ils vivent leur fait perdre toute notion de morale et de respect de soi-même. Il n'est pas rare, malheureusement, de voir des filles de la classe qui nous occupe devenir mères à l'âge de 13 et 14 ans.

C'est dans les logements encombrés que l'on trouve le plus de criminels. Il suffit de consulter les registres des condamnations pour s'en convaincre et constater que les mauvaises conditions hygiéniques des habitations causent des pertes immenses à la société. D'après M. Guy, il meurt tous les ans, en Angleterre, 1 700 000 personnes dont on aurait pu prolonger l'existence. MM. Guyton et Playfair ont calculé les pertes que causent à l'Angleterre les décès et les maladies de ses travailleurs par suite de l'insalubrité des milieux où ils vivent. Ces savants sont arrivés à une perte annuelle de cinq cents millions de francs. Et c'est l'Angleterre qui, souvent, est aujourd'hui présentée comme un modèle! Nous rappellerons ce qu'elle était il y a deux siècles à peine.

Un travailleur qui étend ses membres fatigués sur une couche humide, dans un milieu malsain, y trouve souvent la maladie au lieu du repos et, quand la source du gain est tarie dans un ménage d'ouvriers, la misère et son douloureux cortège y entrent bientôt.

Ajoutons que les maladies épidémiques trouvent un puissant foyer de propagation lorsqu'elles pénètrent dans une maison d'ouvriers mal tenue; les efforts des médecins sont impuissants pour en arrêter les ravages.

Nous ne nous arrêterons pas au triste tableau que présente un ménage d'ouvriers occupant une seule pièce, vivant souvent côte à côte avec un malade, parfois couché à côté d'un cadavre. Nous nous contenterons de faire observer que, par suite du mal que nous signalons, la société perd des sommes immenses provenant des soins à donner aux malades, de la perte de travail des personnes occupées à les soigner, des décès prématurés, des individus à entretenir dans les prisons, enfin des révolutions organisées par les habitants des bouges. Nous avons cité les calculs faits pour l'Angleterre. Comme ce pays est celui où l'on a le plus fait pour améliorer le sort des travailleurs, on peut se rendre compte de ce que la société eût pu gagner, si les classes dirigeantes s'étaient occupées partout de loger convenablement les personnes peu aisées.

Dans tous les pays civilisés, on admet aujourd'hui aussi l'influence du logement sur la mortalité des classes laborieuses. Dans les campagnes, l'air pur compense dans une certaine mesure les effets pernicieux des habitations le plus souvent malsaines, mais, dans les villes, la grande mortalité qui règne dans les quartiers habités par les familles d'ouvriers est trop considérable pour n'avoir pas enfin été remarquée. Ce furent surtout les épidémies qui décidèrent quelques hommes de cœur à s'en occuper.

En 1832 déjà, Villermé établit que la mortalité par le choléra dans les divers quartiers de Paris était proportionnelle au nombre de gens pauvres qui les habitaient. Ces conclusions furent confirmées absolument par les tableaux dressés par Casper, à Berlin, et par Marc d'Espine, à Genève. Le premier releva les décès de 1,600 personnages princiers et ceux d'autant de chiffonniers ; le second fit le même travail sur 6000 personnes choisies en nombre égal dans les classes aisées et dans les classes laborieuses. Dans les deux cas, la vie moyenne des personnes aisées fut plus élevée que celle des autres.

Nous reviendrons, dans un chapitre spécial, sur les maux causés à la classe ouvrière par l'insalubrité et la malpropreté des logements qu'elle habite.

Dans notre première édition, nous avons indiqué l'influence sur la mortalité, du climat, de la profession, du sexe, du séjour des villes, de l'agglomération, etc. La conclusion que nous avons tirée de nos rapprochements est que la situation de fortune est un des éléments qui agissent le plus sur la mortalité. On s'en rend compte facilement en examinant le tableau que nous reproduisons ci-après et que nous avons fait avec des éléments tirés du service de la statistique municipale dirigé par M. Bertillon :

TABLEAU INDIQUANT L'EFFET DE DIVERSES CAUSES SUR LA MORTALITÉ PARISIENNE EN 1884.

ARRONDISSEMENTS DE PARIS	I	II	III	IV	V	VI	VII	VIII	IX	X	XI	XII	XIII	XIV	XV	XVI	XVII	XVIII	XIX	XX
Proportion p. 1000 des indigents	20.8	19.2	28.0	39.6	59.8	27.2	36.5	16.4	16.5	28.1	63.1	67.4	123.7	68.1	72.5	42.8	35.9	67.5	94.10	122.4
Proportion p.%, de logements de 1 à 500 fr	41.2	47.3	61.0	61.1	53.1	42.4	39.1	23.1	30.3	46.0	68.0	74.8	80.5	72.5	83.3	34.5	54.0	29.1	78.1	86.7
Proportion p.%, des enfants mis en nourrice	39.6	41.4	44.6	46.2	42.3	48.9	30.8	30.0	42.1	37.1	30.1	21.2	13.7	27.3	18.7	23.1	25.2	19.1	13.8	11.5
Proportion p.%, des exemptions du service militaire	14.9	15.8	20.4	10.6	10.0	15.8	95.8	12.5	13.7	16.7	13.2	10.5	15.2	21.6	14.1	14.2	14.0	13.7	16.8	13.6
Mortalité p. 1000 des adultes	17.65	16.5	20.5	21.5	23.8	19.3	21.7	14.0	15.2	21.19	25.2	26.9	39.6	37.0	28.8	21.9	24.8	27.5	26.6	32.2
Mortalité p.%, des enfants de 0 à 1 an	6.0	8.8	12.2	11.9	15.4	11.6	9.8	7.8	10.8	12.5	16.3	16.8	21.7	25.0	17.9	9.0	13.6	16.1	18.7	25.6
Mortalité p. 1000 par fièvre typhoïde	6.0	5.8	7.8	7.3	8.1	7.0	12.9	9.2	5.4	8.8	5.5	8.9	0.0	9.8	9.1	9.2	11.2	8.4	13.5	5.9
variole	1.7	1.5	1.4	1.2	1.5	0.9	0.7	0.8	0.8	2.4	5.0	3.2	7.2	19.1	7.4	1.0	3.2	8.4	5.3	4.9
rougeole	2.7	2.7	2.9	2.0	3.9	2.5	2.8	0.1	0.2	0.4	0.8	0.1	0.7	- 0.4	0.6	0.3	0.4	0.6	0.3	0.3
scarlatine	0.2	0.6	0.2	0.1	0.2	0.3	0.1	2.8	3.7	5.1	7.7	10.5	0.5	17.2	9.3	7.7	8.0	0.7	9.9	12.3
diphtérie	6.0	5.3	3.9	5.8	6.6	4.7	8.1	0.0	0.4	2.1	3.9	5.4	4.7	6.6	3.5	0.6	2.2	3.9	5.0	5.3
coqueluche	1.5	0.6	1.3	1.6	1.8	1.0	0.8													

OBSERVATIONS. — Si nous comparons entre eux les chiffres qui indiquent la mortalité dans les divers arrondissements et ceux qui énumèrent le nombre des indigents qui s'y trouvent, nous voyons que, chaque fois que la mortalité augmente, il en est de même de la quantité d'indigents qui les habitent.

C'est également dans les arrondissements où il y a le moins de petits logements que la mortalité est le plus faible, mais les variations ne sont pas aussi concordantes.

La proportion des enfants mis en nourrice influe beaucoup sur la mortalité générale infantile, mais on ne peut formuler de règle bien générale. Dans les arrondissements où il y a peu d'indigents, I", II", III", IV" — la mortalité infantile augmente avec le nombre des enfants mis en nourrice ; dans les arrondissements excentriques, il y a peu d'enfants mis en nourrice : la mortalité infantile est considérable, le nombre des indigents est également important.

La proportion des jeunes gens exempts du service militaire ne varie pas avec le degré d'indigence des habitants.

La fièvre typhoïde "e dépend pas non plus du degré d'aisance des habitants.

Les autres maladies contagieuses paraissent augmenter avec la proportion d'indigents qu'on observe dans les quartiers.

Pour avoir des résultats plus concluants, il faudrait pouvoir opérer sur des adultes et connaître le nombre de pièces occupées par famille, l'exposition, la profession des membres de la famille et une série de documents qu'il est difficile à des particuliers d'obtenir. Nous avons essayé de prouver l'influence du logement sur la mortalité par un moyen détourné. A cet effet, nous avons relevé les décès de 8000 individus pris à nombre égal dans les I", VIII", XI" et XX" arrondissements de Paris pendant les années 1874 et 1876. La première étant une année ordinaire, la deuxième une année épidémique. Dans le I" arrondissement, les habitants sont aisés, mais il y a peu de terrain libre de construction ; dans le VIII", il y a beaucoup d'hôtels avec jardins; les XI" et XX" arrondissements sont peuplés par des ouvriers. Dans le XI", tout le terrain est couvert par des maisons à étages, tandis que, dans le XX", les maisons sont peu élevées et beaucoup de terrains sont vacants.

INFLUENCE DU LOGEMENT.	MORTALITÉ PAR 1000.							
	ANNÉE 1874 ORDINAIRE.				ANNÉE 1876 ÉPIDÉMIQUE.			
	I	VIII	XI	XX	I	VIII	XI	XX
Vie moyenne des 1000 décédés.	35.591	41.951	25.996	22.297	38.164	40.737	28.103	23.142
Enfants morts au-dessous de 5 ans....................	164	192	428	436	217	212	420	523
Propriétaires et rentiers parmi les décédés	160	224	30	50	140	199	40	38
Age moyen auquel ils sont parvenus............	67	64.7	71.7	69.2	65.1	63.5	67	73
Concierges parmi les décédés..	22	55	7	9	29	42	9	6
Age moyen auquel ils sont morts	57	68	59	66	60	59	62	63
Décès causés par la phthisie...	180	144	182	186	163	137	168	174
Décès causés par la fièvre typhoïde...................	13	12	6	8	109	27	75	18
Décès causés par la diarrhée ..	11	14	4	40	12	18	23	118
Vie moyenne des adultes......	47.6	51	44	39	48	51	47	47
Age moyen des adultes autres que les propriétaires, rentiers et concierges..........	46.1	45	42.9	44	40.7	45.7	45	45

Au premier abord, la différence de la vie moyenne dans ces quatre arrondissements paraît plus considérable qu'elle ne l'est effectivement ; elle diminue beaucoup après les rectifications nécessaires. Si l'on fait entrer en ligne de compte les enfants, les résultats ne sont pas comparables. Il naît, en effet, beaucoup moins d'enfants dans les quartiers riches que dans les quartiers pauvres, et dans les quartiers riches beaucoup d'enfants sont mis en nourrice au dehors.

Nous avons constaté que, dans le XI° et le XX° arrondissement, les actes de décès d'enfants morts à quinze jours, trois mois, six mois sont fréquents, tandis qu'ils sont moins nombreux dans les Ier et VIII° arrondissements; d'autre part, les décès d'enfants en bas âge dépendent bien plus de la mauvaise nourriture, des mauvaises conditions hygiéniques, du peu de soins dont ils sont entourés que de la nature du logement. Écartant donc cette classe, nous constatons, dans ce tableau restreint, que la vie moyenne diffère de huit ans dans les arrondissements. Il est facile de voir que les rentiers influent beaucoup sur la vie moyenne dans le XI° et le XX° arrondissement, parce que ceux qui habitent ces quartiers sont en général des individus d'une nature exceptionnelle, qui arrivent à un âge très avancé. Donc, si nous ne tenons compte que des adultes, nous arriverons à constater que leur vie moyenne diffère très peu en temps ordinaire dans les arrondissements. Toutefois, les comparaisons que nous avons faites nous permettront de rechercher les influences des logements, notamment sur la mortalité des concierges comparée à celle des propriétaires. Les concierges ont, en général, assez d'aisance pour pouvoir se nourrir convenablement. S'ils meurent plus tôt que les propriétaires, c'est parce qu'ils sont en général moins bien logés qu'eux. Or, dans les quatre arrondissements mentionnés, les concierges meurent sensiblement plus jeunes que leurs propriétaires. Disons, cependant, que nous avons opéré sur un trop petit nombre de cas pour en tirer une conclusion rigoureuse. Si nous consultons les statistiques anglaises, nous voyons aussi que les fermiers anglais ont la vie plus longue que leurs domestiques. Néanmoins, dans la Société des amis, société formée d'artisans qui ont un pénible travail, mais une nourriture suffisante et de bons logements, la vie moyenne est la même que celle des personnes aisées.

Les travaux qui démontrent le mieux l'influence du logement sur la santé publique sont les suivants.

La première étude est présentée par le docteur Strassmann, de Berlin; elle est relatée dans un mémoire lu au Congrès de la Société allemande d'hygiène tenu à Dantzig en 1874. Ce curieux mémoire montre que le chiffre de la mortalité varie avec les étages :

DÉSIGNATION DES ÉTAGES.	MORTALITÉ PAR 1000.
Premier étage...........................	21.6
Rez de chaussée.........................	22.0
Sous-sol................................	25.3
Deuxième étage	22.6
Quatrième étage.........................	28.4

Une autre recherche est due à un médecin russe. Il observa que dans les hôpitaux les malades exposés au Midi se guérissaient plus complètement et plus vite que les malades exposés au Nord. Enfin, M. Kœrosi, directeur du bureau municipal de statistique de Buda-Pesth, dans un travail publié en 1877, sous le titre : « De l'influence des habitations sur les causes de décès et sur la durée de la vie », s'est préoccupé de déterminer l'action lente, bien plus funeste que celle des épidémies, que les logements insalubres exercent sur la santé des habitants.

M. Korosi a classé les logements qu'il a observés en quatre catégories, savoir :

1° Les logements habités par une ou deux personnes au plus, vivant dans une même chambre ;

2° Les logements d'une chambre habitée par deux ou cinq personnes ;

3° Les logements d'une chambre habitée par cinq ou dix personnes :

4° Les logements dans lesquels il y a plus de dix personnes par pièce.

Il a constaté que la mortalité produite par la débilité congénitale était énorme dans les logements habités par une population nombreuse ; que, par conséquent, les enfants nés de parents habitant des logements trop peuplés n'ont pas la force suffisante pour vivre.

Il a démontré, en outre, qu'on peut établir en quelque sorte une proportion entre la mortalité par suite de maladies contagieuses et la densité de la population ; que, dans les logements de la 3e catégorie, par exemple, le danger de contracter une maladie contagieuse était de 50 % plus grand que dans les logements de la première catégorie. Il a établi que, dans les logements de la première catégorie, les décédés étaient morts à un âge moyen de 47.16 ; de 39.51 dans ceux de la 2e catégorie ; de 37.10 dans ceux de la 3e catégorie ; enfin, de 32.3 dans ceux de la 4e catégorie.

L'habitation malsaine est donc indiscutablement une des causes de mortalité, mais elle est également influencée par le plus ou moins d'aisance des locataires, leur genre de profession, leur nourriture. Quant aux logements situés dans les caves, M. Korosi évalue, d'après les recherches statistiques auxquelles il s'est livré, que leur influence est telle, qu'elle diminue de deux ans les chiffres de la vie moyenne chez ceux qui les habitent. A ce sujet, nous renvoyons nos lecteurs aux rapports qui ont été faits par l'Administration de la ville de Lille, quand elle a pris le parti humanitaire de supprimer les logements dans les caves, et, à l'étude plus récente de M. Renouard, vice-président de la Société Industrielle du Nord, étude que nous indiquons dans notre bibliographie.

En conséquence d'un grand nombre de documents publiés après des épidémies qui ont désolé des quartiers entiers, et à la suite d'observations régulièrement faites, les données actuelles de la statistique permettent d'établir que la mortalité de la population est un guide assez sérieux pour s'appuyer sur elle et de signaler aux autorités compétentes les quartiers, rues ou locaux qui doivent être considérés comme malsains. A ce point de vue, on a relevé les chiffres de mortalité dans les différents quartiers de Paris au moment des épidémies, et on en a tiré des indications très utiles touchant leur salubrité respective. En Angleterre, aussitôt qu'il meurt plus de 22 personnes pour 1,000 dans un quartier, on y envoie des inspecteurs de la salubrité, armés d'un pouvoir en quelque sorte absolu, et toujours ils ont trouvé dans l'état des habitations les causes de cet excès de mortalité.

Pour justifier l'adoption de cette limite dans un règlement, les Anglais ont établi, par milliers, des logements convenables, ils ont soigneusement noté les cas de maladie, de décès parmi les locataires, et ils ont pu prouver que la proportion des décès dans les maisons-modèles, quoiqu'elles fussent situées dans les plus vilains quartiers de Londres, était bien inférieure à celle qu'on observait dans les maisons voisines ordinaires et en général dans toutes les villes. De plus, ils ont constaté un effet inattendu, à savoir que non seulement la santé des habitants mieux logés s'améliorait, mais encore que leur moral devenait meilleur, que le père de famille consacrait plus de temps aux siens, que la ménagère, placée dans un milieu propre, le conservait souvent tel qu'on le lui avait confié, et, enfin, qu'une aisance relative remplaçait peu à peu l'état précaire dans lequel vivaient les travailleurs. Ces bons effets observés dans les maisons-modèles s'étendirent même aux habitations voisines.

Il est juste de mentionner ici les efforts faits par l'aristocratie

4

anglaise pour bien loger ses fermiers. En 1786, la commune de Caddington était un des plus misérables villages de la Grande-Bretagne. Les habitants étaient pauvres, ignorants, vicieux, turbulents, sales ; John Steward, propriétaire de plusieurs huttes habitées par des paysans, commença par construire des cottages et il les mit à la disposition de ceux qu'il jugea dignes d'être ses tenanciers. Il exigeait d'eux, comme unique redevance, de l'activité, de la tempérance et l'observation du dimanche. Ces conditions suffirent : les améliorations arrivèrent sans effort et s'étendirent dans toute la contrée.

Le duc de Bedford disait : « Améliorer les demeures des classes ouvrières, leur fournir de plus grands éléments de propreté, de bien-être, développer leur éducation, élever ainsi leurs habitudes morales, voilà ce qui doit être un des premiers devoirs et l'un des plus purs plaisirs de tout propriétaire. »

Passant de la théorie à la pratique, le duc de Bedford fit construire plus de 100 cottages dans ses domaines, et plusieurs grands propriétaires anglais, notamment lord Salisbury, suivirent son exemple.

En général, partout les ouvriers des grandes industries n'étaient pas trop mal logés et, à mesure que de nouvelles fortunes se formaient, les ouvriers étaient mieux partagés.

Ainsi, dès 1819, M. de Gorge, directeur des houillères du Grand-Hornu, en Belgique, créa des maisons-modèles pour ses ouvriers, il les leur livra à un taux modéré et leur donna la jouissance d'un petit jardin.

Son exemple fut suivi par beaucoup de grands industriels, qui s'occupèrent de loger le personnel de leurs usines et qui firent de grands sacrifices à cet effet.

Ainsi, en 1835, M. André Kœchlin, fondateur du grand atelier de constructions mécaniques bien connu à Mulhouse, livrait déjà des logements à ses ouvriers dans d'assez bonnes conditions pour l'époque, pour pouvoir exiger d'eux qu'ils envoyassent leurs enfants à l'école, sous peine d'expulsion.

A la même époque, M. Malcomson, en Angleterre, inaugurait le système de la vente d'habitations ouvrières moyennant le paiement d'annuités dont la valeur n'était pas supérieure au prix du loyer d'un logement de surface équivalente.

En 1841, fut fondée à Londres *The Metropolitan Society for improving the dwellings of the labouring classes* à la suite d'une réunion présidée par Henry Taylor, recteur de Spitalfields, où il fut décidé :

1° Qu'une association serait faite dans le but de fournir aux travailleurs une augmentation de confort avec rémunération pour le capitaliste ;

2° Que le premier but de l'Association serait d'ériger, de louer ou d'acquérir des bâtiments convenables et de les livrer à un taux modéré ;

3° Qu'en deuxième lieu, la société construirait des dortoirs pour locataires à la nuit ;

4° Que le troisième objet serait d'ériger, de louer ou d'acquérir de petites maisons pour familles et de les louer à un taux modéré.

Il fallut quatre ans pour faire accepter au public l'idée que la société serait rémunératrice. Une charte royale d'incorporation rendue, d'après l'avis de Robert Peel, le 16 octobre 1845, limita la responsabilité de chaque membre au capital souscrit par lui. La charte limita le dividende à 5 % : tout ce qui dépassait de 15 000 livres le fonds de réserve devait être employé à développer l'institution.

Vers 1845, la société avait réuni un capital de 20 000 livres, soit 500 000 fr. et, elle commença ses constructions. Dès 1844 elle avait été précédée dans cette voie, par la société d'amélioration du sort des classes ouvrières, fondée en 1842, sous le patronage de la reine d'Angleterre et du prince Albert. Le Comité de cette société entreprit l'exécution des logements modèles économiques à la fois dans la capitale et dans les campagnes. Ces habitations avaient été, au début, représentées par un des plus habiles constructeurs de Londres comme très difficiles à établir et ne pouvant guère être menées à bonne fin, et comme peu susceptibles, du reste, de devenir un placement avantageux. Pour faire voir par expérience que la Société pourrait desservir un intérêt rémunérateur, on construisit une première série d'habitations modèles pour familles et femmes seules. Grâce au prix modéré et à la faculté donnée au locataire de se servir d'un lavoir et d'un terrain pour sécher le linge, les maisons furent occupées immédiatement. Ce succès et les nombreuses

- 52 -

souscriptions qui affluèrent dans la caisse de la Société , encoura-
gèrent à construire d'autres maisons analogues pour ouvriers.

« A cette époque, dit sir Henry Roberts dans sa brochure sur les
» classes ouvrières (traduite en 1851 par ordre du gouvernement
» français), un garni d'ouvriers était un foyer de vice et de crime,
» qu'on pouvait considérer comme une honte pour l'humanité ; et
» c'était dans ces sentines d'iniquité et de souillure que le jeune
» ouvrier choisissait sa première demeure quand il quittait le toit
» paternel. Là tous ses bons principes étaient étouffés par des com-
» pagnons de vice : il devenait un fléau pour la société, mourait
» de maladie et de misère, à moins qu'il n'eût perdu sa liberté sous
» le coup des lois de son pays. »

La Société acheta ensuite trois maisons : elle les transforma en
habitations convenables pour ouvriers célibataires. Les locataires
payèrent le prix ordinaire, mais ils étaient logés dans de bien meilleures conditions, et ce loyer constitua cependant une très belle
affaire pour la Société. Pour avoir un garni modèle, la Société construisit alors une maison spéciale dans George Street pour loger 104
ouvriers. Tout fut étudié pour assurer d'une manière parfaite « l'é-
» coulement des eaux, la ventilation, la séparation des locataires
» et tous les agréments qui entretiennent la santé du corps, aug-
» mentent le respect de soi-même et élèvent l'homme dans l'échelle
» des êtres moraux et intelligents. » On mit à la disposition des
locataires une salle de bain, une cuisine et un lavoir, un coffre
pour conserver les vêtements, une petite bibliothèque, une salle
commune. Ces avantages permirent à la Société de faire un choix.
La Société construisit ensuite des maisons à étages pour un grand
nombre de familles et disposa les sous-sols en magasins renfermant
le charbon et les pommes de terre, que le concierge vendait aux
locataires. Les planchers et les escaliers furent construits en fer et
briques à l'épreuve du feu. La Société construisit également des
cottages et elle obtint le même succès que pour ses maisons à étages.
Elle eut bientôt un nombre de locataires suffisant pour démontrer
par des rendements chiffrés les bons effets d'une habitation convenable.

Ces résultats, publiés dans un grand nombre de brochures répandues à profusion par la presse, portèrent partout les plans les plus
variés d'habitations économiques de la Compagnie et produisirent

un mouvement considérable. Le prince Albert construisit de ses deniers une maison modèle dans l'enceinte de l'exposition de Londres en 1851. Le lord évêque de Londres, dans une lettre adressée au clergé de son diocèse le 15 novembre 1869, disait : « Je propose
» que les aumônes recueillies soient consacrées à l'exécution de
» quelque bon plan d'amélioration des demeures d'ouvriers. Loin de
» moi l'idée de déterminer les mains par lesquelles je désire em-
» ployer cette somme, mais dans le cas où les fonds ne seraient pas
» suffisants pour exécuter un plan à part, on ne saurait mieux les
» confier qu'à la Société fondée pour améliorer la condition des
» classes ouvrières. Cette société a déjà fait beaucoup de bien en
» donnant l'exemple de ce qu'on peut entreprendre pour doter les
» pauvres d'habitations commodes et décentes au moyen d'un dé-
» boursé qui, en définitive, portera un intérêt au point de vue social
» et mercantile. Un fait remarquable et encourageant à la fois, c'est
» que dans les maisons de la Société il n'y eut pas un seul cas de cho-
» léra et que deux seuls cas de diarrhée s'y déclarèrent, mais ils
» cédèrent promptement aux soins des médecins. »

L'appel de l'évêque fut entendu et les nombreuses aumônes dues à la charité publique permirent à la Société de prendre un nouvel essor. D'autres membres du clergé anglais s'occupèrent de la question ; plusieurs d'entre eux firent démolir des maisons insalubres et les remplacèrent par autant d'habitations convenables, soit de leurs deniers personnels, soit avec l'aide de fonds récoltés parmi leurs ouailles. Cet exemple fut suivi par les médecins de la ville de Copenhague qui se constituèrent en société. Cette Association généreuse créa ou améliora près de 8000 logements. Les médecins anglais se contentèrent de dire à leurs clients que, si une maladie épidémique se déclarait dans un quartier, elle étendrait naturellement ses ravages dans les quartiers riches voisins, et que toutes les ressources de la science ne parviendraient pas à les arrêter, tant que les foyers d'insalubrité ne seraient pas détruits.

Les magistrats, de leur côté, ne négligèrent aucune occasion de publier des statistiques prouvant que le nombre des criminels était proportionnel à celui des gens logés dans de mauvaises conditions, et que le crime ne trouvait pas d'asile dans les maisons modèles. L'agitation se transmit même aux agents de police de Londres, qui, dans une supplique adressée au Lord-Maire, demandèrent que l'État intervînt pour leur permettre d'habiter autre part qu'au milieu de personnes qu'ils étaient souvent forcés d'arrêter.

Il deviendrait fastidieux d'énumérer tous les efforts faits par les particuliers ou les sociétés diverses qui s'occupèrent de construire de petits logements : nous ne pouvons cependant passer sous silence les travaux de M. Ch. Gattliff, secrétaire de l'association métropolitaine depuis sa fondation. Dans une conférence faite à la Société de statistique de Londres, il réunit les observations qu'il avait faites sur les locataires des maisons modèles. Pendant les huit années qui précédèrent 1874, la mortalité des maisons modèles ne dépassa pas 16 °/₀₀, pendant que celle de Londres, comme celle de Paris, était de 24 °/₀₀.

MORTALITÉ PAR 1000.	1867	1868	1869	1870	1871
Maisons modèles	18	15	18	16	17
Angleterre : hommes	23	23	24	24	24
— femmes	21	21	21	22	21
Villes principales	24	24	25	25	25
Londres	23	24	25	24	25
District-Ouest	22	22	22	24	22
— Nord	23	23	24	24	26
— Centre	25	26	27	26	25
— Est	24	26	28	25	26
— Sud	22	23	24	24	24

Les tableaux comparatifs établis par M. Gattliff permettent encore d'établir qu'il y a proportionnellement plus d'enfants dans les maisons modèles que dans Londres. En classant suivant leur âge mille locataires des maisons modèles et en faisant la même opération pour un nombre égal d'habitants de Londres, M. Gattliff a trouvé les résultats suivants :

	Au-dessous de 10 ans.	De 10 à 60.	Au-dessous de 60.
Londres	237	701	72
Dans les maisons modèles	330	638	32

La mortalité par 1 000 pendant l'année 1874 a été d'après les tableaux de M. Gattliff :

Mortalité par 1000. Année 1874.	Maisons modèles.	Londres.
Enfants au-dessous de 10 ans......	24.04	47.66
— au-dessus —	8.51	17.57

Dans les maisons modèles, le nombre moyen des membres d'une famille était de 4,91 pendant qu'en Angleterre, il était de 4,41. Ce sont les résultats présentés par M. Gattliff, contrôlés par le D' Guy, président de la Société de statistique, qui ont fait dire à ce dernier ce que nous trouvons intéressant à redire : « que, si tous les » Anglais étaient logés dans les mêmes conditions que dans les mai- » sons modèles, on épargnerait chaque année 1 700 000 vies, sans » compter les journées de maladie qui seraient économisées. »

Au point de vue moral, les grandes habitations modèles avec étages rendent également service, car dans chaque groupe de maisons se trouve un gérant qui se met successivement au courant des habitudes de ses locataires. Découvre-t-il des ivrognes, des prostituées, des recéleurs de marchandises volées, etc., etc., il les congédie aussitôt. Les locataires se conforment sans peine à un règlement dont ils reconnaissent les effets salutaires. La ville de Walthamstowe présente un exemple remarquable de l'heureuse influence de l'amélioration des logements sur l'état des habitants. De 1801 à 1851 peu de maisons furent construites et la population augmenta très peu; elle diminua même de 1831 à 1841. De 1851 à 1854 on bâtit 584 maisons propres et coquettes, à chacune desquelles on adjoignit 40 mètres de jardin en profondeur. La population s'éleva de 4 959 individus, qu'elle comptait en 1851, à 7 144 en 1861. Malgré cet accroissement, la taxe des pauvres descendit de 5,4 à 5,3 en 1860. La mortalité a été en 1876 de 1 décès sur 68, soit 14 pour 1 000, pendant qu'elle est évaluée à 1 sur 45 soit 22,2 p. %o dans toute l'Angleterre En 1854 il y avait dans cette ville un pauvre sur 13 personnes; aujourd'hui il n'y en a plus que 1 sur 18. Le nombre des délits a diminué, de nouvelles écoles ont été ouvertes et la moralité de la population a été sensiblement améliorée.

M. R. Farrow, inspecteur sanitaire de Leeds (Angleterre), a publié les chiffres de la mortalité et de la maladie dans cette dernière ville avant et après les réformes hygiéniques de 1851 à 1861. Le taux de la mortalité a diminué de 29 à 19 pour 1 000 habitants, et le nombre des malades a diminué de moitié ; le coût du service médical de l'assistance publique de 73 294 livres est descendu à 33 800 livres. La perte de travail par maladie a été moindre de 19 749 livres, presque un demi-million, et ainsi, dit-il, « on peut considérer la valeur » sociale conservée dans cette ville comme considérable. »

A Liverpool, la plus grande ville d'Angleterre après Londres, l'officier médical de la santé publique, le Dr Taylor, constate que le taux de la mortalité, qui, pendant la période de 1851 à 1860, était de 30,5 pour 1 000 habitants, s'est abaissé si bien qu'en 1885 le nombre des décès a diminué de 3 917, ce qui, à raison de la valeur humaine estimée à 4 000 fr. par tête, représente une valeur de plus de 15 millions de francs (622 803 livres sterl.).

A Birmingham, le Dr Hill, officier du service médical de l'hygiène, rapporte que par le progrès sanitaire et l'amélioration des mœurs de tempérance et de sage économie, la vie a été prolongée dans la population, de telle sorte que le nombre des décès dans les cinq dernières années a été diminué de 2 965 par an, de ce qu'il eût été suivant le taux de mortalité des années 1851-61. Or, cette amélioration équivaut pour cette période à une somme de près de 60 millions de francs.

Pour l'ensemble de l'Angleterre seule (26 000 000 d'habitants), le dernier rapport officiel porte que le taux annuel des décès dans la période 1881-85, a été seulement de 19,3 pour 1 000 habitants, soit de 2,1 moindre que le taux moyen des années 1871-80. Cette réduction implique que plus de 2 811 000 personnes en Angleterre ont survécu, qui auraient péri sous le taux de mortalité de la période antérieure.

L'Angleterre n'est heureusement pas le seul pays où l'on se soit occupé de la réforme des habitations dites ouvrières : Napoléon III fit traduire, en 1851, sous le ministère du commerce de M. Dumas, un livre de l'architecte Henry Roberts, qui avait créé les habitations ouvrières anglaises modèles. Le Gouvernement français décida alors qu'une somme de dix millions serait consacrée à améliorer des petits logements et à subventionner les constructeurs de maisons économiques modèles. Cet exemple fut imité presque dans tous les pays, et l'on fit de grands efforts pour venir en aide aux classes laborieuses.

Mais, si l'on a tenté de faire quelque chose dans cette voie, il reste beaucoup plus à faire, comme nous allons nous en convaincre par l'examen rapide de l'état de la question des logements d'ouvriers en Europe.

En Espagne, en Portugal, en Italie, le climat est en général salubre, la température n'est pas trop froide ; par suite, la nécessité d'un logement convenable ne se fait pas sentir aussi vivement dans ces pays que dans ceux du Nord de l'Europe. Les habitations des paysans et des ouvriers y sont aussi misérables. Dans les mines de la Sardaigne et de l'Italie méridionale, on emploie des enfants de quinze ans, qui souvent n'ont pour domicile que des cavernes creusées dans les rochers ; d'autres logent dans les mines mêmes.

Dans les villes, l'état des habitations des classes laborieuses est en général déplorable, par suite de l'encombrement dans des maisons en bordure sur des rues étroites, sales et privées d'air.

On trouve dans l'ouvrage de J. A. Rebolledo sur les maisons ouvrières, que la mortalité de Madrid varia, de 1865 à 1869, de 43,28 à 52,55 pour 1 000, plus du double de ce qu'elle devrait être même sans grands efforts. A Rome, à Naples et à Turin, la mortalité pour 1 000 a été en 1879 respectivement de 30,2 ; 31,2 ; 28,9. Nous n'avons pas de documents concernant la mortalité dans les villes du Portugal ; nous savons seulement qu'elle y est considérable. A Lisbonne, le marquis de Pombal, après avoir constaté le fait d'une mortalité effroyable, fit construire une maison contenant des logements convenables.

En Espagne, il existe à Madrid une société, *la Constructora benefica*, qui a élevé des maisons à plusieurs étages dont les locataires peuvent acquérir la propriété d'un logement ou d'un étage, par le paiement de six annuités ; elle a également construit des habitations pour une famille, vendues moyennant des annuités analogues. Cette société doit sa fondation à une fête de charité qui rapporta 47 000 fr., et à la générosité du roi d'Espagne, qui donna sur sa caisse les fonds nécessaires pour entretenir cinq maisons. Dans l'industrieuse province de Valence, on a construit des maisons ouvrières en briques. Elles ont un rez-de-chaussée et deux étages : chaque étage est divisé en deux appartements.

En Italie, la population ouvrière des villes est, d'après M. Herries, secrétaire de la légion anglaise, décimée par la scrofule, la consomption, la fièvre et la dyssenterie, toutes maladies causées par l'horrible état du logement.

Beaucoup d'ouvriers, pour échapper à ces maladies, habitent les environs des villes ; ils y ont un réel avantage à cause des taxes onéreuses de l'octroi. Dans les grandes villes, Milan, Florence, Turin, Rome, Venise, des sociétés se sont aussi fondées pour améliorer le logement de l'ouvrier.

La société de Florence possède des immeubles valant 4 millions ; celle de Milan en possède qui valent 1 million. Le mouvement est donné, toute la grande industrie italienne cherche maintenant à utiliser les populations rurales en fondant de nombreuses cités ouvrières.

Dans les pays du centre de l'Europe, la question des petits logements est à peu près résolue, en ce qui concerne les logements des ouvriers. En Autriche, sur 350 000 ouvriers, les patrons en logent 60 000, soit gratuitement, soit moyennant un loyer insignifiant, dans de nouvelles maisons à étages ou dans d'anciennes maisons réparées. Les célibataires sont logés dans des dortoirs ou dans des baraques. Dans les grandes villes, cependant, les classes laborieuses sont encore très mal logées ; aussi, à Vienne, la mortalité par 1 000 est-elle encore de 28,5 et à Buda-Pesth de 37,5. La Compagnie des chemins de fer autrichiens a fondé la colonie de Marburg, qui vaut 9 millions de francs. Les maisons sont groupées par 2 et par 4, suivant le système appliqué par M. Muller à Mulhouse. A côté de la gare de Meidling près de Vienne, elle a construit des maisons à 4 étages divisés en logements de 2 pièces et une cuisine. La société des habitations ouvrières de Prague, au capital de 300 000 fr., a construit 75 groupes de 4 maisons à Bubna et 34 analogues à Prague. Ces maisons sont louées et vendues par annuités ; la société paie 5 % d'intérêt à ses actionnaires. Nous donnons dans notre atlas les plans des habitations ouvrières construites à Bubna, à Pesth et à Vienne pour les ouvriers de la Compagnie des chemins de fer autrichiens.

Une enquête, faite il y a une quinzaine d'années en Allemagne, fit voir l'état déplorable dans lequel se trouvaient les logements des classes laborieuses. Dans plusieurs districts, les habitations étaient des chaumières en torchis, quelquefois en terre gazonnée, recouvertes de chaume, éclairées par des fenêtres fixes ; on signala même certaines chambres où un homme ne pouvait se tenir debout. C'était dans les provinces du Nord que les habitations laissaient le plus à désirer, surtout en ce qui concerne les évacuations des eaux ménagères, l'enlèvement des détritus. Dans les villes, les logements étaient en général dans de mauvaises conditions, et les artisans couchaient par deux.

TABLEAU DE LA MORTALITÉ POUR 1000.	
Berlin..	27
Munich...	34,9
Breslau	29,8
Dantzig..	28

L'industrie allemande étant très ancienne, les patrons jouissent en général d'une position indépendante qui leur laisse le loisir de s'occuper du bien-être de leurs ouvriers ; aussi, le mal ayant été signalé et reconnu, on s'est mis à l'œuvre, et les logements s'améliorent de jour en jour.

Dans les mines de l'État, les ouvriers sont aujourd'hui parfaitement logés: il en est de même des ouvriers de M. Krupp, à Essen, qui a des habitations pour loger 1 670 ouvriers : de M. Staub, à Kuchen, et d'une foule d'autres, sans compter les nombreuses sociétés qui se sont fondées à Berlin, à Francfort-sur-le-Mein, où existe l'une des plus anciennes, qui présente des résultats très remarquables au point de vue du rendement, à Stuttgard, à Chemnitz, à Darmstadt, à Constance, à Strasbourg.

Les habitations ouvrières sont en général convenables en Suisse. On cite bien dans les villes quelques quartiers, dans les villages quelques maisons insalubres, mais les patrons s'intéressent assez généralement au bien-être de leurs ouvriers pour s'occuper de les loger convenablement. Dans presque toutes les villes de la Suisse, il y a des sociétés qui établissent des logements à bas prix, lesquels, disons-le en passant, sont de peu de rapport. Les patrons ont surtout à lutter contre l'entêtement des personnes dans les pièces que l'on ne peut pas ventiler. On ne saurait trop réagir contre cette tendance, surtout en hiver, alors que nulle part les constructeurs n'ont ménagé les moyens de ventilation. La Suisse est remarquable par l'abri qu'elle offre aux célibataires dans ses hospices et dans des auberges spéciales.

Citons les sociétés de Bâle, de Berne, de Genève. La mortalité de cette dernière ville est cependant encore de 22 pour 1 000; sa situation, sa fortune, ses genres d'industrie feraient facilement descendre la mortalité de ses habitants.

La Belgique, la Hollande et le Danemark sont à peu près dans

les mêmes conditions que la Suisse. A Bruxelles, il existe plusieurs sociétés, dont l'une au capital de 5 millions de francs, qui s'occupent de la construction des petits logements. Nous pouvons citer encore celles de Liège, de Nivelles, de Namur, de Verviers, d'Anvers, de Tournon, de Saint-Nicolas.

Les sociétés danoises et hollandaises qui s'en sont occupées sont aussi fort nombreuses; nous donnons deux tableaux tirés des œuvres de M. Knudsen, bourgmestre de Copenhague, et de M. Crommelin, propriétaire à Amsterdam.

Extrait d'un tableau dressé par M. Crommelin donnant l'état de situation de quelques sociétés hollandaises pour améliorer les logements d'ouvriers.

DÉNOMINATION DE LA SOCIÉTÉ	SIÈGE de la Société	NOMBRE de logements	TYPE de maisons	FONDS social	RÉPARTIS EN		DIVIDENDES	Prix de coût d'une habitation	LOYER par semaine	PERTE sur le loyer annuel		DIMENSIONS de l'habitation		TERRAIN ou JARDIN
					obligations	actions				Mauvais payeurs	Vacances	Mètres carrés	Mètres cubes	
1854 Société au profit de la classe ouvrière	Amsterdam	373	à étages	1.050.000	193.300 à 3 %	534.700	1854 à 1857, 3 %; 1858 à 1871, 4 %	2.100 2.520 3.570	2.40 à 3.36 3.36 à 3.78 3.78 à 4.40	1/2 p. %	1 p. %	28 48 57	85 131 161	Plusieurs habitations à un étage ont un jardin.
1853 Salerno	Amsterdam	80	»	160.575		160.575	3 à 4 %	3.350	3.36 à 4.40	insignifiante	presque nulle	27	81	
1860 Société pour l'amélioration des classes ouvrières	Utrecht	30 nouv. 187 amél.	séparées	525.000	315.000 à 5 %	10.000	4 %	1.781 2.625	2.60 à 4.40	1/2 p. %	1 p. %	32 à 38	100 à 112	Terrain commun.
1860 Société pour procurer des habitations aux ouvriers	Tusshédé	103	séparées	273.000	126.000 à 4 1/2 %	147.000	4 %	1.470	1.90	peu sensible	peu sensible	68	93	
1866 Concordia	Amsterdam	282	à étages	819.000		819.000	4 1/2 %	2.100 2.383 2.903	2. à 5.78	presque nulle	presque nulle	16 à 62	44 à 175	Terrain commun.
1865 Association générale de construction fondée à Utrecht et transportée à Amsterdam	Amersfoort Woerden Waddinxveen Delfthaven Amsterdam	25 4 12 34 4	séparées » » » »	247.800		247.800	3 %	1.386 2.596 1.906 3.597 6.135	1.36 à 2.45 3.45 1.90 à 4.10 3.95 à 7.35 4.20					

La mortalité par 1 000 à Bruxelles est encore énorme : elle est de 32 %₀ ; celle d'Amsterdam et de La Haye, de 24 pour 1 000 ; celle de Copenhague, de 26 p. %₀, ce qui prouve que partout il y a encore beaucoup à faire au point de vue hygiénique. Rappelons que notamment à Bruxelles, les efforts les plus énergiques ont été faits en 1850 et que des hommes du plus grand mérite et du plus infatigable dévouement s'étaient consacrés à ces questions humanitaires, sous l'ardente initiative de M. Ducpétiaux. En Russie et en Suède, par suite de la rigueur du climat, il est aussi de toute nécessité de s'occuper de la demeure des classes laborieuses. En Suède, on s'en occupe beaucoup ; en Russie, beaucoup moins. A Stockholm, la mortalité est de 24,6 pour 1,000 ; à Christiania, de 17,8 : à Pétersbourg, de 40. Ces rapprochements dans une mortalité désastreuse de l'Espagne et de la Russie ne sont-ils pas pénibles ? Quand donc, là aussi, des volontés toutes-puissantes réduiront-elles la mortalité aux proportions reconnues possibles aujourd'hui !

Résultats obtenus par la Société de Copenhague.

DÉNOMINATION DES SOCIÉTÉS EXISTANT A COPENHAGUE pour l'amélioration des habitations ouvrières.	NATURE des maisons.	NOMBRE DES LOGEMENTS			Nombre des familles logées.	PRIX ANNUEL.		Nombre d'habitants.	Prix d'un logement.
		Une pièce et une cuisine.	Deux pièces et une cuisine.	TOTAL		Grands logements en location.	Petits logements en location.		
Maisons ouvrières de Christianshavn..	3 étages.	8	56	64	57	224	140	248	1.960
Association des médecins	1 —	314	257	571	403	176	117	2.040	1.820
Maisons Classen	1 —	64	192	256	254	79	112	1.067	2.240
Association des ouvriers fondée en 1860	Rez de chaussée	8	104	112	92	134	100	463	1.400
Maisons du quartier de Nyboder	3 étages.	»	»	154	148	179	134	605	1.680
Société de secours de Christianshavn .	3 —	143	57	20	160	268	168	900	1.680
Association des ouvriers de l'usine Burmeister et Wain	1 —	»	378	378	378	336	185	1.890	3.500
Association donnant des logements gratuits aux vieillards,	1 —	34	50	84	62	112	178	310	1.960

En France, il est facile de se convaincre de la nécessité de commencer à s'occuper plus sérieusement encore des logements d'ouvriers. Très peu de sociétés se sont constituées jusqu'ici dans notre pays pour répondre à ce besoin. Nous citerons la petite société de Passy-Auteuil, étant donné tous les dévouements qui se sont groupés autour d'elle: la Société coopérative immobilière des ouvriers de Paris ; les Cités ouvrières de M. Cacheux, boulevard Kellermann et boulevard Murat, et les sociétés du Havre, de Bolbec et de Nancy. Mentionnons encore les habitations ouvrières de la Compagnie des mines de Blanzy, du Creuzot et d'Anzin, dont nous donnons les plans dans notre atlas.

En résumé, c'est en Angleterre que l'on trouve les sociétés les plus importantes pour l'amélioration des logements d'ouvriers. Il ne faut cependant pas en conclure qu'il n'y ait plus rien à y faire sous ce rapport. La dernière enquête, dirigée par une commission royale, sur l'initiative de lord Salisbury, nous montre qu'il existe encore, dans ce pays, un grand nombre de luttes indignes de servir d'habitations à des êtres civilisés ; c'est évidemment l'excès dans le mal qui a fini par conduire les Anglais et leur gouvernement à s'occuper de cette question des logements, comme aussi de celle des bains et lavoirs publics. Erasme, qui séjourna en Angleterre au commencement du XVIe siècle, décrit ainsi les habitations anglaises de l'époque :

« Les planchers sont de terre glaise couverte de joncs qui ne sont » jamais remplacés, mais sur lesquels on superpose de temps en » temps de nouveaux joncs. On accumule ainsi toutes les saletés et » impuretés humaines ou animales.

» Les rues sont dans le même état de malpropreté et d'insalu- » brité. Quelqu'un qui serait entré dans une de ces chambres » inhabitées pendant quelque temps, eût été infailliblement saisi » par la fièvre. »

Erasme ajoute : « Il est étonnant que l'Angleterre n'ait pas été » rayée du rang des nations par le fait des maladies pestilentielles » qui, pendant le XVe et le XVIe siècle, ont ravagé cette contrée.

N'oublions pas que la gloutonnerie et l'intempérance du peuple anglais, à cette époque, devaient largement préparer l'organisme à la propagation des épidémies.

Toutes les descriptions données, il y a 40 ans, par Villermé et Jules Simon, s'appliquent encore aujourd'hui à bien des logements des classes laborieuses dans les villes. Nous croyons donc qu'il convient de redire encore et de résumer :

1° Les conditions que doit remplir une habitation convenable ;

2° Les causes d'insalubrité des habitations existantes, comme aussi de signaler les moyens propres à les détruire, et de démontrer qu'il est nécessaire de provoquer à nouveau la construction du plus grand nombre possible de logements convenables, et de faciliter aux classes laborieuses l'accès de ces logements.

Nous rechercherons ensuite s'il n'y a pas un moyen pratique de fonder une association qui permette enfin de répondre à ce besoin signalé de toutes parts, et ainsi de remettre tout le monde en situation de remplir un devoir social.

Il nous avait semblé qu'après les brochures de M. Cheysson, l'appel si chaleureux, si patriotique de M. Picot, de l'Institut, il y aurait un entraînement général, et qu'une puissante société allait se constituer. Mais si M. Picot a remporté tous les suffrages, a touché tous les cœurs, il n'a pas été jusqu'à la bourse, et nous avons le chagrin de n'avoir pas encore eu en France un Vanderbilt ou une Mme de Galliéra, dont les inépuisables donations ont déjà partout, en France comme ailleurs, rendu tant de services. Il avait cependant paru irrésistible, l'appel de M. Picot, qui termine ainsi un de ses chapitres :

« Au milieu du mouvement qui emporte nos sociétés modernes,
» en présence du péril qui les menace, nul n'a le droit de demeurer
» immobile, indifférent, confiné dans des études solitaires. Chacun
» doit faire deux parts de sa vie, et, tandis que l'une demeure consa-
» crée aux travaux d'une profession spéciale ou bien aux goûts vers
» lesquels entraîne une vocation, l'autre doit être vouée à ces efforts
» collectifs sans lesquels une nation serait une réunion d'êtres
» égoïstes sans liens mutuels.

» Il n'existe d'influence conservatrice maintenant l'équilibre
» entre les partis politiques, que dans les pays où le devoir de
» patronage social est compris et largement exercé. Dans les
» autres, on assiste longtemps à des alternatives de violence et de
» faiblesse, et on se laisse aller à la dérive, emporté par un cou-
» rant que l'inertie individuelle, lorsqu'elle se prolonge, rend fata-
» lement irrésistible.

» Combattons le socialisme en agissant par l'initiative individuelle
» plus et mieux que lui ; restaurons la vie de famille, les mœurs et
» les vertus du foyer, en donnant à l'ouvrier une habitation saine
» et morale... Surtout n'exigeons pas sa reconnaissance. attendons-
» nous à rencontrer beaucoup d'ingrats, beaucoup d'adversaires,
» une foule d'insouciants ; mais qu'on se souvienne que, dans cette
» entreprise, il n'est pas de petit effort, ni de résultat insignifiant,
» que le danger est extrême, qu'il n'y a pas une heure à perdre.
» Puisse-t-il être temps encore de faire une tentative d'apaisement
» et de réconciliation, de montrer à la classe ouvrière ce que peuvent
» accomplir pour elle ceux qui appartiennent aux anciennes classes
» dirigeantes, et de jeter dans le plateau de nos destinées
» prochaines ce lest qui, dans notre orageuse traversée, peut seul
» assurer le salut. »

CHAPITRE II.

Étude des conditions que doit remplir une habitation économique convenable.

———

Pour qu'une habitation soit convenable, il faut qu'elle soit :

1° Située sur un terrain bien choisi ;

2° Construite suivant des plans bien étudiés, avec des matériaux de bonne qualité, à la fois solides et économiques.

CHOIX DE L'EMPLACEMENT.

Un terrain, pour se trouver dans de bonnes conditions de salubrité, doit être :

1° Sec ou susceptible d'être drainé ;

2° Composé de matériaux imputrescibles ;

3° A une distance suffisante de tout voisinage nuisible ;

4° A une altitude convenable ;

5° Exposé de façon à être à l'abri des vents dominants.

NATURE ET COMPOSITION DU SOL.

L'humidité et les miasmes, les émanations méphitiques provenant ou se dégageant d'un sol qui se décompose lentement, peuvent donner naissance aux affections les plus graves. Dans les habitations économiques pour ouvriers, l'action de ces causes d'insalubrité est d'autant plus redoutable qu'elle s'exerce sur des personnes fatiguées par un long travail et qui, par conséquent, se trouvent dans les plus mauvaises conditions pour y résister.

Quand la nappe des eaux souterraines est trop près de la surface du sol, la mortalité dépend, d'après Pettenkofer, des variations du niveau de cette nappe.

On peut préserver une maison de l'humidité, mais non pas des miasmes délétères s'exhalant d'un sol malsain. En conséquence, les terrains bourbeux, marécageux, trop argileux, les emplacements d'anciens cimetières, de fossés, d'étangs, doivent être évités avec le plus grand soin.

VOISINAGE.

Le voisinage des fabriques présente assez de dangers pour avoir donné lieu à des règlements déterminant la distance à laquelle elles doivent se trouver des habitations, distance proportionnelle à leur action délétère. Nuisible aussi est le voisinage de tout dépôt de matières végétales en fermentation, à cause des miasmes qui s'en dégagent. Au contraire, le voisinage des forêts, des cours d'eau bien entretenus, est d'ordinaire salubre. On a remarqué que l'état sanitaire des forestiers est généralement excellent. Pourtant, dans le premier cas, on peut avoir à se défendre de l'humidité et, dans le second, il faut prendre garde que les habitations ne reposent pas directement sur un sol inférieur au niveau des eaux. Le bord de la mer est toujours humide, il faut donc placer les maisons du littoral à une certaine distance dans les terres et les protéger, au moyen d'arbres, contre le vent de la mer.

ALTITUDE.

Le fond des vallées est généralement humide ; en cas d'inondation, les terrains bas des villes sont exposés à être infectés de miasmes provenant du refoulement de l'eau dans les égouts. A Genève, la mortalité est plus considérable dans la basse ville que dans la haute. En Algérie, la plaine de la Métidja est un foyer d'épidémies meurtrières, tandis que les hauteurs sont très saines. Dans la Guyane, l'état sanitaire des colons ayant leurs habitations sur la pente des montagnes est excellent, tandis que tous ceux qui ont établi leurs demeures dans les plaines ont été décimés par la fièvre et n'ont pu s'y maintenir. Mais, d'un autre côté, l'air des lieux élevés est trop vif pour convenir à tous les tempéraments. Le choix de l'altitude est chose très délicate et, dans le cas qui nous occupe, il est toujours possible de se renseigner et de comparer avant de choisir un terrain.

EXPOSITION.

Hippocrate avait déjà signalé l'inconvénient d'exposer une habitation à l'influence des vents chargés d'humidité. D'autre part, la salubrité des rayons du soleil levant a été reconnue aussi dès la plus haute antiquité. C'est donc l'exposition au levant, à l'abri des vents humides du nord-ouest, qu'on choisira de préférence dans nos climats tempérés. Les pentes exposées au midi sont sèches et chaudes, mais fréquemment battues par les orages ; les pentes tournées vers le nord ne reçoivent qu'une quantité insuffisante de chaleur et de lumière, les pentes inclinées vers l'ouest sont un siège permanent d'humidité.

PRÉPARATION DE L'EMPLACEMENT.

Toutes ces conditions se trouvent, on le comprend, très rarement réunies.

Quand on est forcé de construire sur un terrain donné, la première chose à faire est de s'assurer de son état de siccité par des sondages ; de l'assainir, s'il est nécessaire, par la pose de tuyaux de drainage, par des pierrées destinées à enlever l'humidité du sol ; de le niveler enfin pour assurer l'écoulement des eaux ménagères et pluviales. Quand le terrain est d'une étendue suffisante, on le lotit au moyen de voies de communication, munies de conduites pour l'alimentation de l'eau potable et d'égouts. Pour lotir un terrain par l'établissement de rues, il faut tenir compte :

1° Du genre de construction que l'on veut établir ;

2° De sa configuration ;

3° De la nature des matériaux qu'il renferme.

Lorsqu'on veut établir des maisons isolées, il faut faire des rues le plus économiquement possible, parce que les frais de viabilité sont considérables et que, dans certains cas, ils représentent le tiers de la valeur des constructions.

A Paris, par exemple, la ville ne classe plus une rue, c'est-à-dire ne se charge plus de son entretien, que lorsqu'elle a une largeur de 12 mètres et qu'elle est établie suivant le devis ci-dessous :

	fr.	c.
Chaussée de 7m20 de largeur. Pavage à raison de 16 fr. le m.q.	115	20
2 mètres linéaires de bordure de trottoirs à 18 fr.	36	»
2,10 mètres carrés de bitume à 7 fr......................	14	70
1 mètre linéaire d'égout, type n° 12, à 110 fr.	110	»
2m linéaires de conduite d'eau pr l'arrosage et pr la boisson ..	30	»
Part proportionnelle relative à l'éclairage.................	10	»
TOTAL..................	315	90
Prix d'une bande de 12 mètres de terrain.	Mémoire.	

On voit donc que, sans compter la valeur du terrain de la rue, le mètre linéaire de façade d'un côté revient à 160 fr. environ. On ne peut guère faire de maison complètement isolée, sans un terrain ayant au moins dix mètres de façade. La viabilité d'une maison isolée dans Paris revient donc à 1 600 fr. au minimum.

Quand on voudra construire des maisons isolées, il faudra les établir en bordure sur de simples passages empierrés que l'on peut établir à raison de dix francs le mètre courant, et l'on prendra des dispositions pour assurer toujours un espace libre suffisant devant les pièces de l'habitation. Cette disposition a été prise par M. Cacheux, passage Murat, et par la Société Immobilière des ouvriers de Paris, dans sa villa des Rigoles, rue de Belleville, à Paris.

Il faut aussi tenir compte de la configuration du sol pour : 1° établir les rues en faisant le moins de travaux possible ; 2° assurer l'écoulement naturel des eaux pluviales et ménagères ; 3° n'avoir pas de pentes trop fortes ; 4° n'avoir pas trop de terre à enlever ou à rapporter en nivelant les terrains dépendant de la propriété.

CONSTRUCTION D'UNE MAISON SALUBRE ET COMMODE.

Une maison, dans de bonnes conditions hygiéniques, doit :

1° Reposer sur un sol répondant aux conditions énumérées dans le chapitre précédent, et disposé de façon que les eaux pluviales et ménagères n'y séjournent pas ;

2° Êtreo rientée de manière à permettre aux rayons solaires de pénétrer dans le plus grand nombre de chambres possible. « Où entre le soleil, le médecin n'a rien à faire », dit un vieux proverbe ;

3° Être bâtie avec des matériaux convenables, mauvais conducteurs du froid et de l'humidité, suivant les préceptes de la bonne construction ;

4° Avoir une disposition intérieure répondant aux habitudes du pays et aux mœurs de ses habitants ;

5° Réunir le plus de conditions possibles pour assurer le bien-être de la vie domestique.

MOYENS DE REMÉDIER AUX DÉFECTUOSITÉS DU SOL.

Quand on n'est pas libre de choisir son emplacement, ce qui est le cas général, on remédiera autant que possible aux inconvénients qu'il peut présenter par les moyens dont la science du constructeur dispose. En dehors des appareils de drainage et d'écoulement dont nous avons parlé plus haut et dont nous donnerons quelques détails, il y a des appareils préservatifs dont il convient de dire un mot ici. C'est ainsi que pour protéger un bâtiment contre les eaux pluviales, il faudra : 1° des toitures ayant un angle d'inclinaison en rapport avec la couverture et dépassant les parois extérieures des murs d'au moins 0"30 ;

2° Un revêtement imperméable à l'eau au bas des murs extérieurs pour éloigner l'eau des fondations. Pour empêcher l'humidité du sol de monter dans les habitations, le meilleur moyen est d'établir des caves sous toute la maison et de mettre à 0"10 ou 0"20 au-dessus du sol extérieur, mais bien au-dessous du plancher du rez-de-chaussée, une couche imperméable, soit de briques fort cuites posées à bain de mortier de ciment, soit une couche d'asphalte, soit même une lame de tôle couchée dans un bain de mortier de chaux. Quand les habitudes du pays, l'économie ou toute autre raison y feront obstacle, il faudra élever le plancher du rez-de-chaussée à 0^m60 au moins au-dessus du niveau du sol et ventiler l'espace compris entre le sol et le plancher au moyen de soupiraux bien placés, pouvant s'ouvrir et se fermer à volonté. Si l'on veut établir le plancher au niveau du sol même, ce qui est toujours regrettable, il faudra enlever une couche de terre végétale d'au moins 0^m20 et la remplacer par une couche de scories, de cendres, de débris de matériaux durs indécomposables à l'humidité, sur laquelle on place les lambourdes en chêne. Cette disposition ne suffit pas dans les terrains humides ; dans ce cas, on scelle les frises du parquet sur bitume. De simples prises d'air dans les socles ne suffisent pas toujours non plus et, en tout cas, ces moyens appliqués le mieux possible et réussissant quelquefois dans les terrains élevés et secs, n'obvient pas à l'inconvénient du sol froid en hiver et des souris ou des rats qui peuplent ces sous-sols. Un procédé, appliqué par M. Muller, dans de vastes établissements industriels et ensuite, exceptionnellement, dans des constructions économiques, car il condamne toujours cette disposition, est le suivant : le sol étant bien battu, on le recouvre d'une couche de béton hydraulique de 0^m10 d'épaisseur, puis d'une autre de goudron ordinaire chauffé, mêlé de sable. Pour que le mélange soit parfait, il faut chauffer le sable à la même température que le goudron et continuer la cuisson. Sur le sol préparé on place des lambourdes imprégnées de sulfate de cuivre. Le sulfate de cuivre, dont l'emploi laisse à désirer dans son application à la conservation des traverses de chemin de fer, par exemple, par suite de sa solubilité dans l'eau à laquelle il est continuellement exposé, est d'un usage satisfaisant au cas particulier, et préserve les lambourdes de la pourriture et les entrevoux des animaux nuisibles. Pour absorber l'humidité qui peut encore se trouver dans le sous-sol, on le recouvre avant la pose du parquet avec une couche de chaux vive de 0^m03 à 0^m04 d'épaisseur, et on cloue le plancher.

Dans tous les cas, les murs du sous-sol devront être construits en bons matériaux durs hourdés au mortier de chaux hydraulique et être séparés, ainsi que nous l'avons dit, des murs supérieurs en dessous du niveau du plancher par une couche d'une substance non hygrométrique et imperméable. Le terrain environnant la maison devra présenter une pente suffisante pour écarter les eaux des murs de fondation. Si l'architecte n'a pas été libre de choisir l'exposition la plus favorable, il y remédiera quelquefois par des plantations d'arbres convenablement placées.

Orientation. — Une maison doit toujours être orientée, nous l'avons déjà dit, de façon à recevoir les rayons du soleil dans le plus grand nombre de chambres possible. Le docteur Baudelocque prétend que, quand une maison est bien exposée, quand l'air et la lumière pénètrent dans toutes ses parties et que l'espace occupé par chaque habitant est suffisant, les maladies scrofuleuses n'y apparaissent jamais. Son opinion nous paraît exagérée, car on rencontre des scrofuleux dans la classe aisée, mais il est vrai en nombre infiniment moindre que dans les classes nécessiteuses. Dans nos pays, l'exposition du nord et celle de l'ouest ne sont pas recherchées; le nord est trop froid, et les façades exposées à l'ouest se dégradent facilement et sont le plus souvent humides à cause des pluies fréquentes. Quand on construira, il sera toujours bon de se ménager deux façades libres, de façon à en avoir au moins une convenable pour les chambres où l'on se tient le plus fréquemment.

Choix des matériaux. — Le choix des matériaux à employer pour la construction des maisons ouvrières ne peut être déterminé d'une manière générale; il dépend des pays où l'on doit construire. L'économie étant une des principales conditions à observer, il faut, autant que possible, chercher à fabriquer les matériaux sur place et employer ceux qui sont à proximité. Ainsi, quand on disposera d'un terrain argileux, on fera les briques sur le chantier même; si l'on y trouve du sable ou du gravier, on fera des constructions en béton aggloméré, dit Coignet. Si l'on peut se procurer facilement des ouvriers spéciaux, on fera un pisé en prenant pour guide l'excellente brochure de Noack, ingénieur civil, publiée à Mulhouse, et dont l'auteur avait fait un résumé à la Société Industrielle.

Ce serait mal comprendre l'économie que de vouloir y sacrifier la solidité. On pourra se dispenser d'ornements, mais il faudra toujours se préoccuper de bâtir de manière à n'avoir pas de fréquentes réparations à faire, celles-ci étant ruineuses, surtout dans les maisons ouvrières. Les matériaux devront être toujours non hygrométriques et mauvais conducteurs de la chaleur. Si l'on est forcé d'en employer de qualité inférieure, tels que le pisé en terre, on construira les murs de fondation et les premières assises en matériaux durs, moellons ou briques fort cuites. Les mesures préservatrices contre l'humidité, dont nous avons parlé plus haut, auront ici surtout leur application.

Les briques sont, en général, employées avec beaucoup d'avantage pour la construction des maisons ouvrières : on les dispose de façon qu'elles contiennent des vides pouvant servir de cheminées ou de ventilateurs. Beaucoup de constructeurs font usage de briques creuses, d'autres emploient des briques ordinaires et font des murs creux. Le matelas d'air entre les deux parois est excellent pour préserver l'habitation de l'humidité et conserver la chaleur. Disons toutefois que les doubles murs ont l'inconvénient de devenir les nids des rongeurs, insectes et vermine qui infectent la maison si la construction n'est pas irréprochable et si elle présente des fissures ou des joints ouverts.

M. de Behr a employé, en Poméranie, pour la construction des murs, des briques séchées au soleil et revêtues d'un enduit de ciment sur les deux faces. Un fragment d'un mur élevé dans ces conditions, après être resté exposé pendant dix ans aux intempéries de l'air, a figuré dans un parfait état de conservation à l'Exposition Universelle de 1867.

De grands établissements industriels ont été construits ainsi en France, en briques crues enduites à l'extérieur de mortier hydraulique, et, après 50 ans, sont irréprochables.

Les grandes fermes de la Champagne ont aussi été bâties avec ces matériaux et sont, après 40 ans, dans un état parfait de conservation. Dans les endroits où la brique abonde, on peut l'employer à des voûtes séparant les étages. Les voûtes, dites bohémiennes, faites sans cintres, avec des briques ordinaires, étaient prescrites par un arrêté du gouvernement en Autriche. Cet arrêté n'est plus observé aujourd'hui, par suite de l'emploi de planchers en fer. L'emploi des briques donne, de plus, beaucoup de facilité à l'ornementation économique des façades, que l'on peut varier à l'infini. En Angleterre, en Belgique, en Allemagne, en Autriche, on fabrique des briques spéciales pour les corniches, les chambranles, etc., etc. Nous ne conseillons l'emploi du plâtre absolument qu'à l'intérieur des habitations.

A Paris, les ouvriers sont habiles dans l'art de faire des façades en plâtre plus ou moins jolies sur murs de briques ou de moellons ; malheureusement cet enduit manque de solidité Leur habileté n'approche cependant pas de celle des maçons italiens et allemands, qui font les ravalements les plus riches des façades en simples mortiers de chaux, bien préférables, puisque ces enduits sont d'une conservation indéfinie. On augmente la durée de ces deux enduits par trois couches de peinture à l'huile, mais alors le prix de revient s'élève sensiblement. Quand on ne dispose pas de matériaux irréprochablement imperméables, nous conseillons de revêtir les façades Ouest et Nord-Ouest avec des ardoises ou des tuiles de revêtement.

Il y en a maintenant qui sont spécialement disposées dans ce but dans les tuileries d'Ivry-Port. Les revêtements en bardeaux de bois, dans toute la Suisse, permettent d'apprécier la valeur de cette disposition.

Caves et planchers. — Une condition essentielle d'une bonne cave est d'être aérée. Il faudra donc des soupiraux assez grands et, lorsque la disposition des maisons ne permettra pas de les placer de façon à obtenir des courants d'air, comme c'est le cas pour les maisons adossées, il faudra ménager, dans les murs mitoyens, des cheminées de ventilation qui correspondent aux chambres habitées et qui, à partir du rez-de-chaussée, longeront la cheminée de cuisine ou une autre jusque dans la cave, afin d'y créer un renouvellement d'air.

Une petite porte à coulisse permet de faire varier la ventilation. Le carrelage, souvent employé, a l'inconvénient d'être froid aux pieds. L'économie seule peut le conseiller. Dans les chambres à demeurer, où les enfants doivent séjourner, il faudra toujours mettre un plancher en bois dans les pays du Nord.

Plafonds et toitures. — Les plafonds devront être faits en mortier de chaux, de la même façon que les enduits des murs, et de manière à pouvoir, chaque année, être blanchis à la chaux, de préférence à la tapisserie. Ils devront être unis et ne pas suivre les renfoncements des solives, qui facilitent les applications des nids d'insectes, toiles d'araignées, etc. Dans les localités où le plâtre est trop dispendieux et où, en construisant avec du mortier, on recouvre le mur d'un crépi de même nature, on peut économiser l'enduit de plâtre en ne faisant sur le crépi poli de mortier que trois bandes horizontales de 0m10 de largeur d'enduit de plâtre. Elles sont suffisantes pour coller le papier de tenture. En principe, nous ne sommes pas partisan du papier de tenture, parce qu'il favorise le développement des vermines, punaises surtout qui sont ainsi abritées. Nous donnerions toujours la préférence à des parois de chambre peintes à l'huile ou à la chaux qui donne aussi la coloration et l'application des dessins économiques en poncifs. Quant aux matériaux les plus convenables pour la couverture, ils dépendent de la facilité qu'on trouve à se les procurer où l'on construit. La couverture en tuiles a l'avantage d'être économique et de pouvoir être établie ou réparée par n'importe quel maçon. Les tuiles à emboîtement permettent de donner un angle d'inclinaison moins grand à la toiture et plus de légèreté à la charpente. Il faut éviter d'employer les tuiles faites avec de la terre dite dure, car, outre l'entretien le plus souvent onéreux au bout de peu d'années, ces tuiles gèlent ou se décomposent. Leur schistosité fera courir le risque d'avoir à renouveler la couverture. L'ardoise est fréquemment employée en Angleterre, où elle se trouve en abondance et à bon marché. Comme elle a des nuances variées, on peut faire de jolies toitures en la disposant convenablement. Les couvertures métalliques permettent de réduire l'inclinaison du toit à sa dernière limite et d'employer une charpente très légère. Avec ces couvertures on peut empêcher surtout d'établir des greniers, qui servent trop souvent de chambres à coucher complètement insalubres et dont les règlements devraient interdire absolument l'emploi. Les tôles de l'Oural et de la Suède servent à faire dans le Nord des couvertures résistant parfaitement à l'usage. On a essayé, en Russie, de faire des couvertures avec des tôles anglaises, mais elles sont trop cassantes. En France, en Belgique, on emploie le zinc avec beaucoup de succès; malheureusement cette couverture, pour être irréprochable, ne peut être faite que par des hommes spéciaux. Une bonne couverture en zinc est d'une longue durée, sans réparation aucune.

En Angleterre, en Allemagne, en Amérique, on a fait quelquefois des couvertures en béton et des terrasses avec un mélange de bitume et de sable. Nous ne sommes pas partisans de ce mode de couverture, pas plus que des couvertures en carton-pierre, en zinc cannelé très léger et en général de toutes les couvertures provisoires, qui causent toujours des désagréments par suite des réparations qu'on est obligé d'y faire.

Disposition intérieure. — Le nombre de pièces qui compose un logement convenable d'ouvriers varie de une à quatre. Malgré l'opinion de plusieurs personnes autorisées, dont l'une, au congrès de Gand, a cité l'exemple de maisons modèles qui restèrent inhabitées parce que l'ouvrier leur préférait des logements d'une seule pièce, où le même feu cuisait ses aliments et réchauffait en hiver ses membres fatigués, nous croyons qu'il ne faut louer une seule pièce qu'à des célibataires prenant leur pension au dehors, et que toute personne qui fait elle-même sa cuisine doit avoir deux pièces, c'est-à-dire au moins une chambre et une cuisine. Pour l'habitation commode et salubre d'une famille ayant plusieurs enfants, nous estimons qu'il faudrait :

1° Une salle de réunion de 4 mètres de côté, de 2.70 de hauteur au moins, conformément au règlement de Paris, et qui au besoin et en cas de maladie peut recevoir un lit ;

2° Deux chambres à coucher de 4 mètres sur 3.

3° Un petit cabinet servant de cuisine et de débarras.

Bien que les dimensions que nous attribuons aux pièces puissent paraître exiguës, si l'on se base sur la quantité d'air pur nécessaire à l'homme dans les espaces clos (quantité évaluée aujourd'hui de 20 à 30 mc. par heure), il n'est guère possible d'étendre ces dimensions pour les maisons ouvrières, car, d'une part, on se heurterait aux habitudes de l'ouvrier, qui veut de petites pièces qu'il puisse meubler à peu de frais, et d'autre part, l'augmentation de la main-d'œuvre et du prix des matériaux obligerait à élever le prix du mètre superficiel de construction, de sorte que, dans bien des localités, il serait impossible de louer des logements aux ouvriers à des prix admissibles, sinon rémunérateurs. On remédiera à cet inconvénient par la ventilation, dont nous aurons à nous occuper plus loin. Si, faute de place, on est obligé de recourir aux alcôves, on les disposera de façon que le balayage et le renouvellement d'air en soient faciles, et on bannira surtout les rideaux de lit. On rendra le logement plus commode en y disposant des placards, un cabinet de débarras, et en donnant la jouissance d'un grenier et d'une cave. Le grenier doit être, bien aéré au moyen de chattières ou de lucarnes ; il servira de dépôt pour les provisions, de local pour sécher le linge, de coussin d'air pour préserver les chambres d'une chaleur ou d'un froid trop intenses. Si l'on veut exceptionnellement y faire des chambres à coucher, il faudra prendre des dispositions toutes spéciales, telles que le garnissage des entrevous de chevrons en matériaux mauvais conducteurs, de voliges sous la tuile, plafonner la partie affectée au logement et donner aux chambres des dimensions suffisantes ; depuis quelques années, on emploie comme matière mauvaise conductrice du *silicate cotton* ou coton minéral. Ce produit a l'avantage, en outre, d'être incombustible et de ne pas attirer la vermine. On le trouve aujourd'hui aussi à Paris (1). Quant à la cuisine, les ouvriers ne s'en servent généralement qu'en été. En hiver, malgré toutes les recommandations, ils font cuire leurs aliments dans l'appareil de chauffage de la pièce commune. Cette habitude est, il est vrai, économique, mais il faut prendre certaines précautions, si l'on veut qu'elle ne soit pas nuisible. Il convient notamment de disposer dans la chambre une puissante ventilation, pour que, à un moment donné, les vapeurs de la cuisine ne se condensent pas contre les murs et les meubles. Il faut maintenir l'évier à siphon dans la cuisine, pour que le lavage de la vaisselle et ses conséquences ne se fassent pas sentir dans la chambre.

Conditions du bien-être de la vie domestique. — Pour assurer le bien-être des habitants d'une de ces maisons, il faut y établir :

1° Des appareils appropriés de chauffage et de ventilation ;

2° Une distribution abondante d'eau pour le ménage, pour la boisson et pour le service de propreté ;

3° Un écoulement parfait des eaux pluviales et ménagères ;

4° Des privés en nombre suffisant, inodores, et dont la vidange soit facile, s'il n'y a pas envoi direct à l'égout.

---

(1) Chez MM. Émile Muller et Cie, à Ivry-Port.

Appareils de chauffage ou de ventilation. — L'atmosphère des habitations étant soumise à des causes perpétuelles d'altération, doit être constamment renouvelée. La ventilation naturelle, c'est-à-dire la pénétration de l'air extérieur par les fissures et par les pores des murs, prouvée par les expériences de Pettenkoffer, est un premier agent de renouvellement.

D'après M. Marker, il passe en une heure à travers un mètre carré de maçonnerie :

1^{mc} ,69 d'air pour le grès,

2 ,22   »   » le calcaire,

2 ,83   »   » la brique.,

3 ,64   »   » le tuffeau,

5 ,12   »   » le pisé.

Marker n'a pas tenu compte, dans ses expériences, de la pénétration de l'air, en très minime proportion d'ailleurs, qui se fait par les fissures des portes et des fenêtres. Mais, d'autre part, il a constaté que les plafonds et murs recouverts d'une couche de plâtre, les enduits en mortier ou en ciment, les couleurs à l'huile, les papiers de tenture, l'humidité, sont autant d'obstacles à la ventilation par les murs. En conséquence, dans les conditions ordinaires des habitations, la ventilation naturelle est insignifiante, puisque, par cela même qu'on cherche à préserver l'habitation de l'humidité, elle est entravée d'autant.

La meilleure ventilation sera obtenue par une disposition bien entendue des fenêtres et des portes, c'est-à-dire telle qu'en les tenant ouvertes, on produira un courant d'air qui enlèvera les émanations. La ventilation peut s'obtenir aussi par le chauffage. Les appareils de chauffage doivent être en même temps des appareils de ventilation. Les principaux appareils de chauffage sont les cheminées, qui sont les meilleurs ventilateurs, les poêles en fonte et en tôle, les fourneaux en terre cuite. Ce sont les seuls qui puissent être placés dans des maisons d'ouvriers. La combustion se faisant aux dépens de l'air des salles chauffées, il en résulte un appel énergique de l'air extérieur par les fissures des portes et des fenêtres. De là des courants nuisibles, que l'on évite en établissant des prises d'air spéciales dans des endroits convenables. Cette observation s'applique surtout aux cheminées, qui sont malheureusement les plus dispendieux appareils de calorification, en ce qu'elles exigent une quantité relativement énorme de combustible, les 9/10 au moins du calorique s'échappant par le conduit à fumée. Néanmoins, les ouvriers parisiens surtout et ceux du Nord y tiennent beaucoup, à cause de la tablette sur laquelle ils peuvent placer divers objets qui constituent leur luxe. Plusieurs constructeurs ont établi des fourneaux dans les cheminées ; ce qui permet à la ménagère de faire sa cuisine dans la salle à manger. Cette disposition se rencontre souvent dans les loges de concierges parisiens. On a cherché à remédier à la grande perte de combustible causée par l'emploi des cheminées, au moyen de plusieurs dispositions, mais aucune ne donne plus de 30 % de la chaleur développée par le combustible ; aussi les ouvriers se servent-ils généralement de poêles, soit en fonte, soit en faïence. Les poêles en métal sont nuisibles. Ils s'échauffent rapidement, c'est leur avantage, mais se refroidissent de même, déterminent une ventilation insuffisante, qu'il faut donc activer par des procédés spéciaux. Il est difficile de les chauffer sans amener leurs parois à une température qui souvent suffit à décomposer les miasmes en acide carbonique et en oxyde de carbone, gaz dont les effets délétères sont bien connus. On est parvenu à diminuer les inconvénients de ces poêles en garnissant les parois d'ailettes, qui augmentent assez la déperdition de la chaleur pour empêcher le métal de rougir.

Les poêles en faïence sont bien préférables. Plus difficiles à chauffer, ils transmettent une chaleur beaucoup plus régulière. Le combustible brûlé, on ferme la clef, et la chaleur se conserve assez longtemps. Ces poêles sont très employés dans les pays du Nord.

Pour remédier à l'insuffisance de la ventilation, inconvénient commun à tous les poêles, on peut recourir à des moyens divers, dont les suivants nous paraissent applicables. On ménage dans les murs des ouvertures qui conduisent l'air vicié au dehors et munies de plaques perforées que l'on peut fermer complètement au moyen de valves.

Pour le renouvellement de l'air, M. Emile Trélat, directeur de l'École spéciale d'architecture et architecte du département de la Seine, a fait percer de trous coniques des plaques de verre. Ces plaques sont placées au haut des fenêtres, la partie ouverte du cône est disposée à l'extérieur, l'air frais entre sans mouvement sensible. à tel point que la flamme d'une bougie approchée ne vacillera pas.

On a employé aussi des tuyaux en poterie partant des caves, débouchant au-dessus du toit, munis d'ouvertures suffisantes, débouchant dans les pièces à ventiler. En disposant ces conduits le long des tuyaux de fumée, la chaleur dégagée par ces derniers est souvent suffisante pour assurer la ventilation. Il est en tout cas possible aujourd'hui de pourvoir une maison de bons appareils de ventilation, mais il est plus difficile de décider les habitants à s'en servir : c'est à cela qu'il faut s'appliquer en répandant partout, avec l'instruction, surtout dans les écoles de filles, les règles de l'hygiène que les premières elles seront appelées à appliquer.

Nous sommes persuadés qu'en enseignant simplement et clairement les règles de l'hygiène domestique aux jeunes filles, en leur faisant comprendre son influence considérable sur la maladie et la mortalité, en leur montrant par des tableaux et des chiffres, qui valent bien les tableaux synoptiques des dates d'histoire, quel rôle important peut jouer dès aujourd'hui, dans le ménage maternel, chacune de ces femmes à qui rien n'avait été enseigné. Plus tard, dans leur propre ménage, la société aura en elles les auxiliaires les plus puissants.

Nous avons la conviction qu'un petit catéchisme usuel destiné aux femmes d'ouvriers, d'artisans, de la bourgeoisie, mieux que cela, à toutes les femmes qui ont à cœur la santé de leurs enfants et de leur personnel, sera l'élément le plus important d'introduction des règles de l'hygiène dans l'habitation. Partout, toujours, en tous pays, c'est la femme qui généralement tient le ménage et s'occupe de la maison, quelle que soit sa situation. Le jour où, aussi bien pour louer une modeste chambre, un petit logement ou un appartement plus ou moins grand, une maison ou un hôtel, le propriétaire, le vendeur et l'architecte se sauront toujours aux prises avec les exigences et les prétentions d'une femme qui en saura autant et plus qu'eux, car, soyons-en convaincus, elle apportera dans les preuves de son instruction une ténacité qu'aucun raisonnement ne saura combattre, les constructeurs et les architectes seront absolument forcés de passer maîtres en l'art d'appliquer les règles de l'hygiène à leurs habitations quelles qu'elles soient.

La femme, devenant le contrôleur éclairé des mesures hygiéniques qui devront a l'avenir se rencontrer dans toutes les habitations, saura forcer la main à tous ceux qui auront pour mission de les appliquer. Nous appelons donc de tous nos vœux la publication de ce petit *Vade-mecum* élémentaire de la femme, qui veut pour les siens et pour elle-même un logement salubre, remplissant toutes les conditions que l'état actuel de la science hygiénique permet d'exiger.

Ce catéchisme enseignera surtout qu'il ne faut absolument pas se chauffer avec des poêles dits mobiles quels qu'ils soient, donnant lieu à des dégagements d'oxyde de carbone.

Distribution d'eau. — Dans les grandes villes, l'eau qui doit servir aux besoins divers de la vie domestique est distribuée par des compagnies dans une proportion journalière admise, à Paris, de 20 litres environ par personne et 1 litre 50 par mètre carré de jardin, moyennant une somme variant avec la qualité et la quantité d'eau fournie. Dans les habitations qui ne reçoivent pas l'eau au moyen de tuyaux de conduite, on emploie l'eau des puits, l'eau des citernes, l'eau des sources artificielles. L'eau des puits à proximité des habitations est souvent viciée par des impuretés provenant de fuites aux fosses d'aisance ou aux puisards, par des immondices que les eaux pluviales ont entraînées avec elles. Elle est souvent indigeste, peu propre au lessivage et à la cuisson des légumes. Aussi ne convient-elle guère que pour l'arrosage des jardins, le nettoyage, etc. L'eau de pluie recueillie dans les citernes est préférable : elle est saine, mais elle doit être rendue sapide et il faut que les citernes soient entretenues dans un état parfait de propreté, c'est-à-dire nettoyées, car les eaux entraînent les poussières des toits, et déposent des matières étrangères qu'il faut pouvoir enlever assez fréquemment. Pour cela il faut, dans la construction, ménager un trou d'homme et une disposition qui permette de les vider facilement. Il est bon de munir les citernes de citerneaux dans lesquels se déposent d'abord les impuretés. Les eaux tombant au commencement des orages et les premières ondées qui suivent une grande sécheresse étant impures, il ne faut pas les diriger dans les citernes. L'eau des citernes doit toujours être filtrée, et il convient de disposer les filtres de manière à pouvoir les nettoyer avec un courant d'eau rendu ascendant et descendant à volonté au moyen de robinets placés convenablement.

A la campagne, on obtient de petites sources artificielles de la façon suivante. On établit au fond d'une vallée une aire imperméable en pente, d'une centaine de mètres carrés. On élève sur la partie la plus basse un petit mur de soutènement d'une hauteur d'un mètre environ : on recouvre l'aire d'une couche de matériaux durs et poreux, sur lesquels on place des mottes de gazon ou de la terre végétale en suffisante quantité pour qu'on puisse y planter des végétaux avides d'humidité. On dirige toutes les eaux pluviales dans la couche poreuse et, à l'endroit où elles s'accumulent, on place un tuyau muni d'un robinet. Grâce à l'ombrage que produisent en fort peu de temps les végétaux, on obtient de l'eau fraîche et d'excellente qualité. L'eau impure est surtout fatale aux enfants, car les grandes personnes boivent en partie des liquides fermentés ou des infusions qui nécessitent l'emploi d'eau bouillie, c'est-à-dire ayant subi une opération qui a détruit la plupart des matières organiques dangereuses.

Écoulement des eaux pluviales et ménagères. — Nous avons vu plus haut quelles dispositions de construction il convient de prendre pour protéger les habitations contre les eaux pluviales. Il faut y ajouter un système de tuyaux servant à les écouler soit au dehors, soit dans des récipients. Ces récipients sont ordinairement des tonneaux enfoncés en terre. M. le docteur Paul, dans son rapport sur l'exposition de Bruxelles, parle de récipients placés dans les combles. Cette disposition convient à des habitations plus confortables que celles dont nous nous occupons, car les soins qu'il faut prendre pour empêcher la putréfaction de l'eau de pluie et les effets des fuites, le coût de la canalisation, compensent et bien au delà les avantages que peut procurer un réservoir placé à une certaine hauteur. Nous ne parlons pas, bien entendu, des maisons adossées à des collines. Dans les villes, les eaux pluviales devront être amenées sur la voie publique au moyen de caniveaux pavés ; quand la pente du terrain sera trop contraire, on pourra, très exceptionnellement, les écouler dans des puisards d'un nettoyage facile, mais toujours à condamner en principe en attendant la création d'égouts. Dans l'établissement de ces puisards on ne saurait prendre assez de précautions et trop surveiller les tassements qui s'y produisent. Les eaux ménagères ne doivent en aucun cas être écoulées dans des puisards. Le mieux est de les diriger dans le trou aux ordures ; les matières grasses s'attachent aux détritus solides, et les liquides sont absorbés par la poussière, la paille, les débris de légumes. Cette méthode mérite d'être suivie dans toutes les habitations situées à la campagne, mais à la condition que les ordures soient assez souvent enlevées pour que les matières organiques n'entrent jamais en fermentation. On doit employer pour l'écoulement des eaux ménagères de préférence des tuyaux en grès ou en terre vernissée. La fonte est à conseiller pour les tuyaux en élévation, car les tassements des constructions mettent souvent les tuyaux de grès hors de service. En principe et sans exception, tous ces tuyaux devront être placés de façon qu'on puisse les surveiller et les réparer facilement en cas de besoin.

Privés. — L'importance des privés établis dans de bonnes conditions commence à être reconnue partout. Bien des personnes tiennent à ce qu'ils soient en dehors des habitations. Cette disposition est vicieuse, car elle est, dans la mauvaise saison, une cause de refroidissement et par conséquent de maladies dont les enfants et les personnes indisposées sont souvent victimes. Avec les appareils modernes, on peut établir les privés dans les maisons sans inconvénients. Nous dirons quelques mots de ces appareils et des procédés mis en usage pour empêcher les odeurs de remonter dans les logements ; mais nous avons d'abord à nous occuper des dispositions à prendre pour la réception et l'enlèvement des matières.

On emploie la fosse fixe avec ou sans séparation des liquides, la fosse mobile avec ou sans appareil diviseur, l'écoulement direct des matières dans les égouts. Le système des fosses fixes, qui a été en son temps un grand perfectionnement et que le simple raisonnement et les règles d'hygiène les plus élémentaires condamnent aujourd'hui, est en principe, actuellement encore, le plus économique et le plus généralement pratiqué dans les maisons qui contiennent peu d'habitants. Les fosses, on le sait, doivent être parfaitement étanches, résultat qu'on obtient en les construisant avec de bons matériaux et en les enduisant de ciment. Pour en calculer les dimensions, il faut se baser sur ce fait qu'une personne produit un demi-mètre cube de vidanges par an. Les matières solides n'étant que la cinquième partie des vidanges, on a imaginé de diviser les fosses par une cloison percée de trous, de manière à séparer les solides des liquides. Ceux-ci sont facilement enlevés au moyen d'une pompe, mais les matières solides étant d'un enlèvement pénible, infect et coûteux, on a généralement renoncé à ce procédé ; la séparation des liquides ne se fait plus que dans les fosses mobiles. Ces fosses mobiles consistent dans des tinettes en bois ou en métal placées sous les tuyaux de chute dans des caveaux, et que les compagnies de vidange se chargent de faire enlever et remplacer périodiquement. Ce système permet une économie de terrain et dispense de faire une fosse. A Paris, la construction d'une fosse fixe selon les prescriptions réglementaires revient à 800 fr. environ. On emploie depuis quelques années beaucoup de fosses mobiles avec appareil diviseur. Les solides restent dans les tinettes et les liquides sont écoulés soit dans un réservoir soit dans les égouts. L'emploi d'une fosse mobile avec écoulement des liquides présente les avantages suivants :

1° On réalise une économie notable sur les frais de première installation ;

2° Les frais relatifs à la vidange sont diminués ;

3° L'enlèvement se fait sans infection ;

4° Les eaux pluviales et ménagères sont en même temps envoyées dans les égouts, ce qui évite bien des désagréments, surtout en hiver, où, par suite de la négligence bien connue des locataires, les tuyaux d'écoulement s'engorgent si facilement pendant les gelées.

D'autre part, les inconvénients de ce système sont :

1° La perte des liquides pour l'agriculture quand on n'utilise pas les eaux d'égout ;

2° Le prix élevé de la redevance à payer aux villes pour obtenir le droit d'écoulement dans les égouts. A Paris on paye 30 fr. par an par tuyau de chute. Le prix annuel de location d'une tinette de 100 litres est de 20 fr., le prix de son remplacement de 2 fr. en moyenne. Pour une famille de cinq personnes, il faut compter 60 fr. pour les frais de vidange, tandis qu'avec une fosse fixe, ils ne sont que de 12 fr. 50, à raison de 4 fr. par mètre cube. Mais si l'on compte les intérêts du capital employé à l'établissement de la fosse fixe, les frais d'entretien et de fermeture de cette fosse étant de 50 francs environ, on voit que la différence n'est pas considérable.

Le système diviseur avec écoulement des liquides à l'égout est indiscutablement avantageux à Paris, lorsqu'il est employé dans une maison ayant de nombreux locataires, par suite du mode de taxation adopté par la Ville. La redevance à payer pour droit d'écoulement des liquides à l'égout est de trente francs par tuyau de chute, quel que soit le nombre des personnes qui s'en servent. Lorsqu'il y a beaucoup d'habitants dans une maison, l'économie est encore augmentée par cette considération pratique que, plus les locataires jettent l'eau dans les privés munis d'appareils diviseurs, mieux ces appareils fonctionnent, et l'on sait que dans les maisons d'ouvriers il est impossible d'empêcher les habitants de jeter leurs eaux ménagères dans les fosses.

L'envoi direct des vidanges aux égouts est un procédé barbare, inadmissible quand les égouts se déversent dans des cours d'eau. La perte qui en résulte pour l'agriculture est considérable, sans parler de l'infection des rivières qui reçoivent ces matières. La méthode du Tout à l'égout, très en vogue depuis longtemps en Angleterre, suivie aussi en France et en Belgique, est appelée à prendre un grand développement maintenant que l'on commence à utiliser les eaux d'égout pour l'agriculture.

Pour empêcher les odeurs de remonter dans les logements, on peut procéder de deux manières : ou bien leur barrer le passage, ou les détruire aussitôt après leur formation. Dans le premier ordre d'idées, on emploie les appareils à valve, à siphon et les ventilateurs. Les appareils à valve, les tuyaux en siphon, très employés aujourd'hui partout, exigent tous beaucoup d'eau et doivent être construits et disposés de manière qu'on puisse les nettoyer et remédier facilement aux engorgements. Un tuyau de ventilateur partant de la fosse et allant jusqu'au sommet du toit, disposé le long des conduits à fumée, est aussi souvent employé pour éliminer les odeurs, mais les différences de pression atmosphérique suspendent souvent le mouvement ascendant et occasionnent des refoulements dans l'intérieur de l'habitation. En tout cas, il faut absolument un jet d'eau dirigé en hélice le long de la cuvette, de façon à en laver les parois et à éviter l'adhérence pour constituer un appareil à peu près parfait.

Pour détruire les odeurs, le procédé le plus simple, mais applicable seulement aux fosses mobiles, consiste à disposer dans les tinettes des matières absorbantes, telles que détritus de légumes, terre, cendres, poussières, etc. Ce système porte le nom de M. Goux, qui l'a rendu pratique en imaginant un moule qui permet de préparer très promptement les tinettes.

A. Noisiel, dans les habitations ouvrières de M. Menier, on fait de ce système une application très réussie. Les parois des tinettes sont garnies avec les résidus des cacaos ; les tinettes pleines sont enlevées par les ouvriers, et le contenu est employé comme engrais dans les terrains donnés aux ouvriers ou dans la ferme de M. Menier.

En Angleterre et aux Etats-Unis, on emploie beaucoup le système de Moule et autres analogues consistant en un mécanisme adapté au siège, que l'on fait agir après chaque service et qui donne la quantité de terre à four ou de cendres nécessaire pour absorber toute émanation. On a discuté à une réunion de la société des ingénieurs anglais la valeur de ce système, que depuis 20 ans nous avons vu à toutes les expositions. On est d'accord pour reconnaître le pouvoir désinfectant de la terre, mais on craint que des miasmes inodores n'échappent à son action et ne se répandent dans les logements, sans parler de l'ennui de ces approvisionnements et de l'enlèvement d'une masse plus considérable de matières. Quoi qu'il en soit, en Angleterre et en Amérique, les ouvriers construisent souvent pour les privés des appareils très simples permettant d'employer les cendres du ménage. Les désinfectants chimiques, tels que le sulfate de fer, le sulfate de zinc, le chlorure de chaux et autres, sont employés avec succès dans un grand nombre de cas. A Paris, une ordonnance de police du 29 novembre 1854 prescrit la désinfection des fosses fixes avant l'enlèvement des matières.

Un arrêté préfectoral du 14 juin 1864 impose la désinfection des tonneaux mobiles.

Le choix du procédé employé pour la désinfection des vidanges est laissé à l'entrepreneur, mais on lui impose la condition de faire approuver par le préfet de police la méthode de désinfection dont il fera usage.

Dépendances. — Les annexes destinées au logement des animaux domestiques doivent, d'après le Conseil supérieur d'hygiène publique belge, dont le Secrétaire, M. le D' Vieminckx, a bien voulu nous donner un extrait des délibérations, satisfaire aux conditions suivantes :

1° Leur capacité devra être calculée de façon que chaque vache ait 20 mètres cubes d'air à sa disposition, chaque chèvre 6 mètres cubes et chaque porc 5 mètres cubes.

Les écuries devront être convenablement éclairées et ventilées.

Le sol sera pavé en matériaux non poreux, reliés par du mortier hydraulique de bonne qualité ; il présentera une inclinaison pour l'écoulement des urines.

A défaut d'égout, les urines seront conduites dans la fosse d'aisance de l'habitation par un canal couvert muni d'un coupe-air.

Le fumier extrait des étables et porcheries sera déposé dans une fosse le plus loin possible de l'habitation.

Les mangeoires des porcheries seront établies dans l'épaisseur du mur et munies d'une porte flottante.

Nous terminons ici ce que nous avions à dire des conditions de salubrité et de commodité d'une maison, dépendantes du choix de l'emplacement et du mode de construction. Il nous reste à examiner les différents plans adoptés pour concilier les goûts et les besoins des ouvriers avec les exigences de l'économie. Nous commencerons par étudier dans le chapitre suivant les avantages des maisons au point de vue du nombre d'habitants qu'elles contiennent.

CHAPITRE III

Classification des habitations ouvrières.

———

Les habitations ouvrières peuvent être :

1° Des maisons à étages servant à loger un grand nombre de familles ouvrières ;

2° Des maisons mixtes, dont les étages supérieurs seuls sont habités par des travailleurs ;

3° Des maisons isolées ou juxtaposées, affectées au logement d'une seule famille ;

4° Des hôtels garnis pour ouvriers célibataires ;

5° Des maisons auxquelles on adjoint des ateliers pour permettre à l'ouvrier de travailler chez lui.

Les trois premiers types ne sont pas d'une valeur égale ; chacun a ses avantages et ses inconvénients ; enfin la disposition des lieux ne permet pas toujours de les employer indifféremment l'un ou l'autre. Ce sont ces circonstances diverses que nous nous proposons d'étudier, et nous dirons ensuite quelques mots des hôtels garnis. ainsi que des maisons avec ateliers industriels.

Maisons à étages pouvant loger un grand nombre de familles. — La construction de ce genre de maisons permet de réaliser de grandes économies de terrain, de fondations, de couverture, et réduit les prix relatifs :

1° Aux droits de petite et grande voirie ;

2° Au pavage des rues et des trottoirs, au balayage ;

3° A l'écoulement des eaux ménagères ;

4° A l'établissement des privés et des dépendances de tout genre;

5° Aux murs de clôture.

On peut ajouter à ces avantages la facilité de procurer aux locataires l'eau et le gaz moyennant une faible rétribution, tandis que dans les maisons de famille, juxtaposées ou isolées, même quand elles constituent une cité ou une villa, cette installation entraîne toujours à de grands frais pour chaque famille. Enfin, les partisans du système des maisons à étages font valoir que les habitants de ces maisons se rencontrant dans les escaliers sont obligés de s'observer : d'après eux, ils perdent de leur rudesse et veillent à ce que leurs enfants ne soient pas en butte aux moqueries de leurs camarades par suite de leur tenue débraillée. On comprend que la réunion de ces avantages réels ou supposés, joints à celui d'habiter en ville, de jouir des squares, du théâtre, de la rue, tout en étant à proximité de leurs travaux journaliers, aient décidé les ouvriers de Paris et de Berlin, libres de bâtir à leur guise, à construire des maisons à étages. Les Anglais ont considérablement amélioré ce genre d'habitations, et de grandes sociétés, qui l'ont adopté, ont retiré de leurs avances un intérêt rémunérateur. M. Ch. Gattlif, secrétaire de l'association métropolitaine, dans son Mémoire lu à la société de statistique de Londres (16 février 1875), décrit les maisons modèles à étages dont nous donnons les dessins.

Dans ces habitations, comme, du reste, dans les maisons à étages améliorées, la surface couverte n'occupe que les deux tiers de la propriété. Les cours sont bitumées, les enfants peuvent y jouer à l'abri des voitures. La mortalité est descendue à 16 pour 1 000 et n'excède pas par conséquent celle des quartiers les plus sains de Londres. Le crime et les mauvaises natures sont bannis de ces demeures, grâce au concours des locataires, qui réclament l'expulsion des gens sans aveu et qui facilitent l'arrestation des voleurs. Les loyers sont payés tous les huit jours, faute de quoi (d'après la déclaration faite personnellement par M. Gattlif à M. Cacheux) on envoie un garnisaire, espèce d'hercule de foire qui s'introduit par surprise dans les logements et qui y reste jusqu'à ce que le locataire insolvable déménage. Quand ce moyen ne réussit pas, le propriétaire est forcé de s'adresser à la justice ; mais il ne le fait que forcé, car les procès coûtent encore plus cher en Angleterre qu'en France. Dans les maisons dues à la générosité de M. Peabody, riche Américain qui a légué 12,000,000 de francs pour la construction de maisons ouvrières, on a adopté le système à étages. Pour faciliter aux locataires le soin de maintenir propres leurs escaliers, on a disposé sur chaque carré un trou à poussière communiquant avec une fosse destinée spécialement aux ordures. A chaque étage, une buanderie est installée pour les besoins des locataires. Au sous-sol, deux baignoires sont affectées à leur usage exclusif; l'eau est fournie gratuitement.

Le revenu net des maisons de M. Peabody est destiné à la construction de nouvelles habitations. Bien que ce revenu ne doive pas excéder 4 p. 100 suivant la volonté du testateur, la valeur des constructions élevées par les administrateurs de son legs est actuellement considérable, et elles abritent 4,551 familles. La Compagnie porte le nom de *The industrial Dwellings Company;* elle a construit des maisons à étages qui valent 25 000 000 de francs. On compte que, dans cent ans, cette société aura fourni tous les logements qui peuvent être utilisés dans Londres par la classe ouvrière qui ne veut pas émigrer dans les quartiers excentriques.

En France, les maisons à étages ont également un certain succès. Napoléon III a subventionné plusieurs constructeurs; mais la plupart n'ont pas voulu de l'intervention de l'État, pour être libres d'agir à leur guise. Beaucoup d'entrepreneurs ont construit des maisons à loyers, qu'ils ont louées à des ouvriers à un taux très rémunérateur; ces maisons, faites le plus souvent avec des matériaux de démolition, n'étaient bâties que pour donner de la valeur aux terrains environnants et être revendues. Les personnes qui, attirées par des revenus bruts de 10 à 12 p. 100, se laissaient aller à les acheter, faisaient une fort mauvaise affaire, car, au bout de quelques années, ces bâtiments mal construits étaient condamnés à disparaître ou donnaient lieu à de continuelles et dispendieuses réparations. Dans les maisons françaises à étages, on ne trouve malheureusement pas encore le confort des maisons anglaises. L'ouvrier en général, chez nous, est plus indifférent à son bien-être qu'en Angleterre.

On a essayé en France de mettre des ventilateurs dans les logements des maisons à étages; les locataires les empêchaient de fonctionner. M. de Madre, propriétaire de maisons de ce genre, avait établi des trous à poussière ; on y jetait tant d'ordures qu'on les bouchait et qu'il fallut les supprimer.

M. Paul Dubos, ingénieur, entrepreneur de travaux publics, très expert en la matière, a établi 96 maisons à 5 étages à Montmartre : elles sont très bien disposées et divisées en logements de deux pièces et une cuisine. Les petits appartements comprenant 3 pièces, une cuisine et des privés, construits pour les ouvriers, étaient presque toujours sous-loués par eux. On n'a réussi jusqu'ici à les faire vivre dans de bonnes conditions hygiéniques que dans les maisons dépendantes de grands établissements, où les patrons sont maîtres de les imposer à leurs ouvriers, tels que le familistère de Guise, fondé par M. Godin, ancien député de l'Aisne et dont nous donnons le dessin.

M. Godin a procuré à ses locataires tous les agréments de la demeure du riche ; il habitait au milieu d'eux et veillait à la stricte observation des services généraux assurant le bien-être de chacun. Les fièvres épidémiques n'ont jamais ravagé le familistère. Quand le typhus apparaissait dans la contrée, M. Godin faisait saupoudrer les couloirs, les corridors, de sciure de bois imprégnée d'acide phénique : des nettoyages parfaits, de l'eau en abondance, des désinfectants énergiques ont toujours réussi à conjurer les terribles effets du fléau.

Les étages sont absolument indépendants les uns des autres, grâce à la disposition des planchers en fer rendus complètement insonores par une couche de terre à four placée sous le carrelage. De gros murs placés à dix mètres de distance les uns des autres, sont destinés à localiser les effets des incendies qui pourraient survenir. Grâce à cette disposition, on a pu arrêter rapidement un violent incendie.

Les escaliers sont incombustibles. Pour les construire, on a employé une carcasse en fer, et on a moulé les marches avec du béton fait avec du ciment et des débris de matériaux durs. Le tout est parfaitement mélangé à l'aide d'un malaxeur mécanique.

L'eau et le gaz sont à la disposition des locataires, auxquels on fournit en outre toutes les choses nécessaires à la vie, en détail, au prix du gros. Un médecin vient deux fois par jour se mettre à la disposition des ouvriers dans l'établissement : les remèdes sont fournis gratuitement. Des bains chauds et froids, un lavoir, une bibliothèque, un théâtre font partie du familistère. Soixante femmes et filles d'ouvriers trouvent un emploi rétribué dans les différents services.

Une partie remarquablement traitée du familistère est celle relative à la garde et à l'éducation des enfants. Chaque mère voulant donner son enfant à garder pour quelques heures, trouve au pouponnat un berceau à son nom pour l'y déposer sous la garde d'une surveillante commune. Dans le même bâtiment se trouvent encore des salles pour les bambins de six mois à deux ans et pour ceux de deux ans à quatre ans. Tous ces enfants sont instruits d'après la méthode Frœbel, perfectionnée par Mme Pape-Carpentier.

A quatre ans, les enfants vont aux écoles gratuites de l'établissement, où ils acquièrent, dans quatre divisions, les connaissances nécessaires pour devenir de bons ouvriers, soit dans les forges et fonderies très importantes de M. Godin, soit dans d'autres industries. M. Godin cède, ou a pour ainsi dire cédé son établissement aux ouvriers, moyennant un prix payé par les bénéfices auxquels ils participent. Aucun ouvrier n'est forcé d'habiter le familistère, mais ce dernier a tant d'attraits pour la classe ouvrière, que M. Godin a dû faire construire en 1877 un troisième corps de bâtiment destiné à loger cinq cents personnes.

En Italie, M. Rossi a construit un établissement analogue ; à Gênes, à Milan, à Florence, nous trouvons aussi de nombreuses maisons à quatre étages. Les avantages que peuvent présenter ces maisons à étages sont nombreux, on le voit ; mais les inconvénients n'en existent pas moins ; seulement, ce qui éternise la discussion, c'est que les inconvénients reconnus comme tels par les uns, sont regardés par les autres comme des avantages. Ainsi, tandis que, d'après les partisans des maisons à étages, un escalier, les paliers et vestibules sont une bonne chose, parce que l'ouvrier est obligé de soigner son extérieur et de s'observer, d'après d'autres, par exemple Villermé, cette disposition est nuisible et de nature à trop favoriser les rencontres souvent funestes aux mœurs.

Les préoccupations que donnent les maisons à étages sont :

1° Celles des services communs, des conduites d'eau, des privés, de la cour, des tuyaux d'eaux ménagères. Ces inconvénients se font surtout sentir en hiver pendant les froids. Personne ne veut se gêner un peu, il en résulte des engorgements de tuyaux et une série d'ennuis pour tous ;

2° Celles qui touchent aux personnes. Les locataires qui se connaissent n'habitent pas le même étage. d'où jalousie, par suite souvent querelles ; il est vrai que si, d'un côté, le locataire du cinquième se fatigue à monter pour rentrer chez lui et court plus de risques en cas d'incendie, le locataire du premier, plus près des miasmes de la rue, est aussi privé, le plus souvent, du beau jour. La hauteur des étages rend indiscutablement très incommode l'usage de la cave pour les uns et du grenier pour les autres; de plus, il est difficile d'en pourvoir chaque habitant ; ils ne pourront donc faire aucunes provisions.

On affirme que les maisons à étages sont facilement gérées et coûtent moins cher qu'un nombre équivalent de maisons isolées. D'autre part, M. Moreau de Champlieu donne l'exemple d'une cité, au Havre, qui sert à loger 500 douaniers, et où, malgré la présence d'un capitaine et de deux lieutenants qui habitent cette caserne dans le but de faire respecter un règlement minutieux et sévère, le bon ordre est difficile à maintenir. Cet auteur ajoute que le prix de revient d'un de ces logements y était plus élevé que celui des petites maisons des environs. Il en sera de même dans bien des cas, surtout à la campagne, où l'on peut construire économiquement de petites maisons.

On présente la cour comme un lieu d'amusement pour les enfants, mais combien de querelles y prennent naissance et augmentent la difficulté de maintenir le bon accord, chez les femmes surtout. Quelle que soit la diligence du concierge à prendre des informations avant de louer, il sera souvent trompé par des propriétaires désireux de se débarrasser de locataires incommodes, et il admettra des gens pouvant gêner les autres, ou avoir une mauvaise influence sur eux, surtout avec la législation française actuelle, qui ne permet d'expulser un individu qu'au bout de trois mois.

Dans quelques maisons, on évite, par une bonne construction bien appropriée au but le bruit provenant des étages supérieurs et inférieurs, mais on n'intercepte pas celui qui vient des logements situés sur le même palier. Il en résulte que des ouvriers, travaillant la nuit et voulant reposer le jour, en sont empêchés. Les inconvénients les plus sérieux des casernes pour familles résultent des maladies épidémiques.

Une maison à étages, pour être saine, ne doit pas excéder en hauteur la largeur de la rue qui la borde ; comme ce n'est généralement pas le cas, il en résulte une disposition maladive des habitants des étages inférieurs, et ils communiquent rapidement le fléau quand il apparaît dans le quartier. Avec des précautions, on arrivera à en retarder l'explosion ; on le préviendra peut-être par des mesures sanitaires; mais quand il sera déclaré, l'évacuation de la maison sera la seule ressource. Le peu de soins de certains locataires pour leur logement, sera une cause de dégradation pour la maison ; les loyers seront élevés en conséquence, de sorte que les bons locataires paieront pour les mauvais. Enfin, tout le monde ne s'accommode pas de la vie commune des maisons à étages. On s'y trouve moins chez soi, la vie de famille y est plus gênée, ce n'est pas une des moindres objections.

Notre but, en signalant les inconvénients des maisons à étages, après avoir fait ressortir les avantages de ce système, n'est pas d'en discréditer l'emploi : il a réussi souvent en France, en Angleterre, en Suède, en Hollande, en Russie, en Italie, en Espagne. Bien qu'on ne soit pas arrivé à supprimer tous les inconvénients qu'il présente, on les a sensiblement atténués, comme nous l'avons vu pour les établissements modèles de ce genre, tels que ceux très nombreux déjà de Londres et de France, notamment le familistère de Guise. C'est ainsi encore que, pour répondre à l'objection la plus grave qu'il ait soulevée, on a pu, dans les maisons à étages, intéresser les ouvriers à la bonne tenue de leur logement et les rendre propriétaires d'un petit pécule, comme l'a fait M. de Fuisseaux, en distribuant à ses locataires, au prorata de la valeur de leurs loyers, le produit net qu'il retirait de ses immeubles, après avoir prélevé un intérêt au taux de 5 % pour indemniser le capital qu'ils représentaient.

Maisons mixtes. — Certaines personnes ont voulu remédier aux inconvénients signalés dans les habitations à étages occupées exclusivement par des ouvriers, en affectant à leur usage les étages supérieurs de maisons dont le bas serait habité par des gens aisés. Elles s'inspiraient surtout de cette considération que l'ouvrier, ayant sous les yeux des mœurs plus policées, s'y accoutumerait peu à peu et s'améliorerait. Cette idée, fort belle en théorie, mise en pratique à Paris pendant de longues années, et aujourd'hui encore réalisée dans de nombreux quartiers anciens, n'est pas facilement applicable dans des constructions neuves, car il est aujourd'hui imprudent de rendre l'ouvrier et les siens perpétuellement témoins des prétendus plaisirs des riches, et, d'ailleurs, ces derniers ne veulent plus s'accommoder, en général, d'un tel arrangement. C'est ainsi que dans les pays où les maisons mixtes ont été le plus longtemps en faveur, tels que la Prusse, la Suisse, notamment dans les villes principales, Berlin, Bâle, Genève, on a reconnu le besoin de maisons spécialement destinées aux ouvriers. A Stockholm, les maisons mixtes sont encore le type le plus apprécié. Dans les quartiers riches de Paris, les maisons modernes ont généralement leurs escaliers principaux recouverts de tapis ; les fournisseurs et les domestiques passent par l'escalier de service. L'ouvrier de Paris se considère comme supérieur au domestique, et jamais il ne consentira à passer par l'escalier de service pour arriver à son logement.

Nous croyons qu'il sera intéressant pour nos lecteurs de mettre sous leurs yeux le rapport présenté par M. Émile Mulier à la Commission nommée par le Conseil municipal de Paris pour l'étude des logements économiques qu'il avait projeté de faire construire rue de Tolbiac.

Nous reproduisons ce mémoire dans nos pièces annexes.

Maisons isolées. — Les maisons isolées, habitées par un seul ménage, ont réussi partout ; mais on n'emploie ce système avec avantage qu'autant qu'on peut en construire un certain nombre, de façon à réduire les frais relatifs à la viabilité, au service des eaux potables et ménagères, à l'enlèvement des ordures, etc. Il faut aussi qu'on ne soit pas obligé, en raison de la cherté des terrains dans les grands centres, de les établir trop loin des usines. Quand les circonstances sont favorables, le système des habitations isolées présente, pour le développement de l'œuvre des habitations ouvrières, un avantage évident. En effet, ces habitations sont généralement vendues aux ouvriers moyennant des annuités qui représentent les intérêts et l'amortissement du capital au bout d'un nombre d'années assez restreint. Si ces annuités sont de 10 p. 100 du prix de revient, les constructeurs pourront, avec les fonds qui leur rentreront, mettre à la disposition des travailleurs un nombre de logements double de celui qu'ils auraient pu établir avec le système des maisons à étages. Nous supposons, bien entendu, que le capital employé serait consacré à cette œuvre. En effet, il n'y a, dans ce dernier cas, qu'un intérêt ordinaire qui ne peut guère excéder 5 p. 100 de revenu net, tandis qu'en adoptant la vente par annuités, comprenant l'intérêt et l'amortissement du capital, il rentre chaque année 10 p. 100 des sommes déboursées.

Il convient de remarquer ici que, si le prix élevé des terrains dans les grands centres force à en éloigner les maisons isolées, les moyens économiques de transport se développent généralement assez de nos jours pour qu'on puisse tenir un compte beaucoup moindre de cet inconvénient. D'ailleurs, il sera souvent possible de mettre à la disposition des ouvriers des voitures qui les amèneront à peu de frais, munis de leurs outils sur le lieu de leurs travaux. A Paris, les grands magasins de nouveautés, plusieurs établissements industriels, l'administration des halles mettent des véhicules à la disposition de leurs employés. Dans plusieurs cas, à notre connaissance, des chefs d'industries ont déclaré que la distance n'avait aucune influence sur les locations ouvrières. Disons cependant que, quand on veut donner aux ouvriers le confort désirable, il ne faut pas que cette distance soit trop grande. A Essen, M. Krupp a construit, à proximité de ses usines qui forment une ville des maisons à étages, parce qu'autrement la canalisation d'eau potable, les frais de route, l'éclairage, l'évacuation des eaux ménagères auraient sensiblement augmenté le prix de revient de ces habitations.

Quant au spectacle de la rue, à la participation aux plaisirs souvent malsains des grandes cités, ces avantages peuvent-ils entrer en comparaison avec les agréments du séjour à la campagne, dont le principal sans doute pour un ménage d'ouvrier sera la culture d'un petit jardin, qui fournira une bonne partie des légumes nécessaires à son alimentation et qui donnera de l'occupation au père de famille à ses moments perdus.

La distance effraie si peu qu'en tous pays beaucoup d'habitations ouvrières sont dès à présent bâties en pleine campagne, à une distance assez considérable des villes.

A Londres, les cottages s'étendent à cinq lieues à la ronde, le long des chemins de fer qui aboutissent à cette capitale, et le nombre en augmente tous les jours.

A Paris, le même phénomène se produit le long du chemin de fer de Vincennes depuis la création du train appelé train des ministres, spécialement affecté aux ouvriers. Les villages de Maisons-Alfort, Saint-Maur, La Varenne-Saint-Hilaire doivent leur existence à cette combinaison.

Le chemin de fer de banlieue rendrait plus de services encore, s'il pouvait amener les travailleurs plus près des centres de leurs travaux, et surtout, si plus de trains étaient mis à la disposition des ouvriers. Une minute de retard suffit pour faire perdre à un ouvrier la totalité ou la moitié de sa journée.

A Paris même, il existe des rues entières de maisons isolées, qu'il serait aisé de multiplier en achetant de grands terrains, en vendant les portions en bordure sur des rues et en réservant les fonds à l'établissement de petites habitations construites économiquement, pour lesquelles on installerait des services communs, tels que l'eau, le gaz, la vidange, etc.

Distribution des maisons pour un seul ménage. — Pour une habitation composée de trois ou quatre pièces et cuisine, la distribution la plus convenable consiste en un rez-de-chaussée contenant la salle commune et la cuisine, et un étage où se trouveront les chambres à coucher. Si la maison doit avoir un plus grand nombre de pièces, on économisera sur le terrain et sur les frais de viabilité en surélevant. Les Anglais ont superposé jusqu'à quatre étages ; dans leurs cottages, ils se contentent de 5 mètres de façade. C'est ce principe qui a guidé l'architecte des maisons de Shaftesbury-Park, dont nous donnons les plans. Une autre considération qui milite en faveur des étages, c'est la question de salubrité. Néanmoins, dans la majeure partie des bassins houillers, les ouvriers, qui concourent à la construction de leurs maisons, préfèrent celles où toutes les pièces sont situées sur le même palier. Les raisons de cette préférence sont que la surveillance de la mère est plus facile, que les chutes des enfants sur les escaliers sont moins fréquentes et que la vie domestique est plus commode. On préfère les rez-de-chaussée pour faire d'une pièce une boutique ; aussi les logements à étages ne sont-ils loués que quand il n'y en a plus de vacants au rez-de-chaussée. Nous avons la conviction qu'il est toujours malsain de coucher au rez-de-chaussée, à moins qu'il ne soit très surélevé et

7

aéré en dessous ; mais comme, à l'origine, il est bon de se conformer aux usages, sau à les corriger en partie et à les modifier graduellement, il faudra, quand on sera forcé de construire des maisons à rez-de-chaussée, élever le plancher au moins d'une ou deux marches, établir une cave ou, dans tous les cas, laisser une couche d'air renouvelable à volonté entre le plancher et le sol. Une précaution indispensable à prendre sera de rendre les murs assez épais pour qu'on puisse les surélever par la suite.

Groupement des maisons. — Beaucoup d'ouvriers tiennent à avoir une maison entièrement entourée d'un jardin, d'autres préfèrent qu'elle soit attenante aux habitations voisines, pour être plus à portée de recevoir des secours en cas de besoin. La juxtaposition doit être encouragée, car elle permet de réaliser d'importantes économies sur la maçonnerie, les services accessoires et surtout de donner un certain aspect architectural aux habitations.

Une disposition anglaise, assez commune aussi en Allemagne, est qui consiste à construire deux maisons à rez-de-chaussée et à un étage contiguës, dans lesquelles chaque ménage occupe un logement distinct avec entrée séparée dont toutes les pièces sont sur le même palier. Nous en donnons deux types. (Planches 37-38.)

Ce système a été employé en France, à Reims, par M. Gosset, mais il ne peut s'appliquer qu'à des maisons louées. (Planche 32.)

Le groupement par trois est employé avec avantage pour couvrir des terrains d'angle, donnant sur deux ou trois rues. Nous donnons (planche 36) une disposition employée en Allemagne.

Le groupement par quatre maisons juxtaposées et adossées a été employé pour la première fois par M. Émile Muller à Mulhouse, puis à Küchen, à Bruxelles et dans d'autres centres industriels de la Belgique, à Krähnholm (Russie), où, sur 2 000 logements, il a été reconnu le meilleur. On lui reproche de n'avoir pas de cour qui permette à la ménagère de vaquer à certains travaux domestiques si « nuisibles s'ils se pratiquent à l'intérieur (Dr Paul) » ; de nécessiter l'emploi d'un tuyau de ventilation pour aérer les logements et de ne pas se prêter à une orientation convenable des quatre maisons.

Nous répondrons à la première objection que cette disposition a été choisie précisément après d'intéressantes observations pratiques faites par M. Muller pour supprimer les cours intérieures, qui sont d'ordinaire des foyers d'infection, souvent même dans des maisons habitées par des personnes aisées. De plus, en adossant les maisons, il reste devant elles un espace libre suffisant pour qu'elles soient préservées de la poussière des rues et pour qu'on puisse ouvrir les fenêtres sans être gêné par les passants. Le reproche relatif à la ventilation n'a rien de bien sérieux ; deux faces de la maison sont libres ; un jardin les entoure ; les tuyaux de ventilation, placés à côté des conduits de fumée, fonctionnent parfaitement et enlèvent toute odeur produite par l'habitation dans les logements. Quant à l'orientation, l'inconvénient de ne pouvoir placer toutes les maisons au levant ou au midi existe partout pour tous les groupements d'habitations. Pour qu'il en fût autrement, il faudrait que des règlements forçassent les propriétaires à laisser libre de construction le quart au moins de la surface de leurs terrains. Ce qui nous paraît pouvoir être reproché plus justement au groupement par quatre, c'est qu'il demande trop de façade sur rue, non à cause du prix de revient de la maison, qui est relativement minime, mais en raison des frais d'établissement et d'entretien de la voie, du balayage, des frais de curage des égouts.

Il faut ajouter qu'en Angleterre, le mode de groupement qui nous occupe n'a eu aucun succès, les Anglais tenant à être vus le moins possible dans leurs demeures ou jardins. D'ailleurs, il est dans leurs habitudes d'avoir un minuscule jardinet devant leur maison et un autre plus grand derrière. Le premier est fait pour permettre l'emploi, au rez-de-chaussée, de *Baywindows*, fenêtres à trois corps en saillie sur la façade, permettant à la vue d'embrasser un angle de 180°, et pour empêcher les regards indiscrets de pénétrer dans les logements.

Nous donnons dans nos planches quelques types de groupement par quatre ; nous en conseillons l'emploi chaque fois que le terrain destiné à recevoir des habitations ouvrières aura peu de profondeur.

La disposition en ligne est de beaucoup la plus économique ; les murs mitoyens diminuent les frais de construction ; les souches de cheminées réunies permettent des économies d'entretien ; les conduits de fumée placés à côté les uns des autres assurent un excellent tirage.

Groupement en ligne. — La disposition linéaire peut présenter deux formes distinctes :

1° Les maisons bordent les rues avec cour derrière ;
2° Les maisons sont adossées avec jardin devant.

Le premier système facilite extrêmement la ventilation, car il suffit d'ouvrir deux fenêtres opposées, donnant l'une sur la rue, l'autre sur la cour, pour déterminer le renouvellement de l'air.

En temps ordinaire, il y a des courants d'air très désagréables ; on remédie à cet inconvénient par des fenêtres fermant très bien. D'autre part, il suffit d'une façade de 4ᵐ 50 à 5 mètres pour établir de quatre à six chambres et même au delà. Nous avons consacré à cette disposition une planche donnant quatre types de maisons élevées à Shaftesbury-Park. Le succès de ces maisons a été si grand que, quand on veut en louer une, il faut la retenir six mois à l'avance.

Dans le deuxième système, une seule face des maisons est libre, et il en résulte que la ventilation naturelle est presque nulle et que la ventilation artificielle ne peut guère se faire que par les appareils de chauffage. Il n'y a pas de cour intérieure, mais on peut y suppléer en disposant le sous-sol convenablement.

Le groupement des maisons dépend beaucoup de la forme du terrain dont on dispose ; de là l'importance qu'il faut attacher à la distribution des lots. Dans beaucoup de prospectus anglais, on cite l'anecdote de ce coupeur de vêtements qui, ayant fait gagner une dizaine de mille francs à une société par la manière adroite dont il lotit une propriété, s'établit lotisseur de terrains et arriva à une certaine aisance.

Maisons pour ouvriers célibataires. — La meilleure pension pour des célibataires serait celle qu'ils trouveraient dans des familles pouvant disposer d'une chambre et dont les ressources seraient ainsi augmentées. Ajoutons de suite que l'intrusion d'un étranger dans la famille présente des inconvénients et des dangers trop graves pour que jamais nous la conseillions. La plupart de ces ouvriers ne s'accommodent du reste pas de ce genre de vie ; ils préfèrent s'adresser à ce que l'on nomme à Paris les logeurs en garni. Un logeur en garni est souvent une vieille femme qui loue des logements qu'elle meuble pour recevoir des ouvriers. Elle leur sert une soupe le matin, fait le ménage pendant la journée et occupe ainsi sa saison, c'est-à-dire neuf mois, car ces logis sont d'ordinaire occupés par des maçons qui les quittent en hiver.

Les ouvriers célibataires sont généralement très mal logés à Paris et aux environs. Ils couchent souvent deux à deux et paient un prix assez élevé pour leur pension. C'est pourquoi on a essayé de faire des maisons où chaque ouvrier ait une chambre confortable à un prix admissible.

A Paris, MM. de Heeckeren et Kenard firent construire en 1852, aux Batignolles, deux établissements de ce genre ; mais, malgré une subvention de l'État, ces établissements n'eurent pas de succès et on les transforma en maisons à loyers, dont M. Cacheux a donné le plan dans l'*Économiste pratique* (planche VII). L'État, à cette même époque, fit construire un hôtel pour ouvriers avec de l'argent pris sur les 10 millions affectés en 1852 à l'amélioration des logements. Cet hôtel ne donna pas davantage des résultats rémunérateurs ; mais on doit en attribuer la cause à la manière dont il fut construit et à celle surtout dont on en tira parti.

En effet, les deux boutiques n'ont pas été utilisées au point de vue commercial : l'une sert de bibliothèque, l'autre a été disposée pour un réfectoire économique ; les chambres sont trop belles pour des ouvriers, et elles sont louées à trop bon marché à des personnes qui ne sont pas des ouvriers. Les plans de cet hôtel, sis boulevard Diderot, ont été reproduits dans l'ouvrage intitulé *l'Économiste pratique* (planche IX).

En Belgique, en Allemagne, dans beaucoup d'habitations ouvrières, il existe des chambres dans les combles qui sont sous-louées à des célibataires. En Angleterre, on tenta aussi de faire des garnis modèles ; mais, comme ils ne rendirent qu'un intérêt de 2 à 3 p. 100 du montant des déboursés et souvent des pertes, on ne continua pas l'expérience. L'insuccès de ces entreprises provient du règlement auquel on est obligé d'astreindre une centaine d'hommes demeurant sous le même toit, et de la préférence donnée aux logeurs en garni, en raison des crédits et de la liberté qu'ils accordent. Un gérant, si bon qu'il soit, ne vaudra jamais un logeur en garni pour créer une clientèle. De plus, les logeurs se préoccupent fort peu des conditions de salubrité de leurs locataires. Ils les entassent dans des pièces très étroites, leur permettent de coucher à deux dans le même lit, tolèrent souvent même la présence d'un tiers dans un ménage.

Les hôtels d'ouvriers n'ont de chances de succès que dans les environs des usines placées en pleine campagne. L'ouvrier est heureux de trouver après son travail un abri qui le dispense de faire une longue route pour gagner un centre de population.

C'est cette circonstance qui a fait le succès de l'hôtel Louise à Micheroux, près Liège. Les propriétaires des mines du Hasard, pour retenir les ouvriers près des terrains d'exploitation, construisirent des maisons entourées de jardins, suivant le système de Mulhouse, puis les louèrent à des prix réduits. Ces habitations ne se peuplèrent pas très vite, car, la vie y étant plus chère qu'à la ville à cause de la difficulté des approvisionnements, les ouvriers préféraient rester dans les communes éloignées de l'usine où ils travaillaient, mais dans lesquelles ils trouvaient facilement ce qui est nécessaire aux besoins de la vie. D'un autre côté, par suite du prix modéré des locations, le prix du logement d'un ouvrier revenait à la Compagnie à 1 600 fr. Les administrateurs cherchèrent à diminuer cette charge, et ce fut alors qu'ils imaginèrent de construire l'hôtel Louise, où le travailleur est nourri, logé convenablement, et ne revient à la Compagnie qu'à 900 francs par an. Après son travail, au sortir de la mine, il prend un bain, change de vêtements et finit sa journée, après avoir pris son repas au restaurant, au café ou à la salle de lecture qui dépendent de l'établissement. Quand l'ouvrier est marié, il va passer le dimanche dans sa famille. Les ouvriers préfèrent ce genre de vie à l'habitation en famille dans des maisons construites par la compagnie des mines. En résumé, nous ne conseillerons jamais l'établissement d'une maison garnie dans les villes, car elle ne donnera pas facilement des produits rémunérateurs et, s'il s'agit d'une entreprise philanthropique, nous savons que si elle n'est pas constituée de manière à se soutenir par ses propres ressources, elle est fatalement condamnée à disparaître.

Maisons avec ateliers industriels. — Le travail à domicile est une cause d'insalubrité ; c'est pourquoi des industriels ont cherché à construire des immeubles dans lesquels les ouvriers trouvent des locaux pour se loger et d'autres à proximité pour effectuer leur travail.

MM. Maurice La Châtre et Henry Barthélemy ont tenté, en 1852, de former à Paris une société ayant pour objet la construction de trois cités industrielles contenant chacune 3 000 locaux.

Dans ces établissements, l'ouvrier eût été près de son travail, il aurait eu près de lui les industries dont il a besoin ; avec les produits de ces industries on aurait pu dans chaque cité organiser un bazar de vente, ce qui eût évité les frais de commission.

Chaque cité devait être divisée en 12 catégories, placées de façon à éviter les pertes de temps et de matières causées par les déplacements. Chaque logement d'ouvrier devait se composer de deux chambres, d'une surface de 12 mq. au ,minimum et d'un atelier. Le logement devait être garni de meubles fixes, de pendules mues par l'électricité, de réservoirs d'eau et des installations nécessaires pour le chauffage, l'éclairage, etc.

Le capital de la Société devait être réuni à l'aide d'actions de 2 500 fr. payables hebdomadairement par fractions de 1, 2 et 5 fr.

Tout souscripteur d'actions avait droit à un logement complet. Les actions pouvaient être vendues. En cas de changement de résidence, tout logement aurait pu être échangé contre un autre identique situé dans un des immeubles que la Société aurait construits dans les divers quartiers de Paris.

Ce projet n'eut pas de suite. Il fut repris en 1865 par la Société des Immeubles industriels, qui borda toute la rue de l'Industrie Saint-Antoine, située au haut du faubourg de ce nom, de maisons à cinq étages destinées à loger des personnes travaillant chez elles. Les trois premiers étages de ces maisons sont des ateliers, où l'ouvrier trouve à sa disposition la force motrice nécessaire pour faire marcher les machines dont il a besoin. L'emploi journalier d'un demi-cheval se paie 2 fr. 50, celui d'un cheval 4 fr. Les étages supérieurs sont divisés en logements de deux pièces avec cuisine, privés et débarras. Les machines motrices sont situées dans les caves ; elles ont une force de 200 chevaux, divisée et transmise au moyen de courroies qui font tourner des arbres de couche traversant tous les logements.

L'eau chaude provenant de la condensation de la vapeur sert à l'alimentation d'un établissement de bains.

Les résultats financiers de cette entreprise n'ont pas été brillants. Dans les environs des manufactures et usines, beaucoup de maisons à petits loyers contiennent des ateliers. Il existe aussi des usines de force motrice, mais en général elles ne constituent pas une entreprise rémunératrice ; l'une des plus importantes, établie dans un des quartiers les plus industriels de Paris, ayant été incendiée, n'a en effet, pas été reconstruite.

Néanmoins, l'utilité au point de vue moral et hygiénique de la Société des Immeubles Industriels a été assez appréciée pour faire décerner à cette œuvre humanitaire une médaille d'or par le jury de l'Exposition de 1878.

Nous donnons dans la planche 27 les plans des Immeubles industriels que nous venons de décrire.

CHAPITRE IV

Documents nécessaires aux personnes qui voudraient provoquer l'établissement d'habitations ouvrières ou de logements économiques, et faciliter leur occupation par les classes laborieuses.

———

On voit d'après ce que nous avons dit qu'il est assez facile à un architecte de construire une maison convenable ; il est moins aisé de trouver l'argent nécessaire pour l'établir, d'y appeler les travailleurs et surtout de la faire habiter en se conformant aux lois de la morale et aux règles de l'hygiène.

Dans les campagnes, l'ouvrier construit souvent sa cabane lui-même, soit avec l'aide de ses compagnons, soit avec le secours de son patron. Dans bien des cas, le propriétaire loge ses employés, mais souvent il sacrifie ou l'hygiène ou l'économie, comme nous le verrons plus loin.

Dans les villes, le travailleur est forcé d'habiter des maisons faites à son usage par des spéculateurs. Ces derniers ne considèrent que l'intérêt qu'ils retirent des capitaux engagés ; comme les ouvriers consacrent le moins possible de leur salaire à leur loyer, il n'est pas étonnant qu'ils soient entassés dans des taudis.

Dans les campagnes, l'ouvrier est davantage sous la dépendance du patron, car ce dernier, ne trouvant pas facilement à le remplacer, fait des sacrifices pour le retenir, et c'est principalement sur la salubrité du logement que se porte alors la sollicitude des classes dirigeantes. Dans les villes, le patron s'occupe fort peu de la manière de vivre des ouvriers ; c'est pourquoi on les trouve presque tous logés dans de mauvaises conditions.

Dans toutes les grandes villes de l'Europe on se plaint de l'insalubrité de la demeure de l'ouvrier, et partout on en attribue la cause à l'écart qui existe entre le prix de la construction et celui du loyer payé.

Le prix élevé des constructions pourrait être abaissé un peu, si l'on tenait compte du principe mis en pratique par les Anglais, savoir que :

Le prix d'une construction double en 14 ans ; par conséquent, si on l'établit de façon à ne durer que 50 ans, en faisant toute l'économie possible sur les matériaux, on gagnera plus qu'en la construisant suivant les règles de l'art, moyennant un prix bien supérieur.

Disons tout de suite qu'en France, jamais un architecte sérieux ne consentira à diriger une construction pour ouvriers dans ces conditions. Un entrepreneur pourra le faire à la condition qu'il conserve la maison pour lui et qu'il fasse lui-même ses réparations.

Un propriétaire qui sera forcé de faire exécuter par des tiers les travaux nécessaires pour maintenir en bon état des maisons à petits logements, perdra de ce fait la majeure partie de ses loyers.

D'après MM. Picot et Du Mesnil, on retire de 12 à 18 % des logements d'ouvriers, et le premier de ces auteurs cite l'exemple d'un entrepreneur qui prétendait retirer 12 % de maisons divisées en petits logements et trouver à les vendre à peine terminées, sur le pied de 8 % de revenu brut, ce qui lui permettait de réaliser un bénéfice considérable.

Ce sont là des cas exceptionnels et fâcheux qui ne doivent nullement servir de base à des projets sérieux qui peuvent s'en inspirer, et nous en donnerions les explications, si elles intéressaient quelqu'un.

Nous ferons remarquer que M. Caligny, architecte de la ville de Paris, exécuta dans d'excellentes conditions de bon marché 20 maisons, rue de Wattignies, à Paris, et que ces immeubles furent vendus au Palais de justice, moyennant un prix égal à la moitié de ce qu'ils avaient coûté. Nous pourrions citer encore d'autres exemples qui prouveraient que l'entrepreneur qui cherchait à entraîner M. Picot à prendre part à ses opérations, déguisait la vérité, et qu'il agissait comme beaucoup de propriétaires d'immeubles le font, c'est-à-dire, qu'il faisait cadeau de tout ou partie du loyer d'une année à ses locataires, dans l'espoir de tenter des acquéreurs en accusant un montant élevé du revenu brut.

M. du Mesnil fait connaître plusieurs maîtres d'hôtel en garni, qui retirent, disent-ils, 18 % de leur argent. Ce fait se produit quelquefois et a été constaté en Angleterre, dans l'enquête officielle faite sur l'état des habitations ouvrières en 1883. Les locataires principaux retirent des sous-locataires quatre fois la valeur du loyer qu'ils paient à leur propriétaire. Mais ces locataires exercent une industrie à laquelle des hommes honorables ne se livreraient pas ; ils fournissent le linge et les meubles, courent le risque de ne pas être payés, souvent même de recevoir des coups. On a aussi constaté dans les campagnes que des ouvriers préféraient sous-louer des pièces dans le logement de leurs camarades mariés, à un prix presque équivalent à celui du loyer de la maison entière. Une preuve du peu d'avantages en général que la construction d'habitations ouvrières convenables présente aux spéculateurs, c'est qu'en 1885 la ville de Paris offrit pour 75 ans, moyennant un loyer annuel de 100 fr. des terrains qui valaient 50 000 fr., à la condition que les constructions élevées auraient été divisées en petits logements et seraient devenues la propriété de la ville à l'expiration du bail. Les constructions devaient être faites suivant le cahier des charges étudié par une commission composée de MM. Amouroux, Quentin, Couche, Bartet, Muller, Trélat et Bouvard, et dont M. Muller était le rapporteur; or, en se conformant aux conditions de ce cahier des charges, qui étaient celles qu'indique aujourd'hui la science de l'hygiène, les bâtisses seraient revenues à 700 fr. le mètre, tandis que les constructeurs qui font des habitations ouvrières, les établissent couramment à raison de 500 à 550 fr. au maximum. Le mètre du terrain offert par la Ville valant 50 fr., ils bénéficiaient, il est vrai, de cette somme, mais ils eussent dépensé 100 ou 150 fr. de plus par mètre de construction. C'est pourquoi trois tentatives d'adjudication restèrent infructueuses.

Les architectes de la ville de Paris ont étudié en 1886 quatre projets d'habitations à bon marché destinées à divers quartiers de la ville; ils sont tous arrivés à un prix supérieur à 500 fr. par mètre superficiel, prix auquel prétend arriver un architecte expert,

M. Harlingue, pour une maison de six étages dont il a exposé les plans à l'Exposition de 1878. M. Paul Dubos, dont nous avons déjà cité le nom à l'occasion de 96 maisons qu'il a construites, nous a confirmé le prix de 550 fr. comme possible.

Nous donnons un de ses plans avec prix. Nous pouvons donc baser nos calculs sur 550 fr. le mètre carré de construction, pour chercher le prix de revient minimum d'une chambre garnie pour célibataire, puis celui de divers logements dans Paris. Remarquons qu'à ce prix il y a des conditions de détails de construction indiquées dans le rapport de M. Muller, qui ne seront nullement satisfaites et que cependant nous considérons comme indispensables au point de vue de l'hygiène et de l'entretien facile.

Pour établir le loyer d'une chambre meublée à Paris, nous calculerons le prix d'un hôtel de 100 chambres. Le bâtiment serait élevé sur cave et se composerait d'un rez-de-chaussée divisé en deux boutiques, de 4 étages carrés et d'un comble mansardé contenant ensemble 100 pièces et 2 boutiques. Il aurait une surface couverte de $21^m60 \times 8 = 172$ m. q. et un espace libre d'un tiers.

Le prix de la construction serait au moins de ...... 100 000 fr. »
·soit environ de 500 fr. le mètre courant :

Le prix du mobilier serait de	28 450 »
Le prix du terrain, 250 mètres, estimé à 100 fr......	25 000 »
Viabilité, perte d'intérêts, frais imprévus	6 650 »
Total....................	160 000 fr. »

Le rez-de-chaussée comprendrait, avons-nous dit, deux boutiques et un logement de concierge, et les cinq étages chacun vingt chambres avec privés et lavabos. Les dimensions de chaque chambre seraient de 1^m80 en largeur, 3^m en longueur, 2^m60 en hauteur ; on le voit, ce sont des minimum à peine admissibles. Le cube de chaque pièce serait donc de 14 mètres cubes indiqué par les règlements de police pour une chambre à coucher servant à une personne.

Le prix de l'ameublement d'une chambre est donné par le tableau suivant :

HOTEL GARNI. MOBILIER D'UNE CHAMBRE.

	fr.	c.
1° Un lit en fer avec sommier	33	»
2° Un matelas laine et crin (18 kilogr.)....	65	»
3° Un traversin en plumes	10	»
4° Un oreiller en plumes.............................	10	»
5° Une couverture en laine (3 kilogr.).................	14	»
6° Une couverture en coton ou laine légère............	8	»
7° Une armoire basse ou bahut avec porte et tiroirs en chêne plein..	50	»
8° Une table de nuit en chêne plein avec un vase de nuit	10	»
9° Trois paires de draps	60	»
10° Six serviettes	6	»
11° Trois paires de rideaux à 2 fr....................	6	»
12° Une chaise en hêtre avec siège en paille.	4	»
13° Une cuvette avec carafe et verre	2	50
14° Trois crochets en fonte pour suspendre les vêtements....	1	»
15° Un crachoir en fonte ou en bois avec revêtement en zinc.....	1	»
16° Un bougeoir en cuivre	1	»
17° Un miroir.......................................	3	»
Total........	**284**	**50**

Le prix de location d'une chambre serait établi de la façon suivante :

CALCUL DU LOYER D'UNE CHAMBRE.

	fr.	c.
1° Intérêt du capital déboursé à 5 %.............................	8500	»
2° Charge du bâtiment, impôts. Entretien évalué au cinquième de l'intérêt du capital de construction, donnée pratique moyenne communiquée par le régisseur de l'hôtel meublé Bd Diderot..	2600	»
3° Impôt spécial de la patente pour une maison garnie	400	»
4° Abonnement annuel à la Compagnie des Eaux	120	»
5° Alimentation de 15 becs de gaz	450	»
6° Assurance du bâtiment et du mobilier	100	»
7° Chauffage des corridors et du concierge	Mémoire	
8° Entretien du mobilier (à l'exclusion du linge) évalué à 6 % des frais d'acquisition	1275	»
9° Entretien et blanchissage du linge évalué au cinquième du capital d'acquisition	1440	»
10° Frais de vidange..................................	300	»
11° Traitement du concierge-gérant et de sa femme.............. .	1500	»
12° Vacances, frais imprévus.	415	»
D'où le loyer de la chambre serait de $\frac{17.000}{100}$ 170 fr. »	17000	»

En louant le rez-de-chaussée à 3 000 francs, on pourrait réduire à 14 000 francs les dépenses ; par suite, le produit brut d'une chambre, en la supposant toujours occupée, devrait être de 140 francs par an pour pouvoir donner 4 % aux actionnaires de la société qui ferait l'hôtel, en admettant qu'il faille prélever 1 % du capital déboursé pour frais d'administration, constitution de la réserve et non-valeurs.

Dans l'établissement modèle de l'Etat dont nous avons parlé, deux employés spéciaux font le ménage des locataires ; deplus, deux calorifères brûlent pour 1 000 fr. de combustible, pour maintenir une température convenable dans les couloirs et la salle de lecture. La réalisation de ce confortable nécessiterait une dépense de 4 000 fr., ce qui élèverait de 40 fr. le prix annuel de location de la chambre. Nous croyons que, dans un hôtel garni pour ouvriers, il faudrait laisser le locataire libre de faire son ménage lui-même ou de payer au concierge pour cette tâche une rémunération fixée par un tarif.

Pour le chauffage, si nous étions chargés d'une pareille construction, nous établirions dans chaque chambre un poêle-cheminée, avec prise d'air extérieur pour l'alimenter, chauffant moins par rayonnement, mais ventilant beaucoup plus qu'un poêle, en dépensant cinq ou six fois moins qu'une cheminée ordinaire de mur. Des vitres percées, système Trélat, ou des briques-ventilateurs dans le mur compléteraient la ventilation. Nous ne mettrions surtout jamais la tête du lit contre le mur. Les névralgies ne proviennent le plus souvent que du refroidissement de la tête produit par le courant d'air qui descend en se refroidissant le long des murs. Pour forcer à placer le lit à côté de l'entrée, nous placerions la cheminée-poêle dans l'angle des murs de face et des cloisons. La chaleur serait ainsi produite au point de refroidissement.

Les rez de chaussée du bâtiment de l'Etat sont consacrés à une salle de lecture et à un restaurant. La salle de lecture est fréquentée ; le restaurant n'a jamais fonctionné, ce qui est une faute de gestion. Nous ne verrions aucun empêchement à laisser le public profiter de ces deux institutions, dans le cas où les locataires ne pourraient les faire vivre.

En résumé, en donnant à l'ouvrier la jouissance d'une chambre convenable, on lui ferait payer 15 fr. par mois, prix qu'il paie

ordinairement chez les logeurs et, moyennant le prix de 16 à
18 fr. par mois, il serait facile de mettre à sa disposition des employés
pour faire son ménage, une salle de lecture et un restaurant où il
pourrait prendre des repas sains et à des prix très modiques, qui lui
économiseraient certes plus de 18 frs. par mois.

PRIX DE REVIENT DE LOCATION D'UN LOGEMENT DANS UNE MAISON A ÉTAGES.

Etablissons maintenant le prix de location du mètre superficiel
couvert d'une maison à cinq étages. Le prix de location d'une boutique peut s'élever par mètre à 15 fr. ;

On louera le premier étage à raison de 10 fr.;

Et les 2e, 3e, 4e et 5e à 8 fr., soit pour les quatre étages,
$4 \times 8 = 32$ fr.

Le rapport d'un mètre superficiel de surface couverte formera un
total de 57 fr.

Le mètre courant revient, nous l'avons vu, à 500 fr. $+$ 100 fr. de
terrain ; comme à chaque mètre doit correspondre un tiers de surface
libre pour cour, il faudra ajouter 33 fr. au prix du mètre couvert; par
suite, le prix de revient de ce mètre sera de 633 fr., prix qui sera
donc susceptible d'un revenu brut de 57 francs. Déduisant 25 % de
charges et de frais, le revenu net serait de 33 fr., soit de 5 % environ.
Si les immeubles appartiennent à une société, elle pourra, on le voit,
distribuer 4 % à ses membres, en admettant que les frais d'administration ne s'élèvent qu'à 1 % du revenu.

Passons au calcul relatif au loyer des logements.

Une chambre isolée qui aurait $3^m \times 4^m = 12$ mq serait louée
$12 \times 8 = 96$ fr.; le mètre carré en moyenne étant considéré comme
valant 8 fr.

Une chambre et une cuisine, la cuisine ayant $1^m 50 \times 2 = 3$,
auront ensemble une surface de 15 mq.; le loyer variera, suivant
l'étage, entre 15×8 et 15×10, soit entre 120 et 150 fr.

Un logement de deux pièces et cuisine de 30^m de
surperficie sera loué.............................. 240 à 300 fr.

Et un logement de trois pièces et cuisine d'une
superficie de 44 mq. de....... .... 352 à 400 fr.

Ces prix doivent être considérés comme un minimum, car nous n'avons pas tenu compte de la place prise par les privés, la loge du concierge, les escaliers, les couloirs; mais ils font voir indiscutablement les causes de quelques déceptions, car il n'y a en somme qu'un nombre restreint de familles ouvrières qui soient en état de louer un logement complet, c'est-à-dire toujours composé de trois pièces et cuisine comme suit :

Une salle de réunion (*living room* des Anglais) (4 × 4)...   16 mq.
Deux chambres à coucher pour séparer les sexes (3×4) 12   24 mq.
Cuisine et débarras. ....   4 mq.

qui occuperont une surface totale de.......................   44 mq·

On le voit aussi, ce sont des limites d'exiguïté.

Les maisons pour une seule famille reviennent à un prix tout aussi élevé.

Le type le plus économique construit à Paris par M. Cacheux se trouve impasse Boileau. Il se compose de deux pièces et une cuisine.

La construction a coûté...............................   2 600 fr.
Le terrain : 60ᵐ à 15 fr. ....   900 »
Clôtures, voirie, canalisation des eaux ménagères .....   500 »
                              Total......   4 000 »

Un type à trois pièces et cuisine est revenu à ....   3 400 »
Le terrain, les clôtures l'ont fait revenir à. ....   1 600 »

Le prix total a été de.................................   5 000 »

La Société de Passy-Auteuil, à laquelle ces types ont été cédés, organisa un concours à l'effet d'obtenir des habitations plus économiques s'il était possible ; mais aucun concurrent ne s'engagea à livrer des maisons à un prix inférieur à 5 000 fr. tout compris et, parmi les plans du concours, s'il y en eut de très bien étudiés, il n'y eut rien qui ouvrît une nouvelle voie. Dans ces conditions, le loyer demandé serait de 250 fr., auxquels il faudrait ajouter les charges qui s'élèvent jusqu'à 120 fr. à Paris pour une maison habitée par une seule famille. Ces charges se décomposent comme suit :

Impôts	30 fr.	
Vidanges	40 »	
Eau	28 »	
Balayage et éclairage	Mémoire.	

Les frais relatifs à la vidange peuvent être diminués, mais dans ce cas, il faut ajouter au prix de la maison celui d'une fosse fixe. M. Carré, entrepreneur des maisons de la cité ouvrière de l'impasse Boileau, en a fait en béton à raison de 500 fr.

Quand on loue des maisons, on peut faire servir une fosse pour quatre maisons, et la dépense relative à la vidange peut ainsi être réduite à 10 fr. par an et par maison. Mais quand on loue une maison pour une famille, il faut faire entrer en ligne de compte les frais de gestion et les charges, dont le total s'élève à 3 % du prix de revient de l'immeuble. Le loyer variera donc encore dans ces deux cas de 350 à 400 fr.

Si l'on consulte les ouvrages de M. d'Haussonville et les articles de M. Langlois dans *le Correspondant*, on trouvera que les ouvriers de Paris consacrent rarement plus de 300 fr. à leur loyer.

M. Langlois, qui a visité un grand nombre de petits logements dans divers quartiers de Paris, en fait une description bien attristante.

MM. Muller et Cacheux, dans une enquête portant sur plus de 1 000 logements habités par des familles d'ouvriers, ont constaté qu'une vingtaine seulement se composaient de trois pièces et une cuisine.

D'après M. Toussaint Loua, la moyenne des membres d'une famille d'ouvriers parisiens est de quatre ; donc un grand nombre de logements de deux pièces sont habités par plus de quatre personnes.

D'après les tableaux de la statistique officielle, MM. Muller et Cacheux évaluent *à 70 000 le nombre des familles logées à Paris dans de mauvaises conditions*. D'après eux, il faudrait que 100 000 chambres de plus fussent occupées par les travailleurs pour qu'ils fussent logés suivant les lois de la morale et les règles de l'hygiène.

L'accroissement de la population s'étant subitement arrêté à Paris et les entrepreneurs ayant continué à construire, la crise des petits loyers a passé de l'état aigu à l'état latent, et les conseillers municipaux ne s'occupent plus de la question des petits logements. Nous donnons ci-après le montant des charges de quatre maisons sises à Paris, appartenant à M. Cacheux, et celui des charges d'une maison modèle projetée par M. Vaudremer.

Maison impasse Béranger.

ANNÉES.	RECETTES.	DÉPENSES.
	fr. c.	fr. c.
1873	3.435 45	768 »
1874	3.135 »	2.220 »
1875	2.983 85	985 37
1876	3.993 90	772 »
1877	4.042 05	604 »
	17.590 25	5.349 37

Revenu brut........... 17.590 fr. 25
                       5.349   37

Le Revenu net......... 12.240 fr. 88   est donc de 69 p. °/₀ du revenu brut, et le montant des charges s'élève à 31 p. °/₀.

Maison impasse de l'Astrolabe.

ANNÉES.	RECETTES.	DÉPENSES.
	fr. c.	fr. c.
1886	7.369 60	1.844 60
1887	5.851 85	2.499 90
	13.221 45	4.344 50

Revenu brut........... 13.221 fr. 45
Charges............... 4.344   50
                              8.876 fr. 95

Les charges s'élèvent dans cet exemple à 33 p. °/₀ du revenu brut.

Dans les comptes on ne fait pas entrer les honoraires du gérant et la moins-value des immeubles.

Dans une maison située rue d'Avron, près de la barrière du Trône, les résultats sont analogues.

Maison rue d'Avron.

Années.	Recettes.		Dépenses.	
	fr.	c.	fr.	c.
1896	17.760	»	4.785	02
1897	13.537	60	4.141	29
	31.297	60	8.926	31

Revenu brut............ 31.297 fr. 60
Charges................ 8.926 31
Revenu net .... 22.371 fr. 31

La charges s'élèvent à 30 p % environ du revenu brut.

Le revenu brut de la maison sise rue d'Avron diminue, parce qu'il s'opère en ce moment une transformation d'industrie dans le quartier Saint-Antoine. Autrefois on louait couramment les petits ateliers à 200 et 250 francs par an ; aujourd'hui on ne trouve plus de locataires, et on est obligé de transformer ces ateliers en petits logements. Par suite de la crise industrielle qui règne depuis quelques années, la population parisienne diminue ; on constate la présence de nombreux logements vacants dans tous les quartiers de Paris, et les propriétaires sont obligés d'expulser un grand nombre de locataires qui ne payent pas.

Dans une maison-caserne contenant près de cent ménages, le rapport net est meilleur, car la maison est administrée par un concierge-gérant assez bien rémunéré pour pouvoir consacrer une bonne partie de son temps à la rentrée des loyers.

TABLEAU DES CHARGES D'UNE MAISON A PETITS LOGEMENTS

ÉVALUÉES PAR M. VAUDREMER, ARCHITECTE DE LA VILLE.

Prix du terrain (10.055 fr.) et 123.000 pour les constructions.	133.055 »
Entretien et impôt foncier..............................	300 »
Eau : consommation ordinaire 1 000 litres, environ 10 litres par personne	120 »
Gaz : six brûleurs à 50 fr...............................	300 »
Vidange : Droit 60 fr. : 1 % sur 6.500 (revenu brut évalué)..	125 »
D'après le projet de règlement soumis à l'enquête, la taxe relative à l'écoulement des vidanges à l'égout serait calculée comme suit :	
Droit fixe par tuyau de chute....... 60 fr. Droit proportionnel 1 % sur le produit brut des loyers.	
Curage d'égout....	15 »
Balayage (116 à 0 fr. 30).	35 »
Impôt foncier... { La réduction de 20 % sur le loyer brut des maisons d'ouvriers, dans ce cas de 1.335 fr. sur 6.500, donne 5.165 fr. pour valeur des loyers nette imposable à raison de 0,067.152 %	346 »
Portes et fenêtres, porte d'allée........................	5 »
Fenêtres d'escalier, poste d'eau, concierge, couloir commun soit 23 à 0,70	16 »
Droit proportionnel à la concierge 200 fr. à 0 0158204 p. %.	3 »
Annonces......................	» »
Enregistrement des baux.....................	10 25
Non-valeurs	200 »
Concierge, régisseur..................................	350 »
Soit un total de...............	1.815 25

Pour un revenu brut de 6.500 fr. soit 28 %.

ANNÉES.	REVENUS TRIMESTRIELS.	ANNUEL.	CHARGES.
	TABLEAU INDIQUANT LE REVENU D'UNE MAISON CONTENANT 100 LOGEMENTS, *sise rue Beccaria, N° 18*, Propriétaire M CACHEUX.		

ANNÉES.	REVENUS TRIMESTRIELS.	ANNUEL.	CHARGES.
1873	6.133 75 / 6.100 » / 6.275 » / 6.125 »	24.643 75	1.212 60 / 1.644 60 / 1.258 30 / 1 800 »
1874	5.670 » / 6.107 » / 5.850 » / 4.950 »	22.577 »	1.515 60 / 829 10 / 750 » / 1.473 »
1875	5.851 » / 5.851 » / 6.068 » / 6.118 »	22.888 »	1.247 45 / 1.264 » / 1.623 90 / 1.701 15
1876	5.866 » / 5.958 » / 5.925 » / 6.030 »	23.779 »	673 10 / 1 665 40 / 439 » / 1.881 20
	94.887 75	94.887 75	20.998 40
		Honoraires 3 p.°/₀ sur la recette brute..	2.546 60
		Total	23.545 »

Le revenu net est donc de 94.887 fr. 75 — 23.545 » = 71.342 fr. 75. D'où le rapport entre le revenu et les charges est de 25 °/₀.

NOTA. — En 1871, par suite de la guerre, la recette brute n'atteignit pas 7 000, fr. et en 1872, il fallut dépasser 22 000 fr. pour remettre l'immeuble à peu près en état. Aujourd'hui, par suite de la crise intense que nous traversons, la recette annuelle s'élève à 18 000 fr. environ.

Les trois tableaux qui suivent donnent des extraits de l'enquête que MM. Muller et E. Cacheux ont faite sur 1 000 familles de travailleurs pour constater combien d'entre eux pourraient acquérir une petite maison par annuités.

		GAINS ANNUELS			LOGEMENT			DÉPENSE ANNUELLE.					
PROFESSION													
du père.	de la mère.	du père.	de la mère.	TOTAL.	Nombre de pièces.	Cuisine.	Prix.	Nourriture.	Vin.	Blanchissage.	Charbon.	Épargne annuelle.	Valeur de l'épargne et du logement.
Pâtissier	Culottière	2.400	720	3.120	2	1	220	1.628	336	192	144	600	820
Tapissier	Modiste	3.000	1.200	4.200	2	»	200	1.800	372	144	130	100	300
Comptable	Couturière	3.000	900	3.900	2	»	210	1.200	720	120	72	200	410
Corroyeur.........	Cuisinière	2.160	960	3.120	1	»	150	1.200	240	48	180	250	400
Corroyeur.........	Couturière..........	2.400	1.080	3.480	2	»	200	1.800	480	84	120	300	500
Taillandier	Couturière	2.400	1.080	3.480	1	1	170	1.720	580	72	100	250	420
Maçon............	Boutonnière	1.800	1.080	2.880	1	1	180	1.100	720	120	180	400	580
Maçon............	Femme de ménage...	2.100	360	2.460	2	1	250	1.150	350	50	130	425	675
Comptable	Modiste	2.500	1.200	3.700	1	1	150	2.200	600	180	30	400	550
Paveur	Couturière..........	2.000	720	2.720	2	»	110	1.500	420	81	60	100	610

MÉNAGES SANS ENFANTS, FAISANT DES ÉCONOMIES.

FAMILLES COMPOSÉES DE PARENTS ET D'ENFANTS GAGNANT LEUR VIE ET FAISANT DES ÉCONOMIES.															
PROFESSIONS.		GAINS ANNUELS.			Nombre des enfants.	TOTAL	LOGEMENT.			DÉPENSES ANNUELLES.				Épargne annuelle.	Valeur de l'épargne et du logement
du père.	de la mère.	du père.	de la mère.	des enfants			Nombre de pièces.	Cuisine.	Prix.	Nourri-ture.	Blan-chis-sage.	Char-bon.	Vin.		
Ciseleur	Ouvrière	1.900	1.080	2.160	1	5.140	2	1	210	2.400	120	100	480	250	400
Boulanger	Couturière	1.800	720	1.800	2	4.320	3	1	250	1.800	120	108	720	100	350
Corroyeur	Ouvrière	2.160	810	2.400	2	5.370	2	1	240	1.800	90	180	360	150	490
»	Couturière	1.000	480	3.900	3	5.380	3	1	400	2.880	200	100	960	600	1.000
Maçon	»	2.160	1.080	1.920	1	5.160	2	1	200	2.600	200	180	360	500	700
Chauffeur	»	3.000	600	2.400	1	6.000	2	»	240	2.600	120	120	509	120	500
Cordonnier	....	1.800	»	1.600	1	3.400	1	1	230	1.800	96	100	360	200	430
Tourneur	Ouvrière	2.400	900	1.200	4	4.500	3	1	400	2.600	180	120	600	150	550
Sellier	Piqueuse à la mach^e	2.160	1.080	840	3	5.080	2	1	205	2.300	120	120	480	100	305
Fumiste	Ouvrière	3.000	360	4.200	2	7.560	2	1	200	3.000	180	100	840	600	800
Ravaleur	Tisseuse de coton	1.900	1.080	2.160	1	5.140	2	1	210	2.372	120	100	480	200	410
Facteur	Cuisinière	1.000	1.200	1.500	1	4.700	2	1	300	2.160	280	250	480	300	500
Agent de police	Remp. de chaises	2.160	720	1.200	2	4.080	2	1	210	2.160	180	150	480	250	460
Rempailleur	March. de poissons	2.000	2.000	1.000	1	5.000	2	1	200	2.400	216	80	600	350	550
Md de Poissons	Brunisseuse	1.800	600	180	2	2.580	2	1	220	1.100	120	180	360	50	270
Tailleur de limes	Couturière	2.400	480	2.160	1	5.040	1	1	150	2.160	180	100	550	200	350
Ajusteur	Brodeuse	3.000	1.500	1.500	4	6.000	2	1	300	2.600	180	300	720	150	450

MÉNAGES AVEC ENFANTS NE GAGNANT RIEN, FAISANT DES ÉCONOMIES.

PROFESSIONS		GAINS ANNUELS.		Nombre d'enfants.	TOTAL.	LOGEMENT			DÉPENSES ANNUELLES				Épargne.	Valeur de l'épargne et du logement.
du père.	de la mère.	du père.	de la mère.			Nombre de pièces.	cuisine.	PRIX.	nourriture.	vin.	Blanchissage.	charbon.		
Cordonnier	....	2.160	»	1	2.160	1	1	90	966	300	48	120	100	190
Peintre	Femme de ménage ...	1.800	600	2	2.400	1	1	240	1.340	300	150	100	100	340
Tanneur	Blanchisseuse	3.000	840	1	3.840	2	1	185	2.000	540	120	100	375	560
Serrurier	Femme de ménage ...	2.000	360	1	2.360	2	»	200	1.250	255	65	100	200	400
Relieur	Couturière	1.640	760	1	2.400	1	1	160	1.800	420	84	160	200	360
Employé	»	2.500	1.080	1	3.580	2	1	215	2.160	680	120	100	200	415
Brossier	Blanchisseuse	2.100	2.400	2	4.500	2	1	210	2.880	600	»	»	300	510
Ciseleur	Fleuriste	3.000	360	1	3.360	2	1	200	2.160	480	120	200	300	500
Couturier	Couturière	1.080	1.080	1	2.160	2	»	180	1.080	180	120	150	50	230
Marbrier	»	2.160	840	1	3.000	1	1	150	1.800	250	70	120	100	250
Ciseleur	Couturière	3.000	1.800	1	4.800	2	1	300	1.500	720	72	160	500	800
Polisseur	Ouvrière	2.000	900	2	2.900	2	»	250	1.680	540	192	100	100	350
Serrurier	Femme de ménage ...	2.100	360	3	2.460	3	1	350	1.600	450	120	160	100	450

Ainsi qu'on peut le voir, le nombre des travailleurs qui font des économies est malheureusement encore restreint, disons 5. %. Avec une meilleure éducation, on arrivera facilement à 10 %.

Loin de nous la pensée de conclure de là qu'il n'y a rien à faire; au contraire, mais il faut peut-être faire autre chose que ce qui a été tenté à Paris jusqu'ici, et bien convaincre tous les ouvriers. les locataires, les acheteurs, qu'il ne peut être fait de spéculation en fait d'habitations économiques; que ceux qui s'en occupent le font par devoir; considérons que ceux qui sont arrivés doivent tendre la main à ceux qui sont encore en lutte pour la vie. Ajoutons que les preuves étant faites qu'en venant en aide au capital vivant, qui est le travailleur, le capital mort, la fortune acquise, le travail accumulé, l'économie peut trouver une juste rémunération, soit 4 % d'intérêt, le capitaliste sera sans excuse de ne pas y consacrer une faible partie de ses ressources. Nous avons vu que, avec le legs de Peabody, dans 50 ans, il n'y aura plus de mauvais logements à Londres. Puisque nous n'avons pas encore eu la bonne fortune d'avoir notre Peabody, remplaçons-le par tout le monde et, dans 20 ans, Paris sera transformé à ce point de vue, ce qui ajoutera certes le plus beau fleuron à sa couronne. Ne nous préoccupons pas des mauvais et affreux logements qui existent; leurs propriétaires seront forcés de les transformer pour avoir des locataires et de les bien tenir en parfaite condition d'hygiène, car la femme ou la fille de l'ouvrier, de l'artisan, du petit rentier ne consentiront plus à y entrer si l'examen minutieux y indique de ces fautes de construction qui aujourd'hui se rencontrent presque partout. Nous devons reconnaître qu'il y aura un moment difficile à passer pour beaucoup de propriétaires, mais, avec le talent de nos architectes, qui bientôt seront tous au courant de cette science de l'hygiène, il y aura bien peu de propriétés qui ne pourront répondre à ces nouvelles et justes exigences.

CHAPITRE V

Œuvre de l'Hospitalité de nuit.

———

L'œuvre de l'hospitalité de nuit a pour but d'héberger, pendant trois jours, les individus qui se trouvent sans asile.

L'origine de cette œuvre remonte fort loin, car, dans les temps les plus reculés, on recueillait dans les couvents les voyageurs sans ressources. On trouve dans les registres de la ville de Bâle qu'en 1345, il fut fondé dans cette ville un asile de nuit où tout pauvre errant pouvait dormir sur de la paille, recevoir le repas du soir et celui du matin avant de continuer son voyage.

Le développement de la réforme fit disparaître beaucoup d'œuvres charitables soutenues par le catholicisme, mais elles reparurent peu de temps après dans les pays protestants.

Ainsi, nous trouvons dans le testament de sir Richard Wats, daté du 22 mars 1579, qu'il affectait à la construction d'un hôtel une somme suffisante pour pouvoir y loger six voyageurs pendant une nuit et leur donner, en les congédiant, une somme de quarante centimes.

A Mulhouse, il existe depuis longtemps une auberge pour les pauvres voyageurs. Dans cette ville, beaucoup d'ouvriers étrangers, attirés par les annonces des places offertes dans les usines, étaient obligés de s'adresser à des aubergistes qui les exploitaient d'une manière scandaleuse.

Émus de cette situation, les fabricants se cotisèrent pour créer à frais communs une hôtellerie où tout ouvrier était logé gratuitement pendant une nuit. Le lendemain, on lui donnait une bonne soupe, vingt centimes et des indications qui lui permettaient de trouver très rapidement du travail. Beaucoup d'ouvriers, une fois placés, rapportaient les vingt centimes au directeur de l'œuvre.

En Suisse, on s'occupe beaucoup des ouvriers en voyage. Ainsi, à Berne, on réserve un des locaux de l'hôpital des Bourgeois pour les y loger gratuitement et, dans la plupart des communes de Neufchâtel, on réserve quelques lits pour le même objet.

A Olten, on leur fournit gratuitement le logement et la nourriture.

Les hospices établis au sommet des principaux cols des Alpes et les maisons de refuge échelonnées le long des routes qui traversent ces montagnes, offrent de grandes ressources aux voyageurs.

Dans ces hospices, on les soigne gratuitement quand ils sont malades. Ils ne repartent que pourvus de vêtements chauds et de meilleures chaussures.

Dans les grandes villes, beaucoup d'hommes exerçant les professions les plus diverses, se trouvent complètement dénués de ressources à certains moments. Ce qui leur fait le plus défaut, c'est un endroit pour passer la nuit, c'est pourquoi des personnes généreuses se sont cotisées pour le leur procurer.

Dans plusieurs grandes villes, à Londres, à New-York, à Rome, à Berlin, on a créé des asiles pour recueillir, pendant la nuit, des malheureux, et les bons effets qu'ils produisent ont déterminé les municipalités de Paris, Genève et Marseille à suivre cet exemple.

L'organisation de ces asiles diffère beaucoup. A Londres, où ils sont appelés Workhouses, ils reçoivent indéfiniment les vagabonds.

A Genève, l'hospitalité est temporaire, mais elle n'est pas entièrement gratuite ; on reçoit les individus des deux sexes et on les abrite pendant la nuit, mais l'on ne s'occupe plus d'eux le jour venu.

A Paris et à Marseille, on n'héberge les mêmes hôtes que pendant trois jours au plus ; mais on n'épargne aucun moyen pour les moraliser, relever leur courage, leur trouver un travail rémunérateur, en un mot, les rendre à la société. A Lille, on exige des malheureux qu'on héberge, qu'ils n'aient pas de casier judiciaire ; par contre on les garde pendant quinze jours.

Nous décrirons, avec quelques détails, l'œuvre de l'hospitalité de Paris, qui a commencé, avec de faibles ressources, en 1878, sur l'initiative d'un estimable prêtre, M. l'abbé Ardoin, et qui a pris très rapidement un développement considérable, grâce aux efforts de M. le baron de Livois, son président, et au concours des nombreux bienfaiteurs de l'œuvre.

L'œuvre de l'hospitalité de nuit est une société essentiellement charitable, dont les statuts sont analogues à ceux de toutes les sociétés de charité. Nous y trouvons que le but de l'œuvre est :

1° D'offrir un abri gratuit et temporaire pour la nuit, sans distinction d'âge, de nationalité ou de religion, aux personnes sans asile ;

2° De soulager, dans la mesure du possible, leurs besoins les plus urgents.

Les ressources de la Société se composent :

1° Des cotisations annuelles ;

2° Des versements avec affectation spéciale à l'acquisition d'un lit. Toute personne qui verse 200 fr. à cet effet, a droit à l'inscription de son nom en tête de ce lit ;

3° Des sommes versées par les bienfaiteurs de l'œuvre. Toute personne qui donne 500 fr. a droit à ce titre ;

4° Des versements des donateurs qui s'engagent à verser annuellement une cotisation de 500 fr. ou qui donnent une somme de 5 000 fr. ;

5° Du produit des dons en nature.

L'œuvre est administrée par un conseil d'administration.

La Société possède actuellement six refuges, dont trois pour les hommes et trois pour les femmes ; les trois asiles pour hommes sont situés : 59, rue de Tocqueville ; 11, boulevard de Vaugirard : 13, rue de Laghouat.

Les trois pour femmes sont : 253, rue Saint-Jacques ; 44, rue Labat ; 166, rue de Crimée.

Au mois d'avril 1887, sur une proposition de M. Cattiaux, il a été décidé de créer un refuge-ouvroir pour 200 femmes, rue Fessart, dans le XIX⁰ arrondissement.

L'asile de la rue de Tocqueville a été ouvert le 2 juin 1878, dans une maison louée pour 9 ans, où l'on disposa un dortoir de 20 lits.

> Le premier jour on reçut............. .... 3 hôtes.
> Le second   —   .... 7 —
> Le onzième   —   .. .. 37 —

17 personnes couchaient sur les bancs et les planchers; elles étaient heureuses d'être à l'abri; mais cette situation ne pouvait se prolonger sous les yeux d'un conseil d'administration composé d'hommes aussi dévoués que MM. le baron de Livois, le comte des Cars, Garnier, E. Collet, Laugier, Paul Leturc, etc. Aussi, grâce à leurs efforts persévérants, le 28 octobre 1882, l'asile disposait de 105 places confortables.

L'établissement du boulevard de Vaugirard a été installé dans des hangars où l'on peut recevoir 200 personnes.

Le refuge de la rue de Laghouat était anciennement un établissement de loueur de voitures; on pourra y héberger autant de personnes qu'à Vaugirard.

Pour se rendre un compte exact des services rendus par l'œuvre, il convient de remarquer que, dans les dépenses indiquées ci-après, sont comprises celles qui ont été absorbées par le fonctionnement, pendant six mois, d'un refuge provisoire établi boulevard Voltaire.

Les dépenses totales de l'œuvre ont été de :

> En 1878 .... 17.580
> En 1879 .... 61.191
> En 1880 .... 70.636
> En 1881 .... 61.191
> Total................. 210.598 fr.

Les dépenses se décomposent comme suit :

	1878	1879	1880	1881
Frais de premier établissement, rue de Tocqueville............	10.272 75	»	»	»
Frais de premier établissement, boulevard de Vaugirard........	»	32.092 40	»	»
Frais de premier établissement, boulevard Voltaire.............	»	»	»	15.676 60
Frais de premier établissement, rue de Laghouat...............	»	»	»	6.625 85
Loyers, impôts, assurances.......	3.979 90	5.108 »	1.411 80	»
Entretien (rue de Tocqueville....	1.794 80	3.536 10	4.560 10	4.882 50
et {boulevard de Vaugirard	»	2.479 55	4.076 10	4.675 30
Personnel (rue de Laghouat......	259 20	4.983 60	6.822 75	6.975 90
Impressions, frais de bureau......	507 20	3.407 15	532 40	1.330 65
Divers......	175 35	4.983 60	»	»
Alimentation, vestiaire...........	»	»	3.637 60	3.561 25
Secours...................	»	»	732 90	717 30
Divers....................	»	»	1.026 70	362 40
Dépenses	»	»	3.557 15	4.189 85
Total............	16.989 20	56.690 80	26.354 50	48.997 60

Les nuits passées dans les refuges :

par	2,874	personnes ont été	en 1878 de	14,305
»	19,412	» » » »	1879 »	54,885
»	26,555	» » » »	1880 »	84.120
»	27,950	» » » »	1881 »	76,006
	76,791			231,316

En 1882, l'œuvre a abrité 32 406 pensionnaires, et les dépenses ont été de 66 052 fr. ; par conséquent le prix de revient d'une nuit a été de 69 centimes environ, étant donné que, pour arriver à ce chiffre, on a compris les frais de premier établissement.

Ce prix de revient est élevé, si on le compare à celui qui est exigé dans les hôtels des quartiers excentriques, mais il faut remarquer que l'œuvre n'a pas donné seulement à ses hôtes un abri, elle leur a encore procuré, dans les limites de ses moyens, des vêtements, de la nourriture, des médicaments; ainsi, en 1882, elle leur a distribué 33 023 bons de pain ou de fourneaux, et 10 622 chemises, vêtements ou chaussures, et les moyens de correspondre soit avec des parents, soit avec des personnes généreuses. L'œuvre a fourni du travail à beaucoup de ses hôtes par ses relations, et les services rendus par elle peuvent être appréciés par la nomenclature des individus qu'elle a abrités.

Nous y trouvons des ouvriers en bâtiment, des ouvriers en cuir, en vêtements, en mobilier, en fer, des compositeurs, des imprimeurs, des cuisiniers, des domestiques, des infirmiers, des cochers et palefreniers, des coiffeurs et perruquiers, sculpteurs, horlogers, bijoutiers, des employés de bureau, des comptables, des professeurs, des artistes dramatiques, des musiciens, des journalistes, des avocats, des architectes, des ingénieurs civils, des docteurs en médecine, des officiers.

Les nationalités des individus recueillis sont très diverses. On y reçoit des personnes de toutes les parties du monde. Les Français figurent d'ordinaire pour 80 %.

Les frais relatifs à l'alimentation sont très peu élevés, grâce aux nombreux bons de pain ou de fourneaux qui sont donnés par les bienfaiteurs de l'œuvre, parmi lesquels nous citerons M. Ruel, fondateur de la pension alimentaire bien connue. Il en est de même de ceux relatifs à l'habillement, car une grande quantité d'objets sont donnés, et ceux qui sont en mauvais état sont réparés à peu de frais, soit par des concierges, soit par des locataires sans ouvrage.

Les dépenses sont couvertes principalement par des dons. Les souscriptions ordinaires s'élèvent à une trentaine de mille francs chaque année, somme que les donations élèvent d'une dizaine de mille francs.

Les recettes extraordinaires proviennent de fêtes, de dons exceptionnels.

Parmi les recettes extraordinaires de l'hospitalité de nuit, nous remarquons :

1° Une somme de 60 569 fr. 40 c., produit d'un bal donné à l'Hôtel Continental ;

2° Un don de 22 000 francs fait par M. Edmond de Larnage pour établir la maison du boulevard de Vaugirard ;

3° Une subvention de 23 357 fr. 40 c. allouée par le journal *le Figaro* pour l'installation provisoire d'une maison, boulevard Voltaire.

Parmi les bienfaiteurs de l'œuvre, nous citerons encore :

La grande blanchisserie de Courcelles, qui blanchit gratuitement pendant toute l'année les draps et torchons appartenant à l'œuvre.

Et les membres du conseil d'administration qui n'acceptent aucune rémunération en échange de leurs services.

Nous ne pouvons pas donner le plan d'un établissement modeste destiné à loger les malheureux pendant la nuit, car ceux qui existent à Paris ne sont que des bâtiments appropriés à cet effet : c'est pourquoi nous nous contenterons de donner la description d'un établissement modèle, ce qui permettra à tout constructeur d'établir un de ces asiles.

Un hôtel pour loger à la nuit doit comprendre :

> Un logement pour le gérant ;
> » » » le concierge,
> » » » les surveillants,
> Une chambre pour l'aumônier,
> Un bureau,
> Une consigne,
> Un vestiaire,
> Une étuve à désinfection,
> Une salle d'attente,
> Des dortoirs avec dépendances,
> Des water-closets,
> Une infirmerie,
> Une buanderie.

Logement du gérant. — Le gérant est ordinairement un officier en retraite. On le rémunère d'une façon insuffisante au point de vue pécuniaire ; il faut donc lui donner un logement convenable composé d'au moins trois pièces et une cuisine.

Concierge. — Le concierge doit contribuer à la surveillance générale. Dans le cas où il serait marié, sa femme pourrait rendre des services en faisant la cuisine pour les surveillants et en employant son savoir-faire à l'entretien et au raccommodage du linge.

Il est bien d'avoir un ménage sans enfants, par conséquent deux pièces et une cuisine suffisent pour le concierge.

Surveillants. — Les surveillants couchant dans les dortoirs, il suffit de leur donner une salle pour y placer leurs effets et y prendre leurs repas.

Chambre pour l'aumônier. — L'œuvre de l'hospitalité de nuit a été fondée par des catholiques, ce qui explique pourquoi une chambre spéciale a été réservée au service d'un aumônier. En pratique, elle est peu utilisée.

Bureau. — Le bureau est une pièce dont les dimensions n'ont pas besoin d'être bien grandes. Il suffit d'y pouvoir renfermer un meuble fermé pour le surveillant et quelques casiers pour recevoir les livres nécessaires à l'administration.

Consigne. — La consigne est une petite pièce dans laquelle on place les bagages des individus admis à passer la nuit dans l'établissement. Cette pièce doit être munie de casiers, il faut pouvoir la fermer et la disposer de façon que la surveillance en soit facile.

Vestiaire. — Le vestiaire est un magasin où l'on dépose les vêtements et les approvisionnements achetés ou donnés. Il doit être divisé en deux parties, l'une disposée pour les vêtements propres à être utilisés ; l'autre affectée au dépôt des habits quittés par les pensionnaires que le gérant juge dignes de recevoir un accoutrement moins sordide.

Étuve à désinfecter. — A côté du vestiaire, on place l'étuve à désinfecter. C'est ordinairement une petite pièce close hermétiquement, munie de tringles en bois, sur lesquelles on dépose les vêtements souillés par la vermine. Le procédé de nettoyage le plus économique consiste à brûler du soufre sur des plateaux et à laisser, pendant plusieurs heures, les vêtements dans l'atmosphère pleine d'acide sulfureux. Les habits sont ensuite lavés à l'eau.

Salle d'attente. — La salle d'attente est garnie de bancs et de quelques tables de travail. Dans les salles d'attente on dispose aussi une armoire vitrée qui sert de bibliothèque.

Dortoirs. — Les dortoirs doivent être établis de façon qu'on puisse surveiller facilement les pensionnaires. Le plancher doit être facile à nettoyer, car les hôtes ont, en général, des chaussures peu propres. Les murs doivent être blanchis à la chaux.

Dépendances. — Les dépendances des dortoirs sont la lingerie, les salles où les assistés font leur toilette.

La lingerie doit être munie d'armoires en nombre suffisant pour assurer le service. Les cabinets de toilette doivent être disposés de façon à permettre à beaucoup d'hommes de se laver ensemble les mains, sous les yeux d'un surveillant. Les water-closets doivent être du système le plus simple possible, pour qu'on puisse les tenir proprement. Ils doivent être à proximité des dortoirs, car on ne fournit aux pensionnaires qu'un lit.

Infirmerie. — L'infirmerie est une simple pièce contenant un ou deux lits au plus, car on n'admet pas les malades, et elle ne sert que dans le cas où un pensionnaire se trouverait indisposé pendant la nuit. A Vaugirard, un seul lit suffit pour les 192 places.

Matériel et ameublement. — Le matériel et l'ameublement d'un asile de nuit demandent une étude approfondie, car il faut des appareils à la fois solides et d'un prix peu élevé. Les pensionnaires de l'établissement sont heureusement peu difficiles.

Ainsi, boulevard de Vaugirard, les hôtes se servent pour leurs ablutions de baquets en bois. On se contente de les marquer des lettres F et P, pour distinguer ceux qui servent à la figure ou aux pieds.

A Vaugirard, les serviettes sont remplacées par une toile sans fin, tendue autour de deux tambours mobiles autour de leur axe, de façon qu'on puisse lui donner un mouvement continu.

La literie se compose d'un matelas en varech, d'un traversin, d'une paire de draps et d'une couverture.

La cage du lit est généralement en fer, le sommier est remplacé par trois planches.

A l'asile du boulevard de Vaugirard, on fait coucher les hommes sortant de prison sur des plans inclinés composés de simples planches.

D'après M. Collet, trésorier de l'œuvre de l'hospitalité de nuit, un lit composé comme un lit de soldat, c'est-à-dire de planches reposant sur des châssis en fer, peut durer de 20 à 30 ans.

Un matelas dure en moyenne 6 ans.

Une paire de draps, 3 ans, en supposant 3 paires par lit.

Une couverture, 4 ans.

Le mobilier doit être entièrement renouvelé dans un espace de temps qui variera de 3 à 6 ans.

C'est d'après ces données, qu'on évalue à deux cents francs la somme nécessaire pour fonder et entretenir un lit.

Personnel. — Pour un asile de 200 lits il faut employer :

> Un gérant,
> Trois surveillants,
> Un concierge.

Le gérant doit être un homme habitué à conduire des individus difficiles à mener, c'est pourquoi on choisit toujours, pour remplir cet office, un ancien militaire.

Nous ne pouvons qu'engager les personnes qui voudraient établir des asiles de ce genre, à s'inspirer de la règle de conduite de M. Remy, directeur du refuge de la rue de Vaugirard.

Nous avons été heureux de voir le parti qui a été tiré par M. Drevet, architecte, d'un immeuble tout à fait impropre à la construction d'un hôtel de cette nature, mais nous ajouterons que, sans la parfaite propreté qui règne dans toutes les parties de l'établissement et la ventilation naturelle due à l'état du bâtiment, les dortoirs seraient des foyers d'infection.

Comptabilité. — Un surveillant doit être au courant de la comptabilité, car il est de toute nécessité de la tenir régulièrement, non seulement par rapport au mouvement des fonds, mais encore pour ne pas être exploité par les pensionnaires.

Tout individu qui entre à l'établissement, doit être inscrit de façon que la police puisse connaître l'endroit où il a passé la nuit et de manière à l'empêcher d'abuser de l'hospitalité de nuit. Pour obvier à cette exploitation, on tient plusieurs registres régulièrement.

On ne reçoit que pendant une seule nuit les individus qui ne peuvent justifier de leur identité au moyen de papiers bien réguliers. Le premier livre tenu est analogue à celui des garnis.

Voici son réglage avec en-têtes :

Numéros.	Nom.	Prénoms.	Age.	Qualité.	Lieu de naissance.	Département.	Domicile habituel.	Dernier domicile.	Papiers.	DATES.		Observations
										Entrée.	Sortie.	

Un deuxième registre sert de répertoire ; on y inscrit par ordre alphabétique, tout individu qui a passé une nuit à l'asile.

Ce livre a trois colonnes.

NUMÉROS.	NOMS.	OBSERVATIONS.

La deuxième colonne fait voir si l'individu qui se présente a déjà été admis. Le numéro donné par la première colonne permet de rechercher dans le premier registre si l'individu a déjà été reçu pendant les trois mois précédents et, dans ce cas, la troisième colonne portant la rubrique « observations » fait voir s'il s'est bien comporté.

Quand la conduite d'un pensionnaire a laissé à désirer, quand il n'a pas fait convenablement son lit par exemple, on le fait coucher

sur le plancher, au lieu de lui donner un lit avec matelas. Des réper-
toires analogues donnent les noms des individus qui ont couché
dans les autres asiles ; ils sont tenus au courant tous les huit jours.

Un troisième registre permet de connaître le nombre des nuits
passées dans l'établissement.

Tout lit est numéroté et à chaque lit correspond un jeton numéroté
qu'on donne au pensionnaire, qui peut l'occuper pendant trois
nuits. La nuit du dimanche au lundi ne compte pas ; donc il est facile,
au moyen d'une disposition analogue à celle qui est indiquée, de se
rendre compte du temps pendant lequel un lit a été occupé. A cet
effet, il suffit de faire un trait en face du nom de l'occupant dans
les colonnes qui indiquent les jours.

Fonctionnement. — Tout individu qui se présente pour passer la
nuit au refuge est interrogé par le surveillant. S'il remplit les conditions d'admission, on l'inscrit sur les registres et on l'envoie au
lavabo se laver la figure et les pieds. On lui donne ensuite un
numéro qu'on lui fait accrocher au-dessus du lit qu'on lui destine et
on l'envoie à la salle d'attente, où on met à sa disposition des livres
et de quoi faire sa correspondance.

A l'heure du coucher, un administrateur de service ou, à son
défaut, le gérant fait une prière et les pensionnaires se couchent.
Le lendemain matin, au signal donné pour le lever, chaque pensionnaire fait son lit, puis il se rend au lavabo et, après s'être habillé, il
assiste à la visite de son lit qui est faite par le surveillant. Quand le
surveillant est satisfait, il donne au pensionnaire l'autorisation de
quitter l'établissement.

Asiles pour femmes et enfants. — Dans les grandes villes, il y a
danger pour les femmes à ne pas trouver un établissement pour y
passer la nuit ; c'est pourquoi la Société philanthropique a créé trois
asiles dans trois arrondissements de Paris, où ils rendent de très
sérieux services.

On y reçoit les jeunes filles qui viennent chercher fortune à Paris,
les domestiques sans place, les ouvrières expulsées de leur logement, les petites filles qui se sauvent de chez leurs parents, soit par
suite de mauvais traitements, soit parce que leur humeur vagabonde
les pousse à chercher des aventures. On accueille souvent des

jeunes filles ayant reçu une brillante éducation et qui ne trouvent pas à gagner leur vie à Paris. Quelquefois des femmes abandonnées par leurs maris viennent, accompagnées de leurs enfants, chercher un refuge dans l'asile. Des voyageuses sont aussi hébergées en quand nombre dans les refuges de l'hospitalité de nuit. En résumé, la Société Philanthropique offre un abri gratuit et temporaire pour la nuit, avec distribution de soupe à l'arrivée et au départ, aux femmes sans asile, quel que soit leur âge, à quelque nationalité et à quelque religion qu'elles appartiennent, sous la seule condition pour elles d'observer les mesures prescrites par le règlement qu'on leur fait connaître.

Les enfants mâles jusqu'à l'âge de 3 ans sont admis, lorsqu'ils accompagnent leur mère, dans un dortoir séparé, dit des mères de famille. On refuse d'admettre toute personne ou enfant qui présente des signes extérieurs d'une maladie contagieuse, et lorsqu'une maladie se déclare après l'entrée, on transporte d'urgence la personne atteinte à l'établissement le plus voisin

Toute personne doit avoir des papiers. On abrite pour une seule nuit, dans la salle dite du lit de camp, les femmes qui ne peuvent justifier de leur identité; on donne pour trois jours la jouissance d'un lit muni de draps blancs à celles qui méritent la pitié.

Le règlement diffère très peu de celui qui est observé dans les asiles pour les hommes. Les femmes sont tenues de prendre un bain avant de se rendre à la salle d'attente.

Une lecture à haute voix peut être faite dans la salle d'attente, mais on défend d'une façon formelle les lectures et les conversations inconvenantes. Le silence le plus absolu doit régner dans les dortoirs uniquement destinés au sommeil. Toute personne une fois entrée dans l'établissement ne peut en sortir que le lendemain matin.

Avant de partir, chaque femme est tenue de faire son lit et celui de son ou de ses enfants. Chaque femme devra également concourir aux soins à donner à la propreté du local, du mobilier et même, si besoin est, au blanchissage et à l'entretien du linge.

Les dernières arrivées sont plus spécialement désignées par le Directeur pour le rinçage du linge des bains, le balayage des dortoirs, le service des eaux ménagères et le rinçage des draps de lit.

Le coucher a lieu à neuf heures et demie; le lever a lieu en été à six heures et en hiver à sept heures. Une heure après le lever, toutes les pensionnaires doivent quitter l'établissement pour chercher du travail. Lorsque le directeur veut utiliser des pensionnaires pour les besoins du service, il donne à celles qui restent volontairement jusqu'à midi pour aider aux soins à donner au ménage, à la buanderie ou à la lingerie, trois bons d'aliments à prendre au fourneau.

L'administration fait tous ses efforts pour protéger les malheureuses qui s'adressent à elle. Elle cherche à placer les ouvrières et domestiques sans ouvrage, et pour faciliter leur placement, elle leur fournit du linge de corps et des habits convenables ; elle rend à leurs parents les petites filles qui se sont sauvées ou elle les case dans un lieu convenable. Elle aide à rapatrier les personnes qui ne trouvent pas fortune à Paris.

Le Conseil municipal de la ville de Paris n'a pas voulu laisser à l'initiative privée seule le soin de loger les malheureux ; il a établi trois asiles de nuit qui rendent de grands services à la population flottante de la capitale.

En Allemagne, les asiles de nuit fonctionnent avec grand succès. Dès 1869, on en fonda un pour les femmes à Berlin et un autre, en 1871, pour les hommes. Des chambres de bains, une buanderie et une infirmerie sont annexées à chacun de ces établissements. Lorsqu'une personne se présente à l'asile, elle est reçue avec bienveillance et on ne lui demande ni son nom, ni son lieu d'origine, mais simplement son âge. On se fie à l'habileté du gardien pour voir si les sujets se sont présentés à l'établissement un nombre de fois supérieur à celui qui est indiqué par le règlement. Les hommes sont reçus pendant trois jours de suite et les femmes pendant cinq jours. La salle d'attente contient une bibliothèque et beaucoup d'ouvrages moraux.

DEUXIÈME PARTIE.

MOYENS A EMPLOYER POUR PROVOQUER LA CONSTRUCTION D'HABITATIONS OUVRIÈRES CONVENABLES.

Nous avons vu par les tableaux faits par MM. Langlois, Marjolin et Dumesnil, qu'il s'en fallait de beaucoup que les Parisiens fussent bien logés. Du reste, il existe bien peu de pays en Europe où la majorité des travailleurs soit convenablement logée, c'est pourquoi nous étudierons successivement ce qui a été fait jusqu'ici et la part que chacun devrait prendre à l'amélioration du logement des classes laborieuses.

Nous passerons ainsi en revue l'action du gouvernement, des corps constitués, de la presse, de l'industrie, de la bienfaisance publique et privée, de l'association sous toutes ses formes.

CHAPITRE VI.

Action de l'État.

L'État peut agir :

> Moralement,
> Législativement,
> Pécuniairement.

L'action morale du gouvernement peut s'effectuer :

1° Par des enquêtes sur l'état des habitations des classes laborieuses ;

2° Par des circulaires engageant les autorités constituées à exiger la mise en bon état des habitations ;

3° Par la diffusion dans les masses de la connaissance des conditions qui constituent une habitation convenable, des dangers qui dérivent de l'encombrement et de la négligence dans l'application des règles de l'hygiène.

Concours moral du gouvernement. — Ce concours consiste à encourager ou à déterminer les efforts des nombreuses personnes qui ne demandent qu'à agir sous son influence ou à suivre son inspiration en vue d'améliorer les logements des classes laborieuses. Nous avons vu que le mouvement de réforme des habitations ouvrières est parti de la France et que c'est en Angleterre qu'il a produit le plus d'effets utiles. C'est de Paris qu'est venue l'initiative. Le premier conseil de salubrité y a, en effet, été institué en 1802 par

M. Dubois, préfet de police, sur la proposition de M. Cadet-Gassi-court. Le mouvement donné, plusieurs enquêtes furent faites dans presque tous les pays civilisés pour arriver à connaître l'état des logements des classes laborieuses. Les bons effets qui en dérivèrent ont engagé, dans ces dernières années, plusieurs pays à en faire d'autres.

Récemment une enquête officielle, en Prusse, démontra la nécessité de remédier à l'état déplorable des habitations rurales, dont beaucoup sont des chaumières, mal construites en torchis, quelquefois même en terre gazonnée, dépourvues de tout moyen de ventilation, les fenêtres étant fixes et ayant des dimensions qui ne donnent qu'une lumière insuffisante. L'état intérieur de ces habitations est tout aussi défectueux. Presque partout on constata le dédain absolu des habitants, non pour l'hygiène, il ne peut en être question, mais pour les règles de la plus élémentaire propreté, l'insouciance d'une installation convenable, la négligence à assurer l'écoulement des eaux, à prendre les précautions sanitaires les plus simples, la répugnance à l'introduction de l'eau fraîche, l'insuffisance de hauteur des pièces ne permettant pas de s'y tenir debout, l'installation dans les chambres, de volailles, d'animaux domestiques, etc., etc. La vallée de la Vistule avait seule des habitations convenables. Dans les villes de Dantzig, Hambourg, Dresde, Francfort, etc., les habitations ouvrières sont aussi encombrées ; plusieurs familles y sont même parfois logées dans la même pièce.

En 1883, en Angleterre, sur l'initiative de Lord Salisbury, une nouvelle et vaste enquête fut faite par une Commission royale comptant parmi ses membres le prince de Galles, le cardinal Manning, sir Richard Cross, M. Goschen et beaucoup d'autres sommités. Le compte rendu des opérations de la Commission fut consigné dans quatre grands volumes in-folio dont M. Picot a donné un aperçu dans son beau livre : le Devoir Social. Nous avons repris l'étude des documents rassemblés par la Commission royale et nous y avons trouvé une foule de renseignements concernant non-seulement l'état des habitations, mais encore la manière d'y vivre. On y étudie l'effet du prêt d'argent fait par l'Etat, l'action des autorités au point de vue de la répression des délits d'insalubrité, la contrainte à exercer sur les compagnies de chemins de fer, etc., etc.

Enfin, une enquête toute récente, commencée en Belgique par

une Commission nommée le 15 avril 1886, étudie à nouveau tout ce qui se rapporte aux logements. Un des chapitres du rapport passe en revue tous les aspects du sujet : les conditions du logement, le taux des loyers, le régime des locations, l'intervention du patronage, son mode d'action, son influence sur l'hygiène et l'apaisement social ; les sociétés de maisons ouvrières, leurs différents systèmes, leurs résultats financiers et moraux ; les diverses questions sur les mesures à prendre dans le but d'améliorer le logement des ouvriers.

Les mesures sur lesquelles le questionnaire sollicite les réponses des déposants, sont les suivantes : Réduction des impôts qui grèvent les habitations ouvrières, quotité des détaxes ; réduction des tarifs ouvriers sur les chemins de fer ; réforme de la loi qui régit les sociétés coopératives, afin d'amener les ouvriers à se construire eux-mêmes leur habitation ; constitution d'une société nationale placée sous le patronage de l'Etat pour la construction de maisons ouvrières ; affectation par les administrations charitables d'une partie de leur patrimoine à des constructions de ce genre, réformes en faveur de la maison, centre et foyer de la famille, et des règles relatives au partage des successions ; réforme de la loi sur les logements insalubres et sur l'expropriation par zone ; organisation d'un système d'inspection et de surveillance des habitations ouvrières.

Eu égard à l'importance et à la complexité de cette question spéciale, le gouvernement belge a cru nécessaire de faire concourir à son étude le Conseil supérieur d'hygiène publique, et l'a chargé d'une enquête sur la situation hygiénique des maisons ouvrières dans les villes, dans les centres industriels et dans les campagnes.

Quoique se plaçant surtout au point de vue de la salubrité, son enquête doit s'étendre bien au delà du domaine proprement dit de l'hygiène. Elle se propose, en effet, les buts ci-après : faire ressortir les lacunes et les vices de la législation actuelle ; déterminer les moyens à employer pour obtenir la réforme et l'assainissement des logements à bon marché ; fournir les plans, types de constructions saines et économiques aux administrations publiques de bienfaisance ou autres, et aux sociétés immobilières, rappeler les conditions essentielles de salubrité à observer, soit dans l'entretien des maisons existantes, soit dans les travaux de construction et d'installation des maisons nouvelles ; enfin et sous forme de conclusions finales, vulgariser les meilleurs moyens d'amener les ouvriers à la propriété du foyer domestique.

Pour préparer les premiers éléments de cette enquête, recueillir les documents à consulter et formuler le programme de ses travaux, le Conseil supérieur a nommé une Commission de sept membres, qui lui a présenté son rapport le 29 juin 1886.

Ce document considérable, publié dans le Moniteur Belge du 8 août, commence par rappeler tous les travaux antérieurs du Conseil, puis ceux des auteurs qui se sont occupés du sujet, et en dresse un catalogue très complet. Abordant ensuite le programme des questions à traiter, le rapport le répartit en quatre groupes : 1° Législation ; 2° Plans de constructions salubres et économiques, conditions de salubrité ; 3° Situation actuelle des logements pauvres ; 4° Associations pour les habitations ouvrières.

Au premier groupe se rattache l'étude des lois existantes et celle des réformes qu'on y pourrait introduire, tant en matière de logements insalubres qu'au point de vue des facilités fiscales à accorder aux entreprises des maisons ouvrières. Jusqu'où faut-il pousser les droits préventifs et répressifs de l'autorité contre l'insalubrité de l'habitation ? Si l'on en vient à exproprier et à démolir les îlots insalubres, que faire de la population qui les habitait ? Comment concilier le souci de la propriété et le budget local avec les droits de la salubrité et de l'humanité ? Quant au concours à donner aux sociétés de maisons ouvrières, quels encouragements directs ou indirects conseiller au trésor ou au fisc, sous forme de prêts et de subventions ou sous forme de réductions d'impôts et de détaxes, sans courir le danger de faire concurrence aux initiatives individuelles et d'en tarir la source ? Telles sont les principales questions qui rentrent dans le premier groupe et qui seront étudiées en confrontant la législation belge avec celle des autres pays.

Le second groupe correspond à un programme bien délimité, celui des conditions de salubrité à imposer aux habitations ouvrières et des meilleurs types à recommander.

C'est le troisième groupe qui comprend l'enquête proprement dite. Quel est l'état exact du logement ouvrier ? Quelles sont ses conditions d'aménagement ? Comment sont appliqués les règlements communaux sur la police et la salubrité des habitations ? Ces règlements eux-mêmes sont-ils correctement formulés ? Comment est organisé, dans les grands centres, le service de la voirie, des égouts, des eaux propres, qui est en relation si étroite avec la salubrité de la maison et surtout avec celle de la maison du pauvre ? Quelles facilités de transport sont données ou pourraient l'être à l'ouvrier pour provoquer son installation dans la banlieue ? Quel est le régime des locations ? Quel taux atteint dans les divers quartiers la mortalité des habitants suivant les conditions de leur habitation ? Ces questions et toutes les autres analogues appartiennent à ce groupe, qui représente la partie la plus laborieuse, mais aussi la plus vivante et la plus féconde de la tâche dévolue au Conseil supérieur d'hygiène.

Enfin, le quatrième groupe embrasse les associations pour la construction, la vente, l'acquisition ou la location des maisons ouvrières. Il existe en Belgique sept de ces associations : une à Anvers, deux à Bruxelles, deux à Liège, une à Tournai et une à Verviers. Elles ont construit 869 maisons, qui abritent 1 863 ménages, soit 8 547 habitants. Leurs dépenses de premier établissement se sont élevées à 8 millions et rapportent en moyenne un revenu net de 3 %. L'enquête devra porter sur l'organisation de ces sociétés et de celles qui existent à l'étranger.

Nous signalons notamment l'intérêt de l'étude des *building societies*, dont ne parle pas le rapport, et qui ont fait de véritables merveilles pour doter l'ouvrier anglais et américain de la possession de son foyer.

Le gouvernement peut encore agir moralement en envoyant des circulaires aux maires de toutes les communes dans lesquelles la mortalité dépasse les limites ordinaires, et en leur faisant savoir que le meilleur moyen d'y remédier est de faire respecter les lois concernant les logements insalubres.

Le gouvernement devra aussi insérer dans le programme des écoles primaires l'étude des principes de l'hygiène, de façon à ce que, dans un délai rapproché, tout Français connaisse l'influence du logement sur la vie humaine.

L'Etat devra aussi donner son concours moral aux expositions d'hygiène organisées par des sociétés scientifiques et il ne devra négliger aucune occasion de répandre dans les masses les notions qui concernent les habitations insalubres.

ACTION DE L'ÉTAT AU POINT DE VUE PÉCUNIAIRE.

En 1852, le gouvernement français consacra à l'amélioration du sort de la classe ouvrière une somme de dix millions, qui fut employée de la manière suivante :

On distribua aux asiles du Vésinet et de Vincennes destinés aux ouvriers convalescents.............................. 5 870 000 fr.

On affecta deux millions à la construction de dix-sept maisons ouvrières au boulevard Mazas, aujourd'hui boulevard Diderot.

Le restant, c'est-à-dire 2 130 000 fr., fut distribué sous forme de subventions à des sociétés et à des particuliers qui avaient entrepris la construction de maisons ouvrières sous le contrôle du gouvernement.

A cette occasion, un concours fut ouvert et jugé par une commission choisie dans le Conseil des Bâtiments Civils. Voici ses conclusions.

Avis du Conseil Général des Bâtiments Civils. — Juin 1860. Le Conseil, après avoir entendu et discuté le rapport qui précède, vu la lettre du Secrétaire Général du Ministère de la maison de l'Empereur,

Vu la lettre d'envoi du Ministre de l'Intérieur,

Vu l'avis de la Commission instituée en 1854 pour l'examen de tous les projets relatifs à des cités ouvrières,

Vu le rapport dans lequel le Ministre de l'Intérieur, passant en revue tous les projets soumis à son administration, désigne spécialement le travail de M. Muller comme le plus satisfaisant ;

Vu les questions posées par son Excellence, le Ministre de la maison de l'Empereur, à savoir : 1° si les conditions du programme inséré au Moniteur de 1852 ont été remplies par M. Muller ; 2° si l'ensemble de son travail présente un degré de perfection suffisant pour mériter le prix dont il s'agit. Répondant à la première question :

Est d'avis que M. Muller a satisfait aux conditions des programmes ;

Quant à la deuxième question :

Se référant au jugement de la Commission précitée et aux termes de la partie du rapport présenté le 6 avril 1854 à l'Empereur relative aux travaux de M. Muller, est d'avis :

Que le prix de 5 000 fr. promis par l'Empereur peut être accordé à M. Muller.

On comprendra aisément la confusion du Ministre d'État, M. Delangle, quand il fut obligé de dire à M. Muller que les fonds votés n'existaient plus en caisse et avaient déjà été distribués. M. Muller n'eut donc ni le prix promis, ni même une médaille !

Nous ne parlerons pas des asiles de convalescence du Vésinet et de Vincennes, que nous n'avons pas à apprécier.

Les maisons du boulevard Diderot sont mixtes à quatre étages et mansardes ; chacune d'elles a droit à vingt hectolitres d'eau par jour et chaque ménage à un hectolitre. Les escaliers sont éclairés au gaz. Le prix de revient de ces maisons a été de 550 fr. par mètre carré ; aujourd'hui il serait bien plus élevé.

Les logements du premier et du second étage, qui comprennent salon, salle à manger, chambre à coucher, cuisine et antichambre, ne sont pas des habitations d'ouvriers et se louaient sur le pied de 9 fr. par mètre carré : au troisième et au quatrième, le mètre carré se louait 8 fr. ; au cinquième 7 fr. Les boutiques se louaient généralement 15 fr. le mètre carré. Les frais généraux, en tenant compte des non-valeurs, s'élevaient à 25 % du revenu brut. Des personnes aisées ont abusé du bon marché de ces constructions ; un industriel a eu l'impudeur de louer les petits appartements situés sur le même palier, de les réunir et de sous-louer ainsi des appartements d'une valeur locative de 2 000 fr. A la suite d'une enquête, le gouvernement décida de louer les maisons en principale location, et il retire aujourd'hui 107 000 fr. de 16 maisons, qui rapportaient auparavant 40 000 fr. au maximum. Avec les 2 millions affectés à la construction de ces maisons, le gouvernement aurait pu loger 1400 personnes de la classe ouvrière, en admettant 6 000 fr. pour prix du logement habité par cinq individus ; le but poursuivi a donc été manqué.

Les fonds alloués en subventions ont produit des résultats bien plus considérables. Deux millions distribués à Paris ont contribué à la construction de maisons ouvrières pour une valeur de 6 millions.

Comme l'État entrait pour un tiers dans la dépense, il exigea des logements sains, commodes, à la portée des ouvriers. Grâce à cette mesure, on trouve dans beaucoup de quartiers de Paris (boulevards Saint-Jacques, Montparnasse, de Grenelle et Diderot, rue de Belleville. etc.) des logements sur larges voies, composés de deux chambres et cuisine, moyennant 250 fr. Les mêmes logements sur cour valent 200 fr.

Néanmoins les avances faites à la spéculation auraient pu être plus avantageusement placées encore, comme le montrent les résultats obtenus en province, relativement très supérieurs à ce qui se voit à Paris, et cela sous deux rapports.

1° On a donné aux ouvriers des logements de trois pièces et cuisine.

2° On en a augmenté bien plus rapidement le nombre. C'est ainsi que la Société des habitations ouvrières de Mulhouse, grâce à une subvention de 300 000 fr., qui lui permit d'établir les rues, les bains et lavoirs, l'école, la société alimentaire de consommation, a élevé 1 100 maisons, et tous les ans on en construit 40 nouvelles, vendues à peine achevées. Ces 1 100 maisons valent plus de 4 millions, logent de six à sept mille personnes, et il n'a fallu employer que 500 000 fr. environ des sommes souscrites par les actionnaires. Il est vrai que ces grands résultats sont dus à la généreuse initiative d'un homme de bien, M. Jean Dollfus, qui fit mettre à exécution les plans proposés par M. Émile Muller, le choisit comme architecte de cette œuvre, et appliqua le principe de rendre l'ouvrier propriétaire de sa maison.

Nous ferons remarquer que l'État n'aurait pas dû subventionner des logements composés de moins de trois pièces et une cuisine. A cette époque, les constructeurs parisiens de logements d'ouvriers retiraient 8 et 10 % de leurs immeubles en les établissant à leur guise. Les propriétaires qui profitèrent des subventions de l'État furent obligés de se conformer aux prescriptions d'un cahier de charges, qui augmenta le prix de revient de leurs bâtiments de telle sorte qu'ils ne purent retirer des capitaux engagés que 5 ou 6 %. Un constructeur d'immeubles ne peut engager ses fonds dans une affaire industrielle quand son bénéfice est ainsi limité à l'intérêt ordinaire ; c'est pourquoi le gouvernement impérial, faute de demandes, fut obligé d'affecter à la fondation des hospices dont nous avons parlé l'argent qu'il avait l'intention de consacrer à l'amélioration des maisons ouvrières. La somme dépensée par le gouvernement français fit un bien immense. Son premier effet fut d'attirer l'attention publique sur les habitations ouvrières ; de toutes parts on envoya des projets à la commission chargée d'arrêter la distribution des dix millions.

Les maisons du boulevard Mazas, dues à un architecte éminent, M. Godebeuf, servirent de modèles aux constructeurs ; l'hôtel pour les célibataires provoqua la construction des hôtels garnis de MM. Pereire; les maisons subventionnées de MM. Puteaux, Cousin, Cazaux, Camille, Ponthieu, Pereire, Lozier firent connaître les petits logements de deux pièces et cuisine dans presque tous les quartiers de Paris.

La subvention donnée à la Société des Cités ouvrières de Mulhouse permit le développement immédiat de cette cité modèle, qui fut imitée dans une foule d'endroits.

Beaucoup de projets restèrent dans les cartons du ministère, mais n'en furent pas moins étudiés avec soin par la commission. M. Carabin présenta un projet de 180 maisons à faire dans la plaine de Grenelle ; ses plans furent approuvés, mais il refusa de les mettre à exécution, préférant construire des maisons à l'usage des personnes aisées.

MM. Emmanuel Martin et Marsoulan commencèrent aussi la construction d'une cité ouvrière, d'après les plans de M. E. Muller, leur architecte, et celui des cités de Mulhouse ; mais, à la suite de discussions entre les associés, ils renoncèrent à la subvention pour établir des logements à l'usage des personnes aisées.

Ces exemples prouvent qu'à cette époque la spéculation sur les immeubles donnait d'excellents résultats et que, par suite, il eût été facile aux conseils d'hygiène et de salubrité d'être plus exigeants sous le rapport des matériaux employés dans la construction, de la dimension des pièces et enfin de la surface couverte.

MM. Puteaux frères présentèrent à l'Empereur une série de plans de maisons pour un seul ménage, dont le prix de revient était compris entre 2 000 et 4 000 fr., et de bâtiments à étages divisés en logements dont le loyer variait entre 300 fr. et 800 fr. par an.

Ces maisons construites en bons matériaux devaient rapporter un intérêt de 7 à 8 % au minimum, tout en rendant un immeuse service à la population parisienne obligée de s'entasser dans des logements trop étroits.

Pour exciter la spéculation à construire des maisons destinées soit à des habitations d'ouvriers, soit à des ateliers, MM. Puteaux demandaient la suppression d'impôts fonciers pendant 20 ans pour quiconque bâtirait des maisons destinées soit à loger des ouvriers, soit à contenir des ateliers de 100 à 150 fr. de loyer, soit enfin à être divisées en petits appartements ayant 300 à 800 fr. de valeur locative. Pour faciliter la perception des loyers, MM. Puteaux demandaient aussi le paiement mensuel des loyers, de façon à le faire concorder avec la paie des ouvriers.

Comme il est dit plus haut, MM. Puteaux présentèrent un dernier projet de quatorze villages, reliés par un boulevard, ayant pour but de peupler la zone de terrains comprise entre les fortifications et les maisons de Paris.

Ces terrains, d'une superficie de quinze cent mille mètres, devaient être achetés au prix moyen de trois francs le mètre, pour être utilisés de la manière suivante :

Cinq cent mille mètres devaient être affectés à la création de belles rues et de places publiques.

Cinq cent mille mètres devaient être vendus au commerce, à l'industrie et à des particuliers pour habitations bourgeoises.

Et enfin les cinq cent mille mètres restants, divisés en cinq mille lots, auraient été distribués à des ouvriers s'engageant à construire chacun sa maison.

Les ouvriers auraient formé une association, dont chaque membre se serait engagé à verser dans une caisse commune dix centimes par jour, soit 36 fr. par an.

Avec le premier tiers, on aurait construit des maisons qui eussent été tirées au sort. Chaque membre aurait eu sa maison.

Ce projet fut examiné par ordre de l'Empereur, et il donna lieu à un rapport que nous résumerons ainsi :

L'exécution du projet Puteaux devrait être confiée à une compagnie, qui obtiendrait les avantages suivants ·

1° La libre disposition des terrains situés le plus avantageusement pour la spéculation ;

2° Une subvention sur le crédit de dix millions de francs ouvert par le décret du 22 janvier 1852 ;

3° La substitution aux lieu et place de l'administration, par voie d'expropriation pour cause d'utilité publique, de la compagnie concessionnaire, pour l'acquisition de tous les terrains compris dans le périmètre des villages à créer.

Les obligations à imposer à cette compagnie seraient :

1° D'établir les villages dans des lieux déterminés par l'administration ;

2° De se conformer aux alignements donnés par l'administration et de construire des maisons d'ouvriers conformément à des plans et devis approuvés ;

3° D'élever immédiatement un certain nombre de maisons pour les ouvriers, de les louer ou les vendre moyennant un prix déterminé.

Ce projet ne fut pas exécuté : il pourrait aujourd'hui être repris avec avantage en dehors des fortifications de Paris, à une distance suffisante pour pouvoir utiliser en jardins une partie des terrains situés dans cette zone.

M. Gastebois demandait l'établissement de villas ouvrières en dehors de Paris, pour utiliser les vastes terrains en friche et les carrières qui servent de refuge aux vagabonds.

Un autre projet, mis à exécution, a permis d'apprécier les maisons démontables en bois. Ce projet fut présenté par M. Seiler, qui obtint une subvention égale au tiers de la dépense. Plusieurs maisons furent construites et toutes furent habitées sans inconvénients apparents. En les examinant à cette époque avec soin, nous avons été amenés à constater que les maisons toutes en bois facilitent le développement de la vermine et des rongeurs. Malheureusement, la ville de Paris, suivant son habitude, ne voulut rien faire pour les habitations ouvrières ; elle avait loué son terrain moyennant 1 fr. le mètre par an, à la condition de pouvoir faire cesser la location en donnant un autre terrain aux mêmes conditions. Ce bail fut cause que M. Seiler, obligé de déménager trois fois, perdit 40 000 francs. Il demanda la résiliation de son engagement et il l'obtint.

Son essai ne fut cependant pas infructueux. Aujourd'hui, plusieurs constructeurs sont arrivés à construire des maisons dont le déplacement revient à un prix insignifiant.

Ce fut également le don des dix millions qui donna naissance au projet de cité industrielle de MM. Maurice La Châtre et de l'ingénieur architecte Henry Barthélemy, que nous avons étudié et qui provoqua la construction des hôtels garnis pour ouvriers de MM. Pereire et Kennard. D'autres projets reposant sur la philanthropie et la loterie ont été étudiés par M. Emile Cacheux dans son ouvrage intitulé : *l'Economiste pratique*.

Enfin l'ouvrage de M. Henry Roberts, traduit, nous l'avons dit, par ordre du gouvernement français, sous le ministère du commerce de J.-B. Dumas, fit un bien immense. En Angleterre, le gouvernement a dépensé beaucoup moins qu'en France pour réformer les habitations ouvrières, mais il a obtenu des résultats plus importants. Il se considéra comme responsable de la crise provoquée par la destruction de petits logements que de grands travaux d'utilité publique avaient nécessitée, et la Chambre des Lords ordonna de prendre des mesures pour bâtir des maisons convenables, afin de recevoir les gens chassés de leurs demeures par les démolitions. La mesure qui produisit les meilleurs résultats fut l'autorisation donnée aux commissaires du Trésor de prêter des fonds aux communes et aux particuliers pour les aider à construire des habitations ouvrières modèles. Cette autorisation fut donnée par l'acte connu sous le nom de *The Labouring Classes Dwelling Act*, en date du 18 mai 1866. D'après cet acte, les commissaires du Trésor prêtent des sommes au taux minimum de 4 % l'an, pendant un délai qui ne peut en aucune façon dépasser 40 ans. Les commissaires ont les pouvoirs nécessaires pour agir comme ils le jugeant le plus convenable, soit pour délivrer les fonds, soit pour en assurer le recouvrement. Les prêts sont garantis par les revenus des communes, par des hypothèques prises sur les immeubles construits, ou par ces deux garanties à la fois. Quand la garantie offerte consiste en une propriété, le Trésor ne prête que la moitié de sa valeur; les fonds peuvent être versés au fur et à mesure de l'avancement des constructions.

L'enquête officielle a prouvé que les résultats obtenus auraient été bien plus considérables si l'on avait réduit le taux de l'intérêt à

3 %, beaucoup de personnes estimaient qu'il eût fallu l'abaisser à 2 %.

En France, M. Emile Cacheux présenta au gouvernement un projet de loi, par l'intermédiaire de M. Turquet, demandant qu'il fût mis à la disposition des constructeurs sérieux des capitaux au taux de 3 % l'an. Ce projet fut soutenu par M. Leroy-Baulieu sous la réserve que l'argent ne coûterait rien à l'État. A l'appui de sa proposition, M. E. Cacheux faisait remarquer que, tant que les loyers des petits logements convenables continueront à n'être pas assez élevés pour rémunérer suffisamment les spéculateurs, ces derniers ne construiront pas.

Sans doute l'équilibre se rétablira, mais ce sera à la suite de crises économiques que tout bon gouvernement devrait savoir éviter.

En Angleterre, il est admis que l'argent dépensé pour améliorer les habitations ouvrières fait réaliser des économies d'une valeur bien supérieure sur les sommes dépensées pour les services de l'assistance publique et de l'ordre moral.

L'État aurait donc perdu bien peu en prêtant, au taux de 3 % l'an, un peu de l'argent des caisses d'épargne pour lequel il payait un intérêt de 4 %.

La perte eût pu être considérée comme une subvention donnée pour cette grande œuvre humanitaire, et les sommes ainsi distribuées l'auraient été avec autant d'équité que celles qui sont données aux théâtres, aux sociétés de secours mutuels, aux sociétés hippiques, etc., etc.

On objecte que les théâtres sont une cause de richesse pour la capitale. On peut répondre à cela que, si tous les Français voulaient enfin être logés conformément aux lois de la morale et aux règles de l'hygiène, il faudrait construire des milliers de maisons, et l'on sait que la construction est de toutes les opérations celle qui fait le plus agir les sources qui alimentent les caisses de l'État.

M. Emile Cacheux avait fait observer qu'il suffirait de peu d'argent pour provoquer enfin le mouvement sérieux de la réforme des habitations ouvrières.

D'après lui, un logement complet de 3 pièces et cuisine revient à 6 000 francs

L'État eût avancé sur cette somme les deux tiers, soit 4 000 fr., au taux de 3 %; le loyer du logement eût été calculé comme suit :

Intérêt de 4 000 fr. à 3 %.	120 fr.
id. 2 000 fr. à 6 %.	120 fr.
Charges : eau, impôts, assurances. . . .	100 fr.
Total	340 fr.

Dans ces conditions, les logements eussent été parfaitement loués; on eût pu faire un choix parmi les locataires. Le capital rapportant 6 % net, les opérations auraient pu être faites par une société qui aurait émis des obligations rapportant 5 % d'intérêt, et par suite détourner les sommes qui vont s'engouffrer dans les banques de dépôt ou dans les désastreuses entreprises lointaines. Le projet de M. Emile Cacheux fut pris en considération, mais il n'y fut pas donné suite, parce que les constructions ouvrières faites par les entrepreneurs habituels de ces maisons n'auraient jamais présenté assez de garantie aux architectes de l'État chargés d'expertiser les immeubles donnés en gage.

La preuve de ces insuffisances de garantie est donnée par le Crédit foncier qui, d'après les experts chargés d'évaluer les maisons à petits logements offertes en hypothèques, n'avance jamais que 30 à 35 % de leur valeur.

L'État pourrait agir pécuniairement d'une autre façon en vendant à prix réduit des terrains aux constructeurs qui s'engageraient à bâtir des maisons ouvrières répondant à un programme déterminé.

En Allemagne, l'État est propriétaire d'usines et donne aux ouvriers toutes les facilités pour être bien logés.

L'État logeant beaucoup de ses hauts fonctionnaires, devrait à plus forte raison loger ceux qui occupent des situations inférieures et principalement les agents de la force publique.

Nous avons vu, par la supplique adressée par les agents de police de la ville de Londres, les inconvénients qui résultent de la situation de leurs logements.

Action des souverains. — Plusieurs souverains se sont occupés du logement de leurs vieux serviteurs. En France, Louis XIV fit construire les Invalides; le roi de Danemark, Christian IV, créa à

Copenhague, au commencement du XVII⁰ siècle, un petit quartier composé de petites maisons entourées de jardins, où il logea gratuitement les matelots et ouvriers de la marine. Napoléon I⁰ʳ voulut aussi loger ses invalides dans des maisons isolées et leur donner un jardin ; quant au prince Albert, il fit construire à ses frais quatre maisons pour les ouvriers ; tout dernièrement le roi d'Espagne a fait construire à Madrid des maisons à un étage.

En résumé, sans faire acte de socialisme, on peut demander à l'État d'employer les forces morales et les ressources pécuniaires dont il dispose à provoquer enfin et sérieusement l'amélioration des petits logements.

Nous ne terminerons pas notre étude sur l'action de l'État sans faire remarquer que nous sommes ennemis en principe de toute intervention pécuniaire de l'État dans ce qui peut être accompli par l'initiative privée; mais, tant que ce dernier emploiera l'argent des contribuables, soit à faire des travaux d'utilité publique, soit à subventionner des œuvres utiles, nous soutiendrons qu'il est aussi de son devoir d'en consacrer une bonne partie à l'amélioration des petits logements.

ACTION DE L'ÉTAT AU POINT DE VUE LÉGISLATIF.

Lois relatives à l'amélioration des petits logements. — Les lois relatives à l'amélioration des petits logements peuvent se diviser en deux classes ayant pour but :

1⁰ De détruire les causes d'insalubrité qui se rencontrent dans les maisons existantes ou de les prévenir dans les immeubles à construire ;

2⁰ De favoriser l'établissement de maisons à petits logements en en diminuant les charges.

Les lois de la première catégorie sont très nombreuses et difficiles à appliquer; elles ont cependant produit de sérieux résultats. Dans les capitulaires de Charlemagne, le trésor des Chartes de France, les édits de saint Louis, les ordonnances des lieutenants de police, on trouve des règlements concernant l'hygiène des maisons, la nature des matériaux à employer, de façon à éviter les incendies et les effondrements de maisons. Dans les grandes villes, au moyen âge, on construisait beaucoup de maisons en bois ; on finit par en défendre l'usage à la suite de grands incendies tels que celui de la ville de Freiberg, qui fut entièrement détruite. Après la catastrophe de Toulouse, en 1650, où 800 maisons s'effondrèrent à la fête du Capitoul, on fit également des règlements sévères concernant la solidité des maisons. Mais ce ne fut qu'à partir de la Révolution de 1789 que la question de la salubrité commença à être considérée comme importante.

Dans la loi du 14 décembre 1789, on trouve que le pouvoir municipal a pour fonctions propres de faire jouir les habitants d'une bonne police, notamment de la propreté, de la sûreté et de la tranquillité dans les rues.

La loi des 16-24 août 1790 charge les corps municipaux de veiller à la propreté des rues et passages publics, à la démolition et à la réparation des bâtiments menaçant ruine, ainsi qu'à la destruction des sources d'exhalaisons nuisibles.

La même loi ordonne encore aux autorités communales de provoquer l'action des administrations départementales et de district, pour faire cesser les épidémies et les épizooties.

La loi des 19-22 juillet 1791 sur l'organisation d'une police municipale et correctionnelle autorisa les corps municipaux à faire des arrêtés pour ordonner les précautions locales concernant les objets confiés à leur vigilance et à publier des lois ou règlements de police.

Le pouvoir de police municipale appartient aujourd'hui aux maires en vertu de la loi du 28 Pluviôse an VIII et des articles de la loi du 5 avril 1884.

La nouvelle loi du 5 avril 1884 joint aux attributions des maires celle de prendre les mesures nécessaires pour prévenir et faire cesser les maladies contagieuses.

Dans presque toutes les communes de France, l'action des maires est malheureusement à peu près nulle. Quand on passe par des villages, on constate souvent qu'aucune mesure n'est prise pour assurer la propreté des rues, la canalisation des eaux ménagères, l'enlèvement des détritus ou le placement des fumiers de façon qu'il n'en résulte pas des inconvénients pour la santé publique.

Dans les villes, les arrêtés sont mieux observés, surtout à Paris, où, par suite de la loi du 28 Pluviôse an VIII, l'administration municipale est partagée entre deux magistrats : le Préfet de la Seine et le Préfet de Police.

D'après cette loi, le Préfet de police est chargé do faire respecter tout ce qui a rapport à la petite voirie. Il devra veiller à l'entretien des rues, à l'éclairage, au balayage, et empêcher les dégradations qui peuvent se produire. Il doit faire enlever les boues, les matières malsaines, les neiges, les glaces, les décombres versés sur les bords des rivières, faire faire des arrosements dans la ville aux endroits et dans la saison convenables.

Il assurera la salubrité de la ville en prenant les mesures pour prévenir et arrêter les épidémies, les épizooties, les maladies contagieuses.

Un décret du 10 octobre 1859 a retiré au Préfet de police, pour les confier au Préfet de la Seine, les attributions concernant l'éclairage, le balayage, l'arrosage de la voie publique, l'enlèvement des boues, neiges et glaces, la construction et le curage des égouts et des fosses d'aisance.

L'administration a reconnu de bonne heure le besoin de s'adjoindre des personnes compétentes pour établir ses arrêtés. Dès 1802, M. Dubois, premier Préfet de police, institua, par un arrêté du 6 juillet, le premier conseil de salubrité. Les attributions de ce conseil furent successivement étendues par des arrêtés préfectoraux du 26 octobre 1807, du 22 décembre 1828 et du 24 décembre 1832.

Les grandes villes suivirent l'exemple de la capitale; en 1836, le Ministre du commerce demandait l'établissement d'un conseil de salubrité dans chaque département; mais cette idée ne fut mise à exécution qu'en 1848, par décret du 18 décembre.

D'après ce décret on devait créer :

1° *Un Conseil d'hygiène publique et de salubrité au chef-lieu de chaque département ;*

2° *Un conseil d'hygiène publique et de salubrité dans chaque arrondissement.*

Il pouvait même exister de ces commissions dans les chefs-lieux de canton, par arrêté du Préfet, après avis du conseil d'arrondissement.

Ces conseils et ces commissions sont chargés de l'examen des questions relatives à l'hygiène publique de l'arrondissement, qui leur sont envoyées par le Préfet ou le Sous-Préfet.

Ils peuvent être consultés sur :

1° L'assainissement des localités et des habitations ;

2° Les mesures à prendre pour prévenir et combattre les maladies endémiques et épidémiques ;

3° Les demandes en autorisation de translation ou la révocation des établissements dangereux, insalubres ou incommodes ;

4° Les grands travaux d'utilité publique, construction d'édifices, écoles, etc.

Les conseils d'hygiène publique d'arrondissement réuniront et coordonneront les documents relatifs à la mortalité et à ses causes, à la topographie et à la loi statistique de l'arrondissement en ce qui touche la salubrité publique.

Les travaux des conseils d'arrondissement seront envoyés au Préfet.

Le conseil d'hygiène publique et de salubrité du département aura pour mission de donner son avis :

1° Sur les questions d'hygiène publique qui lui seront envoyées par le Préfet ;

3° Sur les questions communes à plusieurs arrondissements ou relatives au département tout entier ;

3° Il devra centraliser et coordonner les travaux du conseil d'arrondissement ;

4° Il fera chaque année un rapport général sur les travaux des conseils d'arrondissement ;

5° Le rapport sera transmis au Ministre du commerce. Les frais résultant du fonctionnement des conseils d'hygiène devront être supportés par les départements respectifs.

Plusieurs circulaires ministérielles ont été envoyées aux préfets pour hâter la mise en activité des conseils d'hygiène.

Un décret du 10 août 1848 établit, près du Ministre de l'Agriculture et du commerce, un comité consultatif d'hygiène publique chargé d'étudier toutes les questions renvoyées par le Ministre et qui concernent la salubrité.

Dans les lois des 19 janvier, 7 mars et 13 avril 1850, promulguées le 22 avril 1850, se trouvent les articles suivants :

Art. Ier. — Dans toute commune où le Conseil municipal l'aura déclaré nécessaire par une délibération spéciale, il nommera une commission chargée de *rechercher et d'indiquer les mesures d'assainissement des logements et dépendances insalubres mis en location ou occupés par d'autres que le propriétaire, l'usufruitier ou l'usager.*

Sont réputés insalubres les logements qui se trouvent dans des conditions de nature à porter atteinte à la vie ou à la santé de leurs habitants.

ART. V. — Cette commission visite les locaux insalubres, elle fait un rapport que les intéressés peuvent consulter et auquel ils ont le droit de joindre des observations. Le rapport et les observations sont soumis au conseil municipal qui statue et détermine :

1° Les travaux d'assainissement à effectuer et les délais de leur achèvement ;

2° Les habitations qui ne sont pas susceptibles d'assainissement.

ART. VI. — Un recours est ouvert aux intéressés contre ces décisions, devant le Conseil de préfecture, dans le délai d'un mois à dater de la notification de l'arrêté municipal. Ce recours sera suspensif.

ART. VII. — En vertu de la décision du Conseil municipal ou de celle du Conseil de préfecture, en cas de recours, s'il a été reconnu que les causes d'insalubrité sont dépendantes du propriétaire ou de l'usufruitier, l'autorité municipale lui enjoindra, par mesure d'ordre et de police, d'exécuter les travaux jugés nécessaires.

Si les travaux ne sont pas exécutés, le propriétaire est condamné à une amende de 16 à 100 fr.

Si les travaux n'ont pas été exécutés dans l'année qui aura suivi la condamnation et si le logement insalubre a continué d'être occupé par un tiers, le propriétaire ou l'usufruitier sera passible d'une amende égale à la valeur des travaux et qui pourra même être élevée au double.

Si le local n'est pas susceptible d'assainissement, il peut être interdit d'y habiter dans un délai fixé.

L'interdiction ne peut être prononcée que par un arrêt du Conseil de préfecture et, dans ce cas, on peut avoir recours au Conseil d'État.

La pénalité est une amende de 16 à 100 fr.; en cas de récidive dans l'année, l'amende est portée au double de la valeur locative du logement interdit.

Lorsque, par suite de l'exécution de la présente loi, il y aura lieu à résiliation de bail, cette résiliation n'emportera en faveur du locataire aucuns dommages-intérêts.

Lorsque l'insalubrité proviendra de causes extérieures et permanentes ou lorsque ces causes ne pourront être détruites que par des travaux d'ensemble, la commune pourra acquérir les immeubles nécessaires, faire les améliorations et revendre aux enchères les terrains en bordure qui lui resteront.

Les amendes encourues par suite de l'application de cette loi seront attribuées au bureau de bienfaisance de la localité où sont situées les habitations insalubres.

La loi de 1850, qui devait être le complément de celle des 16 et 24 mars 1790, avait pour but d'étendre à l'intérieur des habitations le pouvoir donné aux maires dans un intérêt d'ordre public.

Malheureusement, la loi fut considérée par les propriétaires comme une arme dirigée contre eux. Ils résistèrent à son action, et les tribunaux les soutinrent de telle sorte que la loi fut frappée de caducité.

Les Conseils municipaux agissant non pas même sans vigueur, mais pas du tout, les circulaires ministérielles des 11 août 1850, 27 décembre 1858, 9 septembre 1878, un avis du Conseil d'État du 24 mai 1864, essayèrent encore, mais inutilement, d'activer leur zèle. Les Préfets ne répondirent même plus aux questionnaires qui leur étaient adressés.

Aujourd'hui les commissions de Paris, Lille, Roubaix, Nancy et Le Havre fonctionnent.

Les Conseils de préfecture, soutenus par le Conseil d'État, ne reconnurent pas aux membres de la commission de salubrité, le droit que la législation croyait leur conférer.

Le Congrès d'hygiène, tenu à Paris en 1878, a émis le vœu que les prescriptions des Conseils d'hygiène et des logements insalubres devinssent réellement exécutoires et ne se heurtassent plus à des fins de non-recevoir, empruntées au caractère de pression ou d'occupation à loyer des locaux; il émit encore le vœu que l'introduction

de l'eau dans les logements insalubres et notamment dans les logements d'ouvriers fût obligatoire.

Dans plusieurs cas, on a cherché à soustraire à l'action des commissions les locaux occupés par les serviteurs et employés d'un
patron: le pouvoir législatif n'a pas admis ces prétentions.

D'après la loi, l'intervention des Conseils de salubrité ne s'exerce
qu'à la suite de plaintes signalant les locaux insalubres.

A Paris, la préfecture de la Seine a engagé ses agents à signaler
les locaux insalubres.

A Lille et à Roubaix, les municipalités ont autorisé les Commissions à faire procéder à des enquêtes et à des visites d'immeubles.

La loi devrait autoriser les membres des Conseils à procéder
d'office aux visites.

Nous pouvons dire que souvent les propriétaires n'ont recours
aux tribunaux que pour gagner du temps. Ainsi, nous avons eu
connaissance notamment d'un procès fait par une Commission à un
propriétaire, dans le but de faire fermer la loge d'un concierge.
Aucun autre local n'étant vacant dans la maison, le gérant entama
une procédure qui lui permit d'attendre la fin du bail du local qu'il
destinait à servir de logement à la concierge.

Dans un autre cas, un propriétaire avait loué un immeuble en
principale location, en spécifiant que le locataire principal ferait
toutes les réparations. Un mois après la signature du bail, le locataire principal portait une plainte à la salubrité ; celle-ci prescrivit
au propriétaire l'établissement de deux cabinets d'aisance. Le propriétaire s'exécuta et le principal locataire loua ses logements à des
prix bien plus élevés. A Paris, il existe des hommes d'affaires, se
disant avocats, qui se chargent, moyennant une somme déterminée
à forfait, soit de faire durer la procédure, soit de faire annuler les
travaux dont l'exécution est prescrite aux propriétaires.

Un principal locataire avait transformé des ateliers, éclairés d'un
seul côté, en chambres garnies, au moyen d'un couloir central
éclairé par des châssis. Il résultait de cette disposition que toute
une partie des chambres était insalubre.

En général, le propriétaire loue en principale location les maisons à petits logements, et les causes d'insalubrité sont souvent
produites par les locataires principaux. A la suite de plaintes, la

Commission ordonne des travaux dont le locataire seul profite , car le plus souvent, une fois les locaux en bon état, il se hâte de vendre son fonds.

Le propriétaire a le droit de résilier un bail quand il y a des travaux d'une importance suffisante , mais , en général , il n'en est pas ainsi , et l'on hésite toujours avant de se lancer dans un procès. L'administration aurait donc, dans un grand nombre de cas, les propriétaires pour alliés, si elle prescrivait aux occupants de mettre les lieux habités par eux en bon état.

La loi n'oblige pas les propriétaires à installer l'eau dans leur propriété. En général, l'eau est fournie par des Sociétés qui réalisent des bénéfices considérables, et desquelles dépendraient les propriétaires, s'ils étaient forcés de s'abonner. Avec la législation française actuelle, ils ont la facilité de faire , comme l'a fait M. E. Cacheux, des puits ou des citernes dans des communes où la Compagnie des Eaux demandait 350 fr. pour l'établissement des canalisations et un abonnement de 70 fr. pour desservir une maison qui se louait 300 fr.

Beaucoup de procès eussent été évités, si la loi de 1850 eût été plus explicite dans la signification du mot : dépendances.

Un grand nombre d'arrêtés de Conseils de salubrité concernant les impasses, passages privés, n'ont pas été exécutés parce que les propriétaires des maisons situées dans ces voies de communication purent se soustraire à l'action de la loi, en fermant l'entrée des passages par des grilles.

Un projet de loi, présenté par M. Martin Nadaud, tient compte des lacunes de la loi de 1850 sur les logements insalubres. D'après ce projet, l'action des Commissions insalubres s'exerçait sur toute voie de communication fermée ou non fermée, appartenant à un ou plusieurs propriétaires; de plus, les délais obtenus par les propriétaires auraient été de beaucoup diminués; les propriétaires récalcitrants eussent été condamnés à la prison. Mais, quoique cette peine soit la seule qui puisse avoir de l'influence sur un propriétaire, cette proposition ne fut pas accueillie par la Commission parlementaire chargée de faire un rapport sur le projet de loi de M. Nadaud.

M. Martin Nadaud demandait aussi :

1° Que les communes fussent forcées de constituer des Commissions de logements insalubres ;

2° De donner aux communes le droit d'indemniser les locataires et propriétaires expropriés pour cause de salubrité ;

3° D'autoriser le don de jetons de présence aux membres des Commissions des logements insalubres.

Ce projet, amendé par la Commission parlementaire, n'a pas encore abouti.

Deux autres projets de loi dus, l'un à M. Lockroy, député de Paris et ancien ministre du Commerce, l'autre à M. Siegfried, député de la Seine-Inférieure, ont été soumis à l'appréciation de la Chambre pour parer aux imperfections de la loi sur les logements insalubres.

En résumé, la loi sur les logements insalubres n'est pas appliquée en France d'une manière générale; elle aurait besoin d'être profondément modifiée.

A Paris, les ordonnances concernant l'insalubrité des maisons garnies ou des hôtels meublés sont bien mieux observées que la loi sur les logements insalubres, parce que la police est chargée de les faire respecter.

Le même fait a été constaté en Angleterre par les Commissions d'enquête sur l'état des petits logements, qui ont recueilli beaucoup de dépositions tendant à prouver qu'il faudrait établir un corps de fonctionnaires indépendants pour assurer l'exécution des lois sur les logements insalubres.

Ce furent les commissaires de la loi des pauvres qui provoquèrent l'enquête de 1840, dont les résultats firent voir que les classes ouvrières vivaient dans des conditions sanitaires déplorables.

Plusieurs autres enquêtes démontrèrent la nécessité de s'occuper des causes d'insalubrité qui agissaient sur la santé publique.

Le *Towns improvement clauses act de 1847* groupa toutes les prescriptions habituelles des actes locaux en matière de pavage, drainage, éclairage et améliorations sanitaires. Les autorités administratives furent chargées de l'exécution de la loi et, dans les communes où il n'y avait pas d'autorités constituées, on nomma des commissaires. Les commissaires purent nommer un *surveyor*, un inspecteur des *nuisances* et, lorsque cela était utile, un officier de santé.

La loi s'occupa aussi de la police des bâtiments ; elle traça des règles à suivre pour la construction des garnis, des abattoirs, des maisons de bains, des lavoirs ; elle prescrivit des mesures relatives à la fourniture de l'eau et à l'éclairage.

La destruction des nuisances, c'est-à-dire de toutes les causes d'insalubrité qui pouvaient nuire à la santé publique, fut confiée à une juridiction sommaire.

Le *Commissioners clauses act* de 1847 fixa les règles d'organisation des Commissions. Les commissaires sont é'us par les contribuables.

Le *Public health act* de 1848 constitua un Bureau de santé, dont les membres, occupant des situations fort élevées, furent nommés par la Reine.

Le bureau général de santé installa des bureaux locaux de santé dans les villes ou localités dépourvues d'administrations communales qui s'occupaient de salubrité. L'établissement des bureaux de santé n'est pas obligatoire, mais leur organisation peut être provoquée par une demande que font les habitants d'une cité ou par la preuve donnée par la statistique que la mortalité dépasse 23 pour 1 000 dans une localité.

Les bureaux de santé sont chargés de la propreté des rues, de la police des constructions et de la surveillance des habitations dangereuses ou insalubres.

Pour faire face à ces dépenses, le bureau de santé établit des taxes sur les immeubles de son district. La taxe spéciale de district est telle que le capital et les intérêts sont remboursés en 30 ans au plus. D'autres taxes sont établies pour fournir de l'eau aux habitants. La loi de 1848 ne s'appliquait qu'aux villes et aux districts populeux, c'est pourquoi dans les autres communes on appliqua, de concert avec les anciennes lois, les actes sanitaires de 1848 et 1849 pour détruire les nuisances.

En 1851, le comte de Shaftesbury fit passer deux actes, le *Common Lodging Houses Act* (14 et 15 Vict. C. 28) et le *Labouring Classes Lodging Houses Act* (14 et 15 Vict. C. 34), qui autorisaient les paroisses de moins de 10 000 âmes à emprunter de l'argent, en donnant pour garantie les impôts, à l'effet de construire, d'acheter ou de louer des maisons destinées à être louées aux classes laborieuses de façon à les loger convenablement. L'acte *The Sir Benjamin Hall's Local Management Act*, et *An Act to consolidate and amend the*

Nuisance Removal and Diseases Prevention Acts 1848-1849 (18 et 19 Vict. C. 121) furent promulgués en 1855.

Le *Local government act* augmenta les pouvoirs conférés aux autorités sanitaires, et il plaça les bureaux de santé sous la direction et le contrôle du principal secrétaire d'État.

Un acte promulgé en 1858 reproduisit les dispositions du *Public Health act*, celles du *Nuisances removal act* et celles des *Towns police clauses and towns improvement clauses acts* de 1847. — Le *Sanitary Act* de 1866 (29 et 30 Vict. C. 90) ajouta à la liste des nuisances celle qui consistait dans l'encombrement de tout ou partie de maison susceptible de nuire à la santé publique.

L'acte déclare que l'avis de la cause d'insalubrité peut être donné à l'autorité locale :

1° Par toute personne qui en souffre ;

2° Par l'inspecteur sanitaire ou tout officier au service de l'autorité locale ;

3° Par deux habitants établis de la paroisse ;

4° Par le visiteur des pauvres, par tout constable ou par tout inspecteur d'une maison louée en commun.

En outre, les autorités locales sont tenues de s'assurer, soit par elles-mêmes, soit par leurs fonctionnaires, de l'existence des nuisances. Elles doivent prévenir par écrit la personne responsable de la cause d'insalubrité, qu'elle ait à l'enlever.

Les autorités locales ont le droit de pénétrer dans les maisons et de soumettre les cas d'insalubrité aux magistrats qui peuvent interdire l'habitation des locaux insalubres, et cette interdiction ne peut être levée que par un nouvel ordre.

L'acte de 1866 donne aux autorités locales le droit de faire des règlements concernant les maisons qui contiennent plus d'une famille.

L'acte de 1851 étant resté à l'état de lettre morte, M. Torrens fit passer en 1868 le *Torrens's Act* (31 et 32 Vict. C. 130). Cet acte et les modifications qu'on lui fit subir en 1879 et 1882 ont pour objet de provoquer l'amélioration graduelle de logements insalubres ou leur démolition ; de faciliter la construction de bâtiments améliorés et leur entretien. Ces actes sont appliqués à de simples maisons à loyer ou à de petits groupes d'habitations.

Les actes connus sous le nom de *Cross's Acts*, promulgués en 1875 et en 1879, ont pour objet de provoquer la démolition des maisons qui ne peuvent être réparées et la construction de maisons modèles à la place. En vertu de cette loi, les autorités locales ont le droit d'acquérir des propriétés insalubres, de les démolir et de reconstruire des habitations salubres.

Les actes de Cross diffèrent des actes Torrens en ce que ces derniers sont applicables à une commune, quelle que soit son importance, tandis que les premiers ne concernent que les villes ayant au moins une population de 25 000 habitants. On voit, en étudiant la législation anglaise, que le législateur ne se préoccupe pas seulement de la destruction des logements insalubres, mais qu'il cherche également à mettre à la disposition des constructeurs de l'argent à un taux très minime ; de plus il s'efforce d'améliorer les rouages de l'administration qui doit mettre les lois en pratique.

Le principal organe de l'administration sanitaire est le *Local Board of Health* (bureau de l'administration locale), qui fut créé en 1871; on lui transféra tous les pouvoirs qui appartenaient au Bureau de loi des pauvres et au Secrétaire d'État, ainsi que les attributions du conseil privé en matière de mesures préventives contre les épidémies. Le Bureau se compose d'un président, que la reine nomme et révoque, du lord président du conseil privé, des principaux ministres.

L'autorité locale est chargée d'exécuter les travaux d'amélioration locale ; l'autorité centrale intervient pour lui donner, avec ou sans l'assentiment du Parlement, suivant les cas, tous les pouvoirs nécessaires.

La législation groupa dans la loi de 1872 les *local governments acts*, le *nuisance removal act*, les actes sanitaires concernant l'utilisation du *sewage*, les garnis, les maisons ouvrières, les *logements ouvriers*, les fournils, les bains et lavoirs, l'acte pour prévenir les maladies.

Le *Public health act de 1872* divisa l'Angleterre en districts sanitaires urbains et districts sanitaires ruraux. Il conféra aux autorités locales de ces districts tous les pouvoirs institués par ces différents actes ; il donna aux autorités le pouvoir de nommer des médecins de santé, qui devaient agir sous le contrôle et la surveillance du bureau de l'administration locale.

Le *Sanitary law amendment act* de 1874 introduisit des modifications de détail à l'acte de 1872. Il donna plus de facilité aux autorités locales pour acquérir des immeubles et pour emprunter ; enfin il étendit la faculté de faire des règlements.

Le *Public health act* de 1875, promulgué sous le titre de *An act for consolidating and amending the acts relating to public health in England*, est le résumé des efforts qui ont été faits pendant trente ans en Angleterre, pour améliorer les conditions sanitaires de la population des villes et des campagnes.

Les autorités chargées d'exécuter la loi sont, dans le bourg, les *aldermen* et le conseil municipal : dans le district, les commissaires préposés à l'amélioration ou le bureau local.

Toute une partie de l'acte est consacrée aux *sewers*, c'est-à-dire à la canalisation des eaux potables et ménagères. Les autorités locales ont les pouvoirs les plus étendus pour établir les *sewers*.

L'acte s'occupe également des lieux d'aisances, du balayage des rues et des maisons, des fosses et amas de matières nuisibles.

L'acte donne aux autorités locales tous les pouvoirs nécessaires pour fournir de l'eau, et il a été incorporé dans ses dispositions les articles des *Waterworks act* de 1863 et de 1867 établis pour fournir aux autorités locales les moyens de doter leurs communes de canalisation d'eau potable.

L'acte s'occupe aussi de la protection des eaux, de la réglementation des caves habitées, des garnis, des règlements concernant les maisons louées en garni, des nuisances, des établissements dangereux, insalubres ou incommodes, des denrées et viandes malsaines, des maladies contagieuses et hôpitaux, des dispositions à prendre contre la contagion des hôpitaux, des mesures préventives contre les maladies épidémiques, des morgues, des routes, des rues, de la réglementation des rues et constructions, de l'éclairage des rues, des lieux publics et d'agrément, des marchés et abattoirs, des règlements de police.

Dans une cinquième partie de l'acte, le législateur donne aux autorités locales les règles à suivre pour passer des contrats relatifs à l'achat des terres, à leur échange, à l'arbitrage, à la manière de faire des règlements. On y trouve des instructions pour nommer les agents des autorités locales et pour conduire leurs affaires.

L'acte définit aussi la nature des dépenses à faire par les autorités urbaines pour exécuter la loi ; il donne des détails relatifs aux taxes de district, aux taxes d'amélioration privée, aux taxes de *highway* et, en général, à toutes les taxes urbaines. L'acte réglemente les dépenses des autorités rurales et il résume les conditions que les communes doivent observer pour emprunter et pour rendre leurs comptes.

De nombreux articles de l'acte sont consacrés à la poursuite des contraventions, à l'exécution des condamnations, à la juridiction spéciale qui permet de juger rapidement les cas.

Deux parties de l'acte sont relatives aux circonscriptions, aux unions de district, au bureau du gouvernement local, aux pouvoirs du bureau pour contraindre l'autorité locale à accomplir ses devoirs.

La dixième et la onzième partie, composées des articles allant du numéro 305 au numéro 343, contiennent un grand nombre de dispositions diverses et temporaires, quelques réserves et l'abrogation des actes mentionnés dans la cinquième des annexes qui sont ajoutées à la loi pour régler tous les détails d'exécution.

Nous ne connaissons pas de loi plus complète, susceptible d'indiquer toutes les causes d'insalubrité qui peuvent influer sur la santé humaine, et sur la manière de les détruire.

Lorsqu'une nuisance est signalée dans une propriété, le propriétaire averti est mis en demeure de la détruire, et, en cas d'impossibilité, l'autorité peut interdire l'habitation du local insalubre. Quand l'autorité locale n'agit pas, quatre propriétaires ont le droit de s'adresser au Ministre, qui prend des mesures pour faire respecter la loi.

L'enquête royale fit voir que les autorités municipales étaient hostiles à l'application de la loi, surtout dans les quartiers d'ouvriers où elles étaient composées de locataires principaux et de cabaretiers, personnes intéressées à ne pas modifier l'état des logements.

L'action des lois sanitaires sur les garnis a été très efficace ; nous donnons plus loin les pièces qui assurent le fonctionnement de ce service.

En Allemagne et en Amérique, les lois sanitaires mises en exécution par les soins de la police sont également bien observées.

En France, la loi sur l'expropriation pour cause d'utilité publique a été mise a exécution, sans grandes difficultés ; malheureusement les résultats obtenus n'ont pas amélioré les logements des travailleurs.

A Paris, par exemple, on a fait de beaux boulevards, on les a bordés de maisons ayant de belles façades sur les rues, mais dont les cours sont excessivement étroites et où tous les domestiques logent dans les combles, ce qui est très mauvais, autant pour l'hygiène que pour la moralité.

Dans l'introduction du livre *Habitations ouvrières en tous pays*, de MM. Muller et Cacheux, il est dit à ce sujet :

« Ces maisons contiennent de nombreux appartements ; si vastes qu'ils soient, il est extrêmement rare qu'on y trouve des chambres de domestiques. Les serviteurs de tous les locataires habitent, pour ainsi dire en commun, l'étage supérieur de la maison ; tous, jeunes hommes et jeunes femmes, sont relégués là, hors de toute surveillance. Qu'y a-t-il d'étonnant qu'ils deviennent ce que nous savons ?

» Ils appartiennent presque tous à ces robustes et honnêtes populations des campagnes, dont j'ai parlé, qui croient trouver, dans la domesticité des villes, un débouché pour l'excédent des familles trop nombreuses.

» Agglomérés dans ces détestables milieux, l'homme se corrompt, la femme déchoit ; tous se liguent contre les maîtres et s'entretiennent dans des sentiments de malveillance contre les classes supérieures.

» Elles n'ont pas de pires ennemis que ces pauvres gens et elles ne doivent s'en prendre qu'à elles-mêmes, car rien de tout cela ne se serait certainement produit, si elles avaient su, comme certaines familles le font encore, loger leurs serviteurs au milieu d'elles et les protéger contre eux-mêmes. On s'étonne de ne plus trouver de domestiques fidèles et dévoués comme autrefois : mais ces serviteurs-là, c'était la famille qui commençait par leur donner l'exemple des égards et de l'attachement ; ils habitaient le même toit que leurs maîtres, on les soignait là s'ils étaient malades, ils avaient place au foyer et étaient admis à la prière commune. C'est ainsi, c'est par la participation à la vie de famille que l'on maintenait intacts ces sentiments d'affection et de haute respectabilité qui tendent de plus en plus à disparaître.

» C'est pour remédier à cette corruption de leurs domestiques, dont elles sont les premières victimes, que beaucoup de personnes dans les pays voisins ont été conduites à préférer la maison isolée, malgré ses inconvénients, à ces immenses phalanstères où se super-posent confusément les familles parisiennes. »

La construction des grands boulevards à Paris a eu pour effet de reléguer les ouvriers dans les rues avoisinantes et d'encombrer les logements non détruits.

En Angleterre, on a longtemps hésité avant de recourir à l'expro-priation. Il fallut un acte du Parlement pour obtenir ce droit.

Dans les demandes de destruction de maisons à petits logements, il faut indiquer le nombre de personnes expropriées et la manière dont on pourvoira à leur logement. Dans beaucoup de cas, on a éludé cette clause et elle n'a pas eu d'utilité pratique.

Les actes Torrens eurent pour effet de permettre la démolition partielle ou totale des maisons qu'on ne pouvait pas rendre salubres, mais comme la loi n'était pas appliquée, au lieu de s'en prendre aux autor.tés locales qui n'agissaient pas, on essaya de la faire res-pecter en indemnisant les propriétaires ; mais alors on se heurta de nouveau aux autorités locales des communes pauvres, qui ne vou-lurent pas employer les ressources dont elles disposaient pour sou-lager des infortunes visibles à combattre des dangers dont elles ne sentaient pas l'importance.

En résumé, la loi n'a été mise en exécution que dans quelques districts de Londres.

La loi de Torrens de 1879 établissait que les terrains obtenus à la suite de la démolition devaient être affectés soit à la construction de petits logements, soit à l'ouverture des rues ou à la continuation des voies existantes dans les quartiers habités par les ouvriers.

La même loi donna au *Metropolitan Board of Works* autorité pour effectuer les travaux publics aux frais du district, contraindre les autorités locales à mettre les lois sanitaires à exécution, et les exécuter à leurs frais si elles ne le faisaient pas.

Le *Metropolitan Board of Works* peut intervenir sur la plainte d'un seul propriétaire ou sur celle d'un visiteur des pauvres, mais personne ne s'est servi de cette faculté.

Le *Cross's Act* a pour objet la démolition de quartiers entiers L'autorisation d'exproprier est donnée quand le démolisseur s'engage à loger sur le terrain exproprié la moitié des personnes qui y demeuraient.

Le *Cross's Act* n'est employé que quand il faut démolir plus de 15 maisons; mais comme les travaux sont faits par le *Metropolitan Board of Works* avec des fonds appartenant à l'ensemble des districts, les autorités des districts pauvres cherchent souvent à le faire appliquer pour détruire les maisons insalubres. Le bureau résiste, d'où conflit et arrêt des travaux pendant plusieurs années. Le *Cross's Act* donne lieu à des dépenses considérables, par suite de l'évaluation des experts qui estiment les immeubles démolis à prix marchand. C'est pourquoi on ne l'a employé que dans fort peu de cas.

En résumé, en Angleterre pas plus qu'en France, on n'est arrivé à appliquer d'une manière générale les lois sanitaires dans les grandes villes, et nous croyons qu'il vaudrait mieux prévenir l'encombrement en prenant des mesures pour retenir les travailleurs dans les campagnes, ou les appeler hors des centres trop populeux.

En Allemagne, on a essayé de faire payer un droit d'entrée à toute personne venant s'établir dans une ville; mais on y a renoncé, parce qu'il faudrait que la mesure fût générale pour être efficace. Il faudrait aussi que le droit d'entrée fût très élevé et le même partout. Le travailleur qui payerait cet impôt élèverait ses prétentions, et une ville rivale pourrait attirer les meilleurs travailleurs en n'établissant pas ces droits de séjour et d'entrée.

Les lois qui ont pour objet de favoriser la construction de maisons à petits logements en diminuant leurs charges sont assez nombreuses.

En Angleterre, on supprima pour ces maisons l'impôt des portes et fenêtres, et l'on vit augmenter rapidement le nombre des ouvertures.

Une pareille mesure serait extrêmement utile en France et nous l'appelons de tous nos vœux, car, d'après le recensement officiel, il y a dans notre pays 219 279 maisons *sans une seule fenêtre*, et 1 856 636 habitations n'ayant que *deux ouvertures*.

En 1862, le gouvernement belge proposa aux Chambres, qui l'adoptèrent, une loi par laquelle le droit d'enregistrement et de transcription des acquisitions faites par la Société des maisons ouvrières et des ventes consenties à des ouvriers par les mêmes sociétés ne doit être opéré qu'en dix annuités égales et sans intérêts.

En France, les droits de mutation s'élèvent à 10 % environ; aussi beaucoup de contrats de vente n'indiquent-ils pas le chiffre exact de la valeur de la propriété. Il est extrêmement fâcheux d'habituer, par une taxe aussi formidable, vendeurs et acheteurs à s'entendre pour tromper l'État.

M. Emile Cacheux loue en général ses maisons avec promesse de vente ; ce système est très avantageux pour les acquéreurs, car ils paient au début un droit fixe de 3 francs par an pour la promesse de vente et un droit proportionnel de 2 fr. 50 pour 1 000 sur la valeur de la location. Si, pour une cause ou pour une autre, l'habitant veut résilier son contrat, il le fait sans frais et n'oblige pas son remplaçant à payer un immeuble majoré de 10 %.

Cette manière de procéder a toutefois des inconvénients pour l'acquéreur et le vendeur. Si le vendeur emprunte par hypothèque sur des immeubles loués avec promesse de vente et si le locataire a payé une certaine somme à valoir sur le prix total, il est exposé à la perdre, en cas de déconfiture du vendeur.

De son côté, le locataire peut ne pas se considérer comme propriétaire et refuser de payer des améliorations sanitaires qui seraient réclamées par la ville ou pour toute autre cause. Pendant toute la durée du bail, le locataire peut refuser de payer les fractions du prix d'acquisition.

On peut encore diminuer la valeur des droits de mutation en vendant aux acquéreurs le terrain sur lequel on construit la maison, et on prend une hypothèque sur la propriété égale à la valeur du terrain et à la somme avancée. On peut aussi vendre le terrain et construire la maison pour le compte de l'acquéreur à titre d'entrepreneur. Dans ce cas, on a conservé par privilège hypothèque sur le terrain et, comme constructeur, on a privilège d'entrepreneur sur la valeur des constructions, tant qu'elles ne sont pas soldées. Tous ces moyens ou plutôt ces combinaisons forcées ont quelque chose de louche et ne sont pas de nature à favoriser le développement des opérations immobilières par annuités ; il serait préférable de voir l'État demander la valeur de droits de mutation plus faibles au-dessous d'une certaine valeur dûment constatée, ou de n'exiger le paiement des droits d'enregistrement qu'au moment où l'acquéreur serait propriétaire, c'est-à-dire quand le notaire délivrerait quittance. Dans ce dernier cas, on éviterait l'inconvénient que le système employé en Belgique ne détruit pas, savoir que l'acte de vente majoré de

10 % le prix de la propriété; par suite, lorsque l'acquéreur ne pourra remplir ses engagements, il lui sera bien plus difficile de mettre sans perte une autre personne en son lieu et place. Lorsqu'un locataire avec promesse de vente ne peut plus payer ses annuités, il résilie sans frais son engagement, et le bailleur peut consentir un bail ou une vente ferme à une autre personne, sans grever l'immeuble rétrocédé d'une majoration provenant d'actes notariés.

Les frais relatifs à la licitation d'une petite succession devraient être aussi diminués, car le partage du prix de vente judiciaire d'une maison de faible valeur ne profite guère qu'aux hommes de loi. L'État pourrait également provoquer la fourniture de l'eau aux habitants de petites communes, en facilitant la formation de sociétés ayant pour but de vendre de l'eau potable à des prix modérés. L'État devrait encore faciliter les moyens de communication par chemins de fer, en Angleterre, un trajet de 20 kilomètres aller et retour coûte 0 fr. 30.

En Angleterre, l'État ne donne "autorisation d'expropriation que moyennant l'obligation d'établir un certain nombre de trains destinés aux ouvriers : l'enquête royale a prouvé que certaines Compagnies faisaient même plus qu'elles ne devaient.

En Prusse, il y a des billets de quatrième classe pour amener les ouvriers au lieu de leur travail et les reprendre le soir ; ces billets sont valables pour une journée ou pour une semaine.

En France, les Compagnies de chemins de fer ne s'inquiètent, en général, qu'assez peu des ouvriers. Les environs de Paris ne sont pas bien desservis, sauf, disent les travailleurs qui habitent hors Paris, ceux traversés par les lignes de la Compagnie de l'Est. Le long de la ligne de Vincennes, cette Compagnie possédait d'immenses terrains, et pour les vendre elle a créé des trains qui, comme nous l'avons dit déjà, transportent à Paris les ouvriers avec leurs instruments de travail et les ramènent le soir. Les Compagnies n'aiment pas, paraît-il, organiser des trains d'ouvriers. Il y a d'abord des difficultés de remisage, car les trains partent pleins et reviennent à vide; puis ces trains gênent la circulation des autres.

Nous ferons remarquer que les communes situées le long du chemin de fer de l'Ouest sont non seulement mal desservies, mais encore que les voyageurs y sont trop souvent traités avec un sans-gêne incompréhensible. Ainsi les trains sont composés de voitures de

1re et 2e classes; au-dessus des voitures, il existe des places d'impériale analogues aux places de 3e classe. En été, le dimanche, par suite de l'affluence des voyageurs et du petit nombre de trains mis en circulation, ces places sont forcément occupées, non seulement par les voyageurs de 2e classe, mais encore par ceux de 1re classe qui ne trouvent pas place dans les voitures.

Nous déplorons vivement le peu de facilités accordées par les Compagnies françaises pour le transport des ouvriers, car elles ont contribué à l'encombrement de Paris en prolongeant leurs lignes dans la capitale, sans s'être préoccupés de loger leurs employés, qui occupent un grand nombre de petits logements. L'État peut encore faciliter la formation de sociétés ayant pour but l'établissement de logements d'ouvriers, en leur attribuant certains priviléges, comme celui d'émettre des valeurs à lots. L'autorisation d'émettre des valeurs à lots ayant été donnée au Crédit foncier de France, cette Société put obtenir du public 1 900 000 000 de fr. au taux de 3,30 %.

Par suite de cette faveur, la valeur des actions du Crédit foncier doubla. M. Haentjens et plusieurs autres députés, après cette opération, soumirent à la Chambre un projet de loi qui invitait le gouvernement à négocier avec le Crédit foncier une convention par laquelle cet établissement, pour venir en aide aux travailleurs, s'engagerait à prêter sur hypothèque 1 000 000 de francs aux personnes qui construiraient des habitations ouvrières. Les prêts devaient être remboursés en 32 ans ; par suite de ce délai, le taux de l'annuité comprenant l'intérêt et l'amortissement du capital prêté était égal à 5 %. Ce projet ne fut pas adopté. La Société l'Union foncière de Reims a également demandé au ministre de considérer l'acquéreur de ses maisons comme un co-partageant, et de ne lui faire payer que 1 fr. 50 de droits au lieu de 5 fr. 50, plus le double décime, attendu que, si l'acquéreur faisait construire lui-même, il ne paierait que les droits relatifs au terrain et que l'État ne peut spéculer en quelque sorte sur l'indigence d'un malheureux obligé d'emprunter pour devenir propriétaire. La demande de l'Union foncière n'a pas été accueillie favorablement.

Une autre loi qui rendrait également service serait celle qui autoriserait le propriétaire à louer ses logements par semaine ou par quinzaine, et qui disposerait en conséquence le fonctionnement des audiences en justice de paix créées pour sanctionner et faire exé-

cuter les conventions de ce genre entre propriétaires et petits locataires.

Actuellement, à Paris, l'usage fâcheux qui a force de loi ne permet
de donner congé qu'au demi-terme. Dans le cas le plus favorable,
c'est-à-dire dans celui où le propriétaire se fait payer un terme
d'avance et signer une acceptation de congé en blanc, le propriétaire peut obtenir l'expulsion si le jour du terme le locataire ne paie
pas exactement. Mais alors le logement reste vacant au moins pendant un ou deux termes; de plus, le propriétaire perd ainsi le prix de
la location et il est encore forcé de payer les frais de l'expulsion,
qui s'élèvent à 60 fr. environ.

En pratique, beaucoup de propriétaires perdent deux, trois et
quatre termes de loyer. Les propriétaires ont, il est vrai, le privilége
de garder les meubles de leurs locataires, mais c'est une garantie
illusoire et une nouvelle dépense pour le port et le remisage de ce
mobilier. D'après l'usage à Paris, il faut le garder pendant un an,
ou, si on veut le vendre, il faut obtenir un jugement qui absorbe
toujours bien au delà de sa valeur.

Le propriétaire préférerait de beaucoup voir son privilége échangé
contre le droit de faire expulser par le commissaire de police,
moyennant une indemnité à fixer d'avance, tout locataire qui ne
remplirait pas ses engagements ou qui lui dirait effrontément, comme
cela est arrivé plusieurs fois : « Vous dépensez 60 fr. pour m'expulser;
donnez-moi ma dernière quittance avec 10 fr. pour mon déménagement ; je m'en irai volontairement et vous gagnerez 50 fr. »

En Allemagne, le droit de garder les meubles a donné lieu à des
discussions assez intéressantes : les adversaires de ce droit disaient
que donner au propriétaire le droit de garder les meubles, c'était
exposer les locataires à la mort morale. « Que peut faire un homme
sans abri, sans outils pour travailler, avec une femme qui ne peut
cuire les aliments et des enfants qui ne peuvent que l'embar-
rasser ? »

D'un autre côté, le propriétaire a le droit de laisser les meubles
se détériorer dans un coin, mais il ne peut en faire de l'argent. L'assistance publique en Allemagne rachète presque toujours le mobilier
gardé, car, comme elle est forcée d'entretenir les travailleurs sans
ouvrage, elle trouve plus économique, comme le faisait remarquer
un propriétaire, de payer le loyer dû que de racheter un mobilier

neuf au locataire. Il est préférable, du reste, de donner à ce dernier une légère subvention qui lui permette de retrouver un abri et, par suite, de continuer à travailler pour gagner sa vie, plutôt que d'entretenir toute une famille une fois que le chef aura été expulsé et aura, en conséquence, perdu tout crédit. L'assistance publique, à notre avis, comprend son rôle, et son exemple est, du reste, imité en France par notre administration charitable et nos institutions de bienfaisance.

Nous ne négligerons jamais l'occasion de dire que dans les villes le logement est une marchandise comme une autre ; dans presque toutes les villes, il y a pénurie de petits logements, et ce n'est qu'en assurant aux constructeurs un produit rémunérateur pour les capitaux engagés qu'on les déterminera à s'en occuper.

En Allemagne, les autorités sont plus exigeantes qu'en France. Au Congrès des sciences sociales tenu à Francfort, le bourgmestre, D. Miquel, demanda et proposa d'adopter un projet de loi imposant aux propriétaires : un cube d'air déterminé par chaque habitant et une amende pour celui qui enfreindrait les règlements; la destruction des maisons insalubres sans dédommagement pour le propriétaire ; la taxation des loyers, c'est-à-dire l'interdiction au propriétaire de louer sa maison à un taux usuraire ; la suppression du droit de garde, attendu que la commune était obligée d'acquérir un mobilier neuf pour le donner aux expropriés ; le droit au locataire malade par suite de l'insalubrité d'un logement de le quitter sans payer de loyer et même, dans certains cas, de réclamer une indemnité au propriétaire, comme cela se fait dans quelques cantons suisses.

M. Miquel demanda aussi que l'action de la loi se fît plus vivement sentir par la création d'un corps de fonctionnaires spéciaux (Commissaires de santé, inspecteurs de demeure) et la création par les communes de petits logements, dans les villes où la spéculation n'en faisait pas assez.

Dans le Wurtemberg, l'assurance contre l'incendie est obligatoire et, tous les six ans, l'administration fait des visites pour se renseigner sur l'état de santé des habitants.

Les règlements concernant les hôtels garnis sont très complets et, comme la police est en général chargée de les faire observer, ils font beaucoup de bien. Un des services sanitaires les mieux organisés, concernant les hôtels garnis, est celui de la ville de

Londres. Nous donnons ci-après le modèle des circulaires qu'il emploie, et copie du règlement que les propriétaires d'hôtels meublés et les logeurs en garni sont forcés d'observer :

CIRCULAIRE

Prenez avis que ce jour un acte nommé — le *Public Health Act* de 1875 — a été promulgué, et qu'avant le..... ....jour.....................................
vous, propriétaire d'un hôtel dans (la partie de l'État placée sous la juridiction de l'autorité qui notifie l'acte), vous devez le faire enregistrer, que le registre est tenu. ...... (désignation de l'endroit où se tient le registre), que, si vous ne le faites, vous serez passible d'une amende qui n'excédera pas 5 livres pour chaque locataire que vous aurez pendant tout le temps que votre hôtel ne sera pas enregistré, et qu'en vous adressant à...... (nom et adresse de la personne qui tient le registre) il l'enregistrera gratuitement.

COMMON LODGING HOUSES

Règlement pour hôtels meublés placés sous la surveillance de la police métropolitaine de Londres.

1. — Aucun logeur n'admettra ou ne souffrira dans sa maison plus de locataires que le nombre fixé par le règlement.

2. — Un avis, suivant la forme A, signé par un des commissaires de police de la capitale, déterminera le nombre de locataires qui pourront coucher dans chaque pièce, et le nombre de personnes qui pourront loger dans une maison sera notifié au logeur. Cet avis devra être présenté à toute réquisition de l'inspecteur chargé de ce service.

3. — Le propriétaire de toute maison meublée devra laisser dans un endroit apparent de chaque chambre un avis indiquant le nombre de personnes qui pourront y passer la nuit. Cet avis sera fait suivant le modèle joint à ce règlement.

4. — Deux enfants au-dessous de dix ans comptent pour un locataire.

5. — Chaque chambre occupée comme chambre à coucher devra être munie de bois de lit et de literie en quantité suffisante pour le nombre de personnes autorisées à y coucher.

6. — Les chambres dans les sous-sol ou dont le niveau sera au-dessous

de la rue ne pourront être utilisées, à moins qu'elles ne soient approuvées par le commissaire de police. Une telle approbation donnée déterminera, pour chaque cas particulier, le nombre de locataires qui devront coucher dans chaque chambre.

7. — Les chambres utilisées comme cuisines ou lavoirs ne peuvent pas être utilisées comme chambres à coucher.

8. — Le logeur réduira le nombre de locataires après notification faite par les commissaires de police.

Une telle notice indique la cause spéciale pour laquelle elle est donnée et la période pendant laquelle elle sera valable.

Séparation des sexes.

9. — Les personnes de sexe différent ne pourront occuper la même chambre à coucher, excepté les ménages ou les parents avec leurs enfants au-dessous de l'âge de dix ans ou plusieurs enfants au-dessous de l'âge de dix ans.

10. — Un seul couple pourra occuper une chambre, à moins que les lits ne soient séparés par une cloison pour assurer l'isolement de chaque couple marié ; cette séparation sera en bois ou autres matériaux solides et à la hauteur qui sera fixée par l'inspecteur chargé du service de l'inspection.

Propreté des maisons.

11. — Le logeur devra maintenir les murs et plafonds des chambres, des escaliers et des passages de l'hôtel en constant état de propreté. Il devra les blanchir à la chaux deux fois par an au moins, pendant les mois d'octobre et d'avril, et il devra faire balayer et laver, autant de fois qu'il sera nécessaire, les escaliers, les parquets, etc., etc.

Les couvertures pour lits, les draps seront maintenus propres et dans de bonnes conditions.

Aération.

12. — Le logeur devra ventiler chaque chambre et tout passage, à la satisfaction de l'officier chargé du service de l'inspection.

13. — Le logeur devra mettre à la disposition de ses locataires une quantité d'eau suffisante.

Cas de fièvre, etc.

14. — Le logeur doit avertir le commissaire de police immédiatement par écrit de tout cas de maladie contagieuse ou décès arrivé dans sa maison. La lettre doit être remise à Great-Scotland Yard ou au poste de police le plus voisin.

15. — Le logeur devra éloigner les locataires du lieu où il y aura des malades. Il fera la réduction du nombre de locataires dans chaque pièce, suivant avis du fonctionnaire désigné par le commissaire de police.

16. — Le logeur emploiera tous les procédés de désinfection qui lui seront indiqués par l'inspecteur, et il fera brûler ou désinfecter la literie ayant servi aux personnes atteintes d'une manière complète.

17. — Chaque maison sera munie d'un récipient pour contenir la poussière, les cendres et ordures qui pourront être produites dans un délai qui ne pourra pas excéder deux semaines.

18. — Chaque maison devra être pourvue de privés placés à la satisfaction de l'inspecteur ; il en faudra un par vingt locataires.

19. — Les égouts, les privés, les éviers doivent être munis de trappes pour empêcher les miasmes des égouts de remonter dans les maisons. Quand il n'y aura pas d'égout, le puisard devra être nettoyé.

20. — Le siège du water-closet ou privé, le parquet et les murs devront être propres.

21. — Les cours et courettes de toute maison garnie devront être proprement pavées, de façon à empêcher tout amas d'eau pluviale ou ménagère.

22. — Toute maison garnie devra avoir une canalisation communiquant avec l'égout public, partout où un tel égout est à moins de 100 mètres de la propriété.

SCHEDULE — FORME A.
Ticket N°
COMMON LODGING HOUSE.
Rue ou place.

Enregistrement pour l'aménagement des locataires désignés ci-dessous :

DANS CHAMBRE N° 1.	DANS CHAMBRE N° 2.		

Inspecteur.

jour...............18

Commissaire de police à la métropole.

Schedule — Forme B.

COMMON LODGING HOUSE
Street or Place.

Nombre de locataires autorisés à être reçus dans la chambre...........
.... inspecteur...........
metropolitan police office . ...
commissaire de police de la métropole.... ....
par.. ....

COMMON LODGING HOUSE

Instruction

pour les inspecteurs de garnis, qui devront s'assurer que les conditions suivantes sont remplies avant de certifier si une maison est en état d'être enregistrée :

1. — Que l'avis établissant le nombre de locataires à recevoir dans une chambre est affiché dans un endroit convenable et dans chaque pièce.

2. — Qu'il n'y a pas un plus grand nombre de lits dans chaque chambre que celui qui est inscrit, et qu'il y a un assez grand nombre de lits munis de literie suffisante.

3. — Que les fenêtres de chaque pièce peuvent être ouvertes.

4. — Que les parquets et escaliers sont propres ; que les murs et les plafonds ont été blanchis à la chaux ; que les couvertures, les draps sont propres.

5. — Que dans les chambres où il n'y a ni fenêtres, ni cheminée, il y a une ouverture de 12 pouces sur 12 pouces, ou de dimensions donnant la même surface, ouvrant sur un couloir ou sur les escaliers, par où la circulation d'air peut être établie.

6. — Qu'aucun locataire n'est atteint d'une maladie contagieuse.

7. — Que chaque maison est pourvue d'un récipient pour les ordures.

8. — Que les privés de chaque maison sont bien installés et en bon état.

9. — Que les tuyaux d'écoulement sont dans un état conforme à celui qui est indiqué par les règlements et en communication avec les égouts.

10. — Que les cours sont bien pavées et sans amas d'eau.

11. — Que chaque maison est à l'abri de l'eau et en bon état de réparations à l'intérieur et à l'extérieur.

12. — Que chaque maison est alimentée par une quantité suffisante d'eau et pourvue d'appareils d'un emploi facile pour en obtenir qui soit propre à la cuisson et au lavage.

Dans tous les cas où il y aura doute, les inspecteurs s'adresseront au major Saschol, qui déterminera s'il y a lieu d'envoyer un autre inspecteur avant de proposer aux commissaires d'enregistrer la maison. Les appartements privés du logeur ne seront pas soumis à l'inspection.

En France, les lois concernant la salubrité ne sont pas aussi strictement observées qu'à l'étranger. Leur révision est soumise à l'examen de nos Chambres. La conservation de la santé publique est confiée à des Conseils d'hygiène et à des Commissions de logements insalubres, dont les membres exercent gratuitement les fonctions dans un grand nombre de départements. N'est-ce pas à cette cause qu'il faut attribuer le peu d'efficacité de nos lois et règlements sanitaires, qui sont cependant parfaitement étudiés, à en juger par le questionnaire que nous reproduisons ci-après :

Feuille d'Inspection des Commissions Sanitaires.

Département de   , arrondissement de   . canton de   , commune de
quartier de   , Maison Nº   , M.   , propriétaire, demeurant   , M.   , principal
locataire, demeurant

VISITE DU   188   .

Nº d'ordre.	TITRES	QUESTIONS	RÉPONSES	Observations
1	Voie publique.	Est-elle pavée ?................. L'écoulement des eaux y est-il facile ?....... Est-elle généralement humide ?............ Quelle est sa largeur ? .... Quelle est la hauteur moyenne des bâtiments qui la bordent .... Quelle est sa direction, son orientation ?.... Y a-t-il des égouts, des urinoirs ?		
2	Bâtiments sur la rue.......	Hauteur?................. Profondeur ?................. Nombre d'étages ?................. Hauteur de l'étage le plus bas?............		
3	Bâtiments sur cour.......	Profondeur du plus grand ? .... Nombre d'étages ? .... Hauteur de l'étage le plus bas?.......		
4	Entrée de la maison	Est-ce une porte cochère ? .... Est-ce une porte d'allée ? .... L'allée est-elle obscure ?......... Est-elle suffisamment aérée ou ventilée ?... Quel est l'état du sol ?................. Est-ce un ruisseau en pavé ?............. Est-ce un caniveau de pierre ?............. Est-ce une gargouille couverte ?		
5	Logement du portier......	Combien de pièces ?................. Longueur de l'ensemble des pièces ?........ Largeur ?................. Hauteur de la pièce la plus basse ? .... Combien de croisées ?................. Quelle est leur surface totale ? .... Le jour est-il direct sur l'extérieur ?....... Comment la loge est-elle éclairée la nuit ?... Y a-t-il une cheminée ?............. Y a-t il un poêle ? .... La loge est-elle aérée ? .... Les murs sont-ils humides ?............. Comment est revêtu le sol ?............ Le sol est-il en contre-bas du sol extérieur ?..		

Feuille d'Inspection des Commissions Sanitaires (*Suite*).

Département de   , arrondissement de   , canton de   , commune de
quartier de   , Maison N°   , M.   , propriétaire, demeurant   , M. , principal
locataire demeurant

VISITE DU   188 .

N° d'ordre	TITRES	QUESTIONS	RÉPONSES	Observations
6	Cour.........	Quelle est la largeur de la cour ?........... Quelle est sa longueur ?.................... Est-elle pavée ? .... Est-elle dallée.................... L'écoulement des eaux est-il complet ? ...... Les ruisseaux sont-ils en bon état ? .... Y a-t-il des gouttières aux bâtiments ?...... La cour est-elle aérée ou ventilée ? .... Est-elle bien tenue ?....................		
7	Puits.....,....	Où est-il placé ?................. Son eau est-elle claire ?................. Son eau est-elle abondante ?............. Peut-on s'en servir en cas d'incendie ?....... Y a-t-il une pompe ?................... Est-elle en bon état ?..............		
8	Eau de la ville.	Y a-t-il une concession ? .... Où sont placés les robinets ?		
9	Puisard.......	Est-il bien tenu ?.......................... Est-il bien étanche ?.................... Reçoit-il les eaux pluviales ?............ Reçoit-il les eaux ménagères?............. Répand-il de l'odeur ?................. Est-il fermé par une cuvette à siphon ?...... Quelle est la dimension de la pierre qui recouvre son orifice ?................. Y a-t-il un égout sous une voie publique voisine ?.................... Y a-t-il un moyen de supprimer le puisard ?..		
10	Cours d'eau et étangs......	Sont-ils bien encaissés ? .... Forment-ils des parties marécageuses ?...... Desservent-ils des lavoirs ?............. Ces lavoirs sont-ils en amont des habitations ? Desservent-ils des routoirs ?............ Desservent-ils des établissements insalubres ?		

Feuille d'Inspection des Commissions Sanitaires (*Suite*).

Département de   , arrondissement de   , canton de   , commune de
quartier de   , Maison N°   , M.   , propriétaire, demeurant   , M. , principal
locataire, demeurant

VISITE DU   188 .

N^{os} d'ordre.	TITRES	QUESTIONS	RÉPONSES	Observations
11	Eaux ménagères	Sont-elles absorbées dans le sol ?............ S'écoulent-elles sur le sol par un ruisseau ?.. S'écoulent-elles sur le sol par un caniveau ?.. S'écoulent-elles sur le sol par une gargouille ? Où sont-elles conduites ? sur le sol ?........ Où sont-elles conduites ? dans un égout ?.... Où sont-elles conduites ? dans un puisard ? Où sont-elles conduites ? à une mare d'évaporation ?............... Quel est l'état de la mare ?..............		
12	Fosse d'aisance	Y en a-t-il une ?............... Est-elle construite en maçonnerie ?........... Est-elle ventilée suffisamment ? .... Où se trouve la pierre d'extraction ? .... Est-ce simplement un tonneau enterré ?...... Est-ce une fosse mobile ?............... Quel est le système de fosse mobile ? .... Est-il établi suivant les prescriptions de police ?...............		
13	Latrines	Y en a-t-il ?............... Sont-elles bien tenues ?............... Leur sol est-il imperméable ?........... Où s'écoulent les urines ?............... Les tuyaux sont-ils en fonte ? .... Les tuyaux sont-ils en terre cuite ?........... Les tuyaux sont-ils isolés ?............... Y a-t-il des ventouses ?............... Quelles sont les dimensions de ces ventouses ? Les latrines sont-elles aérées sur une cour ?.. Les latrines sont-elles aérées sur un escalier ?		
14	Escaliers	Sont-ils éclairés ?............... Par combien de croisées ?............... Par une lanterne sur le comble ?........... Sont-ils ventilés à chaque étage ? .... Sont-ils bien tenus ? .... Les murs sont-ils en bon état ?...............		
15	Plombs ou cuvettes	Combien y en a-t-il ?............... Sont-ils en bon état ?............... Sont-ils à l'intérieur ?............... Y a-t-il une ventilation ?...............		

Feuille d'Inspection des Commissions Sanitaires (*Suite*).

Département de   , arrondissement de   , canton de   , commune de   ,
quartier de   , Maison N°   , M.   , propriétaire, demeurant   , M.   , principal
locataire, demeurant

VISITE DU   188 .

N°s d'ordre	TITRES	QUESTIONS	RÉPONSES	Observations
16	Caves	Y en a-t-il ?.................................... Sont-elles humides ?........................... Sont-elles ventilées ?		
17	Écuries, étables	Quelle est leur hauteur ? .... Leur pavé est-il au-dessous du sol de la cour ? Dans quel état sont les ruisseaux ?.........		
18	Magasins	Quels objets renferment-ils ?............... Ces objets sont-ils d'une nature dangereuse ? Ces objets sont-ils malsains ?..............		
19	Ateliers, fabriques, buanderies et autres établissements industriels..	Quel est le genre de fabrication ?........... Sont-ils bien tenus ?........................ Sont-ils aérés ou ventilés ?		
20	Dépôts	Y a-t-il des dépôts d'immondices ?........... Y a-t-il des dépôts de fumiers ?............. Y a-t-il des dépôts d'autres matières ?...... Sont-ils malsains ?.......................... Sont-ils dangereux ?........................ Sont-ils enlevés régulièrement ?............		
21	Animaux......	Quels sont-ils et leur nombre ?............. Où sont-ils placés dans la cour ? .... Où sont-ils placés dans les bâtiments ?		
22	Abattoirs ..	Existe-t-il un emplacement affecté à cet usage ? A quelle distance est-il des habitations ?..... Dans quelle direction eu égard aux vents régnants ?		
23	Cimetière.....	Est-il éloigné des habitations ?............. Dans quelle direction est-il ? .... Les fosses sont-elles assez profondes ?...... Y a-t-il des fosses communes ?		

NOTA. — OBSERVATIONS GÉNÉRALES. Ces observations s'appliqueront à l'état général de la maison ; elles signaleront les logements les plus malsains.

CHAPITRE VIII

Action des municipalités.
Enquêtes.
Mesures législatives et pécuniaires.

———

Action des municipalités. — Les municipalités, comme l'Etat, peuvent agir :

    1° Moralement ;
    2° Législativement ;
    3° Pécuniairement.

Les communes disposent d'un grand nombre de moyens pour améliorer l'état des habitations ouvrières. Le premier devoir des municipalités est de chercher à connaître exactement l'état du logement des classes laborieuses, et elles y arrivent facilement par des enquêtes et par une statistique bien tenue. A Paris, la population a augmenté, de 1876 à 1881, de 50 000 habitants par an. Dans ce chiffre de 50 000 personnes, il entrait près de 40 000 ouvriers et petits employés. Comme la spéculation ne construisait que de grands ou moyens appartements, il en résulta un encombrement extraordinaire, qui nécessita la nomination, en 1884, d'une commission destinée à étudier les moyens propres à y remédier.

Cette commission, présidée par le Préfet de la Seine, composée de conseillers municipaux et d'un grand nombre de notabilités, parmi lesquelles nous citerons MM. Alphand, Dietz-Monnin, Émile Trélat, Dr du Ménil, Cheysson, Émile Muller, etc., demanda, par la voie de la Presse, l'aide et le concours de toutes les personnes desireuses de concourir à l'amélioration des petits logements. Des documents intéressants, mais pas très nombreux, furent envoyés à la commission ; nous allons en extraire ce qui peut nous intéresser.

Beaucoup de personnes demandèrent l'intervention de l'Etat. M. Manier, conseiller municipal, présenta un projet qui avait pour but d'exproprier tous les propriétaires de Paris au profit de la Ville, qui les aurait remboursés au moyen d'obligations foncières amortissables, au fur et à mesure de la rentrée des loyers.

L'Union fédérative du Centre, composée de 76 sociétés d'étude, invita la ville de Paris :

1° A construire des maisons sur les terrains appartenant à la Ville, à les louer moyennant 4 % du revenu net, à confier les travaux aux ouvriers syndiqués ;

2° A imposer de 20 % les logements inoccupés depuis plus d'un mois.

Des socialistes demandèrent une loi par laquelle les loyers fussent réduits de moitié ! D'autres enfin voulaient que la ville construisît elle-même des maisons pour ouvriers.

Un certain nombre de projets reposaient sur la loterie, interdite en France.

Plusieurs conseillers municipaux firent à ce moment une campagne pour faire démolir les fortifications de Paris et faire mettre en vente à prix réduits les terrains ainsi obtenus, à la condition de les affecter à la construction de logements économiques ; un autre projet d'habitations à prix réduits était basé enfin sur la réduction de la zone militaire à 150 mètres.

Des projets plus sérieux reposaient sur les avantages à accorder aux constructeurs de petits logements.

M. Terrier offrait de construire, sur un terrain de 4 225 mètres, des maisons suivant un plan approuvé par l'administration, aux conditions suivantes : les bâtiments auraient été exonérés d'impôts et les matériaux employés affranchis des droits d'octroi.

La Banque populaire proposait d'affecter 150 000 000 de francs à la construction de petits logements. Les 150 000 000 de francs auraient été mobilisés par l'émission d'obligations pour lesquelles la Ville eût garanti un intérêt de 4 %.

M. Minder s'engageait à construire des maisons à petits logements, à la condition que la Ville prêtât à quatre pour cent 80 % de la valeur du prix de revient des constructions. Il laissait à la Ville la faculté de lui rembourser ses avances, de façon à devenir propriétaire des immeubles construits par lui.

M. Fabien offrit de céder à prix coûtant, soit 6 fr. 20 le mètre, un terrain de 3 420 mètres sis à Paris, à la condition qu'il fût utilisé pour de petites constructions ouvrières bâties suivant des plans approuvés par la Commission municipale.

M. Carbonneau, possédant 760 000 mètres de terrain dans Paris, offrait de construire des logements de 2 à 3 pièces avec cuisine, et de les louer à des prix variant entre 165 et 400 francs. Il s'engageait à livrer ses maisons à meilleur compte dans le cas où on lui eût vendu à meilleur marché des terrains appartenant soit à la Ville, soit à l'assistance publique.

Un grand nombre de propositions, près de 400 environ, ont été écartées. Signalons : 1° l'affectation des terrains de la Ville ou de l'Assistance à la construction de maisons ouvrières ; 2° la transformation des voûtes du viaduc d'Auteuil en petits logements ; 3° la construction de maisons sur le glacis des fortifications ; 4° l'allocation de primes aux propriétaires qui louent des logements à prix réduits.

M. Fouquiau, architecte, proposa à la Ville de construire 400 maisons environ, contenant moitié des logements au-dessus de 300 fr. et autant au-dessous. Ces maisons eussent été disséminées dans les divers arrondissements de Paris pour éviter l'agglomération des ouvriers. M. Fouquiau, construisant des maisons à raison de 700 fr. le mètre superficiel, demandait à la ville la garantie d'un prêt de 520 fr. par mètre construit, au taux de 4,75 %, et en outre l'exonération de tous les impôts et charges dont ne bénéficiaient pas la Ville et l'Etat.

M. Alphand envoya à la commission des logements un projet de convention à intervenir entre la Ville et le Crédit Foncier. Le Crédit Foncier s'engageait à prêter sur première hypothèque, avec la garantie de la Ville de Paris, à toute personne qui voudrait construire, 65 % de la somme nécessaire pour établir des maisons dans lesquelles la moitié au moins de la surface habitable eût été affectée à des logements dont le loyer eût varié entre 150 et 300 fr.

La Ville s'engageait, en outre, à garantir au Crédit Foncier le remboursement de ses avances jusqu'à concurrence d'un capital de

50 000 000 de fr. L'argent aurait été prêté par le Crédit Foncier au taux de 4,85 %.

Les maisons eussent été exonérées du paiement de droits de voirie, du remboursement des frais de viabilité et des droits d'octroi.

Pendant 20 ans, les immeubles eussent été exemptés de droits de première mutation, de l'impôt foncier, de l'impôt des portes et fenêtres, et des charges municipales (taxes de balayage, de vidange par les égouts publics, etc.)

Pour faciliter la construction de maisons pour une famille, la Commission proposa l'adoption d'une convention qui aurait eu pour but de faire avancer par le Crédit Foncier 75 % de la valeur de immeubles, jusqu'à concurrence de 20 millions, aux personnes qui auraient construit et vendu par annuités des maisons valant de 3 000 à 9 000 fr. L'Etat eût remboursé en 20 annuités les sommes payées par le Crédit Foncier, et il se serait fait rembourser par l'acquéreur, dans les dix années suivantes, l'argent avancé par lui.

Le projet de M. Alphand faisant intervenir l'Etat, la Ville et le Crédit Foncier, était trop compliqué pour avoir chance de succès.

Un autre projet élaboré par la Ville reçut un commencement d'exécution.

Il consistait à louer pour 75 ans un terrain de 2 000 mq, sis rue de Tolbiac, à un prix insignifiant, à la condition que le locataire construirait de petits logements suivant un plan approuvé et en se conformant à un cahier de charges rédigé par les architectes de la Ville, et que les constructions deviendraient propriété de la Ville à l'expiration du bail. Ainsi que nous l'avons dit, les clauses du cahier des charges écartèrent tous les constructeurs que le bas prix du terrain aurait pu tenter.

Nous terminerons cette revue par l'examen d'un dernier projet dû à M. Grunèke, qui suscita une importante discussion au Conseil municipal à la suite d'un rapport favorable de la Commission chargée de l'examiner. M. Grunèke réunit une somme de 100 000 fr., et se proposa de fonder avec ce capital une société en dehors de toute idée de spéculation et de toute opinion politique ou religieuse.

Le conseil d'administration eût été composé de 9 membres, dont 3 nommés par le gouvernement, 3 par le conseil municipal et 3 par la société. Le capital n'aurait eu droit qu'à un intérêt de 5 %.; aucun dividende ne pouvait être distribué.

La Société eût demandé aux pouvoirs publics l'autorisation d'émettre pour une somme de 250 millions de bons hypothécaires d'une valeur nominale de un franc, remboursable dans un délai de 75 ans au moyen de tirages. Les lots eussent varié de 2 fr. à 200 000 fr.; aucune obligation ne pouvait être remboursée à moins de 2 francs. Au bout de 75 ans, toutes les obligations auraient été amorties, et la Ville de Paris serait devenue propriétaire de tous les immeubles construits, ainsi que du fonds de réserve.

Ce projet fut renvoyé à la Commission pour qu'elle étudiât la part de responsabilité de la Ville, dans le cas où celle-ci eût donné son adhésion au projet.

Nous n'avons entre les mains aucune donnée pratique pour étudier ce projet, car il est difficile d'évaluer le montant des frais qui résulteraient :

1° De l'émission de 250 000 000 de titres du prix de un franc ;
2° De l'administration de la Société.

Disons cependant qu'en faisant des logements convenables, la Société pourrait établir :

$$\frac{250\,000\,000}{6\,000} = 40\,000 \text{ logements.}$$ Si ce plan était réalisé, comme il existe dans Paris 80 000 logements qui sont actuellement vacants, leur nombre serait porté à 120 000.

Comme la population diminue en ce moment, les constructions n'auraient rapporté que 2 % à peine. La Société ayant chaque année 3 millions d'obligations à rembourser au prix minimum de 2 fr., elle agirait prudemment en suivant l'exemple donné par plusieurs sociétés d'assurances, c'est-à-dire en ne promettant pas de dividendes pendant les premières années de sa création.

L'espoir de gagner des lots séduirait seul les souscripteurs, car un franc placé à 5 % double de valeur au bout de 14 ans, donc toute obligation remboursée au delà de 14 ans constituerait une perte pour le souscripteur, et un franc placé pendant 75 ans à intérêts composés produisant 40 francs, la Société ne donnerait que 2 francs.

M. Émile Cacheux avait envoyé un projet analogue au Conseil municipal, mais il ne demandait que le concours moral de la Ville pour l'aider à placer des obligations de 20 francs rapportant 1 franc d'intérêt annuel et garanties par des créances hypothécaires d'une valeur double.

L'action des villes au point de vue moral est très importante, car c'est dans les logements encombrés que s'entassent les individus voués à la paresse, à l'inconduite et au crime. Pour apprécier l'étendue du mal à combattre, il est nécessaire de connaître l'état des habitations, et c'est pourquoi un grand nombre de municipalités ont installé des bureaux de statistique, qui donnent aux autorités compétentes des indications suffisantes pour agir de façon à combattre le mal.

C'est en Angleterre qu'on a appliqué la statistique pour la première fois dans le but de donner à l'autorité le droit de pénétrer dans les maisons.

Le tableau suivant, trouvé dans les papiers de l'Université de Cambridge par le docteur Pajet, fait voir que la statistique était établie en Angleterre dès 1774.

MORTALITÉ POUR 1 000.	1774	1883
Londres	48.1	20.4
Edimbourg	48	19.2
Dublin	45.4	29.2
Leeds	46.2	23.3
Northampton	37.8	19.8
Liverpool	36.3	26.7
Manchester	35.7	27.5

Ce tableau montre les progrès qui ont été réalisés depuis le siècle dernier, et il nous encourage à redoubler d'efforts pour mettre à la portée des classes laborieuses les avantages hygiéniques que la modeste aisance et la fortune surtout procurent aux autres classes.

Dans certains quartiers de Londres, la mortalité n'a pas diminué, car les grands travaux d'utilité publique qui ont été faits, les grands magasins qui ont été ouverts, les maisons modèles elles-mêmes ont refoulé la population la plus pauvre dans certains quartiers où l'on

arrive bien difficilement à l'atteindre. En Allemagne, les habitants
ont droit au domicile de secours, c'est pourquoi les villes ont grand
intérêt à connaître toutes les causes qui peuvent influencer la situation pécuniaire de ses habitants.

Le logement étant un des plus puissants facteurs du paupérisme,
la statistique allemande donne une foule de documents qui le
concernent.

Nous y trouvons des chiffres qui indiquent l'accroissement des
villes.

A Strasbourg, on a fait le relevé de la largeur des rues, et on a
trouvé qu'il y existait :

> 9 passages de 1ᵐ à 1ᵐ 50
> 118 rues » 2 » 5 mètres.
> 188 » » 5 » 10 »
> 20 » » 10 » 12 »
> 30 » au-dessus de 12 mètres.

La description de l'intérieur des maisons qui bordent les rues
étroites est navrante. Les Allemands cherchent à détruire les ruelles
en attirant leurs habitants dans des maisons que l'on construit en
dehors du périmètre de l'ancienne ville, et en démolissant ensuite les
locaux inoccupés.

Dans presque toutes les villes allemandes, on note l'espace libre.
Voici les tableaux dont on provoque les inscriptions :

TABLEAU INDIQUANT LA SURFACE.

VILLES.	DATES.	Surface totale.	Places bâties y compris cours, jardins, rues, chemins, etc.	Champs, jardins, prés, taillis.	Places occupées par de l'eau.
Berlin ...	1880	hectares 6203.4	hectares 3161.8	2661	......

Surface acquise par l'annexion des communes environnantes.

VILLES.	Dates.	Communes annexées	Surface.	Habitants.
Berlin.......	1861	10	2412 hectares.	35.500

Tous ces documents, on le comprend, peuvent être utiles à un moment donné.

MESURES LÉGISLATIVES.

Les autorités municipales sont chargées de faire les règlements nécessaires pour assurer la salubrité des logements et détruire les causes qui pourraient menacer la santé de leurs administrés. L'encombrement étant une des causes qui agit le plus sur l'insalubrité des logements, on a souvent agité la question de savoir s'il fallait laisser une personne s'établir à volonté dans une ville.

Dans les pays où les communes sont forcées de nourrir leurs pauvres, on fait payer un droit de cité plus ou moins élevé à toute personne qui veut s'y établir. Cette mesure n'est pas approuvée par toutes les municipalités ; on objecte contre elle que des communes rivales peuvent attirer ainsi les meilleurs des ouvriers des campagnes, en supprimant ou réduisant le droit de séjour et que, par suite, les droits d'entrée sont une entrave au développement de la cité.

Beaucoup de petites communes allemandes qui n'ont pas le moyen d'entretenir leurs habitants atteints de maladies chroniques, les envoient dans les villes pourvues d'institutions charitables, et font les sacrifices nécessaires pour leur faire obtenir le droit de domicile. La valeur de ces sacrifices est toujours inférieure à celle des frais qui seraient causés par le traitement des maladies. Cette manière d'opérer augmente considérablement les charges des habitants des villes, et il serait plus avantageux pour eux de payer l'entretien des malades dans les petites communes où la vie coûte meilleur marché.

Les municipalités auraient tout intérêt, d'après nous, à ne donner le droit de cité qu'aux personnes en état de se soutenir par elles-mêmes, et jouissant d'une santé assez bonne pour ne pas tomber, en arrivant, à la charge de l'assistance publique.

Elles devraient se préoccuper ensuite de provoquer l'établissement de petits logements et, à cet effet, do faciliter aux constructeurs le moyen d'obtenir des terrains à bas prix.

Les tableaux de statistique, dont les villes sont généralement pourvues sont très utiles pour ce que nous voulons démontrer. Quand, dans le périmètre de la ville, il existe de grands terrains sans constructions, que ces terrains sont des jardins ou bien sont laissés en friche simplement pour leur faire acquérir une plus-value produite par l'encombrement, la Ville aura intérêt à les percer de rues le plus possible, à vendre des terrains en bordure par petits lots, sans faculté de réunion, à donner aux acquéreurs le droit de se libérer par annuités, à imposer enfin la construction d'un certain nombre de petits logements. Quand les propriétaires voudront garder leurs terrains, la commune pourra les frapper d'un impôt. Lorsque le percement d'une large voie donnera de la valeur à une propriété, la commune, se basant sur une loi existante, peut faire contribuer les riverains aux frais de la chaussée proportionnellement à la plus value de leurs immeubles. Si tous les terrains situés dans le périmètre de la ville sont bâtis, la ville doit faciliter l'agrandissement de son enceinte par des zones concentriques, détruire petit à petit les rues étroites, arriver ainsi à n'avoir plus que des rues d'au moins dix mètres de large. Toutes ces démolitions ne seraient effectuées qu'après enquête établissant l'existence d'un nombre suffisant de logements aux environs, susceptibles de recevoir les habitants expropriés.

Il serait préférable de faire observer des règlements forçant les propriétaires des terrains en bordure à construire des maisons dont la hauteur ne dépasserait pas la largeur de la zone d'air libre au devant de la façade.

Ainsi que nous l'avons dit, à Paris et dans les communes environnantes, les municipalités ne se chargent plus de l'entretien des rues que lorsqu'elles leur sont livrées empierrées avec une largeur de 12 mètres. Les rues et passages, dont l'entretien est confié à des particuliers, ne sont pas bien tenus en général, surtout quand ils appartiennent à divers propriétaires. On sait en effet qu'à Paris, il suffit de fermer un passage pour qu'il ne soit plus soumis à l'action de la police. La valeur de l'impôt sur le balayage serait suffisante pour payer l'intérêt et l'amortissement du prix de revient d'une rue, si elle était faite économiquement. Les communes auraient donc intérêt à s'emparer de toutes les voies de communication qui servent à des propriétaires différents, à les mettre en état et à rentrer ensuite dans leurs déboursés au moyen d'une taxe spéciale analogue à celle de balayage établie à Paris.

Dans cette ville, la somme à payer pour le balayage étant recou-

vrée en même temps que les impôts, les propriétaires la paient sans
aucune observation. Il n'en est pas de même pour le paiement des
cotisations des voies privées, dont la valeur est souvent portée au
triple des déboursés relatifs à l'entretien de la rue, par les frais
d'administration des syndicats formés, en général, par les propriétaires riverains pour tenir les rues en bon état. Dans le canton
de Vaud, tout propriétaire d'une nouvelle voie peut forcer les
communes à classer les rues, pourvu qu'il abandonne le terrain et
fasse les premiers frais de viabilité.

Eau. — Les communes doivent veiller à ce que leurs habitants
soient pourvus d'une eau de bonne qualité et en quantité suffisante.
Quand elles ne s'occuperont pas elles-mêmes de la fourniture de
l'eau, elles devront faciliter la formation d'entreprises qui auront
pour objet de le faire en leur lieu et place. Pendant longtemps, la
fourniture de l'eau a coûté très cher à Paris, la Compagnie des
Eaux ne voulant pas consentir aux abonnements à moins de 60 fr.
par an. M. Cacheux fit remarquer que, dans une maison d'ouvriers,
30 ménages pouvaient s'approvisionner à un réservoir placé dans
une cour et susceptible de donner 1 000 litres par jour. Dans ce cas,
le prix de la fourniture d'eau revenait à 60 fr. par an et, par suite,
la quantité d'eau consommée revenait à 4 fr. par ménage. Si l'on eût
mis ces 30 ménages dans des logements rangés sur une seule ligne,
on eût payé pour chaque logement séparé une somme de 60 francs ;
par suite, le service de l'eau eût coûté $20 \times 60 = 1\,800$ francs. La Compagnie des Eaux ne voulut rien entendre. M. Cacheux fit alors des
puits dans ses maisons des Lilas et des citernes dans celles de
Vanves, et arriva à obtenir de la Compagnie des Eaux des abonnements au compteur qui reviennent à 40 fr. l'an. A Paris, la société
de Passy-Auteuil a voulu obtenir pour les petites habitations les
mêmes avantages que pour les grandes, où l'on peut avoir l'eau à
raison de 16 fr. par étage ; mais elle a échoué. L'eau est fournie dans
le premier groupe au moyen d'une borne-fontaine ; elle est mesurée
à l'aide d'un compteur. La Société paie la Compagnie des Eaux et
elle se fait rembourser par ses acquéreurs. Cette solution n'en est
pas une : elle cause mille ennuis, et il serait désirable de la voir
cesser.

Quand une commune accorde un monopole à une Compagnie des

Eaux, elle aurait intérêt à ne pas lui donner des privilèges analogues à celui dont jouit la Compagnie des Eaux de Paris, savoir, effectuer d'après un tarif particulier les travaux relatifs à l'installation des conduites d'eau jusqu'au compteur.

Par suite de ce tarif, les travaux sont payés le double de leur valeur effective, et il faut dépenser jusqu'à 300 fr. pour installer l'eau dans une petite maison dont le prix de revient est de 5 000 fr. et qu'on loue 300 fr. par an.

Dans beaucoup de maisons du boulevard Kellermann, on n'a pas installé l'eau par cette seule raison d'excessive dépense. Le même fait a été observé par la Société de la Plaine de Vanves, qui a fait installer à ses frais des conduites d'eau dans plusieurs rues. Les acquéreurs de terrains en bordure des rues canalisées n'ont pas pris d'eau par suite du prix élevé de l'installation des appareils et parce que la Compagnie exige un abonnement de 70 fr. par an, pendant que le loyer annuel de la maison n'est pas de 300 fr.

Dans l'intérêt de la salubrité, les communes devraient fournir l'eau, moyennant un prix exigible en même temps que les impôts. La quantité journalière distribuée à chaque ménage serait calculée sur les quantités prévues par la Compagnie des Eaux de la Ville de Paris, savoir :

20 litres par tête d'adulte ;
3 » » mètre de cour, de jardin ou d'allée.

La quantité d'eau dépensée en excès par les habitants pourrait être réduite si les employés de la Ville prenaient soin de l'entretien des robinets. Il serait par suite possible d'éviter l'emploi onéreux des compteurs, chaque fois du moins que les habitations seraient occupées par de bons pères de famille.

Nous avons souvent remarqué qu'à Paris on gaspillait l'eau sans aucune nécessité : ainsi, pour boire un verre d'eau fraîche, il y a des locataires qui laissent couler l'eau pendant une heure, quand ce n'est pas pendant toute une nuit.

Les conseils de salubrité de Paris, imitant ceux d'Angleterre où les maisons à loyers doivent être fournies d'eau, ont voulu contraindre les propriétaires à s'abonner aux eaux de la Ville. Le Conseil d'État, auquel divers cas ont été soumis, n'a pas admis la décision des premiers juges et, tant que la législation actuelle sera en vigueur, l'eau des puits de Paris, dont l'impureté est pourtant si grande, dont la consommation est si dangereuse, sera admise à Paris.

Nous avons vu qu'en Angleterre, l'Etat donne aux autorités locales les moyens de fournir de l'eau à leurs habitants.

Propreté extérieure des habitations. — De nombreux règlements ont été faits par les municipalités pour assurer la propreté extérieure des maisons.

Dans les villages, la propreté des rues et des cours laisse en général beaucoup à désirer. Les cultivateurs ne comprennent pas l'intérêt qu'il y a pour eux à mettre leurs fumiers et leurs étables à l'abri des eaux de pluie, qui entraînent dans les terres non cultivées les principes les plus utiles des engrais.

Il est aujourd'hui démontré que les eaux chargées de matières organiques sont les agents qui transmettent le mieux les maladies contagieuses. Aussi faut-il rejeter avec soin comme impropres à la boisson toutes les eaux qui présentent une coloration due à des matières putrescibles. La pureté, au point de vue de la limpidité des eaux, se reconnaît facilement à l'aide d'un tube de un mètre de haut, posé verticalement sur une glace et rempli d'eau. Quand l'eau est pure, elle présente une coloration bleue si l'on regarde de haut en bas. Cette limpidité ne peut que faire présager la composition, qui peut être pernicieuse.

Le Conseil d'hygiène demanda que, par arrêtés préfectoraux, les propriétaires des communes de plus de 1 500 habitants, où il n'y a pas d'égout, fussent obligés de recueillir les eaux ménagères dans des puisards étanches que l'on viderait aussi souvent que besoin serait. Les seuls puisards tolérés devaient être assez profonds pour amener les eaux sales dans des couches de terrain où il n'existe aucun danger de contamination des eaux. L'autorisation donnée pour établir ces puisards pourrait toujours être retirée quand leur existence donnerait lieu à des inconvénients.

Les municipalités doivent faciliter aux habitants les moyens de se débarrasser des eaux ménagères ; il ne leur est pas nécessaire, d'ailleurs, de faire des égouts aussi coûteux que ceux qui sont établis à Paris.

Dès 1848, les ingénieurs anglais ont fait des expériences relatives à la grandeur de la section des égouts. Pour desservir 1 200 maisons, on fit un égout de un mètre de hauteur et de 0ᵐ60 de large ; on y plaça, à titre d'essai, sur le fond de l'égout un tuyau de 0ᵐ30 de diamètre, et l'on y fit couler les eaux.

La pente était celle que l'on donne ordinairement en Angleterre et en Amérique aux égouts des petites rues, savoir : 0,005 par mètre. Le service d'évacuation se fit parfaitement. On essaya ensuite de se servir d'un tuyau de 0ᵐ12 de diamètre ; l'écoulement fut obtenu dans d'aussi bonnes conditions, mais grâce à des chasses d'eau énergiques.

Règlements concernant l'extérieur des maisons. — Dans les villes, les murs extérieurs des maisons doivent être en matériaux non inflammables. Les façades doivent être nettoyées. A Paris, les commissions de logements insalubres et la police contraignent les propriétaires de maisons privées et de garnis à mettre en bon état de propreté les façades sur cours et courettes. Un arrêté préfectoral prescrit tous les dix ans le nettoyage des façades qui sont sur rues. Il devrait aussi forcer les propriétaires à tenir lavées et repeintes les façades intérieures, et ne pas laisser celles-ci sous un autre contrôle.

Surface des cours. — Beaucoup de règlements ont pour objet la grandeur des cours et courettes.

A Paris, la municipalité a établi des voies très larges et, par suite, les bâtiments en bordure ont toujours une façade bien aérée. Malheureusement, les grands boulevards ont eu pour effet d'augmenter considérablement la valeur du sol et de déterminer le propriétaire à en tirer parti le plus possible en le couvrant de constructions. C'est pour cette raison que nos belles maisons parisiennes, en apparence si salubres, le sont si peu en réalité. Les habitations dont les pièces principales sont exposées au nord et dont les chambres à coucher donnent sur des courettes où le soleil ne pénètre jamais, sont tellement insalubres que beaucoup de personnes affectées de maux de gorge, de catarrhe chronique, en général de maladies des organes respiratoires, de névralgies, ne peuvent y habiter.

Les conseils de salubrité ont fait augmenter à diverses reprises les dimensions des cours et courettes qui desservent les maisons. D'après le dernier règlement, paru en 1844, les chambres qui servent à l'habitation ne peuvent plus prendre jour que sur des cours ayant au moins 30 mètres de superficie et dont la plus petite dimension aura au moins 5 mètres de longueur.

Ce règlement diminuera les causes d'insalubrité des maisons à étages, mais il ne favorisera pas la construction d'habitations ouvrières suivant le type généralement employé dans les pays du Nord et dont nous avons énuméré les avantages. Il conduira à appliquer le *back to back system*, c'est-à-dire le système qui consiste à placer les maisons dos à dos, de façon à supprimer les cours intérieures, comme M. Muller l'a fait à Mulhouse. Quand les maisons sont groupées par quatre, ayant donc deux façades chacune, et que les habitants se servent des tuyaux de ventilation ménagés dans les murs, la salubrité des logements est excellente; mais il n'en est plus de même quand les murs extérieurs sont mitoyens sur trois côtés et qu'une seule façade reste à l'air libre. Les inconvénients qui résultent en pratique de ce système l'ont fait interdire par une loi en Angleterre.

En Angleterre, quand les municipalités sont autorisées à démolir les maisons pour faire des rues, on leur impose la condition d'interdire aux acquéreurs de terrains en bordure des nouvelles voies de construire sur plus des deux tiers du sol. Les Sociétés qui établissent en Angleterre des maisons modèles à étages, conservent pour en faire des cours le tiers de la surface.

A Bruxelles, le conseil d'hygiène a imposé aux constructeurs de réserver ⅓ de la surface du terrain pour en faire des cours.

A Hambourg et dans les communes dépendantes de la ville, les cours doivent avoir la même largeur que la hauteur de la maison. Dans l'intérieur de la ville et dans les faubourgs, la largeur imposée est égale aux deux tiers de la hauteur; dans certains cas, une tolérance est accordée, mais jamais la largeur de la cour ne doit être inférieure aux deux tiers de la hauteur de la maison.

Pour terminer ce qui a rapport aux règlements concernant l'extérieur des habitations, nous citerons l'ordonnance de la police de Berlin du 25 novembre 1875, qui défend de construire des maisons le long des rues non pourvues d'eau, non pavées, et qui oblige les propriétaires à faire approuver leurs plans par la police. Le résultat de cette ordonnance a été le suivant :

De 1872 à 1875, la construction a créé annuellement de 500 à 717

petits logements ; après 1875, le nombre des petits logements établis
a baissé jusqu'en 1882. où il est descendu à 214, il est remonté ensuite
jusqu'en 1885, année pendant laquelle on a construit 306 petits logements.

Règlements concernant l'intérieur des habitations. — Les
règlements concernant l'intérieur des habitations sont très nombreux.
A Paris, à Stuttgard et dans beaucoup d'autres villes, l'autorité
municipale interdit le séjour dans les caves. Dans les cités où cette
habitation n'est pas interdite, les règlements ont la prétention de
prescrire les mesures nécessaires pour enlever l'humidité des logements souterrains ou pour prémunir les habitants contre la présence
de cette humidité.

L'humidité des logements étant la cause d'une foule de maladies
qui sont traitées dans les hôpitaux des villes, il est urgent que les
autorités municipales prennent des mesures pour la détruire.

Les ordonnances prescrivent dans beaucoup d'endroits un délai
avant de permettre d'habiter dans une maison nouvellement construite. Les escaliers ont aussi leurs règlements.

Dans plusieurs villes d'Allemagne on défend les escaliers en bois,
quand ils doivent desservir une maison de plus de deux étages.

En Angleterre et en Amérique, on emploie dans les maisons
modèles des escaliers dits *fireproof*, c'est-à-dire à l'abri du feu. Ils
sont soit en fer, soit en béton ou en pierre et briques.

La hauteur des étages a été réglementée : en Allemagne, on tolère
des étages hauts de 2^m 50 ; à Paris, la hauteur minima exigée par les
règlements est de 2^m 60.

Le règlement le plus sévère est celui d'Insbrück ; il exige que
la hauteur des étages soit de 3^m 20 au moins pour le rez-de-chaussée
et de 2^m 90 pour les étages. Dans cette ville, aucune chambre ne
peut avoir une surface moindre de 10^{mq} 80, et elle doit posséder
une fenêtre donnant à l'air libre. Les cuisines des logements de
deux pièces doivent avoir 2^m 50 × 3^m 60 = 9^{mq} ; et la superficie de
celles des grands logements doit être de 10^{mq} 83 ; évidemment ces
cuisines servent de chambres, en tout cas de salles à manger.

Le règlement demande que les logements pour une famille soient
composés d'au moins deux pièces et une cuisine. Par suite de ce
règlement, chaque famille devrait avoir, indépendamment de la

cuisine, 58 mètres cubes d'air à sa disposition. La distribution est laissée à l'appréciation de l'architecte.

Ce règlement est inexécutable dans les villes encombrées.

A Berlin, à Leipzig, etc., on a constaté en 1887 qu'on ne construisait plus de petits logements. En pratique, du reste, le règlement donne lieu à des abus. Les logements sont loués, mais ils sont encombrés quand même par suite de sous-location. Si l'on consulte les tables de statistique, on reconnaît qu'un grand nombre de personnes vivent à titre de pensionnaires dans des logements.

Le cube d'air à donner aux chambres à coucher par personne a été réglé en France à 14 mc. A Londres on demande 8 mc. 5 par personne et 4 mc. 2 par enfant ; par contre, on exige des appareils de ventilation ; dans les climats qui le permettent, l'aération naturelle se fait par les portes et fenêtres.

En Belgique, à Anvers notamment, les règlements municipaux demandent 40 mc. par logement d'ouvrier occupé par une famille.

En Allemagne, les règlements militaires prescrivent 13 mc. par tête dans les casernes.

A Berlin, une ordonnance de police du 1er avril 1860, des règlements des villes de Dusseldorf, Oppeln, Amsberg, fixent également la capacité des chambres d'auberge.

Une ordonnance du 4 décembre 1882 de la ville de Brème demande 10 mc. par tête. Disons toutefois qu'en Allemagne comme en Angleterre, ce n'est que dans les hôtels garnis qu'on peut faire exécuter rigoureusement ces prescriptions.

En Californie, la loi déclare que tout propriétaire qui loue des pièces contenant moins de 14 mc. d'air, ainsi que celui qui consent à les habiter, sont punis d'une amende de 50 à 500 dollars, de la prison en cas de récidive et même des deux peines à la fois.

La surface des fenêtres est fixée en Angleterre comme en Allemagne ; on en tient compte dans les nouveaux bâtiments. Quand un bâtiment est en bordure sur une rue étroite, il lui faut en effet une plus grande quantité d'air et une surface vitrée plus considérable. Il serait bien d'interdire aussi les logements dans les greniers et les étables.

En résumé, les lois sur les logements insalubres sont bien faites, et il n'y a rien à ajouter à celles qui existent dans les principales villes de l'Europe. Ce qui manque, ce sont les agents pour les faire exécuter, et cependant les fonctionnaires que chaque pays possède seraient d'utiles auxiliaires pour faire observer les ordonnances municipales.

Les maîtres d'école sont peu payés ; si on augmentait leur traitement des sommes dépensées pour assurer le fonctionnement des commissions des logements insalubres, on obtiendrait d'eux des rapports précis sur l'état des logements de leurs communes.

Les règlements concernant les maladies contagieuses sont mieux appliqués que ceux qui concernent la salubrité. Les municipalités estiment avec raison que l'homme n'a pas le droit de se suicider et de nuire à son semblable.

A Montréal (Canada), pendant une épidémie de variole, les autorités décrétèrent que tout malade qui ne pourrait être traité chez lui sans danger pour les siens serait traité dans un hôpital spécial. Il y eut au début de l'application de ce règlement une légère émeute, mais force resta à la loi. Chaque décédé par suite d'une maladie épidémique était enfermé dans un drap imbibé d'une solution désinfectante.

Tous les logements où l'on avait traité un malade étaient désinfectés aux frais de la Ville ; les habitants étaient pendant ce temps recueillis dans des baraquements *ad hoc*. Les effets de peu de valeur étaient détruits et les autres désinfectés. Un tribunal d'hygiène avait été installé pendant la période d'épidémie pour juger rapidement tous les cas. Les juges au nombre de deux, choisis parmi des magistrats, s'acquittèrent de leur tâche avec beaucoup de tact et de fermeté. Leurs bons conseils firent plus que les peines portées par la loi. Le prononcé des sentences était suspendu jusqu'au lendemain pour permettre aux délinquants de se conformer à la loi. Grâce à cette mesure, un tiers seulement des sentences fut rendu définitif. Quelques personnes voulurent en appeler des jugements au tribunal d'hygiène, mais la Cour supérieure confirma la décision des premiers juges, décida que le tribunal d'hygiène était légalement constitué et que ses jugements étaient sans appel. A partir de ce moment, le nombre des récidivistes devint insignifiant.

Les contraventions portèrent le plus souvent sur les cas suivants :

1° Refus d'envoyer un varioleux à l'hôpital, alors que l'isolement à domicile était impossible ; refus de désinfection ; enlèvement ou lacération du placard officiel portant le nom de la maladie ; bris de scellés d'isolement placés sur les maisons infectées ; entraves portées à l'exécution des devoirs des officiers de santé ; refus de laisser pénétrer dans son domicile un médecin visiteur ; exercice d'un métier apte à propager la contagion ; refus de se laisser vacciner et de laisser vacciner ses enfants.

En Allemagne, les mesures concernant la variole sont aussi très sévères ; tout étranger qui tombe malade dans un hôtel est transporté à l'hôpital.

Le médecin qui soigne un malade atteint d'une affection épidémique doit en informer la Commission municipale, et ce sous peine d'amende.

En Hollande, quand il y a un cas de maladie épidémique dans une maison, le propriétaire est obligé d'y apposer un écriteau indiquant la nature de la maladie. Tout enfant appartenant à une famille dont un membre est atteint d'une maladie contagieuse, doit cesser d'aller à l'école et ne peut y retourner qu'avec un certificat de médecin.

Il y a eu de nombreuses discussions pour savoir qui, du médecin ou du propriétaire de la maison contenant un malade, devait prévenir l'autorité compétente.

D'après nous, le chef de la famille du malade devrait être responsable de l'extension de la contagion, s'il ne prend pas les mesures nécessaires. En cas d'épidémie, les municipalités allemandes sont assez énergiques. Ainsi en 1874, à Stuttgard, la municipalité fit faire une enquête au sujet de la fièvre typhoïde et émit un règlement d'après lequel on punissait de 150 mark d'amende ou de prison, tout propriétaire qui laissait habiter sa maison par plus de personnes que le cube d'air ne le comportait.

En France, quand une épidémie a éclaté dans une commune, le Maire doit en prévenir le Préfet, qui est tenu d'envoyer de suite un médecin-inspecteur. A Paris, la police et les Commissions des logements insalubres agissent énergiquement en cas d'épidémie, mais les pouvoirs donnés à ces autorités ne sont pas encore assez étendus pour qu'elles soient à même de faire tout ce que l'hygiène commanderait en pareil cas.

La situation la plus triste pour une famille est celle qui consiste à passer la nuit dans la même chambre qu'un mort ; quand le décès a eu lieu par suite d'une maladie contagieuse, la cohabitation devient dangereuse, non-seulement pour la famille, mais encore pour les voisins ; il est donc de la plus grande nécessité que les municipalités s'occupent de créer des dépôts mortuaires et de forcer les habitants à y envoyer les cadavres, dont le séjour dans les logements encombrés serait une source de dangers pour la santé publique.

Une cause d'encombrement qui n'a pas encore été discutée en France est celle qui provient de l'établissement d'une usine dans une ville. Un industriel qui s'installe dans une commune peut être une source de revenus pour elle ; d'une part, il donne du travail aux ouvriers ; de l'autre, il paie des impôts. Mais quand il ne trouve pas dans la commune la main-d'œuvre qui lui est nécessaire, soit parce qu'il lui faut des travailleurs plus habiles, soit parce que le nombre des ouvriers disponibles est trop restreint, il attire du monde dans la cité et par suite il y produit un encombrement. Dans ce cas, les avantages qu'il procure peuvent être complètement détruits par les charges qui peuvent retomber sur la Ville, surtout quand elle est forcée par la loi d'entretenir ses pauvres.

Une industrie insalubre peut, en fort peu de temps, ruiner la santé d'un grand nombre de malheureux ouvriers qui tombent à la charge de l'assistance publique, après avoir gagné pendant quelques années un salaire suffisant pour leur donner un bien-être relatif, mais non pour leur créer des ressources qui puissent les mettre à l'abri du besoin en cas d'infirmités.

En Allemagne, en 1861, le Conseil municipal de Trautenau mit pour condition à l'autorisation de la construction d'une grande fabrique que le demandeur procurerait des logements à la plus grande partie de ses ouvriers, attendu que, sans cette clause, le manque de logements deviendrait une calamité publique.

Le demandeur, homme très riche et électeur influent, reçut l'autorisation, mais, malgré l'engagement qu'il avait pris de construire 300 maisons en même temps que son usine, il n'en fit pas une seule. L'établissement de cette usine, qui en attira plusieurs autres, produisit un grand encombrement dans les logements qui existaient auparavant, analogue à celui qui fut constaté dans Paris, lors des grands travaux qui ont signalé le règne de Napoléon III.

Plusieurs fabriques de cigares ont établi en Allemagne des succursales dans les villes, pour éviter de payer des impôts trop élevés. Par suite de cette combinaison, elles paient des contributions modérées, mais leurs ouvriers tombent souvent à la charge des communes. En raison de ces faits, plusieurs communes exigent des usiniers qu'ils s'occupent des logements de leurs ouvriers.

La loi prussienne du 2 juillet 1875 permet aux communes d'établir des statuts locaux pour faire payer par les riverains des rues les frais d'établissement de ces rues ; elles peuvent même faire contribuer à cet entretien les usines qui s'en servent beaucoup.

Nous espérons que nos édiles tiendront compte de ces faits, surtout dans les villes où les industriels ont l'habitude d'installer leurs usines, tandis qu'ils établissent leur séjour personnel à la campagne.

Mesures pécuniaires à prendre par les Villes. — Théoriquement, les villes ne devraient pas dépenser les fonds des contribuables à provoquer la construction de petits logements. Les partisans du « laissez faire » trouvent cet emploi mauvais, et pourtant ils approuvent que les villes subventionnent les théâtres, les courses, toute une série d'œuvres auxquelles les classes laborieuses ne prennent que peu de part. Aujourd'hui, sans s'arrêter à ces objections, beaucoup de villes consacrent une partie de leur budget à l'amélioration du sort des classes ouvrières ; les unes ont donné des terrains à des Sociétés, Milan, par exemple, qui a donné 8 000 mètres ; les autres ont procuré gratuitement l'eau et le gaz aux habitants des cités ouvrières, comme Le Havre et Mulhouse. En Belgique, la loi de 1867 stipule qu'aucune taxe provinciale ne pourra grever les habitations ouvrières tant qu'elles seront exemptes de l'impôt foncier. M. Alphand a demandé que la ville de Paris supprimât les droits d'octroi sur les matériaux destinés à l'établissement des petits logements, ainsi que les charges relatives au balayage et au curage des égouts. Nous ne sommes pas partisans de cette mesure : elle complique inutilement la comptabilité des municipalités, et elle n'offre pas assez d'avantages aux constructeurs. Une mesure plus alléchante serait la garantie d'un intérêt de 4 %, par exemple, aux actions d'une Société destinée à créer des petits logements (comme l'a fait la ville de Lille, qui a garanti 5 %) sauf, bien entendu, à justifier par elle de son absolu désintéressement et de l'absence de toute pensée de spéculation. Comme condition de sa garantie, la ville de Lille exigea que les cours des maisons à un étage eussent une superficie égale aux 3/5 de celle de la propriété, et que l'espace libre des maisons à deux étages fût les 2/3 de la surface totale. La Société a construit plus de 500 maisons et la Ville n'a pas encore eu à exercer sa garantie.

La ville de Florence garantit non seulement à une Société d'habitations ouvrières modèles le paiement des intérêts, mais encore celui des annuités destinées à amortir le capital.

En 1847, la ville de Liége souscrivit 1 000 actions d'une Société d'habitations ouvrières, formée au capital de 2 000 000 de fr., et elle s'engagea à prêter 450 000 fr. au taux de 4 %. Elle se chargea, en outre, de l'achat des terrains nécessaires à l'établissement des rues créées par la Société, ainsi que de l'exécution de tous les travaux de pavage, d'éclairage, de conduites d'eau et de la construction des égouts. En échange de ces avantages, la Ville demandait le droit de faire entrer dans le Conseil d'administration un membre de son choix et de nommer un des commissaires. En 1876, la Société avait construit 300 maisons ; aujourd'hui elle en a plus de 400.

L'intervention directe de la Ville dans la construction des petits logements a été vivement discutée, et on admet, en général, que les municipalités ne doivent pas établir de petits logements pour leur compte.

Le besoin de loger des malheureux sans domicile a déterminé plusieurs villes à construire des locaux pour les recueillir en attendant qu'ils aient trouvé place. A Stockholm, la Ville a construit 13 corps de logis destinés à l'habitation de 1 200 personnes. La corporation de la cité de Londres a fait construire en 1854 de grandes maisons pour loger un grand nombre de personnes expropriées à la suite des démolitions, en vertu d'une loi spéciale, datée de 1851, qui autorise soit le Conseil municipal, soit le Conseil de la paroisse, à construire des maisons sur des terrains communaux pour y loger les ouvriers, ou à acheter des immeubles tout faits pour la même destination.

Une bonne mesure, qui a rendu d'immenses services en Angleterre, a été le prêt d'argent au taux de 3 1/2 à 4 %.

Les municipalités se sont procuré l'argent de l'État en donnant pour gage le produit des impôts. Birmingham, a obtenu ainsi de l'argent au taux de 3 1/2 p. %.

En 1879, les conditions du prêt furent ainsi modifiées : l'argent fut prêté au taux de 3 1/2 pour une durée de 20 ans ; de 3 3/4 pour 30 ans, de 4 pour 48 ans, et, enfin, de 4 1/2 pour un délai de 50 ans.

L'argent fourni par l'État était obtenu par lui au taux de 2 1/2 p. % qu'il desservait aux déposants des caisses d'épargne. La Caisse d'épargne possédait 41 768 888 liv. st., et l'État n'ayant prêté que 1 160 979 liv. st., on voit qu'il eût pu facilement prêter de l'argent au taux de 2 3/4 p. %.

Comme il n'a fait jusqu'ici aucune perte sur les prêts qu'il a consentis, l'État a réalisé de ce fait un bénéfice, tout en rendant service aux travailleurs, car c'est, comme nous l'avons vu, la difficulté de vendre des maisons d'ouvriers qui empêche la spéculation de s'en occuper. Nous croyons que, si une Ville émettait des obligations rapportant 3 % l'an et dont le produit serait destiné à être prêté au taux de 3 1/2 à des Sociétés d'habitations ouvrières, les personnes de la classe aisée s'empresseraient de les prendre et fourniraient ainsi aux municipalités de l'argent à meilleur compte que l'État.

Un des exemples les plus efficaces de l'action des villes est fourni par celle de Glascow, qui fut autorisée par acte de juin 1866 à emprunter 1 500 000 liv. st. au taux de 4 p. % pour améliorer les quartiers malsains de la ville, en achetant et en démolissant près de 1 000 maisons. Il fut interdit au Conseil municipal d'expulser plus de 500 ouvriers à la fois pendant un laps de temps de six mois, à moins qu'il ne fût prouvé que les logements pour recueillir les expulsés étaient en nombre suffisant.

L'expropriation faite par les Villes donne lieu fréquemment à des pertes, par suite de l'estimation trop élevée des jurys chargés d'apprécier les indemnités à accorder aux intéressés.

L'expropriation pour cause d'assainissement des quartiers n'est pas encore autorisée dans tous les États de l'Allemagne, mais, par suite de la croisade entreprise dans ce pays contre les logements insalubres, nous croyons que cette mesure ne tardera pas à être généralisée.

En Angleterre, des actes du Parlement autorisent les communes à jeter bas des quartiers trop encombrés pour y établir des squares.

Des Sociétés charitables se sont fondées dans ce but et la création des beaux parcs de Londres leur est presque entièrement due.

A côté de ces mesures purement pécuniaires, les communes pourraient rendre d'immenses services aux classes ouvrières en abaissant ou en supprimant même le tarif de certains impôts.

La ville de Paris exempte d'impôts mobiliers les locataires qui paient un loyer inférieur à 500 fr.; elle rendrait plus de services si elle réduisait au minimum les charges relatives d'une petite maison. Ainsi, dans la cité du boulevard Kellermann, le locataire d'une maison louée à raison de 300 fr. paie pour l'eau, 30 fr.; pour la vidange, 40 fr. ; pour les impôts, 36 fr. ; pour l'éclairage, le balayage, 24 fr. ; soit en tout 130 fr.

CHAPITRE VIII

Action de l'assistance publique, des caisses d'épargne, des membres du clergé et des institutions de l'industrie.

En France, l'administration de l'Assistance publique s'occupe peu du logement des classes laborieuses. Bien des administrateurs n'admettent pas que les Bureaux de bienfaisance s'intéressent à la construction d'habitations ouvrières. Ils donnent comme raison principale que faire des maisons ouvrières est une spéculation et que les bureaux de bienfaisance reçoivent de l'argent non pour l'exposer, mais pour porter secours aux malheureux. Une autre objection est tirée du titre même de l'institution.

Les ouvriers, observe-t-on, ne s'adressent aux bureaux de bienfaisance que quand ils sont réduits à la dernière extrémité. Il est malheureusement vrai qu'en pratique, affirment d'autres administrateurs, ce sont les mendiants de profession qui absorbent la majeure partie des sommes distribuées par les bureaux de bienfaisance.

Nous répondrons à ces objections qu'en Belgique, les bureaux de bienfaisance ayant été invités, par une circulaire ministérielle dont nous avons parlé, à affecter une partie de leur donation à la construction d'habitations ouvrières salubres, plusieurs d'entre eux, étant entrés dans les vues du ministre, ont eu le bonheur de constater une réussite complète, pendant que l'assistance publique à Paris, bien que dirigée par des hommes éminents, a souvent fait de bien médiocres placements. L'exemple du nouvel Hôtel-Dieu nous dispense de fournir d'autres preuves à l'appui de notre assertion.

Alors même qu'un bureau de bienfaisance ou une administration[28] retirerait un bénéfice très minime de la construction de maisons ouvrières salubres, il ferait un bien immense et y trouverait un avantage considérable en diminuant sa clientèle. Ne vaut-il pas mieux prévenir le mal que de dépenser 12 millions, comme on l'a fait à Gênes, pour arrêter les ravages du choléra? Ce qu'on donne aux maisons ouvrières, on l'économise sur les hôpitaux.

Quelques personnes avancent qu'un bureau de bienfaisance ne peut avoir mission de récolter de petits loyers, cette fonction exigeant une rudesse incompatible avec l'institution.

Ces personnes ne connaissent pas les ouvriers. Nul n'est plus exact en temps ordinaire pour payer son terme, surtout à une administration dont le gérant remplit une fonction. En cas de malheur frappant une famille, l'administration pourra du moins la secourir en connaissance de cause.

Une revue rapide de ce que les bureaux de bienfaisance ont déjà fait donnera une idée de ce qu'ils pourraient faire. Pour répondre à la circulaire ministérielle dont nous avons parlé plus haut, le bureau de bienfaisance d'Anvers engagea, en 1849, des pourparlers avec l'autorité communale; mais ce ne fut qu'en 1860 qu'il destina le quartier de Stuivenberg à la construction de maisons ouvrières.

De 1864 à 1868, 167 maisons furent mises à la disposition des petites bourses, et formèrent un quartier très salubre à la place des taudis qui s'y trouvaient auparavant.

On toléra tous les commerces dans les maisons du bureau, sauf le métier de cabaretier; aussi la colonie de Stuivenberg se distingue-t-elle de la population avoisinante par l'aisance qui y règne, par la propreté extérieure et intérieure des maisons, par les jardins qu'elle cultive.

Les 167 maisons ont coûté 570 000 fr. Le revenu brut est de 35 404 fr., et le revenu net de 28 017 fr. 25, soit 5 % du capital. Les charges, dont le montant est de 7 386 fr. 75, se répartissent ainsi :

Contribution foncière	1.770 20
— personnelle	3.715 75
— des pompiers	400 80
A reporter	5.886 75

Report.............	5.886 75
Primes d'assurance........	200 »
Frais de vidange...........	500 »
— gérance	500 »
— surveillance........	400 »
Total...	7.486 75

Il faut observer que les frais d'amortissement du capital et de réparations ne sont pas compris dans le chiffre ci-dessus ; pour y parer. il serait bon de réserver 1 % du capital employé.

Le succès de cette opération a déterminé le même bureau de bienfaisance à élever 103 nouvelles maisons, dont 20 maisons boutiques, 30 maisons bourgeoises et 80 habitations ouvrières indépendantes, closes de murs et pourvues de jardins. La construction de ces maisons a été adjugée au prix de 610 000 fr.

A Nivelles, une brochure du docteur Lebon, publiée en 1852, eut pour effet d'éveiller l'attention sur la question des habitations ouvrières. En 1859, un projet de 12 maisons fut adopté par le bureau de bienfaisance ; la construction n'en devait coûter que 18,000 fr. Le projet fut sanctionné par l'autorité supérieure et, en 1861, les logements purent être habités.

Le prix de revient de chaque maison a été de 1.621 fr. 77.

Le bureau de bienfaisance ne devant toucher que 4 %, le montant du loyer fut fixé comme suit :

4 p. % sur le prix de revient....................	64 86
Prix de location de 1 are 50 centiares de terrain	2 25
Assurance contre l'incendie...	» 48
Entretien des bâtiments...	7 50
Total.................	75 09

soit 6 fr. 25 pour le loyer mensuel.

Le bureau de bienfaisance exige qu'en sus de cette modique somme , le locataire paye par mois, 4 fr. qui sont placés à la caisse d'épargne afin de lui permettre de devenir propriétaire, quand ce supplément et les intérêts réunis auront produit une somme égale au prix de la maison et du terrain, c'est-à-dire au bout de 18 ans.

Aujourd'hui toutes les maisons sont devenues la propriété des acquéreurs.

Cette œuvre, peu importante en apparence et au point de vue des capitaux engagés, a inauguré un système de vendre la propriété au prolétariat, que l'on nomme le système de Nivelles.

M. de Fuisseaux le proclame supérieur à ceux de Mulhouse et de Berlin, parce qu'à Mulhouse il faut verser une certaine avance pour devenir propriétaire et qu'à Berlin on rend tous les locataires d'une maison propriétaires indivis de l'immeuble qu'ils occupent, après leur avoir fait payer leur loyer pendant trente ans.

Le système suivi à Mulhouse est généralement adopté, celui de Berlin n'a jamais donné de bons résultats. Quant à celui de Nivelles, que nous apprécions et recommandons chaudement, nous nous permettons une seule objection, c'est que l'argent placé à la caisse d'épargne rapporte très peu, et l'on verra que le système mulhousien et les *building societies* permettent à l'ouvrier de se libérer bien plus vite que par l'entremise de la caisse d'épargne.

L'exemple donné par les bureaux de bienfaisance d'Anvers et de Nivelles a été suivi dans plusieurs autres villes de Belgique. En France, nous sommes heureux de le constater, le bureau de bienfaisance de Lille a également obtenu des résultats satisfaisants à tous égards. La Commission des hospices vendit du terrain à prix réduits à la Société des habitations ouvrières de cette ville, à la condition que dans les maisons construites, il n'y eût pas de cabaret.

Le bureau de bienfaisance loge également mille indigents dans des chambres louées à très bas prix.

Il dépense environ 110 fr. par ménage et il obtient d'excellents résultats au point de vue moral ; au point de vue pécuniaire, l'affaire est mauvaise, car, si l'argent dépensé eût été donné à titre de subvention à un propriétaire d'habitations ouvrières, il eût logé plus d'ouvriers et il l'eût fait dans de meilleures conditions que l'Assistance publique.

L'Assistance publique de Paris possède de grand terrains, qu'elle loue à bas prix à des malheureux qui y établissent des constructions provisoires où ils végètent sans souci des lois de la morale. Avec bien peu de frais, l'administration pourrait y établir des logements satisfaisant aux règles de la construction sanitaire.

Depuis la laïcisation du personnel des hôpitaux, un assez grand nombre de personnes habitant toutes de petits logements sont employées par l'assistance publique. L'encombrement à proximité des hôpitaux en est par conséquent augmenté. Comme cette administration dispose de grands terrains en bordure sur des rues, elle pourrait se servir des grands murs de clôture en façade sur rue pour y appuyer des constructions légères, dans lesquelles elle logerait à peu de frais son nombreux personnel.

Les infirmiers et infirmières sont peu payés ; par suite, si on leur fournissait à prix réduit le logement et les choses nécessaires à la vie, l'administration pourrait leur demander plus de dévouement dans l'exercice de leurs fonctions et aurait plus de choix pour compléter son personnel.

Toutefois, on est à peu près d'accord à penser aujourd'hui qu'en raison de la susceptibilité de beaucoup d'ouvriers, qui ne veulent pas recourir à l'assistance publique, les bureaux de bienfaisance font mieux de placer des fonds dans les sociétés sérieusement organisées en vue d'améliorer les logements que de s'occuper directement de cette œuvre. Le succès de nombre de ces sociétés permet de croire que les fonds qui leur sont confiés ne sont pas aventurés.

Il serait aussi très intéressant d'étudier la question de savoir si, au lieu de placer des vieillards, qui s'y ennuient, dans les asiles qui reviennent si cher à l'Assistance publique, il ne serait pas préférable de traiter avec des sociétés de maisons ouvrières qui les placeraient dans des ménages où ils pourraient encore rendre des services.

Action des Caisses d'épargne. — Nous verrons dans le chapitre consacré aux *Building societies* comment la petite maison a servi de joint, pour permettre à l'ouvrier de placer ses économies à un taux supérieur à celui que dessert la caisse d'épargne.

La Caisse d'épargne de Lyon a fourni à des constructeurs d'habitations ouvrières convenables de l'argent à un taux peu élevé. Cet argent provenait des bénéfices réalisés par la caisse ; il serait à désirer que cet exemple fût suivi en France.

Action des membres du clergé et des instituteurs. — Le révérend M. S. Sukling, recteur de Shipmeadow Suffolk, acquit

quelques mauvais coins de terre dans sa paroisse : il y construisit des maisons propres et bien ventilées. Son exemple fut suivi.
A Paris, M. Renkhoff, pasteur de l'église réformée, gère une propriété divisée en petits logements, qui appartient à M. de Pourtalès.
Les logements sont parfaitement tenus, le prix de location est fixé
de façon à faire rapporter 3 % au capital. Un autre homme de bien,
le pasteur Holck, directeur de la Société de secours de Christians-
havn (Danemarck), a fait construire six maisons pouvant loger 200
ménages à un prix très modique. Les membres du clergé feraient
bien de prendre note des bons effets produits par les logements
salubres et de s'inspirer de l'exemple donné par Oberlin, qui parvint
à transformer la pauvre et misérable population de contrebandiers
du Ban de La Roche en d'honnêtes paysans, en commençant par
améliorer leur état matériel. Les prêtres ont une grande influence
sur les hommes ; ceux qui échappent à cette influence devraient être
instruits par les instituteurs, dans les cours d'adultes, des funestes
effets de l'encombrement et de l'intérêt qu'il y aurait pour les pères
de famille à diminuer leurs dépenses superflues pour pouvoir se
procurer des logements convenables. C'est surtout sur l'enfant que
devra agir l'instituteur.

Action des médecins. — Nous avons vu qu'en Angleterre, les
médecins se sont beaucoup occupés des habitations ouvrières.

A Copenhague, ils ne se contentèrent pas de se signaler par leur
dévouement pendant l'épidémie de choléra qui ravagea les quartiers
populeux de la ville, mais ils contribuèrent de leurs deniers personnels à l'amélioration des demeures malsaines.

Pendant la durée du fléau, il se forma un comité de médecins et de
personnes charitables pour recueillir des souscriptions destinées à
fournir les moyens d'évacuer les maisons menacées, établir des
cuisines gratuites, etc., etc. Le choléra disparu, il resta en caisse
une somme assez ronde, qu'on employa à élever hors de ville des
maisons saines et à bon marché à l'usage de la classe ouvrière.
Les premières maisons ayant été reconnues bonnes, le comité
organisa la Société connue sous le nom d'Association des médecins, qui continua à élever des constructions avec le produit des
loyers. En 1875, la Société employa une partie de ses fonds à
l'acquisition, dans l'intérieur de la ville, des maisons les plus mau-

vaises, pour les faire abattre et en construire de nouvelles, bonnes et saines, sur le même emplacement.

En France, nos médecins, qui en général n'aiment pas les affaires, s'occupent cependant avec ardeur de la réforme des habitations insalubres. M. Marjolin a porté la question devant l'Académie de médecine. M. le docteur du Mesnil a fait connaître l'intérieur déplorable au point de vue sanitaire, de toute une rue du faubourg Saint-Antoine, au Congrès de l'Association française tenu à Rouen.

La Société de médecine publique et la Société française d'hygiène ont consacré un grand nombre de leurs séances à l'étude de l'assainissement des habitations ; nous espérons que notre dévoué corps médical redoublera d'efforts pour faire mettre en vigueur les lois et règlements concernant la salubrité des habitations.

Action de l'Industrie. — Nous avons vu que l'industrie était souvent cause d'encombrement dans les villes. Ce résultat est surtout constaté au début d'une industrie, car, à mesure de son développement et aussitôt que le patron n'a plus à s'occuper des difficultés de la première heure, il cherche toujours à améliorer le bien-être de ses ouvriers ; c'est ordinairement par le logement qu'il commence.

Dans la grande industrie, l'ouvrier est aujourd'hui généralement bien logé. Tout le monde connaît le célèbre familistère de Guise, dont nous avons déjà parlé, monument superbe, divisé en une infinité de logements où habitent toutes les personnes qui sont occupées dans les usines de M. Godin. Malgré sa grande fortune, le propriétaire habitait lui-même un logement du familistère et y recevait les notabilités du monde entier. L'ouvrier est aidé depuis sa naissance jusqu'à sa mort par de nombreuses institutions de prévoyance. Quand un enfant naît dans l'établissement, son nom est placé au-dessus d'un berceau situé dans la nourricerie où l'on garde les enfants des ouvriers pendant que la mère s'occupe de son travail. La nourricerie diffère d'une crèche parce que l'enfant n'y est pas placé d'une manière permanente et qu'il y séjourne comme dans une école, non comme dans une garderie. L'instruction qu'on donne au familistère permet à l'ouvrier soit d'entrer à l'usine, soit de suivre n'importe quelle autre carrière. Les choses nécessaires à la vie sont fournies à prix réduits par des magasins généraux. Les soins en cas de maladie sont donnés gratuitement. Quant aux distractions du corps et de l'esprit, elles sont assez nombreuses pour permettre à l'ouvrier de passer agréablement sa vie. A Guise, M. Godin a imaginé de rendre ses employés et ouvriers propriétaires de l'usine qu'il a fondée, en inscrivant à leur actif les bénéfices qui leur reviennent proportionnellement à leur travail. Depuis la mise en pratique de cette idée, la part de ses collaborateurs est de près de 2 millions.

Il faut faire remarquer que M. Godin a créé pour ainsi dire l'industrie des fourneaux de fonte et qu'il a réalisé, dans les premières années de la mise en pratique de son invention, des bénéfices considérables. La même raison a permis à la ville industrielle de Mulhouse de créer la série d'institutions de prévoyance et de bienfaisance qui ont rendu cette cité si célèbre. Nos Compagnies houillères, les mines de l'État, le Creusot, Krupp, à Essen, les Compagnies des chemins de fer en Autriche, etc., ont créé des villages d'ouvriers dont la description est trop connue pour que nous ayons à la refaire.

Si nous louons sans restriction les patrons qui font des sacrifices pour le bien-être de leurs ouvriers, nous ne pouvons que blâmer ceux qui les logent mal dans le seul but de diminuer le prix de revient de leurs marchandises. En Russie, par exemple, on nous cite des cas où l'ouvrier couche dans des lits disposés autour de la seule chambre chauffée de l'habitation, ou bien encore où les lits sont placés les uns au-dessus des autres, comme dans les cabines d'un vaisseau.

Nous n'approuvons pas beaucoup le système qui consiste à loger l'ouvrier dans des dortoirs pendant la moitié de la journée, de façon que deux escouades de travailleurs occupent alternativement le même lit. Nous repoussons aussi au nom de la morale, les hôtels qui séparent l'ouvrier de sa femme, d'un dimanche à l'autre, comme le fait l'hôtel Louise à Micheroux. D'après nous, un hôtel de ce genre ne devrait recevoir que des célibataires. Il est vrai qu'en Russie les ouvriers restent souvent dix mois loin de leurs familles et que les marins quittent leurs femmes pendant des périodes plus longues; mais ces faits exceptionnels ne modifient pas notre conclusion.

Il nous semble qu'un industriel clairvoyant devrait toujours tenir compte, dans la fixation du salaire de son personnel, de toutes les causes qui peuvent engendrer la misère de ses ouvriers. Ainsi, à Mulhouse, les patrons estiment à 10 % du salaire de l'ouvrier la valeur nécessaire pour améliorer son logement, l'assurer contre la maladie, le chômage, les accidents, la vieillesse et la mort. C'est une somme égale à 10 % de la valeur des salaires payés à leurs ouvriers qu'ils consacrent aux institutions de prévoyance qu'ils ont créées pour détruire les causes de misère qui peuvent frapper les travailleurs. Quand des institutions de ce genre n'existent pas, les patrons peuvent avoir recours aux sociétés de secours mutuels, à la caisse d'épargne ou à la caisse des retraites.

On a vu, par ce que nous avons dit des discussions qui ont eu lieu au sein des conseils municipaux allemands, que les classes laborieuses n'ont pas seulement comme défenseurs des individus qui cherchent à se faire une situation politique en sapant les fondements de la société actuelle. Plus nous avançons en civilisation, plus il est du devoir des classes déjà instruites, qui devraient être dirigeantes, de se préoccuper du sort des travailleurs et de les mettre à même de profiter des avantages d'une société qui a la prétention d'être humanitaire

Quand un industriel s'établit dans un pays, il doit donc avant tout s'enquérir du nombre d'ouvriers qu'il pourra y trouver. Quand ces ouvriers attirés pourront en même temps continuer à habiter leurs logements, sa mission morale sera simplifiée, il n'aura qu'à améliorer ces logements. Quand il lui faudra plus d'ouvriers que le pays n'en possède, il devra avant tout construire des habitations. Ici se présente le cas de savoir s'il devra rendre l'ouvrier propriétaire de son habitation ou simplement lui louer un logement.

Les moyens de rendre un ouvrier propriétaire sont nombreux ; on peut, comme à Mulhouse, lui vendre une maison par le seul fait du paiement régulier, pendant un certain temps, d'une annuité dont la valeur est égale à la valeur du loyer.

On peut, comme le fait l'État prussien pour ses mineurs, donner gratuitement du terrain et prêter la somme nécessaire pour construire, et faciliter ensuite la libération par annuités.

On peut aussi vendre des matériaux à prix réduits, comme le font certains industriels allemands.

Beaucoup d'industriels se contentent de prêter l'argent nécessaire pour construire et rentrent dans leurs déboursés par des retenues sur le salaire. Nous croyons qu'il est sage pour l'industriel d'agir avec précaution s'il a le projet de rendre l'ouvrier propriétaire. En effet, quand le locataire devient propriétaire par le seul fait

du paiement de son loyer ou par suite des libéralités de son patron,
le travailleur. quoiqu'il arrive, n'a rien à réclamer ; mais s'il paie
son habitation en faisant des économies, il incombe de ce fait au
patron une certaine responsabilité morale. Si son industrie ne
prospère pas, s'il cesse sa fabrication, il laisse son ouvrier propriétaire d'une maison qui, dans bien des cas, perd de sa valeur.

Tous les moyens de rendre l'ouvrier propriétaire sont excellents
quand ils sont employés dans un pays d'avenir, où la population
tend à augmenter et où la prospérité ne dépend pas d'une seule
industrie dont la fin peut être prévue.

D'autre part, beaucoup d'industriels se contentent de louer des
logements à leurs ouvriers ; ils ont pour agir ainsi plusieurs bonnes
raisons. Très souvent les maisons sont revendues par les ouvriers
avec un certain bénéfice à des personnes étrangères à l'usine, et le
patron a donc fait des sacrifices en pure perte ; dans d'autres cas,
les maisons sont transformées en cabarets ; on n'y remédie pas toujours par des clauses stipulées dans des contrats de vente.

Quand rien n'a été stipulé, on ne peut empêcher la revente de
maisons à des gens immoraux ou dont l'inconduite est un scandale
pour tous. Si la maison n'a été que louée, on expulse le ménage et
tout est dit.

De même, quand un ouvrier, pour une cause ou pour une autre, est
expulsé de l'usine où il travaille, si le patron a fait des sacrifices
pour lui procurer une habitation, les conséquences de la faute de
l'ouvrier retombent sur le patron. Enfin, une dernière raison fait
écarter souvent le projet de rendre les ouvriers d'une usine propriétaires de leurs maisons.

Une population ouvrière, ainsi créée à grands frais, attirera forcément plus tard une concurrence qui sera exonérée de ces difficultés
premières, de ces dépenses, et ce sera le premier propriétaire qui
sera seul victime. Beaucoup d'industriels renoncent donc au système
de rendre l'ouvrier propriétaire de maisons placées autour de leurs
usines.

Malheureusement, la construction de logements immobilise de
grands capitaux, et c'est surtout aux débuts d'une entreprise qu'il est
nécessaire d'en avoir. Comme l'argent doit rapporter dans l'industrie
un taux plus élevé et que dans les grands centres les capitaux sont
souvent improductifs dans les banques, on pourrait fonder des

sociétés qui auraient pour objet de fournir aux industriels une grande partie de l'argent destiné à construire des habitations ouvrières et de leur donner la facilité de se libérer par annuités. Le Crédit foncier prête fort peu, malheureusement, sur maisons à petits logements. Nous ne comprenons pas cette réserve, alors surtout que les patrons interviendraient personnellement, car les opérations relatives à de petits logements sont moins chanceuses que celles qui concernent les grandes maisons : d'un autre côté, on voit peu d'usines tomber en ruines par suite d'abandon, et dans bien des cas elles provoqueront la création de villes importantes. C'est ainsi que la fabrication des voitures a donné naissance à Pullmann-City, ville américaine, située à douze kilomètres de Chicago. — Cette cité, composée de 2500 maisons environ, dans lesquelles vivent 11000 habitants, a été fondée par M. Pullmann, dans le but d'y loger ses ouvriers le plus sainement et le plus confortablement possible.

Pour arriver à ce but, M. Pullmann commença par dépenser une somme de 5000000 de francs à faire des places publiques et des rues pourvues de toutes les canalisations nécessaires pour fournir l'eau et le gaz aux habitants, et évacuer les eaux pluviales et ménagères ainsi que les vidanges.

Les maisons furent construites une fois les travaux de viabilité terminés. Chaque habitation ne sert qu'au logement d'une seule famille, et son intérieur est disposé de façon à faciliter le plus possible le travail de la ménagère.

Tous les résidus provenant de la vie domestique sont utilisés par le locataire d'une ferme voisine de la cité.

La ville est pourvue de tous les établissements qui permettent à l'habitant de passer agréablement ses moments perdus ; par contre, il est rigoureusement défendu d'y créer des débits de boissons, et M. Pullmann exclut de sa ville toutes les personnes qui se conduisent mal.

L'existence de Pullmann-City est liée intimement à la prospérité de l'usine ; c'est pourquoi son propriétaire fait tous ses efforts pour y exercer le plus possible d'industries différentes et lucratives. Jusqu'à présent, il a pu éviter tout chômage. Nous ignorons ce que l'avenir réserve à son industrie, mais nous pouvons affirmer qu'il a résolu le problème de construire une cité modèle au point de vue hygiénique et moral.

CHAPITRE IX

Action de l'association.

————

Sociétés reposant uniquement sur la bienfaisance. — Faire des dons à des sociétés ayant en vue l'amélioration des logements de la classe ouvrière est certainement une des formes les plus intelligentes de la bienfaisance, mais il importe que ces dons ne soient pas employés d'une manière préjudiciable au but poursuivi. Or, c'est ce qui aurait lieu si l'on voulait fournir gratuitement des logements ou même diminuer les loyers par rapport à ceux des maisons voisines. Ce sont là, nous le croyons, de mauvaises applications de la bienfaisance que des circonstances exceptionnelles peuvent seules excuser; car la gratuité des logements affaiblirait chez l'ouvrier le ressort moral, et la diminution des loyers éloignerait les constructeurs et tous ceux qui consentiraient à faire de simples placements de père de famille. Il vaut mieux capitaliser les intérêts pour élever des constructions nouvelles, ou, comme cela a lieu à Christiania, faire des prélèvements sur le produit brut des loyers et former une caisse spéciale, afin de venir en aide aux personnes qui ne peuvent remplir leurs engagements pour des raisons dont elles justifient, en payant pour elles le prix des logements qu'elles habitent. D'ailleurs, il faut bien reconnaître que les Sociétés dont nous parlons n'ont pas encore pris un grand développement, qu'elles ne sont pas nombreuses et que jusqu'ici elles ne sont pas dangereuses.

La *Constructora Benefica* de Madrid est fondée sur la bienfaisance seule. Elle doit le commencement de son existence à une collecte faite dans une fête de bienfaisance qui eut lieu à Paris et dont le montant s'éleva à 47 000 fr. Nous verrons ce que l'avenir lui réserve.

En France, il a été créé plusieurs sociétés de bienfaisance ayant pour objet de fournir aux travailleurs des logements à prix réduits.

Œuvre des loyers de Strasbourg.

La plus ancienne est celle qui fut fondée à Strasbourg en 1863. Elle avait pour but :

1° D'obtenir des propriétaires le bon entretien et l'assainissement des petits logements :

2° De faciliter aux locataires de ces logements le paiement de leur loyer ;

3° D'encourager les familles peu aisées non-seulement à l'ordre, à l'économie et à la prévoyance, mais aussi à la bonne tenue de leurs logements ;

4° D'étudier successivement, pour les mettre en pratique, les moyens qui servent à retenir l'homme dans son intérieur et de développer ainsi la vie de famille.

Les membres de la société se composaient de membres fondateurs et de membres participants.

Les membres fondateurs s'engageaient à payer une cotisation annuelle de 5 fr. au moins, à faire connaître l'œuvre aux propriétaires et aux ouvriers, à recueillir les cotisations, à se charger de faire à tour de rôle l'inspection des logements et les démarches nécessaires pour les assainir, si besoin était.

Les membres participants s'engageaient à verser tous les huit jours le treizième du montant du trimestre de leur loyer. A l'époque du terme, on leur remettait le montant de leurs versements. Quand, par suite de maladie ou de toute autre cause, le participant ne pouvait payer son loyer, la société lui avançait ou lui donnait, suivant le cas, la somme nécessaire.

Des primes en argent étaient distribuées aux locataires qui tenaient le mieux leurs logements.

Œuvre des loyers à Paris.

A Paris, il existe plusieurs œuvres des loyers. La première en date est celle qui fonctionna dans le XVIIᵉ arrondissement. Elle a pour but de venir en aide aux vieillards malheureux, en leur procurant des logements à titre gratuit ou en les recueillant dans un asile commun, dès que les ressources le permettront.

Jusqu'à présent la Société ne vient en aide qu'aux vieillards des deux sexes, veufs, célibataires ou mariés, sans distinction de croyance ou d'opinion, âgés de 65 ans accomplis et résidant dans l'arrondissement depuis cinq ans au moins.

Une société analogue a été fondée dans le XVIe arrondissement, sous la présidence de M. Marmottan.

Institutions allemandes créées pour faciliter le paiement des loyers. En Allemagne, il existe beaucoup d'institutions destinées à faciliter aux pauvres l'épargne de la somme nécessaire au paiement du loyer, et elles accordent une prime aux déposants.

L'association pour la répression de la mendicité à Dresde a fondé en 1880 une caisse d'épargne spéciale pour les loyers.

Mesure prise par la ville de Paris. Le Conseil municipal vote chaque année une somme qui varie de 30 à 50 000 fr., destinée à secourir les familles qui ne peuvent payer leur loyer. Cette somme est distribuée par l'intermédiaire de la Préfecture de police aux personnes expropriées et mises sur le pavé le jour du terme. Il arrive quelquefois que ce crédit n'est pas employé, ce qui tendrait à prouver que les gens véritablement malheureux ne sont pas aussi nombreux qu'on le dit. D'après nous, il reste encore beaucoup à faire pour améliorer les logements des Parisiens et, si la population de la capitale ne continue pas à diminuer, si tous les efforts faits par la municipalité, par des personnes dévouées qui voudraient bien voir se constituer de puissantes associations n'aboutissent pas, faudra-t-il recourir à la bienfaisance, à l'esprit de charité pour arriver enfin à détruire les logements insalubres, cette plaie honteuse pour une ville comme Paris, qui a la prétention d'être à la tête du monde civilisé ?

Tentative faite par M. E. Cacheux, pour fonder une Société philanthropique d'habitations ouvrières. M. Émile Cacheux, entrant dans cette voie, proposa de fonder une Société des habitations ouvrières de la Seine ayant pour objet :

1° De favoriser par tous les moyens ne touchant pas à la spéculation et reconnus favorables, pratiques et économiques, l'établissement de logements d'ouvriers, sains et commodes ;

2° De faciliter et d'assurer aux familles nombreuses des travailleurs l'occupation de ces logements.

La Société devait se composer de la même façon que toutes les Sociétés de bienfaisance ou charitables ; mais aujourd'hui il est bien difficile de constituer des associations de ce genre si les metteurs en œuvre n'offrent pas de s'y consacrer entièrement.

M. Emile Cacheux abandonna son projet après plusieurs démarches infructueuses pour trouver un président indiscutable à tous égards et former un comité d'initiative, dont les membres auraient d'avance consenti à faire partie du comité exécutif.

Sociétés formées par des dames. Cette société pourrait être créée par des dames, car les bons résultats obtenus par la Société des dames françaises prouvent que lorsqu'il y a un but charitable à atteindre, les Parisiennes en trouvent le moyen. Les habitations insalubres tuent plus de travailleurs que les balles de l'ennemi ; par suite, si un homme éloquent prêchait une croisade en faveur des habitations ouvrières, nos épouses et nos mères ne resteraient pas sourdes à l'appel qui leur serait fait.

A Paris, il existe un grand nombre de groupes de dames qui vont visiter les pauvres à domicile et leur apportent des secours pour les aider à payer leurs loyers. Ces visites ne sont pas sans dangers, et plusieurs faits pourraient être allégués à l'appui de ce que nous avançons.

A Londres, la police se met volontiers à la disposition des personnes charitables qui veulent visiter les indigents, mais elle a bien soin de faire accompagner les visiteurs par une force suffisante et de signaler les endroits où il serait dangereux de pénétrer seul.

Une société de dames qui a son siège à Londres, *The Lady Sanitary Institute*, rend de grands services aux classes laborieuses, en répandant dans le peuple les connaissances relatives à l'hygiène.

A New-York, une société de dames s'occupe également du même objet ; elle a beaucoup contribué à l'amélioration des petits logements de la ville, en organisant un concours dont l'objet était la construction d'une maison sur un terrain donné. Les prix eurent une valeur assez considérable pour attirer un grand nombre de concurrents.

Les dames obtiennent des résultats merveilleux au point de vue moral. Grâce à elles, les habitudes d'ivrognerie disparaissent peu à peu parmi les habitants qu'elles visitent, les mères de famille apprennent à tenir un ménage ; la connaissance des premiers soins à donner en cas de maladie est propagée. Il en est de même des principes de l'hygiène relatifs à la propreté du corps.

A New-York, fonctionne également la *Charitable Aid-Association*, qui a établi en principe qu'on n'arriverait jamais à améliorer la condition du pauvre tant qu'on n'assainirait pas son logement. Pour mettre son programme à exécution, la Société travaille énergiquement à la mise en état des habitations. Ce fut grâce à son initiative que l'État fit, en 1867, une loi sur les logements insalubres. Les résultats de la loi furent défavorables au début, car les propriétaires résistèrent énergiquement à sa mise en vigueur. Les inspecteurs très mal reçus, au lieu d'employer la persuasion, eurent recours à des mesures de rigueur et parvinrent à faire fermer quelques maisons. Comme on n'en construisait pas de nouvelles, l'encombrement augmenta.

Malgré cet échec, la Société continua sa campagne contre les logements insalubres ; elle obtint en 1878 une nouvelle loi qui défendit de construire des maisons sans avoir fait approuver les plans, et de construire sur plus des 65 à 78 % de la surface du terrain.

Les membres de la Société visitent les maisons, examinent les locaux insalubres, vérifient les plaintes, demandent aux propriétaires d'exécuter les travaux d'assainissement nécessaires et, quand après deux lettres ils n'obtiennent pas satisfaction, ils s'adressent à l'autorité.

De 1879 à 1884, la Société visita 19184 logements ; elle reconnut que 10 % étaient dans un état satisfaisant, 5 % impropres à l'habitation et 85 % dans un état intermédiaire.

Les efforts de la Société furent récompensés par la satisfaction qu'éprouvaient les locataires à rester dans les lieux assainis. Malgré un règlement sévère, les habitants des logements améliorés refusèrent d'aller demeurer dans les locaux à prix réduits placés dans de mauvaises conditions. On remarqua aussi qu'ils avaient fort peu besoin de secours pécuniaires.

Nous pouvons encore citer, comme Société de bienfaisance ayant une certaine influence sur l'habitation des travailleurs, la *Society for improving the dwellings of the labouring classes*, qui vend à prix réduit des plans d'exécution des maisons modèles et qui répand un grand nombre de brochures relatives à l'amélioration des petits logements. Elle a son siège à Londres.

Sociétés philanthropiques de spéculation. — Sous ce nom, nous désignons des Sociétés de bienfaisance qui, tout en ayant pour objet principal de procurer un logement convenable aux ouvriers, s'occupent néanmoins de donner des dividendes modérés à leurs actionnaires.

La plus célèbre Société de ce genre fondée en France est celle des cités ouvrières de Mulhouse ; elle a toujours distribué un dividende de 4 % à ses actionnaires et elle est arrivée à rendre plus de 1100 locataires propriétaires de leurs maisons. Le système de Mulhouse n'a cependant pas trouvé en France beaucoup d'imitateurs. A la suite de l'annexion de l Alsace à l'Allemagne, beaucoup de notables industriels se fixèrent en France et y importèrent leurs institutions. Ainsi, au Havre, M. Siegfried fonda une Société d'habitations ouvrières sur les mêmes bases que celle de Mulhouse. A Paris, les Alsaciens contribuèrent beaucoup à la fondation de la Société des habitations de Passy-Auteuil, dont M. Dietz-Monnin est le président. Cette Société, fondée au capital de 200 000 francs, divisé en 200 actions de 100 francs, ne doit donner au maximum que 4 % de dividende aux actionnaires. Les fonctions des administrateurs sont gratuites et nous pouvons affirmer que ce ne sont pas des sinécures. Ces messieurs se sont efforcés de faire des statuts modèles, de créer des types parfaits, de réduire les charges d'une maison au minimum : 1° en obtenant de la Compagnie des Eaux des abonnements séparés pour les acquéreurs de petites maisons dans les mêmes conditions que dans les maisons à étages ; 2° en envoyant les vidanges à l'égout.

Cette dernière opération n'a été faite qu'avec de grands sacrifices; mais elle a permis de faire connaître la manière d'assainir une cité dans l'intérieur de Paris, et par suite elle rendra d'immenses services aux propriétaires qui voudront installer des cités ouvrières dans des terrains qui ne seront pas en bordure des voies classées.

Malgré les indiscutables et nombreux services rendus par la Société de Passy-Auteuil, elle n'a pas réussi encore à convertir à ses principes beaucoup de soi-disant philanthropes, qui lui reprochent de donner des dividendes et par conséquent de ne pouvoir acquérir le titre de Société d'utilité publique.

Nous regrettons que la législation n'accorde pas certains avantages aux Sociétés dont nous parlons, car si elle en facilitait la formation, des capitaux bien plus importants seraient affectés à la construction des petits logements.

En France, on le sait, le sentiment charitable est très développé. Si, au lieu de donner son argent à des Sociétés de bienfaisance, dont les frais d'administration absorbent quelquefois 20 à 30 % des recettes, on souscrivait des actions aux Sociétés analogues à celle de Passy-Auteuil, on quintuplerait les résultats.

Il est facile de le démontrer. En effet, en plaçant son argent au taux appelé légal, ce qui aujourd'hui est bien rare, sinon impossible, on en retire 5 %. Si, au lieu de le confier à des notaires, on fait l'acquisition d'actions ou d'obligations rapportant au maximum 4 %, on perd 1 % de revenu par an. Comme une maison de la Société de Passy-Auteuil revient à 6 000 fr., si l'on prenait pour 6 000 fr. d'actions de cette Société on perdrait 60 fr. de revenu par an, mais on mettrait une maison de plus à la disposition des classes laborieuses.

Une autre Société, au capital de 500 000 fr., très peu connue, a été fondée par plusieurs personnes généreuses, à l'occasion de l'expulsion des Frères des écoles de Paris. Cette Société fit l'acquisition d'un terrain profond longeant l'avenue de Clichy. Elle construisit des maisons en bordure sur l'avenue et tout au fond l'école. Elle loua les logements aux mêmes prix que ceux des autres propriétaires du quartier, et elle tira un revenu qui lui permit de desservir un dividende de 3 % à ses actionnaires et de mettre gratuitement l'école à la disposition du comité des écoles libres.

La Société est administrée paternellement par des hommes complètement désintéressés, mais le Conseil a bien vite reconnu qu'il fallait employer des hommes spéciaux pour arriver à des résultats satisfaisants. En conséquence, elle a pris un architecte pour établir ses constructions; elle lui a payé les honoraires que l'on alloue pour les travaux ordinaires et elle a fait gérer ses propriétés par un administrateur-expert. Ce dernier ayant plusieurs fondations charitables à administrer, a pris un employé spécial et se contente de demander le remboursement de ses frais. Les sommes qui lui sont payées représentent 3 % du revenu brut, soit 2 % de moins que l'allocation habituelle des gérants d'immeubles occupés par les ouvriers.

L'exemple donné par la Société dont nous parlons pourrait servir à l'établissement de crèches, de lavoirs et autres établissements utiles au développement du bien-être des classes laborieuses ; malheureusement il faut un dévouement, une abnégation, une persévérance rares pour arriver à réunir un capital important. MM. Jean Dollfus, Jules et Jacques Siegfried, Emile Muller, Bamberger, Godillot, Jonquoy, Emile Cacheux souscrivirent entre eux, il y a quelques années, une première mise de fonds de 100 000 francs, dans le but de fonder La *Société des Habitations ouvrières parisiennes.*

Pour commencer l'opération avec un petit capital de 200 000 fr., ils adressèrent 4 000 lettres de souscription aux notables de leur connaissance. Le résultat de ces lettres et d'un grand nombre de démarches personnelles fut la récolte d'une vingtaine de mille francs ! Devant un aussi maigre résultat, ils renoncèrent momentanément à leur dessein. Un projet d'établissement dont le rez-de-chaussée devait être utilisé pour y établir un cercle populaire dû à l'initiative de Gambetta, ne fut pas mis à exécution.

Beaucoup de personnes charitables, qui ont l'habitude de consacrer leur temps aux malheureux, pourraient imiter l'exemple donné par l'Association métropolitaine de Londres, qui mettait en bon état des logements établis dans de mauvaises conditions, et les louait ensuite à des familles méritantes.

Une telle œuvre ne peut pas être administrée par des personnes rémunérées, car elle exige trop de temps pour être bien menée. En Allemagne, plusieurs Sociétés agissent dans cet ordre d'idées. A Berlin, le *Centralverein für das Wohl der arbeitenden Classen*, dont font partie MM. Sneist, Schmoller, Bohmert, Schrade, veut mettre à exécution le projet d'acheter des maisons déjà existantes à Berlin, pour les transformer en logements d'ouvriers.

A Leipzig, M. Gustave de Liagre a acheté, de concert avec douze personnes, un grand immeuble moyennant 135 000 mark, dont 65 000 m. furent payés par les sociétaires.

Avec le montant d'une hypothèque de 70 000 mark au taux de 4 % prise sur l'immeuble, on paya le solde.

Le loyer fut établi de façon à rapporter 4 % net du capital.

M. de Liagre estima la rémunération du capital à 5 400 mark ; il compta pour l'impôt, le gaz et l'eau 600 mark, et il fixa pour les réparations et l'entretien 15 000 mark.

On loua une chambre moyennant un loyer hebdomadaire de

1 mark ; celui d'une chambre à deux fenêtres fut fixé à 2 mark en moyenne, et on loua aux familles nombreuses deux chambres moyennant 2^m 50.

Tous les membres de la Société se dévouent pour choisir les locataires et les visiter. Tout habitant de la maison signe, avant d'y entrer, un contrat en vertu duquel le bailleur peut donner congé au preneur tous les huit jours, tandis que ce dernier ne peut donner congé que par trimestre. Le loyer se paie d'avance et par semaine.

Le nettoyage des couloirs, des escaliers, des cabinets est fait tous les huit jours à tour de rôle par les femmes locataires de la maison. Chaque nettoyage est payé à raison de 0^m625.

Comme dans les maisons Peabody, il y a dans le sous-sol une pièce pour faire la lessive. La jouissance de la buanderie se paie à raison de 0^m12 par jour. Le blanchissage du linge est interdit dan les appartements. Après chaque déménagement, on examine l'état du poêle et on s'assure s'il n'y a pas de vermine dans le logement. Les pièces ne sont badigeonnées à neuf que si le nouveau locataire prouve qu'il est propre et exact.

L'encaissement hebdomadaire des loyers est un véritable bienfait pour le pauvre ; on peut le faire quand on dispose de concierges consciencieux.

La Société de Leipzig a réussi à appliquer cette méthode et elle lui attribue le peu de pertes qu'elle fait sur les loyers. En trois ans et demi elle n'a eu que 1 % de pertes. Cet heureux résultat a été obtenu grâce à trois dames de Leipzig qui se sont chargées d'encaisser les loyers. Les visites que ces dames ont faites aux locataires ont exercé sur leur amélioration morale une grande influence.

A Darmstadt, l'association contre le paupérisme et la mendicité a suivi la même voie. Elle a acquis quatre maisons moyennant la somme de 40 000 mark et elle a dépensé 11 000 mark pour les mettre en état. Le capital rapporte de 3 1/2 à 4 %.

En résumé, en présence de ces faits, devons-nous penser que dans les circonstances actuelles, la fondation d'une Société philanthropique ayant pour objet l'établissement de petits logements n'a pas beaucoup de chances de succès et, comme nous le disions précédemment, faudra-t-il avoir recours à des sociétés de bienfaisance pure, ne donnant aucun dividende aux membres ou à des sociétés, disons industrielles, plutôt que de spéculation, que nous allons étudier, en conservant toutefois au mot spéculation la signification d'une affaire commerciale honnête ?

Sociétés de spéculation. — Les opérations relatives à l'amélioration des bâtiments à petits logements peuvent créer un grand nombre de sources de bénéfices.

Ces opérations sont :

1° L'acquisition et la revente de terrain ;

2° La location de maisons pour leurs sous-locations ;

3° L'acquisition et la construction de maisons pour les revendre :

4° La construction de maisons pour en faire des placements ;

5° La création des fonds de commerce :

6° L'émission d'obligations foncières.

Acquisition et revente du terrain. — L'acquisition de grands terrains et leur revente par petits lots constitue une industrie trop connue pour que nous ayons besoin de nous y arrêter longtemps. La Compagnie du chemin de fer de l'Est est la seule des grandes Compagnies de chemins de fer qui ait fait une opération de ce genre en profitant de l'établissement de la ligne de Vincennes, pour réaliser un bénéfice sur la vente des terrains qu'il lui a fallu acquérir pour établir sa ligne.

Beaucoup de grandes propriétés ont été divisées aux environs de Paris et les lots ont été revendus avec grandes facilités de paiement.

Le problème le plus difficile à résoudre dans le lotissement d'une grande propriété, c'est celui de l'établissement de la viabilité. Une rue faite suivant les règlements des communes, de façon à lui faire accepter son entretien, revient très cher et par suite augmente souvent le prix des terrains en bordure, qui ne peuvent plus alors être vendus aux ouvriers. Aussi fait-on presque toujours des rues très économiques, qui deviennent la propriété des riverains. Quand les travaux de viabilité sont insuffisants, la rue reste en mauvais état, et il est bien difficile d'obtenir qu'elle soit mise en bon état d'entretien par les acquéreurs.

En général, les vendeurs de terrains établissent un cahier de charges bien en règle qui les autorise à faire d'office tous les travaux de réparation et à se faire rembourser leurs dépenses par les acquéreurs. Tant que les vendeurs ont des terrains à vendre, ils font les travaux nécessaires, mais une fois qu'ils ne sont plus propriétaires et qu'un syndic est chargé par les riverains de l'entretien de la voie, il n'en est plus de même. La part de chacun est généralement très minime et, comme les frais de recouvrement sont très élevés en France, il arrive souvent, quand il y a mauvaise volonté du débiteur, qu'on ne le poursuit pas. Les syndics, trouvant de grandes difficultés pour rentrer dans leurs fonds, font le moins de travaux possible.

Quand on fait une rue, il faut avant tout y établir la canalisation des eaux potables et ménagères et les conduites de gaz.

Les trottoirs peuvent être faits immédiatement ; quant à la chaussée, si elle est empierrée, elle ne doit être faite définitivement que quand tous les terrains sont bâtis. Quand la rue doit être pavée, on doit effectuer les travaux aussitôt que la canalisation est terminée.

La largeur des rues ne doit jamais être inférieure à celle que les communes exigent pour les classer.

Pour lotir ses terrains, M. Emile Cacheux a fait à Paris plusieurs rues de 8 mètres ; il a interdit à ses acquéreurs de construire sur une zone de 2 mètres bordant chaque côté de la voie, de façon à diminuer les frais nécessaires pour leur mise en état de viabilité le jour de leur classement par la Ville, qui, comme nous l'avons dit, n'accepte plus l'entretien des rues à moins qu'elles n'aient douze mètres de large. M. E. Cacheux espérait que le don du terrain nécessaire à l'élargissement de la rue, fait par les riverains, déciderait le Conseil municipal à classer les rues. Il a été déçu dans son espoir. Un certain nombre des acquéreurs abandonnèrent immédiatement les terrains frappés de servitude, d'autres y installèrent des constructions légères : l'aspect des rues est par suite loin d'être heureux. Il vaut donc mieux faire une chaussée étroite pour voitures et établir des trottoirs assez larges pour obtenir une zone de 12 mètres de large exempte de constructions. Des arbres plantés le long des trottoirs donnent toujours de la valeur aux terrains situés dans des quartiers excentriques.

Location de maisons pour leur sous-location. — Les maisons louées en principale location, pour les sous-louer ensuite, constituent une industrie très florissante dans les grands centres.

Dans l'enquête faite en Angleterre par la Commission royale, on signale plusieurs personnes qui font rapporter à un mètre carré de taudis plus que la même superficie d'un immeuble situé dans les plus beaux quartiers de Londres.

Miss Octavia Hill nous a fait voir qu'on pouvait à Londres tirer un revenu raisonnable des maisons louées en principale location dont on mettait les logements en état et quand on s'occupait soi-même de la gestion des loyers. A Paris, M. du Mesnil cite l'exemple de beaucoup d'industriels qui exploitent la misère de leurs locataires.

Nous ne connaissons pas de société parisienne qui loue de vieilles maisons pour les remettre en état et les sous-louer ensuite.

A Londres, *the Society for improving the dwelling of the labouring classes* a fait l'acquisition de divers immeubles pour les transformer en maisons convenables. Le résultat a été satisfaisant au point de vue moral, mais il a été désastreux au point de vue financier.

A Paris, les maisons pour ouvriers sont faites, comme nous l'avons dit, par des entrepreneurs, qui emploient souvent de vieux matériaux et qui, en tout cas, bâtissent très légèrement en général ; il en résulte qu'au bout de fort peu de temps, les maisons exigent des réparations excessivement coûteuses pour tout propriétaire qui ne fait pas exécuter lui-même ses travaux. Nous ne pouvons donc engager des sociétés composées d'hommes du monde, qui ont loyalement en vue de s'intéresser à l'amélioration des petits logements, de s'occuper des vieilles maisons, qui ne leur causeront que des ennuis et des pertes.

Acquisition et construction de maisons pour leur revente. — En France, la valeur des immeubles varie beaucoup. Pendant les crises, elle baisse considérablement et elle remonte ensuite très rapidement.

Les crises industrielles se reproduisent par périodes de dix à quinze ans environ ; par suite, une société qui serait formée pour faire l'acquisition de maisons en temps convenable serait certaine de réaliser de beaux bénéfices en temps propices.

Il est toujours possible d'acquérir des immeubles rapportant 5 % d'intérêt au moins, et par suite il est facile d'attendre le moment favorable pour les revendre dans de bonnes conditions.

Quand on construit un grand nombre de maisons à la fois, il est possible d'obtenir de grandes réductions sur le prix de revient, soit par suite de rabais consentis par l'entrepreneur, soit par suite des économies réalisées en construisant soi-même. C'est surtout en employant ce dernier procédé, c'est-à-dire en construisant des maisons ouvrières, que l'on peut arriver au prix d'établissement minimum. En faisant les fouilles, on trouve souvent soit du sable, soit du moellon, soit de l'argile qu'on emploie pour faire de la brique sur place. La menuiserie peut s'exécuter en province et arriver toute faite sur les chantiers ; les menuisiers n'ont plus qu'à la mettre en place. Les escaliers étant généralement de forme simple, peuvent aussi se fabriquer hors de Paris ; il en est de même de la quincaillerie et de la marbrerie.

Acquisition et construction dans le but de faire des placements. — Beaucoup de personnes font l'acquisition de maisons toutes faites ou en font construire pour placer leurs capitaux. Les maisons à petits logements ne sont pas en général considérées comme un placement de père de famille. On peut, il est vrai, les louer en principale location et en retirer un revenu rémunérateur pendant un certain temps ; mais comme le principal locataire cherche à tirer parti le plus possible de l'immeuble et fait le moins possible de réparations, il en résulte toujours des ennuis à l'expiration de chaque bail.

Quand on possède une seule maison, il est avantageux de la donner à gérer à une personne qui a l'habitude de ce genre d'affaires.

Une maison à petits logements est difficile à vendre ; c'est pourquoi il est préférable de prendre des actions de sociétés immobilières.

A Paris, il existe plusieurs sociétés très importantes et très prospères qui ont construit des maisons.

La Société des immeubles de la rue du Faubourg Saint-Denis a construit 64 maisons, qui donnent un revenu très rémunérateur.

Les 90 maisons de Montmartre qui appartiennent à la Rente foncière produisent 6 % de revenu net.

Par contre, la Société des immeubles de la rue Wattignies a sombré et les 20 maisons à cinq étages qu'elle possédait ont été vendues.

C'est en Angleterre qu'il faut chercher les sociétés les plus puissantes qui ont pour but de loger l'ouvrier. Nous allons étudier : *The improved dwellings Company* et *The Artisans, Labourers and general dwellings Company*.

La première de ces sociétés a construit des immeubles dans l'intérieur de Londres ; elle estime que l'ouvrier doit rester près de son travail et qu'il ne doit pas perdre son temps à faire plusieurs lieues par jour.

Dans la Ville, la femme peut travailler, et on y trouve tous les éléments nécessaires pour élever les enfants, acheter à bas prix les choses nécessaires à la vie ; le père enfin peut prendre ses repas au milieu de sa famille.

Sir Sydney Waterlow, fondateur de la Société, commença les opérations avec un capital de 1 250 000 francs. Il fit construire des maisons dans lesquelles on trouve tout le confort possible. L'escalier commun fut établi à ciel ouvert en matériaux incombustibles, des privés furent placés dans chaque logement. On évita ainsi les deux plus grands inconvénients des maisons à étages parisiennes, savoir l'obscurité des escaliers communs et la mauvaise tenue des privés communs.

Dans toutes les pièces il y a des appareils à feu ; on a pourvu les logements de toutes les dépendances nécessaires pour augmenter le confort.

Les maisons anglaises servirent de modèle aux grandes habitations américaines construites par MM. White, à New-York, pour le compte d'une Société. Dans ces immeubles, toutes les ordures ménagères doivent être brûlées, les cendres jetées dans un trou à poussière qui communique avec toutes les cuisines, ce qui permet de les envoyer au récipient situé dans un caveau spécial ; de plus, un monte-charge est établi à l'usage des locataires pour monter aux étages tous les gros paquets, le bois et le charbon. Inutile de dire que l'eau est installée sur tous les paliers. D'après le rapport de M. White, les maisons à étages sont louées par des ouvriers qui ne peuvent habiter hors de la ville loin de leur travail. Malgré les moyens faciles de communication, l'ouvrier n'est pas assuré d'arriver exactement à l'heure de l'ouverture des ateliers surtout en hiver, lorsqu'il y a du brouillard, de la neige et de la glace qui mettent entrave à la circulation.

Beaucoup de logements sont loués à des femmes veuves. Le revenu brut est de 14 % du prix de revient des maisons, ce qui permet de donner 6 % aux actionnaires de la Société. A Londres, beaucoup de sociétés d'habitations ouvrières sont prospères. La plus importante est *The Improved dwellings Company*. Les logements de cette société sont établis suivant deux types bien distincts : tantôt ils sont en profondeur, c'est-à-dire ayant façades sur cour et sur rue, de façon qu'en ouvrant portes et fenêtres on puisse obtenir une ventilation énergique ; tantôt ils n'ont qu'une seule façade à l'air libre, soit sur la rue, soit sur la cour. Les chambres sont presque toujours dépendantes l'une de l'autre. Les alcôves sont proscrites par la raison que l'air ne s'y renouvelle pas et qu'un ouvrier qui dort mal est attiré le lendemain par le cabaret. On a engagé plusieurs fois des locataires à nouer des relations entre eux, mais on a échoué et reconnu que plus les familles vivent isolées, plus le bon ordre est maintenu et facile à maintenir. On a essayé de louer des appartements pour la durée de la vie des locataires ; beaucoup d'ouvriers ont accepté et ils se considèrent comme propriétaires de leurs logements. En 1881, sir Sydney Waterlow a fait adopter par la Chambre des députés une loi qui réglait les conditions de la propriété par étages. En Ecosse, beaucoup de personnes sont propriétaires d'un étage et même d'une chambre ; mais jusqu'ici aucune Société anglaise de Londres n'a fait usage de la loi. En Russie, il est défendu par la loi d'acquérir une portion de maison. On sait qu'il y a encore en France beaucoup de villes où l'on est propriétaire partiel d'un immeuble, mais on sait aussi que ce sont là des sources de procès et de discussions. Ladite société anglaise a construit 31 groupes de maisons disséminées dans Londres. Voici le mouvement :

ANNÉES.	NOMBRE de logements occupés.	HABITANTS.	CAPITAL engagé.	REVENU.
1864............	20	100	98.000	7.800
1869............	651	3.200	3.176.000	302.075
1874............	1.393	6.900	6.917.750	625.765
1879............	2.652	13.000	14.344.475	1.210.000
1884............	4.311	21.500	21.500.000	2.000.000

Les immeubles contiennent en outre 103 boutiques et 37 ateliers.

Voici, pour 1886, la répartition des logements d'après le nombre de chambres qu'ils contiennent :

Nombre de chambres par logement...	6	5	4	3	2	1
Nombre de logements	12	265	1527	2692	315	28

Le nombre total des logements destinés à l'habitation est de 4839.

Le logement de chaque habitant revient à 1 000 fr. Chaque logement a coûté environ 5000 francs : il est loué en moyenne 500 fr. Chaque chambre est louée 137 fr.

En 1884, le capital souscrit était de .... fr.	12.500.000	»
L'emprunt fait à l'État, de................................ »	7.500.000	»
Les réserves, de.. »	3.400.000	»
Total.............. .... fr.	23.400.000	»

Le revenu brut était de.................................. fr.		2.000.000	»
Frais : Loyer du terrain, contributions, eau, gaz, frais de gérance des maisons............. fr.	468.500 »		
Réparations.................... .... »	262.100 »		
Frais d'administration centrale et divers.... »	71,600 »		
Total des frais..... fr.	802.200 »		

auxquels il faut ajouter :

Intérêt et amortissement de la dette envers l'État au taux de 4 %................... fr.	346.000 »		
Total à déduire du revenu brut.......................... fr.		1 148.200	»
Revenu net du capital .... »		851.800	»
Sur lequel on distribue 5 % aux actionnaires, dont le capital est de 12.500.000 francs soit................ fr.		625.000	»
Reliquat consacré à l'amortissement des immeubles........ fr.		226.800	»

On voit que les immeubles de la Société procurent un revenu net de 6 % environ. Nous ferons remarquer que les charges d'une maison à loyer, en y comprenant le prix de location du terrain et les réparations, sont bien plus considérables en Angleterre qu'en France ; elles sont de près de 40 % du revenu brut : 802 200 fr. par rapport à 2 000 000 de francs ; par contre, le prix de l'eau, qui est fournie à profusion, est compris dans le prix loyer, ainsi que les frais relatifs à la vidange, qui est faite par le système du tout à l'égout. Les réparations sont comptées pour 262100 francs environ, soit 13 % du revenu brut. Ce chiffre est élevé pour des maisons neuves ; il le sera beaucoup plus au bout d'un certain nombre d'années. L'Angleterre n'a pas encore passé par une crise comme celle que nos propriétaires fonciers ont traversée en 1870, époque à laquelle le gouvernement a rendu un décret qui, en pratique, a diminué pour une année la moitié du revenu des maisons à petits loyers. Par conséquent, il faut se méfier un peu du revenu net de 6 % obtenu actuellement et il serait sage de constituer une réserve considérable pour l'avenir.

La deuxième société, *The Artisans, Labourers and general dwellings Company* construisit de petites maisons pour une famille, dans le but de satisfaire une autre série de locataires. Au début, elle voulut rendre le locataire propriétaire de sa maison par le paiement d'annuités, mais elle abandonna ce système par suite de désagréments qu'elle éprouva, et aujourd'hui elle ne fait plus que louer les nombreux immeubles qu'elle possède aux environs de Londres.

La Société fut constituée par quelques ouvriers en 1866 ; les débuts ayant réussi, le capital de la Société fut porté à 6250000 fr. divisé en actions de 250 fr. En 1874, le capital fut porté à 25 millions. En 1879, une série d'actions dites de préférence avec un revenu de 4 1/2 % fut émise jusqu'à concurrence de 6250000 fr. et enfin, en 1884, une nouvelle émission d'actions privilégiées valant 12500000 fr. porta le capital à 43740000 francs.

Le placement des actions se fait au fur et à mesure des constructions ; la Société dessert aujourd'hui un dividende normal de 5 %. Les propriétés de la Société sont au nombre de trois groupes. Ce sont le Shaftesbury Park, le Queen's Park et le Noel Park ; le premier contenant 1200 maisons, le second 2200, le troisième, 2600.

Dans chaque propriété se trouve une grande salle qui est louée à des prix très modérés, soit à des Sociétés religieuses, soit à des Sociétés ayant pour but de fournir aux locataires toutes les distractions intellectuelles qui peuvent empêcher la fréquentation des cabarets. Les trois propriétés sont desservies par des gares et les Compagnies de chemins de fer leur font de grands avantages.

Les rues sont macadamisées ; elles ont été établies à peu de frais et sont munies de trottoirs et d'égouts.

Les maisons sont à façade étroite ; devant la façade sur la rue, il existe un petit jardin pour empêcher les passants de voir ce qui se passe à l'intérieur des maisons ; un autre jardin plus grand se trouve derrière.

La maison contient de trois à huit pièces. Le prix minimum du loyer est de 7 fr. par semaine ; toutes les charges sont comprises dans ce prix et le locataire n'a à s'occuper de rien. L'eau est fournie à robinet libre dans les cours, le gaz pénètre partout. Le loyer est payé tous les huit jours. La Compagnie fait peu de pertes. Sur une somme de 1 875 000 francs, provenant du montant des locations faites à Shaftesbury Park, elle n'a perdu que 1 300 francs.

Les vacances sont très rares ; elles proviennent des maisons qui ont un grand nombre de pièces, car celles qui contiennent trois pièces, cours et dépendances sont toujours retenues d'avance. La Société n'a que l'embarras du choix pour trouver des locataires, aussi fait-elle faire une enquête sérieuse sur les personnes qui désirent un logement. A condition égale, elle loue de préférence à la personne qui gagne le moins, pour empêcher le niveau social des locataires de s'élever.

La Société interdit dans ses locaux l'établissement de restaurants, de tavernes, d'auberges, de tout débit de vins, bières et liqueurs alcooliques.

Elle tient à la propreté extérieure des façades et elle consacre 8 à 10 % de son revenu brut à leur conserver un aspect gai et riant.

Pour engager ses locataires à maintenir leurs petits jardins en bon état, elle leur donne des prix chaque année à la suite d'une visite faite par une commission spéciale. Cette commission tient compte de l'état du jardin, de la beauté des fleurs, etc.

La Société n'a pas voulu continuer à vendre des maisons, parce que les acquéreurs sous-louaient leurs logements et les encombraient ; d'un autre côté, plusieurs maisons furent mal habitées et déprécièrent beaucoup celles qui se trouvaient dans le voisinage. La vente de quelques maisons fit baisser aussi la valeur de l'ensemble du terrain et le placement des actions commença à se faire difficilement.

La Société racheta avec perte les maisons vendues dont les loyers avaient été augmentés d'un cinquième par les vendeurs.

Nous allons examiner le budget de deux grandes propriétés de la

Société, savoir : *Shaftesbury Park Estate* et *Queen's Park Estate.*

A Shaftesbury Park, le capital engagé est de............. fr. 7.762.685 »

Réparti sur 1 200 maisons, la moyenne du prix de revient est donc de 6 469 francs.

Le revenu brut des 1 200 maisons est de................. fr. 573.000 »

Frais : Administration..................... fr. 5.200 »
    Contributions, eau...... .... » 84.100 »
    Réparations..................... » 73 000 »
    Assurances .... » 2.500 »

Les charges représentent donc un total de............... fr. 164.800 »

soit près de 29 °/₀ du revenu brut, et il reste un revenu net de fr. 408.200 »

ou environ 5 1/3 °/₀ du capital engagé.

A Queen's Park, le capital engagé est de................. fr. 17.119.000 »

Réparti sur 2 200 maisons, le prix moyen de revient d'une maison est de 7.780 francs.

Le revenu brut est de............ .... fr. 1.346.300 »

soit 7 7/8 °/₀, dont il y a lieu de déduire :

Frais : Administration..................... fr. 11.060 »
    Contributions, eau................. » 208.200 »
    Réparations...... . ... » 113.000 »
    Assurances .... » 5.700 » 337.960 »

ce qui ramène le revenu net à . ... fr. 1.008.340 »

soit à 5 7/8 °/₀ du capital.

On remarque ici que les charges s'élèvent à environ 25.1 % du revenu brut, résultat que nous avons déjà constaté dans les maisons françaises à petits logements.

Nous ferons observer que les maisons de Shaftesbury Park sont construites très économiquement.

L'aspect extérieur est assez satisfaisant, mais, si l'on entre dans les détails de la construction, on voit que les Anglais ont fait entrer dans leur évaluation du prix de revient le principe suivant, savoir que l'argent placé au taux de 5 % l'an double de valeur au bout de 14 ans. En effet, si les maisons de Shaftesbury avaient été faites comme l'exigent les règles de la bonne construction, elles seraient revenues en moyenne à 10000 fr. au lieu de 6500 fr. On n'aurait donc pu les louer aux taux obtenus et, par suite, on n'aurait pu rendre service aux travailleurs peu fortunés, comme on l'a fait.

On retire facilement 4 % d'intérêt d'une maison construite suivant les règles de l'art. En la construisant légèrement comme on l'a fait à Shaftesbury Park, on retire 5 1/2 %. Dans ce dernier cas on retire 1 1/2 % de plus du capital employé à construire et, au bout d'un certain temps, on peut ainsi le reconstituer. A ce moment, le terrain sur lequel on aura construit aura, suivant toutes les probabilités, acquis une certaine valeur et il pourra y avoir intérêt à y construire des immeubles plus importants que ceux qui y existaient. Le procédé anglais est donc bon dans certains cas et l'exemple peut être à imiter.

Nous avons vu construire Shaftesbury Park. Le terrain des fouilles a été employé, comme M. Muller l'avait fait à Mulhouse, à faire sur place des briques. Très peu de maisons ont des caves, le plancher du rez-de-chaussée est à 0m 50 du sol ; il se compose uniquement de bastings sur lesquels on cloue des frises en sapin. Les escaliers sont en sapin tout droits ; les marches sont également en sapin ; on les obtient en sciant en deux un madrier, de façon à former deux prismes triangulaires qu'on enfonce dans les rainures pratiquées dans les crémaillères. On fixe les marches à l'aide de tasseaux et de colle forte. On voit, d'après ces quelques détails, qu'un architecte français se résoudrait difficilement à endosser la responsabilité qui lui incomberait dans le cas où il construirait dans notre pays des maisons analogues à celles qui se font par milliers en Angleterre ; mais, de ce qu'un architecte n'engagerait pas sa responsabilité, il ne s'ensuit pas qu'une société ne pourrait et ne devrait pas, dans certains cas, construire elle-même, avec ses agents, aussi économiquement qu'en Angleterre.

Sociétés ayant pour objet l'émission d'obligations foncières. — Les obligations foncières constituent un excellent placement et, grâce à elles, il est possible de mobiliser l'argent engagé dans les constructions. Les sociétés peuvent émettre des obligations, en donnant pour gages soit les immeubles qu'elles possèdent, soit les créances qu'elles obtiennent en prêtant des fonds sur hypothèque.

Beaucoup de sociétés immobilières ont été ruinées par les frais de premier établissement et par ceux d'administration. Les immeubles ne rapportent pas assez en France pour qu'on puisse former le capital d'une société immobilière par l'intermédiaire des banques d'émission, qui prélèvent généralement de 10 à 20 % de commission.

Une société immobilière sérieuse ne doit pas non plus, à moins qu'elle ne soit très importante, prélever sur son capital une forte somme pour la dépenser en frais d'installation, louer un local coûteux et entretenir une armée d'employés. Nous pourrions citer une compagnie d'assurances qui possède des immeubles valant 20 millions et dont la gestion est confiée à un architecte, qui a des honoraires fixés à 2 % du revenu brut. Le local affecté à la gérance se compose de deux petites pièces, dont l'une sert de bureau et l'autre de salle d'attente. Le gérant remet ses comptes tous les trois mois au conseil d'administration, qui les vérifie ; les immeubles rapportent de 5 à 5 1/2 % net.

Une fois qu'une société possède des immeubles en pleine valeur, elle peut émettre des obligations pour une valeur égale à une partie de ses créances et, avec le produit des obligations, étendre ses opérations, si le besoin continue à s'en faire sentir.

Banques hypothécaires ou foncières. — Les sociétés de ce genre prêtent sur hypothèque aux personnes qui offrent en garantie des immeubles construits en pleine valeur. Les banques sérieuses prêtent en général 50 % de la valeur des immeubles expertisés par un architecte capable et consciencieux. D'autres banques prêtent des fonds aux personnes qui veulent construire, directement au fur et à mesure de l'avancement des travaux.

Le Crédit Foncier de France est le plus grand des établissements qui prêtent des fonds sur hypothèque. Il prête au taux de 4,75 à 5 %, la moitié environ de la valeur de l'immeuble. L'argent nécessaire à ces prêts vient de l'émission d'obligations qui rapportent 3,50 à 4 %.

Le Sous-Comptoir des Entrepreneurs est à Paris le spécimen des banques qui font des ouvertures de crédit.

Les deux sociétés dont nous parlons ne favorisent pas les constructeurs de maisons à petits logements. Le Crédit Foncier prête 40 % à peine sur les maisons à étages et 30 % sur celles qui sont construites pour une famille.

Aucun établissement en France n'achète des créances provenant des ventes de petites maisons par annuités. La raison que donnent les banques pour ne pas prêter est celle-ci, que, par suite des frais énormes exigés pour forcer un petit propriétaire à tenir ses engagements, il suffit d'un mauvais payeur pour enlever le bénéfice de 100 opérations.

Nous croyons ces craintes exagérées, car, en Angleterre, des milliers de sociétés connues sous le nom de *Building Societies* se sont servies de la petite propriété pour :

1° Procurer des logements convenables aux travailleurs ;

2° Offrir aux personnes économes, disposant de faibles ressources, un placement plus rémunérateur que la caisse d'épargne.

Nous présentons l'historique de ces sociétés dans le chapitre suivant, mais avant de passer à leur étude, disons quelques mots des sociétés immobilières composées d'ouvriers.

Sociétés immobilières composées d'ouvriers. — Les sociétés composées d'ouvriers disposent de plusieurs éléments de succès.

1° Chaque membre, ayant besoin d'un logement, s'engage à habiter les logements de la Société, et celle-ci n'a donc pas à s'inquiéter des vacances ;

2° Les membres peuvent choisir un terrain isolé n'ayant pas de valeur et lui donner une plus-value importante en y établissant leurs logements.

Les ouvriers, en réunissant leurs épargnes, peuvent obtenir des capitaux considérables et faire les mêmes opérations que les capitalistes. La difficulté se trouve dans l'emploi convenable des capitaux.

Napoléon III donna 500 000 fr. à la Société Coopérative immobilière des ouvriers de Paris, à la seule condition qu'ils réuniraient 100 000 fr. par actions de 100 fr. La donation fut acceptée, les ouvriers construisirent des maisons à étages et des habitations pour une famille, mais ils ne prospérèrent pas beaucoup.

Si les 500 000 francs donnés en 1857, eussent été employés comme l'ont été les fonds légués par M. Peabody, ils auraient produit à ce jour 1 million, tandis que l'avoir de la société est bien moins considérable, ainsi que l'indique le tableau ci-après :

DÉSIGNATION des immeubles.	DÉPENSES FIXES	Entretien.	TRAVAUX extraordinaires	DÉPENSES TOTALES	REVENU BRUT	SOMMES RÉSERVÉES	REVENU NET	PRIX des IMMEUBLES
Daumesnil......	7.688 »	1.508 09	14.805 02	2.401 21	41.912 50	6.000	23.911 29	640.000
Belleville.......	2.191 40	1.339 83	3.003 50	6.534 73	7.798 30	»	1.263 57	144.102
Grenelle...... .	1.218 80	984 72	2.695 »	4.898 52	7.094 50	»	2.195 98	112.434
Total......	11.098 20	3.832 74	20.503 59	35.434 46	56.805 30	6.500	27.370 84	896.596

Les ouvriers au début ne surent pas administrer ; ils commencent aujourd'hui à faire des économies, qu'ils emploient à amortir un emprunt fait au Crédit Foncier au taux de 4 % ; ce qui prouve qu'ils ne considèrent pas comme une bonne affaire la construction de petits logements, qu'ils louent à bon marché à leurs actionnaires.

A Reims, l'Union foncière opère sur une petite échelle comme les *building societies* anglaises. Cette société a pour but :

1° De construire des habitations ouvrières et de les vendre aux membres de la Société au prix de revient ;

2° De construire sur terrains appartenant aux sociétaires, ou d'acheter sur leur demande spéciale un immeuble ;

3° D'acheter pour le compte des sociétaires d'anciennes maisons, de les mettre en bon état s'il y a lieu ;

4° De transformer ou réparer les habitations appartenant aux sociétaires ;

5° De se porter garant vis-à-vis de l'entrepreneur pour le sociétaire faisant construire lui-même ;

6° Et en général de faire toute opération ayant pour but de procurer aux sociétaires des habitations économiques, saines et agréables.

Le fonds social se forme à l'aide :

1° D'un droit d'entrée de 3 fr. par adhérent ;

2° De cotisations hebdomadaires dont le minimum est de 25 fr. par an ;

3° De dépôts dont l'intérêt sera débattu entre le prêteur et l'administration qui en fixera le taux et les conditions ;

4° Du produit d'obligations rapportant 5 %, remboursables au prix d'émission par voie de tirage au sort.

A Copenhague, les ouvriers de l'usine Burmeister et Wain ont constitué une société dont les membres s'engagent à verser chaque semaine une petite somme. Quand la somme est suffisante pour faire une maison, on la construit et on la met en loterie. Le gagnant a le droit de la payer par annuités.

En résumé, les ouvriers réussiront dans les opérations immobilières quand ils réuniront à peu de frais des capitaux, qu'ils en confieront l'emploi à un architecte capable dont ils auront pu apprécier la valeur au point de vue de l'intelligence et de l'économie dans la construction, et qu'ils prendront comme gérant un homme consciencieux habitué aux affaires.

CHAPITRE X

Building societies.

INTRODUCTION.

Dans son premier ouvrage sur les habitations ouvrières, publié en 1054, il y a par conséquent 35 ans, M. Émile Muller donnait déjà le résumé des statuts de ces Sociétés anglaises alors naissantes, et en faisait prévoir le développement. Il a été plus rapide, plus grand qu'il n'était possible de le supposer : elles ont gagné l'Amérique et, rien que chez nos voisins, leur nombre dépasse trois mille.

Ainsi que nous l'avons dit dans notre première édition de 1878, il en est beaucoup qui ne jouissent pas d'un grand crédit ; mais les *Building Societies* qui ont été bien conçues et honnêtement administrées ont rendu et rendent de tels services à la cause que nous servons depuis 40 ans, que nous considérons comme un devoir de dire ici ce que nous en savons.

Les statuts que nous donnons à la fin de ce chapitre pourraient peut-être guider les personnes qui oseraient tenter la formation de pareilles Sociétés en France.

Quant à nous, elles nous semblent d'une organisation et d'un fonctionnement bien trop compliqué pour avoir des chances de succès.

Les *Building Societies* sont des associations anglaises ayant pour but :

1° D'avancer des fonds sur hypothèque à des particuliers, soit pour élever des maisons à leur guise, soit pour améliorer des

propriétés quelconques susceptibles de fournir des garanties suffisantes, en se faisant rembourser par des paiements périodiques
comprenant l'intérêt et l'amortissement du capital ;

2° De se charger des épargnes des classes laborieuses et de les
capitaliser à un taux supérieur à celui des Caisses d'épargne. Ces
Sociétés ont une certaine analogie avec le Crédit foncier de France ;
elles en diffèrent par la manière dont est constitué leur fonds social
et par la simplicité de leur mécanisme, qui permet de délivrer au
bout de quinze jours, quelquefois moins, un prêt sur hypothèque.

Le nom qu'elles portent ne donne pas une idée absolument juste
de leur objet. Les Sociétés de construction proprement dites sont :

1° Les *Land Societies* ayant pour objet l'achat et la revente des
terrains ;

2° Les *Land and Building Societies* joignant aux opérations des
Sociétés précédentes la construction et la vente des maisons.

On comprend aisément que l'achat de terrains au prix de terres
en culture permette de réaliser de grands bénéfices, en les trans-
formant en terrains à bâtir au moyen de rues, d'égouts, de plantations. De même, en construisant une série de maisons plus ou
moins analogues, on comprend qu'il y a de sérieuses économies à
réaliser sur le prix de revient, économies d'autant plus grandes que
l'on construira davantage.

Cette double considération a donné naissance à beaucoup de
sociétés très puissantes ; il était réservé à l'Angleterre d'appliquer
à ces opérations les capitaux formés à peu de frais par la réunion
des shellings de l'ouvrier. C'est ainsi qu'on a vu s'élever des villes
pourvues de chemins de fer, de canaux, etc.

Nous n'insisterons pas sur ces deux genres de Sociétés, car leur
fonctionnement est analogue à celui des *Building Societies*, que
nous nous proposons d'étudier spécialement.

*Membres d'une Building Society : actionnaires et emprun-
teurs.* — Les membres d'une *Building Society* se divisent en
actionnaires et en emprunteurs.

Les actionnaires sont les porteurs d'actions qu'ils libèrent, soit
en un paiement unique, soit par une série de cotisations périodiques.

Les actions, une fois libérées, rapportent un intérêt fixe et une part dans les bénéfices. Les actions non libérées ne donnent droit, en général, qu'à la capitalisation des intérêts des sommes versées. Une action non libérée le devient aussitôt que l'argent versé, ajouté aux intérêts composés, atteint le taux d'émission.

Les emprunteurs sont les membres qui obtiennent de la Société un prêt d'argent, après avoir donné toutes les garanties nécessaires pour le remboursement. Ces garanties consistent en une hypothèque prise sur les habitations à améliorer ou à construire, ainsi que nous l'expliquerons plus loin.

Les emprunteurs restituent les fonds qui leur sont accordés par des versements périodiques comprenant les intérêts et l'amortissement de la somme prêtée.

La durée des délais d'amortissement est fixée par des tables qui laissent aux emprunteurs la plus grande latitude

Administration. — La Société est administrée par un Conseil de directeurs dont les fonctions sont analogues à celles des administrateurs de nos Compagnies d'assurances. Un *manager*, fonctionnaire qui a les mêmes attributions que nos directeurs de Sociétés d'assurances, c'est-à-dire qui est chargé d'exécuter les décisions du Conseil d'administration, un secrétaire, un Conseil de surveillance complètent le personnel dirigeant.

Un notaire et un architecte sont attachés à la Société dans le but de diminuer les frais résultant de ce chef et d'assurer la célérité des opérations.

Tous ces officiers sont nommés à l'élection dans des assemblées générales convoquées à cet effet par les soins du secrétaire.

Le Conseil d'administration nomme et révoque les employés dont il a besoin, pour recueillir les cotisations, tenir les écritures.

Marche des opérations. — Quand un membre a besoin d'argent pour atteindre un des buts spécifiés par les statuts, il s'adresse au *manager*, qui porte son nom sur une liste spéciale. Le *manager* prévient le notaire et l'architecte chargés d'examiner la valeur des garanties données à la Société. Ces deux officiers font leur rapport et, s'il est favorable, le prêt est délivré suivant un des modes adoptés.

Délivrance des fonds. — Quand la caisse contient des fonds disponibles, on les répartit en un certain nombre de lots, dont la distribution s'opère par des procédés divers, savoir :

1° Par voie de tirage au sort ;
2° Par rotation, c'est-à-dire par tour de rôle d'inscription ;
3° Par le moyen des enchères.

Tirage au sort. — Le tirage au sort se fait en assemblée générale convoquée par le secrétaire ; des bulletins, portant les numéros des actions, sont extraits d'une urne et leur ordre de sortie décide de la distribution des lots.

Système par rotation. — Dans le système par rotation, les noms des membres sont inscrits sur une liste spéciale, suivant l'ordre de leur demande qui décide de l'ordre de distribution.

Système des enchères. — Enfin la voie des enchères, qui consiste soit à adjuger des lots en assemblée générale au plus offrant et dernier enchérisseur, soit à employer le mode de soumissions cachetées contenant l'offre de primes plus ou moins élevées, augmente considérablement l'effectif des Sociétés ; mais ce système n'est pas suffisamment réglementé, car dans certains cas on fait payer à l'emprunteur plus de 10 p. %, d'intérêt de l'argent qu'on lui prête.

Chaque système a ses avantages et ses inconvénients en pratique. Les Sociétés nouvelles tendent à adopter le tirage au sort, en raison des attraits puissants de la loterie. Dans quelques Sociétés qui n'emploient pas la voie du tirage au sort, on réserve pourtant un certain nombre de lots qu'on délivre par ce procédé, dans le but d'attirer des adhérents.

Le tirage au sort et le système par rotation ont l'inconvénient de favoriser la spéculation ; beaucoup de gens prennent des numéros dans le but de revendre leurs droits moyennant une prime, si le sort les favorise. On assure ainsi à quelques-uns des avantages qui devraient revenir à la caisse commune.

Bénéfices faits par les Building Societies. — Ces bénéfices consistent :

1° Dans la capitalisation des intérêts ;

2° Dans la différence entre les intérêts payés aux déposants et ceux que paient les emprunteurs;

3° Dans le produit des amendes, des entrées, des primes, etc.

Les *Building Societies* acceptent, comme nos Sociétés financières, des dépôts de fonds, ainsi, du reste, que toutes les Sociétés de construction, et desservent ordinairement un intérêt de 5 p. % l'an pour les sommes versées dans leurs caisses, quand elles sont placées pour un temps fixe. Quand les dépôts d'argent peuvent être retirés à volonté, l'intérêt est très faible généralement.

Les placements des *Building Societies* sont très sûrs, car leurs statuts leur défendent de prêter autrement que sur hypothèque : généralement elles font des avances sur les cottages qui ont une valeur assez courante pour garantir sans risques un prêt égal aux trois quarts de leur prix de revient.

Les fonds publics anglais ne rapportant généralement que 3 p. % d'intérêt, on comprend que les ouvriers confient de préférence leurs épargnes aux *Building Societies* qui les font participer à la direction de l'Association et leur donnent souvent 2, 3 et jusqu'à 4 p. % de bénéfices en sus des intérêts de 5 % desservis.

Des trois sources de bénéfices que nous avons indiquées, c'est la deuxième qui est la plus importante.

La capitalisation des intérêts est loin de rapporter autant que certaines personnes le prétendent. En effet, comme les emprunteurs sont tenus de se libérer par des versements qui ont lieu généralement tous les quinze jours, les Sociétés réalisent sur les sommes qu'elles avancent un bénéfice égal à l'intérêt d'une somme capitalisée tous les quinze jours, moins l'intérêt simple dû aux actionnaires et aux déposants. Or, cent francs capitalisés tous les quinze jours produisent au bout d'un an 105 fr., 122. Si le bénéfice de la Société se réduisait à celui que produit la capitalisation des intérêts, ce bénéfice étant de 122 millièmes pour 100 francs, il faudrait faire 25 000 000 de prêts par an (chiffre atteint par plusieurs Sociétés) pour arriver à un bénéfice de 30 000 francs, traitement ordinaire du Secrétaire d'une Société anglaise.

Il est évident que c'est dans la différence entre les intérêts des sommes prêtées et les intérêts desservis qu'il faut chercher la source principale des bénéfices considérables réalisés par ces associations.

Les frais d'administration sont couverts soit par les amendes, soit par des droits d'entrée, soit par une légère cotisation annuelle. Ils sont peu élevés, grâce aux membres qui font leur possible pour les réduire.

Ainsi le recouvrement des cotisations se fait aux réunions mensuelles par les soins de membres qui remplissent ces fonctions à tour de rôle ou au siège même de l'administration.

Les fonctions des administrateurs sont gratuites, mais il leur est alloué des jetons de présence qui font monter leurs honoraires à 2 000 fr. par an dans les grandes Sociétés. On trouve des hommes de valeur à cette condition, car, en raison du grand nombre de *Building Societies*, ils sont à même de cumuler plusieurs emplois de ce genre.

Les fonctions onéreuses pour les Sociétés sont celles du *manager* (directeur) et du secrétaire, dont l'intelligence et l'habileté font le succès des opérations de la Société.

Les honoraires des notaires et des architectes sont à la charge des membres qui ont besoin de leurs services ; seulement, comme ils sont attachés à la Société, ces agents font sur leurs tarifs des réductions considérables.

Quelques Sociétés paient leurs notaires et leurs architectes très cher, car de leurs rapports dépend la sûreté de leurs opérations.

Modes d'organisation des Building Societies. — Avant d'entrer dans le détail des combinaisons diverses que comporte l'organisation des *Building Societies*, il convient de remarquer que ces associations ayant la plupart un caractère commercial, ne négligent aucun des moyens ordinaires de réclame. Ces sociétés jouissant de la plus grande liberté, il faut en examiner attentivement les statuts avant de s'y risquer, car il leur suffit de remplir quelques formalités pour être autorisées et avoir raison en justice.

Dans un procès récent ayant pour objet la revendication d'un bien saisi pour payer les amendes encourues par un membre d'une *Building Society*, le plaignant démontra que l'argent lui avait été prêté à un taux fabuleux. En conséquence il demandait à rentrer en possession de son immeuble moyennant une somme basée sur un intérêt honnête. Le juge débouta le membre plaideur en regrettant d'être forcé de suivre le texte de la loi.

Voici un exemple que l'on trouve dans presque tous les prospectus et qui peut donner une idée de leur sincérité :

Un locataire artisan, payant 750 fr. de loyer annuel, veut devenir propriétaire de la maison qu'il habite pour quatre-vingt-dix ans, temps au bout duquel le sol et les constructions qui y seront élevées retourneront à leur propriétaire primitif. Il le deviendra aux conditions suivantes, il paiera :

1° Une somme de 500 fr. comptant.

2° Une rente annuelle de 100 fr. au propriétaire du sol pendant 90 ans.

3° Une somme de 8 000 francs payable en 12 ans.

Quand la maison sera la propriété d'une personne voulant de l'argent comptant, l'acquéreur s'adressera à une *Building Society* qui lui avancera 8 000 francs, moyennant une annuité de 756 fr. qui, payée pendant douze ans, éteindra intérêts et capital.

En opérant de cette façon, la maison reviendra à l'acheteur à une somme composée de la manière suivante :

1° Douze annuités de fr. 756, soit....................	9 072 fr.
2° Douze annuités de 100 fr. pour le sol...............	1 200 »
3° Versement préalable de 500 francs................	500 »
Le total des déboursés sera donc de..................	10 772 fr.

D'un autre côté, comme locataire, l'acquéreur eût payé douze années de loyer à 750 fr. soit 9 000 fr. Il paiera donc..... 1 772 fr. pour devenir propriétaire pendant soixante-dix-huit ans des constructions qu'il occupe.

Il est évident que ce calcul est présenté d'une façon très séduisante ; nous allons le rétablir en calculant la valeur des déboursés faits de part et d'autre à la fin de la douzième année.

En devenant propriétaire, le locataire devra payer 756 francs à la *Building Society*, 100 francs au propriétaire du sol, soit 856 fr. annuellement. Comme il payait un loyer de 750 fr., il consacrera annuellement pendant 12 ans à l'achat de sa maison une somme de 106 fr. (856-750) et, s'il eût placé à intérêts composés à 5 p. %, l'argent ainsi déboursé, il aurait obtenu :

$$16.71 \times 106 = 1771 \text{ fr.}$$

D'un autre côté il paie comptant :

500 fr. pour garantir l'exécution du marché ainsi que 500 fr. pour les frais d'acte de vente et d'emprunt à la Société. soit 1 000 fr. qui, au bout de douze ans, placés à 5 p. %, à intérêts composés, seraient devenus 1 795 fr.

La maison reviendra donc à la somme ordinaire payée pour le loyer plus 1 771 + 1 795 = 3 560 fr., soit le double de ce qu'annonçaient les prospectus.

Le bénéfice réalisé par l'acquéreur peut s'établir comme suit :

Au bout de douze ans il est propriétaire de son habitation et il ne paie plus pour son loyer que :

1° La rente annuelle du sol............................... 100 fr.

2° L'impôt foncier de sa maison, les réparations incombant au propriétaire, soit 10 % du loyer pour une maison anglaise .... 75 »

L'acquéreur sera donc logé chez lui pour............... 175 fr. payés pendant soixante-dix-huit ans, au lieu de 750 fr.

Il bénéficiera donc d'une rente de 575 francs pendant soixante-dix-huit ans. Nous pouvons évaluer cette rente à 10 000 fr. environ, en nous basant sur les intérêts payés pour des emprunts à fonds perdus, et comme, à la fin de la douzième année, l'acquéreur aura déboursé 3 566 francs, ainsi que nous l'avons démontré plus haut, il aura fait à cette époque un bénéfice de 6 500 francs environ, sans autre peine que celle d'habiter sa maison.

Nous trouvons dans un exemple tiré de *The imperial permanent benefit Building Society* la même exagération d'avantages offerts par la Société à un emprunteur.

Ainsi, d'après le prospectus, si l'on emprunte 12 500 fr. pour sept ns à la manière ordinaire, on paiera :

1° L'intérêt annuel 625 fr. pendant 7 ans.............. 4 375 »

2° Le remboursement de 12 500 fr.................... 12 500 »

3° Le montant des frais d'acte .... 625 »

On paiera donc un total de............ .... 17 500 »
pendant qu'à la Société on ne donnera que.............. 16 493 75

on bénéficiera donc de.......... .... 1 006 25
et on n'aura pas l'ennui de connaître son créancier.

En réalité, l'avantage pécuniaire n'est pas en faveur de la Société, car, en cherchant la valeur des déboursés faits de part et d'autre à la fin de la septième année, on trouvera que l'emprunteur aura payé pour le prêt ordinaire :

1° Le remboursement de la somme prêtée..........	12 500 fr.	»
2° Une annuité de 625 fr. pendant 7 ans, valant...	5 076	25
3° Les frais d'acte 625 (1 + 0.05)	879	25
par conséquent un total de..........................	18 455	50

La valeur de l'emprunt fait à la Société sera une annuité de 2 356 fr. payés pendant 7 ans ; elle vaudra au bout de ce temps 20 143 francs.

L'emprunt fait à la Société sera donc plus coûteux que celui qui est consenti par un particulier ; mais, comme dans la plupart des Sociétés on en devient membre quand on traite une affaire avec elles et comme tel on participe aux bénéfices dans une certaine mesure, il n'est pas étonnant de voir ces associations prospérer. Grâce à cette combinaison, on a vaincu l'aversion si prononcée des propriétaires anglais pour l'emprunt.

Amendes. — Pour donner des intérêts élevés aux déposants, les *Building Societies* emploient, nous l'avons dit, divers moyens. Un des procédés qui produisent le plus de résultats est celui de frapper d'une amende les administrateurs et fonctionnaires de la Société qui manquent aux réunions, ainsi que les membres qui sont en retard pour leurs paiements. Nous avons choisi dans le compte rendu d'une Société honnête un exemple qui donne une idée du produit de ces amendes.

Dans *The rock and benefit Building Society* le montant des prêts sur hypothèque s'est élevé en 1875 à ....   609 500 fr.

Pendant le cours de cette même année le produit des amendes a été de................................	16 100 fr.
celui des primes de...............................	8 625 »
celui des droits d'entrée de........................	2 173 »
Total	26 900 »

La somme versée dans la caisse de la Société par suite de ces trois causes a donc été de 26 900 fr., soit 4 p. %, environ du montant des prêts consentis et, comme ces charges sont supportées par les emprunteurs, on peut dire que l'argent leur revient en moyenne à 9 p. %. en supposant qu'il leur ait été prêté à un taux de 5 p. %. d'intérêt. En pratique, beaucoup de membres payant exactement leurs cotisations, on comprend que des emprunteurs opérant des versements irréguliers fassent des opérations très onéreuses.

Malgré le taux élevé payé aux *Building Societies*, on s'adresse souvent à elles et on y trouve avantage. Cela s'explique par l'élévation du prix des loyers en Angleterre par rapport à la valeur des maisons. Les constructions devant passer aux mains des propriétaires du sol sont faites très légèrement et rapportent 10 % à leurs constructeurs. Par conséquent, on est toujours sûr de placer à 10 % l'argent consacré à l'achat d'une maison, moins les frais et l'entretien.

Quoi qu'il en soit et malgré les réserves que leurs agissements ont le droit de nous suggérer, les *Building Societies* ont rendu d'immenses services, elles sont aujourd'hui au nombre de plus de trois mille, ainsi que l'indique le dictionnaire qui leur est spécialement consacré. Ce que nous venons d'en dire ne nous permet pas en France de comprendre ce succès. Il prouve toutefois qu'en Angleterre les Sociétés de ce genre ne peuvent manquer de prospérer quand elles sont dirigées par d'honnêtes gens, qui en connaissent à fond le mécanisme. La variété des combinaisons qu'elles présentent n'est qu'un obstacle apparent à une classification ; en les étudiant avec attention, on reconnaît qu'elles dérivent toutes d'un petit nombre d'idées fondamentales diversement modifiées, et d'abord qu'elles se ramènent à deux grandes catégories, savoir :

Les Sociétés temporaires ;
Les Sociétés permanentes.

Sociétés temporaires. — Les Sociétés temporaires ont une durée limitée au temps qu'il faut pour que chaque membre soit pourvu, soit d'une propriété, soit d'une maison.

Prenons pour exemple une Société qui a pour objet de procurer à chacun de ses membres un petit capital. Cette Société se compose de deux sortes de membres, les déposants et les emprunteurs. Les actions sont de 1 500 fr. En admettant que la Société puisse placer ses fonds à intérêts composés au taux de 5 % l'an, les déposants auront droit à la fin de la Société, qui aura lieu au bout de quatorze ans, à un capital de 3 000 fr. par chaque action. Ils auront droit à cette somme, soit par le versement immédiat de 1 500 fr., soit par celui de cotisations mensuelles de 12 fr. 50 effectué pendant quatorze ans.

Les emprunteurs, en s'engageant à payer une cotisation mensuelle de 12 fr. 50 pendant quatorze ans, pourront obtenir une somme de 1 500 fr au début de la Société, toujours bien entendu en donnant une garantie suffisante (une hypothèque et les actions souscrites).

Les déposants pourront emprunter à n'importe quelle époque de l'existence de la Société. Une table, indiquant la valeur de l'action à la fin de chaque année, permet au sociétaire d'établir lui-même son compte. Cette table est faite d'après la théorie des intérêts composés.

Ainsi un actionnaire libéré aura droit au commencement de la septième année à $1\,500 \times 1,05^6$ francs.

Un actionnaire non libéré aura droit à la même époque à 1 050 fr. pour ses versements antérieurs, et il lui faudra payer 975 fr., s'il veut racheter ses cotisations futures.

Quand un étranger voudra emprunter à la Société au commencement de la septième année, il pourra le faire, moyennant la cotisation habituelle. Il touchera 975 fr. et, d'une manière générale, autant de fois cette somme qu'il paiera de fois une somme égale au montant de la cotisation. Ces cotisations deviennent très considérables quand on approche du terme de la Société.

Ainsi un membre voulant emprunter 7 500 fr. au commencement de la neuvième année paiera 1 480 francs pendant chacune des cinq années qui restent à courir.

On voit par cet exemple que les personnes disposant d'un certain capital pourront seules entrer dans de telles Sociétés pendant les dernières années de leur existence.

Nous avons supposé pour le cas ci-dessus que le taux de l'intérêt était de 5 p. %; d'autres Sociétés fonctionnent parfaitement et se terminent plus rapidement en adoptant comme taux, 6, 7, 8 et même 10 p. % l'an.

Il est bien entendu que, dans notre exemple, nous n'avons pas tenu compte des frais d'administration ni des pertes qui peuvent frapper les sociétaires. Quand les membres se connaissent bien et sont en petit nombre, les frais d'administration sont très minimes et sont couverts par une légère cotisation ; mais alors la société dispose de petits capitaux et les besoins des membres sont difficiles à satisfaire. Les déposants ne peuvent retirer leurs fonds qu'au bout d'un certain temps ou à des conditions fort onéreuses dans les cas imprévus où ils se trouvent en avoir besoin.

Quand les sociétés sont très grandes, il est plus facile de faire de belles opérations ; mais dans ce cas, la spéculation intervient au bout d'un certain temps. Nous avons vu que dans toutes les sociétés on n'obtient des lots, soit d'argent, soit de terrain, qu'au bout d'un temps très long, si l'on n'est pas favorisé par le sort. Il arrive, dans ce cas, que les habiles achètent les droits de membres plus heureux et ils se retirent en laissant la direction à des incapables ou à des impatients qui emploient toutes sortes de moyens pour avancer le terme de la société. Il arrive souvent alors qu'elle fait des pertes qui, contrairement aux vues des directeurs, l'empêchent de se terminer à l'époque fixée par les statuts.

Dans ce cas, les inconvénients sont nombreux. Ainsi un actionnaire libéré comptait sur un capital égal au double d'une somme placée bien des années auparavant ; on lui donne le choix soit d'attendre trois ou quatre ans pour la toucher, soit d'abandonner une partie de sa créance. Les actionnaires non libérés sont exposés à payer de nouvelles cotisations au lieu de rentrer dans leurs déboursés. Enfin il peut surgir des procès toujours dispendieux, les frais de justice étant encore plus élevés en Angleterre qu'en France : le bénéfice total de l'opération est compromis par là, car, quand vers la fin de la société, les cotisations ne sont plus payées régulièrement, on hésite à poursuivre les retardataires et plusieurs en profitent. La perte retombe sur ceux qui restent.

C'est justement vers la fin des sociétés, au moment où elles auraient le plus besoin d'emprunteurs, que les avantages offerts à ceux-ci sont le moins considérables. Les administrateurs sont alors obligés de placer les fonds qui leur rentrent à un taux inférieur au taux prévu. Il en résulte une prolongation de la durée des sociétés; il en est qui ont duré seize ans au lieu de dix.

Bowkets societies. — Les inconvénients que nous venons de signaler sont presque tous évités dans les sociétés permanentes ; mais nous n'aborderons pas ce sujet avant d'avoir dit quelques mots des sociétés temporaires imaginées par M. Bowkett, qui, d'après leur auteur, peuvent prêter le l'argent sans intérêt en employant les procédés trouvés par lui. Nous ne nous arrêtons, disons-le, à l'étude de ces sociétés que pour la curiosité du fait et pour combattre la tendance de certains esprits à se laisser éblouir par des combinaisons bizarres. Voici comment les choses se passent.

Cinquante personnes conviennent de verser 51 fr. tous les ans par cotisations mensuelles : à la fin de la première année la société dispose de 2 550 fr. Elle prête sur hypothèque 2 500 fr. à un membre de la Société et emploie les 50 fr. restants à couvrir les frais de son fonctionnement. Les 2 500 fr. ne rapportent pas d'intérêts, le membre les rembourse en dix versements annuels de 250 fr. chacun.

Quand chaque associé a touché 2 500 fr., on procède au remboursement des cotisations, dans un ordre inverse de celui de la délivrance des prêts. Ainsi le membre ayant eu la jouissance du dernier prêt est le premier auquel on rembourse le montant de ses cotisations. Les membres lésés, c'est-à-dire en perte vis-à-vis de la Société sont récompensés par une soulte en argent.

La durée des opérations est de trente et un ans ; voyons maintenant les avantages qui en résultent pour les deux parties.

D'une part, le membre verse par cotisations mensuelles une somme annuelle de 50 fr. pendant trente et un ans, de l'autre, la Société prête 2 500 fr. au membre, qui en dispose pendant cinq années en moyenne. Ce dernier, en échange d'une cotisation minime, reçoit un capital dont il tirera parti pour acheter soit un fonds où il pourra utiliser ses connaissances et son travail, soit une maison qui lui rapportera les annuités dont il est redevable à la Société. Celle-ci de son côté pourra placer à intérêt les cotisations mensuelles qui sont de $\frac{2.500}{12} = 208$ fr. 33.

Or 208 fr. 33 placés tous les mois pendant un an produiront capitalisés à 5 %..................................... 2 552 »
déduisant .... 2 500 »

prêtés à un membre, il reste comme bénéfice........ 52 »
à la fin de chaque année.

Tous les ans, le trésorier recevant les cotisations mensuelles pourra réaliser un bénéfice de fr. 52, en les plaçant à intérêts au fur et à mesure de leur entrée dans sa caisse.

Ce bénéfice se reproduisant pendant tout le temps que durera le versement des cotisations mensuelles, ce mode de versement remplaçant les versements annuels fera encore bénéficier la caisse de la Société.

Ainsi, dans le cas actuel, chaque membre versant 250 fr. pendant 10 ans pourrait le faire à raison de 20 fr. 80 tous les mois.

Or, 20 fr. 80 placés tous les mois à intérêts composés deviendraient au bout de l'année 255 fr., d'où bénéfice annuel de 5 fr., qui pendant dix ans produirait 80 fr.

Comme il y a 50 membres, le bénéfice réalisé par la Société serait de 4 000 fr.

A ces sommes il faut ajouter les intérêts produits par la capitalisation des bénéfices réalisés.

Ainsi, le premier membre procure à la société un bénéfice de 80 fr. au bout de la dixième année. Les 80 fr. peuvent être placés pendant 20 ans à intérêts composés et devenir 160 fr.

Les bénéfices provenant des autres membres varieront de 80 à 160 fr., soit en moyenne 120 fr. et, comme il y en a 50, on réalisera de ce chef 6,000 fr.

On voit donc que le placement des cotisations peut produire 15 000 fr. de bénéfices, qui pourront servir à diminuer la durée de la Société.

C'est pour arriver à ce résultat que les nouvelles sociétés se font rembourser leurs avances par des versements très rapprochés; grâce à la bonne volonté des membres, le recouvrement des cotisations se fait à peu de frais.

Dans beaucoup de sociétés, ainsi que c'est dit précédemment, les membres eux-mêmes font les recettes à tour de rôle et, dans toutes les réunions, le président prie quelques assistants d'opérer les recouvrements. Dans certaines sociétés, les membres qui veulent se soustraire à ce travail sont passibles d'une amende.

L'examen du tableau suivant fait voir les inconvénients de *Bowkett Societies* ordinaires. Le premier membre touche son argent au bout d'un an, tandis que le cinquantième n'en jouit qu'au bout de 21 ans. Le dernier verse donc pendant 21 ans 51 fr. sans pouvoir tirer parti de ces cotisations; aussi bien peu de personnes deviendraient membres de ces sociétés si elles n'avaient l'es poir d'obtenir un lot par la voie du sort ; mais, en ce cas, on peut obtenir de l'argent dans des circonstances où il n'est pas possible d'en tirer parti , et alors le membre est obligé de vendre ses droits, ou il fait une mauvaise affaire vu les forts intérêts qu'il perd.

REMBOURSEMENTS effectués.	ANNÉES.	REVENU ANNUEL.	TOTAL, y compris l'excédent de l'année précédente.	NOMBRE de prêts délivrés.	EXCÉDENT annuel.	REMBOURSEMENT des cotisations annuelles.
»	1	100	»	1	»	»
»	2	110	»	2	10	»
»	3	120	+ 10 d'excédent = 130	3	30	»
»	4	130	+ 30 — = 160	4	60	»
»	5	140	+ 60 — = 200	5 6	»	»
»	6	160	+ 0 — = 160	7	60	»
»	7	170	+ 60 — = 230	8 9	30	»
»	8	190	+ 30 — = 220	10 11	20	»
»	9	210	+ 20 — = 230	12 13	30	»
»	10	230	+ 30 — = 260	14 15	60	»
1	11	250	+ 60 — = 310	16 17 18	10	»
2	12	270	+ 10 — = 280	19 20	80	»
3	13	280	+ 80 — = 360	21 22 23	60	»
4	14	300	+ 60 — = 360	24 25 26	60	»
6	15	320	+ 60 — = 380	27 28 29	80	»
7	16	330	+ 80 - = 410	30 31 32 33	10	»
9	17	360	+ 10 — = 370	34 35 36	70	»
11	18	370	+ 70 — = 440	37 38 39 40	40	»
13	19	390	+ 40 — = 430	41 42 43 44	20	»
15	20	410	+ 30 — = 440	45 46 47 48	10	»
18	21	430	+ 40 — = 470	49 50	270	50 49 48 47
20	22	»	»	»	420	46 45 44 43 42 41 40
22	23	»	»	»	400	39 38 37 36 35 34
25	24	»	»	»	370	33 32 31 30 29 28
28	25	»	»	»	340	27 26 25 24 23 22
31	26	»	»	»	310	21 20 19 18 17
35	27	»	»	»	270	16 15 14 13
38	28	»	»	»	240	12 11 10 9
42	29	»	»	»	200	8 7 6
46	30	»	»	»	160	5
50	31	»	»	»	120	2 1
					3.100	Total des cotisations remboursées aux membres.

Un autre inconvénient est de laisser à un homme isolé le soin de faire fructifier son argent, tandis que dans les grandes sociétés il est manié par des personnes capables et, grâce à l'association, engagé dans des affaires plus fructueuses.

Quoi qu'il en soit, tout impossible que cela peut nous paraître, les *Bowkett Societies* ont réussi en Angleterre ; plus de deux cents de ces associations fonctionnent parfaitement ou ont terminé leurs opérations à la satisfaction de leurs sociétaires, et tous les jours elles perfectionnent leurs rouages, ainsi qu'on pourra le juger d'après quelques extraits du prospectus de la *185° Starr Bowkett Society*.

La société prête à ses membres 100 fr., 200 fr., 300 fr. ou 400 fr. remboursables en dix ou douze ans et demi sans intérêts, au moyen de cotisations hebdomadaires de six pence. Le droit d'entrée dans la Société est de 1 shilling par action.

La grande supériorité de la Société est le caractère strictement mutuel de ses opérations. Le membre prête à la Société une petite somme, ses cotisations, pendant un temps assez long ; la Société prête au membre une grande somme pendant un temps assez court : les avantages sont donc réciproques. Pour faciliter aux membres l'acquisition de propriétés, la Société prête à chaque actionnaire ayant payé ses cotisations pendant un certain temps l'argent nécessaire moyennant une prime mensuelle, jusqu'à l'époque où le sort permettra le remboursement des sommes avancées.

Grâce à ces dispositions, des immeubles d'une valeur de plus de 25 000 000 francs sont devenus la propriété de membres de *Bowkett Societies*.

L'argent des cotisations est placé chez les banquiers quarante-huit heures après sa réception.

Les membres ont chacun droit de vote. Ils choisissent le conseil d'administration et les auditeurs parmi eux et les nomment chaque année à l'élection. La Société ne peut faire de grandes pertes, puisque tout l'argent prêté est garanti par de bonnes hypothèques.

Les actions peuvent être vendues : de cette façon les membres peuvent se retirer à volonté ; ils ont aussi la faculté de vendre leurs lots s'ils n'en ont pas l'emploi.

En pratique, les *Bowkett Societies* durent quinze ans ; la capitalisation des intérêts et plusieurs autres petits moyens en avancent le terme.

Nous ne pensons pas qu'une telle Société eût les moindres chances de succès en France ; nous ne conseillerions pas même d'en tenter l'organisation, car il y aurait du danger à annoncer en France qu'une Société prête de l'argent sans intérêts et peut cependant exister. Bien des gens accepteraient ce programme comme une vérité et il y aurait là une nouvelle cause de division entre les classes de la société française.

Le principe qui a donné naissance aux *Bowkett Societies* n'est pas nouveau dans l'histoire des idées économiques. On le trouve dans un usage qui se pratique en Chine de temps immémorial. Voici comment cet usage est décrit dans les Lettres édifiantes et curieuses écrites par des missionnaires de la Compagnie de Jésus :

« Quand les affaires d'un particulier sont mauvaises, six de ses
» amis s'unissent pour le secourir et forment avec lui une Société
» qui doit durer sept ans. Ils contribuent les uns plus, les autres
» moins jusqu'à concurrence d'une certaine somme qui, la première
» année, est avancée à celui au profit duquel la Société est faite.
» La même somme est reconstituée au commencement de chacune
» des années suivantes et attribuée à tour de rôle aux autres
» membres de la Société. La somme, par exemple, sera de 60
» pistoles, et si nous désignons par 1 le membre qui reçoit l'argent
» le premier, par 2, 3, 4, 5, 6, 7 les autres membres, la marche
» des opérations sera indiquée par le tableau suivant, dans lequel
» on suppose que les six autres membres versent 15, 13, 11, 9, 7, 5
» ce qui constitue le total de 60 pistoles.

DÉSIGNATION des MEMBRES	Cotisations versées au commencement des années							TOTAL des COTISATIONS
	I	II	III	IV	V	VI	VII	
1	—	15	15	15	15	15	15	90
2	15	—	13	13	13	13	13	80
3	13	13	—	11	11	11	11	70
4	11	11	11	—	9	9	9	60
5	9	9	9	9	—	7	7	50
6	7	7	7	7	7	—	5	40
7	5	5	5	5	5	5	—	30

» Ainsi qu'on le voit, la taxe imposée à chacun des associés est
» inégale, et les premiers déboursent plus chaque année que les

» derniers : cependant, les Chinois estiment que la condition de
» ceux-là est beaucoup plus avantageuse que celle des autres,
» parce qu'ils reçoivent plus tôt la somme de 60 pistoles, et ce qu'ils
» en retirent dans leur commerce les dédommage bien des avances
» qu'ils ont faites. »

Le côté avantageux de cette combinaison est l'absence de frais
d'administration et sa courte durée; mais elle ne prévoit pas la
mort, les maladies, les mauvaises affaires, et, dans nos pays civilisés, elle ne nous semble pas avoir de succès possible.

Sociétés permanentes. — Ce sont les Sociétés permanentes qui
rendent le plus de services aux travailleurs, car elles ont résolu le
double problème de leur assurer une habitation à bon marché et
des fonds à un taux raisonnable une fois qu'ils sont devenus propriétaires.

Les exemples que nous donnerons jetteront, nous l'espérons,
plus de jour sur l'organisation et le fonctionnement des Sociétés
permanentes que ne pourraient le faire toutes les généralités. Qu'il
nous suffise de dire, pour le moment, que dans ces Sociétés on
entre à volonté, on en sort également quand on le désire, on place
ses fonds à un taux rémunérateur, car on profite de l'expérience
des gens habiles et des grands capitaux formés par les cotisations
d'un grand nombre de membres.

Les frais d'administration sont grands, mais le chiffre élevé des
traitements assure un recrutement d'administrateurs capables et
honnêtes. Les procès sont évités, parce que tous les membres s'engagent, en entrant dans la Société, à résoudre les questions liti-
gieuses par arbitres désignés à l'avance.

Toutefois, il faut reconnaître que ces avantages n'existent réellement que dans les Sociétés puissantes, qui se composent de plusieurs branches et qui sont à même de compenser par les bénéfices
réalisés sur les unes les pertes qu'elles peuvent quelquefois faire
sur les autres.

Les petites Sociétés, qui veulent attirer les épargnes populaires
par des offres brillantes et qui ne disposent pas de ressources multiples, périclitent souvent, comme le démontreront les exemples
suivants :

Une Société permanente annonce que tous ceux qui lui verseront

mensuellement 12 fr. 50 pendant dix ans auront droit au bout de
ce temps à une somme de 3000 fr.

Pour pouvoir réaliser cette promesse, il faut que la Société retire
14 1/2 p. % de son argent et qu'elle le place et le replace constam
ment à ce taux.

Dans la pratique, tout le monde le sait, on n'arrive jamais à placer
des fonds de minime importance immédiatement après leur rentrée
de plus, les frais d'administration sont assez élevés.

D'autre part, d'après les tarifs, les emprunteurs font des versements calculés au taux de 7 et 8 p. % l'an.

Mettons que la Société touche 7 p. % net, au bout de dix ans elle
aura touché 2050 fr. ; comme elle doit en payer 3,000, elle perdra 950 fr. sur chaque action et elle perdra forcément, à moins de
manœuvres coupables.

Autre exemple. — Le porteur d'une action libérée de 750 fr. a
droit, d'après les statuts d'une de ces Sociétés inqualifiables, à une
somme de 1750 fr. au bout de 10 ans. Pour tirer parti des 750 fr.
provenant d'une action, la Société les offre aux enchères moyennant
un paiement annuel de 75 fr. pendant dix ans, et elle les avance au
membre qui donne la plus forte prime payée au comptant. Si la
prime est importante, il y aura bénéfice pour la Société, mais l'ar
gent serait placé à un taux considéré comme usuraire en France ;
sa prime est-elle, au contraire, peu considérable, la Société sera en
perte, car une annuité de 75 fr. pendant 10 ans produit, capitalisée
à 5 %, 942 fr. 75. Du reste, ce n'est pas seulement dans les tables
des petites Sociétés qu'on trouve des taux d'intérêts très élevés ;
ces taux existent dans les tarifs des Sociétés les plus puissantes et
sont faits pour les impatients qui veulent devenir propriétaires au
plus vite.

La Société de Birkbeck, par exemple, annonce qu'elle avancera
tous les fonds nécessaires à l'achat d'une maison ; elle ne demande
d'autre remboursement que le montant des frais d'acte, mais elle
fait payer la rente de son argent en raison des risques qu'elle court.

Les meilleures conditions d'achat d'un immeuble sont obtenues
quand on dispose d'une somme d'argent comptant, égale au quart
de sa valeur. Le moyen le plus prompt et le plus économique d'obtenir cette somme et, par suite, de devenir propriétaire, est de placer
ses épargnes dans une *Building Society* ; car, par le fait de leur

capitalisation à 5 %, elles atteignent rapidement le montant du capital nécessaire à l'acquisition. L'étude que nous allons faire de deux Sociétés qui, au besoin, pourraient servir de types, celle de Birkbeck et celle de Liverpool, fera peut-être mieux comprendre le mécanisme compliqué et délicat des *Building Societies* tel que les Anglais ont su le mettre en pratique.

Société de Birkbeck. — La Société de Birkbeck fut fondée en 1851, dans le but d'avancer de l'argent à ses membres pour acheter des maisons et de prendre leurs épargnes en dépôt en desservant un intérêt de 5 % l'an.

Les opérations faites par cette Société ont pris un tel développement que ses recettes annuelles s'élèvent à 125 millions et que le nombre de ses membres est de plus de 200 00.

La Société a son siège dans un immense local lui appartenant et où sont installés tous les services nécessaires à son fonctionnement. Au rez-de-chaussée se trouvent les bureaux des employés, le cabinet du directeur ; aux étages, sont les salles de réunion du Conseil et des sociétaires.

Une bibliothèque contenant 7 000 volumes et une salle de lecture sont réservées à l'usage des sociétaires. Des conférences gratuites, des cours à prix réduit leur sont également ménagés. La Société se compose de deux branches : la branche de placement et la branche d'emprunt. Dans le principe, elle en avait encore une autre : la branche de dépôt, mais celle-ci put bientôt former un département séparé, sous le nom de banque de Birkbeck. D'autre part, il s'est formé à côté d'elle et sous la même direction des Sociétés distinctes qui sont : la Société d'achat de propriétés, la Société d'avances, la Société dénommée *Property Investment Trust*. Nous allons présenter quelques détails de chacune sur ces institutions.

1° *Building society proprement dite : Branche de placement.* — La branche de placement émet des actions de 50 livres, soit 1 250 fr., qu'on libère, soit immédiatement, soit au moyen d'engagements de versements périodiques de 8 et 10 fr. par mois pendant 10 ans.

Les actions libérées donnent droit à un intérêt de 4 % l'an, payé par moitié tous les semestres, et à une bonification de 137 fr. 50 au bout de dix ans.

Les actions non libérées donnent droit au bout de dix ans, quand les cotisations ont été payées exactement, à une somme de 1 250 fr.

comprenant les capitaux versés et les intérêts capitalisés pendant dix ans au taux de 5 %, plus une prime de 137 fr. 50.

Les actionnaires ne sont passibles d'aucune amende ; seulement quand ils sont de six mois en retard dans le versement de leurs cotisations, ils perdent leur droit à la prime.

Organisée comme elle l'est, cette branche n'est pas une source de grands bénéfices, car, dans le cas des actions libérées, la Société paie 4,04 % l'an aux déposants (en tenant compte du paiement en deux fois l'an), d'autre part, en supposant qu'elle place immédiatement au taux normal de 5 % les cotisations de quinzaine qui rentrent, elle en retire 5,124 % d'intérêt et elle bénéficie chaque anuée de la différence des intérêts, soit de

$$5,124 - 4,04 = 1,084 \%$$

et par action de 1 250 fr., de

$$\frac{1\,250 \times 1,084}{100} = 13 \text{ fr. } 55.$$

Ce bénéfice de 13 fr. 55 par action, fait pendant dix ans, produira au bout de ce temps une somme de 170 fr., en supposant l'argent placé à 5 % l'an.

Sur une action libérée, la Société gagne par conséquent 170 fr. moins 137 fr. 50, prime allouée à chaque actionnaire libéré ; chaque action rapporte donc 30 francs environ en dix ans, soit 3 fr. par an sur 1 250 fr., somme bien inférieure aux frais d'administration.

Sur une action non libérée le gain se transforme en perte.

La Société touche $12 \times 8{,}10 \left(\dfrac{1{,}05^{10} - 1}{0{,}05} \right) = 1\,221$ fr. 50

Elle paie 1 250 + 137 fr. 50 =   1 387   50

Elle perd donc........................ . ... 165 fr. 70   par action en dix ans, soit 1 1/2 % de l'argent versé par cotisation, en supposant qu'elle place son argent à 5 %.

Il faut conclure de là que la branche de placement est un leurre et n'est destinée qu'à drainer surtout des capitaux pour les mettre à la disposition de la Société, qui les donne à la branche d'emprunt

Les actions créées par cette branche peuvent être transférées à des tiers ; elles sont remboursables à volonté. La Société se réserve le droit de n'opérer le remboursement qu'après un avis fait un mois à l'avance ; mais, en général, il a lieu aussitôt après la demande du retrait.

Aucun intérêt n'est alloué aux actions non libérées quand elles sont retirées dans les deux ans qui suivent leur émission.

D'après la loi anglaise, les femmes mariées peuvent prendre des actions en leur propre nom. Les curateurs, les tuteurs, les gérants sont également autorisés à prendre des actions au nom des personnes qu'ils représentent.

Branche d'emprunt. — Toute personne peut obtenir un prêt, si elle offre en garantie une propriété dont la valeur est reconnue suffisante par les experts.

La Société ne construit pas de maisons : mais elle avance à ses membres les fonds nécessaires à l'achat et à la construction d'immeubles, pourvu que l'emprunteur ait en propre le dixième de la valeur de ceux ou de celui qu'il a en vue.

Les avances faites par la Société sont remboursées par des cotisations mensuelles ou trimestrielles, au choix de l'emprunteur, et dont le montant varie suivant le nombre d'années (pas plus de vingt et une) qu'il veut consacrer à ce remboursement.

Les dépenses sont couvertes par une commission annuelle de 1 % sur les sommes empruntées, commission qui comprend tous les frais relatifs à la prise d'hypothèques hors les frais d'expertise.

Cette commission peut être ajoutée aux cotisations mensuelles pourvu qu'elle soit supérieure à 250 fr.

Quand la légalisation du bail ou du transfert est nécessaire, le coût en est fixé à 75 fr. 30, que l'emprunteur paie au notaire de la Société. De même tous les droits seigneuriaux dont la propriété peut être grevée sont à la charge de l'emprunteur.

Achat à terme d'une maison et calcul du bénéfice qu'on retire de cette opération. — Une personne paie pour le loyer de la maison qu'elle occupe 900 fr.

Elle peut se rendre propriétaire de cette maison pour quatre-vingts ans, moyennant 8375 fr. et une rente annuelle pour le sol de 75 fr. pendant toute la durée de l'occupation. Le versement au comptant exigé étant de 875 fr., elle se procurera les 7500 fr. qui lui seront nécessaires en s'adressant à la Société et les remboursera par cotisations mensuelles de 67 fr 50 pendant quatorze ans.

D'après le prospectus de la Société, le prix de revient de la maison serait le suivant :

Montant des cotisations annuelles pendant quatorze
ans (67,50 × 12 × 14) = ... 11 340 fr.

Rente du sol (75 × 14) = ... 1 050 »

Commission donnée à la Société (75 × 14) .... 1 050 »

Somme payée par le membre au début...... .... 875 »

Total......... 14 315 fr.

Déduisant le loyer que l'acquéreur eût dû payer pendant quatorze
ans (900 × 14) = ... 12 600 fr.

Il aura donc payé en plus............. .... 1 715 fr.

pour être propriétaire.

Ce calcul de prospectus fait ressortir trop d'avantages et devrait
être établi comme suit :

L'acquéreur paie annuellement à la Société pour l'amortissement
de l'argent avancé 67,50 × 12............... .... 810 fr.

pour la rente du sol .... 75 »

commission à la Société .... 75 »

Total...... 960 fr.

D'un autre côté, l'acquéreur aurait payé pour son loyer 900 fr. ;
il paie donc annuellement en plus 60 fr.

A cette somme on peut sans crainte d'erreur ajouter 40 fr. pour
frais d'entretien de maison (couverture, plomberie, peinture), surtout
pour une habitation construite légèrement comme le sont les habitations anglaises. C'est donc une annuité de 100 fr. qui incombe à
l'acquéreur, annuité qui, au bout de quatorze ans, constitue un
capital de 1 959 fr. 86.

Les 875 fr. payés au début par le membre sont devenus 1.750 fr.

Les frais d'expertise, la radiation de l'hypothèque, la purge légale
peuvent être évalués à 100 fr. 14. Le total des déboursés est donc de
3 810 fr., un peu plus du double de ce que porte le prospectus.
Quoi qu'il en soit, au bout de quatorze ans, l'acquéreur n'aura plus
à payer pour son loyer qu'une somme de 75 fr. au lieu de 900 fr. et
cela pendant soixante-six ans. Il s'est donc constitué pour cet espace
de temps une rente de 825 fr. à fonds perdu, dont le capital peut
être évalué à 14 000 fr. environ et, comme il a déboursé 3 810 fr.
par le seul fait de devenir propriétaire il bénéficie donc de
10 200 fr. Quand, par suite de circonstances malheureuses, un
membre, après avoir payé régulièrement ses cotisations, est inca-

pable de remplir ses engagements, le directeur peut le dispenser pendant un an de l'amende réglementaire. C'est une atténuation à une disposition rigoureuse qui rend parfois exorbitant le taux d'intérêt des sommes prêtées, ainsi qu'on l'a constaté dans un procès récent ; mais bien qu'il soit fortement question de supprimer les amendes infligées aux retardataires, nous ne voyons pas trop quelle pénalité on pourrait leur substituer.

Marche à suivre pour obtenir une avance. — L'emprunteur commence par faire expertiser la maison qu'il veut acquérir ; le rapport de l'expert est immédiatement adressé aux administrateurs. Ces derniers se réunissent tous les lundis ; aussi, quand le document est déposé au siége de la Société le mercredi au plus tard, la décision du Conseil peut être connue le mardi suivant et, quand les titres sont en règle, le prêt peut être délivré dans les quinze jours qui suivent la demande.

En faisant sa demande de prêt, le membre dépose dans la caisse de la Société le montant des frais d'expertise et des droits d'enregistrement. Quand l'affaire ne se conclut pas, le tout est remboursé intégralement.

Moyens de devenir propriétaire sans aucun paiement immédiat. — Cette rubrique ne doit pas être prise à la lettre, car la Société demande toujours 125 fr. pour les frais d'actes ; cette somme payée, elle loue. avec promesse de vente des maisons qu'elle possède dans divers quartiers de Londres, moyennant un loyer comprenant les intérêts et l'amortissement du prix de vente dont la valeur est portée au contrat.

Elle rend par là de grands services aux classes moyennes.

Le loyer comprend d'ordinaire l'assurance de la maison et souvent le prix d'une assurance sur la vie. Dans tous les cas le locataire peut céder ses droits à un tiers.

L'intérêt payé par les emprunteurs est assez élevé. En examinant les tables qui fixent le taux des cotisations, on remarque que le montant en est établi d'après les garanties données à la Société. Grâce à l'habileté de ses experts et à la sûreté des renseignements qu'elle est à même de prendre, elle fait peu de pertes, elle paie à ses employés de très beaux appointements et retire 7 à 8 % d'intérêt des sommes qu'elle prête sur hypothèque.

Branche de dépôt ou banque de Birkbeck. — La banque (autrefois branche de dépôt) reçoit en dépôt des fonds pour lesquels elle paie des intérêts qui varient de 3 à 4 %, suivant le temps qu'elle les garde. D'après les statuts, ces fonds ne peuvent être retirés qu'après un avertissement fait un mois à l'avance : mais dans la pratique ils le sont à volonté. Ils peuvent également être placés en comptes courants : le taux de l'intérêt descend alors à 2 $\frac{1}{2}$ %. Quand l'argent est retiré plus de douze fois en un an, il est considéré comme placé en compte courant.

Les déposants peuvent se faire ouvrir un compte courant et un compte de dépôt et faire passer leurs fonds de l'un dans l'autre, quand ils n'en ont pas besoin ; ils bénéficient ainsi de la différence des intérêts.

La banque de Birkbeck, ayant la réputation de ne faire de placements que sur des valeurs sûres, offre de grandes ressources aux sociétés de secours mutuels, aux établissements charitables, etc. Nous avons vu plus haut qu'elle faisait cependant quelques opérations incertaines, mais le taux des prêts est élevé en conséquence et les pertes faites en quelques cas sont amplement compensées par le grand nombre d'affaires qui réussissent.

SOCIÉTÉS FORMÉES SOUS LES AUSPICES DE LA SOCIÉTÉ DE BIRKBECK.

Société d'achat de propriétés. — La Société achète de vastes terrains, y fait percer des routes, établir des égouts et les revend à ses membres à un prix peu différent du prix d'achat.

Les fonds nécessaires sont fournis par des personnes qui n'ont pas l'intention de devenir propriétaires, mais qui veulent placer leur argent hypothécairement sur des terres.

Cette Société émet deux sortes d'actions : les actions ordinaires et les actions à prime. Les unes et les autres sont de 750 fr. et peuvent être achetées soit en une fois, soit par des versements minimes de 3 fr. 75 par mois. Les droits d'entrée sont de 1 fr. 75 par action ordinaire et de 7 fr. 50 par action à prime. L'intérêt des actions libérées est payé tous les six mois au taux de 5 % l'an. Les intérêts produits par les actions non libérées sont capitalisés tous les six mois et accumulés jusqu'à ce que versements et intérêts produisent la somme de 750 fr., qui est alors convertie en action libérée.

Les numéros des actions à prime tirés annuellement au sort

donnent droit au possesseur de choisir un lot de terrain moyennant le paiement du dixième du prix de vente.

Les actions de placement des deux espèces peuvent être retirées sans avis, les intérêts étant payés le dernier jour du mois précédant la date du retrait.

En cas de retard dans les versements, une amende d'un shilling est due pour toutes les cotisations qui ne sont pas payées à l'époque de la balance annuelle, savoir le 31 août.

Partage des propriétés. — Une propriété achetée est divisée en quatre portions destinées :

1° Aux membres dont les actions ont été tirées au sort aux assemblées générales ;

2° Aux membres auxquels on distribue des lots, suivant l'ordre de leur inscription sur la liste disposée à cet effet ;

3° Aux membres auxquels on les délivre suivant l'ordre de paiement complet de leurs actions ;

4° Aux porteurs d'actions à prime sorties aux tirages.

Les membres qui ne veulent pas profiter du droit qu'ils ont de choisir un lot, peuvent transmettre ce droit à un tiers. La possession du lot choisi est donnée après paiement du premier terme, et elle est transférée légalement après paiement du solde. Le coût des titres de propriété est réduit à 37 fr. 50, non compris les droits de timbre. Dans le comté de Middlesex, il y a à payer 25 fr. en plus pour l'enregistrement.

Vingt-cinq propriétés ont déjà été partagées et loties. Beaucoup de membres ont maintenant droit de vote électoral (en Angleterre la possession d'une terre donne droit de vote), et quelques-uns ont consenti des baux emphytéotiques moyennant rente du sol et retour à leurs héritiers des constructions élevées par les emphytéotes ; d'autres ont vendu leurs droits avec prime.

Des arrangements ont été faits avec la Société de Birkbeck pour donner aux membres qui ont payé leurs lots les moyens d'y élever des constructions.

Sociétés d'avances de Birkbeck. — Des sommes non inférieures à 750 fr. sont reçues en dépôt par cette Société qui paie un intérêt de 4 p. %, quand elles sont placées pendant un an au moins.

L'argent ainsi encaissé est prêté aux membres donnant en garantie des titres d'actions de la Société de Birkbeck ou autres de fonds du gouvernement, de *Warrants* ou de toutes autres valeurs cotées à la Bourse. L'argent n'est pas prêté sur une garantie personnelle, sur billets de commerce ou propriétés mobilières.

Birkbeck properties investment trust. — Cette Société a été organisée en 1873 pour acheter des maisons et des boutiques dans des endroits convenables de Londres et de ses faubourgs, les améliorer, les louer avec augmentation et les vendre avantageusement à l'occasion. Le capital de fondation a été formé par l'émission d'actions de 2 500, 1 250 et 625 francs.

Ces actions ont été émises à 2 200 pour une valeur nominale de 2 500 fr. Elles rapportent 5 % du prix d'émission, soit 125 francs. Presque toutes les actions ont été souscrites par des membres des diverses sociétés de Birkbeck, très peu ont été réservées au public.

Les avantages offerts par cette Société sont :

1° Intérêts de 142 fr. par action de 2,500 francs, ne payant pas l'*income-tax* ;

2° Tirages annuels avec prime de 12 % pour les numéros sortants et remboursement des actions au pair ;

3° Prime de 10 % par action sur les propriétés appartenant à la Société, à sa clôture définitive ; cette prime, si l'action est tirée ou choisie pour l'amortissement, est immédiatement convertible en un payement comptant de 10 % ;

4° Part proportionnelle dans les propriétés possédées par la Société à la fin de la quinzième année, aux termes et dans les conditions de l'acte constitutif.

Les titres ne sont point cotés à la Bourse conformément au vœu exprimé par la majorité des actionnaires ; seulement pour en faciliter le transfert, un registre spécial a été mis à la disposition des acheteurs et des vendeurs dans la banque de Birkbeck. Il y a en ce moment une prime de 2 à 4 p. % sur le prix d'émission de ces actions.

Société de Liverpool. — La Société de Liverpool a été fondée par le Secrétaire de la Société d'Halifax, M. Taylor, qui depuis trente ans s'occupe d'améliorer le mécanisme des *Building Societies*. La Société d'Halifax a été fondée dans un but philanthropique, les actionnaires ne touchent pas plus de 5 p. % de leur argent; les administrateurs ont des situations assez brillantes pour pouvoir se passer d'honoraires; aussi la Société se contente-t-elle de leur offrir chaque année un voyage sur le continent.

La Société de Liverpool a été fondée dans les mêmes principes et elle a pour but :

1° D'émettre des actions libérées présentant aux personnes ayant un certain capital un placement sûr et un taux d'intérêt rémunérateur ;

2° De mettre à la disposition des personnes économes et prévoyantes un moyen sûr de placer leurs petites économies, en créant les actions non libérées ;

3° De donner aux personnes étrangères à la Société le moyen de déposer leurs fonds et d'en retirer un intérêt plus élevé que celui qui peut être obtenu par d'autres voies, en établissant une banque de dépôt et de garantie. Dans cette branche, les négociants et les hommes d'affaires en général ont l'avantage d'avoir des comptes courants et de retirer sans avis préalable, les fonds n'excédant pas 750 francs. Un livre de chèques est mis à la disposition des habitués :

4° D'avancer de l'argent aux actionnaires et aux étrangers :

a) Pour l'achat de terres, maisons d'habitation, fonds de commerce ou autres propriétés ;

b) Pour la construction de maisons ou édifices publics ;

c) Pour assister des sociétés ou des corps constitués, pour construire des maisons saines, solides et commodes à l'usage des classes laborieuses ;

d) Pour dégager des propriétés déjà hypothéquées, avancer de l'argent à intérêt simple et en demander le remboursement au moyen de versements comprenant intérêts et capital.

TABLEAU DES OPÉRATIONS FAITES PAR QUELQUES SOCIÉTÉS ANGLAISES.

	Livres sterling
The Birkbeck Society. Dépôts................................	4.862 151
» » Building Society........................	2.125.184
Queens Bridge Street Manchester.......................	914 488
Bradfort third equitable................................	790.735
Leeds permanent.......................................	607.986
Liberator permanent king William street...............	578.015
Halifax permanent.....................................	326.986
London provident permanent...........................	289.947
Northern counties permanent Newcastle on Tyne.........	251.148
Planet, Finsbury square................................	239.106
Fourth city mutual London.............................	194.293
Sheffield and South Yorkshire.........................	126.840
Perpetual New Bridge-street Blackfriars................	122.151
Monarch Finsbury Circus..............................	115.538
Woolwich equitable....................................	105.544

Le bénéfice réalisé par les 13 dernières sociétés s'est élevé de 1876 à 1877 à 134137 livres sterling. La plupart paient 4 p. %, à leurs déposants, 6 à 7 p. %, l'an aux actionnaires.

Pour donner une idée de la variété des Sociétés anglaises, nous donnerons encore quelques extraits du prospectus de *The Lands improvement company.*

La Société a pour objet :

1° Le drainage du sol, l'amélioration des drains, des ruisseaux et cours d'eau de n'importe quelle nature ;

2° L'irrigation et l'amendement du sol ;

3° L'endiguement des terres pour les préserver de l'action de la marée ou des eaux courantes ;

4° La clôture des propriétés ;

5° L'établissement de routes pour fermes et de tramways pour les exploitations rurales ;

6° L'assainissement ou défrichement du sol ;

7° L'établissement de fermes, de cottages pour laboureurs et autres bâtiments ruraux, et les améliorations aux constructions des exploitations agricoles en activité ;

8° Les plantations d'arbres ou toute autre opération ayant pour objet l'amélioration permanente de la propriété ;

9° La construction de machines hydrauliques, scieries ou moulins, égouts, puits, réservoirs, conduites en plomb, aqueducs, etc., qui augmenteront la valeur des propriétés rurales ;

10° L'établissement de travaux permanents ayant pour but de faciliter les opérations agricoles :

11° La construction de jetées ou ponts pour améliorer le service des transports par eau des produits agricoles ;

12° La construction de canaux navigables ou tramways ruraux.

Building Societies Américaines. — Les *Building Societies* sont très nombreuses en Amérique. Le développement des villes américaines est dû à la facilité donnée aux acquéreurs de terrain d'obtenir de l'argent par les banques foncières connues sous le nom de *Cooperative Banks, Loan Associations* et *Building Societies.* Les *Building Societies* sont temporaires ou permanentes. En général, on adopte la marche suivante pour fonder une institution de ce genre : on crée un capital au moyen d'un nombre déterminé d'actions payables par petits versements et avec les bénéfices réalisés par la Société grâce aux primes et aux amendes. Les primes s'obtiennent ainsi que nous allons l'exposer. Aussitôt qu'on a une certaine somme en caisse, on la met aux enchères ; le membre qui offre la plus forte prime obtient la somme pour laquelle il paie un intérêt assez élevé et qu'il s'engage à rembourser par annuités. Les amendes sont encourues par les emprunteurs qui ne paient pas leurs échéances à la date fixée par les statuts. Les opérations sont d'une réussite certaine, l'emprunteur donne en garantie les actions qu'il a libérées en partie et une hypothèque sur la maison qu'il construit ou qu'il a achetée. Lorsque toutes les actions sont remboursées, la société prend fin ; dans ce cas elle est temporaire. On la rend permanente en émettant une nouvelle série d'actions, quand celles de la première ont été remboursées, et on continue indéfiniment.

L'intérêt payé par les emprunteurs est assez élevé, ainsi que nous allons le faire voir par l'examen des conditions du prêt d'un capital de 2 000 dollars, formé avec l'aide de dix actions de 200 dollars.

L'emprunteur obtient le prêt de 2 000 dollars en s'engageant à payer mensuellement 2,5 dollars pour prime ; pour l'intérêt 10 dollars et pour l'amortissement 10 dollars, soit une somme totale de 22,50 ou de 270 dollars par an, ce qui représente 13,5 % du capital emprunté.

Lorsqu'on emprunte au taux de 6 %, il faut payer 6 fr. annuellement pendant douze ans, pour amortir un capital de 100 fr.: par suite, dans le cas qui nous occupe l'emprunteur aurait à payer pendant ce temps l'annuité de 270 dollars, s'il ne participait pas aux bénéfices réalisés par la Société, provenant des primes et des amendes, dont l'importance est bien moins considérable que celle des frais d'administration. En général, les emprunteurs sont libérés au bout de dix ans; par suite l'argent leur est avancé, en tenant compte de la prime, au taux de 5 7/8 %. Une action étant libérée au bout de dix ans, les membres qui n'empruntent pas placent leur argent à intérêts composés au même taux de 5 7/8.

On pourrait croire que l'élévation du taux de l'intérêt éloigne les emprunteurs. Il n'en est rien, car aux États-Unis, à l'aide de la statistique officielle, on peut constater l'existence de près de 3000 de ces institutions, et près de 600 banques fonctionnent à Philadelphie. Grâce à elles, en 1887, il y avait dans cette ville 146 000 maisons contenant 5,79 personnes. Chaque année, la cité s'entoure d'un nouvel anneau de petites maisons coquettes en briques rouges à deux ou trois étages, bâties dans les faubourgs. Ces maisons sont la demeure d'une seule famille, d'un ouvrier, d'un artisan, d'un commis, de gens en un mot qui dépendent de leur salaire journalier ou mensuel.

C'est à cette circonstance qu'on attribue la faible mortalité observée à Philadelphie et le peu d'importance des dépenses relatives à l'assistance publique.

Le fonctionnement des *Building Societies* est réglé par la loi de Massachusetts ch. 224, promulguée en 1877 et amendée en 1881 par le ch. 271.

La loi américaine est plus paternelle que la loi anglaise, elle protège l'emprunteur, et ce dernier ne peut être exécuté qu'après un délai de six mois, à dater du moment où il aura cessé de remplir ses engagements.

La loi cherche également à préserver les emprunteurs de la fraude et de l'erreur en prenant des dispositions pour empêcher la déduction de fortes primes du montant du prêt.

Le plus grand avantage des *Building Societies* c'est d'apprendre aux membres le mécanisme des affaires. Les opérations sont traitées dans les assemblées mensuelles où tous les membres sont les bienvenus. C'est là qu'ils se rencontrent, qu'ils se consultent sur leurs propres intérêts, qu'ils voient payer l'argent, le mettre aux enchères et qu'ils se rendent compte de la prime à laquelle il est adjugé. On prend également connaissance des garanties du prêt. Le monde ne peut pas offrir de meilleure école pour les adultes, hommes et femmes, où ils soient à même d'apprendre les affaires qui les touchent le plus directement. L'art industriel demande des études, celui de l'épargne est aussi difficile que les autres. Les banques d'épargne créées par des dames en Amérique ont produit des ruines nombreuses par suite du défaut d'expérience des administratrices.

L'expérience faite à Philadelphie démontre que le savoir-faire d'un ouvrier et son aptitude à gagner augmentent toujours en proportion de sa ferme volonté d'augmenter son salaire. Un pauvre travailleur, aiguillonné par le désir de devenir propriétaire, apprend souvent à travailler mieux et plus vite, il s'élève au sommet de sa profession et il est tout étonné à un certain moment de son propre succès.

Les *Building Societies* développent donc l'esprit de l'épargne, le pouvoir de gagner, et elles offrent un placement sûr et rémunérateur aux petites épargnes des travailleurs.

De nos jours les placements deviennent de plus en plus difficiles ; pour conserver son argent et le placer avec des garanties, il faut plus de connaissances que la majorité du peuple n'en possède. Aucune société ne présente plus de sécurité pour faire fructifier les petites épargnes qu'une *Building Society*, car tous ses capitaux sont capitalisés à intérêts composés au taux de 5 % l'an, et ils sont garantis par de petites maisons, ainsi que par des actions en partie libérées. En Amérique comme en Angleterre, les propriétés de faible importance perdent peu de leur valeur en cas de revente, et il est facile de se rendre compte de ce fait lorsqu'on compare les charges qui grèvent une habitation à celles d'une maison à étages. Dans les deux cas, le prix d'établissement du mètre carré de logement est le même, mais il n'en est pas ainsi des charges. Les maisons à étages sont louées à des locataires qui ne jouissent pas de leurs logements en bons pères de famille et, par suite, forcent les propriétaires à majorer considérablement la valeur des loyers pour obtenir un intérêt rémunérateur de leur capital. On peut s'en convaincre par l'examen du compte d'exploitation d'une maison à étages située à New-York et dans laquelle logent 91 familles.

ÉLÉMENTS CONSTITUTIFS DU PRIX DES LOYERS.	ANNÉE 1879			ANNÉE 1880		
	TOTAL.	Proportion %.	Observations.	TOTAL.	Proportion %.	Observations.
Vacances	292	2.7		182	1.71	
Mauvais débiteurs......	1409.4	13.06		851	8	
Gérance...............	453.77	4.21	30.0	482 14	4.53	22.95
Réparations...........	1067.21	10		927.54	8.71	
Taxe de l'eau..........	556	5.15		559	5.23	
Taxe de la ville........	1223.50	11.35	17.7	1487.12	13.97	20.4
Assurance.	137.33	1.3		137.33	1.28	
Revenu net	5638.18	52.3		6063.47	57.19	
	10777.30	100		10690.00	100	

Les charges provenant des vacances, des mauvais débiteurs, des frais de gérance et de réparations ont atteint en 1879 une valeur égale à 30 % du produit brut de la maison et, en 1880, leur importance était de 22,95 %, soit 26,50 pour %, en moyenne de 10 770 dollars représentant la valeur locative de l'immeuble. Les charges relatives à de petites maisons placées dans une cité seraient les mêmes, mais on peut les réduire considérablement en rendant, comme nous l'avons vu, le locataire propriétaire de l'immeuble qu'il habite au moyen de paiements par annuités. Dans ce cas tout est maintenu en bon ordre, le papier de tenture sert pendant des années, les privés sont tenus avec soin, l'eau est arrêtée pendant les froids et les tuyaux d'eau ne sont plus brisés par les effets de la gelée. Les enfants d'un propriétaire apprennent à faire les réparations d'une maison; au lieu d'abîmer, ils acquièrent des habitudes d'ordre qu'ils conservent pendant toute leur vie.

Tout en acquérant ces bonnes habitudes, les habitants peuvent éviter la perte de sommes importantes, qui, placées à leur compte, leur permettent de se libérer par le seul fait du paiement de leur loyer.

La valeur des propriétés dans les faubourgs peut être augmentée par des plantations, des vignes, des arbrisseaux, des fleurs, et comme les villes augmentent toujours de superficie, le sol acquiert une plus-value certaine.

On voit qu'en Amérique, tout aussi bien qu'en Angleterre, on peut aisément payer un intérêt élevé pour l'argent destiné à l'acquisition d'une maison, et dans ces deux pays on peut, sans crainte de se tromper, attribuer en grande partie l'amour du *home* aux facilités accordées pour s'en rendre propriétaire.

CHAPITRE XI

Action des particuliers.

Les particuliers peuvent être guidés dans leurs entreprises d'amélioration de logements de la classe ouvrière, soit par des vues d'humanité, soit par des vues de prudence sociale, soit enfin par des vues de spéculation.

Dans les deux premiers cas, il importe que ces vues soient éclairées, que ces entreprises soient bien entendues.

On sera certain d'obtenir d'heureux résultats en faisant élever des constructions saines et commodes, destinées à loger des ouvriers ; mais on le sera moins en créant des hospices.

Ainsi, par exemple, 6 500 000 fr. viennent d'être légués à la ville de Paris, par Madame la baronne Alquier, pour faire un hospice, à la condition obligatoire d'être à Paris.

La ville a fait l'acquisition d'une propriété d'une contenance de 10,000 mètres, moyennant le prix de 350 000 francs.

Elle consacrera 1 000 000 francs à la construction d'un hospice contenant 200 lits et placera le reste en rentes, de façon à obtenir l'argent nécessaire au fonctionnement de l'œuvre.

Le lit reviendra donc à $\dfrac{6\,500\,000}{200}$ = 32 500 francs Comme l'assistance publique pourrait retirer 4 p. % de ses placements, nous voulons l'admettre, chaque vieillard lui coûtera 1 300 fr. par an ; si le placement ne produit que 3 p. %, la dépense sera de 975 francs par tête.

Beaucoup de chefs de familles ouvrières travaillent sans relâche et ne gagnent pas cette somme ; par conséquent, tant que l'Assistance publique n'arrivera pas à entretenir des vieillards moyennant une somme moindre, les particuliers ne devraient pas imposer de pareilles conditions, mais laisser à l'administration le soin d'offrir aux intéressés, soit le séjour dans un hospice à la campagne, soit le montant d'une rente leur permettant de vivre au milieu de leur famille, comme cela se fait à Mulhouse.

Citons encore l'exemple suivant :

Mme la duchesse de Galliera vient de dépenser deux millions pour construire, à Gênes, de vastes bâtiments destinés à loger, moyennant un prix minime, des personnes méritantes, qu'un évènement imprévu met temporairement dans l'impossibilité de payer leur loyer. Les immeubles élevés à cet effet, sous l'habile direction de l'architecte César Parodi, sont des maisons à six étages, divisées en logements parfaits au point de vue du nombre des pièces et des dispositions prises pour assurer le confort des locataires. Il convient toutefois d'ajouter ici que l'œuvre que nous citons ne produira les résultats sérieux que veut la bienfaitrice, qu'à la condition d'être administrée par un homme habitué à diriger des institutions de bienfaisance et qui saura réprimer les tentatives d'abus que le bon marché excessif des loyers a fait naître.

Nous venons de visiter ces très remarquables maisons et nous avons pu nous convaincre des abus et des faveurs dont jouissent beaucoup des locataires actuels.

Un autre exemple, que M. Picot rapporte dans son beau livre sur les logements d'ouvriers, fera voir qu'on peut employer son argent d'une façon peut-être plus utile.

En 1862, M. Peabody donna 3.750.000 fr. à la ville de Londres pour améliorer la condition des pauvres de cette cité. Un comité de cinq personnes nommé par le donateur s'assembla, et après examen de toutes les isntitutions qui pouvaient remplir le but proposé, il décida que le meilleur emploi à faire des fonds mis à sa disposition, était de les employer à la construction de petits logements. On se mit immédiatement à l'œuvre et au bout de deux ans, 2 000 personnes étaient logées convenablement moyennant un loyer qui devait produire 4 p. % du capital employé.

Le revenu net devait être employé à faire de nouvelles constructions. Le 29 janvier 1865, M. Peabody, satisfait des résultats

obt- nus, envoya une nouvelle somme de 2 500 000 fr. aux administrateurs de son œuvre, et il prescrivit de ne l'employer qu'en 1869,
avec les intérêts capitalisés. En 1868, il leur adressa une nouvelle
somme de 2 500 000 fr,, et enfin . par testament ouvert après sa
mort, en 1869, il légua une dernière somme de 3 750 000 fr. pour
augmenter les excellents résultats déjà obtenus. En sept années, il
donna donc une somme de 12 500 000 fr. pour créer des logements
à Londres.

Avec ce capital, accru du produit net des loyers et d'un emprunt
de 8 500 000 fr., les administrateurs arrivèrent à créer 4 551 logements séparés comprenant 10 114 chambres, servant à loger 18 453
personnes.

Les immeubles Peabody forment 48 groupes de maisons situées
dans les divers quartiers de Londres. Chaque groupe de maisons
est composé de plusieurs corps de bâtiments à cinq ou six
étages, établis sur un vaste terrain et séparés des rues par des
grilles. Les bâtiments sont groupés de façon à n'occuper que les
deux tiers de la surface couverte et à former des cours qui permettent aux enfants de jouer à l'abri des voitures.

Les maisons sont faites en briques ; les logements sont composés
de deux et trois pièces ; dans chacun se trouvent, comme dans toutes
les maisons modèles, une cuisine, un bûcher et des water-closets.

Les escaliers sont à l'épreuve du feu, soit en fer, soit en béton.
Sur chaque palier se trouve un trou à poussière. Une buanderie, des
bains froids sont mis à la disposition des locataires.

Les loyers étant réduits, c'est-à-dire inférieurs de 20 % à ceux
des habitations voisines, on peut faire un choix et expulser les individus qui ne se comportent pas bien.

La paie des loyers se fait tous les lundis entre les mains des collecteurs chargés de la gérance de chaque groupe. Au bureau
central il existe un secrétaire qui encaisse les recettes de tous les
groupes, et un commis. Les dépenses relatives aux bureaux et frais
de caisse s'élèvent à 30 000 fr. Les résultats hygiéniques obtenus
sont très importants. Tous les locataires doivent être vaccinés ;
aussitôt qu'un cas de maladie se manifeste, le médecin du district est
appelé. Si le malade ne peut être soigné convenablement à domicile,
ou s'il est atteint d'une maladie contagieuse, il est transporté à
l'hôpital.

La natalité est de 44,60 p. 1000; elle dépasse de 10,93 les naissances de Londres; la mortalité des enfants n'est que de 138,69 p. 1000 et enfin la mortalité générale n'est que de 19,10 p. %₀ au milieu de Londres dont la mortalité est de 21 %₀! On objecte que lorsque les maisons seront vieilles, la mortalité pourra bien augmenter. Les habitants des maisons Peabody ne sont que des ouvriers gagnant au plus 6 fr. 25 par jour. Quand un chef de famille gagne plus, on le prie de chercher logement ailleurs; par contre, l'administration ne loge pas la partie la plus misérable de Londres. Les prix des logements sont divisés en trois classes :

PRIX ANNUEL DE					
UNE CHAMBRE		DEUX CHAMBRES		TROIS CHAMBRES	
130 fr.	195 fr.	195 fr.	357 fr. 50	250 fr.	435 fr.

Quant aux salaires gagnés par les locataires, ils sont répartis de la façon suivante :

141 gagnent	2 fr. 50		680 gagnent	5 fr. 20
293 —	3 10		499 —	6 25
129 —	3 65		118 —	6 25
446 —	4 15			

Les 118 derniers locataires qui gagnent plus de 6 fr. 25 par jour, ont obtenu ce salaire pendant qu'ils étaient logés dans les maisons Peabody. On voit, d'après ces chiffres, que les logements sont loués à bas prix; jamais, à Paris, un propriétaire n'obtiendra de tous ses locataires le chiffre exact de leur gain.

Les professions des locataires sont les suivantes : 551 journaliers; 242 tenant des écritures; 206 femmes de ménage; 274 constables; 484 porteurs: 128 imprimeurs; 111 tailleurs; 106 cochers; 84 relieurs; 27 facteurs, 29 emballeurs; 83 peintres; 54 menuisiers. On n'admet ni les commis, ni les ouvriers aisés. Le capital de l'œuvre est le suivant :

Donation.................................	12 500 000 fr.
Produit des loyers et de leur capitalisation.	8 925 000 »
Capital emprunté.........................	8 850 000 »
Total............	30 275 000 fr.

Le produit brut annuel est de...............	1 400 000 fr.
Les charges montent à environ............	400 000 »
Le revenu net est donc de...................	1 000 000 fr.

Soit 3 p. % du capital engagé.

On voit que l'administration des immeubles de M. Peabody n'est pas très économique. En France, nous pouvons assurer qu'on ferait beaucoup mieux à ce point de vue. La perte sur les petits loyers est d'environ 0,7 p. %. Les frais de bureau s'élèvent à fr. 30 000, soit 2 p. % du revenu brut ; c'est le prix qu'on donnerait à un gérant pour gérer à Paris des immeubles d'une valeur aussi considérable.

Le prix de revient des logements est aussi très élevé ; ainsi le prix total de 10 144 pièces étant de 30 275 000 fr., une pièce revient en moyenne à 3 000 fr.

Une chambre avec ses dépendances occupe 15 m. q. ; le prix de revient du mètre superficiel d'étage est donc de 200 fr., soit *le double du prix du même espace dans une maison parisienne* construite à toute hauteur.

On reproche aux maisons Peabody de faire une concurrence importante aux maisons-modèles ; nous trouvons, nous, qu'elles rendent d'immenses services. Grâce, en effet, aux fonds dont ils disposent, les administrateurs de la fondation achètent des rues entières occupées par des locaux que hantent la misère et le vice, ils démolissent les affreux taudis qui s'y trouvent et ils les remplacent par les beaux immeubles dont nous avons donné une courte description.

En 1853, à la suite de la démolition de nombreuses maisons, M. le comte de Madre essaya de fonder une Société ayant pour but de prendre à bail un grand nombre de maisons de Paris et d'y assurer, aux prix modérés de l'époque, une location profitable aux ouvriers.

Malgré le concours de MM. Delangle, Cochin et d'autres hommes

notables connus par leur dévouement aux intérêts des ouvriers,
l'encouragement de l'Empereur et l'approbation de M. de Persigny,
ministre de l'intérieur, la Société ne se forma pas, et M. de Madre
résolut alors d'agir à l'aide de ses propres forces. Il acquit à cet effet
35 000 mètres de terrain et y éleva des constructions destinées aux
classes laborieuses. Pour employer tout son terrain avec le moins
de capitaux possible, M. de Madre eut recours au procédé suivant :

Il loua une grande partie du terrain pour une période de 18 ans.
avec obligation d'élever des constructions qui devaient rester sa
propriété à la fin du bail, à des entrepreneurs qui offraient des
garanties suffisantes d'exécution. Les maisons bâties, les loca-
taires-constructeurs étaient maîtres chez eux, ils avaient le droit
d'expulser leurs sous-locataires à leur volonté, et ils n'étaient liés
dans leur choix que par l'interdiction qui leur avait été imposée
à tous par le bailleur de n'admettre ni hôtel garni, ni gens de mauvaise vie. Sur le reste du terrain, M. de Madre construisit 25 maisons avec l'aide du Crédit foncier, et il arriva ainsi à loger près de
4 000 personnes.

Nous ne citerons pas les types des maisons de M. de Madre
comme des modèles à imiter ; elles sont trop de construction parisienne économique proprement dite, et ne rempliraient pas les
conditions du programme et du cahier des charges que nous avons
données. Leur mérite est de procurer au prix de 200 à 260 francs des
logements composés de deux pièces et une cuisine qui se louent
dans les rues avoisinantes à des prix bien plus élevés : à ce titre,
c'est un grand service qu'il a rendu à cette époque, et nous regrettons
que son bon exemple n'ait pas été suivi. Les passages créés par
M. de Madre pour louer ses terrains sont trop étroits ; leur largeur
est bien loin d'atteindre la hauteur des maisons à trois étages carrés
qui les bordent ; l'eau est fournie dans la cour, les logements n'ont
qu'une seule façade à l'air libre.

Si M. de Madre n'a pas été heureux dans le choix des dispositions
de ses bâtiments, il a mieux réussi son programme généreux dans
la recherche des satisfactions à donner aux besoins de la vie économique de ses locataires. C'est ainsi qu'il a utilisé les rez-de-chaussée
pour en faire des ateliers, et placé de la sorte l'ouvrier à portée de
son travail ; il a créé un lavoir pour permettre à la ménagère de ne
pas faire la lessive dans son logement ; il a organisé des ateliers

de couture pour habituer les jeunes filles à tous les travaux du ménage.

Les locataires qui se conduisent bien et paient exactement leurs termes, ne sont jamais exposés à recevoir congé ou à subir une augmentation de loyer. Jamais un locataire n'a été expulsé judiciairement. M. de Madre estime avoir fait une bonne affaire, si l'on en juge par le tableau qu'il donne d'une de ses maisons. Nous nous permettons d'ajouter qu'il a fait une bonne action.

Location de boutiques à 15 fr. le mètre............	1 400 fr.
Trois étages à fr. 9 le mètre.....................	2 860 »
Total du revenu brut..........	4 260 fr.
Prix de revient de l'immeuble y compris le terrain.	53 609 fr.

Le revenu brut est donc de 8 p. %.

Les charges sont :

Impôts....................	175 fr.
Annonces.................	3 »
Gaz......................	40 »
Eau......................	100 »
Vidanges.................	60 »
Réparations...............	300 »
Concierge.................	100 »
Total..........	778 fr.

Soit 1,5 p. % du capital engagé.

Nous croyons que M. de Madre a légèrement diminué le montant des charges, car, en général, elles s'élèvent, sans tenir compte de frais de gérance, à 25 p. % du produit brut, ce qui ferait 1.065 fr. au lieu de 778 fr. qu'il accuse, et que, cependant, nous ne demandons pas mieux que d'accepter, car cette diminution possible de frais viendra en aide au but que nous poursuivons, celui d'engager les capitaux à se confier à l'industrie des logements économiques. Il a été déjà imité entre autres en ce sens par M. Émile Cacheux, qui, toutefois, a suivi une autre voie à Paris en voulant y introduire les systèmes usités à Mulhouse et en Angleterre, pour rendre l'ouvrier propriétaire de sa maison. M. E. Cacheux essaya par des brochures, des articles de journaux, des conférences, par la publication de la première édition de cet ouvrage, fait en collaboration avec M. E. Muller, de fonder une Société à Paris ayant pour objet de rendre l'ouvrier propriétaire par le paiement de son loyer. Tout en cherchant à convertir le plus de monde possible à ces idées qui datent de longtemps, on l'a vu précédemment, il renouvelait les expériences tentées en 1852, à Paris même, par M. Muller, pour démontrer enfin la possibilité de loger convenablement dans les grandes villes, les ouvriers et petits employés. A cet effet, il couvrit de petites maisons un terrain d'une surface de 9 000 mètres carrés, sis commune des Lilas. Il établit d'abord des maisons groupées suivant le système mulhousien ; il n'arriva pas à les vendre par annuités, le Parisien de ces quartiers ne paraissant pas aimer les maisons ainsi groupées.

Il construisit ensuite des maisons suivant le système anglais avec façades étroites et les vendit à peine achevées.

Il vendit après cela ses terrains, en offrant à ses acquéreurs de leur avancer les fonds nécessaires pour construire et de leur donner la facilité de se libérer par annuités. Il rendit service, car il augmenta le prix des propriétés de ses voisins ; de plus, il vendit, moyennant le paiement d'une annuité de 600 francs pendant 15 ans, des maisons qu'on louait dans le pays à raison de 450 à 500 francs. M. Emile Cacheux nous montre, comptes en main, qu'il n'a pas fait une mauvaise affaire, car il a retiré 5 p. % des capitaux qu'il a consacrés à cette opération d'essai.

Comme on reprochait à M. E. Cacheux d'avoir bâti pour l'aristocratie de la misère, il construisit la villa Murat près du Point-du-Jour. Avant de faire lui-même ses constructions, M. Cacheux fit appel aux divers constructeurs qui avaient obtenu des récompenses à l'Exposition de 1878, et il leur offrit de payer les frais d'installation de leur spécimen sur son terrain. Un seul répondit à son appel ; mais il n'arriva pas à établir une maison à de meilleures conditions qu'avec les matériaux ordinairement employés à Paris.

Dans cet essai, M. E. Cacheux dépassa un peu la somme de 6.000 fr. pour prix de revient d'un pavillon à un étage, pour une famille ; c'est le coût maximum que M. E. Muller avait fixé lors du concours de 1852, dont il sortit avec le prix, nous l'avons dit. Ainsi à plus de 30 ans de distance, cette question n'a pas fait un grand pas à Paris.

M. E. Cacheux tenta un 3ᵉ essai, impasse Boileau, et il construisit 10 maisons à rez-de-chaussée, qu'un entrepreneur, M. Carré, s'engagea à lui livrer clefs en main moyennant 36 000 francs.

Le terrain, la canalisation devaient faire revenir une maison à 5 000 francs, et M. Cacheux comptait les revendre à raison d'une annuité de 400 fr. payée pendant vingt ans. Ce nouvel essai eut le bonheur d'intéresser les honorables fondateurs de la Société des habitations ouvrières de Passy-Auteuil, et M. Cacheux se fit un devoir de leur céder à prix coûtant les maisons et terrains qu'il avait acquis dans d'excellentes conditions.

La Société de Passy-Auteuil n'ayant pas mis dans ses statuts qu'elle prêterait de l'argent aux acquéreurs voulant construire, et n'émettant pas d'obligations libérables par petits versements, rapportant un intérêt égal à 5 %, M Cacheux continua à faire l'acquisition de terrains dans de bonnes conditions. Il pensait arriver à provoquer la formation d'une Société qui effectuerait ces opérations et bénéficierait des avantages qui y étaient attachés. C'est ainsi qu'il fut amené à faire la cité du boulevard Kellermann, la rue Jonquoy et Chanudet et diverses cités dans les environs de Paris. Il a le regret de n'être pas encore arrivé à constituer la Société dont il rêve la formation. Il a cependant obtenu un résultat, celui de faire baisser le prix des terrains dans les quartiers excentriques, ou, tout au moins, à engager les propriétaires à percer leurs champs par des rues et à vendre les terrains en bordure par petits lots avec facilités de paiement. Toute la plaine de Montrouge, où, il y a quatre ans environ, la charrue passait en pleine liberté, est maintenant couverte de petites maisons.

Nous ne dirons pas que toutes ces habitations sont exemptes de reproches, mais nous pouvons affirmer qu'il vaut mieux habiter une maison en plein air, qu'une caserne dans des rues encombrées.

Miss Octavia Hill a employé, à Londres, la méthode d'acquérir des maisons en mauvais état, habitées par les personnes les plus pauvres, de les approprier, de les louer ensuite. Aujourd'hui, les opérations, qui d'abord ne furent pas heureuses, font rapporter 6 % au capital. Miss Hill visite elle-même ses locataires et leur donne des conseils; elle leur vient en aide quand ils ne peuvent pas la payer, mais elle est inflexible pour ceux qui ne se conduisent pas bien. Nous avons vu que l'association métropolitaine a abandonné ce système d'exploitation de maisons, qui ne peut être adopté que par des personnes disposant d'un temps considérable dont elles ont fait le sacrifice.

Beaucoup de dames à Paris visitent des familles qui habitent de petits logements. Elles viennent en aide à ceux qui tiennent proprement leur intérieur.

M. Renckoff, pasteur protestant, a, pendant de longues années, administré gratuitement les maisons à petits logements appartenant à M. de Pourtalès. Il a établi les prix de façon à faire rapporter 4 % au capital. Il tenait à ce que les logements fussent propres.

En Amérique, Miss Collins a suivi à New-York l'exemple donné en Angleterre par Miss Octavia Hill.

D'après M. Raffalowich, voici comment elle a opéré. Elle a loué et acheté divers immeubles dans le plus triste état, et, grâce à ses efforts personnels, le niveau des habitants s'est élevé également. Elle a touché en 3 ans près de 40 000 fr. de loyers ; les non-valeurs ont été de 1 1/2 %. Les trois premières années, le revenu a été de 4 %, depuis 1863, il est de 6 %.

Plusieurs personnes font à New-York de la charité pratique ainsi entendue.

M. de Fuisseaux imagina, de son côté, d'intéresser l'ouvrier à la bonne tenue de l'habitation. Il acquit à cet effet des maisons sur le taux de 10 % de revenu brut ; il préleva d'abord les charges, puis un intérêt de 5 % pour le capital, et il distribua le reste au prorata de la valeur des loyers.

Cette méthode peut servir quand on trouve des immeubles rapportant 10 % ; nous avouons que, malgré notre ardent désir d'en acheter, nous n'y sommes pas encore parvenus. Ce ne sont donc que des exceptions sur lesquelles il est impossible de baser un système.

TROISIÈME PARTIE

DOCUMENTS RELATIFS A LA CONSTRUCTION DE MAISONS D'OUVRIERS AINSI QU'A LA CONSTITUTION D'UNE SOCIÉTÉ ET A SON FONCTIONNEMENT.

STATUTS DE SOCIÉTÉS D'HABITATIONS OUVRIÈRES.

————

1° Sociétés de Bienfaisance.

2° Sociétés anonymes.

3° Sociétés coopératives à capital variable.

————

CHAPITRE XII

Marche à suivre pour constituer une société.

———

La première édition de notre ouvrage sur les habitations ouvrières a été terminée par les statuts d'une société, que nous voulions fonder, qui devait avoir pour objet de fournir aux petits employés et aux travailleurs à ressources restreintes, des logements sains, commodes et économiques.

Quelques démarches suffirent pour réunir un capital de cent mille francs, fourni par une dizaine de personnes qui sont toujours prêtes à contribuer de leur temps et de leur argent lorsqu'on fait appel à leur dévouement ; — et nous envoyâmes quatre mille exemplaires d'une circulaire, que nous reproduisons ci-après, à toutes les notabilités financières parisiennes, pour obtenir le million que nous estimions nécessaire au commencement de nos opérations.

Le résultat de l'envoi de notre circulaire fut nul. Les souscripteurs d'actions susceptibles de rapporter seulement 4 p. % d'intérêt, ne cèdent à Paris qu'à des instances personnelles ; or, ces visites exigent beaucoup de temps et souvent une abnégation qui ne se rencontre pas facilement.

C'est ce qui est arrivé aux auteurs du présent travail. Nous abandonnâmes momentanément le projet de fonder la Société parisienne des Habitations Économiques. Cette idée fut reprise par MM. Meyer et de Plasman, qui, à force de démarches, parvinrent à réunir 30 000 fr. et à fonder la société civile des habitations ouvrières de Passy-Auteuil.

Dans la pensée de ses premiers fondateurs, cette Société devait être une œuvre de bienfaisance pure, destinée à loger les indigents soutenus par le bureau de bienfaisance, mais en examinant la liste des membres dont MM. Meyer et de Plasman avaient obtenu l'adhésion, M. E. Cacheux estima qu'avec de tels éléments on pouvait obtenir des résultats plus considérables, et proposa la transformation de la société civile en société anonyme, au capital de 200 000 fr., dont les statuts devaient être analogues à ceux de la Société des Cités ouvrières de Mulhouse.

Pour faciliter l'organisation et le fonctionnement de la Société, M. E. Cacheux offrit de la mettre en son lieu et place, moyennant le remboursement de ses déboursés, pour entreprendre la troisième opération qu'il avait commencée sur un terrain de 5 000 mètres, situé impasse Boileau.

La proposition fut acceptée ; pour éviter des frais, M. E. Cacheux ne vendit à MM. Dietz-Monnin et Meyer, que ses terrains libres, et il accepta, en échange de ses dix maisons, des actions libérées, qui furent rachetées au pair par MM. Dietz-Monnin et Meyer, jusqu'à concurrence de 9 000 francs.

L'accord établi, on se mit à l'œuvre, et on nomma un conseil d'administration qui compta parmi ses membres, MM. Dietz-Monnin, Cheysson, Meyer, de Plasman, Zopff, Leroy-Beaulieu, Chaix, le docteur Blanche, Émile Cacheux et Caillas.

Le conseil, assisté de M. Marcellin Estibal, avocat à la cour d'appel, consacra plusieurs séances à la discussion des statuts proposés par MM. Jozon, Poletnich et Théret, notaires à Paris, qui s'étaient inspirés de ceux que nous avions établis pour fonder la Société Parisienne des Habitations Économiques.

Les principales discussions qui ont eu lieu à l'occasion des statuts furent relatives à la forme de la société et à la valeur des actions, qui fut arrêtée à 100 fr.

Au début, on avait adopté la forme civile, pour éviter des frais concernant la patente et la publicité, ainsi que toutes les conséquences de la commercialité ; mais, comme dans une société civile chaque membre est responsable, non pas uniquement du montant d'une mise quelconque, mais, de la totalité des pertes possibles de la société, sauf bien entendu l'effet de recours et de subdivision entre associés, il en résultait qu'en souscrivant une seule action, on pouvait s'exposer à perdre une forte somme ; c'est pourquoi on adopta la forme d'une société anonyme. Dans une société de ce genre, on n'est plus exposé qu'à la perte du montant des actions souscrites.

Toutefuis, cette décision a été prise et mise en pratique plutôt pour calmer des craintes exagérées, qu'en vue d'un danger réel à courir par les actionnaires. — Nous ne croyons pas qu'une société qui a pour but de construire des habitations économiques dans une ville comme Paris puisse faire de mauvaises affaires, quand elle est administrée avec désintéressement et honnêteté.

Du moment qu'on doit donner 4 p. % au plus aux actionnaires, on éloigne les spéculateurs ; en fixant les prix des logements de façon à ne faire rapporter que 4 p. % net à l'argent employé à les construire, on a la certitude de pouvoir choisir ses locataires. Dans le cas particulier dont il s'agit, la Société de Passy-Auteuil avait toutes les chances possibles de réaliser son programme, car M. E. Cacheux lui cédait, au prix de 13 fr. 20 le mètre, du terrain attenant à d'autres non bâtis dont le propriétaire demandait 50 fr., et elle avait la certitude d'avoir des acquéreurs sérieux par suite des nombreuses demandes faites pour devenir propriétaire des maisons qu'elle venait d'acquérir.

Le montant de la valeur des actions ne fut fixé qu'après de longues délibérations, car le capital d'une société divisé en actions de cent francs ne peut être supérieur à 200 000 fr. Néanmoins on maintint ce chiffre pour ne pas éliminer les premiers souscripteurs.

La question de la rémunération des administrateurs a été également agitée. On proposa de leur donner des jetons de présence, mais cette motion fut rejetée.

Nous croyons qu'il sera difficile d'établir des statuts plus conformes au but d'une société philanthropique que ceux de la Société des Habitations ouvrières de Passy-Auteuil ; c'est pourquoi nous les reproduisons ci-après.

Notre avis est, toutefois, qu'il est nécessaire d'émettre des actions de 500 fr. et non de 100 fr.

SOCIÉTÉ ANONYME DES HABITATIONS OUVRIÈRES DE PASSY-AUTEUIL

—

STATUTS

—

Par-devant M⁰ Auguste JOZON et M⁰ POLETNICH, notaires à Paris, soussignés,

Ont comparu :

Lesquels ,

Désireux d'appliquer à Paris l'idée si heureusement expérimentée en divers centres, notamment en Alsace, de construire des habitations à bon marché et de les louer à des ouvriers et petits employés moraux et économes, en comprenant dans le loyer un amortissement, qui leur permette de devenir propriétaires de ces habitations au bout d'un certain nombre d'années,

Ont résolu de fonder une Société étrangère à toute idée de spéculation, comme à toute opinion politique et religieuse, et dont le capital aurait pour toute rémunération un intérêt maximum de quatre pour cent par an.

Ces principes établis, ils ont arrêté, ainsi qu'il suit, les statuts d'une Société anonyme, pouvant servir de type et donner son patronage moral à la formation de toutes autres Sociétés locales et indépendantes qui viendraient à se constituer dans le même but.

TITRE PREMIER

FORMATION DE LA SOCIÉTÉ. — DÉNOMINATION. — SIÉGE. — DURÉE.

ARTICLE PREMIER. — Il est formé par ces présentes une Société anonyme, conformément à la loi du 24 juillet 1867, entre :

Les comparants, fondateurs de cette Société,

Et tous ceux qui sont ou deviendront, par voie de souscription ou autrement, propriétaires des actions créées pour représenter son fonds social.

Cette œuvre est exclusivement philanthropique et reste étrangère à toute opinion politique ou religieuse.

ART. 2. — La Société prend la dénomination de :

Société anonyme des habitations ouvrières de Passy-Auteuil.

Ce titre pourra être modifié ultérieurement si le Conseil d'administration le juge convenable.

ART. 3. — La durée de la Société sera de trente années, à compter du jour de sa constitution définitive, sauf les cas de prorogation, de dissolution ou de fusion, prévus aux présents statuts.

ART. 4. — Elle aura son siége à Paris, dans le local qui sera choisi lors de sa constitution définitive.

TITRE II

OBJET DE LA SOCIÉTÉ.

ART. 5. — Cette Société a pour but de venir en aide aux ouvriers et petits employés du département de la Seine, en créant, aidant à créer, ou acquérant des habitations sainement et convenablement construites, qui leur seront louées ou vendues à des prix modérés et avec toute facilité de libération.

Ses opérations comprendront :

L'achat et la mise en valeur de tous terrains et immeubles situés dans le département de la Seine ;

La réalisation de tous échanges ;

L'édification des maisons d'habitation destinées exclusivement aux ouvriers et petits employés ;

La location pure et simple ou avec promesse de vente, la vente ferme ou sous conditions, des terrains et maisons dont la Société sera propriétaire ;

Et, s'il y a lieu, le rachat par elle des immeubles qu'elle aura vendus.

La Société fera, s'il y a lieu, l'application de tous systèmes déjà expérimentés qui répondraient au but de la fondation ou créera tous nouveaux genres d'habitations.

Elle étudiera et appliquera toute combinaison de nature à faciliter le paiement des loyers et prix de vente.

TITRE III

FONDS SOCIAL. — ACTIONS. — VERSEMENTS. — TRANSMISSION
DES ACTIONS.

ART. 6. — Le fonds social est fixé à *deux cent mille francs*.
Il est divisé en deux mille actions de cent francs chacune.

ART. 7. — Pour constater la souscription des actions, il sera remis à
chaque souscripteur un récépissé nominatif qui servira de titre provisoire.

Les titres définitifs ne seront délivrés qu'après l'entière souscription du
capital social et la constitution définitive de la Société.

ART. 8. — Chaque action donne droit sans distinction à une part égale
de la propriété du fonds social.

Les dividendes de toute action sont valablement payés au porteur du
coupon.

ART. 9. — Le Conseil d'administration emploiera les fonds disponibles, de préférence, à l'extension des opérations de la Société.

ART. 10. — Les titres définitifs des actions seront au porteur.

Ils seront détachés de registres à souche, frappés d'un timbre sec à
l'usage de la Société, revêtus d'un numéro d'ordre et signés par deux administrateurs.

ART. 11. — Les actionnaires ne seront tenus des engagements de la
Société que jusqu'à concurrence du montant des actions dont ils sont propriétaires.

Il ne peut, en aucun cas, être fait d'appels de fonds au delà du montant
des actions.

ART. 12. — Les actions sont indivisibles à l'égard de la Société, qui ne
reconnaît qu'un seul propriétaire pour chaque action.

Tous les propriétaires indivis d'une action sont tenus de se faire représenter auprès de la Société par une seule et même personne.

ART. 13. — Les droits et obligations attachés à l'action suivent le titre
dans quelque main qu'il passe.

La possession d'une action emporte de plein droit et implique d'ailleurs
adhésion aux statuts de la Société ainsi qu'à toute délibération du Conseil
d'administration et de toute Assemblée générale.

Les héritiers, créanciers ou ayants cause d'un actionnaire ne peuvent,
sous aucun prétexte, demander un partage ou une licitation, former une
opposition, provoquer une apposition de scellés sur les livres, registres,
papiers et valeurs de la Société, ni s'immiscer dans son administration.

Ils devront, pour l'exercice de leurs droits, s'en rapporter exclusivement aux inventaires sociaux, aux délibérations de l'Assemblée générale et aux décisions du Conseil d'administration.

TITRE IV

APPORTS.

ART. 14.

I. — *Apport de MM. Dietz-Monnin et E. Meyer.*

MM. Dietz-Monnin et E. Meyer apportent conjointement :

Un ensemble de terrains d'une contenance totale de quatre mille huit cent soixante-cinq mètres quatre-vingt-quatorze centimètres (4 865^{mq},94), situés à Paris-Auteuil (XVIe arrondissement), rue Boileau, n° 86, impasse Boileau (ancienne impasse des Pauvres) et passage Boileau ;

Lesquels terrains ont été par eux acquis conjointement de M. Cacheux, comparant, suivant contrat passé devant lesdits Me Auguste Jozon et Me Poletnich, notaires à Paris, le douze janvier mil huit cent quatre-vingt-deux.

II. — *Apport de M. Cacheux.*

M. Cacheux apporte :

Un ensemble de constructions lui appartenant et comprenant dix maisons par lui élevées sur une portion, — située passage Boileau et d'une contenance totale d'environ mille quarante mètres (1 040^{mq}), — des terrains qu'il a vendus à MM. Dietz-Monnin et Meyer aux termes dudit contrat de vente du douze janvier mil huit cent quatre-vingt-deux ;

Lesquelles maisons ont leur entrée sur ledit passage par l'impasse Boileau.

ART. 15. — En représentation de leurs apports, il est attribué :

1° A MM. Dietz-Monnin et E. Meyer conjointement sept cent trente (730) actions de la présente Société entièrement libérées ;

2° Et à M. Cacheux, trois cent quatre-vingts (380) desdites actions aussi entièrement libérées.

Les huit cent quatre-vingt-dix (890) actions, constituant le surplus des deux mille (2 000) actions du capital social, sont émises contre espèces, et le capital en est immédiatement et intégralement versé par chacun des souscripteurs.

TITRE V

ADMINISTRATION.

Art. 16. — La Société sera représentée par un Conseil d'administration composé de neuf membres au moins, et dix-huit membres au plus, qui seront nommés par l'Assemblée générale des actionnaires.

Art. 17. — Les membres du Conseil d'administration seront nommés pour le premier exercice par l'assemblée générale, dite *constituante*, et ensuite par l'Assemblée générale annuelle.

Leur nomination et leur acceptation seront constatées par un procès-verbal que dressera le bureau de l'Assemblée.

Art. 18. — Chaque administrateur doit être propriétaire de cinq actions qui sont inaliénables pendant la durée de ses fonctions et affectées à la garantie de sa gestion.

Les titres de ces actions sont déposés dans la caisse sociale et frappés d'un timbre indiquant l'inaliénabilité.

Art. 19. — Les administrateurs ne peuvent être nommés pour plus de trois ans.

Le renouvellement se fera par tiers, chaque année.

L'ordre de sortie sera déterminé, pour les deux premières périodes, par voie de tirage au sort et ensuite d'après l'ancienneté.

Les administrateurs sortants peuvent être réélus.

Art. 20. — En cas de décès, démission ou empêchement de l'un de ses membres, le Conseil d'administration pourvoit à son remplacement, sauf ratification de l'Assemblée générale.

Art. 21. — Chaque administrateur doit, dans la huitaine de sa nomination, déposer dans la caisse de la Société les cinq actions dont il est question sous l'article 18 ci-dessus.

Art. 22. — Chaque année, le Conseil d'administration nomme un président, un vice-président, un trésorier et un secrétaire, lesquels pourront être réélus.

A défaut de président et de vice-président, c'est le plus âgé des membres qui préside le Conseil d'administration.

Art. 23. — Le Conseil d'administration se réunit au siége de la Société, aussi souvent que l'intérêt de la Société l'exige et au moins une fois par trimestre.

Tous les membres sont convoqués, par lettres, à domicile.

Chacun des administrateurs a le droit de provoquer la réunion du Conseil.

Pour la validité des délibérations, la présence de cinq membres au moins est nécessaire.

Les décisions sont prises à la majorité des membres présents ; en cas de partage, la voix du président est prépondérante.

Nul ne peut voter par procuration dans le sein du Conseil d'administration.

ART. 24. — Les membres du Conseil d'administration ne contractent, à raison de leur gestion, aucune obligation personnelle ni solidaire relativement aux engagements de la Société.

Ils ne sont responsables que de l'exécution de leur mandat dans les termes de droit.

ART. 25. — Le Conseil d'administration est investi des pouvoirs les plus étendus pour la gestion et l'administration des affaires de la Société; il est notamment et spécialement entendu qu'il pourra :

Faire tous règlements ;

Pourvoir à toutes dépenses ;

Faire tous achats, ventes, échanges et rachats d'immeubles ;

Arrêter tous plans, devis et modes de constructions ;

Faire tous achats de matériaux ;

Passer tous marchés, statuer sur tous contrats en participation avec des Sociétés ou des particuliers ;

Consentir tous baux et locations et, s'il y a lieu, toutes promesses de vente ;

Toucher toutes sommes dues à la Société ;

Accepter et recevoir tous dons et legs ;

Donner ou autoriser tous désistements et mainlevées avant comme après et même sans paiement ;

Faire tous emprunts, soit avec amortissement et à long terme, soit par voie d'émission d'obligations, souscrire toutes affectations hypothécaires et conférer toutes autres garanties sur tous les biens et valeurs de la Société ;

Traiter, transiger, compromettre en toutes circonstances et en tout état de cause, donner tous acquiescements, faire toutes remises à tout débiteur ;

Suivre tant en demandant qu'en défendant, sur toutes actions judiciaires ;

Faire tous emplois de capitaux, toutes conversions de titres, tous retraits de fonds et valeurs, tous transferts, transports et aliénations de titres et créances, déterminer le placement des fonds disponibles, et régler l'emploi de la réserve ;

Nommer et remplacer tous employés et agents, déterminer leurs attributions et fixer leurs traitements ;

Et, en général, délibérer et statuer sur tous intérêts, affaires et questions pouvant rentrer dans l'administration et la représentation de la Société, les pouvoirs ci-dessus n'étant qu'indicatifs et non limitatifs des droits du Conseil d'administration.

ART. 26. — Le Conseil d'administration peut déléguer des pouvoirs à un ou plusieurs de ses membres par un mandat spécial et pour des affaires déterminées.

Il peut conférer des pouvoirs permanents pour les affaires courantes.

ART. 27. — Les transferts de rentes et effets publics appartenant à la Société, les actes d'acquisition, de vente, échange et rachat de propriétés immobilières, les mandats sur les maisons de banque et sur tous les dépositaires de fonds, les acquits, endossements et quittances de toutes sommes dues à la Société, les désistements et mainlevées, les transactions, compromis et marchés, ainsi que tous actes portant engagement de la part de la Société, doivent être signés par deux administrateurs, à moins qu'il ne convienne au Conseil de donner par délibération expresse une délégation spéciale soit à l'un de ses membres, soit à un mandataire, même étranger à la Société.

ART. 28. — Les fonctions d'administrateur sont gratuites.

TITRE VI

COMMISSAIRES.

ART. 29. — Il est nommé chaque année en Assemblée générale un ou plusieurs commissaires, associés ou non, pour exercer la mission de vérification et de surveillance avec les attributions que leur confère la loi.

TITRE VII

ASSEMBLÉES GÉNÉRALES.

ART. 30. — Les Assemblées générales régulièrement convoquées et constituées, représentent l'universalité des actionnaires.

ART. 31. — Il sera tenu chaque année une Assemblée générale ordinaire dans le courant du mois de mars.

Art. 32. — Préalablement à la constitution définitive de la Société, et après avoir fait constater la souscription du capital social, les fondateurs devront convoquer les Assemblées générales constituantes prévues par la loi du vingt-quatre juillet mil huit cent soixante-sept, pour délibérer sur la vérification des apports et avantages stipulés aux présents statuts, la sincérité de la déclaration sur les souscriptions et versements, l'approbation de ces apports et avantages, la nomination de un ou des commissaires.

Art. 33. — Les actionnaires pourront être réunis en Assemblée générale extraordinaire, toutes les fois que le Conseil d'administration le jugera utile, et par les Commissaires en cas d'urgence.

Les réunions des Assemblées générales se tiendront à Paris.

Le Conseil d'administration fixera le jour et le lieu de chaque réunion.

Art. 34. — Tout titulaire d'actions est de droit membre de l'Assemblée générale.

Nul ne peut être porteur de pouvoirs d'actionnaires, s'il n'est actionnaire lui-même.

La forme des pouvoirs est déterminée par le Conseil d'administration.

L'Assemblée générale est légalement constituée, lorsqu'elle représente la moitié au moins du capital social pour les Assemblées extraordinaires, et le quart, pour les Assemblées ordinaires.

Art. 35. — Dans toute Assemblée générale, les délibérations sont prises à la majorité des voix ; il sera tenu une feuille de présence qui contiendra les noms et domiciles des actionnaires, le nombre des actions pour lequel chacun d'eux est admis à l'Assemblée et le nombre de voix qu'il peut avoir.

Chaque action donnera droit à une voix.

Mais aucun actionnaire ne peut disposer en son nom, ou comme mandataire, de plus de dix voix.

Art. 36. — Les convocations pour les Assemblées seront faites au moins dix jours d'avance, par avis dans un des journaux destinés aux annonces légales du département de la Seine, au choix du Conseil d'administration.

Pour la convocation des Assemblées extraordinaires, les avis indiqueront l'objet de la réunion.

Art. 37. — Dans le cas où, sur une première convocation, les actionnaires présents ou représentés ne rempliraient pas les conditions imposées pour constituer l'Assemblée générale, il sera procédé à une seconde convocation à dix jours d'intervalle au moins.

Les délibérations prises par l'Assemblée générale dans cette seconde réunion sont valables, quel que soit le nombre d'actions représentées ; mais elles ne peuvent porter que sur les objets mis à l'ordre du jour de la première réunion et indiqués dans les avis de convocation.

Art. 38. — Le Président du Conseil d'administration est de droit Président de toute Assemblée générale.

En cas d'absence ou d'autres empêchements, il est remplacé par le vice-président ou l'un des autres membres du Conseil délégué à cet effet.

Les deux plus forts actionnaires présents sont appelés à remplir les fonctions de scrutateurs.

Le bureau désignera le secrétaire pour les Assemblées constituantes.

Pour les autres Assemblées, le secrétaire sera désigné par le Conseil d'administration.

Art. 39. — L'ordre du jour des Assemblées annuelles est arrêté par le Conseil d'administration, après avoir été soumis aux commissaires.

Il est indiqué sommairement dans les avis de convocation pour les Assemblées générales.

Il ne peut y être fait aucun changement ni addition.

Les propositions à l'ordre du jour sont les seules qui peuvent être mises en délibération.

Art. 40. — L'Assemblée générale annuelle entend le rapport du Conseil d'administration sur la situation des affaires sociales et celui du ou des commissaires sur les comptes.

Elle discute ces comptes et les approuve, s'il y a lieu.

Elle nomme les administrateurs et commissaires.

Elle délibère et statue souverainement sur tous les intérêts sociaux, dans les limites des statuts et de la loi.

Elle confère, soit au Conseil d'administration, soit aux commissaires de surveillance, tous pouvoirs supplémentaires qu'elle reconnaîtrait utiles.

La délibération contenant approbation du bilan et des comptes est nulle, si elle n'a été précédée du rapport du ou des commissaires.

Sur la proposition du Conseil d'administration, elle fixe le dividende, *lequel ne peut, dans aucun cas, dépasser quatre pour cent.*

Art. 41. — Les délibérations des Assemblées générales sont constatées par des procès-verbaux qui sont signés par le Président et le secrétaire et transcrites sur un registre spécial.

Les copies ou extraits à produire en justice ou ailleurs sont certifiés et signés par le Président du Conseil d'administration ou, à son défaut, par l'un des autres membres du Conseil.

Art. 42. — Les délibérations des Assemblées générales prises conformément aux statuts sont obligatoires pour tous les actionnaires, même absents, dissidents ou incapables.

TITRE VIII

ÉTATS SEMESTRIELS. — COMPTES - INVENTAIRES.
COMPTABILITÉ.

ART. 43. — L'année sociale commence le 1er janvier et finit le 31 décembre.

Le premier exercice comprendra le temps écoulé du jour de la constitution définitive de la Société au 31 décembre suivant.

Il sera dressé chaque semestre, fin juin et fin décembre, un état sommaire de la situation active et passive de la Société, qui sera mis à la disposition des commissaires.

Il sera, en outre, établi chaque année au 31 décembre, conformément à l'article 9 du Code de Commerce, un inventaire général contenant l'indication de toutes les valeurs mobilières et immobilières, ainsi que de toutes les créances actives et dettes passives de la Société.

Ces documents devront être remis aux commissaires dans les délais prescrits par la loi.

Quinze jours au moins avant la réunion de l'Assemblée générale, tout actionnaire peut prendre au siège social communication de l'inventaire et de la liste des actionnaires, et se faire délivrer copie du bilan résumant l'inventaire et du rapport des commissaires.

Les inventaires sociaux formeront titres à l'égard de tous les associés et seront obligatoires vis-à-vis de leurs héritiers et représentants, qui seront tenus d'accepter le dernier inventaire pour la fixation de leurs droits, sans pouvoir exercer aucun contrôle sur les inventaires antérieurs.

TITRE IX

DIVIDENDES. — FONDS DE RÉSERVE.

ART. 44. — Les produits de l'entreprise serviront d'abord à acquitter les dépenses d'entretien, les frais d'administration, l'amortissement des emprunts, s'il en avait été contracté, et généralement toutes les charges sociales.

ART. 45. — Après l'acquit des charges, il sera prélevé chaque année un vingtième de l'excédent des recettes pour constituer un fonds de réserve, jusqu'à ce qu'il ait atteint le dixième du capital social.

Le surplus constituera le résultat net.

Mais, étant rappelé le but et le caractère de la Société, *il n'y aura point à proprement parler de dividends, en dehors d'une allocation maximum de quatre pour cent l'an du capital versé.*

En conséquence, ce résultat net sera appliqué :

1° Au service de cette allocation maximum de quatre pour cent au capital-actions ;

2° Et, en cas d'excédent, à la constitution d'un fonds de réserve extraordinaire, mais disponible immédiatement à la volonté du Conseil, ou à tout autre emploi que le Conseil jugera convenable à l'intérêt social et au développement des opérations de la Société.

ART. 46. — A l'expiration de la Société et après l'acquit des dettes et charges, les fonds provenant du fonds de réserve, ainsi que tout le surplus de l'actif social, seront partagés entre toutes les actions.

ART. 47. — Tous les intérêts qui ne sont pas réclamés dans les cinq ans de leur exigibilité sont prescrits au profit de la Société.

TITRE X

MODIFICATION AUX STATUTS. — DISSOLUTION
LIQUIDATION.

ART. 48. — Si l'expérience faisait reconnaître la nécessité d'apporter des modifications ou additions aux présents statuts, l'Assemblée générale est autorisée à y pourvoir dans la forme déterminée par l'article 36 qui précède.

ART. 49. — Le Conseil d'administration peut, à toute époque et pour quelque cause que ce soit, proposer à une Assemblée générale extraordinaire la dissolution anticipée et la liquidation de la Société.

La perte des deux tiers du capital social entraîne de plein droit la dissolution de la Société.

A l'expiration de la Société ou en cas de dissolution anticipée, l'Assemblée générale, sur la proposition du Conseil d'administration, règle le mode de liquidation et nomme, s'il y a lieu, des liquidateurs.

Toutes les valeurs provenant de la liquidation seront employées, avant toute répartition entre les actionnaires, à l'extinction du passif.

Les liquidateurs pourront, en vertu d'une délibération de cette Assemblée, faire le transport à une autre Société des droits, actions et obligations de la Société dissoute.

De plus, pendant la durée de la liquidation les pouvoirs de l'Assemblée générale se continuent : elle a notamment le droit d'approuver les comptes de la liquidation et d'en donner quittance.

La nomination des liquidateurs met fin aux pouvoirs des administrateurs.

TITRE XI

CONTESTATIONS.

Art. 50. — Dans le cas de contestations, tout actionnaire devra faire élection de domicile à Paris et toutes notifications et assignations seront valablement faites au domicile par lui élu, sans égard à la distance du domicile réel.

A défaut d'élection de domicile expresse, cette élection aura lieu de plein droit pour les notifications judiciaires au parquet du procureur de la République près le Tribunal de première instance de la Seine.

Le domicile élu formellement ou implicitement, comme il vient d'être dit, entraînera attribution de juridiction aux Tribunaux compétents du département de la Seine.

De convention expresse, aucun actionnaire ne pourra intenter une demande en justice contre la Société, sans que cette demande ait été préalablement déférée à l'Assemblée générale des actionnaires, dont l'avis devra être soumis aux tribunaux compétents, en même temps que la demande elle-même.

TITRE XII

CONSTITUTION DÉFINITIVE DE LA SOCIÉTÉ.

Art. 51. — La Société ne sera définitivement constituée qu'après exécution de l'ensemble des conditions suivantes :

La souscription de la totalité des actions restant à émettre contre espèces et le versement par chaque actionnaire de la totalité du capital des actions par lui souscrites ;

La déclaration imposée aux fondateurs de ladite Société, pour faire constater ces souscription et versement ;

La réunion des deux Assemblées générales, dites constituantes, qui ont à faire apprécier la valeur des apports et la cause des avantages stipulés aux présents statuts et à délibérer sur la sincérité de la déclaration qu'auront faite les fondateurs.

L'approbation à donner aux apports et avantages.

La nomination par l'Assemblée générale des premiers administrateurs et d'un ou des commissaires, et l'acceptation de leurs fonctions par tous les administrateurs et commissaires.

Art. 52. — *Publications légales.* — Dans le mois de la constitution définitive de la Société, le Conseil d'administration devra remplir les formalités de dépôt et de publication prescrites par la loi.

Tous pouvoirs sont donnés à cet effet au porteur des pièces à déposer et publier.

Dont acte :

Fait et passé à Paris en

Et ont, les comparants, signé avec les notaires, après lecture faite.

COMPAGNIE IMMOBILIÈRE DE LILLE.

ÉTUDE DE M⁰ DEFONTAINE, NOTAIRE A LILLE.

PAR DEVANT M° Jules-Louis-Justin DEFONTAINE et son collègue, notaires à Lille (Nord), soussignés,

ONT COMPARU :

Lesquels ont exposé ce qui suit :

L'agrandissement de Lille ne réalisera le plus important des avantages qu'il est permis d'en attendre que s'il procure à la population ouvrière de Lille, avec l'air et l'espace qui lui manquaient, des logements réunissant toutes les conditions possibles de bien-être et d'économie. Or, il faut le reconnaître, la population ouvrière est impuissante par elle-même à tirer parti des ressources que lui promet l'enceinte agrandie. Sans doute, l'industrie privée ne restera pas inactive ; mais le soin d'assurer la rémunération de son capital peut lui faire négliger les conditions de salubrité, de solidité des constructions et la modération du prix des loyers.

Pour assurer à la classe ouvrière les bienfaits de l'agrandissement de la ville, au point de vue de l'amélioration des logements et de l'abaissement relatif des loyers, le moyen le plus efficace paraît donc de créer une compagnie disposant de ressources imposantes et dont la constitution reposerait sur les bases suivantes :

Attirer les capitaux par une sécurité absolue et par une rémunération réduite en raison même de cette sécurité ;

Obtenir le concours des administrations publiques pour l'achat, à prix modéré, des terrains les plus convenables ;

Adopter, après une étude approfondie, les plans qui devront le mieux remplir les conditions de salubrité, de solidité et d'économie ;

Agencer les constructions de manière à en permettre la division, les céder aux ouvriers au prix de revient, faciliter le paiement de ce prix par des termes en rapport avec la formation des épargnes.

Et pour réaliser ce programme, les comparants ont arrêté, ainsi qu'il suit, les statuts de la Société qu'ils se proposent de former :

TITRE PREMIER

FORMATION, SIÈGE, DURÉE, DÉNOMINATION DE LA SOCIÉTÉ.

ARTICLE PREMIER. — Il est formé une Société entre tous les souscripteurs des actions ci-après créées.

Cette Société sera civile.

ART. 2. — Le siège de la Société sera établi à Lille.

ART. 3. — La durée de la Société est fixée à cinquante années qui commenceront le jour de la constitution définitive de ladite Société et finiront à pareille époque de dix-neuf cent dix-sept.

La Société sera dissoute avant l'expiration de ce terme, par le fait de la vente de toutes les maisons qu'elle aura pu édifier et de la rentrée intégrale du prix de cette vente.

ART. 4. — La Société prendra le titre de *Compagnie Immobilière de Lille*.

TITRE II

FONDS SOCIAL.

ART. 5. — Le capital est fixé à la somme de deux millions de francs.

Il est représenté par quatre mille actions de cinq cents francs.

Le capital pourra être augmenté par délibération de l'assemblée générale des Actionnaires.

La Société sera définitivement constituée aussitôt que douze cents actions auront été souscrites.

Le montant des actions sera payable à Lille, sur l'appel qui en sera fait, à mesure des besoins de la Société, par le Conseil d'administration dont il sera parlé ci-après.

Le montant de chaque appel ne pourra excéder cent francs par action.

Le délai dans lequel devront s'effectuer les versements ne pourra être moindre de trente jours.

TITRE III

OBJET DE LA SOCIÉTÉ.

ART. 6. — La société aura pour objet :

1° L'acquisition de terrains propres à recevoir les constructions ;

2° La construction de maisons destinées à servir de logement à la population ouvrière, et de toutes dépendances qui seraient jugées nécessaires par le Conseil d'administration.

3° La location de ces maisons ;

Le loyer annuel des maisons construites par la Société ne pourra excéder 8 p. 100 du prix de revient, indépendamment des contributions et de la prime d'assurance contre l'incendie.

4° La vente de ces maisons au prix de revient ;

5° Le rachat, s'il y a lieu, des maisons construites par la Société et qui viendraient à être revendues par les acquéreurs.

Toute autre opération est formellement interdite.

TITRE IV

DES ACTIONS.

ART. 7. — Les actions seront nominatives, jusqu'à ce que leur importance ait été intégralement versée ; le souscripteur primitif sera tenu indéfiniment pour ses cessionnaires des appels de fonds ultérieurs.

En cas de non-paiement dans le délai fixé, le Conseil d'administration pourra, sans autre formalité qu'une simple mise en demeure, faire vendre l'action par le ministère d'un agent de change près la Bourse de Lille, pour le compte de l'actionnaire en retard.

Ce transfert des actions devra se faire par déclaration portée sur un registre spécial, signé du cédant et du cessionnaire, dans la forme et avec la garantie d'identité qui seront réglées par le Conseil d'administration.

TITRE V

CONSEIL D'ADMINISTRATION.

ART. 8. — La Société est administrée par un Conseil de dix membres Cinq membres du Conseil sont nommés par le maire de Lille.

Les cinq autres membres sont nommés par l'assemblée générale des Actionnaires et choisis dans son sein.

Les membres du Conseil d'administration, nommés par l'assemblée générale des Actionnaires, devront être propriétaires de cinq actions, lesquelles demeureront inaliénables pendant toute la durée et pour garantie de leur gestion.

Le Conseil a les pouvoirs les plus étendus pour l'administration de la Société et notamment :

1° De toucher le montant des actions ;

2° De réaliser toutes acquisitions de terrains destinés aux constructions à ériger par la Société ;

3° D'arrêter les plans de ces constructions ;

4° D'établir le cahier des charges relatif à la mise en adjudication des constructions à ériger sur les terrains de la Société, si mieux il n'aime faire construire pour le compte de la Société ;

5° De recevoir ou de refuser ces constructions ;

6° De louer et de vendre ces constructions aux conditions qu'il déterminera, en se renfermant toutefois dans les limites fixées ci-après ;

7° D'emprunter toute somme par voie de constitution d'hypothèques ;

8° De consentir toutes mainlevées d'hypothèques avec ou sans paiement ;

9° De déléguer à trois de ses membres tout ou partie des pouvoirs ;

10° De convoquer, lorsqu'il le jugera à propos, une assemblée générale des Actionnaires.

ART. 9. — Le Conseil d'administration se réunit chaque fois que l'intérêt de la Société le réclame, au moins une fois par mois.

Le Conseil choisit dans son sein un Président, un Vice-Président et un Secrétaire.

Les délibérations du Conseil d'administration sont prises à la majorité des voix, et ne sont valables qu'autant que six membres, au moins, y auront pris part.

En cas de partage, la voix du Président est prépondérante.

La justification à faire vis-à-vis des tiers des décisions du Conseil d'administration résulte de copies ou d'extraits des procès-verbaux certifiés par le Président et par le Secrétaire.

Art. 10. — Les membres du Conseil d'administration sont nommés pour cinq ans et sont indéfiniment rééligibles.

Chaque année un membre du Conseil sera nommé par le maire de Lille, un autre membre sera nommé par l'assemblée générale des Actionnaires.

L'ordre de sortie sera, pour les cinq premières années, déterminé par le sort ; pour les années suivantes, par l'ancienneté des fonctions.

Les fonctions de membre du Conseil d'administration seront gratuites ; elles n'entraîneront d'autre responsabilité que celle résultant de l'accomplissement du mandat.

Art. 11. — Dans la quinzaine de la constitution de la Société, l'assemblée générale des Actionnaires sera convoquée à la diligence du maire de Lille, à l'effet de procéder à la nomination de cinq membres du Conseil d'administration.

TITRE VI

DES LOCATIONS ET DES VENTES.

Art. 12. — 1° Les baux contiendront l'interdiction absolue de sous-louer en totalité ou en partie ;

2° Le prix de vente de chaque maison ne pourra être supérieur au prix de revient ; ce prix sera établi aussitôt après l'achèvement.

Aucune vente ne pourra être consentie que contre paiement du dixième, au moins, du prix, indépendamment des frais de contrat et d'enregistrement.

L'acte de vente contiendra l'interdiction de louer avant le paiement des quatre dixièmes du prix.

L'acquéreur sera indéfiniment tenu, ainsi que les cessionnaires ultérieurs, de respecter l'architecture de la maison et de maintenir les plantations dans leur état primitif.

Il lui sera interdit d'ériger de nouvelles constructions dans les parties laissées libres.

Art. 13. — Nul ne pourra se rendre acquéreur de plus de trois maisons construites par la Société, que ces trois maisons soient ou non contiguës.

La somme restant due par l'acquéreur produira intérêt à raison de 5 p. 100, au profit de la Société.

Le prix de vente devra être intégralement acquitté dans un délai maximum de quinze ans.

L'acquéreur aura la faculté de se libérer par anticipation, même partiellement.

La quotité minima des à-comptes sera fixée par le Conseil d'administration.

TITRE VII

INVENTAIRE GÉNÉRAL.

ART. 14. — Au trente et un décembre de chaque année, il sera dressé, par les soins du Conseil d'administration, un inventaire général de l'actif et du passif de la Société.

L'actif comprendra les terrains et constructions pour leur prix de revient, et les sommes pouvant rester dues sur le prix des maisons vendues.

Le passif se composera de la partie restant due du prix des terrains acquis par la Société, de la partie non remboursée des emprunts, enfin des dépenses non applicables à l'exercice écoulé et non encore acquittées.

TITRE VIII

BÉNÉFICES.

ART. 15. — Les actions auront droit, jusqu'à leur remboursement, à un intérêt annuel de 5 p. 100; le paiement de cet intérêt, qui sera considéré comme dépense nécessaire à la Société, aura lieu à partir du premier janvier de chaque année.

Le bénéfice se composera du produit des locations et des intérêts dus par les acquéreurs, sous déduction :

1° Des dépenses d'administration ;

2° Des frais d'entretien ;

3° Du service des emprunts ;

4° De l'intérêt à servir aux actions.

Après l'approbation de l'inventaire par l'assemblée générale des Actionnaires, le bénéfice disponible et le produit des ventes seront consacrés au remboursement en imputation d'actions de la Société d'une somme équivalente de ladite Société.

Toutefois les rentrées provenant des ventes effectuées pourront, si le Conseil d'administration le juge à propos, être appliquées à de nouveaux achats de terrains et à de nouvelles constructions.

Les actions à rembourser seront, s'il y a lieu, désignées par la voie du sort ; il sera procédé à cette opération dans l'assemblée générale annuelle.

Art. 16. — Lors de la dissolution de la Société, le produit de la réalisation de l'actif sera, jusqu'à due concurrence, consacré au remboursement des actions qui n'auraient pas été remboursées par l'application des bénéfices annuels.

Le surplus sera partagé entre tous les actionnaires.

TITRE IX

ASSEMBLÉE GÉNÉRALE.

Art. 17. — Les actionnaires se réuniront à Lille, en assemblée générale, dans un lieu désigné par le Conseil d'administration, le premier mercredi du mois de mars de chaque année, à deux heures de relevée.

Cette assemblée aura pour objet d'entendre le rapport du Conseil d'administration, sur la situation de la Société, de recevoir communication de l'inventaire au trente et un décembre précédent, d'approuver cet inventaire, de déterminer le nombre des actions à rembourser au moyen des bénéfices réalisés et des ventes effectuées pendant l'exercice précédent, de procéder au tirage au sort de ces actions, de pourvoir au remplacement des membres du Conseil d'administration en exercice.

Art. 18. — L'assemblée générale pourra, en outre, être réunie extraordinairement par le Conseil d'administration, sur une convocation contenant l'ordre du jour.

Les convocations, tant pour l'assemblée générale annuelle que pour les assemblées générales extraordinaires, seront publiées dans le journal d'annonces légales de Lille ; elles seront répétées trois fois au moins, et la première insertion sera faite dix jours au moins avant celui fixé pour la réunion.

Art. 19. — Tout propriétaire d'actions fera partie de l'assemblée générale.

Tout propriétaire d'une action aura droit à une voix ; de cinq actions à deux voix ; de vingt actions, à trois voix ; de trente actions, à quatre voix, et de quarante actions, à cinq voix.

Les actionnaires pourront se faire représenter à l'assemblée générale par un fondé de pouvoirs.

Les procurations ne pourront être données qu'à des actionnaires ; le mandataire, tant pour lui que pour ses mandants, ne pourra réunir plus de cinq voix.

L'assemblée générale est présidée par le Président du Conseil d'administration et, à son défaut, par le Vice-Président. Les deux plus forts actionnaires présents sont adjoints au Président en qualité d'assesseurs, et composent avec lui le bureau.

Le bureau, ainsi formé, désigne le Secrétaire.

TITRE X

INTERDICTION DES SCELLÉS.

ART. 20. — La possession d'une action emporte de plein droit adhésion aux présents statuts et aux décisions de l'assemblée générale.

ART. 21. — Le décès d'un actionnaire n'entraînera pas la dissolution de la Société.

Dans aucun cas, ses héritiers, son épouse, sous quelque régime qu'elle soit mariée, ses créanciers ou ayants droit, ne pourront, sous quelque prétexte que ce soit, provoquer l'apposition des scellés sur les biens, livres, papiers ou valeurs de la Société ; en requérir un inventaire social ou particulier ; en demander la licitation ou le partage, ni s'immiscer en aucune manière dans son administration.

Ils devront, pour l'exercice de leurs droits, s'en rapporter aux inventaires sociaux et aux délibérations de l'assemblée générale, et de plus, s'il y a entre eux indivision à un titre quelconque, ils auront à désigner une personne, chargée seule, pour eux tous, de les représenter dans leurs rapports avec la Société.

TITRE XI

SUR LES CONTESTATIONS.

ART. 22. — Toutes les contestations qui pourront s'élever sur l'exécution des présents statuts, ou à raison de la liquidation de la présente Société, seront jugées à Lille.

TITRE XII

LIQUIDATION.

ART. 23. — La liquidation se fera par les soins des membres composant le Conseil d'administration au moment où s'ouvrira la liquidation.

Les pouvoirs de l'assemblée générale continueront pour la liquidation et pendant toute sa durée.

En cas de perte de vingt-cinq pour cent du capital, la Société sera dissoute de plein droit.

TITRE XIII

INTERVENTION DU MAIRE DE LILLE.

ART. 24. — Aux présentes est intervenu :

M. Charles-Édouard Crespel, maire de la ville de Lille, négociant, chevalier de la Légion d'Honneur, demeurant à Lille ;

Lequel en sa qualité susdite, et en vertu d'une délibération du Conseil municipal, en date du 14 juillet mil huit cent soixante-cinq, dont une expédition est demeurée jointe et annexée après mention à un acte reçu par Mᵉ DEFONTAINE et son collègue, notaires à Lille, les cinq, six, neuf, quinze et vingt-deux janvier mil huit cent soixante-six, a déclaré approuver, en ce qui le concerne, les présents statuts et garantir aux actionnaires de la présente Société, le paiement de l'intérêt annuel de 5 p. 100, stipulé par l'article quinze qui précède, le tout dans les termes de la délibération susénoncée.

TITRE XIV

TRANSFORMATION DE LA SOCIÉTÉ CIVILE EN SOCIÉTÉ ANONYME.

ART. 25. — Les pouvoirs les plus étendus sont donnés au Conseil d'administration pour introduire toute demande à l'effet d'obtenir la transformation de la présente Société en Société anonyme, et pour consentir à cette fin tous changements qui pourraient être requis aux présents statuts.

Dans le cas où la conversion anonyme ne pourrait avoir lieu, l'assemblée générale serait convoquée et se réunirait à l'effet de délibérer de ce qu'il y aurait à faire.

Pour l'exécution des présentes domicile, est élu à Lille, en l'étude de M° DEFONTAINE, l'un des notaires soussignés.

Dont acte fait et passé à Lille, l'an mil huit cent soixante-sept, le sept novembre.

Et après lecture faite, les parties ont signé avec les notaires.

SOCIÉTÉ DES CITÉS OUVRIÈRES DE BARMEN.

Par acte notarié dans l'Assemblée générale *du 3 mai 1872*, avec modifications approuvées par l'Assemblée, le 30 avril et le 25 mai 1875.

TITRE PREMIER

SIÉGE, DURÉE ET ATTRIBUTIONS DE LA SOCIÉTÉ.

§ 1er. — Il est fondé une Société par actions, sous la raison sociale (ci-dessus), qui a son siége dans la ville de Barmen.

§ 2. — Le but de la Société est la création d'habitations saines et à bon marché pour les ouvriers.

§ 3. — Ladite Société est apte à toutes les opérations ayant trait à son but, telles que :

1° Achat et vente de terrains ;

2° Acquisition et vente, fabrication de matériaux de construction ;

3° Construction par régie ou par entreprise ;

4° Location et vente de maisons ;

5° Achat et appropriation de bâtiments.

La Société est en outre autorisée aux opérations suivantes :

1° Emission d'obligations jusqu'à concurrence du capital des actions versé ;

2° Organisation d'une ou de plusieurs associations ouvrières pour construction d'habitations ouvrières ;

3° Admission des dépôts confiés à la Société par ces associations ou par des tiers.

TITRE II

CAPITAL DE FONDATION, ACTIONS, ACTIONNAIRES.

§ 4. — Le capital social est fixé provisoirement à *300 000 mark*; il peut être porté, par décision du Conseil de surveillance, à *600 000 mark*. Il ne peut être élevé davantage sans le vote de l'Assemblée générale.

A chaque augmentation du capital, les actionnaires actuels ont un privilège, au prorata de leurs actions anciennes, sur les actions nouvelles à émettre au cours de la cote de Paris.

§ 5. — Les actions, de *300 mark*, sont au porteur. Elles sont conformes au type ci-annexé, et signées par un membre du Comité directeur, et par un membre du Comité de surveillance.

§ 6. — Les actions sont accompagnées de titres de dividende, suivant le type ci-joint B, pour une durée de dix années, au bout desquelles de nouveaux titres de dividende sont remis contre échange du talon type C, concordant avec les titres de dividende. La Société n'a pas à se préoccuper de la légitimité du porteur qui présente des titres de dividende ou des talons.

§ 7. — Le versement des actions, comme aussi le paiement des dividendes, se fait au bureau de la Société, ou à tel endroit désigné par le Conseil de surveillance.

§ 8. — Le versement des actions se fait en cinq parts de chacune 20 p. 100, dont la première exigible un mois après leur inscription au livre de commerce, et les autres à la demande du Conseil de surveillance.

La date de ces termes est annoncée quatre semaines à l'avance par le Conseil de surveillance.

Au premier versement, on établit les quittances nominales suivant le type D, contresignées par deux membres du bureau. Les versements ultérieurs sont acquittés sur ces feuilles de quittance par les personnes désignées pour l'encaissement suivant le § 7.

Par décision du Conseil de surveillance, du 20 novembre 1874, le capital fut porté à 600 000 mark, et à 900 000 mark par décision de l'Assemblée générale, le 25 mai 1875. Au 1er juin 1875, il y avait 609 600 mark de souscrit.

Le Conseil de surveillance juge des conditions qui peuvent motiver le versement complet des actions, au lieu des parts échelonnées.

Après versement complet de la valeur nominale du titre les feuilles de quittance sont échangées contre le titre d'action ; à ce moment, la Société est autorisée à vérifier les droits de celui qui présente la feuille de quittance, mais elle n'y est pas tenue.

A défaut du paiement des *fractions* en temps utile, le bureau est invité à annoncer ce retard en signalant les numéros des feuilles de quittance qui sont en souffrance , et à les taxer d'un intérêt de 5 p. 100 , en les prorogeant d'un délai qui ne peut être moindre de quatre semaines.

Le bureau est en droit d'accorder successivement deux autres délais semblables, passé lesquels les *fractions* versées sont perdues pour le retardataire , les feuilles de quittance à son ordre sont annulées et passées au nom d'autres actionnaires.

La déclaration annonçant cette mesure doit être faite au moins deux fois par le bureau, à quinze jours d'intervalle, maximum.

Indépendamment de cette déchéance le souscripteur de l'action reste tenu d'acquitter les 40 p. 100 de la *valeur nominale* de l'action qu'*il a souscrite.*

§ 9. — Les titres d'action, feuilles de quittance, titres de dividende ou talons avariés et hors de service peuvent être remplacés par des titres nouveaux, à la condition qu'ils soient encore parfaitement reconnaissables et qu'il ne puisse y avoir doute sur leur *identité*. En dehors de cette condition, il ne peut être refait de titres quelconques qu'après amortissement officiellement prononcé par voie judiciaire.

Les titres de dividende ne sont pas à amortir par voie judiciaire. S'ils ne sont pas présentés dans un délai, de quatre ans, à partir de leur échéance, les dividendes y afférents sont reversibles à la caisse sociale.

Néanmoins, celui qui annonce, avant le délai ci-dessus , la perte d'un titre de dividende, peut, au bout du délai en toucher le montant si le titre n'a pas été présenté et s'il peut prouver d'une façon plausible , par la production des actions ou autrement, qu'il en était propriétaire.

Il n'y a pas non plus *amortissement légal* pour les talons avariés ou perdus.

. . . .

§ 10. — Par la signature ou l'acquisition d'actions ou de feuilles de quittance, les signataires acceptent l'arbitrage du tribunal d'Elberfeld, en cas de contestation quelconque.

TITRE III

FORMATION ET GESTION DU FONDS SOCIAL.

§ 11. — L'année de gestion correspond à l'année ordinaire.

Le bilan annuel est à dater du 31 décembre, mais le bureau l'établit trois mois à l'avance et le soumet à l'approbation du conseil de surveillance.

Le surplus de l'actif, après déduction du passif et des frais d'administration, représente le bénéfice.

Dans le bilan figurent à l'actif :

1° Les recettes de l'année, après encaissement effectif ;

2° Les créances et sommes à recouvrer à leur cote d'inscription, mais seulement après examen de la part du bureau, si elles paraissent douteuses ;

3° Les valeurs en papiers, d'après le cours du jour ;

4° Les matériaux de construction en provision ;

5° Les objets mobiliers quelconques, avec déduction de la moins-value, à tant pour cent, s'il y a lieu ;

6° Toutes les propriétés immobilières, également avec déduction de la moins-value depuis leur acquisition, s'il y a lieu.

Il ne peut être attribué de plus-value qu'aux entreprises qui durent plus d'une année, pendant la période de la construction, et au plus de 5 p. 100 du capital engagé dans ces entreprises.

Les plus-values ne peuvent être inscrites au bilan qu'après examen et approbation du Conseil de surveillance.

Les sommes dues et non payées encore par la Société au moment de l'établissement du bilan, doivent figurer avec celles qui ont été payées dans l'année.

§ 12. — Sur le bénéfice il est prélevé, dans la mesure des circonstances, 4 ou 4 1/2 p. 100, comme dividende aux actionnaires.

Le surplus est partagé par moitié entre le fonds de réserve et l'emploi au profit de la Société, sur avis du conseil de surveillance.

§ 13. — Tant que le fonds de réserve dépasse 20 p. 100 du capital de fondation, le surplus des 4 1/2 p. 100 de bénéfice distribué en dividendes, est employé aux opérations de la Société, définies par l'article 12 des statuts.

Si le bénéfice d'une année ne devait pas suffire à faire les 4 1/2 p. 100 de dividende, ils seraient complétés aux dépens du fonds de réserve.

En cas d'insuffisance du fonds de réserve pour cet objet, le dividende serait prélevé sur le bénéfice de l'année suivante.

Tant que le fonds de réserve est entamé, les opérations de la Société, prévues par l'article § 12, sont suspendues jusqu'à ce qu'il ait repris son niveau normal.

§ 14. — Le bilan établi par le bureau, d'après le § 11, est rendu public.

TITRE IV

ADMINISTRATION.

1. Le bureau.

§ 15. — Le bureau a tous les droits ordinaires qui sont attribués aux bureaux dans les compagnies par actions, d'après le Code de commerce allemand.

§ 16. — Il est composé de trois membres désignés du Conseil de surveillance, dont l'un peut recevoir un traitement.

La durée de la fonction et le traitement sont fixés par le Comité de surveillance.

La nomination est enregistrée par acte notarié et rendue publique par les feuilles de la Société. Aucune fonction ne peut entraîner le droit à une pension de la part de la Société.

§ 17. — La Société constitue la représentation nécessaire.

Les noms des représentants ou fondés de pouvoir, investis d'un mandat notarié, sont rendus publics.

Le Conseil de surveillance nomme le président du bureau, dont les fonctions et les attributions individuelles et collectives sont déterminées par un règlement spécial.

Tous les titres et déclarations ou avis émanés du bureau engagent la Société quand ils portent la signature de la raison sociale et celles de deux membres du bureau.

II. Le Conseil de surveillance.

§ 18. — Le Conseil de surveillance se compose de quinze membres à nommer par l'Assemblée générale. Le vote pour le renouvellement total du Conseil de surveillance se fait tous les trois ans.

Chaque année on procède au vote pour le renouvellement partiel d'un tiers des membres.

Les membres sortants sont désignés par le sort et rééligibles.

Si l'un des membres élus fait défaut pour une cause quelconque, il est remplacé par le choix de ses collègues jusqu'à la prochaine réunion générale. Le membre choisi a à se pourvoir d'une nomination notariée.

§ 19. — Chaque membre du Conseil de surveillance doit être propriétaire de cinq actions et les consigner à la Société pendant la durée de ses fonctions.

Les membres de ce conseil ne sont pas rétribués, mais ils sont indemnisés des déboursés que peut leur occasionner la mission dont ils sont chargés.

§ 20. — Le Conseil de surveillance nomme chaque année un président et son suppléant.

Les séances du Conseil ont lieu chaque fois que les affaires de la Société l'exigent, ou que les membres du Conseil en font la demande.

Les convocations sont faites par le président, et les délibérations sont valables quand neuf membres sont présents.

Les membres ont même voix au scrutin, à part les cas prévus par l'article 24 ; les décisions sont prises à la majorité des voix ; en cas de partage, le président décide.

§ 21. — Si le scrutin ne donne aucun résultat de majorité absolue après une première séance de vote, on procédera suivant les prescriptions de l'article 30.

§ 22. — Indépendamment du renouvellement normal du Conseil de surveillance, fixé par le § 18, ce renouvellement peut être demandé valablement en dehors des époques prévues, lorsque la demande est faite par les deux tiers des sociétaires.

§ 23. — Le Conseil de surveillance détermine son règlement d'affaires et délègue, suivant qu'il le juge nécessaire, des commissaires pris dans son sein pour l'inspection et le contrôle des entreprises.

§ 24. — En outre des fonctions réservées au Conseil de surveillance dans les autres parties de ces statuts, il a pour mission spéciale :

1° L'acquisition, la vente ou l'aliénation, la mise en hypothèque d'immeubles, et l'émission d'obligations, jusqu'à concurrence de moitié du capital des actions ; au delà de cette limite, l'Assemblée générale doit être consultée ;

2° L'acceptation des baux et locations que le bureau conclut pour une durée de plus de cinq ans ;

3° L'acceptation spéciale, pour acquisition de mobilier, d'une valeur dépassant 9,000 mark, de même aussi pour l'aliénation de mobilier, lors qu'elle doit être faite au-dessous du prix d'achat et pour une valeur dépassant 9 000 mark ;

4° L'acceptation spéciale, quand les commissaires (§ 25) n'ont pas été délégués pour cela, des marchés ou contrats pour constructions, matériaux, etc., dont la valeur dépasse 9 000 mark, ou qui engagent la Société pour plus d'une année ;

5° L'acceptation des nominations d'employés ou ouvriers auxiliaires, quand les appointements doivent excéder 1 500 mark par an, ou que le dédit doit être de plus de trois mois ;

6° L'autorisation de récuser en tout temps un membre du bureau, sans préjudice du recours de dommages et intérêts, quand il y a lieu, et de se prononcer sur toute destitution ou renvoi d'employés proposés par le bureau, avant la fin du service ;

7° L'acceptation des plans et devis présentés par le bureau pour l'exploitation de parcelles ou lots de terrain, ou pour la construction de bâtiments ;

8° La révision du bilan, sa clôture et la remise au bureau d'une déclaration de décharge ;

9° Inspection de toutes les écritures et opérations du bureau, attachement des états de caisse, avec devoir de faire au moins une fois l'an une révision spéciale de la caisse ;

10° L'autorisation de réclamer la convocation de l'Assemblée générale, en cas de besoin pressant et quand le bureau ne l'a pas fait lui-même dans un délai de dix jours après la demande du Conseil de surveillance ;

11° La détermination des modes de change des valeurs de la Société ;

12° Décision pour l'emploi de la part des bénéfices applicable aux opérations de la Société (§ 12) ;

13° Le maintien du fonds de réserve dans les termes du § 13.

Dans toutes les délibérations où il s'agit de l'acquisition d'immeubles, les décisions doivent être prises à la majorité d'au moins six voix.

TITRE V

ASSEMBLÉE GÉNÉRALE.

§ 25. — Tous les actionnaires ont le droit de prendre part à l'Assemblée générale.

Ont droit au vote, les propriétaires de cinq actions au moins, sur la production des titres qui les représentent par-devan !le bureau ou leur dépôt aux lieux désignés par lui.

Peuvent se faire représenter :

— Les maisons de commerce par leur fondé de pouvoirs, bien et dûment investi ;

— Les femmes mariées par leurs maris ;

— Les veuves par leurs fils majeurs ;

— Les mineurs, ou ceux en tutelle quelconque, par leurs tuteurs ou curateurs ;

— Les corporations, institutions et sociétés par actions, par leurs représentants attitrés.

Dans tous les autres cas, un actionnaire absent ne peut se faire représenter que par un autre actionnaire ayant droit au vote.

La procuration en règle des représentants doit être soumise à la connaissance du bureau au moins un jour avant l'Assemblée générale. Le bureau est en droit de réclamer la légalisation des procurations.

Chaque groupe de cinq actions donne droit à une voix. Personne ne peut avoir pour son propre compte, ou pour le compte de ses mandataires, comme fondé de pouvoirs, plus de vingt voix.

§ 26. — Les convocations pour l'Assemblée générale sont faites par la bureau et, extraordinairement (§ 24), par le Conseil de surveillance, au moins trois semaines à l'avance, par un avis public.

L'Assemblée générale doit se réunir réglementairement dans les six premiers mois de chaque année.

Elle se réunit encore quand il y a pour cela des raisons particulières.

Les propriétaires d'au moins le cinquième du capital représenté par les actions sont en droit de provoquer la réunion extraordinaire de l'Assemblée générale, en déposant au bureau une motion définie, destinée à être présentée à l'Assemblée, et en consignant en même temps leurs actions, conformément au § 25.

L'ordre du jour des questions à discuter est mentionné dans la lettre de convocation.

§ 27. — A part le cas de force majeure entraînant la dissolution de la Société et la liquidation judiciaire, la dissolution ne peut être décidée que dans une réunion de l'Assemblée générale, convoquée spécialement pour cet objet.

La liquidation ne peut être votée qu'à la condition que les trois quarts au moins du capital des actions soient représentés.

Il est nécessaire en outre, pour que le vote dans ce cas soit valable, que la majorité soit des trois quarts au moins des votants.

Dans le cas où une Assemblée générale, réunie en vue de la liquidation, n'offrirait pas la représentation des trois quarts du capital, elle se réunirait trois mois après, avec pouvoir de voter la liquidation par la majorité des trois quarts des votants, sans qu'il soit alors nécessaire que les trois quarts du capital soient représentés.

§ 28. — Les statuts ne peuvent être modifiés ou amplifiés, hors le cas prévu par le § 27, que par une majorité des trois quarts des voix représentées au vote.

§ 29. — L'Assemblée générale est présidée par le président du Conseil de surveillance, ou par un actionnaire désigné par lui.

Le procès-verbal est dressé par acte notarié et doit être signé par le président, par les scrutateurs, s'il y en a eu de nommés, et par les membres du Conseil de surveillance. Il ne relate pas les débats ou discussions, mais seulement les résultats des délibérations ou conclusions.

§ 30. — A l'exception des cas prévus par les § 27 et 28, les résolutions sont prises à la majorité absolue.

En cas de partage, la voix du président compte double.

Les élections se font au moyen de bulletins et aussi à la majorité absolue des voix. Si la majorité n'est pas obtenue au premier tour, on fait un second tour sur les deux noms qui ont obtenu le plus de voix. A nombre égal de voix, c'est le sort qui décide.

Un certificat du notaire qui dresse le procès-verbal (§ 29) du vote, sert de titre aux élus.

§ 31. — L'Assemblée générale n'est appelée à voter réglementairement que sur les propositions présentées par le bureau et le Conseil de surveillance réunis, ou seulement par l'un ou l'autre de ces deux organes de la Société.

Les motions émanant d'un ou plusieurs actionnaires sont traitées conformément à l'article 238 du Code de commerce allemand.

La discussion sans résolution peut être obtenue pour une motion quand celle-ci a été déposée par écrit au bureau ou au Conseil de surveillance au moins huit jours avant la réunion de l'Assemblée générale.

La discussion, avec résolution, peut être obtenue pour une motion, quand celle-ci a été déposée au moins six semaines avant la réunion.

Dans ce dernier cas, le bureau est tenu d'inscrire cette motion à l'ordre du jour dans la lettre de convocation.

§ 32. — En cas de dissolution de la Société, il n'est remboursé aux actionnaires que la valeur nominale des actions.

Le surplus de l'actif, s'il en existe, est employé à des œuvres d'utilité publique, après décision de l'Assemblée générale.

§ 33. — Si les actionnaires ont un différend à porter devant les tribunaux, l'Assemblée se fait représenter par des membres qu'elle élit à cet effet.

§ 34. — Les annonces et avis sont considérés comme valables pour la Société, lorsqu'ils sont publiés dans les journaux : l'*Indicateur de Barmen*, le *Journal de Barmen* et le *Journal d'Elberfeld*.

Le Conseil de surveillance décide de tout changement de journal ou d'organe pour la publication des actes de la Société, en faisant connaître ce changement par une annonce dans tous les journaux précédemment attitrés de la Société.

DISPOSITIONS TRANSITOIRES.

§ 35. — Toutes les affaires de la Société, jusqu'à la formation du bureau et du Conseil de surveillance, sont expédiées par un Comité de douze personnes.

En cas de vacances, le Comité se complète de lui-même, et, en cas d'empêchement d'un membre, il lui nomme un remplaçant pour la circonstance.

Ce Comité nomme son président, prend ses résolutions à la majorité.

Les délibérations du Comité sont signées par le président et par deux autres membres.

Les membres du Comité ne sont pas rétribués, ils reçoivent seulement le remboursement des déboursés faits par eux pour l'exercice de leurs fonctions.

§ 36. — Le Comité indiqué (§ 35) représente dans toutes les circonstances la Société créée par les présents statuts, ainsi que les actionnaires présents ou à venir, jusqu'au moment de l'organisation du bureau et du Conseil de surveillance.

Le Comité résume les pouvoirs et les attributions de ces deux organes de la Société, en tant qu'il les remplace provisoirement.

Il a pour attributions spéciales :

1° D'adopter les modifications et additions qui pourraient être demandées pour l'enregistrement des Statuts au livre de commerce.

Ces changements aux Statuts, pourvu qu'ils aient été annoncés par une déclaration de sept membres du Comité, sont valables comme les autres articles des Statuts, et pour les actionnaires actuels ou à venir.

Les membres du Comité dans leur ensemble, ou à la majorité d'au moins sept d'entre eux, aussi bien que d'accord avec des actionnaires, sont en droit de formuler un nouvel acte notarié des statuts ;

2° De recueillir les souscriptions d'actions, de nommer à des emplois pour la Société, sauf approbation du Conseil de surveillance, et en général de prendre toutes les mesures nécessaires pour hâter le plus possible l'entrée en activité de la Société ;

3° D'appeler en réunion générale, par acte public, les souscripteurs d'actions (§ 34), et de leur soumettre les propositions qu'il croit utile de faire discuter en Assemblée générale.

§ 37. — S'il y a lieu de réunir l'Assemblée générale, conformément au paragraphe 36, 3° les souscripteurs de fondation pourront seuls y prendre part, et ils ne pourront se faire représenter que par d'autres souscripteurs fondateurs. Dans ce cas, chaque action souscrite et reconnue par le Comité donne droit à une voix.

L'Assemblée, ainsi convoquée, ne peut prendre de résolution que sur les motions présentées par le bureau.

Ces résolutions doivent être prises à la majorité absolue des votants, et engagent tous les souscripteurs d'actions quelconques, qu'ils aient ou non pris part à la réunion.

La question de la présidence et du procès-verbal de cette Assemblée est réglée par les stipulations du paragraphe 29, tant que le Comité tient lieu de bureau et de Conseil de surveillance.

SOCIÉTÉ ANONYME DES HABITATIONS OUVRIÈRES

Dans l'agglomération bruxelloise.

TITRE PREMIER

DÉNOMINATION, OBJET, DURÉE, SIÈGE DE LA SOCIÉTÉ.

ARTICLE PREMIER. — Il est formé entre les comparants et toutes les personnes qui deviendront propriétaires des actions créées en conformité des dispositions qui vont suivre, une Société anonyme sous la dénomination de : *Société anonyme des habitations ouvrières dans l'agglomération bruxelloise.*

ART. 2. — La Société a pour objet :

1° La construction, la location et la vente, dans l'agglomération bruxelloise, d'habitations à bon marché, destinées à la classe ouvrière et aux autres classes qui peuvent lui être assimilées ;

2° L'acquisition et l'appropriation des terrains nécessaires à l'édification de ces constructions et de leurs dépendances ; la revente ou la location desdits terrains ;

3° Les prêts sur hypothèques destinés à faciliter la construction et l'acquisition d'habitations ouvrières ;

4° Enfin généralement toutes entreprises ou opérations qui se rattachent directement au but de la Société.

Tous actes qui ne se lieraient pas directement et nécessairement aux opérations ci-dessus sont formellement interdits, de même que l'émission de banknotes, billets de caisse et papiers de même nature.

Art. 3. — La durée de la Société est de trente années qui prendront cours à la date de l'arrêt royal approuvant les présents statuts.

Art. 4. — Le siége de la Société est établi à Bruxelles.

TITRE II.

CAPITAL SOCIAL, ACTIONS, OBLIGATIONS.

Art. 5. — Le capital social est fixé à cinq millions de francs. Il se divise en dix mille actions de cinq cents francs. Toutefois, la Société pourra commencer ses opérations dès que mille actions au moins seront souscrites.

Les autres actions seront émises au fur et à mesure des besoins de la Société, sur la décision du Conseil d'administration. Elles pourront l'être contre apport d'immeubles.

Art. 6. — Le montant des actions est payable aux époques et aux caisses désignées par le Conseil d'administration.

Un premier versement de cent francs par action sur les mille premières actions émises aura lieu dans la quinzaine de la constitution de la Société.

Chaque versement ultérieur ne peut être supérieur au dixième du capital nominal des actions, et l'intervalle entre chaque versement doit être d'au moins quatre mois.

Les appels de fonds ont lieu par lettres chargées adressées au domicile élu par l'actionnaire.

Art. 7. — Toute somme dont le paiement est en retard porte intérêt de plein droit en faveur de la Société, à raison de cinq pour cent par an à compter du jour de l'exigibilité jusqu'au jour du payement, sans qu'il soit besoin de mise en demeure.

Art. 8. — L'actionnaire en défaut peut, au choix de la Société, être poursuivi par toutes voies de droit ou être déchu de tous les versements effectués antérieurement, ceux-ci restant acquis à la Société à titre de dommages et intérêts. Toutefois, la déchéance n'est valablement applicable qu'après une notification restée infructueuse pendant un délai de quinze jours et adressée par lettre chargée au domicile élu par l'actionnaire.

Art. 9. — Tout actionnaire peut opérer des versements anticipés sur ses actions.

Art. 10. — Les actions non libérées sont en nom.

Les actions libérées sont en nom ou au porteur, au choix de l'actionnaire.

Art. 11. — Les actions nominatives se transmettent par un transfert signé par le cédant et par le cessionnaire. La transmission des actions non libérées ne peut s'opérer que du consentement du Conseil d'administration.

Le cédant n'est dégagé de toute responsabilité relative aux versements non effectués qu'à partir de l'approbation du premier bilan dressé après la cession.

Art. 12. — Les actions au porteur sont extraites d'un registre à souches, portent un numéro d'ordre et sont revêtues de la signature du directeur et de celle d'un administrateur.

Les actions au porteur peuvent être converties en actions nominatives et réciproquement, le tout conformément aux dispositions à arrêter par le Conseil d'administration.

Les actions au porteur se transmettent par la simple tradition.

Art. 13. — Chaque action donne droit, dans la propriété de l'actif social et dans le partage des bénéfices, à une part proportionnelle aux versements opérés sur les actions émises.

Art. 14. — Les actionnaires ne sont engagés que jusqu'à concurrence du capital de chaque action. Au delà tout appel de fonds est interdit.

Art. 15. — Toute action est indivisible, la Société ne reconnaît qu'un propriétaire pour une action.

Art. 16. — Les droits et obligations attachés à l'action suivent le titre dans quelque main qu'il passe.

La possession d'une action emporte de plein droit adhésion aux statuts de la Société et aux décisions de l'Assemblée générale.

Art. 17. — Les héritiers ou créanciers d'un actionnaire ne peuvent, sous quelque prétexte que ce soit, provoquer l'apposition des scellés sur les biens et valeurs de la Société, en demander le partage ou la licitation, ni s'immiscer en aucune manière dans son administration. Ils doivent, pour l'exercice de leurs droits, s'en rapporter aux inventaires sociaux et aux délibérations de l'Assemblée générale.

Tout actionnaire en nom doit élire domicile en Belgique.

Art. 18. — La Société est autorisée à émettre des obligations dont le montant, y compris celui des emprunts hypothécaires, ne peut dépasser la moitié du capital social versé.

Les conditions d'émission et la forme des titres seront réglées par le Conseil d'administration.

TITRE III.

ADMINISTRATION DE LA SOCIÉTÉ.

Art. 19. — L'administration des affaires de la Société est confiée à un Conseil et à un directeur.

Les opérations sont surveillées par un comité de censeurs.

Les administrateurs et les censeurs forment le Conseil général.

Le gouvernement a la faculté de nommer un commissaire spécial qui, comme les censeurs, a un droit de contrôle illimité sur toutes les opérations et affaires sociales, sans que cependant cette nomination puisse imposer aucune charge à la Société.

Section première. — Du Conseil d'administration.

Art. 20. — Le Conseil d'administration se compose de cinq membres au moins et de sept au plus nommés par l'Assemblée générale.

La durée du mandat d'administrateur est de cinq ans.

L'ordre des sorties est déterminé par voie du sort.

La première sortie comprendra deux membres si le nombre des administrateurs est de six.

Si le nombre des administrateurs est de sept, les deux premières sorties comprendront chacune deux membres.

Les membres sortants peuvent être immédiatement réélus.

Art. 21. — Le premier Conseil d'administration sera nommé par l'Assemblée générale des actionnaires dans la quinzaine de la constitution de la Société.

Le renouvellement du premier Conseil ne commencera qu'à l'expiration de la cinquième année sociale.

Art. 22. — En cas de vacance d'une place, le Conseil peut y pourvoir provisoirement.

L'Assemblée générale, lors de la première réunion, procède à l'élection définitive.

L'administrateur ainsi nommé en remplacement d'un autre ne demeure en fonctions que pendant le temps qui reste à courir de l'exercice de son prédécesseur.

Art. 23. — Chaque administrateur doit, dans la huitaine de sa nomination, déposer dans la caisse sociale dix actions de la Société, qui restent inaliénables pendant la durée de ses fonctions.

ART. 24. — Le Conseil d'administration choisit un président parmi ses membres.

Il désigne celui d'entre eux qui doit momentanément remplacer le président en cas d'absence.

ART. 25. — Le Conseil d'administration se réunit au siège de la Société sur la convocation de son président, aussi souvent que l'intérêt de la Société l'exige et au moins une fois par mois.

ART. 26. — Aucune résolution ne peut être prise sans le concours de la majorité des membres du Conseil.

ART. 27 — Les délibérations sont prises à la majorité des voix ; en cas de partage, la voix du président est prépondérante.

Elles sont constatées par des procès-verbaux inscrits sur un registre tenu au siége de la Société et signés par le président et le directeur.

Les procès-verbaux font mention des noms des membres présents.

Les copies et extraits des délibérations sont certifiés par le président ou par celui de ses collègues qui est appelé à le remplacer.

ART. 28. — Le Conseil a les pouvoirs les plus étendus pour l'administration des affaires sociales.

Il fait ou autorise par ses délibérations notamment :

Les entreprises, acquisitions, constructions, exploitations, ventes, échanges, locations, transactions, compromis se rattachant au but de la Société ;

Les emprunts ;

Les prêts hypothécaires ;

Les mainlevées même sans payement ; les désistements ;

Les actions judiciaires tant en demandant qu'en défendant ;

L'émission d'obligations et d'actions et les appels de fonds sur les actions émises ;

Le règlement du dividende à distribuer, de la part de bénéfice à attribuer au fonds de réserve, sous l'approbation des censeurs ;

Les placements des capitaux disponibles.

ART. 29. — Le Conseil, sur la proposition du directeur, nomme et révoque tous les employés de l'administration et fixe leurs traitements.

ART. 30. — Le Conseil peut déléguer ses pouvoirs à un ou plusieurs de ses membres pour des objets déterminés et pour un temps limité.

ART. 31. — Les membres du Conseil d'administration ne contractent à raison de leurs fonctions aucune obligation personnelle ; ils ne répondent que de l'exécution de leur mandat.

ART. 32. — Tous les actes sociaux sont signés par un administrateur et par le directeur.

ART. 33. — Les administrateurs ne jouissent d'aucun traitement fixe. Ils n'ont droit qu'à la part de bénéfices dont il sera parlé ci-après.

Section II. — Du Directeur.

ART. 34. — Le directeur est nommé par le Conseil d'administration, qui fixe son traitement et détermine ses attributions.

ART. 35. — Avant d'entrer en fonctions, le directeur doit justifier de la propriété de dix actions.

Ces actions sont inaliénables pendant la durée de ses fonctions.

Elles sont acceptées par privilège à la garantie de sa gestion.

ART. 36. — Le directeur pourvoit à l'organisation des services.

Il a sous ses ordres tous les employés attachés à l'administration.

Il a l'initiative des propositions relatives à leur nomination, à leur révocation et à la fixation de leur traitement.

Il fait tous actes conservatoires.

Il exécute les délibérations du Conseil d'administration.

Il intente les actions judiciaires et y défend au nom du Conseil.

Il entretient la correspondance.

Il poursuit le recouvrement des sommes dues à la Compagnie.

Il signe, conjointement avec un administrateur, l'endossement et l'acquit des effets sur des particuliers, les quittances avec ou sans main-levée, les mandats sur les banques et autres caisses publiques, le transfert ou l'acquit des rentes sur l'État et autres valeurs publiques, les actions, les obligations et les autres titres émis par la Société.

Il assiste aux séances du Conseil avec voix consultative.

Pour les actions judiciaires et les actes de mainlevée, il provoque une décision spéciale du Conseil d'administration, désignant celui de ses membres qui sera autorisé à signer les radiations.

ART. 37. — En cas d'empêchement du directeur, le Conseil d'administration désigne un de ses membres pour le remplacer provisoirement.

Section III. — Des Censeurs.

ART. 38. — Le comité des Censeurs se compose de cinq membres au moins et de sept au plus nommés par l'Assemblée générale.

La durée du mandat de censeur est de cinq ans.

L'ordre des sorties est déterminé par la voie du sort.

La première sortie comprendra deux membres si le nombre des censeurs est de six.

Si le nombre des censeurs est de sept, les deux premières sorties comprendront chacune deux membres.

Les membres sortants peuvent être immédiatement réélus.

ART. 39. — Le premier comité des Censeurs sera nommé par l'Assemblée générale des actionnaires, dans la quinzaine de la constitution de la Société.

ART. 40. — En cas de vacance d'une place, le comité peut y pourvoir provisoirement.

L'assemblée générale, lors de la première réunion, procède à l'élection définitive.

Le censeur ainsi nommé en remplacement d'un autre ne demeure en fonction que pendant le temps qui reste à courir de l'exercice de son prédécesseur.

ART. 41. — Chaque censeur doit, dans la huitaine de sa nomination, déposer dans la caisse sociale cinq actions de la Société, qui restent inaliénables pendant la durée de ses fonctions.

ART. 42. — Le comité choisit un président et un secrétaire parmi ses membres.

Il se réunit aussi souvent que l'intérêt de la Société l'exige.

Aucune résolution ne peut être prise sans le concours de la majorité des membres du comité.

ART. 43. — Les censeurs contrôlent toutes les opérations; ils peuvent se faire représenter toutes les écritures.

Ils veillent à la stricte exécution des statuts.

Ils examinent et, s'il y a lieu, approuvent le bilan.

ART. 44. — Les censeurs ne jouissent d'aucun traitement fixe. Ils n'ont droit qu'à la part de bénéfices dont il sera parlé ci-après.

Section IV. — Du Conseil général.

ART. 45. — Le Conseil général se réunit au moins une fois tous les trois mois au siège de la Société, sous la présidence du président du Conseil d'administration.

Il ne peut valablement délibérer si la majorité des administrateurs et des censeurs n'est présente.

ART. 46. — Le Conseil général délibère sur les affaires les plus importantes;

Il fixe les dividendes et la part des bénéfices attribuée à la réserve ;

Il statue sur l'acceptation des apports qui seraient faits à la Société.

Le tout sur la proposition du Conseil d'administration.

TITRE IV.

DE L'ASSEMBLÉE GÉNÉRALE.

ART. 47. — L'Assemblée générale, régulièrement constituée, représente l'universalité des actionnaires.

Elle se compose des actionnaires propriétaires d'au moins cinq actions. Peuvent seuls y figurer :

1° Les actionnaires par titres nominatifs dont le transfert est antérieur de vingt jours à la réunion d'une assemblée ordinaire et de dix jours à la réunion d'une assemblée extraordinaire ;

2° Les actionnaires par titres au porteur qui les ont déposés ou qui en ont fait connaître les numéros dans les mêmes délais, soit au siège de la Société, soit à toute autre caisse désignée par l'administration.

Les actionnaires qui, sans déposer leurs titres, en ont fait connaître les numéros, ne sont admis à l'Assemblée que munis de ces titres.

ART. 48. — Nul ne peut se faire représenter à l'Assemblée, si ce n'est par un actionnaire réunissant lui-même les conditions déterminées par l'article qui précède.

ART. 49. — Les femmes mariées et les mineurs peuvent y être représentés par leurs maris ou tuteurs ;

Les sociétés, communautés et établissements publics, par un de leurs administrateurs pourvu d'une autorisation ou d'un pouvoir spécial.

ART. 50. — L'Assemblée générale se réunit de droit chaque année au siège de la Société, dans le courant du mois d'avril.

Elle se réunit extraordinairement chaque fois qu'une délibération du Conseil en reconnaît l'utilité.

La majorité des censeurs a le droit de requérir la convocation de l'Assemblée générale, laquelle sera également convoquée à la demande de vingt actionnaires au moins, ayant droit de faire partie de l'Assemblée.

ART. 51. — Les convocations sont faites quinze jours au moins avant la réunion, insérées dans le *Moniteur belge* et dans deux des principaux journaux de Bruxelles, et par des lettres adressées à la diligence du Directeur au domicile élu des actionnaires en nom ayant droit d'assister à l'Assemblée générale.

Toute convocation énonce les objets sur lesquels l'Assemblée est appelée à délibérer.

Aucun autre objet, sauf l'ajournement de l'Assemblée, ne peut être mis en délibération.

ART. 52. — L'Assemblée est régulièrement constituée lorsque les actionnaires présents réunissent, tant par eux-mêmes que par procuration, le quart des actions émises.

Si cette condition n'est pas remplie sur une première convocation, il en est fait une seconde au moins à quinze jours d'intervalle.

Les membres présents à cette seconde réunion délibèrent valablement, quel que soit le nombre de leurs actions, mais seulement sur les objets à l'ordre du jour de la première réunion.

ART. 53. — L'Assemblée est présidée par le président du Conseil ou par tout autre de ses membres que le Conseil délègue pour le remplacer en cas d'absence.

Les fonctions de scrutateurs sont remplies par les deux plus forts actionnaires présents, et, sur leur refus, par ceux qui les suivent dans l'ordre de la liste, jusqu'à acceptation.

Le bureau désigne le secrétaire.

ART. 54. — Les délibérations sont prises à la majorité des voix des membres présents.

Chaque membre a autant de voix qu'il possède de fois cinq actions, sans qu'il puisse en avoir plus de cinq en son nom personnel, ni plus de dix tant en son nom que comme mandataire.

ART. 55. — L'Assemblée générale entend le rapport de l'administration sur la situation des affaires sociales.

Elle entend également, s'il y a lieu, les observations des censeurs.

Elle nomme les administrateurs et les censeurs toutes les fois qu'il y a lieu de les remplacer.

Elle délibère sur l'augmentation du fonds social; sur les modifications à faire aux statuts; sur les nouvelles attributions à donner à la Société; sur sa dissolution anticipée ou sa prolongation; sur sa fusion avec d'autres sociétés; enfin sur toutes les affaires qui lui sont régulièrement soumises, soit par le Conseil d'administration, soit par les censeurs, et sur les propositions signées par dix membres au moins et qui ont été communiquées, au moins un mois avant la réunion, au Conseil d'administration pour être mises à l'ordre du jour.

Elle prononce souverainement, sauf l'approbation du Gouvernement dans tous les cas où elle est requise, sur tous les intérêts de la Société, et confère, par ses délibérations, au Conseil d'administration, les pouvoirs nécessaires pour tous les cas non prévus par les statuts.

Art. 56. — Les délibérations de l'Assemblée prises conformément aux statuts obligent tous les actionnaires, même les absents ou dissidents.

Art. 57. — Les délibérations sont constatées par des procès-verbaux inscrits sur un registre spécial et signés par les membres composant le bureau.

Une feuille de présence, destinée à constater le nombre des membres assistant à l'Assemblée et celui de leurs actions, demeure annexée à la minute du procès-verbal.

Elle est revêtue des mêmes signatures.

Art. 58. — Pour les tiers, la justification des délibérations de l'Assemblée résulte des copies ou extraits certifiés conformes par le président du Conseil, ou par celui de ses membres qui en remplit momentanément les fonctions.

TITRE V.

INVENTAIRES ET COMPTES ANNUELS.

Art. 59. — L'année sociale commence le 1er janvier et finit le 31 décembre.

Le premier exercice embrassera, indépendamment de l'année de constitution de la Société, toute l'année qui suivra.

A la fin de chaque année sociale, un inventaire de l'actif et du passif est dressé par les soins du directeur.

Les comptes sont arrêtés par le Conseil d'administration et soumis à l'approbation des censeurs. En cas de refus d'approbation, ils sont soumis à l'approbation générale des actionnaires.

Si les comptes ne sont pas approuvés séance tenante, l'Assemblée peut nommer des commissaires chargés de les examiner et de faire un rapport à la prochaine réunion.

L'approbation du bilan tient lieu de pleine et entière décharge pour l'administration.

Dix jours au moins avant la réunion de l'Assemblée générale du mois d'avril, les comptes et bilan avec pièces à l'appui sont déposés au siège de la Société et soumis à l'examen des actionnaires.

Une ampliation du bilan et du compte de profits et pertes est, dans la quinzaine de l'Assemblée générale, transmise par le Conseil d'administration au Ministre des finances. Ces pièces sont publiées en outre dans deux au moins des principaux journaux de Bruxelles.

TITRE VI.

PARTAGE DES BÉNÉFICES.

ART. 60. — Sur les bénéfices nets réalisés, c'est-à-dire, après déduction de tous frais, charges, non-valeurs et dépréciations, on prélève annuellement :

1° Cinq pour cent du capital versé, pour être répartis entre tous les actionnaires à titre de premier dividende ;

2° Une somme qui ne peut être inférieure à dix pour cent du surplus, pour être affectée au fonds de réserve.

Ce qui reste après ces prélèvements, est attribué, savoir :

Quatre-vingt-dix pour cent aux actions émises et proportionnellement au capital versé, à titre de complément de dividende ; cinq pour cent aux administrateurs ; deux et demi pour cent aux censeurs ; deux et demi pour cent au directeur.

Jusqu'à libération complète des actions émises, le second dividende attribué aux actionnaires est appliqué en versements pour parfaire le capital nominal de ces actions.

Lorsque le capital aura été complètement appelé en vertu de l'art. 6, ou complété en vertu du paragraphe précédent, la répartition en dividendes ne pourra dépasser huit pour cent. L'excédent, s'il y a lieu, sera appliqué au développement des opérations sociales.

Le paiement des dividendes se fait annuellement aux époques fixées par le Conseil d'administration.

ART. 61. — Tout dividende qui n'est pas réclamé dans les cinq ans de son exigibilité est acquis à la société.

TITRE VII.

FONDS DE RÉSERVE.

ART. 62. — Le fonds de réserve se compose de l'accumulation des sommes produites par le prélèvement annuel opéré sur les bénéfices.

Lorsque le fonds de réserve atteint la moitié du capital souscrit, le prélèvement affecté à sa création cesse de lui profiter. Il reprend son cours si la réserve a été entamée.

Le fonds de réserve est destiné à parer aux évènements imprévus et à reconstituer le capital social, s'il était entamé, par suite, soit de pertes essuyées, soit de prélèvements faits à quelque titre que ce soit.

En cas d'insuffisance des produits d'une année pour fournir un dividende de 5 p. 100 des sommes versées sur les actions, la différence peut être prélevée sur le fonds de réserve.

L'emploi des capitaux appartenant au fonds de réserve est réglé par le Conseil d'administration.

TITRE VIII.

MODIFICATIONS AUX STATUTS.

ART. 63. — L'Assemblée générale peut, sur la proposition du Conseil d'administration, apporter aux statuts les modifications reconnues nécessaires.

Elle peut notamment autoriser :

1° L'augmentation du capital social ;

2° L'extension des attributions de la Société ;

3° La prolongation de sa durée ou sa dissolution avant le terme ;

4° L'abandon de l'une ou de l'autre de ses attributions.

Dans ces divers cas, les convocations doivent contenir l'indication sommaire de l'objet de la réunion.

La délibération n'est valable qu'autant qu'elle réunit les deux tiers des voix.

En vertu de cette délibération, le Conseil d'administration est, de plein droit, autorisé à demander au Gouvernement l'approbation des mesures adoptées, à consentir les changements qui seraient exigés et à réaliser les actes qui doivent les consacrer.

TITRE IX.

DISSOLUTION, LIQUIDATION.

ART. 64. — En cas de perte de moitié du capital social souscrit, la dissolution de la Société peut être prononcée avant l'expiration du délai fixé pour sa durée, par une décision de l'Assemblée générale.

Le Conseil d'administration est tenu de soumettre à l'Assemblée la question de savoir s'il y a lieu de prononcer la dissolution.

Le mode de convocation et de délibération prescrit pour les modifications aux statuts est applicable à ce cas.

Si la perte ci-dessus prévue est constatée dans deux bilans successifs, la dissolution est obligatoire.

ART. 65. — A la fin de la Société , qu'elle arrive par l'expiration du terme fixé pour sa durée ou par l'effet d'une dissolution anticipée, l'Assemblée générale , sur la proposition du Conseil d'administration , règle le mode de liquidation, nomme un ou plusieurs liquidateurs et détermine leurs pouvoirs.

Elle peut autoriser la vente de toutes les valeurs et de tous biens, meubles et immeubles de la Société , soit à l'amiable, soit aux enchères ; elle peut même autoriser le transport général à une autre Société des droits et engagements de la Société dissoute.

Pendant le cours de la liquidation, les pouvoirs de l'Assemblée générale se continuent comme pendant l'existence de la Société.

ART. 66. — Toutes les contestations qui peuvent s'élever entre les associés sur l'exécution des statuts sont soumises à la juridiction civile des tribunaux de Bruxelles.

Dont acte fait et passé à Bruxelles, le sept mars mil huit cent soixante-huit , en présence des sieurs Joseph Dejan et François Rangé, tous deux sans profession, demeurant à Bruxelles, témoins requis.

Lecture faite, les comparants ont signé avec les témoins et le notaire.

(*Suivent les signatures.*)

ASSOCIATION

Fondée par les ouvriers de l'usine Burmeister et Wain.

I. — L'association pour la construction de maisons ouvrières à Copenhague a pour objet de former, par l'accumulation d'économies, un capital destiné à la construction d'habitations de modestes dimensions, appropriées à l'usage des sociétaires, avec faculté réservée à ces derniers de s'en rendre propriétaires à des conditions avantageuses. Pour augmenter le champ de ses opérations, la Société est autorisée à emprunter, en donnant pour garantie les maisons construites, à la condition d'employer les fonds ainsi recueillis à la construction de nouvelles habitations.

II. — Toute personne, jouissant d'une bonne réputation, sera nommée, sur sa demande, membre de la Société, après versement de 2 fr. 75. Les femmes et les enfants pourront faire partie de l'association. Le maximum d'actions que pourra posséder un membre est fixé à 10. Toutefois, par autorisation spéciale, les directeurs d'associations ayant un but analogue à celui de la présente Société ou basées sur des principes d'assistance mutuelle, seront admis à dépasser ce chiffre. Un livret de comptabilité auquel se trouvera annexé un exemplaire des présents statuts, sera délivré aux sociétaires au prix de 0 fr. 35.

III. — L'admission dans la Société entraîne l'obligation de rester sociétaire pendant dix ans et de verser dans sa caisse une cotisation hebdomadaire de 0 fr. 47. Les sociétaires qui feront des versements plus considérables ou qui solderont intégralement le montant des cotisations futures participeront aux bénéfices, comme il sera expliqué plus loin à l'article VII.

IV. — Tout sociétaire en retard de plus de trois cotisations sera invité à les solder dans les quinze jours suivants. A défaut de paiement, son nom sera rayé de la liste des sociétaires et, dans ce cas, au bout de six mois, on lui restituera les deux tiers des versements qu'il aura effectués avec le montant du dividende porté sur le livret ; le tiers restant sera acquis à la caisse de l'association.

Les sommes appartenant à des sociétaires rayés resteront déposées à la caisse de l'association, sans toutefois participer aux dividendes, jusqu'à pleine expiration des dix années pour lesquelles le sociétaire a été à l'origine porté sur la liste. Après l'expiration du délai légal, les sommes dues, déduction faite des frais, seront attribuées à la caisse de réserve de la Société.

En cas de maladie, de chômage prolongé, d'appel sous les drapeaux, en général dans des conditions exceptionnelles, le sociétaire pourra obtenir, sur sa demande, une suspension temporaire de ses obligations envers la Société. La durée des supensions de cette nature ne comptera pas pour parfaire les dix années prescrites par les statuts.

V. — En cas de changement de résidence du sociétaire autre part qu'à Copenhague ou sa banlieue, ce dernier est tenu de prévenir les directeurs trois mois à l'avance. Après l'expiration de ce terme, et sur preuve du changement de domicile, la somme versée par le sociétaire ainsi que le dividende auquel elle donne droit lui seront remis, après déduction d'un huitième dévolu à la caisse de l'association.

Le transfert d'une action libérée est permis après l'assentiment des directeurs.

En cas de décès d'un sociétaire, sa veuve ou ses héritiers, soit collectivement, soit individuellement, sont autorisés à prendre les lieu et place du sociétaire sans aucune déduction. Quand les susdits ne voudront pas rester dans l'association, les sommes versées par le défunt, ainsi que les dividendes auxquels il avait droit, leur seront remboursés intégralement.

Les veuves et les orphelins qui, au bout de six mois, à compter du décès du chef de la communauté, ne seraient pas à même de remplir leurs obligations envers l'association, pourront être admis par les directeurs à toucher intégralement le montant de leurs livrets.

VI. — La gestion des capitaux, provenant soit de cotisations, soit d'inscriptions hypothécaires, appartient aux directeurs. Les opérations de banque sont interdites. Les fonds de l'association doivent être uniquement affectés à la construction d'habitations destinées à un ou deux ménages. Aussitôt qu'une maison sera achevée, les directeurs fixeront le minimum du prix auquel elle pourra être vendue à un sociétaire, en tenant compte du prix de revient de la construction, de l'achat du terrain, des charges de ville et de police grevant la propriété ; de l'établissement des conduites de gaz et d'eau potable, de la perte d'intérêt pendant la construction, des frais imprévus et des frais d'administration.

On tire au sort parmi les actionnaires qui ont versé 26 fr au moins dans les caisses de l'association et qui en font partie depuis six mois au moins, pour désigner l'acquéreur de la maison vacante.

Le tirage au sort se fait aussi pour adjuger les maisons qui retournent à la Société soit pour défaut de solvabilité de l'acquéreur, soit par suite d'inexécution du contrat, soit pour toute autre cause.

Tout sociétaire favorisé par le sort pourra céder ses droits à un autre membre, avec l'assentiment des directeurs et moyennant le versement d'un à-compte sur le prix de la maison fixé par le bureau.

La maison ne pourra être cédée à une tierce personne avant libération définitive.

Aucun sociétaire ne pourra acquérir plus d'une des maisons de l'association. Toutefois, les associations particulières spécifiées par l'article II, pourront acheter une maison par des actions souscrites, à la condition de ne les céder qu'à des membres de cette association (ou leurs veuves), ou bien à des sociétaires de l'association principale.

VII. — A la fin de chaque année, un inventaire sera dressé. Après déduction de 10 p. 100 affectés au fonds de réserve, le reste sera réparti entre les actionnaires reçus depuis six mois, proportionnellement aux versements dépassant 26 fr. Les versements extraordinaires faits dans les six derniers mois de l'année ne participeront aux dividendes qu'à dater du commencement de l'année suivante. Le dividende sera porté sur le livret au commencement de l'année.

Tout sociétaire ayant fait partie de l'association pendant dix années de suite, conformément aux statuts, sera autorisé à toucher les sommes portées sur son livret un mois après une demande faite aux directeurs.

Quand le sociétaire désirera rester membre de l'association et exercer en cette qualité son droit de tirage au sort, le dividende pourra lui être compté sur sa demande au bout de l'année, ou porté à son compte sur son livret. Dans ce dernier cas, le sociétaire s'engagera par écrit à ne retirer les fonds auxquels il a droit qu'au bout de cinq années. Après l'expiration de ce terme, il pourra, soit exiger ce qui lui est dû par une demande faite un mois à l'avance, soit renouveler son obligation dans les mêmes termes et pareillement pour cinq années.

Les sociétaires devenus propriétaires ne participent pas à la distribution des dividendes. Pendant le reste des dix années pour lesquelles ils sont portés sur la liste des sociétaires, ils seront tenus de continuer leurs versements hebdomadaires, après quoi la somme intégrale portée sur leur livret sera déduite du prix de la maison.

VIII. — Pendant dix ans, à partir du jour du tirage au sort, les maisons achetées par les sociétaires restent soumises au contrôle de la Société.

A l'expiration de ce terme, ou plus tôt si faire se peut, en vertu d'une convention spéciale, le sociétaire auquel une maison est échue par le sort a le droit de demander la délivrance des titres légaux de propriété, en remplissant les conditions stipulées. La totalité des propriétaires, dans les cités construites par l'association, formeront, après avoir été investis des titres pour chaque villa, une association spéciale dans le but de veiller à leurs intérêts en commun.

Pour empêcher les habitations de devenir la propriété d'un petit nombre de personnes, il est convenu que, pendant les dix premières années après l'acquisition des maisons, nulle vente ne pourra se faire sans l'assentiment de l'association spéciale, et cette clause expresse sera insérée dans les titres

IX. — La gestion des affaires de l'association et les rouages de l'administration seront soumis aux règlements établis par les directeurs et communiqués au Conseil.

X. — *La Direction* sera composée de sept membres qui répartiront les affaires entre eux. Ils procéderont eux-mêmes à l'élection d'un président et d'un vice-président.

Les directeurs ne perçoivent aucun salaire. Ils sont autorisés à se faire assister par des employés salariés et à inviter des personnes d'une honorabilité généralement reconnue, à concourir au but de l'association et à leur prêter le secours de leurs lumières.

Les directeurs sont nommés pour deux ans par l'Assemblée générale, de sorte que la moitié du Conseil ne restera en fonctions qu'une année.

Le président et le vice-président ne pourront pas déposer leur mandat simultanément. Deux censeurs seront également élus pour une année.

Au commencement de chaque année, le président devra rendre compte à l'Assemblée générale de la situation de l'association et de l'exercice de l'année qui vient d'expirer.

Il soumettra à l'assemblée l'extrait du compte rendu avec l'état des recettes et des dépenses.

XI. — *Le Conseil d'administration* se composera de vingt membres élus en Assemblée générale, et représentant régulièrement les actionnaires auprès des directeurs, dont l'administration est soumise à leur contrôle.

Le consentement du Conseil sera obligatoire pour tout achat de terrain et pour tout marché à conclure avec un entrepreneur de constructions.

Le Conseil d'administration nomme en assemblée générale les titulaires des places de directeur et d'administrateurs, ainsi que les censeurs, les collecteurs et les arbitres.

XII. — L'assemblée générale décide, en dernier ressort, de toutes les affaires. Elle est convoquée régulièrement au commencement de chaque année. Les directeurs pourront convoquer l'assemblée en séance extraordinaire quand ils le jugeront à propos, et ils seront tenus de le faire quand la demande d'une convocation extraordinaire aura été formulée par écrit par un minimum de trente sociétaires.

Les actionnaires sont convoqués en assemblée générale par des insertions dans les journaux faites à huit jours d'intervalle. Les propositions que des sociétaires désireraient soumettre à l'Assemblée générale devront être remises à la direction avant le dernier jour du mois de février.

Tout sociétaire n'a droit qu'à une seule voix, nul ne peut se faire représenter pour voter. Par exception, les veuves, les enfants mineurs ou les héritiers d'un sociétaire pourront voter par l'intermédiaire d'un fondé de pouvoirs. Toute question sera décidée à une voix de majorité, à l'exception des dispositions fondamentales stipulées aux art. I, VI, VIII, auxquelles nulle modification ne pourra être apportée qu'avec l'assentiment des trois quarts des votants.

La direction de l'Assemblée générale sera confiée à un *président dirigeant*, élu en assemblée générale parmi les sociétaires et en dehors de l'association.

Il sera inamovible pendant la durée de la séance et ses décisions auront force de loi.

XIII. — En cas de désaccord sur un point quelconque, l'affaire en litige sera portée devant trois arbitres choisis parmi les sociétaires ou en dehors de l'association et nommés en Assemblée générale. Le recours aux tribunaux est interdit.

XIV. — Les dispositions réglementaires énoncées ci-dessus pourront être modifiées en Assemblée générale, conformément aux conditions stipulées article XII.

XV. — La dissolution de la Société, ainsi que le mode de liquidation à suivre, peuvent être prononcés en Assemblée générale convoquée à cet effet.

La dissolution est prononcée à la majorité des trois quarts des membres présents à l'Assemblée, à la condition que l'assemblée soit représentée par les trois quarts des actionnaires.

STATUTS DE SOCIÉTÉS DE BIENFAISANCE.

1° Œuvre des loyers du XVII° arrondissement.

2° Société des loyers de Strasbourg.

3° Société de bienfaisance pour l'amélioration et le bon marche des logements d'ouvriers à Paris.

4° *Constructora benefica*. Société de bienfaisance espagnole pour la construction d'habitations hygiéniques et économiques destinées à des familles d'ouvriers.

STATUTS DE SOCIÉTÉS DE BIENFAISANCE

Qui ont pour but de loger à prix réduits les travailleurs.

———

Il existe dans Paris plusieurs œuvres de loyers. Nous donnons, comme spécimen, les statuts de celle du dix-septième arrondissement qui fonctionne parfaitement.

L'assistance publique et plusieurs sociétés privées viennent en aide aux personnes qui ne peuvent payer leurs loyers, mais tout ce qui a été fait jusqu'ici ne constitue pas un moyen de détruire les habitations insalubres, c'est pourquoi nous serions très heureux de voir se fonder à Paris des associations dans le genre de la société des loyers de Strasbourg, dont nous reproduisons les statuts, ou celle que voulait fonder M. de Madre avec le concours de plusieurs philanthropes. Nous en reproduisons les statuts approuvés en Conseil d'État.

ŒUVRE DES LOYERS DU XVIIᵉ ARRONDISSEMENT.

TITRE PREMIER.

DÉNOMINATION. — OBJETS. — SIÈGE. — BÉNÉFICIAIRES. — MEMBRES.

ART. 1ᵉʳ. — Il est créé dans le 17ᵐᵉ arrondissement de Paris une œuvre de bienfaisance qui prend le nom de : *Œuvre des loyers du 17ᵐᵉ arrondissement.*

ART. 2. — Elle a pour but de venir en aide aux vieillards malheureux, en leur procurant des logements à titre gratuit, ou en les recueillant dans un asile commun dès que les ressources le permettront.

ART. 3. — Le siège de l'œuvre est à Paris, dans le 17ᵐᵉ arrondissement. Il sera fixé par décision du Conseil d'administration.

Art. 4. — Peuvent être admis aux bénéfices de l'œuvre les vieillards des deux sexes, veufs, célibataires ou mariés, sans distinction aucune de croyance ou d'opinion, âgés de 65 ans accomplis, et résidant dans l'arrondissement depuis au moins cinq ans.

Art. 5. — La Société est composée de membres fondateurs et de membres sociétaires.

Le titre de sociétaire-fondateur appartient à toute personne qui, dans le délai d'un mois à partir de l'adoption des présents statuts par l'assemblée générale, aura versé une somme d'au moins 25 francs, ou qui dans la suite fera un don de 200 francs.

Sont membres sociétaires, les personnes qui s'engagent à payer une cotisation annuelle dont le minimum est fixé à 6 francs.

TITRE II.

ADMINISTRATION.

Art. 6. — L'œuvre est administrée par un Conseil de neuf membres, élus pour 3 ans, en assemblée générale, à la majorité absolue des membres présents.

Si un deuxième scrutin était nécessaire, l'élection aurait lieu à la majorité relative.

Art. 7. — Le Conseil se renouvelle par tiers chaque année ; les membres sortants sont rééligibles ; pour les deux premières années, ils sont désignés par le sort.

Art. 8. — Le Conseil choisit chaque année son bureau, composé de :

1° Un Président ;
2° Un Vice-Président ;
3° Un Secrétaire.

L'assemblée générale adjoint aux membres du bureau un trésorier, qui peut être pris en dehors des membres du Conseil.

Art. 9. — Le Conseil prend toutes les mesures qu'il juge nécessaires à la prospérité de l'œuvre ; il statue sur les demandes d'admission aux bénéfices qu'elle assure ; il vote les dépenses, et détermine le mode de placement des fonds.

Art. 10. — Le Conseil se réunit, sur la convocation du président, aussi souvent que l'exigent les intérêts de l'œuvre, et au moins une fois par mois.

Les décisions sont prises à la majorité des voix ; la présence de 5 membres suffit pour les valider. En cas de partage, la voix du président est prépondérante.

Les procès-verbaux des séances sont signés du Président et du Secrétaire.

Art. 11. — Les décisions relatives à des acquisitions, aliénations ou échanges d'immeubles, seront prises par l'assemblée générale.

Les acceptations de legs ou donations et les transferts de titres auront lieu en vertu d'une décision du Conseil sur la signature du Président et celle d'un membre délégué à cet effet.

Ces diverses décisions devront être soumises à l'approbation du gouvernement.

Art. 12. — Le Président représente l'œuvre en justice et partout où elle est appelée à figurer activement ou passivement.

Art. 13. — Toutes les fonctions du bureau sont gratuites.

TITRE III.

RESSOURCES. — COMPTABILITÉ.

Art. 14. — Les ressources de l'œuvre se composent :

1° Des versements des membres fondateurs ;

2° Des revenus de toute nature provenant des fonds placés ;

3° Des souscriptions annuelles ;

4° Des dons volontaires ;

5° Du produit des bals, concerts, conférences, loteries, etc..., organisés à son profit ;

6° Des donations ou des legs dont l'acceptation aura été autorisée conformément à l'article 910 du Code civil ;

7° Enfin, des subventions qui pourraient être accordées.

Art. 15. — Les revenus et les souscriptions annuelles pourront être immédiatement employés au paiement de loyers ; les versements des Membres fondateurs, les dons volontaires, le produit des bals, conférences, etc., celui des donations, legs, ou subventions seront placés en rentes sur l'État, en obligations de chemins de fer français garantis par l'État, en actions de la Banque de France, ou enfin en immeubles aussitôt que leur importance le permettra.

Art. 16. — Le trésorier est chargé de la perception des recettes et du paiement des dépenses.

Il fournit tous les mois au Conseil un bordereau constatant l'état de la caisse et la situation financière de l'œuvre. Il rend compte au Conseil de sa gestion à fin d'exercice.

ART. 17. — Les fonds libres sont déposés dans une caisse publique jusqu'à leur emploi ultérieur.

TITRE IV.

DISPOSITIONS GÉNÉRALES.

ART. 18. — Un règlement détermine les conditions d'administration intérieure, celles d'inscription ou de radiation des bénéficiaires, et, en général, toutes les dispositions secondaires propres à assurer l'exécution des statuts.

ART. 19. — Chaque année, au mois de décembre, tous les membres fondateurs ou sociétaires sont convoqués en assemblée générale pour entendre le rapport du Conseil d'administration sur la situation morale et financière de l'œuvre.

Dans cette réunion, ils arrêtent les comptes de l'année, procèdent au remplacement des membres sortants, conformément à l'article 6, et sont appelés à délibérer sur les différentes propositions portées à l'ordre du jour. (La convocation se fera 10 jours à l'avance.)

Des exemplaires du compte rendu et du procès-verbal de la séance sont adressés au ministre de l'intérieur.

ART. 20. — Toute modification aux présents statuts, proposée par le Conseil ou par un cinquième au moins des membres de l'œuvre, est portée devant l'assemblée générale.

La proposition devra être adressée au Président un mois à l'avance.

Pour être valables, les modifications devront avoir été adoptées en assemblée générale, à la majorité des trois quarts des membres présents et être soumises à l'approbation du gouvernement.

ART. 21. — La dissolution ne pourra être prononcée que par une assemblée générale, spécialement convoquée à cet effet, sur la demande du Conseil ou d'un cinquième au moins des membres inscrits. La décision devra être prise à la majorité des trois quarts des membres présents.

Cette assemblée présentera au gouvernement l'institution de bienfaisance qui sera appelée à bénéficier des biens et valeurs appartenant à l'œuvre des loyers.

ART. 22. — La Société s'interdit toutes discussions et toute propagande politiques et religieuses.

SOCIÉTÉ DE BIENFAISANCE

Pour l'amélioration et le bon marché des logements d'ouvriers

---

TITRE PREMIER

DE L'ASSOCIATION ET DE SON BUT.

ARTICLE PREMIER. — Il est formé à Paris une association de bienfaisance qui prendra le titre de :

Société de bienfaisance pour l'amélioration et le bon marché des logements d'ouvriers.

Cette Société est placée sous l'autorité du Ministre de l'intérieur.

ART. 2. — L'objet de la Société est de prendre à bail, pour la plus longue durée possible, des maisons dans les divers quartiers de Paris et de la banlieue, de les assainir, et les approprier à l'usage des ouvriers et des petits ménages, et de les sous-louer à des prix modérés.

ART. 3. — Pour mieux répondre au but de l'œuvre, les logements ainsi sous-loués seront garnis ou non garnis des meubles de première nécessité.

ART. 4. — Dès que ses ressources le lui permettront, la Société achètera des maisons propres à remplir le but qu'elle se propose.

ART. 5. — La Société se compose de membres fondateurs et de membres associés.

ART. 6. — Sont membres fondateurs ceux qui s'engagent à un premier versement d'au moins *deux cents francs,* et à une souscription annuelle de *cent francs.*

Sont membres associés ceux qui s'engagent à un premier versement de *cinquante francs* au moins, et à une souscription annuelle de *vingt-cinq francs*.

ART. 7. — Le nombre des membres de l'association est illimité.

TITRE II

DE L'ADMINISTRATION DE LA SOCIÉTÉ.

ART. 8. — L'association est représentée par un Conseil d'administration, dont les membres sont nommés par le Ministre de l'intérieur.

Ce Conseil se compose de dix membres.

ART. 9. — Les fonctions de membre du Conseil d'administration sont gratuites.

Leur durée est fixée à quatre ans.

Le Comité se renouvelle par moitié.

Pour la première fois les membres sortants seront désignés par le sort.

Les membres sortants peuvent être nommés de nouveau.

ART. 10. — Lors du renouvellement par moitié et en cas de vacance par suite de démission ou décès, les membres à nommer sont choisis par les membres restant en exercice.

Ils doivent être agréés par le Ministre de l'intérieur.

ART. 11. — Le Président du Conseil d'administration est nommé par décret impérial sur la proposition du Ministre de l'intérieur.

ART. 12. — Le Conseil choisit un Secrétaire et un Trésorier.

ART. 13. — Le Président correspond au nom du Conseil avec l'administration.

Le Trésorier est chargé de la comptabilité de l'association.

ART. 14. — Le Conseil représente la Société dans les actes de la vie civile.

Il fait au nom de la Société, en se conformant aux lois et règlements, les actes d'acquisition, d'aliénation et d'échange d'immeubles; accepte les legs et donations, passe les baux, transige, intente ou soutient les actions en justice; enfin, fait tous les actes relatifs au but qu'elle se propose.

Il pourvoit au placement des fonds, surveille la comptabilité et arrête les comptes.

ART. 15. — Toutes les délibérations du Conseil sont prises à la majorité des voix. En cas de partage, celle du Président est prépondérante.

Ces délibérations ne sont valables qu'autant que cinq membres au moins assistent à la séance.

Art. 16. — Le Conseil peut confier à des agents pris en dehors de l'association l'exécution de ses délibérations.

TITRE III

DE LA RÉALISATION DU BUT.

Art. 17. — Chaque année, un commissaire, choisi par le Ministre, inspectera les maisons achetées ou prises à bail par la Société, et adressera au Ministre un rapport sur leur état de conservation et de salubrité, sur l'aménagement intérieur, sur la convenance et la distribution des logements et des prises d'air.

Art. 18. — Dans le délai d'un an à partir de la promulgation du décret constitutif de la Société, un règlement intérieur sera arrêté par le Conseil d'administration et soumis à l'approbation du Ministre de l'intérieur.

TITRE IV

RESSOURCES ET COMPTABILITÉ.

Art. 19. — Les ressources de la Société consistent dans :

1° Les versements faits par les membres fondateurs et associés de l'œuvre ;

2° Le produit des souscriptions annuelles ;

3° Les allocations ou subventions que le gouvernement, le département et la ville de Paris pourront accorder à la Société ;

4° Les dons et legs faits à la Société ;

5° Les intérêts des capitaux placés au nom de la Société ;

6° Le revenu des immeubles pris à bail ou acquis par l'association.

Art. 20. — Le Trésorier est chargé d'opérer toutes les recettes de la Société.

Il acquitte les dépenses d'après les mandats délivrés par le Président du Conseil d'administration.

Art. 21. — A la fin de chaque exercice, le Trésorier rend ses comptes.
Le Conseil, après les avoir examinés et arrêtés, les soumet d'abord aux

membres de la Société réunis en assemblée générale, et ensuite, à l'approbation du Ministre.

ART. 22. — Les fonds disponibles appartenant à la Société, seront placés en son nom, soit à la Banque de France, soit en bons du Trésor, suivant les délibérations du Conseil.

Les fonds ainsi placés ne pourront être retirés qu'après une délibération du Conseil indiquant leur nouvel emploi. Toutefois le mandat signé du Président suffira pour toute somme n'excédant pas cinq cents francs.

ART. 23. — Les bénéfices résultant des opérations de la Société serviront à son développement et ne pourront profiter en rien aux membres de l'association.

TITRE V

DISPOSITIONS GÉNÉRALES.

ART. 24. — Dans le premier trimestre de chaque année, le Président du Conseil d'administration adressera à l'empereur un rapport général sur l'ensemble de la situation morale et financière de l'œuvre.

ART. 25. — Aucune répétition ne pourra être exercée par des tiers contre les membres du Conseil d'administration.

ART. 26. — Aucune addition ou modification ne pourra être apportée aux dispositions qui précèdent, qu'après avoir été adoptée par le Conseil d'administration et approuvée par le gouvernement dans la même forme que les précédents statuts.

Les présents statuts ont été délivrés et adoptés par le Conseil d'État, dans ses séances des 3 et 23 mai 1854.

Le Maître des requêtes :
Secrétaire Général du Conseil d'État ,
Signé :

SOCIÉTÉ ESPAGNOLE LA CONSTRUCTORA BENEFICA.

——

DE L'ASSOCIATION ET DES SOCIÉTAIRES

ARTICLE PREMIER. — Il est constitué à Madrid, sous le nom de *Constructora benefica*, une association de charité pour la construction d'habitations hygiéniques et économiques, destinées aux familles d'ouvriers.

Sont membres fondateurs : 1° toutes personnes présentes à la réunion qui a eu lieu dans la salle consistoriale de l'Ayuntamiento, le 2E avril 1875, sous la présidence de M. le comte de Toreno ; 2° celles qui ont assisté à la séance dans laquelle ont été approuvés les présents statuts.

La liste nominative sera insérée à la fin des statuts.

ART. 2. — Sont membres également les personnes de Madrid ou des provinces, nationales ou étrangères, qui seront présentées à cet effet par deux membres de la Société.

ART. 3. — Tous les membres contribueront au but de l'œuvre, soit par leurs services personnels, soit par leurs secours pécuniaires ou autrement.

ART. 4. — Les personnes qui, sans se faire inscrire comme membres, auront fait des dons quelconques, seront inscrites comme bienfaitrices dans les Annales du comité directeur, qui seront publiées en temps et lieu.

Le nom de Mme la comtesse de Crasinsky figurera dans la première de ces Annales, ainsi que celui de Mme Gertrude Gomez de Avellaneda dont le legs, avec le don de Mme la comtesse, forment les premiers fonds de la Société. MM. Salustiano de Olozaga et plusieurs Messieurs qui ont souscrit à la liste ouverte à Paris, seront inscrits en qualité de bienfaiteurs, etc.

ART. 5. — Les membres se réuniront en assemblée générale ordinaire en janvier de chaque année, ainsi que dans les cas extraordinaires prévus par ces statuts, ou bien dans ceux où le comité directeur croirait opportun de demander une réunion. Le président alors, d'accord avec le comité, sera chargé de faire la convocation.

ART. 6. — L'assemblée générale ordinaire examinera et approuvera le rapport et les comptes annuels, que devra présenter le comité directeur.

Les assemblées extraordinaires résoudront les questions spéciales soumises à leurs délibérations.

Dans l'un et l'autre cas, il suffira, pour prendre des déterminations, de la présence du tiers des membres inscrits et de la majorité absolue des membres présents; en cas d'égalité, la voix du président sera prépondérante.

DU COMITÉ DIRECTEUR.

ART. 7. — Le comité directeur sera composé, au moins, de :
Un président,
Deux vice-présidents,
Trois conseillers,
Cinq ingénieurs et architectes,
Cinq propriétaires et capitalistes,
Un trésorier,
Un comptable,
Un secrétaire,
Un sous-secrétaire.

Ce comité sera divisé en trois commissions permanentes :

1° *Commission consultative* composée de conseillers ;

2° *Commission facultative*, composée de conseillers, ingénieurs et architectes ;

3° *Commission économique*, composée de conseillers, propriétaires et capitalistes.

Chacune de ces commissions pourra s'adjoindre, en qualité d'adjoints, les membres qui le désireraient, et pourvoir au remplacement de ceux qui viendraient à manquer, afin de compléter le nombre minimum, dont chaque commission doit être composée, par des individus d'autres professions ou d'autres qualités. Toutes les fonctions du comité directeur sont récusables, et entraînent avec elles le droit de voix et de vote dans ses délibérations.

ART. 8. — Chaque année, aura lieu, dans l'assemblée générale ordinaire, la nouvelle élection, ou la confirmation dans leurs emplois, des individus qui les occupent.

Quand il y en aura de vacants, pour lesquels le comité directeur jugera le remplacement nécessaire, deux mois avant la réunion de l'assemblée générale ordinaire, ou en convoquera une extraordinaire, dans laquelle on pourvoira auxdites vacances ; pendant l'intérim, le Comité déléguera un de ses membres pour remplir l'emploi qui aura été vacant.

Art. 9. — Le comité directeur se réunira chaque fois que le jugera convenable son président, ou que l'auront sollicité trois de ses membres.

Dans les sessions du Comité, on répartira les travaux qui devront être soumis aux commissions respectives, et on examinera ceux qu'elles auront déjà préparés ; il sera pris également des résolutions à l'égard de ces travaux.

Pour la validité des décisions, il suffira de la majorité absolue des votants, à la condition toutefois que chaque catégorie de conseillers soit représentée au moins par une voix ; il faudra aussi la présence du président ou du vice-président, et du secrétaire et du sous-secrétaire.

Les décisions seront prises à la majorité absolue des membres présents, et, en cas d'égalité, la voix du président sera prépondérante.

Dans le cas où un de ses membres aura manqué les réunions pendant trois mois consécutifs, le Comité décidera si, oui ou non, il doit être considéré comme démissionnaire.

DES COMMISSIONS.

Art. 10. — Les réglements spéciaux, qui devront être faits au fur et à mesure des circonstances, seront rédigés par la commission permanente respective, et soumis par le comité directeur à l'assemblée générale des membres.

En cas d'urgence, et jusqu'à la réunion de l'Assemblée générale, il suffira, pour les mettre à exécution, de l'approbation du comité directeur.

Art. 11. — Les commissions permanentes vérifieront les travaux qui leur auront été demandés par le comité directeur ; les travaux de chaque commission seront autorisés par ses membres respectifs, à l'unanimité ou à la majorité.

Art. 12. — Deux ou trois commissions pourront se réunir pour délibérer sur quelque point déterminé, ou bien pour vérifier leurs travaux, chaque fois qu'à cause de la nature de ces travaux le comité directeur l'aura demandé, ou que lesdites commissions l'auront résolu d'un commun accord.

ART. 13. — La commission consultative s'occupera en général des points de droit ou autres quelconques indiqués par le comité directeur.

La commission facultative s'occupera de l'étude, de la direction, des réparations et de l'inspection constante des constructions projetées ou exécutées ;

La commission économique, de la préparation, direction, examen et inspection de la comptabilité générale et particulière de l'Association, des listes de souscriptions, du maniement des fonds et des moyens de proposer toutes sortes d'aides et secours pour arriver au but de l'œuvre.

DE L'OBJET DE L'ASSOCIATION

ART. 14. — L'Association est constituée à Madrid, pour servir d'exemple et de stimulant à toutes les autres contrées de l'Espagne.

Elle établira ses constructions dans les endroits et sites où elle saura trouver la salubrité et le bon marché.

ART. 15. — L'Association cherchera la variété dans les types de ses constructions, afin qu'ils puissent servir de modèles dans toute l'Espagne à des établissements de même espèce. Un règlement spécial, ainsi que des plans et projets approuvés par le comité directeur, régleront les conditions relatives à la construction.

ART. 16. — Les maisons construites seront données en location aux familles des ouvriers, lesquelles, grâce à une petite augmentation du loyer mensuel, représentant l'amortissement du capital ou valeur de la maison, pourront toujours devenir, de locataires, *propriétaires de l'habitation*, ce qui est l'objet primordial de l'Association.

La fixation du loyer, la conversion en titres de propriété, et les autres conditions propres à les faciliter seront déterminées par des règlements spéciaux.

DE L'INSPECTION DE LA COMPTABILITÉ.

ART. 17. — L'inspection de tous les projets de construction et travaux de l'Association, et la proposition au comité directeur des moyens propres à assurer leur bonne exécution, de même que l'adoption de ces moyens suivant les cas, seront de la compétence de la commission facultative, qui se renfermera, bien entendu, dans les limites de son règlement particulier.

Celui de la commission économique indiquera les règles à suivre par l'inspection et les autorisations des affaires de la comptabilité et de tout ce qui sera relatif aux recettes et aux dépenses.

DISPOSITIONS GÉNÉRALES.

ART. 18. — Le comité directeur résoudra tous les points qui ne seraient pas prévus dans ces statuts, ainsi que tous les doutes qui pourraient s'élever sur l'interprétation de ces articles.

ART. 19. — La réforme des présents statuts ne pourra se faire qu'en assemblée générale. Le comité directeur aura le droit de réviser les règlements particuliers.

ART. 20. — Le comité directeur aura le soin d'inviter, selon les occasions, les sociétés économiques, députations provinciales, corporations de bienfaisance, quand il le jugera opportun, à faire dans leurs localités respectives les études nécessaires, pour les pousser à construire ou à acquérir des demeures propres aux classes nécessiteuses, de la manière la plus convenable aux endroits et aux individus.

Dans ce but il leur donnera toutes les notes, instructions et documents susceptibles de leur être utiles.

ART. 21. — La *Constructora benefica* est une Société purement et essentiellement de charité, et par conséquent sans aucune espèce de but de bénéfice matériel ; elle entend que tous ses membres, associés ou bienfaiteurs, de même que toute personne qui contribuera à son but de bienfaisance, par dons, souscriptions ou quelque autre manière que ce soit, renoncent dès à présent aux remboursements des sommes confiées, à leurs intérêts, droit aux propriétés ou rémunération de services rendus de quelque façon que ce soit.

Approuvé, etc.

STATUTS DE SOCIÉTÉS A CAPITAL VARIABLE.

1° Société coopérative immobilière des ouvriers de Paris.

2° L'Union foncière de Reims.

3° Association coopérative immobilière genevoise.

SOCIÉTÉ COOPÉRATIVE IMMOBILIÈRE
DES OUVRIERS DE PARIS

PAR-DEVANT M⁰ MOCQUARD et son collègue, notaires à Paris sous-signés.

Ont comparu :

LESQUELS ont d'abord EXPOSÉ ce qui suit :

La question des logements d'ouvriers est devenue aujourd'hui une des plus constantes préoccupations de tous les hommes qui s'intéressent au bien-être moral et matériel des populations.

Dans plusieurs contrées, des industriels animés de sentiments qu'on ne pourrait trop louer, ont fait construire avec leurs propres capitaux ou à l'aide de subventions accordées par le gouvernement, des maisons pour loger près de leur fabrique, et à des conditions avantageuses, un grand nombre d'ouvriers.

D'autres ont fondé des Sociétés dont le but est de faire élever pour l'ouvrier des maisons commodes et salubres, qu'il peut, ou acheter au prix de revient, ou louer à un prix inférieur à celui qu'il paie généralement pour des logements moins convenables.

A Paris, bien des efforts ont été tentés pour construire des habitations pouvant offrir aux classes laborieuses des logements à bon marché ; mais ces efforts n'ont pas toujours été couronnés de succès, la spéculation s'étant trop souvent glissée dans les opérations de ce genre.

D'un autre côté, les industriels de Paris ayant toujours trouvé à leur disposition un assez grand nombre d'ouvriers, n'ont jamais eu à se préoccuper de leur logement.

En présence de ces faits, en présence surtout des difficultés de plus en plus grandes que l'ouvrier de Paris éprouve pour se loger convenablement et à prix raisonnable, les comparants, d'accord en cela avec la plupart de ceux qui s'occupent de ces questions, ont pensé que les ouvriers devaient faire eux-mêmes et pour leur propre compte ce que les industriels de plusieurs contrées avaient déjà fait et faisaient encore pour leurs ouvriers.

Ils ont donc projeté de constituer, entre ouvriers et autres personnes de la classe laborieuse, une Société dont le but serait :

De construire dans Paris et dans toute l'étendue du département de la Seine, tant pour le compte de la Société que pour le compte des associés personnellement, des maisons à bon marché destinées à loger un ou plusieurs ménages ;

De vendre celles de ces maisons qui seraient élevées pour le compte de la Société aux associés seuls, au prix de revient, et avec toutes les facilités de paiement possibles ;

De louer également aux associés seuls et aux conditions les plus favorables, celles de ces maisons qui ne seraient pas vendues, ainsi que toutes celles que la Société voudrait conserver à cet effet;

Et enfin de louer, pour loger des associés, des maisons appartenant à des étrangers.

Ce projet n'a pas été conçu par les comparants seulement ; il est aussi celui d'un grand nombre d'ouvriers qui, comprenant tous les avantages qu'il présente pour eux et leurs familles, ne demandent qu'à concourir à son exécution.

Et d'un autre côté, il n'est pas douteux qu'il ne reçoive l'appui de tous ceux qui s'intéressent au bien-être des classes laborieuses.

Dans cette position, les comparants, voulant réaliser le projet en question et répondre aux vœux des personnes qui l'ont formé et qui s'y intéressent, ont créé une Société anonyme à capital variable, dont ils ont arrêté les statuts de la manière suivante :

TITRE PREMIER

FORMATION DE LA SOCIÉTÉ. — SON OBJET. — SA DÉNOMINATION. — SON SIÈGE. — SA DURÉE.

ARTICLE PREMIER. — Il est formé par ces présentes une Société anonyme à capital variable, entre les comparants et toutes les personnes de la classe ouvrière ou laborieuse qui adhéreront aux statuts par la souscription ou la possession d'une ou de plusieurs actions qui seront créées par la Société.

ART. 2. — La Société a pour objet :

1° La construction, à Paris, et dans toute l'étendue du département de la Seine, tant pour le compte de la Société que pour le compte des associés personnellement, des maisons à bon marché présentant toutes les conditions de salubrité, et favorisant autant que possible la vie de famille par leur bonne disposition intérieure :

2° L'acquisition des terrains nécessaires pour la construction des maisons que la Société fera élever pour son propre compte et de leurs dépendances.

3° La location desdites maisons aux associés seuls, à des prix modérés, qui ne pourront pas dépasser 8 p. 100 du prix de revient des logements en faisant partie (1). Toutefois, ce maximum pourra être dépassé pour les boutiques et leurs dépendances que la Société aura la faculté de louer même à des étrangers ;

4° La vente, également aux associés seuls, et au simple prix de revient, des maisons ainsi construites par la Société ;

5° La location de maisons appartenant à des étrangers à la Société, mais qui seraient propres à loger des associés ;

6° Et généralement toutes les opérations et transactions quoique non prévues, auxquelles lesdites constructions, acquisitions, locations et ventes pourront donner lieu.

ART. 3. — La Société prend la dénomination de :

Société coopérative immobilière des Ouvriers de Paris.

Cette dénomination devra, dans tous les actes, factures, annonces, publications et autres documents, imprimés ou autographiés émanés de la Société être précédée ou suivie immédiatement de ces mots, écrits lisiblement en toutes lettres : « *Société anonyme à capital variable* » et de l'énonciation du montant du capital social.

ART. 4. — Le siège de la Société est à Paris, rue du Temple, 48 ; il pourra être ultérieurement transféré ailleurs (2).

ART. 5. — La Société aura une durée de 30 années, à partir du jour de sa constitution définitive, sauf les cas de dissolution ou de prorogation prévus ci-après :

La constitution définitive de la Société n'aura lieu qu'après la souscrip-

---

(1) Le 8 p. 100 est indiqué comme maximum, c'est-à-dire qu'il ne pourra jamais être dépassé, mais dans la plupart des cas, les locations seront certainement inférieures à ce 8 p. 100.

(2) Il a été transféré rue du Foin, 8 (au Marais).

tion du capital social et le versement, pour chaque associé, du dixième, au moins, du montant des actions par lui souscrites.

Cette souscription et les versements seront constatés par une déclaration des fondateurs qui devra être faite par acte authentique en suite des statuts.

A cette déclaration seront annexés la liste des souscripteurs et l'état des versements effectués.

Cette même déclaration sera soumise, avec les pièces à l'appui, à la première assemblée générale des Actionnaires qui en vérifiera la sincérité.

Le tout, du reste, conformément à la loi.

TITRE II

FONDS SOCIAL. — ACTIONS. — TRANSFERT.

ART. 6. — Le fonds social est fixé à 100 000 francs.

Il est divisé en 1 000 actions de 100 francs chacune.

Il pourra être augmenté par des délibérations de l'assemblée générale des Actionnaires prises d'année en année; chacune des augmentations ne pourra être supérieure à 200 000 francs.

Ces augmentations auront lieu au moyen de l'émission d'actions de 100 francs chacune, représentant un capital égal auxdites augmentations.

Les actions ainsi émises peuvent être souscrites, tant par les associés que par les autres personnes qui seraient admises à faire partie de la Société.

Au surplus, le mode d'émission est laissé à l'appréciation de l'assemblée générale.

D'un autre côté, le capital social sera susceptible d'être diminué par la reprise que tout associé pourra faire de son apport, en se retirant de la Société ou en cessant d'en faire partie. Mais, dans tous les cas, cette diminution ne pourra être supérieure à un huitième du capital souscrit.

ART. 7. — Aucun associé ne peut posséder plus de cinquante actions.

ART. 8. — Toute souscription ou possession d'actions emporte d'elle-même et de plein droit l'obligation d'en verser le montant intégral en numéraire.

ART. 9. — Le montant des actions émises en vertu des statuts est payable par paiements de cinq francs chacun, à l'exception du premier qui devra être de dix francs, conformément, du reste, à la loi.

Le premier paiement devra être effectué au moment même de la souscription, et les autres de mois en mois, à partir du premier jour du mois qui suivra la constitution définitive de la Société.

Quant aux actions qui pourront être émises par suite d'augmentation du capital social, le montant en sera également payable en dix-neuf paiements, dont le premier sera de dix francs et les autres de cinq francs chacun, et qui devront être effectués, savoir : le premier, au moment même de la souscription, et les autres de mois en mois, à partir du premier jour du mois qui suivra cette souscription.

ART. 10. — Le versement du premier dixième est constaté par un récépissé nominatif qui, dans les trois mois de la constitution définitive de la Société, est échangé contre un titre provisoire d'action, également nominatif et sur lequel les autres versements sont ensuite mentionnés au moyen d'une estampille.

Ce titre provisoire est lui-même remplacé par un titre définitif, après la libération complète de l'action.

Tout associé aura le droit d'anticiper les versements restant à opérer sur ses actions. Il lui sera tenu compte d'un intérêt de 3 p. 100 par an sur les sommes payées par anticipation.

Toute action sur laquelle les versements exigibles n'auraient pas été effectués, cesse d'être transmissible.

ART. 11. — Faute par un associé d'effectuer les versements exigibles, il sera mis en demeure par une sommation, et les administrateurs pourront, à l'expiration du mois qui suivra cette sommation, et sans être astreints à d'autres sommations, mises en demeure ou autres formalités judiciaires, faire la cession de ces actions, soit à d'autres associés, soit à de nouveaux sociétaires.

Le prix de la cession ne pourra, dans aucun cas, être inférieur au pair.

Les titres primitifs des actions ainsi cédées deviendront nuls ; il en sera délivré de nouveaux aux cessionnaires sous les mêmes numéros.

Les mesures autorisées par le présent article ne font pas obstacle à l'exercice simultané de tous les autres moyens de droit.

Les associés devront de plein droit, et sans demande, des intérêts à raison de 5 p. 100 par an, sur les sommes non payées, à compter des époques déterminées, sans préjudice de tous dommages-intérêts, s'il y a lieu.

Sur le prix provenant de toute cession faite, comme il est dit ci-dessus, la Société prélèvera ce qui lui sera dû par l'associé dépossédé. Mention des dispositions du présent article sera faite au dos des titres d'actions tant qu'ils n'auront pas été libérés.

Art. 12. — Les associés ne sont engagés que jusqu'à concurrence du montant de leurs actions ; ils ne peuvent, sous aucun prétexte, être tenus à aucun appel de fonds excédant l'apport par eux promis.

Ils ne sont passibles des pertes que jusqu'à concurrence du montant de leurs intérêts dans la Société.

Art. 13. — Les titres définitifs d'actions seront nominatifs, même après leur entière libération.

Tous les titres provisoires ou définitifs sont extraits d'un registre à souche, numérotés et signés par deux administrateurs ; — ils portent le timbre de la Société.

Art. 14. — Toute cession d'action ne peut avoir lieu qu'au profit de personnes de la classe ouvrière et laborieuse.

La cession des titres s'opère par une déclaration de transfert inscrite sur les registres de la Société et signée par le cédant et le concessionnaire.

Elle devra, à peine de nullité, être acceptée par le Conseil d'administration de la Société, qui aura le droit de s'opposer au transfert.

Dans aucun cas, cependant, la Société n'est responsable de la validité du transfert.

Les actions ne sont transmissibles qu'après la constitution définitive de la Société.

Le souscripteur originaire, si l'action n'est pas libérée, reste néanmoins tenu solidairement des versements à effectuer ultérieurement, conformément à l'article 8 ci-dessus.

Art. 15. — Chaque action donne droit à une part égale dans la propriété de l'actif social et dans le partage des bénéfices.

Les dividendes de toute action sont valablement payés au porteur du titre.

Art. 16. — Toute action est indivisible.

La Société ne reconnaît qu'un propriétaire pour une action.

Les droits ou obligations attachés à l'action suivent le titre dans quelques mains qu'il passe.

La possession d'une action emporte de plein droit l'adhésion aux statuts de la Société et aux décisions de l'Assemblée générale.

Art. 17. — Les héritiers ou créanciers d'un associé ne peuvent, sous quelque prétexte que ce soit, provoquer l'apposition des scellés sur les biens et valeurs de la Société, en demander le partage ou la licitation, ni s'immiscer en aucune manière dans son administration ; ils doivent pour l'exercice de leurs droits, s'en rapporter aux inventaires sociaux et aux délibérations de l'Assemblée générale.

Art. 18. — Tout actionnaire qui prouvera avoir perdu son titre, pourra, en justifiant de sa propriété, se faire délivrer par la Société un duplicata non transférable du titre perdu.

Toutefois, les dividendes et intérêts ne lui seront payés que cinq ans après leur échéance.

Art. 19. — Chaque associé pourra se retirer de la Société lorsqu'il le jugera convenable.

Toutefois, il ne pourra exercer cette faculté qu'autant que les réductions qu'aura subies le capital social souscrit, n'auront pas atteint le huitième de ce capital.

D'un autre côté, l'Assemblée générale aura le droit de décider, à la majorité fixée pour la modification des statuts, qu'un ou plusieurs associés cesseront de faire partie de la Société.

L'associé, en cessant de faire partie de la Société, soit par l'effet de sa volonté, soit par suite de décision de l'Assemblée générale, n'aura droit qu'à la reprise de son apport, c'est-à-dire des sommes versées par lui sur les actions qu'il aura souscrites ou dont il sera devenu propriétaire.

Au moyen de cette reprise, il se trouvera complètement étranger à la Société et déchu de toute espèce de droits sur l'actif social.

Tout associé, en se retirant de la Société, sera tenu d'en faire et signer la déclaration au siège social sur un registre spécial.

Il fera et signera en même temps le transfert de ses actions au profit de la Société, qui en deviendra propriétaire, et qui les réintégrera à la souche pour les émettre à nouveau ou les céder à tout autre associé.

Dans le cas où l'un des associés cesserait de faire partie de la Société par décision de l'Assemblée générale, ses titres d'actions seront annulés par le fait de cette décision, et réintégrés également à la souche, pour être émis à nouveau ou cédés à d'autres associés.

Le choix d'émission ou de cession de toute action réintégrée à la souche, par suite de retraite volontaire ou forcée de tout associé, appartiendra au Conseil d'administration.

Pour rembourser à l'associé qui se retirera de la Société ou qui cessera d'en faire partie par la volonté de l'Assemblée générale, les sommes qu'il aura versées sur le montant de ses actions, la Société aura un délai de six mois; mais la Société lui tiendra compte, indépendamment de tous dividendes échus, des intérêts au taux de 5 p. 100 par an courus sur les sommes versées par lui, et ce depuis la dernière échéance des dividendes jusqu'au jour du remboursement.

L'associé qui cessera de faire partie de la Société, soit par l'effet de sa volonté, soit par suite de décision de l'Assemblée générale, restera tenu pendant cinq ans, envers les associés et envers les tiers, de toutes les obligations de la Société existant au moment de sa retraite, conformément, du reste, à la loi.

TITRE III.

ADMINISTRATION DE LA SOCIÉTÉ.

ART. 20. — La Société est administrée par un Conseil d'administration composé de neuf membres choisis parmi les associés et nommés par l'assemblée générale, sauf ce qui va être stipulé à l'égard des premiers Administrateurs.

Les membres devant composer le premier Conseil d'administration seront :

Tous comparants.

Leur nomination ne sera point soumise à l'Assemblée générale des Actionnaires.

Ils resteront en fonction pendant les trois premières années de la durée de la Société.

A l'expiration de ce délai, un second Conseil de neuf membres sera nommé pour trois autres années ; ceux-ci seront ensuite remplacés par tiers, d'année en année.

Pour les deux premières années, les membres sortants sont désignés par le sort ; le renouvellement a lieu ensuite par ordre d'ancienneté.

Les membres sortants sont indéfiniment rééligibles.

En cas de décès, démission ou empêchement prolongé d'un membre du Conseil d'administration, il est pourvu à son remplacement par les autres membres, sauf l'approbation de la première Assemblée générale.

Le nouveau membre ainsi élu, prend, pour l'époque de son remplacement, le rang de son prédécesseur.

ART. 21. — Les Administrateurs doivent être propriétaires chacun de cinq actions ; au total de quarante-cinq actions.

Ces actions sont affectées en totalité à la garantie de tous les actes de leur gestion, même de ceux qui seraient exclusivement personnels à l'un des Administrateurs.

Elles sont inaliénables et devront être frappées d'un timbre indiquan. l'inaliénabilité, et déposées dans la caisse sociale.

ART. 22. — Les Administrateurs choisissent chaque année, parmi eux, un Président, un Vice-Président, un Secrétaire et un Trésorier.

Ces membres sont rééligibles.

ART. 23. — Le Conseil d'administration se réunit toutes les fois que l'intérêt de la Société l'exige et au moins deux fois par mois.

Les réunions ont lieu au siége social.

Les délibérations ne sont valables qu'autant que cinq membres sont présents.

Les délibérations sont prises à la majorité des voix des membres présents.

En cas de partage, la voix du Président est prépondérante.

Il est dressé procès-verbal des délibérations avec mention des noms des membres présents.

Un registre spécial est destiné aux procès-verbaux des séances du Conseil.

Ces procès-verbaux doivent être signés par le Président et le Secrétaire ou par les membres qui les remplacent.

Le registre des procès-verbaux doit rester déposé au siége social.

Les copies et extraits des délibérations à produire en justice ou partout ailleurs, sont certifiés par le Président du Conseil ou par le membre qui en remplit les fonctions.

ART. 24. — Le Conseil a les pouvoirs les plus étendus pour l'administration des biens et affaires de la Société, et notamment il fait ou autorise par ses délibérations tous les actes rentrant dans l'objet de la Société, aux termes de l'article 2 ci-dessus, c'est-à-dire toutes les acquisitions de terrains, ainsi que toutes les constructions, ventes et locations des maisons destinées aux associés, le tout aux prix, charges et conditions qu'il jugera convenables.

Il arrête tous devis, marchés, traités, compromis et transactions, ainsi que tous règlements relatifs aux ventes, échanges, constructions et locations.

Il fait ou autorise par ses délibérations:

Tous échanges d'immeubles avec ou sans soulte;

Tous emprunts du Crédit Foncier de France et de tous autres administrations ou particuliers, avec affectation hypothécaire sur les immeubles de la Société, et destinés à être vendus ou loués aux associés, pourvu toutefois que chacun de ces emprunts n'excède pas une somme de vingt mille francs.

Il fait ces emprunts soit en espèces, soit en obligations foncières;

Il arrête toutes les conditions des emprunts, le mode de leur remboursement, en principal, intérêts et accessoires.

Il oblige la Société à ces remboursements, qui pourront avoir lieu à longs termes, et par annuités, ainsi qu'à l'exécution de toutes les charges et conditions des emprunts.

Il négocie toutes obligations prêtées aux prix et conditions qu'il juge convenables et touche le montant de ces négociations.

En outre il fait et autorise par ses délibérations :

Les paiements ou recettes de prix d'immeubles et soultes, en retirant ou donnant toutes quittances.

Tous désistements d'hypothèques, priviléges et actions résolutoires, toutes mainlevées d'inscriptions, saisies, oppositions et autres empêchements, le tout avec ou sans paiement, partiellement ou définitivement.

Tous retraits de fonds.

Tous achats et ventes d'objets mobiliers.

Tous transports et cessions de créances et prix d'immeubles avec ou sans garantie.

Il accepte toutes garanties et s'en désiste.

Il exerce tant en demandant qu'en défendant toutes actions judiciaires et notamment toutes actions résolutoires, saisies mobilières et immobilières.

Il détermine l'emploi des fonds libres.

Il autorise les dépenses de l'administration.

Il nomme et révoque le Directeur et les autres agents de la Société. Il détermine leurs attributions, il fixe les traitements, salaires et gratifications et, s'il y a lieu, le chiffre de leur cautionnement et en autorise la restitution.

Il arrête les comptes qui doivent être soumis à l'Assemblée générale et statue sur les réparations à proposer.

Il statue sur toutes les questions qui rentrent dans l'administration de la Société et qui peuvent concourir à la mise en valeur et à la vente des immeubles sociaux, dans les termes des statuts.

Étant expliqué que les énonciations ci-dessus sont purement indicatives et nullement restrictives des pouvoirs des Administrateurs.

De plus, le Conseil d'administration est autorisé à accepter toutes donations d'immeubles ou de valeurs mobilières, qui pourront être faites à la Société et à obliger la Société à l'exécution de toutes les charges et conditions dans lesquelles ces donations pourront être faites.

Il est, en outre, autorisé à contracter tous les emprunts qui seraient imposés à la Société par les donateurs, à quelque chiffre que s'élèvent ces emprunts ;

A arrêter toutes les conditions de ces emprunts, le mode de leurs remboursements en principal, intérêts et accessoires ;

Et à obliger la Société à ces remboursements, qui peuvent avoir lieu à longs termes et par annuités, ainsi qu'à l'exécution et à l'acquit de toutes les charges et conditions desdits emprunts.

Il négocie toutes les obligations qui pourront être remises à la Société en représentant des sommes prêtées, aux prix et conditions qu'il jugera convenables, et reçoit le montant de ces négociations.

ART. 25. — Les Administrateurs peuvent déléguer à l'un d'entre eux, avec le titre de Directeurs tout ou partie de leurs pouvoirs. Ils peuvent aussi les déléguer à un ou plusieurs de leurs membres, par mandat spécial, pour les objets déterminés et pour un temps limité.

ART. 26. — Les Administrateurs sont responsables, conformément aux règles du droit commun, individuellement ou solidairement, suivant les cas, envers la Société ou envers les tiers, soit des infractions aux dispositions des statuts, soit des fautes qu'ils auraient commises dans leur gestion, notamment en distribuant ou en laissant distribuer sans opposition des dividendes fictifs.

ART. 27. — Il est interdit aux Administrateurs de prendre ou de conserver un intérêt direct ou indirect dans une entreprise ou dans un marché fait avec la Société ou pour son compte, à moins qu'ils n'y soient autorisés par l'Assemblée générale.

Il est, chaque année, rendu à l'Assemblée générale un compte spécial de l'exécution des marchés et entreprises par elle autorisés aux termes du paragraphe précédent.

ART. 28. — Les administrateurs reçoivent des jetons de présence dont la la valeur est déterminée par l'Assemblée générale.

TITRE IV.

DES COMMISSAIRES.

ART. 29. — L'Assemblée générale annuelle désigne un ou plusieurs Commissaires, associés ou non, chargés de faire un rapport à l'Assemblée générale de l'année suivante sur la situation de la Société, sur le bilan et sur les comptes présentés par les administrateurs.

Les délibérations contenant approbation du bilan et des comptes sont nulles, si elles n'ont été précédées du rapport des Commissaires.

A défaut de nomination des Commissaires par l'Assemblée générale, ou en cas d'empêchement ou de refus d'un ou plusieurs des Commissaires nommés, il est procédé à leur remplacement par ordonnance du Tribunal de commerce du siége de la Société, à la requête de tous intéressés, les administrateurs dûment appelés.

ART. 30. — Pendant le trimestre qui précède l'époque fixée par les statuts pour la réunion de l'Assemblée générale, les Commissaires ont droit, toutes les fois qu'ils le jugent convenable dans l'intérêt social, de prendre communication des livres, et d'examiner les opérations de la Société.

Ils peuvent toujours, en cas d'urgence, convoquer une assemblée générale.

L'étendue et les effets de la responsabilité des Commissaires envers la Société, sont déterminés d'après les règles générales du mandat.

TITRE V.

ASSEMBLÉES GÉNÉRALES.

ART. 31. — L'assemblée générale, régulièrement constituée, représente l'universalité des associés.

ART. 32. — Tous les associés ont voix délibérative à l'assemblée générale.

Chacun d'eux peut se faire représenter à l'assemblée générale par un autre associé porteur d'un mandat spécial ou d'une lettre contenant autorisation suffisante.

ART. 33. — L'assemblée se réunit de droit chaque année, à Paris, au siège de la Société, ou dans tout autre local indiqué par le Conseil d'administration, dans le courant du mois de février.

Elle se réunit en outre extraordinairement toutes les fois que le Conseil d'administration ou les Commissaires en reconnaissent l'utilité.

Une première assemblée générale est, dans tous les cas, convoquée à la diligence des fondateurs, postérieurement à l'acte qui constate la souscription du capital social et le versement du dixième de ce capital, à l'effet de vérifier la sincérité de la déclaration des Fondateurs, et de nommer les premiers Commissaires, les premiers Administrateurs étant nommés par les statuts.

ART. 34. — Les convocations sont faites quinze jours avant la réunion par lettres adressées aux associés et par un avis inséré dans le *Moniteur*.

Cet avis devra contenir l'indication sommaire de l'objet de la réunion. Il ne pourra être délibéré sur aucune autre chose.

Toutefois, la première assemblée qui doit être convoquée par les Fondateurs, conformément à l'article trente-trois, paragraphe troisième, pourra avoir lieu huit jours avant la convocation.

ART. 35. — L'assemblée est régulièrement constituée lorsque les membres présents ou représentés réunissent le quart au moins des actions souscrites.

Art. 36. — Si cette condition n'est pas remplie sur une première convocation, il en est fait une seconde à quinze jours d'intervalle.

Dans ce cas, le délai entre la convocation et le jour de la réunion est réduit à dix jours.

Les membres présents à la seconde réunion délibèrent valablement, quel que soit leur nombre et celui de leurs actions, mais seulement sur les objets à l'ordre du jour de la première.

Art. 37. — Les associés doivent, avant le jour de la réunion, déposer leurs actions au siège de la Société.

Il leur est délivré, en échange, un récépissé nominatif qui leur sert de carte d'admission, et qu'ils doivent, eux ou leurs mandataires, représenter en entrant à l'Assemblée et en signant la feuille de présence.

La liste de tous les associés est arrêtée par les Administrateurs et signée par eux, quinze jours avant la réunion.

Elle indique, à côté du nom de chacun des associés, le nombre d'actions dont il est propriétaire.

Cette liste est tenue à la disposition de tous les associés qui veulent en prendre connaissance.

Le jour de la réunion, elle est déposée sur le bureau et annexée au procès-verbal de la délibération.

Art. 38. — L'Assemblée est présidée par le Président ou le Vice-Président du Conseil d'Administration, ou, à leur défaut, par l'Administrateur que le Conseil désigne.

Le Président désigne le Secrétaire.

Les fonctions de scrutateurs sont remplies par deux membres de l'Assemblée.

Art. 39. — Les délibérations sont prises à la majorité des voix des membres présents.

Chacun d'eux n'a qu'une voix. S'il représente un autre associé, il a deux voix, mais il ne peut représenter qu'un associé.

En cas de partage, la voix du président est prépondérante.

Art. 40. — L'Assemblée générale entend le rapport du Conseil d'administration sur la situation des affaires sociales.

Elle discute, approuve, ou rejette les comptes.

Elle fixe le dividende.

Elle nomme les Administrateurs toutes les fois qu'il y a lieu de les remplacer.

Elle délibère sur les propositions du Conseil relatives à toutes ventes ou échanges d'immeubles qui ne conviendraient pas aux associés et qui ne pourraient pas leur être vendus ; à tous emprunts excédant vingt mille francs, avec ou sans affectation hypothécaire.

Elle décide si l'un ou plusieurs des associés doivent cesser de faire partie de la Société.

Elle statue aussi sur toutes les propositions tendant :

A augmenter ou diminuer le capital social ;

A apporter des modifications aux statuts ;

A proroger la durée de la Société ;

A dissoudre la Société avant terme.

Enfin, elle prononce souverainement sur tous les intérêts de la Société et confère par ses délibérations au Conseil d'administration les pouvoirs nécessaires pour les cas qui n'auraient pas été prévus.

Toutefois, les délibérations relatives aux ventes d'immeubles qui ne conviendraient pas aux associés et qui ne pourraient pas leur être vendus, aux emprunts excédant vingt mille francs, à la retraite forcée d'un ou de plusieurs des associés, aux augmentations ou diminutions du capital social, ne seront valablement prises qu'autant que les membres présents ou représentés à l'Assemblée réuniront le tiers du capital social.

L'Assemblée qui aura pour objet de vérifier la sincérité de la déclaration faite par les fondateurs et de nommer les premiers commissaires, ainsi que toutes celles qui seront relatives aux modifications à apporter aux statuts, à la continuation de la Société au delà du terme fixé pour sa durée ou sa dissolution avant ce terme, ne seront valablement prises qu'autant que les membres présents ou représentés à l'Assemblée réuniront la moitié au moins du capital social.

Art. 41. — Les délibérations de l'assemblée, prises conformément aux statuts, obligent tous les associés, même absents ou dissidents.

Art. 42. — Elles sont constatées par des procès-verbaux inscrits sur un registre spécial et signés par la majorité des membres composant le bureau.

Une feuille de présence, destinée à constater le nombre des membres présents et représentés à l'Assemblée et celui de leurs actions, demeure annexée, avec la liste de tous les associés, dont il est question sous l'article 37, à la minute du procès-verbal.

Cette feuille de présence est revêtue de la signature des membres du bureau et des autres membres présents à l'Assemblée.

Mention des associés ne sachant signer est faite dessus.

Art. 43. — La justification à faire, vis-à-vis des tiers, des délibérations de l'Assemblée, résulte des copies ou extraits certifiés conformes par le président du Conseil d'administration ou par celui de ses collègues qui en remplit les fonctions.

TITRE VI.

INVENTAIRES. — COMPTES ANNUELS ET TRIMESTRIELS.

ART. 44. — Les exercices sociaux sont clos tous les ans au trente et un décembre.

Tous les trois mois, à partir du jour de la constitution de la Société, les administrateurs dressent un état résumant la situation active et passive.

Cet état est mis à la disposition des commissaires.

Il est, en outre, établi, chaque année, un inventaire contenant l'indication des valeurs mobilières et immobilières de la Société et de toutes ses dettes actives et passives.

Cet inventaire est présenté à l'Assemblée générale.

Quinze jours, au moins, avant la réunion de celle-ci, tout actionnaire peut prendre, au siège social, communication de l'inventaire, de la liste des actionnaires, et se faire délivrer copie du bilan résumant l'inventaire et du rapport des commissaires.

TITRE VII.

PAIEMENT DES INTÉRÊTS. — BÉNÉFICES. — FONDS DE RÉSERVE.

ART. 45. — La Société n'étant fondée qu'en vue du bien-être des associés, et dans le but de les loger d'une manière plus saine, et de leur faciliter l'acquisition au prix de revient des maisons qui seraient élevées par la Société elle-même ;

Chaque action ne donnera droit pendant toute la durée de la Société :

1° Qu'à un intérêt sur le pied de cinq pour cent par an du capital nominal, à compter de l'expiration du délai fixé pour la libération complète des actions ;

2° Et au remboursement de ce même capital dans les cas de retraite des associés stipulés aux présents statuts, sauf toutefois ce qui va être dit.

ART. 46. — S'il restait un bénéfice quelconque sur les loyers produits par les immeubles sociaux, loyers qui ne devront pas excéder huit pour cent du prix de revient, ce bénéfice sera affecté à la formation d'un fonds de réserve.

Cette affectation cessera d'être obligatoire lorsque le fonds de réserve aura atteint le dixième du capital social.

Mais elle reprendra son cours si la réserve vient à être entamée.

Le fonds de réserve est destiné à parer aux évènements imprévus.

L'emploi des capitaux composant le fonds de réserve est réglé par les Administrateurs.

ART. 47. — Si après le service des intérêts du capital social et prélèvement destiné au fonds de réserve, il existe un bénéfice, ce bénéfice sera réparti au prorata entre les associés.

ART. 48. — Le paiement des intérêts et bénéfices se fait annuellement au siège social et aux époques déterminées par les Administrateurs.

Tous intérêts et bénéfices qui ne sont pas réclamés dans les cinq ans de leur exigibilité, sont prescrits au profit de la Société.

TITRE VIII.

DISSOLUTION. — LIQUIDATION.

ART. 49. — En cas de perte des trois quarts du capital social, les Administrateurs sont tenus de provoquer la réunion de l'Assemblée générale de tous les associés, à l'effet de statuer sur la question de savoir s'il y a lieu de prononcer la dissolution de la Société.

La résolution de l'Assemblée est dans tous les cas rendue publique.

A défaut par les Administrateurs de réunir l'Assemblée générale, comme dans le cas où cette Assemblée n'aurait pu se constituer régulièrement, tout intéressé peut demander la dissolution de la Société devant les tribunaux.

ART. 50. — La dissolution peut être prononcée sur la demande de toute partie intéressée lorsqu'un an s'est écoulé depuis l'époque où le nombre des associés est réduit à moins de sept.

ART. 51. — La Société ne sera point dissoute par la mort, la retraite, l'interdiction, la faillite ou la déconfiture de l'un des associés; elle continuera de plein droit entre les autres associés.

Au surplus, elle ne pourra être dissoute avant terme, que dans le cas prévu par les articles quarante-neuf et cinquante ci-dessus.

ART. 52. — En cas de dissolution de la Société par l'échéance de son terme ou par participation, dans les cas ci-dessus prévus, l'Assemblée générale, sur la proposition des Administrateurs ou des Commissaires, règle le mode de liquidation, nomme un ou plusieurs liquidateurs, avec pouvoir de réaliser, soit aux enchères, soit à l'amiable, l'actif de la Société.

Les liquidateurs peuvent, en vertu d'une délibération de l'Assemblée générale, faire la cession et le transport même par voie de fusion ou d'apport à une autre société, des droits et engagements de la Société dissoute.

Pendant le cours de la liquidation, les pouvoirs de l'assemblée générale se continuent comme pendant l'existence de la Société.

TITRE IX.

PUBLICATIONS.

ART. 53. — Dans le mois de la constitution de la Société, une expédition des statuts sera déposée au greffe de la Justice de Paix et du Tribunal de commerce du lieu dans lequel est établie la Société.

A cette expédition seront annexées :

1° Expédition de l'acte constatant la souscription du capital social et le versement du dixième ;

2° Copie certifiée de la délibération prise par l'Assemblée générale pour la vérification de la déclaration des Fondateurs, et conformément aux articles cinq et trente-trois des statuts ;

3° Et la liste nominative, dûment certifiée des souscripteurs, contenant les nom, prénoms, qualités, demeure et le nombre d'actions de chacun d'eux.

Dans le même délai d'un mois, un extrait dressé conformément à la loi, des statuts et des pièces y annexées, est publié dans l'un des journaux désignés pour recevoir les annonces légales.

Tous pouvoirs sont donnés au porteur d'une expédition pour faire le dépôt au greffe et la publication.

ÉLECTION DE DOMICILE.

ART. 54 et dernier. — Chacun des associés est tenu de faire élection de domicile à Paris.

Cette élection a lieu de plein droit en son domicile à Paris.

A défaut de domicile ou d'élection de domicile à Paris, toutes significations, déclarations, assignations, actes d'appel, etc., sont valablement adressées au parquet de M. le Procureur Impérial près le Tribunal civil de première instance de la Seine, sans aucune observation des délais de distance prévus par la loi.

DONT ACTE :

Fait et passé à Paris, en l'étude de Mᵉ MOCQUART, l'un des notaires soussignés.

L'an mil huit cent soixante-sept, le dix-neuf août, lecture faite, les comparants ont signé avec les notaires.

L'UNION FONCIÈRE

Société mutuelle pour la propriété.

MÉDAILLE D'OR EN 1876 DÉCERNÉE PAR LA SOCIÉTÉ INDUSTRIELLE DE REIMS.

STATUTS

Par-devant M⁰ˢ C.-A. Berque et son collègue, notaires à Reims, soussignés, ont comparu :

Tous membres de la Société mutuelle civile *l'Union Foncière*, créée à Reims pour la construction d'habitations ouvrières, au profit des Membres de ladite Société, suivant acte reçu par M⁰ Berque, qui en a la minute, et l'un de ses collègues, notaires à Reims, le premier mai mil huit cent soixante-dix :

Lesquels ont dit : qu'ils comparaissaient pour apporter aux Statuts quelques modifications, que la marche et les progrès toujours croissants de ladite Société ont rendues nécessaires ;

En conséquence, en exécution des décisions prises par l'Assemblée générale du vingt et un mars mil huit cent quatre-vingt, ils ont arrêté, ainsi qu'il suit, les nouveaux Statuts de ladite Société :

CHAPITRE Iᵉʳ

PRÉLIMINAIRES.

ARTICLE PREMIER. — Il a été formé par les présentes, dans le sens de l'art. 1841 du Code civil, entre les soussignés et tous ceux qui adhéreront par la suite aux présents Statuts, une *Société civile* ayant pour but la construction d'habitations ouvrières et leur vente aux membres de la Société au prix de revient.

La Société se propose, en outre :

De construire sur un terrain appartenant aux Sociétaires ou acheté sur leur demande spéciale ;

D'acheter, pour le compte des Sociétaires, d'anciennes maisons et les remettre en bon état, s'il y a lieu ;

Transformer ou réparer des habitations appartenant aux Sociétaires ;

Se porter garant vis-à-vis de l'entrepreneur pour le Sociétaire faisant construire lui-même ;

Et généralement de faire toutes opérations ayant pour but de procurer aux Sociétaires des habitations économiques saines et agréables.

Art. 2. — Cette Société prend son siège à Reims et prend la dénomination de :

L'Union Foncière, Société mutuelle pour la Propriété.

Art. 3. — Elle a commencé à dater du 1er juillet 1870 ; depuis elle a fonctionné sans interruption jusqu'à ce jour ; sa durée est illimitée.

Son but principal est que chaque Sociétaire puisse, en vingt années, devenir propriétaire d'une de ses maisons, moyennant un amortissement annuel qui ne devra pas dépasser vingt années.

Un tableau modèle, représentant l'amortissement d'une propriété d'une valeur de 5 000 fr., est annexé aux présents Statuts.

CHAPITRE II

FONDS SOCIAL.

Art. 4. — Le fonds social est formé :

1° D'un droit d'inscription de 3 fr., non remboursable ;

2° Des cotisations hebdomadaires ou autres, d'un minimum de 25 fr. par an, et portant intérêt à 5 % ;

3° Des dépôts dont l'intérêt sera débattu entre le prêteur et l'administration qui en fixera le taux et les conditions.

Les comptes des Sociétaires non acquéreurs qui atteindront la somme de 1 000 fr., tomberont sous l'application du paragraphe 3, ou seront transformés en obligations.

Art. 5. — Les cotisations seront touchées à domicile par un collecteur et justifiées au moyen de timbres.

Le collecteur devra rendre ses comptes tous les dimanches avant trois heures du soir, chez le caissier qui les vérifiera.

Art. 6. — Les versements ne pourront être au-dessous de 1 franc.

Art. 7. — La Société pourra émettre des obligations ; elles rapporteront un intérêt à 5 % l'an, payable le 1er juillet de chaque année, impôt à la charge du porteur ; elles seront remboursables au prix d'émission par voie de tirage au sort.

A la garantie de ces obligations, la Société aura le droit d'hypothéquer tout ou partie des immeubles de ladite Société.

Chaque année il sera tiré un vingtième des obligations ; cette opération aura lieu suivant décision du Conseil.

CHAPITRE III
CONSTRUCTIONS.

Art. 8. — Lorsque l'encaisse social le permettra, le Conseil devra faire appel aux Sociétaires qui désireront des maisons ; à cet effet, des plans et devis seront établis et tenus à la disposition des Sociétaires.

Art. 9. — Les acquéreurs d'immeubles, dans le cas du 2ᵉ paragraphe de l'art. 8, se feront inscrire, en indiquant si c'est pour une maison d'angle ou une maison intermédiaire, les prix étant différents, et comme leur nombre pourra être supérieur à celui des maisons à construire, les anciens Sociétaires auront la priorité ; et, dans le cas où plusieurs demandes se produiraient pour la même propriété par des Sociétaires ayant les mêmes droits, les maisons seraient adjugées par voie de tirage au sort et la construction n'aura lieu qu'après.

Art. 10. — L'Assemblée générale prononce sur les plans et devis ; le Conseil ne pourra, en aucun cas, dépasser les prix qui auront été adoptés.

Art. 11. — Les maisons seront construites conformes aux types adoptés par l'Assemblée générale. Toutefois la faculté sera accordée aux Sociétaires favorisés de demander tel changement qu'ils désireront.

Ils devront adresser leur demande, en détaillant les plans a leur convenance, au Conseil d'administration, qui statuera sur l'adoption pure et simple ou sur les modifications qui lui paraîtront utiles.

Les plans et devis seront révisés par les soins du Conseil et il n'y sera donné suite qu'après l'acceptation par le Sociétaire des plans et du prix de l'immeuble.

Dans le cas où ces changements élèveraient la dépense au-dessus du prix maximum fixé par l'Assemblée générale, le Conseil pourra exiger le versement au comptant du surplus.

Art. 12. — Exceptionnellement et dans le cas où il ne se produirait aucune demande pour des constructions ordinaires, le Conseil aura le droit de disposer d'une partie des fonds, pour tout autre genre de construction demandée par des Sociétaires et sur garanties à débattre.

Les maisons non vendues seront louées à des Sociétaires au mieux des intérêts de la Société.

Un modèle de bail est annexé aux présents Statuts

Les locations seront faites au mois et les baux n'excéderont pas une année.

ART. 13. — Sera admis à concourir tout Sociétaire ayant en caisse une annuité complète de l'immeuble qu'il veut acquérir et s'il remplit les conditions énumérées en l'art. 34 (*moralité*).

ART. 14. — Dans le cas où il y aurait lieu de recourir au tirage, il y serait procédé à la diligence du Conseil, lequel convoquera les Sociétaires intéressés.

ART. 15. — Tout Sociétaire favorisé ne pourra se désister pendant la construction de l'immeuble, que s'il présente un autre acquéreur, faute de quoi il sera redevable des intérêts pour les sommes engagées dans la construction, jusqu'à son remplacement.

ART. 16. — Les constructions terminées, les Sociétaires en prendront possession après la signature du bail avec promesse de vente, dont un modele est annexé aux présents Statuts

CHAPITRE IV

RECOUVREMENTS.

ART. 17. — Il sera porté à l'avoir du Sociétaire, lors de son entrée en jouissance, aux termes de l'art. 16, le montant des sommes par lui versées antérieurement, tant en principal qu'en intérêts; mais jusqu'à l'amortissement complet, le versement devra être celui fixé par le Conseil ; un modèle basé sur une propriété de 5 000 fr. est annexé aux présents Statuts

Le Sociétaire pourra se libérer complètement par les versements portés au tableau, ou par l'anticipation de ses versements.

ART. 18. — Chaque membre aura deux comptes sur livrets à souches, l'un pour l'intérêt, l'autre pour l'amortissement du montant de sa dette. Ces comptes seront arrêtés fin de chaque année.

La Société ne reconnaît valables que les quittances extraites de ses livres.

ART. 19. — Les versements s'effectueront par semaine ou par mois, à la volonté du Sociétaire, au domicile du Trésorier de la Société ; le mode adopté ne pourra être changé qu'après en avoir demandé l'autorisation au Conseil, qui en avisera le Trésorier.

Le Conseil pourra faire opérer les recouvrements par un fondé de pouvoirs.

ART. 20. — Dans le cas où un Sociétaire acquéreur se trouverait dans l'impossibilité momentanée d'effectuer ses versements, il devra en informer le Conseil et réclamer un délai.

Art. 21. — Si le Conseil reconnaît les motifs allégués suffisants, il pourra accorder soit le délai qui lui aura été demandé, soit tout autre qu'il croira nécessaire ; il en avisera le Caissier.

CHAPITRE V

RADIATION. — DÉMISSION.

Art. 22. — Le Sociétaire devra se conformer à la décision qui aura été prise à son égard et effectuer ses versements en retard dans la forme qui lui sera indiquée, à peine d'être dépossédé suivant les conditions insérées dans la promesse de vente visée par l'art. 16.

Art. 23. — Le Sociétaire dépossédé, en vertu de l'article précédent, devra quitter la maison sur simple invitation par lettre chargée du Président, sans qu'il soit nécessaire de recourir à aucune formalité de justice ; il sera considéré comme ayant été simple locataire ; son compte de loyer sera rétabli et calculé sur un taux qui n'excédera pas 7 % y compris la dépréciation annuelle.

Il lui sera en outre retenu le montant des dégradations existantes lors de sa sortie et constatées sur rapport de l'architecte de la Société.

Le surplus de son compte lui sera remboursé dans les trois mois, au taux de 5 %.

Art. 24. — Le montant de la retenue faite aux termes de l'art. 23 sera employé à la remise en état de la propriété.

Art. 25. — Le Sociétaire qui donnera sa démission étant en possession d'un immeuble de la Société devra, en même temps, présenter un remplaçant pour le transfert de sa propriété et de son livret, faute de quoi il tombera sous l'application des art. 23 et 24.

Le Conseil fixera la date de la reprise de la propriété et les sommes dues en raison des articles précités, mais ce moyen ne sera employé que comme mesure d'urgence et pour cas de force majeure.

Art. 26. — Tout démissionnaire devra en informer le Président par écrit, afin que le Conseil puisse fixer l'époque du remboursement qui s'effectuera dans les trois mois qui suivront la demande.

Art. 27. — En cas de décès d'un Sociétaire veuf ou célibataire, les sommes versées par lui seront remises aux ayants droit dans les mêmes délais que ceux énoncés en l'art. 26 et après application des art. 23, 24 et 25.

Si un Sociétaire décédé laissait des enfants ou descendants, sa veuve ou ses héritiers pourraient continuer de faire partie de la Société, si mieux ils n'aiment se retirer sous l'application des art. 23, 24 et 25.

ART. 28. — Les Sociétaires en possession de logements, aux termes des art. 9, 11 et 12, n'en seront propriétaires et il ne leur en sera passé acte que lorsqu'ils seront entièrement libérés ; jusque-là ils ne seront considérés que comme locataires, l'immeuble sera insaisissable et ils seront soumis au droit commun de la localité en matière de location.

ART. 29. — Les frais de contrat seront à la charge de l'acquéreur, ils seront ajoutés au prix principal et acquittés avec l'amortissement ; le contrat sera dressé aussitôt libération complète.

CHAPITRE VI

VENTE, LOCATION

ART. 30. — Après libération complète de l'immeuble et des frais de contrat, quelle qu'en soit l'époque, le Sociétaire devenu propriétaire sera libre de disposer de sa maison à son gré.

ART. 31. — Dans le cas où le Sociétaire devenu propriétaire avant le délai de vingt années voudrait vendre la maison, la Société se réserve le droit de la racheter au prix offert.

ART. 32. — L'entretien et les réparations reconnues nécessaires seront à la charge du Sociétaire ; en cas d'impossibilité reconnue, la Société lui fera l'avance nécessaire, laquelle devra se solder avec intérêts en dehors du compte d'amortissement.

ART. 33. — Les Sociétaires non libérés ne pourront louer en totalité ou en partie à d'autres qu'à des proches parents ou à des sociétaires, de préférence à tout autre.

Il est bien entendu que ces locations et tout ce qui pourra en découler sont à la charge du sociétaire acquéreur et que la Société ne reconnaît que ce dernier, ces dispositions étant prises pour sa plus grande facilité. Néanmoins, aucune sous-location ne pourra être faite sans en avoir demandé l'autorisation au Conseil, qui aura à voir si les locataires proposés ne sont dans aucune des conditions énoncées en l'art. 34.

ART. 34. — La Société tenant à conserver son but moral, il ne se a admis aucun concubinage, ni femme de mauvaise vie. Le cas échéant, le sociétaire sera déchu du bénéfice de la Société et mis en demeure comme il est dit art. 22.

ART. 35. — En cas d'expropriation pour cause d'utilité publique, les résultats (bénéfices ou pertes) seront attribués au Sociétaire en proportion des sommes déjà versées par lui, c'est-à-dire en raison de son degré de possession.

Art. 36. — L'assurance des immeubles sera faite à la diligence de la Société et en son nom jusqu'à l'entière libération du Sociétaire et l'accomplissement des formalités prescrites aux art. 28 et 29.

Le montant de la prime sera payé par le Sociétaire ; seront aussi à sa charge les contributions immobilières et celles des portes et fenêtres, ainsi que toutes charges de ville et de police.

CHAPITRE VII

ADMINISTRATION DE LA SOCIÉTÉ.

Art. 37. — La Société est administrée par un Conseil composé de vingt membres, qui sera définitivement fixé à quinze quand, par suite de décès, démission ou toute autre cause, il sera descendu à ce chiffre.

Le Conseil se divise, selon les besoins, en Commissions spéciales : d'achat, de construction et de comptabilité. Les fonctions sont gratuites.

Art. 38. — Le Conseil se renouvellera chaque année par tiers des membres en exercice et par ordre d'ancienneté.

Les membres sortants sont rééligibles.

En cas de remplacement dans le cours d'une année, il est provisoirement pourvu par les membres restants.

L'Assemblée générale, lors de sa première réunion, procède à l'élection définitive.

Les fonctions du nouveau membre expirent à l'époque où auraient cessé celles de celui qu'il a remplacé.

Tout membre du Conseil qui deviendrait adjudicataire des constructions de la Société, cessera d'assister aux réunions jusqu'à réception définitive de son entreprise.

Art. 39. — Chaque année, le Conseil nomme parmi ses membres un Président, un Vice-Président, Un caissier, un Secrétaire et un adjoint à ces deux derniers.

Art. 40. — Le Conseil d'administration se réunit aussi souvent que l'intérêt de la Société l'exige et au moins une fois par mois.

La présence de moitié des membres plus un est nécessaire pour sa composition régulière et la validité de ses délibérations ; ces dernières sont prises à la majorité des membres présents ; en cas de partage, la voix du Président est prépondérante.

Art. 41. — Les délibérations sont constatées par des procès-verbaux inscrits sur un registre et signés par le Secrétaire et le Président.

Les copies ou extraits à produire en justice ou ailleurs sont certifiés par le Président ou le membre qui en remplit les fonctions.

Les retraits de fonds opérés par le Caissier seront contre-signés par le Président.

ART. 42. — Le Conseil a les pouvoirs les plus étendus pour l'administration de la Société et notamment ceux ci-après :

D'acquérir en une ou plusieurs fois, en un ou plusieurs endroits, moyennant les prix et sous les charges et conditions qu'il jugera convenables, à Reims et dans ses environs, le terrain jugé nécessaire pour la construction des maisons projetées ; obliger la Société acquéreur au paiement des prix, ainsi que des intérêts qui sont stipulés, ainsi qu'à l'exécution de toutes les autres charges ; signer tous contrats de vente et procès-verbaux d'adjudication ; faire faire toutes transcriptions, dénonciations, notifications et offres de paiements ; provoquer tous ordres, payer les créanciers colloqués ou faire toutes consignations, former toutes demandes en main levée.

De faire toutes les constructions nécessaires, ainsi que les réparations ; de passer, à cet effet, tous devis et marchés avec tous entrepreneurs et ouvriers.

De faire assurer contre l'incendie, par telle compagnie que bon lui semblera, les maisons composant les cités ouvrières, et de signer toutes polices et contrats d'assurance.

De louer verbalement, par acte sous seing privé ou notarié, pour le temps, aux prix et sous les charges, clauses et conditions que le Conseil jugera convenable, tout ou partie des immeubles qui pourront appartenir à la Société, renouveler et résilier tous baux, faire faire tous états des lieux, consentir à toutes cessions de baux et sous-locations ; exiger et accorder toutes indemnités, en recevoir ou payer le montant ; s'opposer à toutes usurpations, empiètements et envahissements.

De toucher et recevoir tous prix de ventes, loyers, intérêts, et généralement toutes les sommes sans exception qui pourront être dues à la Société, par qui, à quelque titre et pour quelque cause que ce soit, payer et acquitter généralement toutes celles dont la Société pourra devenir débitrice, tant en principal qu'en intérêts, frais et autres accessoires.

De toutes sommes reçues ou payées, donner ou exiger bonnes et valables quittances, consentir tout désistement de privilège ou d'action résolutoire.

De tous titres et pièces reçus ou remis, donner ou se faire donner décharges.

De consentir toutes mentions ou subrogations avec ou sans garantie, ainsi que la cession ou le transport de toutes créances qui pourront être dues à la Société ; toucher tous prix de transport, en donner quittance.

De donner main levée pure et simple, partielle ou définitive, et consentir la radiation ou la réduction de toutes inscriptions avant comme après paiement.

De poursuivre sur toutes actions judiciaires, tant en demandant qu'en défendant ; de provoquer toutes résolutions de vente, de traiter, composer, transiger en tout état de cause et généralement de faire, pour la bonne et prompte administration des affaires de la Société, tout ce qui sera nécessaire, quoique non prévu, les Administrateurs devant avoir les pouvoirs les plus étendus et ceux d'agir au nom de la Société, de la même manière qu'un majeur, sans aucune restriction quelconque.

Il nomme et révoque tous employés et agents, en détermine les attributions, fixe leur traitement, et, s'il y a lieu, le chiffre de leur cautionnement, et en autorise la restitution.

Art. 43. — Le Président du Conseil d'administration représente la Société en justice, tant en demandant qu'en défendant, et c'est à sa requête ou contre lui, que doivent être intentées toutes actions judiciaires.

Art. 44. — Le Conseil peut faire usage des pouvoirs qui lui sont conférés, soit collectivement, soit par voie de délégation, à un ou plusieurs de ses membres. Dans ce dernier cas, la délégation est constatée par une délibération prise conformément à l'article 39, et exposée pour minute en l'étude du notaire de la Société.

Art. 45. — Toutes les transactions, opérations, tous les contrats et actes consentis par les Administrateurs engagent la Société, conséquemment tous les Sociétaires de la même manière que s'ils y avaient eux-mêmes concouru. Les Administrateurs, n'agissant que comme mandataires de la Société, ne contractent ainsi, à cause de leur gestion, aucune obligation personnelle, et ne répondent que de l'exécution de leur mandat.

CHAPITRE VIII
CONSEIL DE SURVEILLANCE.

Art. 46. — Un Conseil de surveillance, composé de trois Sociétaires élus pour une année et rééligibles, est nommé par l'Assemblée générale.

L'élection se fera par bulletin secret à la majorité des membres présents; l'acceptation sera insérée au procès-verbal.

Art. 47. — Ce Conseil est spécialement chargé de surveiller et de contrôler les opérations financières du Conseil d'administration; il a le droit de se faire communiquer les livres, l'état de la caisse, les comptes des Sociétaires et des propriétaires.

Il peut déléguer un de ses membres pour cette vérification.

Art. 48. — Le Conseil de surveillance présente à l'Assemblée générale, à ses réunions obligatoires, un rapport sur la situation financière de la Société et sur le bilan et les comptes qui seront entachés de nullité, s'ils ne sont recouverts de la signature du Conseil de surveillance.

Art. 49. — Si quelque fait particulier de nature à compromettre les intérêts de la Société venait à se produire, le Conseil de surveillance, après avoir prévenu le Président et fait connaître les motifs, a le droit de convoquer immédiatement l'Assemblée générale, si le Président ne le fait lui-même.

CHAPITRE IX
ASSEMBLÉES GÉNÉRALES.

Art. 50. — L'Assemblée générale représente la masse de tous les Sociétaires ; elle est, sur une première convocation, régulièrement constituée lorsque les membres présents forment le quart du nombre des Sociétaires majeurs ; à ce défaut, une seconde convocation sera faite dans les délais fixés en l'article 48, et les membres présents, quel que soit leur nombre, délibéreront valablement sur les questions à l'ordre du jour de la première convocation.

Art. 51. — Elle se réunira de droit deux fois par an, en février et en août, et, en outre, extraordinairement toutes les fois que le Conseil en reconnaîtra l'utilité.

Elle pourra être convoquée sur la demande écrite et motivée du quart des Sociétaires majeurs et présentée au Président.

Art. 52. — Les convocations seront faites huit jours au moins avant la réunion, par lettres adressées aux Sociétaires, à la diligence du Conseil, et indiquant sommairement l'objet de la réunion.

Art. 53. — L'Assemblée est présidée par le Président ; en son absence par le Vice-Président, et à leur défaut par un membre du Conseil, et désigné par ce dernier.

Art. 54. — Les délibérations sont prises à la majorité des membres présents, et constatées sur un registre spécial signé par les membres du Conseil.

En cas de partage des suffrages, la voix du Président est prépondérante.

Art. 55. — L'Assemblée générale entend le rapport du Conseil d'administration sur la situation de la Société.

Elle discute, approuve ou rejette les comptes, après avoir entendu le Conseil de surveillance, elle nomme les Administrateurs, toutes les fois qu'il y a lieu de les remplacer.

Elle délibère sur les propositions du Conseil relatives aux besoins de la Société, à sa durée et aux modifications à faire.

Enfin elle prononce souverainement sur tous les intérêts de la Société, et confère au Conseil, s'il y a lieu, les pouvoirs nécessaires pour les cas non prévus.

ART. 56. — L'Assemblée générale peut, sur l'initiative du Conseil d'administration, apporter aux présents Statuts toutes les modifications reconnues utiles, et même y introduire des dispositions nouvelles.

CHAPITRE X
COMMISSION DE SALUBRITÉ.

ART. 57. — Il sera nommé chaque année, en Assemblée générale, une Commission de salubrité composée de cinq membres, choisis parmi les Sociétaires et en dehors du Conseil, afin de constater quatre fois l'an, fin de chaque saison, l'entretien et l'état des propriétés; elle en adressera le rapport au Conseil d'administration.

ART. 58. — Elle devra faire aux Sociétaires les observations qu'elle croira nécessaires, dans leur intérêt et celui de la Société.

ART. 59. — Les Sociétaires qui se refuseront d'obtempérer aux observations qui leur seront faites par la Commission, seront appelés devant le Conseil pour y être entendus, et devront s'en rapporter à la décision de ce dernier, à peine d'être passibles des dispositions du dernier paragraphe de l'article 21.

CHAPITRE XI
SITUATION. — COMPTES ANNUELS.

ART. 60. — Il est tenu bons et fidèles registres et écritures, dans la forme prescrite, de toutes opérations de la Société. Au 30 juin de chaque année, ainsi qu'il a été fait jusqu'à ce jour, il est dressé, par les soins des Administrateurs, une situation exacte de la Société.

Cette situation est soumise à l'Assemblée générale, qui l'approuve, la modifie ou la rejette après avoir entendu le Conseil de surveillance.

CHAPITRE XII
CAISSE DE SECOURS.

ART. 61. — Il sera établi une caisse de secours pour venir en aide aux Sociétaires se trouvant, par suite d'accidents graves ou de malheurs, dans l'impossibilité momentanée d'opérer leurs versements.

L'encaisse en sera formée : 1° par les dons ou legs ; 2° du montant des quêtes faites en Assemblées générales ou autres.

CHAPITRE XIII

CONTESTATIONS. — DISSOLUTION.

Art. 62. — Toutes les contestations qui peuvent s'élever entre les associés sur l'exécution des présents Statuts, ainsi que sur les opérations de la Société, pendant sa durée, lors ou pendant sa liquidation, sont soumises à la juridiction du Tribunal civil séant à Reims.

Art. 63. — La dissolution ne pourra jamais avoir lieu par le décès, la démission ou l'expulsion d'un ou plusieurs Sociétaires, ni même sur la demande de quelques-uns d'entre eux, de convention expresse, et ce, par dérogation à l'art. 1865 du Code civil.

Cette dissolution ne pourra être prononcée que par la majorité des Sociétaires réunis en Assemblée.

Art. 64. — Si la Société venait à être dissoute, pour une cause quelconque, avant que les logements construits ne soient devenus la propriété définitive des Sociétaires favorisés, les logements seront licités aux enchères publiques, par-devant le notaire de la Société, à la requête du Conseil d'administration.

Il en sera de même pour les terrains restés libres et pour les constructions commencées.

Les dettes et charges de la Société, une fois prélevées et acquittées par privilége sur le prix de cette licitation, le surplus dudit prix sera partagé entre les Sociétaires.

Mais s'il était insuffisant pour l'acquit du passif, la différence serait supportée par tous les Sociétaires, le tout au marc le franc.

Ont signé :

MM. Lelièvre, Houpillart, Bruge, Triouleyre, Alavoine, Destarle, Berger, Blavier, Delacourt, Gaillet, Gozier, Héneaut, Lefèvre, Machaux, Regnault, Richard, Rotacker.

ASSOCIATION COOPÉRATIVE IMMOBILIÈRE GENEVOISE

TITRE PREMIER

DÉNOMINATION, SIÉGE, OBJET ET DURÉE DE LA SOCIÉTÉ.

ARTICLE PREMIER. — Il est formé par les présentes entre les comparants et ceux qui adhéreront aux présents statuts, par la souscription d'une ou de plusieurs actions, une société anonyme sous la dénomination d'*Association Coopérative Immobilière*.

ART. 2. — Le siége de la Société est fixé dans la ville de Genève.

ART. 3. — La Société a pour objet :

1° La construction de petites habitations avec jardins, destinées chacune à une seule famille ;

2° La location de ces habitations ;

3° Leur vente à leurs locataires, le prix en étant acquitté par paiements périodiques dans un laps de temps minimum de quinze années.

4° L'acceptation de dépôts portant intérêt, destinés à faciliter l'acquisition des actions de la Société.

ART. 4. — La durée de la Société est fixée à trente années, à dater de sa première assemblée générale.

Elle pourra toujours, sous les conditions prévues à l'article 50, être prorogée à une époque quelconque de son existence.

TITRE II

FONDS SOCIAL, ACTIONS, VERSEMENTS.

ART. 5. — Le fonds social est fixé à la somme de *cinq cent mille francs*, divisé en *cinq mille* actions de *cent francs*, émises au pair au fur et à mesure des besoins.

Ce capital pourra être augmenté soit au moyen de nouvelles émissions, sur lesquelles les précédentes n'auront aucun privilége (cette augmentation ne pouvant avoir lieu que suivant les formes requises pour toute modification aux statuts), soit par les actions résultant des versements prévus à l'article 8.

Art. 6. — Chaque action souscrite par d'autres que par les déposants doit être payée en un seul versement, quinze jours au plus tard après que le souscripteur en a été requis par le Conseil d'administration.

Les actions sont nominatives et représentées chacune par un titre distinct. Les titres d'actions sont détachés d'un registre à souche, revêtus de numéros d'ordre et signés par le Directeur et par deux Administrateurs à ce délégués, dont l'un membre du Comité de Direction.

La propriété des actions est transmise par un transfert opéré sur les registres de la Société, signé par le cédant ou son représentant. Les titres des actions cédées sont annulés de plein droit et remplacés par d'autres au nom du nouveau propriétaire.

Les actions sont indivisibles vis-à-vis de la Société et, en cas de transmission par décès ou autrement d'une action à plus d'une personne, les nouveaux propriétaires doivent s'entendre pour désigner un titulaire unique, auquel est délivré un nouveau titre annulant l'ancien.

La possession d'une action emporte, de plein droit, adhésion aux statuts de la Société.

Art. 7. — Chaque action de cent francs est remboursable au pair et reçoit un intérêt annuel de 4 1/2 p. 100 payable par année dans le courant de février. Elle ne peut recevoir aucun bénéfice quelconque en sus de cet intérêt.

Art. 8. — Pour faciliter l'achat de ses actions, la Société reçoit, en simple dépôt, des versements aussi minimes que le déposant le désire. Chaque versement ne peut toutefois être inférieur à un franc.

Tout dépôt a droit à un intérêt annuel, dont le taux est, au commencement de chaque exercice, fixé par le Conseil d'administration ; mais cet intérêt ne peut être touché : il s'ajoute aux versements du déposant pour porter lui-même intérêt et contribuer à former la somme nécessaire à l'achat d'une action.

L'avoir d'un déposant est converti, de plein droit, en action au pair, aussitôt qu'il atteint la somme nécessaire. L'excédent, s'il y en a un, reste inscrit à titre de dépôt.

Tant que l'avoir d'un déposant ne s'élève pas à la somme de quatre-vingt-quinze francs, il lui est loisible de le retirer. Pour cela, il doit en signer la demande sur les registres de la Société. Le remboursement a lieu trois mois au plus après la date de cette demande.

Le déposant a, en tout temps, le droit de transférer son avoir par un simple transfert signé, sur les registres de la Société, par le propriétaire ou par son représentant.

ART. 9. — Le Conseil d'administration peut arrêter ou reprendre l'émission des actions, accepter ou refuser les dépôts, suivant les besoins de la Société.

TITRE III.

EMPLOI DU FONDS SOCIAL ET DES DÉPÔTS.

ART. 10. — Les fonds dont la Société dispose sont employés :

1° Aux achats de terrains nécessaires ;

2° A la construction des maisons ;

3° Aux dépenses d'utilité générale des quartiers créés;

4° A la formation d'un fonds de réserve destiné à assurer le paiement des intérêts dus par la Société à ses actionnaires et à ses créanciers, et à fournir aux dépenses imprévues.

ART. 11. — Les terrains sont acquis soit en vue de la construction de quartiers, soit pour celle de petits groupes de maisons, soit pour des habitations isolées.

ART. 12. — Les maisons peuvent être isolées les unes des autres, ou réunies par groupes.

Quelle que soit la disposition adoptée, chaque maison est distribuée intérieurement pour être habitée par une seule famille, et a, autant que possible, un jardin contigu.

ART. 13. — En attendant leur emploi, les fonds dont la Société dispose sont placés dans un ou plusieurs établissements de crédit.

TITRE IV

LOCATION ET VENTE DES MAISONS.

ART. 14. — Tant qu'une maison n'a pas trouvé d'acquéreur, elle peut être mise en location.

ART. 15. — Le Conseil d'administration peut traiter directement avec les actionnaires inscrits d'avance pour l'achat d'une maison en construction. S'il ne s'est pas présenté d'acquéreur avant l'achèvement de l'immeuble, la mise en vente est annoncée publiquement et une inscription est ouverte pour son acquisition.

Art. 16. — Les titulaires d'au moins une action ont seuls le droit de s'inscrire.

L'acquéreur est désigné parmi les actionnaires inscrits d'après les prescriptions du règlement spécial adopté à cet effet par l'Assemblée générale et par le Conseil d'administration.

Un actionnaire peut s'inscrire pour plusieurs maisons, mais une seule peut lui être vendue.

Art. 17. — L'acquéreur entre en possession dès le jour où la promesse de vente conditionnelle est signée entre lui et la Société. L'acte de vente notarié n'est passé que lorsque le tiers du prix est payé.

Art. 18. — Tant que l'acte notarié de vente n'est pas passé, l'acquéreur qui ne tient pas ses engagements est considéré comme simple locataire de l'immeuble, avec un loyer annuel égal à 7 p. 100 du prix de vente, loyer payable par mois depuis la date où la maison lui a été conditionnellement vendue.

Si, après le paiement de ce loyer et de l'intérêt composé au 5 p. 100 de ces termes mensuels, son compte solde par un excédent à son crédit, cet excédent lui est remis trois mois plus tard après le règlement de compte.

Art. 19. — L'acquéreur d'un immeuble s'engage formellement pour lui et ses successeurs :

1° A ne pas construire sur le jardin, afin de lui laisser à tout jamais sa destination primitive ;

2° A n'établir ni laisser établir dans l'immeuble aucun débit de vin, bière, liqueurs ou autres boissons fermentées, sous quelque forme que ce soit, ni aucune profession immorale ;

3° A le faire assurer contre l'incendie, jusqu'à paiement complet du prix ;

4° A ne pas vendre ou louer tout ou partie de l'immeuble pendant le terme de dix ans, à moins que la Société n'ait accepté formellement son acheteur ou son locataire.

Art. 20. — Le prix de vente est égal au prix de revient augmenté des intérêts, de sa part proportionnelle des dépenses d'utilité générale et d'une taxe de 10 p. 100 destinée à payer les frais d'administration et à former le fonds de réserve.

Art. 21. — Tant que l'acte notarié de vente n'est pas passé, toutes les réparations sont faites par les soins de la Société, qui est également chargée de payer la prime d'assurance et les droits et impôts de toute nature afférents à l'immeuble, le tout aux frais de l'acquéreur.

Art. 22. — Le prix de vente, auquel viennent s'ajouter successivement les frais stipulés dans l'acticle précédent et ceux de l'acte notarié, est payé :

1° Par la valeur au pair des actions possédées par l'aquéreur ;

2° Par des versements fixes périodiques, déterminés de telle manière que le prix établi d'après l'article 20 soit entièrement soldé en capital et intérêts dans le délai convenu entre l'administration de la Société et l'acquéreur, délai qui ne peut excéder quinze ans ;

3° Par les versements anticipés qu'il peut convenir à l'acquéreur de faire pour avancer le terme de sa libération complète.

ART. 23. — Il est ouvert à chaque acquéreur un compte spécial, sur lequel la valeur de ses actions et tous ses versements sont inscrits à son crédit, le prix de vente et tous les déboursés de la Société qui lui incombent à son débit.

Toute somme inscrite, tant au crédit qu'au débit, porte intérêt au 5 p. 100 l'an dès sa date.

La balance de ce compte est établie au 31 décembre de chaque année.

TITRE V.

AMORTISSEMENT DES ACTIONS.

ART. 24. — Le remboursement au pair des actions a lieu chaque année par un tirage au sort du cinquantième de toutes les actions, divisées pour le tirage en autant de séries qu'il existe d'années d'émission.

ART. 25. — L'actionnaire qui devient acquéreur d'un immeuble cesse d'avoir droit au remboursement de ses actions, leur valeur à la date de l'acquisition devant être inscrite à son crédit dans le compte qui lui est ouvert en conformité de l'article 23.

TITRE VI.

ADMINISTRATION.

A. Conseil d'administration.

ART. 26. — L'administration générale de la Société appartient à un Conseil d'administration de neuf membres nommés en Assemblée générale, parmi les actionnaires, et renouvelables par tiers chaque année.

Les membres sortants sont désignés par le sort pour le premier Conseil, par l'ancienneté dès lors ; ils sont immédiatement rééligibles.

ART. 27. — Dans sa première séance qui suit l'Assemblée générale, le

Conseil d'administration élit un Président, un Vice-Président et un Secrétaire ; il fixe les questions qu'il se réserve et celles qu'il abandonne au Comité de Direction.

ART. 28. — Le Conseil d'administration est investi des pouvoirs les plus étendus pour les affaires de la Société, notamment des suivants :

Il conclut ou autorise toutes les opérations qui rentrent dans l'objet de la Société.

Il conclut et ordonne toutes acquisitions, ventes et échanges, tant mobiliers qu'immobiliers ; toutes constructions et réparations de bâtiments.

Il consent toutes quittances, ainsi que toutes radiations d'inscriptions hypothécaires et main levées de privilèges, même sans toucher, et toutes cessions de priorité.

Il a le pouvoir de transiger, de compromettre, d'acquiescer.

Il détermine l'emploi des fonds disponibles.

Il fixe l'intérêt des dépôts.

Il convoque les Assemblées générales.

Il fait un rapport annuel à l'Assemblée générale sur les comptes et la situation de la Société.

Il délègue un ou plusieurs de ses membres pour signer les actes notariés et les titres d'actions.

ART. 29. — En cas de vacance dans le Conseil d'administration, ce Conseil y pourvoit provisoirement lui-même jusqu'à la prochaine Assemblée générale, laquelle procède à l'élection définitive.

ART. 30. — Le Conseil d'administration se réunit aussi souvent que les besoins du service l'exigent. La majorité de ses membres doit être présente pour valider une délibération.

Le procès-verbal, de même que les extraits qui peuvent en être requis, doit être signé par le Président et par le Secrétaire.

En cas de partage des voix, le Président a voix prépondérante.

B. Comité de direction.

ART. 31. — Le Comité de direction est composé du Directeur, qui n'est pas obligatoirement membre du Conseil d'administration, et de deux membres de ce Conseil. Si le Directeur est pris parmi les membres du Conseil d'administration, il cesse de faire partie de ce Conseil.

Ce Comité, y compris le Directeur, est nommé tous les trois ans par le Conseil d'administration.

Tous ses membres sont révocables et indéfiniment rééligibles.

ART. 32. — Le Directeur doit être actionnaire : il a voix consultative dans le Conseil d'administration.

Il est Président du Comité de direction.

Il a la signature sociale. Toutefois, il doit être assisté d'un des membres du Comité de direction et d'un autre membre du Conseil d'administration pour signer les actes notariés d'acquisition et de vente des immeubles, les conventions avec les entrepreneurs, les titres d'actions et les bilans annuels. — Pour toutes les autres transactions, locations, dépenses et mouvements de fonds, sa signature doit être accompagnée de celle d'un des membres du Comité de direction.

Les actes judiciaires se font au nom de la Société, à la poursuite et diligence du Directeur.

ART. 33. — Le Directeur dirige et surveille les travaux soit de bureau, soit de construction.

D'accord avec les autres membres du Comité de direction, et sous réserve de l'approbation du Conseil d'administration, il nomme et révoque les employés, et, généralement, s'occupe de tous les détails d'administration que le Conseil ne s'est pas spécialement réservés.

ART. 34. — Les deux autres membres du Comité de direction assistent le Directeur dans tous ses travaux, et l'un d'eux le remplace en cas d'absence ou d'empêchement.

ART. 35. — Le Directeur est salarié. Ses honoraires sont fixés par le Conseil d'administration.

Les deux autres membres du Comité peuvent recevoir une indemnité qui est fixée par l'Assemblée générale sur le préavis du Conseil d'administration.

C. Commissaires vérificateurs.

ART. 36. — L'Assemblée générale nomme deux commissaires vérificateurs. Ils sont élus pour un an et immédiatement rééligibles.

ART. 37. — Ils veillent spécialement à l'exécution des statuts de la Société.

Ils ont le droit d'assister aux séances du Conseil d'administration et exercent leur surveillance sur toutes les parties de l'administration.

TITRE VII.
ASSEMBLÉE GÉNÉRALE.

ART. 38. — L'Assemblée générale, régulièrement constituée, représente l'universalité des actionnaires ; ses décisions sont obligatoires pour tous, même pour les absents.

ART. 39. — L'Assemblée générale des actionnaires se réunit chaque année, dans le courant du premier trimestre ; en outre, le Conseil d'administration peut convoquer extraordinairement une Assemblée toutes les fois qu'il en reconnaît l'utilité.

ART. 40. — Ont le droit de voter dans les Assemblées générales tous les titulaires d'actions.

ART. 41. — L'actionnaire empêché peut se faire représenter par un autre actionnaire; mais nul actionnaire ne peut représenter plus de cinq personnes, lui-même compris. Le mineur, l'interdit, la femme, sont représentés de plein droit par leur tuteur ou leur mari.

Tout actionnaire titulaire ou représentant de une à cinq actions a droit à une voix ; chaque nombre de cinq actions en sus des cinq premières donne droit à une voix de plus.

ART. 42. — Les actions remboursées, celles reçues en paiement des immeubles, ainsi que celles que la Société pourrait acquérir par quelque voie que ce soit, étant annulées de plein droit, ne peuvent être représentées aux Assemblées générales.

ART. 43. — Peuvent assister aux Assemblées générales, sans voix délibérative ni consultative : a. les déposants non encore actionnaires ; b. les acquéreurs d'immeubles, en tant que l'acte notarié n'est pas encore passé.

Cette faculté peut leur être retirée par une décision des actionnaires.

ART. 44. — L'Assemblée générale est convoquée, par voie d'annonces, quatorze jours à l'avance au moins.

ART. 45. — L'Assemblée générale est présidée par le Président du Conseil d'administration, ou, en son absence, par le Vice-Président.

Le procès-verbal est tenu par un membre du Conseil d'administration, désigné par le Président.

Il est signé par le Président et le Secrétaire. Les extraits qui peuvent en être nécessaires sont signés par le Président et le Secrétaire du Conseil d'administration.

ART. 46. — Aucune proposition ne peut y être faite si elle n'a été soumise au Conseil d'administration dix jours au moins à l'avance.

ART. 47. — L'Assemblée générale entend et discute les comptes, et les approuve s'il y a lieu.

Elle nomme les administrateurs et les commissaires-vérificateurs.

Elle délibère sur tous les cas prévus ou non prévus dans les statuts, ainsi que sur toutes les questions qui peuvent lui être soumises.

ART. 48. — Toutes les votations, sauf celles qui modifient les statuts, ont lieu à la majorité relative des voix des membres présents et représentés.

A<small>RT</small>. 49. — Le Conseil d'administration fixe et fait connaître dans les convocations publiées, l'ordre du jour de la séance, la forme des votations et les formalités à remplir pour y prendre part.

TITRE VIII.

CHANGEMENTS AUX STATUTS, DISSOLUTION, CONTESTATIONS.

A<small>RT</small>. 50. — Toute modification aux statuts doit être votée d'abord par le Conseil d'administration, puis par les trois quarts des voix présentes ou représentées à l'Assemblée générale, avec cette condition que ces trois quarts doivent constituer au moins la moitié plus une des voix possédées par tous les actionnaires, absents compris.

Dans le cas où cette dernière condition n'est pas remplie, une nouvelle assemblée générale, convoquée à quinze jours d'intervalle, décide en dernier ressort à la majorité des voix présentes ou représentées.

A<small>RT</small>. 51. — La dissolution de la Société et la forme de la liquidation sont votées dans les mêmes formes que les modifications aux statuts.

Dans le cas où cette dissolution aurait lieu, l'actif net de la Société sera partagé entre tous les actionnaires, au prorata du nombre de leurs actions.

A<small>RT</small>. 52. — Toutes les contestations de la Société, soit avec ses actionnaires, soit avec les acquéreurs et les locataires, sont jugées par un tribunal arbitral. Chaque partie nomme un arbitre; ceux-ci choisissent le tiers arbitre. S'ils ne peuvent s'entendre sur ce choix, le juge de paix de l'arrondissement de Genève dresse une liste de trois noms; chaque partie en retranche un, et la personne dont le nom reste sur la liste est le tiers arbitre.

Le tribunal arbitral prononce à la majorité des voix.

Les sentences arbitrales ont force de chose jugée sans appel possible.

STATUTS DE LA SOCIÉTÉ
BIRKBECK PERMANENT BENEFIT BUILDING.

DÉNOMINATION.

1. La Société prendra la dénomination suivante :
Birkbeck Permanent Benefit Building Society.

OBJET.

2. Le but de la Société est de permettre à ses membres de former un capital avec lequel ils pourront acheter ou construire une ou plusieurs maisons d'habitation ou autres propriétés immobilières situées sur le territoire de l'Angleterre.

TRANSFERT DU SIÉGE DE LA SOCIÉTÉ.

3. Le Conseil des directeurs aura le pouvoir de transférer le siége de la Société ainsi que la date des assemblées selon la nécessité des circonstances.

4. Avis de ces changements devra être donné par le directeur à chaque membre et à chaque déposant de la Société.

ÉPOQUE ET SIÉGE DES ASSEMBLÉES.

5. Toutes les assemblées des membres et des directeurs devront se tenir à la salle des conférences de la Société aux époques fixées par les directeurs.

6. La présence de trois directeurs suffit pour terminer une affaire.

ASSEMBLÉES GÉNÉRALES ANNUELLES EXTRAORDINAIRES.

7. Une assemblée générale aura lieu dans le mois de juillet pour élire

les directeurs de l'année suivante, pour entendre le compte rendu des opérations de l'année ainsi que le relevé des valeurs appartenant à la Société, le montant des sommes payées et reçues ; ce compte rendu devra être auparavant examiné et signé par le directeur de la Société et exposera toute affaire que le Conseil croira devoir soumettre à l'assemblée.

Une copie de cet exposé devra être envoyé et par le directeur à chaque membre au moins sept jours avant le meeting annuel ; l'exposé devra faire connaître la date de l'assemblée et la nature de toute affaire qui sera traitée. Il ne sera pas tenu compte à l'assemblée de tout sujet non inscrit à l'ordre du jour.

Toutes les élections et toutes les questions sont décidées à la majorité des voix, par le scrutin ou par tout autre moyen prescrit par le président ; quand il y aura voix égales, la voix du président sera prépondérante. Tout membre aura droit à une seule voix et il n'aura cette voix qu'à la condition d'avoir été membre pendant six mois et n'avoir pas de souscriptions en retard.

8. Dans toute assemblée générale, cinq voix suffiront pour terminer une affaire à l'exclusion des fonctionnaires de la Société.

9. Une assemblée générale pourra être convoquée par le directeur quand elle sera demandée par écrit par cinq administrateurs ou par douze membres ; le sujet de la convocation devra être spécifié sur les lettres de convocation qui devront être envoyées comme celles des assemblées générales.

10. Cinq membres pourront terminer une affaire à l'exclusion des fonctionnaires de la Compagnie.

11. Les dépenses de l'Assemblée seront supportées par les membres qui l'auront demandée, à moins que les directeurs ne reconnaissent que le paiement par la Société est juste et raisonnable.

DIRECTION.

12. Les affaires de la Société seront dirigées par un ou plusieurs *trustees*, trésoriers, *solicitors* et *surveyors* ; neuf administrateurs, deux *auditors* (avocats consultatifs) et directeur.

Tous ces fonctionnaires excepté les *solicitors* et les *surveyors* (architectes) seront autorisés à voter à toutes les assemblées.

13. Aucune personne ne pourra remplir l'emploi d'administrateur, à moins d'avoir au moins deux *actions permanentes*.

TRUSTEES.

14. Les *trustees* actuels seront membres du Conseil d'administration de

la Société, et ils continueront à remplir cet emploi tant qu'il plaira au Conseil d'administration.

15. Tout l'avoir de la Société (propriétés, capitaux, créances, titres, actes, papiers) sera placé au nom des *trustees* pendant le temps qu'ils exerceront leurs fonctions.

Ces fonctionnaires donneront quittance en leur nom des valeurs qui rentreront à la Société.

16. Les *trustees* ne doivent pas agir en leur qualité sans un écrit signé par le Conseil d'administration et contresigné par le *manager* (directeur).

17. Les *trustees* doivent être indemnisés par la Société pour tous les travaux faits dans l'exercice de leurs fonctions.

18. Dans le cas où un *trustee* viendrait à mourir, serait désireux, soit de résilier son mandat, soit d'être déchargé de ses fonctions, ou s'il devenait banqueroutier insolvable, le *manager* convoquerait immédiatement une réunion des administrateurs pour lui donner un remplaçant.

19. Après installation du nouveau *trustee*, toutes les propriétés appartenant à la Société lui seront immédiatement transmises, sans aucune action ni transfert.

20. Tous les titres, créances, livres, seront déposés dans des coffres-forts, ces titres pourront être confiés à la garde de banquiers d'une honorabilité notoire ou être renfermés au choix des *directors* dans la salle à l'épreuve du feu de la Société ; aucun titre ou papier ne pourra être enlevé sans un ordre signé du président et de deux autres administrateurs.

21. Les banquiers chez qui les titres sont en garde pourront, sur la présentation de l'ordre signé comme il est dit article 20, permettre à deux des *directors* d'enlever les titres indiqués sur l'ordre. Les banquiers pourront permettre aux *auditors*, sur présentation d'un ordre analogue.

22. Dans le cas où il serait nécessaire de suivre une affaire judiciaire, l'action sera intentée au nom des *trustees* qui seront indemnisés de toutes les pertes et dépenses qui proviennent de ce fait.

DIRECTORS (*Administrateurs*).

23. Le Conseil est renouvelé par tiers tous les ans. Dans le cas où un directeur viendrait à mourir, deviendrait banqueroutier insolvable ou se démettrait de ses fonctions, il serait remplacé par le Conseil des *Directors* (d'administration).

Tout membre qui a l'intention de se présenter comme candidat doit prévenir le *manager* au moins une semaine avant le deuxième mardi d'avril.

24. A la première assemblée, après l'assemblée annuelle, le Conseil des *directors* doit arrêter l'ordre des séances qui doivent avoir lieu pendant l'année de leur exercice.

25. Le Conseil des *directors* doit de temps en temps inspecter les livres appartenant à la Société, et quand ils le trouveront bon, ils doivent faire des règlements pour mieux administrer la Société ; ces règlements doivent avoir force de loi, mais être toujours conformes à l'esprit des statuts de la Société.

26. Aucune demande tendant à annuler, ajouter, modifier, écourter un règlement ne sera examinée par le président, à moins que l'auteur ne l'en ait avisé un mois à l'avance.

27. Aucun règlement ou résolution spéciale ne peut être altéré que par le vote des quatre cinquièmes *directors* des présents à une assemblée ordinaire ou à une assemblée spéciale convoquée à cet effet par écrit.

28. Le premier soin des directeurs sera de nommer un président, qui aura droit à une voix prépondérante, et de spécifier qu'aucun directeur ne pourra voter dans une affaire où son intérêt personnel sera en jeu.

29. Si à un moment donné, un ou plusieurs *directors* veulent composer une assemblée spéciale du Conseil pour délibérer sur une affaire qui leur sera propre, le *manager*, au reçu d'une demande signée et de la consignation des frais de l'assemblée, convoquera les directeurs et les préviendra au moins 48 heures à l'avance des lieu et place de l'assemblée.

30. Tout directeur de service qui sera en retard d'un quart d'heure paiera 3 fr. d'amende ; d'une demi-heure 6 fr. 25 ; après ce temps 12 fr. 50, à moins qu'il ne se soit fait remplacer par un autre directeur, qu'il devra prévenir au moins un jour avant l'assemblée.

31. Chaque directeur présent à une assemblée de moins de 500 actionnaires touchera un jeton de 6 fr. 25 ; au delà de 500, il touchera 8 fr. Quand le nombre dépassera 1000, les membres pourront décider à l'assemblée générale, de concert avec le *Consulting Actuary* de voter une rémunération spéciale aux *directors* pour la peine qu'ils auront eue pendant l'année précédant l'assemblée générale. Le président touchera 6 fr. 25 pour la séance.

32. Le Conseil des *directors* aura le droit de charger des agents de recevoir des acomptes sur actions et de leur payer par voie de commission ou par tout autre moyen qu'il jugera convenable une prime sur les actions souscrites.

33. Un conseil de surveillance composé de trois directeurs devra être nommé. Deux au moins d'entre eux devront surveiller les biens donnés en garantie à la Société, ils devront aire constater la surveillance par l'envoi

d'une lettre au Conseil qui exprimera leur opinion au sujet des garanties offertes.

34. Chaque membre du comité de surveillance touchera 6 fr. 25 par expertise, pourvu que la propriété soit à moins de cinq milles du siége de la Société. Quand la propriété sera située plus loin, la rémunération sera fixée par le conseil.

35. Le conseil des directeurs aura le pouvoir d'emprunter, pour prêter de l'argent aux membres de la Société, soit aux banquiers, soit d'une autre manière. Quand les *directors* seront forcés de donner leur propre garantie, ils seront indemnisés par la Société.

TREASURER.

36. Le Trésorier sera nommé par le Conseil, mais il ne pourra être révoqué que par le vote des 4/5 des membres présents à une assemblée générale, convoqués à 31 jours de date par circulaire imprimée, qui contiendra les plaintes dirigées contre lui.

37. Le Trésorier doit assister exactement aux assemblées mensuelles de souscription, sous peine d'une amende de 6 fr. 25, et se charger de toutes les sommes reçues des membres, qu'il devra remettre dans les mains des banquiers avant midi du jour suivant. Il devra immédiatement en donner la preuve au *manager* sous peine d'une amende de 20 shillings.

38. Tous les chèques seront tirés et signés de la manière qui sera adoptée par le Conseil des *directors*; les banquiers seront avisés par copie, de la décision arrêtée.

39. Le Trésorier doit, avant d'entrer en fonctions, donner une garantie de 100 livres. L'importance de cette garantie pourra être augmentée de temps en temps par le Conseil. La rémunération du Trésorier sera de 10 s. à chaque assemblée mensuelle.

40. Les banquiers de la Société conserveront leurs charges, tant qu'il plaira au Conseil de les maintenir.

SOLICITORS.

41. Le Conseil nommera et révoquera, suivant que les circonstances l'exigeront, un ou plusieurs *solicitors* pour faire les actes légaux de la Société.

42. Les dépenses résultant de l'examen des titres, la préparation et la rédaction des actes hypothécaires à donner à la Société seront payées par l'emprunteur, et les droits à payer au *solicitor* seront fixés à.... 4 livres 4
Pour autres charges.................................... 2 » 4
Transport ou cession du prêt............................ 3 » 4
Transport par le *trustee* de la Société.................. 1 » 1

Prêt et copie...................	5 livres	5
Accord ou contrat en double.......	1 »	1
Transport d'hypothèque........................:.......	1 »	1
Établissement du bail primitif s'il est exigé	1 »	1
Transport d'un emprunteur à un autre.....................	1 »	1
Enregistrement des actes qui n'ont pas été préparés par le *solicitor* de la Société.....................................	1 »	1

Les droits détaillés comprennent les déboursés mais non les droits du timbre.

43. Dans le cas où la Société supporterait des pertes occasionnées par des emprunteurs ne satisfaisant pas à leurs engagements, les *solicitors* suivront la procédure, ils prélèveront leurs déboursés sur le produit des ventes ou sur les frais à débourser pour faire un nouvel emprunt. Les *solicitors* feront le nécessaire pour tout ce qui concerne les affaires provenant de la revente ou du renouvellement de la prise d'hypothèque. En ce qui concerne le paiement des déboursés et honoraires, la perte de temps subie soit par le *solicitor*, soit par son commis ne sera pas portée en compte.

SURVEYOR.

44. Ce fonctionnaire est nommé et révoqué de la même manière que le trésorier.

45. Le *surveyor* doit examiner, sur réquisition du Conseil des *directors*, l'état des propriétés déjà estimées ; il doit donner son avis par écrit sur la valeur de l'immeuble, ses réparations, et son opinion au sujet des garanties offertes.

46. Le *surveyor* recevra de l'emprunteur une guinée pour ses services, quand la somme ne dépassera pas 100 livres ; et pour toute somme au-dessus une demi-guinée en plus.

Quand l'architecte aura à surveiller la construction d'une maison, ses honoraires seront fixés à 4 livres p. %, et ils comprendront les plans, devis et toutes les dépenses.

47. Quand la distance de la propriété à expertiser dépassera cinq milles, l'architecte sera payé à raison de 1 shilling par mille, jusqu'à vingt milles.

48. Au delà de vingt milles, l'architecte sera payé d'après arrangement spécial fait avec le Conseil de direction.

49. Toute dépense provenant d'évaluation de propriété, sera supportée par l'emprunteur et prélevée sur le produit de son prêt.

AUDITORS.

50. Les *auditors* sont nommés de la même façon que le trésorier.

51. Les *auditors* doivent chaque année, ou plus souvent, si le Conseil d'administration l'exige, examiner les gages et les comptes de la Société.

52. Les *auditors* doivent recevoir 2 livres 2 shillings chaque fois que leurs services sont requis par le bureau des *directors*.

CONSULTING ACTUARY.

53. Le *Consulting Actuary* est nommé comme le trésorier.

54. Le *Consulting Actuary* doit donner son opinion par écrit sur la situation de la Société. Toute contestation au sujet de mainlevée, d'hypothèque doit lui être soumise, sa décision est sans appel. La somme à lui payer est fixée par les *directors*.

MANAGER.

55. Le *manager* est nommé comme le trésorier.

56. Le *manager* doit assister à toutes les assemblées de la Société; s'il manque à une assemblée et s'il ne fournit pas au Conseil une excuse valable, il est taxé à une amende de 10 shillings 6 d.

57. Le *manager* tient les livres et papiers appartenant à la Société. Il doit, à chaque assemblée, enregistrer dans un livre spécial les affaires contractées avec le nom des personnes ayant assisté à l'assemblée. Il doit tenir convenablement ses comptes, envoyer toutes les circulaires, faire la correspondance et mener la Société sous le contrôle du Conseil des *directors*.

58. Tout avis envoyé par le directeur au domicile du membre, tel qu'il est inscrit sur le registre de la Société, sera valable, et le membre sera considéré comme ayant été averti.

59. Le *manager* tiendra un registre dans lequel il inscrira le nom, la profession et la demeure de chaque membre et les changements de résidence. Tous les membres qui, avant l'assemblée mensuelle, n'auront pas prévenu de leur changement de résidence seront passibles d'une amende de un shelling.

60. Le *manager* doit, avant d'entrer en fonctions, donner une caution de 100 livres sur un des établissements de crédit de Londres. La valeur de cette caution doit augmenter d'après la décision du Conseil des *directors*.

61. Le *manager* recevra, en échange de ses services, la somme de 3 shillings par an sur chaque action souscrite et toute autre rémunération fixée par le Conseil.

MEMBERS' AGENTS.

62. Si un membre est chargé par plus de trois membres de transmettre

leurs cotisations, et si le Conseil des *directors* l'approuve, il pourra recevoir tout prix que ceux qui l'emploieront jugeront convenable ; mais la Société ne sera pas responsable de la conduite de cet agent.

FEMMES MARIÉES ET MINEURS.

63. Les femmes mariées et les mineurs peuvent devenir membres déposants, de la même manière que s'ils étaient célibataires ou majeurs, et leurs quittances, malgré l'excuse de tomber en enfance, seront bonnes et valables pour toutes les sommes reçues.

SOUSCRIPTIONS.

64. Les actions seront de la valeur de 50 livres chacune ; les droits d'entrée seront de 2 sh. 6 sur chaque action. Les souscriptions mensuelles à payer sur les actions permanentes seront de 6 sh. 6 par action ; le montant sera payé avant le deuxième mardi de chaque mois, pendant la pleine période de dix années, au bout de laquelle les souscriptions cesseront d'être exigibles. Une action temporaire peut être libérée par souscription de 6 sh. 6 par action et par mois ; de telles actions ne sont pas soumises aux amendes. (Voir art. 67.)

65. La somme de 6 sh. par an doit être payée sur chaque action, pour frais d'administration.

66. Sur toutes les souscriptions et paiements faits six mois à l'avance, il y aura un escompte qui ne dépassera pas 5 p. % par an.

67. Chaque membre qui négligera de payer ses souscriptions mensuelles, sera soumis à une amende.

	AMENDES MENSUELLES.		TOTAL.		
	S	D	L	S	D
Pour le 1er mois..........................	0	4	0	0	4
» 2e »	0	8	0	1	0
» 3e »	1	0	0	2	0
» 4e »	1	4	0	3	4
» 5e »	1	8	0	5	0
» 6e »	2	0	0	7	0
» 7e »	2	4	0	9	4
» 8e »	2	8	0	12	0
» 9e »	3	0	0	15	8
» 10e »	3	4	0	18	4
» 11e »	3	8	1	2	0
» 12e »	4	0	1	6	0

et ainsi en proportion pour chaque mois au delà de 12 mois de retard, jusqu'à ce que tous les arrérages soient payés ; aussitôt que le montant des amendes atteindra le chiffre des versements effectués par le membre, les actions seront annulées.

Dans le cas où le souscripteur solderait son action par anticipation ou verserait une somme égale à l'amende énoncée à valoir sur son action, l'amende lui sera remise.

68. Quand les droits d'entrée auront été seuls payés, l'annulation des actions sera prononcée à l'expiration de trois mois après ce paiement.

69. Chaque membre à son admission paiera 1 fr. 25 pour un exemplaire des statuts et pour un livret ; tout membre devra, avant le premier mardi d'avril de chaque année, donner son livret pour qu'il soit examiné ; à défaut il sera frappé d'une amende de 1 fr. 25.

AVANCES.

70. Le Conseil pourra faire des prêts aux conditions et au taux d'intérêt qu'il jugera convenables. La nature des garanties offertes, c'est-à-dire la situation de la propriété, les risques à courir détermineront l'annuité qu'il faudra payer pour rembourser 50 livres en 21 ans.

La valeur de cette annuité est donnée par le tableau suivant :

Années	5 %			5 ½ %			6 %			6 ½ %			7 %			7 ½ %		
	L	S	D	L	S	D	L	S	D	L	S	D	L	S	D	L	S	D
1	4	7	6	4	7	11	4	8	4	4	8	9	4	9	2	4	9	7
2	2	4	10	2	5	2	2	5	6	2	5	10	2	6	1	2	6	5
3	1	10	7	1	10	11	1	11	2	1	11	6	1	11	9	1	12	1
4	1	3	6	1	3	10	1	4	t	1	4	4	1	4	7	1	4	11
5	0	19	3	0	19	7	0	19	10	1	0	1	1	0	4	1	0	8
6	0	16	5	0	16	9	0	17	0	0	17	3	0	17	6	0	17	10
7	0	14	5	0	14	9	0	15	0	0	15	3	0	19	6	0	15	9
8	0	12	11	0	13	2	0	13	5	0	13	9	0	14	0	0	14	3
9	0	11	9	0	12	0	3	12	3	0	12	7	0	12	10	0	13	1
10	0	10	10	0	11	1	0	11	4	0	11	8	0	11	11	0	12	2
11	0	10	1	0	10	4	0	10	7	0	10	11	0	11	2	0	11	5
12	0	9	5	0	9	8	0	10	0	0	10	3	0	10	6	0	10	10
13	0	8	11	0	9	2	0	9	5	0	9	9	0	10	0	0	10	3
14	0	8	5	0	8	9	0	9	0	0	9	3	0	9	7	0	9	10
15	0	8	1	0	8	4	0	8	7	0	8	11	0	9	2	0	9	6
16	0	7	9	0	8	0	0	8	3	0	8	7	0	8	10	0	9	2
17	0	7	5	0	7	9	0	8	0	0	8	9	0	8	7	0	8	10
18	0	7	2	0	7	5	0	7	9	0	8	0	0	8	4	0	8	7
19	0	6	11	0	7	3	0	7	6	0	7	10	0	8	1	0	8	5
20	0	6	9	0	7	0	0	7	4	0	7	7	0	7	11	0	8	2
21	0	6	6	0	6	10	0	7	1	0	7	5	0	7	9	0	8	0

71. Une commission de 18 shillings par 100 livres et par an jusqu'à l'expiration de la durée du prêt sera ajoutée à l'hypothèque au moment où l'on fera le prêt, et sera payée en même temps que le principal, et en vertu de cette commission payée, les emprunteurs ne participeront pas aux pertes que pourra faire la Société, et n'auront aucun droit aux profits réalisés par elle.

72. Les hypothèques données en garantie par les *trustees* auront la forme légale que les *solicitors* jugeront convenable.

73. Les membres inscrivant leurs noms pour obtenir une avance paieront 20 sh. 6 et resteront sur la liste jusqu'à ce qu'ils soient pourvus d'argent ; qu'ils soient présents ou non, ils seront tenus de se conformer aux décisions de l'assemblée dans laquelle les fonds seront votés.

74. Toute personne peut demander la remise du montant des actions qu'elles détient sur paiement d'un droit d'inscription de 2 sh. 6 par action, qui lui donnera le droit d'obtenir un prêt dans le délai de six mois sur bonne garantie.

75. Tout membre demandant une avance sur des actions qui ne sont pas en sa possession et pour lesquelles il aura payé des primes pendant six mois, paiera une commission de une guinée par action. La valeur de la commission sera ajoutée au montant de l'hypothèque et payée comme l'indique le tableau.

DÉLAI.

76. Quand un emprunteur ne pourra pas payer, le Conseil des directeurs pourra, après avis notifié sept jours à l'avance, examiner le cas, diminuer le montant des cotisations et même l'interrompre pendant un délai qui ne pourra excéder un an.

GARANTIES A DONNER.

77. Toute personne qui désirera un prêt devra remplir les imprimés donnés par la Société.

Les honoraires relatifs à l'expertise doivent être déposés.

78. Quand l'affaire n'aura pas de suite, on ne paiera pas d'honoraires à l'architecte ou au *solicitor*.

RECOMMANDATIONS POUR ACTES HYPOTHÉCAIRES.

79. Chaque acte hypothécaire doit contenir pleins pouvoirs pour vendre.

80. Dans le cas où l'emprunteur négligerait, dans le délai de trois mois, d'observer les conditions de l'acte, on ne fera pas les paiements suivant les règles ; les *directors* auront le droit, avec ou sans le consentement de

l'emprunteur, de faire toucher les revenus de la propriété donnée en gage et les *trustees* auront le droit de vendre tout ou partie, soit à l'amiable, soit aux enchères, en un ou plusieurs lots, en une ou plusieurs fois ; dans le cas où l'emprunteur ferait banqueroute, les *directors* entreront immédiatement en possession des lieux hypothéqués, toucheront les rentes, loueront le bien comme ils l'entendront. Dans le cas où la propriété serait abandonnée incomplète, les *directors* auront le droit de la finir ; l'argent ainsi employé sera ajouté au montant du prêt principal ; les *directors* auront le droit de vendre les lieux soit dans leur état incomplet, soit mis en valeur. Les emprunteurs donneront procuration aux *trustees* pour toucher une rente égale au paiement annuel à effectuer d'après les actes, et les *trustees* auront le droit de prélever comme land-lords et tenanciers.

Tableau des amendes encourues pour chaque action par les emprunteurs qui n'effectuent pas régulièrement les versements :

DURÉE DU RETARD.	PAR MOIS.		TOTAL.		
	S	D	L	S	D
Pour le 1ᵉʳ mois........................	0	6	0	0	6
» 2ᵉ »	1	0	0	1	6
» 3ᵉ »	2	0	0	3	6
» 4ᵉ »	3	0	0	6	6
» 5ᵉ »	4	0	0	10	6
» 6ᵉ »	5	0	0	15	6
» 7ᵉ »	6	0	1	1	6
» 8ᵉ »	7	0	1	8	6
» 9ᵉ »	8	0	1	16	6
» 10ᵉ »	9	0	2	5	6
» 11ᵉ »	10	0	2	15	6
» 12ᵉ »	11	0	3	6	6

81. Tous les paiements d'argent dus par hypothèques devront être faits contre quittance d'après les formules annexées à ces règlements.

ASSURANCE ET RENTE DU SOL.

82. Tous les biens hypothéqués doivent être assurés d'après les conventions énoncées dans les actes, ou comme il le sera demandé par les *directors* ou le *manager*. D'après les indications de l'architecte et du *solicitor*, le *manager* paiera les primes d'assurances (à défaut il sera frappé d'une

amende de 20 sh.) ainsi que les rentes du sol, et il les portera au compte de l'emprunteur.

83. Quand une propriété aura été détruite par le feu, la Compagnie d'assurances paiera la valeur de la construction ou la rétablira à son choix. Dans ce cas, l'architecte de la Société, fera un rapport sur la construction reconstruite, et dans le cas où les travaux ne seraient pas convenablement exécutés, les *direciors* auront le droit de faire les démarches nécessaires pour les faire établir conformément aux conditions énoncées dans la police d'assurance.

84. Dans le cas où les *trustees* recevraient l'argent de l'assureur de la maison, ils l'emploieront à la reconstruction de la propriété détruite sous la surveillance de la Société de façon à ne pas dépasser la valeur de la somme touchée, à moins que l'emprunteur ne fournisse les fonds nécessaires pour payer la dépense supplémentaire.

POUVOIR DE LIBÉRER LA PROPRIÉTÉ HYPOTHÉQUÉE.

85. Quand un membre voudra se libérer avant le terme fixé par son contrat, il paiera toutes les amendes et la valeur des paiements futurs calculés au taux de 5 % par année.

POUVOIR DE FAIRE DES ÉCHANGES.

86. Les emprunteurs peuvent, avec le consentement du Conseil et moyennant paiement des dépenses de surveillance et autres charges (droit de 10 sh. pour chaque action avancée), échanger une propriété déjà hypothéquée contre une autre propriété de même valeur. Une portion de la propriété peut aussi être libérée, mais aux frais de l'emprunteur.

MORT DES MEMBRES.

87. Aucun bénéfice de survivance ne pourra être réclamé par les membres de la société ; mais les représentants légaux d'un membre décédé pourront jouir des mêmes privilèges, être astreints aux mêmes paiements, amendes que le défunt aurait payés.

FOLIE DES MEMBRES.

88. Lorsqu'un membre sera reconnu atteint d'aliénation mentale ou de faiblesse d'esprit, on ne pourra le mettre à l'amende tant qu'il ne sera pas pourvu d'un Conseil judiciaire ou qu'une autre personne, soit un parent, soit un ami ait pris son lieu et place.

89. Dans ce dernier cas, le Conseil des *directors* fait approuver le

compte de l'actionnaire malade par celui qui le remplace. La Société pourra payer au tuteur d'un actionnaire malade le montant des actions souscrites par lui, moins les amendes encourues jusqu'au jour de sa maladie, ainsi qu'une certaine somme représentant les frais d'administration.

LIQUIDATION DU COMPTE DE L'ACTIONNAIRE QUI DÉSIRE SE RETIRER DE LA SOCIÉTÉ.

90. Les déposants peuvent, à toute époque, retirer les fonds destinés à l'acquisition d'actions. Lorsque les actions sont payables par petits versements et que l'actionnaire désir se retirer dans le courant de la première année de son entrée dans la société, il en prévient par écrit le secrétaire de la société, et sept jours après on lui restitue ses dépôts.

Lorsqu'il désire se retirer après avoir continué ses versements pendant un an, on lui rembourse ses dépôts un mois après réception de la lettre qui annonce sa démission. Dans ce cas, on lui tient compte des intérêts. Le tableau ci-contre fait connaître la valeur acquise par l'action au bout d'un certain temps pendant lequel les versements stipulés par les statuts ont été effectués régulièrement.

91. Les actions B permanentes, c'est-à-dire les actions libérées, peuvent être retirées dix années après leur émission, le paiement des arrérages et celui des amendes encourues étant soldé. Il faut donner au *manager* avis du retrait de ces actions douze mois à l'avance, mais avis du retrait peut être donné à n'importe quel moment, et à partir de la date indiquée par l'avertissement, le porteur n'est plus membre de la Société ; toutefois, le paiement des dettes de la Société doit être fait avant le remboursement des actions, et sous n'importe quelle circonstance la valeur des sommes payées pour remboursement, ne doit pas excéder celle des paiements provenant d'actions non libérées. Les actions dont on demande le remboursement doivent être payées selon le nombre de demandeurs placés sur la liste tenue à cet effet ; chacun d'eux recevra la proportion due de ses souscriptions, de sorte que tous recevront simultanément une partie de leurs actions. Dans le cas où les dépenses de la Société et les pertes supportées par elle excéderont les sommes destinées aux frais d'administration et aux dépenses extraordinaires, toutes les actions B que l'on retirera seront passibles d'une réduction correspondant au nombre d'années pendant lesquelles ces actions auront existé.

92. En cas de mort ou de démence d'un membre avant qu'il ait reçu un prêts et sur la demande des représentant, légaux de ce membre de retirer les fonds, ces fonds seront délivrés une semaine après la demande, conformément aux règles de l'article 90.

TABLEAU indiquant la valeur d'une action libérable par petits versements.

La colonne des *mois* indique la durée du temps pendant lequel ont été opérés les versements; celle de la *valeur d'une action* indique la somme à laquelle l'actionnaire a droit lorsqu'il se retire au bout de ce temps.

MOIS	VALEUR D'UNE ACTION			MOIS	VALEUR D'UNE ACTION			MOIS	VALEUR D'UNE ACTION			MOIS	VALEUR D'UNE ACTION		
	L	S	D		L	S	D		L	S	D		L	S	D
12	3	18	0	40	13	15	9	68	24	16	11	96	37	4	9
13	4	4	6	41	14	3	3	69	25	5	2	97	37	14	4
14	4	11	0	42	14	10	9	70	25	13	5	98	38	3	11
15	4	17	6	43	14	18	3	71	26	1	8	99	38	13	6
16	5	4	0	44	15	5	9	72	26	10	6	100	39	3	1
17	5	10	6	45	15	13	3	73	26	19	2	101	39	12	8
18	5	17	0	46	16	0	9	74	27	7	10	102	40	2	3
19	6	3	6	47	16	8	3	75	27	16	6	103	40	11	10
20	6	10	0	48	16	16	2	76	28	5	2	104	41	1	5
21	6	16	6	49	17	4	0	77	28	13	10	105	41	11	0
22	7	3	0	50	17	11	10	78	29	2	6	106	42	0	7
23	7	9	6	51	17	19	8	79	29	11	2	107	42	10	2
24	7	16	0	52	18	7	6	80	29	19	10	108	43	0	0
25	8	6	11	53	18	15	4	81	30	8	6	109	43	10	1
26	8	14	1	54	19	3	2	82	30	17	2	110	44	0	2
27	9	1	3	55	19	11	0	83	31	5	10	111	44	10	3
28	9	8	5	56	19	18	10	84	31	15	0	112	45	0	4
29	9	15	7	57	20	6	8	85	32	4	1	113	45	10	5
30	10	2	9	58	20	14	6	86	32	13	2	114	46	0	6
31	10	9	11	59	21	2	4	87	33	2	3	115	46	10	7
32	10	17	1	60	21	10	11	88	33	11	4	116	47	0	8
33	11	4	3	61	21	19	2	89	34	05	0	117	47	10	9
34	11	11	5	62	22	7	5	90	34	9	6	118	48	0	10
35	11	18	7	63	22	15	8	91	34	18	7	119	48	10	11
36	12	5	9	64	23	3	11	92	35	7	8	120	49	1	0
37	12	13	3	65	23	12	2	93	35	16	9				
38	13	0	9	66	24	0	5	94	36	5	10	Sans profits.			
39	13	8	3	67	24	8	8	95	36	14	11	121	50	0	0

Avec profits.

93. Un intérêt de 4 % par an sera alloué à toutes les actions libérées avant le 23 juin 1871 ; les actions libérées après cette date toucheront 4 p. % ou tout autre intérêt déterminé par le bureau des *directors*. L'intérêt est calculé semestriellement du 31 mars au 30 septembre et payable le 31 mai et le 30 novembre suivant. Aucun intérêt ne sera compté pour une fraction de mois, calculée depuis le dernier jour de chaque mois.

94. Quand des souscriptions ou amendes resteront dues et impayées pendant une période qui n'excédera pas 4 mois on déduira du montant des actions, qui devraient être remboursées, le montant de ces amendes et cotisations, et le solde sera payé. Le compte des amendes est arrêté le jour où le membre a fait inscrire sa démission sur le registre ouvert à cet effet. Quand les cotisations et amendes seront en retard de plus de 4 mois, les déductions seront faites, mais les intérêts cesseront de courir jusqu'à ce que l'arriéré soit payé.

95. Après que la Société aura existé pendant 7 ans, les *directors* auront, avec le concours de l'avocat consultant, le pouvoir de changer le taux de l'intérêt alloué sur le montant des actions non libérées.

VENTE OU TRANSFERT DES ACTIONS B.

96. Tout membre peut transférer une action à un autre membre après paiement d'un droit de transfert de un shilling par action.

EMPLOI DES FONDS.

97. Le produit de toutes les amendes, droits, intérêts et commissions sera passé au compte des frais d'administration. Les dépenses d'administration, l'intérêt, les boni sur les actions A, les pertes supportées par la Société seront payés avec lesdits fonds ; le déficit sera supporté par les porteurs des actions B, en proportion du nombre des porteurs de ces actions et selon leur durée.

PRIMES.

98. Toute action non remboursée existant le 31 mai 1873 sera traitée comme action A, et chaque action de cette catégorie, si les cotisations sont régulièrement payées, aura droit à une prime annuelle, à ajouter aux intérêts alloués par le tableau (90) au taux de 1 £. par an et par action par période de trois ans, selon la date de l'émission de chaque action. Par suite, après un an d'existence, l'action aura droit à une livre de prime, au bout de 4 ans, à 4 £, après sept ans, à 7 £ et enfin à l'expiration de dix années à 10 £ de primes. Total 22 Livres. L'action sera payée complètement après sa libération qui aura lieu à la fin de la dixième année de son émission, époque à laquelle de telles actions doivent être retirées.

99. Les porteurs d'actions A, sorties après le **31 mai 1873**, auront droit à la moitié des primes énumérées ci-dessus, et les porteurs d'actions sorties après le 31 décembre 1876, à un quart de la prime susdite.

100. Si après la fin de la vingt-cinquième année, après chaque période de 3 ans, après paiement de toutes pertes, intérêts et primes sur les actions A, il reste un excédent, un tiers de cet excédent sera employé au fonds de réserve ; les deux autres tiers seront divisés entre les porteurs d'actions B, proportionnellement à leur nombre et à la longueur du temps de leur existence ; de telles primes devront être payées après complète réalisation de chaque action, ou leur valeur escomptée sera payée sur les actions qu'on peut forcer de retirer.

101. Les porteurs d'actions A existant le 31 mai 1873 peuvent, après avis donné au *manager* avant le deuxième mardi d'avril, convertir leurs actions A en actions B.

PLACEMENT DU SURPLUS DES FONDS.

102. Il est permis aux *trustees* à la requête des *directors* de placer à leur nom, suivant p. 10 Georg. III, cap. 56, sec. 13, les sommes sans emploi immédiat, et ils peuvent placer et replacer de temps en temps ces sommes suivant qu'ils le jugeront le plus convenable.

CONTESTATIONS RÉGLÉES PAR ARBITRAGE.

103. Les contestations entre la Société et ses membres ou ses représentants légaux, seront tranchées par arbitres suivant 10 Geo. IV cap. 56 section 27, à moins que ces contestations ne puissent être arrangées par le Conseil d'administration et le membre ou ses représentants, dans le délai de 14 jours à dater du jour où la contestation aura été portée devant le Conseil.

104. Lors de la première assemblée tenue après l'enregistrement de ces règles, cinq arbitres seront élus par les membres présents ; aucun d'eux ne pourra être lié à la Société sous aucun titre ; en cas de demande d'arbitrage, les noms de tous les arbitres seront inscrits sur papiers séparés, placés dans une boîte ; les trois noms tirés les premiers, soit par la partie plaignante, soit par les représentants, seront les arbitres. Leur sentence sera sans appel, pourvu toutefois qu'elle soit rendue avant le délai d'un mois du calendrier, après notification faite par le *manager* à chacun des arbitres désignés, à moins que les deux parties ne soient d'accord pour augmenter la durée du délai.

105. Chaque arbitre recevra une guinée pour honoraires. A cet effet, le *manager* et la partie adverse déposeront chacun une guinée et demie comme rémunération des arbitres.

MODIFICATIONS AUX STATUTS.

106. Tout article existant dans les statuts ou tout autre article fait ultérieurement ne pourra être modifié que par une assemblée générale convoquée à cet effet.

DISSOLUTION DE LA SOCIÉTÉ.

107. Aucune dissolution de la Société ne pourra être prononcée à moins que les affaires ne soient en mauvaise situation ; qu'il ne soit prouvé que les règlements ne peuvent lui faire atteindre son but ; que ses fonds ne soient insuffisants pour satisfaire aux réclamations ; ou pour toute autre cause qui rendrait la dissolution inévitable. La dissolution se ferait alors suivant les règles de Act. 10 Geo. IV, cap. 56, section 26. Tout membre qui, par un moyen quelconque, tentera de faire dissoudre la Société par un motif autre que ceux exposés, perdra par confiscation tout son argent, ses bénéfices et intérêts , et sera immédiatement expulsé.

HONORAIRES DES FONCTIONNAIRES.

108. Les *trustees, directors* et autres fonctionnaires de la Société seront garantis de toutes pertes, dépenses faites dans l'exécution de leurs fonctions. Aucun d'entre eux ne sera responsable pour un acte fait par l'un d'eux, ou pour l'insuffisance des garanties données pour un prêt, à moins que la perte ne provienne de leur propre négligence. Ils ne seront pas responsables des sommes déposées chez les banquiers, ni pour une perte involontaire, malheur ou dommage qui peuvent survenir dans l'exercice de leurs fonctions.

ÉTABLISSEMENT DES STATUTS.

109. Dans l'établissement des statuts, le mot *mois* signifie mois du calendrier et chaque mot au singulier et du genre masculin comprendra plusieurs personnes ou choses, les femmes aussi bien que les hommes, à moins que le texte ne signifie un sens contraire. Le mot membre comprend les porteurs d'obligations A et B. Le mot emprunteur désigne les personnes auxquelles on aura avancé le montant d'actions ; le mot déposant désigne les personnes qui prêtent des fonds à la Société.

CHAPITRE XIII

Modèles de Marchés et de Devis descriptifs.

———

CAHIER DES CHARGES GÉNÉRALES

POUR LA CONSTRUCTION DE LOGEMENTS A BON MARCHÉ

sur des terrains communaux appartenant à la ville de Paris

(Année 1884).

———

TITRE PREMIER.

DISPOSITIONS GÉNÉRALES.

ARTICLE 1er. — Aucune maison ne pourra être élevée de plus d'un rez-de-chaussée et cinq étages, y compris l'entresol et les combles si ces derniers doivent être habités. *(Hauteur des maisons.)*

ART. 2. — Tout logement de famille se composera de deux ou trois chambres, avec cuisine et cabinets d'aisances. *(Composition d'un logement.)*

Une chambre à coucher ne devra pas avoir moins de 20 mètres cubes environ par personne.

La moindre largeur d'une chambre sera de 2m 50. Elle sera munie d'une cheminée ordinaire ou d'orifice de ventilation suffisant et d'entrée d'air.

Les fenêtres des chambres à coucher ne seront pas à plus de 30 centimètres du plancher et du plafond et auront au moins 1 mètre de largeur. On devra se conformer strictement aux nouveaux règlements de la salubrité, subir le contrôle de l'administration à cet égard et déférer à ses prescriptions.

Aucune chambre à coucher ne pourra être éclairée par une fenêtre à tabatière.

Il est spécialement établi que jamais il ne sera toléré de chambres à coucher éclairées sur une courette, éclairée elle-même en second jour, ou placées dans des locaux attenant à un terre-plein.

Aucun logement ne pourra être directement sous la couverture, qu'elle soit en tuiles ou en métal, alors même qu'elle serait plafonnée.

Quand il conviendra de rendre les mansardes habitables, on devra établir un coussin d'air qui pourra être renouvelé facilement par des registres ou chatières.

Dans tous les logements, sans exception, pour éviter les condensations de vapeur contre les murs et les meubles, on ventilera au moyen de cheminées ordinaires ou de tuyaux d'aération avec prise d'air d'au moins un décimètre carré de section effective.

Dans toute chambre ne faisant pas partie d'un logement de famille et où l'on pourrait faire la cuisine, il est absolument prescrit d'avoir un moyen spécial de renouvellement de l'air.

Les cuisines n'auront pas moins de 4 mètres carrés ; leur moindre largeur sera de 1^m 50.

Elles seront munies d'un fourneau à deux trous au moins, d'un évier correspondant à l'écoulement à l'égout et d'un garde-manger placé en dessous de la fenêtre. La fenêtre aura au minimum 1^m 50 × 0^m 80 ; elle aura un vasistas à bascule. Les entrevous seront établis de manière à présenter le moins de sonorité possible.

Les cloisons séparatrices de deux logements auront au moins 0^m 14 d'épaisseur ; les portes d'entrée auront 0^m 80 et celles intérieures pourront n'avoir que 0^m 70 à 0^m 75 ; les antichambres, quand il y en aura, n'auront pas moins de 0^m 80 de largeur et dans ce cas elles donneront accès aux privés ; elles seront au moins éclairées par la porte vitrée de la cuisine.

Couloirs.

Art. 3. Si la bonne utilisation d'un terrain et des raisons d'économie, qui seront à discuter lors de l'approbation du projet, conduisaient à établir des couloirs desservant plus de trois logements, ils auront au moins 1^m 50 de largeur et seront éclairés et aérés directement à chaque extrémité par une fenêtre de 2 mètres de hauteur sur 1^m 20 de largeur, à vantaux mobiles et vasistas de 20 décimètres carrés au minimum.

Écoulement des eaux pluviales et ménagères.

Art. 4. — Aucun écoulement ne pourra traverser une construction habitée, autrement qu'en tuyaux disposés en alignements droits avec pente suffisante pour éviter les obstructions.

Aux deux extrémités et à tous les coudes se trouveront des regards à l'air libre, chaque fois que ce sera possible, pour permettre la surveillance et le nettoyage de cette canalisation sans avoir besoin de l'ouvrir dans la partie habitée. Tous les éviers, toutes les descentes des eaux de service seront munis de siphons et auront un écoulement direct par des tuyaux imperméables disposés de manière à éviter l'action de la gelée.

ART. 5. — Aucune fosse fixe, aucun appareil diviseur ne seront établis dans la maison à moins d'une autorisation spéciale de l'Administration ; chaque logement de famille comprenant au moins deux chambres et une cuisine aura toujours ses privés, qui devront prendre jour et air à l'extérieur par une fenêtre à vantail mobile d'au moins **20** décimètres carrés ; les cuvettes, munies d'appareils formant fermeture hydraulique, seront à effet d'eau, en grès vernissé, faïence ou porcelaine ; elles seront alimentées au moyen soit de réservoirs placés dans le cabinet, soit d'appareils branchés sur la canalisation, permettant de fournir dans ce cabinet une quantité d'eau de 10 litres au minimum et par jour.

L'eau ainsi livrée dans les cabinets d'aisances devra arriver dans les cuvettes de manière à former une chasse suffisamment vigoureuse. Les appareils qui la distribueront seront examinés et reçus par le service de l'Assainissement de Paris avant la mise en service. Ces privés pourront être installés soit à l'intérieur soit à l'extérieur du logement, pourvu qu'ils soient au même étage.

Les locataires d'une chambre seulement feront usage de privés communs, à raison d'un privé par trois chambres au plus.

S'il s'établit dans la maison un commerce quelconque qui réunisse régulièrement un certain nombre de personnes, il sera établi, à proximité du lieu de réunion, des urinoirs dans les meilleures conditions de lavage et de ventilation.

ART. 6. — Toute maison doit être pourvue d'une cour disposée de telle façon qu'aucune fenêtre ne soit à moins de 6 mètres des constructions qui lui font face.

Les cours ne pourront êt recouvertes qu'entre le rez-de-chaussée et le premier étage.

ART. 7. — Les conduites d'eaux pluviales et ménagères et les tuyaux de chutes destinés aux matières de vidange, continueront à être établis suivant les prescriptions des divers règlements actuellement en vigueur ; toutefois, leur diamètre ne pourra être inférieur à 0m 08 et supérieur à 0m 22. Suivant l'importance des cabinets, cuisines et toits desservis, chaque tuyau de chute sera prolongé de 1m 50 au dessus de la dernière ouverture et librement ouvert à sa partie supérieure.

Lorsque les tuyaux de chute ne tomberont pas verticalement dans les tuyaux d'évacuation, et seront prolongés dans les cours et caves jusqu'au tuyau général d'évacuation, leur tracé devra être formé autant que possible de parties rectilignes, raccordées par des courbes de fort rayon.

A chaque changement de direction ou de pente sera ménagée une tubulure ou un regard de visite d'aération facilement abordable.

En aucun cas, il ne pourra être établi de puisards ou puits perdus, quelles que soient les dispositions qui pourraient être proposées.

Cabinets
à ordures
et postes d'eau.

ART. 8. — Des postes d'eau seront établis avec le plus grand soin au rez-de-chaussée et à chaque étage ; ils devront être facilement accessibles.

La colonne montante devra avoir une section suffisante, de 0ᵐ 020 au moins, pour satisfaire aux abonnements particuliers.

Les robinets seront toujours accessibles à tous les locataires.

Les postes d'eau seront à robinets libres, sauf le cas où il y aura des industries ou commerces consommant de l'eau.

Des dispositions seront prises pour qu'au moins les écoulements soient à l'abri de la gelée.

Au rez-de-chaussée, un réduit étanche sera établi pour placer la boîte à ordures et le dépôt des immondices.

Ce réduit devra être aussi grand que possible, bien aéré et facilement accessible à tous les locataires.

Évacuation
des matières
de vidange,
des
eaux ménagères
et pluviales.

ART. 9. — Toutes les déjections seront conduites avec les eaux dans des tuyaux à grande pente hors de la propriété, où et comme il sera indiqué par l'Administration suivant les localités.

Les tuyaux d'évacuation qui débouchent directement dans l'égout public recevront tous les tuyaux de chute, tant ceux des cabinets d'aisances que ceux des eaux pluviales et ménagères. Lesdits tuyaux d'évacuation auront une pente minima de 0ᵐ 02 par mètre. Dans les cas exceptionnels où cette pente serait impossible ou difficile à réaliser, l'Administration se réserve la faculté d'autoriser des pentes plus faibles, à la condition d'établir des chasses d'eau.

Le diamètre desdits tuyaux d'évacuation sera fixé, sur la proposition des intéressés, en raison de la pente disponible et du cube à évacuer. Il ne sera, en aucun cas, inférieur à 0ᵐ 22.

Chaque tuyau d'évacuation sera muni, avant sa sortie de la maison, d'un siphon ou de tout autre appareil hydraulique assurant l'occlusion hermétique et permanente entre la canalisation intérieure et l'égout public.

Les modèles de ces siphons et appareils seront soumis à l'Administration et acceptés par elle. Chaque siphon sera muni d'une tubulure de visite avec fermeture autoclave placée en amont de l'inflexion siphoïde.

Les tuyaux d'évacuation et les siphons seront étanches et construits en grès vernissé intérieurement.

Les joints devront être exécutés avec le plus grand soin, de manière à résister à une sous-pression qui viendrait de la conduite extérieure, et ne présenter aucune bavure ni saillie intérieure. L'emploi de la fonte pourra être autorisé dans le cas où l'Administration le jugerait acceptable.

Les tuyaux d'évacuation seront prolongés dans le branchement particulier jusqu'à la rencontre du piédroit de l'égout public.

Dans les voies publiques, où les matières de vidange et les eaux ménagères ne pourront pas être évacuées directement à l'égout public, des arrêtés spéciaux prescriront les dispositions à adopter pour les cabinets d'aisances et pour les tuyaux d'évacuation, jusqu'à la conduite spéciale établie dans l'égout public.

Des projets spéciaux d'établissement de canalisation devront être dressés et seront soumis avant l'exécution à l'approbation de l'Administration. Ils comprendront l'indication détaillée de tous les travaux à exécuter, tant pour la distribution de l'eau alimentaire, que pour l'établissement des cabinets d'aisances et l'évacuation des matières de vidange, ainsi que les eaux ménagères et pluviales.

Après approbation de l'Administration et exécution, les ouvrages ne pourront être mis en service qu'après réception par les agents du service de l'Assainissement de Paris, assistés de l'architecte voyer, lesquels vérifieront si ces ouvrages sont conformes aux projets approuvés et aux dispositions prescrites par le présent cahier des charges.

TITRE II.

QUALITÉ DES MATÉRIAUX.

Maçonnerie.

ART. 10. — Tous les matériaux fournis et employés seront de la première qualité.

ART. 11. — Le sable employé dans la fabrication du mortier sera tiré de la Seine ; il devra être fin, graveleux et purgé de toute partie terreuse.

ART. 12. — Les cailloux employés pour le béton auront de 2 à 5 centimètres de grosseur ; ils devront être purgés de sable et de parties terreuses au moyen d'un lavage.

ART. 13. — La chaux hydraulique, la seule dont l'emploi sera autorisé dans les travaux, sera bien cuite, non éventée, sans incuits, biscuits, n corps étrangers.

ART. 14. — Le plâtre sera bien cuit, onctueux et non éventé.

ART. 15. — Les plâtras seront durs, bien gisants et à peu près d'égale épaisseur. Ils proviendront d'anciens ouvrages en plâtre bien pur non salpêtré, et ne présenteront aucune atteinte de bistre ou de fumée.

ART. 16. — Le ciment sera transporté et conservé dans des fûts en bois, bien clos, portant l'estampille de la fabrique. Tout ciment éventé sera refusé. Il en sera de même du mastic Dihl.

ART. 17. — Les lattes seront en chêne, bien droites, sans aubier. Leur largeur sera de 0^m 033 et leur épaisseur de 0^m 004 au moins.

ART. 18. — Le bardeau sera de chêne, bien droit, sans aubier, de 0^m 04 de largeur et 0^m 007 d'épaisseur au moins, et de longueur suffisante pour reposer sur deux solives.

ART. 19. — Lorsque les lattes seront attachées avec des clous d'épingles, ces clous seront en fer doux, déliés ; ils auront 0^m 002 d'épaisseur et 0^m 025 de longueur au moins. La tête de ces clous sera bien formée et aura un diamètre double au moins de celui de la tige.

ART. 20. — La meulière sera poreuse et légère, purgée de toute partie terreuse et d'échantillon convenable pour former bonne liaison.

ART. 21. — Les moellons seront de premier choix ; ils seront d'un échantillon convenable pour former bonne liaison, bien gisants, non gélifs ni sujets à déliter. Les moellons verts seront refusés.

ART. 22. — Les briques seront bien moulées, entières, sans gerçures ni bavures, sonores, bien cuites, mais non vitrifiées.

Les briques cintrées pour tuyaux de cheminées proviendront des meilleures fabriques et devront, comme qualité, remplir les mêmes conditions que les briques ordinaires.

ART. 23. — Les pots ou globes, pour voûtes et planchers, seront fabriqués avec soin, bien cuits et sans fêlures.

ART. 24. — Les libages seront extraits des roches les plus dures dans la nature de pierre demandée.

ART. 25. — Les pierres seront bien sèches, non gélives, sans bousin, fils ou moies, écornures, épaufrures et autres défectuosités ; elles seront d'un grain homogène et d'une teinte uniforme.

Charpente.

ART. 26. — Les bois employés dans les travaux de charpente seront toujours de la meilleure qualité.

Ils devront avoir au moins trois ans de coupe. Tout bois séché par des moyens factices sera rigoureusement refusé.

ART. 27. — Tous les bois seront sains, bien secs et bien équarris, sans aubier, malandre, roulure, nœuds vicieux ou autres défauts.

Couverture, Plomberie et Fontainerie.

ART. 28. — Les ardoises et tuiles seront toujours de la meilleure qualité , chacune suivant son espèce et sa provenance , sans défaut , frisures , écornures, etc.

ART. 29. — Les ardoises seront des meilleurs bancs ; elles seront bien échantillonnées et auront une épaisseur régulière de 0^m003 au moins; elles seront sonores et plutôt un peu rugueuses que trop lisses.

ART. 30. — Les tuiles seront d'une terre homogène et sans mélange de parties calcaires ; elles seront bien moulées, entières, bien cuites, mais non vitrifiées , sans incuits, gerçures, bavures ou boursouflures ; les crochets seront forts et toujours entiers.

ART. 31. — La volige sera en bois de peuplier, droite et bien sèche, de 2 mètres de longueur sur 0^m12 à 0^m15 de largeur, et 0^m013 à 0^m015 d'épaisseur ; les rives seront dressées et non flacheuses.

ART. 32. — La volige pour ardoise anglaise sera en peuplier ou en sapin, de 0^m027 d'épaisseur sur 0^m008 de largeur chanfreinée.

ART. 33. — Les lattes seront, soit en cœur de chêne de 0^m033 de largeur et de 0^m004 d'épaisseur au moins, soit en treillage de châtaignier de 0^m084 de largeur au moins et de 0^m005 d'épaisseur, sans aubier ni nœuds vicieux.

ART. 34. — Les clous seront bien faits et en fer doux , les têtes seront plates et bien formées.

Les clous à lattes auront 0^m003 de longueur et fourniront 750 au kilogramme. Les clous à voliges auront 0^m004 de longueur et fourniront 350 au kilogramme. Les clous à ardoises auront 0^m025 de longueur et fourniront 1 000 au kilogramme. Les clous à ardoises anglaises seront en cuivre rouge et fourniront 440 par kilogramme.

ART. 35. — Le plomb sera de la meilleure qualité, coulé ou laminé. Il sera bien épuré, doux, non graveleux, d'une épaisseur régulière, sans mélange de matières étrangères, sans soufflures, crevasses, feuilletages, fissures, gerçures ou autres défauts.

ART. 36. — Le zinc, comme le plomb, sera bien épuré et d'une épaisseur régulière après le laminage ; il sera brillant et uni, sans ondulations, boursouflures ni pailles. Il sera souple et malléable, de manière à pouvoir se plier et déplier plusieurs fois à angle vif sans se casser.

ART. 37. — La soudure ordinaire sera composée de 1/3 d'étain fin et de 2/3 de plomb. La soudure fine dite targette sera composée de parties égales de plomb et d'étain.

ART. 38. — Le plâtre sera bien cuit, onctueux et non éventé ; il ne sera pas mélangé de matières étrangères.

ART. 39. — L'alliage de cuivre pour les robinets et siphons sera celui connu dans le commerce et l'industrie sous le nom de laiton ; il devra être composé de 100 parties de cuivre, 50 parties de zinc et 8 parties d'étain.

ART. 40. — Les tuyaux en plomb seront coulés, soudés ou étirés ; ils seront d'un diamètre régulier et d'une égale épaisseur.

ART. 41. — Les cuvettes pour garde-robes, les siphons et autres appareils devront être fabriqués avec le plus grand soin.

Menuiserie.

ART. 42. — Les bois employés seront toujours de la meilleure qualité. Ils devront être flottés et avoir au moins trois années de débit ; ils seront parfaitement sains, sans aubier, nœuds vicieux, gerçures, roulures ou autres défauts.

ART. 43. — Les chênes seront tirés de la Champagne, de la Lorraine, de la Bourgogne et du Nivernais ; ceux du Bourbonnais seront formellement interdits.

Il ne sera employé que du sapin de Lorraine ou du Nord ; les sapins d'autres provenances ne seront pas admis.

Ferronnerie et serrurerie.

ART. 44. — Tous les fers employés dans les travaux seront de la meilleure qualité : ils seront doux et bien forgés.

Tout fer aigre ou cassant et tous fers défectueux portant paille, flache ou brûlure seront rejetés.

Les fers ronds ou carrés seront parfaitement dressés et bien calibrés.

Les fers spéciaux à T et autres seront parfaitement dressés et d'un calibre uniforme.

ART. 45. — Les clous, broches et chevillettes seront en fer doux.

ART. 46. — Les rappointis seront en fer vieux ou neuf.

ART. 47. — La fonte sera douce et de bonne qualité, d'un grain fin, serré, parfaitement homogène et sans aucune bavure ou gerçure.

ART. 48. — La quincaillerie et la serrurerie seront de première qualité et devront provenir des meilleures fabriques.

ART. 49. — La cuivrerie sera bien fondue et bien confectionnée, sans pailles, gerçures ou défectuosités.

Canalisation et appareils pour le gaz.

ART. 50. — Le plomb sera pur, coulé ou laminé, d'une épaisseur régulière, sans aucun mélange de matières étrangères et sans soufflures, crevasses, gerçures ou autres défauts.

Art. 51. — L'alliage de cuivre pour les robinets, siphons ou autres appareils sera celui connu dans le commerce sous le nom de laiton, et devra être composé de 100 parties de cuivre, 50 parties de zinc et 8 parties d'étain.

Art. 52. — La soudure sera composée de 0,40 d'étain et de 0,60 de plomb.

Art. 53. — Les tuyaux en plomb seront d'un diamètre régulier et d'une épaisseur égale.

Art. 54. — La fonte pour tuyaux sera douce et de bonne qualité, d'un grain fin et serré, parfaitement homogène, sans aucune bavure ni gerçure.

Art. 55. — Les compteurs devront provenir des meilleures fabriques spéciales à cette nature de travaux ; ils devront être poinçonnés.

Fumisterie.

Art. 56. — Toutes les fournitures seront de première qualité.

Les briques seront bien moulées, entières, sans gerçures ni bavures ;

Les carreaux de terre cuite ou de faïence, bien dressés, sans gauches et de dimensions régulières.

Art. 57. — Les panneaux en faïence seront de deuxième choix, les surfaces bien planes, sans gerçures, taches ou ruptures d'émail.

Les tôles seront lisses, dressées et d'épaisseur régulière.

La fonte sera douce et de bonne qualité, sans bavures ni gerçures.

Art. 58. — Les châssis à rideaux seront en fonte avec moulures en cuivre, et de fabrication supérieure.

Les conduits de prises d'air ou de ventouses seront établis sous les parquets et recouverts par un plancher en plâtre ou en tuile.

Art. 59. — Les poêles avec colonnes seront en faïence brune, avec fours et bouches de chaleur, le foyer fermé par une double porte en tôle.

La tablette et le foyer seront en marbre.

Peinture, vitrerie et tenture.

Art. 60. — Les matières employées dans les travaux de peinture seront toujours de la meilleure qualité.

Art. 61. — Les blancs de zinc ou de céruse seront purs et sans aucun mélange.

Art. 62. — Le blanc dit d'Espagne sera de Bougival, de Meudon, ou de qualité équivalente.

Art. 63. — Les colles de parchemin ou de peaux seront fraîches, bien gelées et transparentes.

Art. 64. — Les huiles blanches dites d'œillette, celles de lin et celles grasses seront bien épurées.

Art. 65. — L'essence sera pure et non graissante.

Art. 66. — Les vernis, qu'ils soient gras, blancs ou anglais, seront brillants et bien siccatifs.

Art. 67. — Les verres employés pour la vitrerie proviendront des meilleures fabriques de France; ils seront d'une épaisseur régulière, sans gauches, d'une teinte pure, sans taies, piqûres, bouillons, médailles et autres défectuosités.

Art. 68. — Les verres dépolis seront d'une teinte et d'un grain parfaitement uniformes et sans vides.

Pavage.

Art. 69. — Les matériaux employés seront de la meilleure qualité.

Art. 70. — Tous les pavés, soit de roche dure, soit de pierre franche, seront d'un grain fin et serré sans fils, croûtes ou autres défectuosités; ils devront toujours être bien équarris et taillés régulièrement, de manière à ne présenter aucune bosse ou flache.

Art. 71. — Le sable, suivant sa provenance, sera graveleux, d'un grain sec, régulier et parfaitement purgé de parties terreuses et d'argile. Aucun grain ne pourra avoir plus de 0^{m}006 de grosseur.

Le sable sera de rivière ou de plaine, et dans ce dernier cas, il devra être extrait des meilleures carrières de Paris

Art. 72. — La chaux hydraulique sera naturelle ou artificielle.

Art. 73 — Le ciment sera de pure tuile de Bourgogne.

TITRE III.

MISE EN ŒUVRE DES MATÉRIAUX.

Maçonnerie.

Art. 74. — La chaux sera amenée sur le chantier dans des futailles bien closes; elle sera déposée sur une aire en planches dans des hangars fermés.

Elle sera éteinte au fur et à mesure des besoins sous des hangars couverts. Elle ne pourra être employée qu'après vingt-quatre heures d'extinction.

Celle en poudre sera conservée en sacs ou en fûts.

Art. 75. — Les mortiers seront composés de chaux hydraulique ou ciment, et de sable de rivière.

Ils seront corroyés jusqu'à ce qu'on ne puisse plus distinguer le sable de la chaux ou du ciment. La chaux, le ciment et le sable seront disposés et emmétrés à proximité du manège.

Les mortiers seront employés, autant que possible, aussitôt après leur fabrication ; s'ils ne sont pas mis de suite en œuvre, on les rebattra fréquemment, mais sans eau, pour les empêcher de durcir.

Lorsqu'on aura laissé durcir les mortiers de manière à ne plus pouvoir les employer utilement, les matières détériorées seront mises au rebut et transportées hors du chantier.

Les brouettes destinées au transport de la chaux, du ciment et du sable seront d'égale contenance pour faciliter la surveillance dans l'exécution des mélanges.

Art. 76. — Le béton sera composé de cailloux et de mortier. Les brouettes destinées au transport du caillou et du mortier seront d'égale contenance pour rendre le contrôle plus facile.

Le béton sera corroyé jusqu'à ce que le mélange ne présente plus qu'une masse parfaitement homogène.

Il sera employé par couches horizontales de 0^{m}20 d'épaisseur au plus, et pilonné de manière à faire souffler le mortier au-dessus du caillou.

Art. 77. — Les plâtras employés dans les murs, voûtes ou planchers, seront posés sur leur plus large surface, et hourdés en plâtre avec les mêmes soins que pour les maçonneries en moellons.

Art. 78. — Les moellons employés dans les murs ou massifs seront équarris et bousinés jusqu'au vif, posés sur leurs lits de carrière en bonne liaison et à bain de plâtre ou de mortier.

Les rangs de moellons seront dressés de niveau avec des parpaings ou longues boutisses en quantité suffisante.

Les moellons ne devront pas avoir moins de 0^{m}30 de queue.

Chaque arase sera nettoyée et mouillée avant la pose du rang qui devra être superposé. Les joints verticaux se couperont d'au moins 0^{m}10.

Les moellons employés dans les voûtes auront leur parement taillé au marteau, suivant la forme des ceintres sur lesquels ils devront reposer.

Les claveaux seront ébousinés jusqu'au vif, taillés à joints de coupe, bien dressés, de plus longue queue possible, posés à bain de mortier ou de plâtre soufflant de toutes parts.

Les mêmes conditions s'appliqueront aux murs et voûtes en meulières.

Art. 79. — La maçonnerie de briques sera faite en briques de même échantillon, entières, trempées dans l'eau au fur et à mesure de leur emploi et posées à bain de mortier, plâtre ou ciment soufflant de toutes parts.

Les joints et lits auront au plus 0^m007 d'épaisseur.

ART. 80. — Les libages seront bien ébousinés, leurs lits bien dressés, les joints et les parements dégrossis.

Les joints seront retournés d'équerre sur 0^m20 au moins à partir du parement, et le surplus du joint ne formera pas avec le parement un angle de moins de 45 degrés.

Ils seront posés sur un mortier, sans cales, et battus à la demoiselle.

ART. 81. — Les lits de pierres seront régulièrement dressés, bien de niveau et non démaigris.

Les joints pourront être démaigris, mais à condition que le démaigrissement n'excédera pas 0^m01 et qu'il ne commencera qu'à 0^m10 du parement.

Chaque assise sera dérasée et mise de niveau avant la pose de l'assise supérieure.

Les pierres formeront bonne liaison; elles seront posées à bain de mortier fin sur leurs lits de carrière.

Les joints horizontaux auront au plus 0^m008. Les joints verticaux ne pourront varier que de 0^m005 à 0^m008. Tous seront fichés en mortier ferme et non remplis en coulis.

Les joints de voussoirs et claveaux étant considérés comme lits de pierres, ne pourront être démaigris.

Toute pierre écornée pendant le bardage, ou pendant la pose, sera refusée et remplacée par l'entrepreneur, à ses frais.

ART. 82. — Toute pierre ayant moins de 0^m60 de longueur en parement sera refusée.

ART. 83. — Les pierres composant une même assise seront d'égale hauteur dans toute l'étendue de l'assise. Elles seront également de mêmes provenances

ART. 84. — Dans toutes les jonctions de murs, formant harpes ou portant dosserets, les assises superposées devront, de deux en deux au moins, porter harpes de 0^m25 de long, au minimum.

ART. 85. — Le moellon smillé devra porter les traces de la laye; il sera convenablement dégrossi pour régulariser ses formes; les joints seront pleins sur une largeur de 0^m10 au moins.

Le moellon piqué présentera un parement parfaitement dressé, sans aucune flache; les arêtes seront bien vives, les lits et les joints bien parallèles et parfaitement d'équerre.

A moins de raccord avec des assises en pierre, les moellons ou meulières piqués ou smillés n'auront pas des dimensions moindres de 0^m18 de hauteur, 0^m25 de longueur moyenne et 0^m25 de queue; ils seront posés par assises réglées avec joints régulièrement retournés d'équerre sur 0ᵐ 10 au moins.

L'épaisseur des lits et joints, pour les parements piqués ou smillés, sera d'un centimètre au plus.

ART. 86. — Les tailles de parements de pierre seront bien dressées.

ART. 87. — Les ravalements et ragréments seront faits avec la plus grande perfection et après dégradation préalable de 0ᵐ 02 ou 0ᵐ 03, du mortier ou du plâtre employés dans les lits ou joints.

Tous les sciages seront atteints et toute trace d'outils devra avoir complètement disparu.

ART. 88. — Les moulures en pierre seront exécutées avec le plus grand soin. Elles seront terminées au moyen de calibres en fer ; elles seront parfaitement dressées, bien galbées et sans jarrets.

ART. 89. — Les planchers et voûtes en poteries, plâtras ou briques seront faits avec le plus grand soin, posés à bonne liaison de plâtre, de niveau pour les planchers ou suivant la forme exacte de l'intrados pour les voûtes.

ART. 90. — Les augets sur plafonds seront faits sur lattis espacé de 0ᵐ 10 de milieu en milieu des lattes. Dans chaque intervalle de lattes, on mettra alternativement, d'un côté et d'autre, un fort clou à bateau.

Dans les planchers en fer, non garnis de poteries, les augets seront faits en plâtras et hourdés en plâtre sans aucun mélange.

ART. 91. — Les plafonds, dits sur lattis jointif, seront faits sur un lattis dont les joints, ou intervalles entre chaque latte, auront 0ᵐ 01 de largeur. Pour le lattis non jointif, les lattes seront espacées de 0ᵐ 10 de milieu en milieu. Le gobetage sera jeté au balai.

ART. 92. — Les plafonds sur briques, poteries, ou sur hourdis plein seront sur gobetage, comme aux articles précédents.

ART. 93. — Les cloisons légères seront lattées sur chaque face, avec espacement de 0ᵐ 10 de milieu en milieu des lattes.

Les hourdis seront faits en gros plâtre et rempliront exactement tous les vides.

ART. 94. — Les aires en plâtre sur les planchers en charpente seront faites sur bardeau ou sur lattis jointif, et, dans ce dernier cas, chaque latte sera exactement clouée sur chaque solive.

Le plâtre formant l'aire sera gâché avec le moins d'eau possible, employé sans aucun mélange et dressé le mieux possible.

ART. 95. — Tous les ouvrages en plâtre, tels que crépis et enduits de plafonds, de murs, pans de bois, cloisons, etc., seront bien dressés, sans cavités ni parties rondes.

Art. 96. — Les scellements de lambourdes destinées à recevoir les parquets seront faits avec le plus grand soin et au fur et à mesure de la pose desdites lambourdes par les menuisiers. Ces lambourdes, garnies de clous à bateau, reposeront sur cales en plâtre dans toute leur longueur; elles seront retenues par des solins ou des augets cintrés.

Art. 97. — Les recouvrements et enduits sur bois de charpente seront faits sur un lattis espacé de 0 m 10 de milieu en milieu.

Les bois seront en outre garnis de clous à grosse tête. Les crépis et enduits seront sur gobetage et bien dressés.

Art. 98. — Toutes les moulures en plâtre seront lissées avec soin et sans jarrets.

Les angles de tous les ouvrages traînés au calibre ou faits à la règle, seront raccordés à la main avec le plus grand soin.

Art. 99. — Le jointoiement sur les parties en pierre sera fait soit en plâtre pur, en ciment, en mortier ou en mastic Dihl.

Le plâtre sera introduit dans les joints après dégradation, en le pressant avec la truelle, et le joint sera frotté, à plusieurs reprises, avec un lissoir en fer.

Les mêmes précautions seront employées pour les jointoiements en mortier fin, ciment ou mastic, préparé comme il est dit à l'article suivant.

Dans le cas d'emploi du mastic Dihl, ce mastic sera gâché à l'huile de lin et les joints seront préalablement humectés avec la même huile.

Art. 100. — Les chapes et enduits seront faits en mortier de chaux hydraulique ou en ciment.

Le mortier de chaux hydraulique sera fait avec du sable fin tamisé; le ciment sera mélangé de sable fin tamisé.

Les joints seront préalablement dégradés et la maçonnerie sera mouillée. Les enduits sur les murs et intrados des voûtes seront faits à plusieurs reprises.

La surface des chapes et enduits, après leur achèvement, devra être lisse, sans gerçure ni soufflure.

Le rocaillage sera fait partout où il sera nécessaire.

Charpente.

Art. 101. — Tous les travaux de charpente seront exécutés suivant les règles de l'art.

Art. 102. — Le brandissage des chevrons sera fait après que le couvreur aura cloué les lattes.

Art. 103. — Dans les murs en moellons, meulières ou briques, sous chaque portée, il sera toujours placé une cale en bois de chêne de 0^m35 à 0^m45 de largeur et de 0^m05 à 0^m08 d'épaisseur.

Couverture, Plomberie et Fontainerie.

Art. 104. — Les lattes pour la couverture en tuile plate reposeront sur trois chevrons au moins ; les extrémités devront toujours porter en plein, et jamais dans le vide ; elles seront espacées de 0^m11 de milieu en milieu et arrêtées par un clou au droit de chaque chevron.

Art. 105. — Les tuiles seront posées en bonne liaison, et au tiers de pureau.

Art. 106. — Les voliges pour la couverture en ardoise seront espacées de 0^m01 ; elles seront fixées sur chaque chevron par deux clous ; les extrémités des voliges devant reposer sur une demi-largeur de chevron ; les voliges prendront exactement la forme plane ou courbe du comble ; elles seront chevauchées autant que possible.

Pour les voliges en sapin du Nord, les rives des frises ou des planches seront bien dressées.

Art. 107. — Les ardoises seront posées en bonne liaison, bien jointives et au tiers de pureau, bien alignées et fixées chacune par deux clous le plus bas possible.

Les clous ne devront jamais traverser deux ardoises.

Il ne sera posé dans un même rang que des ardoises d'épaisseur uniforme ; s'il s'en trouve de plus fortes, elles seront employées graduellement dans les rangs supérieurs.

Art. 108. — Les égouts, batellements, ou doublis en tuiles ou en ardoises seront scellés.

Art. 109. — Les noquets seront en zinc ; ils seront bordés de pinces plates et fixés chacun par deux vis en cuivre ; ils auront les dimensions des ardoises avec lesquelles ils se raccorderont.

Art. 110. — Tous les plombs seront posés à dilatation libre avec pattes et agrafes ; il ne sera fait de soudure que dans des cas exceptionnels.

Tous les plombs en table seront façonnés avec soin, sans gerçures ni déchirures.

Art. 111. — Les planches de chéneau, les arêtiers, membrons et autres ouvrages en bois, en contact direct avec le plomb, seront en peuplier ou en sapin. S'il était employé des bois de chêne, ces bois devront être parfaitement secs et peints en minium avant de recevoir les plombs, et encore conviendrait-il de placer entre les bois et les plombs une garniture de papier anglais ou bitumé.

Les fers également en contact avec les plombs seront peints ou galvanisés.

ART. 112. — Les plombs employés en recouvrement de moulures en charpente ou en menuiserie seront battus avec le plus grand soin, de manière à épouser exactement la forme des profils et à présenter des arêtes parfaitement régulières.

ART. 113. — La couverture en zinc sera exécutée à dilatation libre, elle sera retenue par des pattes, des agrafes, des gaines et des coulisseaux.

Les accords de châssis, bavettes, arêtiers, faîtage, bandes de recouvrement, etc., seront aussi à dilatation libre.

ART. 114. — Le zinc devra toujours être isolé du fer, du bois de chêne ou du plâtre par la peinture, ou mieux encore par le papier goudronné.

ART. 115. — Les voliges pour la couverture en zinc seront posées jointives ; elles seront clouées sur chaque chevron par trois clous, dont les têtes seront suffisamment enfoncées pour éviter tout contact avec le zinc ; les extrémités des voliges devront toujours porter sur les chevrons ; ces voliges épouseront exactement la forme des combles.

ART. 116. — Les châssis à tabatière devront être posés avec le plus grand soin, de manière à ne laisser aucun accès à la pluie.

ART. 117. — Les membrons, moulures et ornements en zinc seront exécutés avec le plus grand soin, les profils bien dégagés et les arêtes bien dressées.

ART. 118. — Les pentes en plâtre ou massifs seront bien dressées, sans cavités ni boursouflures.

ART. 119. — Les tranchées en pierre, en moellons ou en briques pour encastrement de bandes seront faites à la sciotte avec soin. Les solins seront faits en ciment ou mastic Dihl.

ART. 120. — Les pattes pour maintenir le plomb ou le zinc seront en zinc, en bronze, en cuivre étamé ou en fer. Elles auront 0ᵐ04 de largeur sur 0ᵐ005 d'épaisseur, et 0ᵐ20 de développement, dont 0ᵐ08 pour la partie coudée. Celles en fer seront galvanisées ou peintes à l'huile : deux couches gris ardoise ou de zinc sur une couche de minium ; celles en zinc devront être en n° 16.

ART. 121. — Les crochets de service seront en fer rond avec un empattement en fer soudé ; ils seront peints à l'huile, deux couches en gris sur une impression de minium ; on les fixera sur les chevrons, non avec des clous, mais avec des vis à tête carrée ; ils seront raccordés avec la couverture par des noquets en plomb.

ART. 122. — Les œils-de-bœuf, les chatières et les vues de faîtière pour ventilation des combles seront en plomb, en terre cuite ou en zinc, selon la nature des couvertures sur lesquelles ils seront placés. Ils seront posés avec soin et parfaitement raccordés avec les couvertures.

Art. 123. — Les tuyaux en plomb pour canalisation d'eau en élévation ou en tranchée seront posés avec le plus grand soin, les collets bien battus, les joints bien serrés et garnis suivant les besoins de rondelles en cuir ou en carton.

Art. 124. — Les brides en fer pour tuyaux de conduite d'eau seront bien forgées, repassées avec soin pour le passage des boulons ; elles seront exactement du diamètre des tuyaux qu'elles doivent embrasser.

Art. 125. — Les tuyaux en fonte pour conduite d'eau seront posés avec pentes régulières ; les joints et brides seront remplis de mastic, ciment et autres ingrédients nécessaires et serrés avec le plus grand soin à l'aide de rondelles en plomb.

Art. 126. — Les colliers à charnière ou à scellement embrasseront toujours exactement la forme des tuyaux.

Art. 127. — Les robinets et les autres pièces en cuivre, telles que bondes siphoïdes, raccords, etc., seront de très bonne qualité et bien établis. L'ouverture des clefs de robinets sera faite avec le plus grand soin, ébarbée et réglée ; elle aura toujours la même section que celle du robinet.

Les robinets en cuivre, quel que soit leur diamètre, seront ajustés avec la plus grande précision, afin d'éviter les fuites.

Tous les robinets en cuivre seront, avant leur pose, étamés à leur jonction avec le plomb ; les nœuds qui serviront à fixer ces robinets seront, par analogie, de même force que ceux réunissant les tuyaux de plomb.

Art. 128. — Aucun nœud de soudure ne pourra être fait à la lampe ; ils seront tous préparés et terminés au fer.

Pour souder le cuivre avec le plomb, on employera toujours la soudure fine dite targette.

Art. 129. — Les rondelles ou autres garnitures en cuir ou en carton seront toujours découpées dans un seul morceau et parfaitement ajustées.

Art. 130. — Les siphons proviendront des meilleures fabriques ; ils seront à fermeture autoclave, parfaitement hermétique, et à tubulure de nettoyage où cela sera nécessaire.

Menuiserie.

Art. 131. — Tous les travaux seront exécutés suivant les règles de l'art.

Les bois seront travaillés avec le plus grand soin ; les profils et assemblages exécutés avec toute la perfection possible; les parements bruts seront bien affleurés, ceux corroyés seront parfaitement dressés, de manière qu'il ne reste ni trace de sciage, ni flache ; les rives seront bien droites et non épaufrées. Dans les parties assemblées, les tenons et mortaises seront bien ajustés ; dans les parties d'onglet, les coupes seront franches, bien raccordées et à joints parfaits.

Les embrèvements seront faits avec soin et assez profondément pour que les languettes ne sortent jamais des rainures ; dans les parties à grands cadres de forte épaisseur, les bâtis et les cadres seront à doubles rainures.

Ferronnerie et serrurerie.

ART. 132. — Tous les travaux seront exécutés suivant les règles de l'art.

Toutes les façons seront exécutées avec le plus grand soin ; les assemblages seront parfaitement ajustés ; les fers seront bien dressés, sans jarrets ni cassures.

ART. 133. — Les étriers, embrassures et travaux analogues seront confectionnés avec du fer très doux. Ils seront placés sans cales et entaillés dans les bois, de façon à en épouser exactement la forme.

ART. 134. — Tous les articles de quincaillerie seront mis en place avec le plus grand soin; les entailles nécessaires seront juste de la profondeur voulue pour ne pas altérer la force des bois, et de la dimension précise de la ferrure comme longueur et largeur ; elles seront calculées de façon que les objets effleurent toujours exactement les bois, et sur un plan parfaitement droit ; les clous, rivets ou vis bien ajustés et ne dépassant jamais le niveau des fers. Les forces des vis seront toujours en rapport avec l'importance des objets qu'elles seront destinées à fixer.

Canalisation et appareils pour le gaz.

ART. 135. — La pose des conduites en plomb ou en fer étiré pour le gaz sera faite avec la plus parfaite précision ; les tuyaux seront bien dressés, les colliers bien tamponnés, ces colliers seront au nombre de deux par mètre ; si les tuyaux sont posés en tranchées, le sol sera nivelé avec soin et bien battu.

ART. 136. — Les tuyaux en fer étiré seront montés bout à bout avec le plus grand soin ; les joints seront garnis de blanc de céruse, afin d'éviter les fuites. Aux raccords de jonction, les pas de vis auront au moins 9ᵐ02 pour les tuyaux jusqu'à 0ᵐ04 de diamètre, et 0ᵐ035 pour les tuyaux de 0ᵐ04 de diamètre et au-dessus.

Toutes les pièces d'assemblage seront également garnies de blanc de céruse et montées avec le plus grand soin.

Art. 137. — Les tuyaux en fonte seront descendus dans les galeries où ils devront être placés ou tranchées, et rajustés bout à bout avec la plus grande précision ; les joints bien serrés et suffisamment garnis de plomb, corde goudronnée, céruse, graisse et autres ingrédients nécessaires à la parfaite confection desdits joints.

Art. 138. — Les robinets, siphons et autres pièces en cuivre seront bien confectionnés et des meilleures fabriques. L'ouverture des clefs de robinet sera faite avec soin, bien ébarbée et réglée ; elle aura toujours la même section que celle du robinet.

Art. 139. — Les robinets en cuivre, quel que soit leur diamètre, seront ajustés avec la plus grande précision pour éviter à la fois la déperdition du gaz et prévenir les accidents.

Art. 140. — Tous les robinets en cuivre seront, avant leur pose, étamés à leur jonction avec les plombs ; les nœuds qui serviront à fixer ces robinets seront, par analogie, de la même force que ceux réunissant les tuyaux de plomb.

Art. 141. — Les nœuds de soudure seront tous préparés et terminés au fer ; ils ne pourront être faits à la lampe qu'exceptionnellement.

Art. 142. — Les rondelles ou autres garnitures en cuir ou en carton seront toujours découpées dans un seul morceau et parfaitement ajustées.

Art. 143. — Tous les percements dans les murs, cloisons ou pans de bois, soit pour le passage des conduites de gaz, soit pour la ventilation des pièces, seront exécutés conformément aux règlements de police ; ils devront être garnis de fourreaux.

Fumisterie.

Art. 144. — Tous les travaux seront exécutés avec le plus grand soin.

Art. 145. — Les rétrécissements des cheminées seront montés avec soin ; les briques bien dressées et jointoyées, les âtres bien carrelés et les faïences auront les joints parfaitement dressés.

Les prises d'air ou ventouses seront établies avec le plus grand soin, et, pour éviter toute infiltration de fumée, l'orifice d'entrée sera fermé par une grille à mailles assez serrées pour empêcher l'introduction des animaux.

Art. 146. — Les poêles seront bien construits ; les faïences bien posées, les cercles bien fixés ainsi que les bouches de chaleur et portes de four et de foyer.

Les colonnes seront bien d'aplomb ; les marbres seront évidés pour le passage des colonnes ; ils seront posés à dilatation libre pour éviter les cassures ; les foyers seront exactement de la dimension des encadrements préparés dans les parquets.

Art. 147. — Les tuyaux en tôle pour prendre les tuyaux de cheminées, seront bien rivés et posés avec la pente nécessaire.

Peinture, Vitrerie, Tenture.

Art. 148. — Tous les travaux de peinture seront exécutés suivant les règles de l'art.

Les couleurs seront bien broyées et non infusées ; elles seront bien incorporées avec les huiles, ou les colles et appliquées bien également en ayant soin de laisser sécher chaque couche.

Art. 149. — Les mastics pour les travaux ordinaires seront composés de blanc de Bougival avec addition de céruse pure et d'huile. Les mastics pour travaux soignés seront composés de blanc de Bougival et de moitié au moins de blanc de céruse pur et d'huile ; ils seront révisés dans leur emploi.

Le mastic pour la vitrerie sera fait avec du blanc de Bougival, mélangé d'un tiers de blanc de zinc pur et d'huile de lin pure.

Art. 150. — Les couleurs en détrempe seront employées chaudes ; elles devront être suffisamment collées pour résister au frottement ; elles seront généralement composées de trois quarts de couleur broyée à l'eau et d'un quart de colle.

Art. 151. — Les peintures à l'huile auront toujours pour base le blanc de zinc.

Pour les extérieurs l'huile sera de lin et toujours employée sans essence.

Pour les intérieurs, la première couche, très claire, ne sera composée que d'huile blanche dite d'œillette et de blanc de zinc ; pour les autres couches, l'huile blanche sera mélangée d'un tiers environ d'essence de térébenthine et d'huile manganésée ou litharge, dite siccatif.

Art. 152. — Il ne sera jamais toléré d'encollage sous les peintures à l'huile.

Art. 153. — Les travaux préparatoires : époussetage, grattage, lessivage, rebouchage ou enduit seront exécutés avec le plus grand soin.

Les rebouchages seront faits immédiatement après l'assèchement de la première couche, soit à la colle, soit à l'huile.

Art. 154. — Les verres seront toujours coupés de manière à atteindre exactement le fond des feuillures ; ceux ne remplissant pas cette condition seront refusés.

Art. 155. — Les verres seront maintenus par des pointes en quantité suffisante et garnis d'un solin en mastic à l'huile.

Les verres pour lanternes ou châssis de comble, seront retenus par agrafes ou crochets et posés à bain de mastic relevé, en solin à l'intérieur et à l'extérieur.

ART. 156. — Les papiers de tenture seront collés avec soin, les bordures posées de niveau et leurs dessins bien raccordés.

ART. 157. — Les toiles seront bien tendues, les lés bien cousus et cloués convenablement.

Pavage.

ART. 158. — Les travaux de pavage seront exécutés suivant les règles de l'art.

ART. 159. — Le sable employé pour les formes et les sablages sera de plaine; celui employé à la confection du mortier sera de rivière. Le sablage du dessus de pavage devra avoir 0ᵐ 01 d'épaisseur.

ART. 160. — Le mortier sera composé de deux parties de sable de rivière et d'une partie de chaux en pâte.

Il sera corroyé avec le plus grand soin, de manière à produire un mélange parfait sans aucune addition d'eau.

Le mortier devra être tenu à l'abri du soleil et de la pluie.

ART. 161. — Les pavés seront posés par rangs bien réglés; les joints seront remplis en sable, en mortier ou en ciment.

Les joints des gros pavés ou des pavés bâtards n'auront jamais plus de 0ᵐ 015 de largeur. Ceux des pavés cubiques, échantillon et ceux du pavé de deux, ne devront pas avoir plus de 0ᵐ 01 de largeur.

Tous les pavages faits en gros pavés seront battus jusqu'à refus avec une demoiselle du poids de 15 kilogrammes au moins.

TITRE IV

DESCRIPTION DÉTAILLÉE.

Terrasse et Maçonnerie.

Terrasse. — Il sera fait des fouilles en pleine masse et en rigole ou pour puits nécessaires à l'établissement des fondations; les terres seront rejetées sur berge à l'aide de banquettes si besoin est, chargées en tombereaux et enlevées aux décharges publiques.

Fondations. — Toutes les basses fondations, dans les rigoles ou dans les puits, seront remplies en béton dans toute leur hauteur jusqu'à 0ᵐ 10 au-dessus du niveau du sol des caves ou du sous-sol.

Tous les murs de face, de refend et mitoyens, seront en moellons durs de roche smillés, ou en meulière, hourdés en mortier de chaux hydraulique et sable de rivière, dans la hauteur des caves jusqu'à l'arasement du rez-de-chaussée ; à l'exception, toutefois, des parties au droit des piles du rez-de-chaussée, qui seront arasées chacune par un libage d'un seul morceau, en pierre dure de Bagneux, de toute l'épaisseur des murs de fondation, et dont la longueur dépassera de chaque côté de 0ᵐ 15 la longueur de la première assise de chacune desdites piles.

Les soupiraux des caves et des sous-sols seront en moellons piqués ou meulière.

Les jambes étrières sur rue, les marches des descentes de caves, les paliers desdites caves, les châssis et pierres des fosses, les seuils au droit des baies de cave seront en roche neuve dure de Bagneux, première qualité, ou Saint-Maximin, première qualité, purgée de toute partie tendre, ou Lérouville choisie.

Les massifs nécessaires seront en moellons durs de meulière, hourdés en mortier de chaux hydraulique et sable de rivière.

Les dosserets et fermetures des baies de caves, ainsi que les murs d'échiffre des escaliers, seront en moellons durs ou meulière piqués, les fermetures des baies appareillées en arcs.

Les voûtes de caves seront en moellons traitables smillés ou meulière, hourdés en mortier de chaux hydraulique et sable de rivière.

Les planchers en fer du sous-sol formeront voûtains et seront hourdés pleins, en briques et ciment, jointoyés en même ciment.

Les conduites destinées à recevoir aussi bien les matières de vidange que les eaux ménagères et autres, traversant les caves pour joindre les branchements d'égout extérieur, seront en fonte ou en tuyaux Doulton, d'un diamètre suffisant, supportés par des corbeaux en pierre ou en fer, les joints garnis en ciment avec le plus grand soin.

Si des branchements intérieurs étaient reconnus nécessaires, ils seraient construits entièrement en meulière, hourdés au ciment ; les enduits intérieurs en tous sens seraient faits en même ciment.

Dans les parcours des conduites ci-dessus indiquées, il devra être établi des bouts à tubulure permettant d'opérer les dégorgements qui pourraient accidentellement se présenter.

Dans tous les murs en moellons ou meulière, sous les portées des fers, il y aura des corbeaux en pierre dure de roche.

Si l'étage des caves était disposé de telle sorte qu'une partie soit affectée à l'usage de caves et le surplus à usage de sous-sols, les cloisons séparant les caves des sous-sols seraient en briques façon Bourgogne de 0ᵐ 11 d'épaisseur hourdées en ciment, sur massif en meulière et ciment, et 0ᵐ 40 de hauteur hourdées de même.

Les murs et cloisons seront jointoyés en mortier de chaux hydraulique et sable de rivière, et les voûtes en ciment dit Portland.

Le sol des caves sera régalé, réglé, nivelé, puis pilonné avec le plus grand soin.

Il sera fait tous les trous, entailles, scellements, tant des solives et linteaux en fer que des ferrures et fermetures des portes, châssis, cloisons de distribution, colliers pour tuyaux, crochets, etc., et tous autres qui seront reconnus nécessaires.

Les branchements d'égouts se raccordant avec celui de la Ville seront faits suivant les prescriptions municipales. Ces branchements d'égouts ne seront pas compris dans le marché.

ÉLÉVATION. — *Rez-de-chaussée.* — Toutes les piles au droit des murs de façade sur rue et sur cour, celles au droit des murs de refend et mitoyens les jambes étrières, la fermeture en claveaux des portes principales, couronnement avec corniche, l'assise de retraite de chacun des murs mitoyens, les parpaings sur rue et sur cour, ceux sous les cloisons de distribution et closets, et ceux du droit du passage d'entrée, les seuils au droit des baies, la première marche de chacun des escaliers, le dé sous les colonnes en fonte, les dallages des cabinets d'aisances et des petites cours et courettes, les bordures de trottoirs intérieurs, les gargouilles ramenant les eaux des divers tuyaux de descente aux tuyaux d'écoulement joignant le branchement conduisant à l'égout de la Ville, les dalles avec parties recreusées en bassin pour la borne-fontaine, les dallages des passages d'allée, seront en roche neuve de Bagneux première qualité, ou Saint-Maximin première qualité, purgée de toute partie tendre, ou pierre dure équivalente.

Les murs mitoyens et ceux de refend et les murs de clôture, s'il en existe, et leurs fondations seront en moellons durs de meulière, hourdés dans la hauteur de 2 mètres au moins en mortier fin de ciment de Portland ordinaire et sable de rivière, et en plâtre au surplus.

Les murs des cages d'escaliers, les cloisons de distribution du logement du concierge, celles des passages d'entrée et sous les rampants des escaliers, celles des cabinets d'aisances, du réduit à ordures, les remplissages entre les piles en pierre, si besoin est dans la hauteur du rez-de-chaussée, les hourdis des poitrails, ainsi que leurs arasements, seront en briques façon Bourgogne première qualité, hourdées en ciment de Portland ordinaire.

Les sols des cuisines et du réduit à ordures seront carrelés en carreaux de terre cuite, posés sur mortier fin de chaux hydraulique et sable tamisé.

Les jambages et les manteaux des cheminées, ainsi que les jambages des fourneaux de cuisine, seront en briques ravalées en plâtre ; les hottes des fourneaux en plâtre, ainsi que le manteau, la paillasse et le cendrier hourdés en plâtras.

La pierre d'évier sera en roche fine et dure.

La paillasse du fourneau sera carrelée en faïence et sur le mur au-dessus en trois sens, et au-dessus de la pierre d'évier aussi en trois sens ; il y aura deux rangs de carreaux en faïence en revêtement.

Tous les murs, cloisons, jambages de cheminées, etc., devront être enduits de plâtre. Les murs de clôture, s'il en existe, seront couronnés par un chaperon en tuiles à emboîtement à deux pentes.

Les planchers en fer seront hourdés en briques et plâtres, et enduits pour former plafond.

Il y aura des corniches dans les passages d'allée et vestibules.

Les vestibules, paliers d'escaliers, passages d'allée seront couverts d'une mosaïque ou d'une dalle en roche sur massif en béton de 0^m10 au moins d'épaisseur.

Toutes les piles en pierre seront ravalées, et les jointements faits en ciment de Portland.

Les chambranles et couronnements des portes d'entrée seront ravalés.

Dans chaque boutique ou arrière-boutique, il sera ménagé à la hauteur des planchers hauts un départ pour tuyau de cheminée se prolongeant jusqu'aux souches disposées sur les combles.

Entresol, 1ᵉʳ, 2ᵉ, 3ᵉ *et* 4ᵉ *étages*. — Les murs des façades sur rue, dans toute la hauteur, seront en moellons piqués ou en pierre de banc royal ou de Vergelé ferme ; les bandeaux et appuis, en pierre dure de même nature que celle employée au rez-de-chaussée. L'entablement sera en deux assises, celle supérieure en pierre dure semblable et celle inférieure en pierre tendre comme ci-dessus ; au-dessus de l'entablement, l'étage en retraite sera en briques creuses ; le tout hourdé ou posé sur plâtre ; l'étage en retraite sera ravalé en plâtre.

Les murs de refend et les murs mitoyens seront en moellons neufs hourdés en plâtre.

Les murs des façades sur les cours et les murs des cages des escaliers seront en briques neuves façon Bourgogne deuxième qualité ou de Belleville, hourdés de même en plâtre.

Tous les tuyaux de cheminées adossés seront en boisseaux ou wagons de terre cuite, et ceux dans l'épaisseur des murs seront en briques Gourlier, cintrés hourdés en plâtre. Ces tuyaux seront enduits à l'intérieur.

Les ventilateurs, à partir du premier étage jusque sur le comble, seront en poterie enduite en plâtre; les tuyaux de chutes à partir des derniers sièges seront prolongés également en poterie jusque sur le comble.

Les planchers seront hourdés en plâtras et plâtre et enduits pour former plafonds.

Les cloisons de distribution seront en carreaux de plâtre scellés en plâtre.

Tous les murs, cloisons, pans de bois et tuyaux de cheminées seront enduits.

Les cuisines et cabinets de débarras, s'il en existe, seront carrelés en carreaux de terre cuite de Massy sur mortier fin de chaux hydraulique et sable tamisé.

Dans toutes les autres pièces, les lambourdes seront scellées.

Tous les jambages et manteaux de cheminées seront en briques façon Bourgogne deuxième qualité et plâtre enduits. Les pierres à laver seront en roche dure fine, recreusées en bassin avec trous nervés pour recevoir les bondes de fond. Les paillasses des fourneaux seront carrelées en carreaux de faïence et les cendriers et les âtres carrelés en carreaux de terre cuite.

Sur les murs, au-dessus des fourneaux et des pierres à laver, il y aura en revêtement deux rangs de carreaux de faïence.

Les tuyaux des chutes d'aisances seront posés avec soin et collets remplis en ciment romain.

Les sols des cabinets d'aisances seront formés par une dalle en pierre dure de roche de 0m10 d'épaisseur d'un seul morceau, recreusée en bassin avec pente et posée sur chape en ciment de Portland ordinaire.

5e étage. — Les murs mitoyens et ceux de refend, les cloisons de refend et celles sous les lambris, les tuyaux de cheminées adossées dans l'épaisseur des murs, les manteaux et jambages de cheminées, seront en tout semblables à ceux des étages inférieurs.

Les faux-planchers et les brisis seront hourdés pleins en plâtras et plâtre avec aire au-dessus et enduits en plâtre, ainsi que les murs, cloisons et tuyaux de cheminée. Il sera fait les trémies nécessaires à l'éclairage des châssis de combles.

Le sol de cet étage sera entièrement carrelé en carreaux hexagones, de terre cuite de Massy.

Les souches de cheminées hors comble seront montées en briques, jointoyées et couronnées par un bandeau en pierres franches et coiffées par mitres et mitrons en terre cuite scellés avec soin.

Les planchers des paliers seront hourdés comme les précédents; les plafonds droits et rampants seront enduits en plâtre, ainsi que les murs des cages des escaliers.

Les ravalements sur rue et sur cour seront exécutés avec le plus grand soin, ainsi que les chambranles, bandeaux, entablements, etc.

Il sera fait tous les trous, entailles, scellements, calfeutrements pour les chaînes, tirants, harpons, ancres, solives, poutrelles en bois ou en fer, sablières, tuyaux divers, pattes, gonds, arrêts, battants, manteaux et ceintures de fourneaux, etc., qui seront nécessaires.

Il sera réservé dans les façades tous les trous de ventouses nécessaires pour chacune des cheminées.

Il sera fait, en outre, quelles que soient les omissions que pourrait renfermer la présente description détaillée, tous les travaux complémentaires nécessaires à l'achèvement de la construction.

Charpente.

COMBLE. — *Brisis.* — Les chevrons de brisis, ceux des jouées de lucarnes seront en chêne de $0^m 08 \times 0^m 10$ de grosseur.

Les jambes de force seront également en chêne d'environ $0^m 18 \times 0^m 20$ de grosseur.

Les plates-formes recevant le pied des chevrons seront aussi en chêne de $0^m 09$ sur $0^m 26$ de grosseur.

Les fonds et faces de chéneaux en sapin de $0^m 041 \times 0^m 30$ de hauteur.

Les lucarnes seront en chêne refait ; les poteaux de $0^m 12 \times 0^m 16$; chapeaux $0^m 12 \times 0^m 28$; appui $0^m 12 \times 0^m 12$; sablières $0^m 12 \times 0^m 14$; fermettes $0^m 06 \times 0^m 20$.

Partie supérieure du comble et faux-plancher. — Tout en sapin et d'environ savoir :

Pannes de brisis $0^m 20 \times 0^m 22$; enchevêtrure ou entrait $0^m 18 \times 0^m 20$; chevêtres $0^m 17 \times 0^m 18$; solives $0^m 07 \times 0^m 17$; arbalétriers $0^m 14 \times 0^m 18$; pannes et faîtage $0^m 14 \times 0^m 18$; contrefiches, liens et potelets $0^m 12 \times 0^m 13$; chevrons $0^m 08 \times 0^m 10$.

Escaliers. — Les limons, crémaillères et contre-marches en tôle ; les sous-marches en fer cornière, fentons, etc., les dessus de marches en chêne de $0^m 054$ d'épaisseur au moins profilés.

Tous les clous d'épingles et broches, nécessaires aux travaux de la charpente seront fournis, quelles que soient leurs dimensions.

Il sera fait en outre, quelles que soient les omissions que pourrait renfermer le présent cahier des charges, tous les travaux complémentaires nécessaires pour l'achèvement complet de la construction qui seraient la conséquence du travail principal.

Couverture et Plomberie.

Les couvertures pourront être de diverses natures, soit en zinc pour la partie supérieure avec brisis en ardoises, soit entièrement en zinc, soit en tuiles.

PREMIER SYSTÈME : *Comble supérieur.* — La partie supérieure du comble sera couverte en zinc n° 13, feuilles de $0^m 65$ posées à dilatation libre sur voligeage jointif en sapin du Nord par frises de 0^m 11 de largeur et 0^m 12 d'épaisseur, tasseaux en sapin de 0^m 012 de grosseur, couvre-joints en zinc n° 14 fixés avec vis et calottins et talons d'extrémité soudés.

Il ne sera toléré aucune autre soudure que celles d'angles, les feuilles devant être posées par agrafure avec pinces de 0^m 04 de large et maintenues sur les tasseaux au moyen de pattes en zinc n° 14.

Au pourtour des châssis à tabatière, les reliefs sur les hausses seront établis avec angles soudés et viendront s'agrafer intérieurement sur les dormants.

La pose des châssis sera faite avec tous les scellements nécessaires ; ces châssis seront garnis de leurs bavettes et gouttières posées sur pente en volige.

Les bandes des solins sur les murs et au pourtour des souches des cheminées seront en zinc n° 13 de 0^m 15, développées avec pièces d'engravures, sciotage et solins en plâtre.

Le tasseau formant faîtage sera en sapin de 0^m 08 $\times$ 0^m 11 élégi de pentes.

Les membrons seront également en sapin.

Le faîtage, ainsi que les membrons seront recouverts en zinc n° 14 avec ourlets aplatis sur rives, et fixé par pattes, clous et calottins soudés en zinc ; les membrons seront moulurés.

Pour aérer les greniers, il y aura des chatières en zinc, moyen modèle, soudées avec soin sur couverture.

En contre-bas des membrons, il y aura une volige double en sapin, bien dressée, pour maintenir le larmier dudit membron. Cette volige sera fixée avec deux vis sur chaque chevron.

Les brisis sur rue et sur cour et les jouées de lucarnes seront couverts en ardoises neuves, grandes carrées d'Angers, pureau de 0^m 11, clouées chacune par deux clous sur voligeage jointif en peuplier.

Le pureau du bas joignant les chéneaux sera doublé d'une ardoise neuve. Il sera fait des pentes en plâtre nécessaires.

Au droit des jouées de lucarnes, châssis à tabatière, souches de cheminées, noues, etc., il y aura des noquets en zinc n° 13.

Les bandes de solins seront semblables aux précédentes du comble supérieur.

Au-dessus des châssis à tabatière il y aura des derrières ou gouttières en plomb de 0^m 002 d'épaisseur sur pente en plâtre. En contre-bas des mêmes châssis, il y aura des bavettes en zinc n° 14 de 0^m 33 de hauteur avec ourlets et pattes soudées.

Les lucarnes seront couvertes en zinc n° 13, posé à dilatation libre comme le comble supérieur, avec ourlets, tasseaux, couvre joints, voligeage et bandes d'agrafes nécessaires.

Les bavettes des lucarnes qui pourtourneront les poteaux en charpente seront également couvertes en zinc de 0^m 15 de hauteur ; elles régneront avec les pureaux d'ardoises et seront fixées par clouure serrée et pattes agrafant les ourlets.

Si l'étage en retraite forme terrasse, cette terrasse sera recouverte en plomb 4/4 sur pente et massif posé à dilatation libre.

Si, au contraire, les lucarnes sont simplement en retraite, le devant de la lucarne sera recouvert en zinc posé comme il est dit ci-dessus.

Les chéneaux seront en zinc n° 14, posé à dilatation libre sur pentes en plâtre avec ressauts et socles également couverts en zinc, posé comme il est dit ci-dessus.

Le zinc de ces chéneaux et socles, qui sera agrafé et ourlé selon les besoins, sera fixé par pattes en zinc n° 16, couvre-joints à gaines et clous avec calottins nécessaires.

Il sera fait dans les chéneaux les branchements en plomb et moignons nécessaires pour le raccordement des tuyaux de descente en fonte. Il sera fourni les crapaudines en fer étamé nécessaires pour empêcher le passage des malpropretés dans les tuyaux.

Sur rue et sur cour, le dessus des entablements, les dessus des bandeaux des divers étages et les appuis de toutes les croisées seront, ainsi que les auvents des boutiques, les cabinets d'aisances en saillie dans les cours, s'il en existe, et les garde-manger couverts en zinc n° 13, posé à dilatation libre avec pattes, bandes d'agrafes, ourlets et reliefs nécessaires, en gravures et solins en plâtre et clouure avec clous à piston sur les pièces d'appui des croisées.

Avant la pose du zinc, toutes les parties en plâtre seront garnies de papier anglais ou goudronné.

Pour les petits cabinets d'aisances, dans les cours, si besoin est, il sera fourni des gouttières avec tuyaux de descente en zinc n° 12.

DEUXIÈME SYSTÈME. — Pour les couvertures tout en zinc, il sera pris les mêmes mesures et les mêmes dispositions au point de vue du travail tel qu'il vient d'être indiqué ci-dessus.

TROISIÈME SYSTÈME. — Pour les couvertures en tuile d'emboîtement, elles seront établies selon les prescriptions ordinaires et les chéneaux comme il est dit ci-dessus.

Si les faces des chéneaux étaient en terre cuite, elles seraient fixées sur les devants de chéneaux en sapin par des pattes en cuivre ou en fer étamé.

Les chéneaux des courettes vitrées seront en plomb avec pentes suffisantes se déversant dans les tuyaux de descente en fonte des eaux pluviales, les revers sur les murs seront maintenus par des bandes en zinc, avec pinces plates et engravure dans les murs avec solins.

PLOMBERIE. — Il sera établi, pour le service des eaux, une ou plusieurs colonnes montantes en fonte ou en plomb avec compteur, robinet d'arrêt et autres et tous accessoires nécessaires. Ces colonnes porteront les branchements à chaque étage alimentant le poste d'eau, les cabinets d'aisances, et les cuisines.

A tous les étages il sera établi des postes d'eau en fonte émaillée avec tuyaux de décharge en plomb, de 0ᵐ 04 et 0ᵐ 003, alimentés par un branchement en plomb de 0ᵐ 016 et 0ᵐ 006, avec robinet à vis de 0ᵐ,013.

Il sera fourni tous les siphons nécessaires. Ces siphons seront pour les évacuations des vidanges, eaux ménagères et eaux pluviales notamment, garnis de tubulure de visite ; ils seront à fermeture autoclave, parfaitement hermétique, et garnis de tous leurs accessoires de jonction avec les tuyaux d'évacuation, soit en fonte, soit en grès vernissé ; les joints seront faits avec la dernière perfection, pour résister à toute pression.

Il sera fourni des appareils Rogier-Mothes, avec sièges en fonte et cuvettes aussi en fonte émaillée, grand modèle, pour les closets du rez-de-chaussée et du cinquième étage.

Les autres cabinets seront garnis d'appareils hermétiques à tirage avec effet d'eau, cuvettes en grès vernissé ou porcelaine, moyen modèle. Les pipes seront en plomb 6/4 soudées, avec soin et calfeutrées bien hermétiquement pour empêcher le passage de la mauvaise odeur.

Les réservoirs seront en zinc ou en fonte, pouvant contenir au moins 15 litres d'eau, avec tuyaux alimentant la garde-robe et tuyau de trop-plein, se déversant autant que possible dans les descentes d'eau extérieures ou dans celles des postes d'eau.

Toutes les pierres d'évier des cuisines seront garnies de tuyaux en plomb de 0ᵐ 04 de diamètre intérieur, se raccordant avec les tuyaux de descente en fonte, et de crapaudines en cuivre, garnies de bondes siphoïdes en cuivre, avec croisillon intérieur.

Il sera fait à l'intérieur de la propriété toute la canalisation en plomb de 0ᵐ 027 ou de 0ᵐ 034 de diamètre intérieur et 0ᵐ 007 d'épaisseur, fixée avec colliers en fer à scellement si besoin est, alimentant les colonnes desservant les postes d'eau et les réservoirs des cabinets d'aisance, ainsi que les tuyaux conduisant les eaux à la borne-fontaine, s'il en est établi. Il sera fourni les robinets d'arrêt à deux eaux, ceux de vidange et d'alimentation et tous ceux nécessaires.

La borne-fontaine, s'il en est établi, sera en fonte grand modèle avec portes à charnières, jet en cuivre, garnie à l'intérieur de ses robinets divers en cuivre et de ses tuyaux en plomb. Cette borne-fontaine sera maintenue par des pattes en fer à scellement.

Il sera fait tous les percements et entailles de murs, planchers, cloisons ou pans de bois nécessaires, ainsi que les raccords droit au de ces percements et entailles.

Il sera fourni tous les clous, vis, boulons, etc., qui seront nécessaires aux travaux du plombier.

Il sera fait, en outre, tous les travaux nécessaires pour l'achèvement complet de la construction, quelles que soient les omissions que renfermerait la présente description détaillée.

Menuiserie.

Caves. — Les huisseries seront en chêne de 0ᵐ 08 × 0ᵐ 10, brutes assemblées.

Les cloisons seront en chêne de 0ᵐ 027 brut de rebut, maintenues par deux cours de barres en chêne de 0ᵐ 054 × 0ᵐ 08, assemblées.

Les portes en chêne de 0ᵐ 027, barrées de trois barres en chêne de 0ᵐ 034 × 0ᵐ 10 : les huisseries seront en chêne de 0ᵐ 08 × 0ᵐ 08, les bâtis de 0ᵐ 041 × 0ᵐ 08. Les portes de sous-sol, s'il en existe, seront en chêne brut de 0ᵐ 034, panneaux de 0ᵐ 027 arasés à glace.

Rez-de-chaussée. — La porte d'entrée sur rue sera en chêne, à grands cadres à l'extérieur et petits cadres à l'intérieur ; le bâtis dormant sera également en chêne.

Les portes du vestibule sur cour seront à petits cadres aux deux parements, bâti et panneau chêne et bâti dormant également en chêne.

Les devantures des boutiques seront composées de bâtis de portes en chêne de 0ᵐ 08 × 0ᵐ 10, élégis de moulures ; les portes, bâtis de 0ᵐ 041 à petits cadres, panneaux d'appui à tables saillantes et vitrées par le haut.

Les poteaux de caisson seront en chêne de 0ᵐ 054 × 0ᵐ 13.

Les couvre-caissons, bâtis chêne de 0ᵐ 034 à petits cadres, panneaux en chêne de 0ᵐ 027 à plates-bandes.

Les volets de fermeture brisés, se refermant dans les cadres, seront en bâtis chêne de 0ᵐ 027, panneaux sapin, arasés aux deux parements.

Les châssis à verre en chêne, élégis de moulures.

Les soubassements en chêne de 0ᵐ 007, deux parements, avec barres en chêne de 0ᵐ 034, assemblées dans la cimaise.

Les traverses d'architrave en chêne, élégis de moulures, tableaux en sapin de 0ᵐ 027 par frises, couronnées par corniches en sapin avec consoles aux extrémités et auvents en sapin brut pour recevoir le zinc.

Les arrière-boutiques sur la cour et le logement du concierge seront éclairés par des croisées en chêne, châssis 0ᵐ 034, dormants 0ᵐ 054. Ces croisées seront défendues à l'intérieur par des volets persiennes de bâtis chêne 0ᵐ 034, panneaux sapin 0ᵐ 027, divisés par petites feuilles, si besoin est, pour se replier et s'appliquer sur les murs. Toutes les huisseries, tous les bâtis et les poteaux de remplissage des cloisons, au rez de chaussée, seront en chêne, feuillés et nervés pour recevoir la brique.

La porte de la loge du concierge sera d'assemblage, bâti chêne et panneaux d'appui, chêne à petits cadres et à plates bandes, et vitrée par le haut.

Les portes de closets, celles sur la cour, celles sous les escaliers pour les descentes de caves, celle du réduit aux ordures, seront d'assemblage bâtis chêne 0^m 034, panneaux chêne de 0^m 027 par frises de 0^m 12 avec baguettes sur les rives.

Au-dessus de celles de ces portes où cela sera reconnu nécessaire, il y aura des châssis d'impostes vitrés et ouvrant dans un bâtis en chêne pour éclairer et ventiler.

Les châssis de logements de concierges sur les vestibules, et ceux éclairant les closets seront en chêne 0^m 08 × 0^m 11, feuillés et nervés.

Les portes intérieures des boutiques et celles intérieures du logement du concierge seront en chêne, bâtis de 0^m 034 à petits cadres et à plates bandes, panneaux 0^m 022.

Les tuyaux de gaz et d'eau seront préservés par des recouvrements en sapin, suivant l'usage.

Les vestibules seront décorés de moulures en chêne formant cadres de lambris avec cimaises et stylobates aussi en chêne.

Les moulures des chambranles des baies de portes et croisées seront en chêne de 0^m 02 et 0^m 06 avec socles aussi en chêne.

Sur les arêtes saillantes en général, il y aura des baguettes d'angle en sapin.

Dans le logement du concierge, il y aura des plinthes en chêne et une cimaise en sapin de 0^m 02 × 0^m 06 posée à 1^m 30 du parquet.

Les boutiques, arrière-boutiques et logement du concierge, à l'exception des cuisines, seront parquetés en frises de chêne de 0^m 11 à bâton rompu, posées sur bitume, système Gourguechon ou autre équivalent. Dans chacune des boutiques, il sera ménagé une trappe en frises semblables aux précédentes, dans un bâti d'encadrement en chêne de 0^m 054 × 0^m 11 pour le service des sous-sol.

Tous les parquets seront replanis après le passage des peintres.

Pour les compteurs à eau et à gaz, il sera établi des armoires en sapin de 0^m 027, avec porte en sapin emboîtée, percée de trous, suivant les prescriptions municipales, et à l'intérieur une tablette en chêne sur tasseaux.

1er, 2e, 3e et 4e *étages*. — Toutes les croisées seront en chêne, ouvrant à noix et gueules de loup, châssis de 0^m 034, dormants 0^m 054 avec jets d'eau et pièces d'appui.

Les châssis éclairant les cuisines, closets et escaliers, seront en chêne avec jet d'eau et pièces d'appui, dormant 0^m 041, châssis 0^m 034.

Les persiennes seront avec bâti chêne de 0^m 034, lames en sapin.

Des barres d'appui en chêne à gorge de 0^m 041 × 0^c 06 surmonteront tous les balcons sur la rue et les barres d'appui sur la cour.

Les huisseries seront en sapin de 0^m 08 × 0^m 08, feuillées et nervées pour recevoir les carreaux de plâtre.

Les poteaux de remplissage seront en sapin de 0^m 08 × 0^m 08; il en sera placé dans toutes les travées de cloisons ayant plus de 1^m 50 de largeur.

Dans les murs les bâtis seront en chêne de 0^m 027 × 0^m 08, et les contre-bâtis en sapin de 0^m 027 × 0^m 08.

Les moulures des chambranles de portes et croisées seront en sapin de 0^m 018 × 0^m 05 avec socles en chêne.

Des baguettes d'angle en sapin seront placées sur toutes les arêtes saillantes, et aux croisées il sera fourni des chambranles et demi-baguettes semblables.

Les portes d'escaliers seront d'assemblage, bâtis chêne 0^m 034 à petits cadres, panneaux sapin de 0^m 027 à plates-bandes arasées du côté du palier avec moulures rapportées en sapin de 0^m 01 × 0^m 04 figurant grands cadres.

Toutes les autres portes intérieures seront à petits cadres aux deux parements, bâtis chêne 0^m 034, panneaux sapin 0^m 022 à plates-bandes; celles des cuisines seront vitrées par le haut, si besoin est.

Les armoires des antichambres et celles des diverses pièces au droit des coffres de cheminées seront composées de bâtis dormants en chêne de 0^m 034, portes bâtis chêne 0^m 027, panneaux sapin de 0^m 02, arasés et à glace.

A l'intérieur, il y aura des tablettes en sapin de 0^m 027, posées sur tasseaux et espacées entre elles de 0^m 40.

Dans les salles à manger, chambres à coucher et antichambres, il y aura des stylobates unis en sapin 0^m 013 × 0^m 22.

Dans les cuisines, couloirs et cabinets, il y aura des plinthes en sapin de 0^m 013 × 0^m 11.

Dans les cuisines, environ 3^m 50 de tablettes sur tasseaux ou potences; 1 mètre de barres à casseroles en chêne de 0^m 027 × 0^m 11, et 1 ^m50 de feuillet d'applique en sapin de 0^m 013 × 0^m 022; sur le manteau de la cheminée, une tablette en sapin.

A l'extérieur des croisées et dans la partie basse, il sera établi des garde-manger en chêne avec lames de persiennes en sapin.

Dans chacune des salles à manger, si besoin est pour éclairer le cabinet, un châssis à deux vantaux en sapin 0^m 034 avec dormant de 0^m 08 × 0^m 08 aussi en sapin.

Les chambres à coucher, salles à manger, antichambres et paliers des escaliers seront parquetés en frises de chêne de 0^m 027, posées à l'anglaise sur lambourdes en chêne de 0^m 034 × 0^m 08, lardées de clous à bateaux.

Tous les parquets seront replanis après le passage des peintres.

Les sièges des cabinets d'aisances seront en chêne, composés d'une face de 0^m 027 d'épaisseur et d'un dessus avec abattant de 0^m 034 avec plinthes et bandeaux en chêne.

Dans chacun des cabinets, une tablette au-dessus du siège portée par tasseaux et une tablette d'angle en sapin sur tasseau ou gousset.

Étage des combles. — Les croisées, huisseries, bâtis et contrebâtis seront semblables aux étages inférieurs.

Les portes seront en chêne et sapin 0^m 034 arasées et à glace avec demi-baguettes pour chambranles.

Les armoires dans les cloisons de brisis, seront fermées par des portes en sapin, bâtis chêne 0^m 027, panneaux sapin de 0^m 02, arasés et à glace.

Il y aura dans tout cet étage des plinthes en sapin de 0^m 013 × 0^m 11.

Les châssis éclairant les cabinets seront garnis de hausses en sapin de 0^m 027.

Les trappes pour le service des couvreurs seront en sapin de 0^m 027 emboîté avec dormant en chêne de 0^m 041 × 0^m 08.

Les socles et fonds des chéneaux sur cour, rue et courettes seront en sapin de 0^m 041 et les membrons couronnant les brisis seront en sapin mouluré de 0^m 08 × 0^m 11.

Escaliers. — Les mains-courantes seront en noyer de 0^m 041 × 0^m 06 à gorges, et vernies ; sur les marches, il y aura des plinthes rampantes en sapin.

Chaque porte sur palier sera décorée d'un chambranle en sapin de 0^m 02 × 0^m 05.

Les paliers seront parquetés comme les pièces des logements.

Le replanissage des marches sera fait après le passage des peintres.

Pour couronner les petits bâtiments dans les cours à usage de closets, s'il en est établi, il sera fourni sur la cloison en brique et assemblé avec les poteaux d'huisserie des portes, un cours de sablières en chêne de 0^m 11 × 0^m 15 mouluré. Cette sablière recevra un petit comble en sapin composé d'arêtiers, chevrons, empanons et faîtage.

Il sera fourni tous les clous d'épingles, broches et vis, quelles que soient leurs dimensions, nécessaires aux travaux de menuiserie.

Il sera fait, en outre, quelles que soient les omissions que pourrait renfermer la présente description détaillée, tous les travaux complémentaires nécessaires pour l'achèvement de la construction, qui seraient la conséquence du travail principal.

Serrurerie.

Poitrails. — Les poitrails sur rue, sur cour et ceux de refend, s'il en existe, seront composés chacun de 2 ou 3 fers à double T.

Tous ces poitrails auront 0ᵐ 25 de portée au moins, ils seront armés de brides forgées et de tirants à leurs extrémités les réunissant entre eux et calés avec le plus grand soin avec des cales en fer et des remplissages en briques.

Planchers en fer. — Les planchers des sous-sol seront composés de solives en fer à T.

A l'emplacement des cloisons des vestibules, les filets seront composés de deux fers à T réunis par brides soudées. Ces filets seront en fer des mêmes hauteur et poids que le plancher dont elles font partie.

Les entretoises seront en fer de 0ᵐ 014 carrés, espacées d'environ 1 mètre ; il y aura deux cours de fentons en fer carré de 0ᵐ 009 entre chaque solive.

Les portées des solives auront 0ᵐ 20 au moins.

Les planchers hauts du rez-de-chaussée seront composés de travées de solives en fer à T, en observant toutefois qu'il y aura des solives doubles sous toutes les cloisons des logements, afin de former filets. Ces solives seront réunies par des brides soudées.

Ce plancher sera armé de tirants en nombre suffisant pour former un bon chaînage.

Les planchers des autres étages seront semblables à ce dernier, les fers seront de même force, en observant toutefois que sous les cloisons, il n'y aura qu'un seul fer, mais alors de 0ᵐ 02 de hauteur de plus que le fer à T correspondant.

Les planchers des paliers des escaliers et ceux des closets seront en fer à T, comme les précédents, mais les fers auront seulement 0ᵐ 10 de hauteur, pesant 9 kilogrammes.

Tous les fers à double T devront peser par mètre de longueur, savoir : ceux de 0ᵐ 24, 28ᵏˢ 500 ; ceux de 0ᵐ 22, 26 kilog. ; ceux de 0ᵐ 20, 22 kilog. ; ceux de 0ᵐ 18, 20 kilog. ; ceux de 0ᵐ 16, 16ᵏˢ 500 ; ceux de 0ᵐ 14, 13 kilog. ; ceux de 0ᵐ12, 11 kilog. ; ceux de 0ᵐ 10, 9 kilog. ; et ceux de 0ᵐ 08, 6ᵏˢ 720.

Gros fers. — A chaque étage et sur tous les murs de face et de refend il y aura des cours de chaînes en fer d'au moins 0ᵐ 04 × 0ᵐ 009, avec ancres en fer carré de 0ᵐ 027 et 0ᵐ 90 de longueur.

Les linteaux pour les baies de caves seront en fer carré de 0ᵐ 034 ; ceux des portes des allées seront en même fer de 0ᵐ 045 × 0ᵐ 045 ; les autres linteaux de toutes les baies de portes dans les murs seront composés de fer à T de 0ᵐ 08.

Il sera fourni les plates-bandes, équerres, tirants, etc., nécessaires à la ferrure des combles.

Il sera fourni les semelles, cales, coins et chapeaux nécessaires pour les colonnes en fonte, les poitrails et les planchers.

Les fourneaux de cuisines, construits sur place, seront garnis de ceintures, manteaux et fentons, et, en outre, ils auront chacun deux réchauds carrés, l'un de 0^m 14, l'autre de 0^m 16, et un fourneau économique de 0^m 19, avec grilles et couvercles.

Les devantures de ces fourneaux, entre la paillasse et le cendrier, seront fermées par des portes à coulisses en fonte.

Fontes. — Les colonnes à base et consoles, à placer sous les poitrails en fer à T des façades, seront en fonte pleine ; elles auront le diamètre nécessaire, leur base sera enterrée de 0^m 05 dans le sol ; les autres colonnes seront pleines également et au surplus semblables, elles auront également le diamètre nécessaire.

Les descentes des eaux seront en fonte unie de 0^m 08 ou de 0^m 11 de diamètre, suivant les besoins ; elles seront garnies des embranchements nécessaires pour le service des cuisines, postes d'eau et cabinets d'aisances.

Les tuyaux de chute auront 0^m 22 de diamètre, ils monteront chacun jusqu'au dernier siège et seront prolongés en poterie jusque sur les combles.

Les tuyaux de ventilation seront en fonte de 0^m 25 de diamètre, jusqu'à l'arase du plancher haut du rez-de-chaussée ; ils seront au surplus prolongés en poterie par les maçons jusque sur le comble.

Il sera fourni toutes les culottes et colliers nécessaires.

Pour conduire les eaux des cours aux branchements d'égout, il sera fourni dans les caves les cours de tuyaux en fonte de 0^m 25 de diamètre, avec tubulures pour en permettre le nettoyage au besoin. Ces tuyaux seront maintenus par colliers ou potences en fer à scellements.

Ils seront garnis, à leur arrivée dans le branchement d'égout, d'appareils siphoïdes pour intercepter la mauvaise odeur et le passage des animaux.

Il sera fourni les cours des plaques de recouvrement des gargouilles, si besoin est, ramenant les eaux des cours aux tuyaux les conduisant au branchement d'égout.

Il sera établi dans les cours et passages, au droit des regards ou tubulures, les grilles mobiles en fer nécessaires pour les dégagements des conduites et les bouchons métalliques fermant les tubulures des tuyaux en fonte.

Les balcons de la façade sur la rue seront en fonte ornée.

Les barres d'appui sur la cour seront aussi en fonte ornée.

Si l'étage en retraite forme terrasse, il sera établi un balcon en fer à barres rondes avec traverses en fer carré et main courante en fer demi-rond. Si, au contraire, les lucarnes sont simplement en reculement, il sera établi au-dessus de chacune d'elles un balcon de fer à bareaux ronds comme pour la terrasse.

Il sera fourni toutes les grilles de ventouses des façades posées par le maçon.

Les combles en fer des courettes seront établis en fer à vitrage avec chéneaux en tôle supportés par des supports en fer.

Quincaillerie et divers. — Toute la quincaillerie sera de première qualité, renforcée ; les becs-de-cane et serrures seront tous revêtus d'une estampille portant première qualité, « Union des quincaillers ».

Les soupiraux des caves seront recouverts de plaques en tôle, percées de trous pour l'aération des caves.

Les escaliers seront ferrés de boulons d'écartement, de boulons d'assemblage et de plates-bandes en fer, si besoin est.

Les rampes, ajustées en limons en fer, seront à cols de cygnes, barreaux de $0^m 018$ de diamètre avec astragales en cuivre et rosaces en fonte et écrous.

Les pilastres seront d'un modèle simple, orné et sans boules, mais avec rosace d'arrêt de la soie.

Il sera fourni toutes les pattes pour bâtis, contrebâtis, dormants de croisées et tous autres ferrements, tels que plates-bandes, colliers, équerres, boulons, etc., etc., qui seront nécessaires.

Les chéneaux sur rue et sur cour seront ferrés par des équerres espacées de 1 mètre et posées à vis.

Les châssis à tabatières, sur les combles, seront en fer et tôle ou en fonte et fer.

Caves. — Les portes de caves seront ferrées chacune par deux pentures de $0^m 70$ avec gonds à scellement ou à pattes et fermées par un moraillon et pitons également à pattes ou à scellement.

Rez-de-chaussée. — La porte d'entrée principale sera ferrée de paumelles à équerres doubles, à boules et gonds à scellement et de paumelles T et à boules.

Les châssis des impostes seront garnis d'équerres doubles, de vasistas en fer et de panneaux en fonte ou fer forgé. La porte sera fermée par une crémone 1/2 ronde de $0^m 22$ à clé et par une serrure 1/2 tour à queue, 2 boutons de tirage en fonte de $0^m 08$ à l'extérieur et deux forts crochets d'arrêt et une poignée à l'intérieur. On établira dans la loge un cordon pour faire ouvrir cette porte et une sonnette d'annonce avec forte cuvette en cuivre de $0^m 08$ garnie de tous accessoires.

Les portes des devantures de boutiques seront ferrées de paumelles doubles à boules de $0^m 22$, équerres doubles de façon, fer de $0^m 025$ et $0^m 005$, et fermées par un bec-de-cane en long avec béquille et bouton, et par une serrure de sûreté à pène dormant, avec gâche, verroux à ressort haut et bas.

Ces portes seront garnies de volets mobiles, ferrés par des pannetons à agrafes de 0^m 19 avec gache, poignées d'olive de 0^m 19 renforcées de barres de fermeture portant boulons rivés et clavettes.

Les imposes de ces mêmes portes seront défendues par des croisillons en er rond de 0^m 018 avec double rosace en cuivre ou en fonte.

Tous les châssis des devantures seront garnis de petits bois en fer à moulure.

Les volets brisés dans les caissons seront ferrés, savoir : les premières feuilles de pivots à charnières fort modèle ; les autres feuilles de charnières carrées.

Ils seront fermés par des cours de barres en fer de 0^m 045 × 0^m 009, garnies de poignées entaillées, boulons, clavettes, rosettes, gâches, etc., etc.

Les portes des caissons seront ferrées chacune de quatre charnières de 0^m 12, et fermées par une serrure à mentonnet avec gâche.

Il sera fourni toutes les pattes forgées, plates-bandes et équerres nécessaires pour arrêter les poteaux, tableaux, corniches et auvents desdites devantures de boutiques.

Les portes intérieures des boutiques et des logements de concierge seront ferrées chacune de paumelles à boules de 0^m 19 et une serrure de sûreté.

La porte d'entrée du concierge sera ferrée de paumelles semblables, verroux et serrure de sûreté à foliot de 0^m 14, bouton double n° 5 ; la partie vitrée renfermera au besoin un vasistas en fer rainé, garni de ses ferrures et fermetures.

Les portes des descentes des caves, celles sur cour et celles des closets etc., etc., seront ferrées chacune de paumelles doubles de 0^m 19, pivots à boule de 0^m 25, un battant de loquet de 0^m 40 renforcé, garni de ses boutons et mentonnets, un fort crochet renforcé, garni de piton à pattes ou à scellement et verroux.

Dans chacun des escaliers des caves il sera fourni et scellé un fort crochet en fer pour la descente des pièces de vin.

Les croisées seront ferrées chacune de six fiches chanteau de 0^m 11, huit équerres de 0^m 19 et une crémone de 0^m 018 avec poignée et garniture en fonte, un crochet avec piton pour tenir les croisées ouvertes.

Les châssis au-dessus des portes des closets et autres, seront ferrés chacun de deux paumelles doubles de 0^m 14, loquet à bascule avec tirage et anneau, ou targette et gâche.

Dans le passage d'entrée, il sera fourni deux gratte-pieds en fer à scellement.

1er, 2e, 3e et 4e *étages.* — Les croisées seront ferrées, comme celles du rez-de-chaussée, toutefois dans les croisées des cuisines il sera établi un vasistas en fer rainé garni de ses ferrures et fermetures.

Les persiennes seront ferrées chacune de huit équerres de 0m19, une crémone de 0m020 avec gâche et battements, deux arrêts à bascule ou avec broches et chaînettes, une poignée à pattes.

Les châssis à l'intérieur des logements, éclairant les cabinets, seront ferrés de charnières et une targette avec crampon.

Les portes d'entrée des logements seront ferrées chacune de paumelles doubles de 0m19, serrure de sûreté à gorge de 0m14 et boutons de tirage en cuivre de 0m05 de diamètre ; à chacune de ces portes, il y aura une sonnette d'annonce, garnie de ses fils étamés et mouvements répondant dans la première pièce des logements.

Les portes de chambres à coucher seront ferrées chacune de paumelles de 0m11, serrure à foliot de 0m14, bouton double n° 4 et gâche.

Les autres portes intérieures seront ferrées chacune de paumelles et d'un ec-de-cane avec bouton double en cuivre et gâche.

Les portes des cabinets d'aisances communs seront ferrées chacune de aumelles de 0m11, serrure demi-tour de 0m11 avec ch., quatre clefs et gâches ; à l'intérieur, une targette avec crampon.

Les châssis éclairant les escaliers, cuisines et closets seront ferrés d'équerres de 0m16, de paumelles doubles de 0m14 et une crémone en fer demi-rond de 0m016 avec embases et gâches haut et bas, et un crochet d'arrêt avec piton.

Les sièges seront ferrés chacun de deux tourillons et bourdonnières en fer et bouton de tirage en cuivre.

Les armoires seront ferrées chacune de charnières de 0m095, serrure à canon de 0m07 avec gâche, ressorts avec mentonnet et verroux à ressort avec gâche.

Les garde-manger seront ferrés de pattes et supports en fer, la porte de charnières et targettes avec crampon.

5e *étage.* — Les croisées seront ferrées, comme celles des étages inférieurs, mais avec crémone de 0m016 seulement.

Les portes d'entrée sur les paliers, comme les précédentes. Toutes celles intérieures seront ferrées comme celles des autres étages.

Les portes des cabinets d'aisances seront ferrées aussi comme les précédentes, mais la serrure sera remplacée par un battant de loquet renforcé de 0m40, garni de ses boutons, bascule et mentonnet.

Les armoires sous les brisis seront ferrées chacune de trois charnières de 0ᵐ 095 et fermées par une targette avec crampon.

Les portes des compteurs seront ferrées de paumelles et de serrure tour demi de 0ᵐ 11 avec gâches.

Tous les clous, de quelque nature qu'ils soient, et les vis nécessaire aux travaux de serrurerie, seront fournis.

Il sera fait, en outre, quelles que soient les omissions que pourrait renfermer la présente description détaillée, tous les travaux complémentaires nécessaires pour l'achèvement de la construction, qui seraient la conséquence du travail principal.

Fumisterie.

Fourneaux de cuisine. — Les fourneaux de cuisine seront en fonte à système comportant double jeu de rondelles, coquemar en cuivre avec robinet, four et foyer avec portes.

Quand il y aura impossibilité par suite de l'emplacement déterminé, il sera fait des fourneaux de construction dont les paillasses ainsi que les jambages seront en briques ravalées en plâtre, le dessus de la paillasse entre les réchauds sera revêtu en carreaux de faïence.

Ces fourneaux se composeront d'un réchaud de 0ᵐ 14, un de 0ᵐ 16 et un économique de 0ᵐ 19, avec couvercles en tôle.

Sur la face, il sera fourni et posé deux portes à coulisse en tôle de 0ᵐ 16 × 0ᵐ 16.

L'armature desdits fourneaux se composera de deux ceintures en fer plat, une en fer carré et de barres de paillasse.

Les revêtements en faïence sur les murs seront prévus à la maçonnerie,

Cheminées. — Les cheminées seront rétrécies en faïence ou en fonte, avec châssis à rideau à moulure cuivre, contre-cœur en briques de 0ᵐ 06, frottées et jointoyées, carrelage en carreaux de 0ᵐ 11, arrière-soubassement en tôle forte bordée et plaque de fond en terre réfractaire ou en fonte.

Les cheminées des loges de concierges où il n'y a pas de fourneau de cuisine et les logements où il n'y a pas de cuisine également, seront arrangées avec deux fourneaux de chaque côté de l'âtre, coquille en fonte pour le chauffage, châssis à rideau, revêtement intérieur de cinq rangs de carreaux de faïence.

Les deux fourneaux contiendront : l'un un réchaud carré et l'autre un réchaud économique, les deux avec couvercles et portes à coulisses.

Les poêles seront en faïence brune avec colonnes, bouche de chaleur et four, foyer fermé par une double porte en tôle. Tablette et foyer en marbre.

Peinture et Vitrerie.

Toutes les boiseries en général seront imprimées à l'huile, une couche.

Tous les châssis et croisées seront vitrés en verre simple deuxième choix, pointés et mastiqués.

Les châssis à tabatière seront vitrés en verre double de quatrième choix, contremastiqués.

La vitrerie des devantures sera en verre demi-double, mesure du commerce.

Les portes, croisées, persiennes, armoires, bâtis, huisseries, contrebâtis, chambranles, baguettes, stylobates, plinthes, balcons, tablettes, barres à casseroles et revêtements, etc., etc., seront peints à l'huile, deux couches en plus de l'impression, égrenés et rebouchés. Ces peintures seront faites à un et deux tons.

Les murs des cuisines, les faces des fourneaux et les jambages, les murs des cabinets d'aisances, ceux des divers cabinets seront à l'huile trois couches, égrenés et rebouchés.

Les plafonds de toutes les pièces, cabinets, cuisines, closets, escaliers, boutiques, arrière-boutiques, vestibules, passages sans exception, seront peints en détrempe deux couches, égrenés, rebouchés.

Les balcons de croisées, rampes d'escaliers, grilles de soupiraux et autres, et tuyaux de descente et de ventilation, seront imprimés au minium et peints à l'huile, deux couches, de divers tons.

Les tuyaux de chute seront avant la pose imprimés au minium.

Les carreaux des cuisines et cabinets, les dallages des vestibules et passages seront grattés et lavés ; les parquets seront encaustiqués et frottés.

Les retours des cheminées seront peints en marbre sur fond huile trois couches, rebouché et vernis, suivant les marbres des cheminées, les contre-cœurs à la colle et les devantures en cuivre nettoyées.

Toutes les ferrures seront rechampies.

La porte d'entrée sera peinte extérieurement en décors sur fond à l'huile trois couches, enduite et vernie ; la face intérieure sera peinte de même, mais en ton uni.

Tous les murs avant la pose des papiers, seront égrenés avec soin.

Tous les papiers de tenture seront d'un prix moyen de 0 fr. 70 c. le rouleau; les bordures à 1 fr. 50 c. Ces prix ne comprendront pas le collage, qui sera fait toutefois par le peintre.

Les devantures de boutiques seront peintes à l'huile deux couches, égrenées, rebouchées.

Les murs des escaliers, passages de porte cochère et de la loge du concierge, seront égrenés, rebouchés et peints à l'huile trois couches, dans les tons indiqués, les frises seront rechampies et les murs seront décorés de galons et filets haut et bas. Les vestibules et passages d'allée seront peints en décor par panneaux et vernis.

Les tuyaux de fonte, les gargouilles, les colonnes, les fers pour planchers, poitrails et tous les gros fers en général seront peints en minium une couche.

Les façades extérieures sur cour seront grattées et peintes à l'huile trois couches, rebouchées.

Les portes des armoires seront garnies de toiles et bandes en zinc, les intérieurs de ces armoires seront peints en bleu à l'huile deux couches.

Il sera fait, en outre, quelles que soient les omissions que pourrait renfermer la présente description détaillée, tous les travaux complémentaires nécessaires pour l'achèvement complet de la construction, qui seraient la conséquence du travail principal.

Pavage.

La cour principale sera pavée en pavés durs, échantillonnés sur forme en sable de rivière de $0^m 08$ d'épaisseur au moins, avec chape en bitume, les joints faits en bitume également, pour éviter toute infiltration de quelque nature que ce soit, revers en pavés au droit du bâtiment avec pentes et ruisseaux, conduisant les eaux au siphon établi à cet effet.

Il sera placé au milieu du pavage un dé en granit de $0^m 40 \times 0^m 40$ et $0^m 30$ d'épaisseur destiné au cassage du bois.

SOCIÉTÉ DES CITÉS OUVRIÈRES DE MULHOUSE.

---

*Marchés avec les entrepreneurs, comprenant
les devis descriptifs.*

TERRASSEMENTS.

Entre la Société Mulhousienne des Cités ouvrières, représentée par M Emile Muller, son architecte, d'une part ;

E M X..., entrepreneur de terrassements, d'autre part,

Il a été convenu ce qui suit :

Le soussigné entreprend les travaux qui concernent son état pour les fouilles, déblais et remblais des chemins, rues, sentiers et fossés, à exécuter en 18 .

Pour toutes les dispositions , l'entrepreneur se conformera aux prescriptions de l'architecte. Les travaux exécutés sans ordre et en dehors des prévisions resteront à la charge de l'entrepreneur, quand même ils seraient dans l'intérêt des constructions.

Les prix qui ne seraient pas prévus seront arrêtés par l'architecte, conformément à ceux déjà réglés pour travaux analogues. Les attachements seront pris à la diligence de l'entrepreneur, et présentés par lui à l'inspecteur des travaux le jour même de leur exécution. Toute réclamation postérieure sera rejetée.

L'entrepreneur recevra des acomptes le premier lundi de chaque mois , désigné comme jour de paie, au fur et à mesure de l'avancement des travaux. A cet effet, il sera fait un métré provisoire des travaux exécutés, quinze jours avant le jour de paie, jour où il touchera les quatre cinquièmes du montant de ce métré. Après l'achèvement de tous les travaux, le métrage définitif sera fait et l'entrepreneur sera soldé, sauf le dixième qui restera en garantie pendant une année.

L'entrepreneur fera de suite les fouilles provisoires qui devront être terminées pour le 1ᵉʳ mars, jour où les maçons devront commencer. Il devra être à leur disposition pour suivre le tracé définitif, dresser les parois des fouilles à faire, les rigoles de fondations, en un mot préparer ce travail avec le même soin que si les maçons l'exécutaient eux-mêmes. S'il y a lieu de combler et de pilonner entre les murs et le terrain, par suite d'erreur de fouille, ce remblai ne sera pas payé à l'entrepreneur.

Tous les travaux de terrassements, sans exception, de remblais de chemin en gravier de bonne qualité, seront terminés pour le 31 mars prochain. Le chargement en gravier se fera après l'achèvement des maisons, et aussitôt que les maçons n'auront plus à recevoir d'approvisionnements.

L'entrepreneur se conformera exactement au plan indicatif des pentes, pour l'écoulement des eaux, en prenant pour repère les niveaux des maisons et des rues voisines, ainsi qu'il lui a été expliqué sur place et indiqué sur un plan.

Les prix convenus sont les suivants :

1° Déblais et terrassements des maisons, fosses, etc., employés en remblais régulièrement régalés dans les jardins, et achèvement des fouilles quand les maçons le demanderont ; le mètre cube mesuré en fouille............. » fr. 45

2° Déblais des rues, passages, fossés, etc .... »   45

3° Décombres pour remblais des rues et passages, bonne qualité, sans terre, le mètre cube... 1   10

4° Chargement des rues en gravier de bonne qualité de 0ᵐ 10 à 0ᵐ 15 d'épaisseur, le mètre cube.................................... . »   20

Fait double à Mulhouse, le 15 janvier 18 .

MAÇONNERIE ET COUVERTURE.

Entre la Société mulhousienne des Cités ouvrières, représentée par M. Emile Muller, son architecte, d'une part ;

Et M. X..., entrepreneur de maçonnerie, d'autre part,

Il a été convenu ce qui suit :

L'entrepreneur soussigné entreprend les travaux qui concernent son état pour la construction de   maisons sur l'emplacement qui lui est indiqué. Il exécutera tous les travaux selon les détails, prescriptions et plans, dont il reconnaît avoir pleine et entière connaissance, et s'engage à s'y conformer strictement.

Aucune modification et aucun changement ne seront apportés par ledit entrepreneur sans en avoir l'autorisation écrite de l'architecte. Ainsi tous travaux exécutés en dehors des prévisions, quelle que soit leur importance, resteront à la charge de l'entrepreneur, quand même ils seraient à l'avantage des constructions.

De son côté, l'administration des Cités se réserve le droit d'apporter des modifications aux plans et prescriptions, et l'entrepreneur s'oblige à les exécuter, moyennant paiement aux prix courants prévus, s'il y avait augmentation de travaux, à la condition toutefois que ce soit pendant leur cours et sans préjudice pour les entrepreneurs.

Les prix qui ne seraient pas prévus d'avance seront cotés conformément à ceux déjà admis et réglés pour travaux analogues.

Les attachements seront présentés le jour même de l'exécution et ne seront valables qu'autant qu'ils auront été reconnus conformes et signés par l'inspecteur; toute réclamation postérieure sera rejetée.

Tous les matériaux auront les dimensions prescrites par les plans; il ne sera pas tenu compte des augmentations et si, par contre, les dimensions sont plus faibles, les fournitures pourront être refusées par l'architecte, sans que l'entrepreneur puisse appeler de cette décision.

Quant à l'exécution, elle sera dans les meilleures conditions; tout ce qui laissera à désirer sera rigoureusement refusé. Tous les matériaux seront de bonne qualité, la pierre de taille taillée avec soin, bien rajustée et posée; les briques bien cuites, les enduits faits au mortier hydraulique à l'extérieur et blanchis à 2 couches; ceux intérieurs en plâtre ou en mortier ordinaire seront bien lissés et à arêtes bien droites, mais arrondies.

L'entrepreneur soussigné s'entendra avec ses collègues, les entrepreneurs de charpente, menuiserie et vitrerie, afin de marcher d'accord dans la stricte exécution des plans et de ne pas se retarder mutuellement dans l'exécution et l'achèvement des bâtiments.

En conséquence les deux parties sont engagées solidairement à finir pour l'époque fixée comme suit:

Le soussigné s'engage à livrer les maisons entreprises par lui: la moitié le 15 juin, l'autre moitié le 15 juillet, complètement terminées, c'est-à-dire que les plafonds, cloisons, enduits, etc., seront achevés et qu'il ne restera plus à faire que les raccords après la sortie des autres entrepreneurs; lesquels raccords devront toujours être faits dans les trois jours qui suivront l'achèvement de la menuiserie. Tout retard dépassant ce délai rendra l'entrepreneur passible de dommages-intérêts qui sont fixés à cinq francs par jour et par groupe de quatre maisons, sans séparation de délai pour les quatre maisons qui le composent.

Tous les retards comme dit ci-dessus, concernent les entrepreneurs solidairement à l'égard de l'administration, sauf à eux à faire apprécier par l'architecte ou son fondé de pouvoirs, quel est le retardataire passible de l'indemnité; celui-ci paierait alors une somme de dix francs par jour et par groupe.

La constatation de non-achèvement suffira pour établir le point de départ des dommages-intérêts ; le jugement écrit de l'architecte ou de son fondé de pouvoirs, concernant ce retard , sera accepté comme définitif, et ce de convention formelle.

Aussitôt les travaux terminés, chaque entrepreneur remettra son métrage, dont la vérification sera faite sur place et non sur plans.

Les entrepreneurs recevront des acomptes le premier lundi de chaque mois, désigné comme jour de paie. A cet effet , il sera fait un métré provisoire des travaux exécutés quinze jours avant celui ci-dessus désigné et le cinquième du montant de ce métré sera retenu jusqu'à complet achèvement de tous les travaux. Après réception provisoire , les entrepreneurs seront soldés sauf un dixième qui restera en garantie jusqu'à la réception définitive, qui sera une année après celle provisoire.

Le soussigné apportera tous les soins au tracé des maisons et au nivellement général, sans qu'il soit nécessaire de nouveaux ordres. Les entrepreneurs, tout en maçonnant , poseront gratuitement, solidement et régulièrement à leurs places , les fentons (nécessaires pour socles et volets) qu'ils demanderont à temps aux entrepreneurs de charpente : ceux-ci sont tenus de les leur fournir. Le soussigné posera également sans rétribution les ferrements, tels que ancres, chaînes , crampons, etc. ; en construisant , l'entrepreneur de maçonnerie ménagera dans les murs le passage des tuyaux d'évier.

Au-dessus du socle il facilitera à l'asphalteur, en nivelant sa maçonnerie, le placement d'une couche d'asphalte de 0^{m}015 d'épaisseur.

Les fosses d'aisances devront spécialement être faites avec le plus grand soin et parfaitement étanches.

Les garnitures de pignon devront être faites en tuiles de rives à attaches, les parties en saillie aussi en tuiles de rives et à attaches , de manière à empêcher les dégâts du vent dont les entrepreneurs sont responsables, s'ils négligent de se conformer à cette prescription.

Dans le règlement des mémoires, les vides de la maçonnerie en briques seront déduits du cube de la maçonnerie ordinaire. Les fouilles seront sous-traitées à un entrepreneur général de terrassements, qui sera tenu, quand les entrepreneurs auront fait leur tracé définitif, de se mettre à leur disposition pour enlever ce qu'il aura négligé des fouilles, dans son travail provisoire ; mais c'est aux entrepreneurs de maçonnerie à faire le tracé définitif avec le concours et sous la surveillance de l'inspecteur des travaux.

Les prix convenus sont les suivants :

Maçonnerie ordinaire pour fondations, murs de caves, compris l'enduit intérieur, le tout en mortier de chaux hydraulique, y compris. sans supplément, les pierres en saillie pour corbeaux et dez du sous-sol, le mètre cube .... 9 fr. 50
Maçonnerie en élévation , avec enduit en mortier de chaux hydraulique , à l'extérieur, et de chaux ordinaire à l'intérieur, bien blanchi

intérieurement et extérieurement, le mètre cube ....

Maçonnerie en briques complètement terminée comme celle ordinaire ci-dessus, le mètre cube 25

Maçonnerie en pierre de taille de toute nature , non déduite de la maçonnerie ordinaire, compris pose, le mètre cube. .... 85 »

Socles en dalles de 0,08 centimètres, sans plus-value pour les jours de cave, le mètre superficiel......................... 8 »

Cloisons en briques sur champ, crépies des deux faces et maçonnées avec plâtre . le mètre carré........................ 2 50

Pavé en briques bien cuites posées en point de Hongrie , le mètre carré.................................... 2 25

Plafonds en plâtre sur lattes de bonne qualité, blanchi , sans fente ni apparence de lattes, le mètre carré. 1 85

Couverture en tuiles à emboîtement, y compris le lattis (provenance de la tuile à fixer par l'architecte après examen des qualités) , le mètre carré............................... 2 80

Faîtières à bourrelets toutes posées, le mètre linéaire............. 1 50

Tuile de ventilation posée, garnie d'un chapeau en fer-blanc, terminant chaque tuyau de privés (le ferblantier auquel les entrepreneurs devront s'adresser sera indiqué et payé par l'administration), la pièce.. 1 10

Tuile vitrée de ventilation avec tuyau portant garniture en fer-blanc pour la vitre (comme ci-dessus pour le ferblantier), la pièce........... 1 10

Tuiles de rives à attaches, le mètre linéaire .... 2 »

Hotte de cheminée, y compris pose des fers, la pièce............... 6 »

Foyer de cuisine, la pièce............................. 7 »

Evier en pierre de taille posée sur murs en briques, avec coulisses dans lesquelles se place un rayon, la pièce................. 10 »

Remplissage d'entrevoux en matières bien sèches, le mètre carré... » 15

Tuyaux de privés en grès , 0,20 de diamètre intérieur , avec longs embranchements, avec joints cimentés, soutenus au milieu de leur longueur par une ceinture de fer, posés après l'achèvement des murs, pour éviter le tassement , forte pente dans la fosse, le mètre linéaire....... 5 50

Tuyaux de ventilation, en terre cuite, à partir du siège, id.... ..... 3 50

Siège des privés, avec cuvettes en grès, bien placées au milieu des sièges et cimentés : il est spécialement convenu que ces cuvettes seront longues et peu coniques, par cabinet............................ 6 »

Enduits en bon ciment des fosses d'aisances, le mètre carré........ 3 »

Béton, le mètre cube.................... 12 »

Calottes de cheminées sur le toit, servant à 2 maisons, la pièce ..... 5 »

Scellement des barres d'appui de fenêtres, par fenêtre.............. » 30

Fait double à Mulhouse, le 1er février 18 .

L'Entrepreneur,

Pour l'Administration des Cités ouvrières,

L'Architecte ,

CHARPENTE ET MENUISERIE.

Entre la Société mulhousienne des Cités ouvrières, représentée par M. Emile Muller, son architecte, d'une part ;

Et M. X.. , entrepreneur de charpente et menuiserie, d'autre part,

Il a été convenu ce qui suit :

Le soussigné entreprend les travaux qui concernent son état pour la construction de   maisons sur l'emplacement qui lui est indiqué.

Il exécutera tous ces travaux selon les détails, prescriptions, plans tracés par l'architecte et dont il reconnaît avoir pleine et entière connaissance, s'engageant à s'y conformer strictement.

Aucune modification et aucun changement ne seront apportés par ledit entrepreneur sans en avoir l'autorisation par écrit de l'architecte lui-même. Ainsi, tous travaux exécutés en dehors des prévisions, quelle que soit leur importance, resteront à la charge du soussigné, quand même ils seraient dans l'intérêt des constructions. De son côté, l'administration des Cités se réserve le droit d'apporter des modifications aux plans et prescriptions ; et l'entrepreneur s'oblige à les exécuter moyennant paiement aux prix courants prévus, s'il y avait augmentation de travaux, le tout pendant leur cours, et sans préjudice pour l'entrepreneur.

Les prix qui ne seraient pas prévus d'avance seront cotés conformément à ceux déjà admis et réglés pour travaux analogues.

Les attachements seront présentés par les entrepreneurs le jour même de l'exécution et ne seront valables qu'autant qu'ils auront été reconnus conformes et signés par l'inspecteur. Toute réclamation postérieure sera rejetée.

Tous les matériaux auront les dimensions prescrites par les plans ; il ne sera pas tenu compte des augmentations, et si, par contre, les dimensions sont plus faibles, les fournitures pourront être refusées par l'architecte sans que l'entrepreneur puisse appeler de cette décision.

Quant à l'exécution, elle sera dans les meilleures conditions ; tout ce qui laissera à désirer sera rigoureusement refusé. Tous les matériaux seront de bonne qualité, les bois sains et les planches assez sèches pour faire de bonne menuiserie. Les entrepreneurs devront s'entendre avec leurs collègues, les entrepreneurs de menuiserie, de serrurerie, etc., afin de marcher d'accord et de ne pas se retarder mutuellement dans l'exécution et l'achèvement des bâtiments. Ils s'engagent à suivre les maçons de jour en jour, c'est-à-dire à poser les poutrages, charpentes, cloisons, le lendemain du jour où les maçonneries pourront les recevoir, et ce sans aucun avertissement, l'entrepreneur lui-même devant suivre les travaux ou s'informer.

Les entrepreneurs de maçonnerie devront commencer leurs travaux le premier mars prochain ; le soussigné s'engage à être prêt à poser les bois de construction aussitôt que les entrepreneurs de maçonnerie l'exigeront ; il en est de même pour la menuiserie qui lui est confiée. Les marchés des maçons leur imposant les achèvements de la moitié pour le 15 juin, de l'autre moitié pour le 15 juillet, le soussigné s'engage à avoir terminé tous ses travaux dans les six semaines qui suivront les époques ci-dessus, savoir : la moitié le 30 juillet, l'autre moitié le 31 août. Si, à cette époque, tous les travaux qui concernent les maçons, charpentiers et menuisiers ne sont pas terminés, il sera fait une retenue de cinq francs par jour et par groupe de 4 maisons à chacun de ces entrepreneurs, sans séparation de délai pour les 4 maisons qui composent le groupe.

Tous les retards, comme dit ci-dessus, concernent les entrepreneurs solidairement à l'égard de l'administration, sauf à eux à faire apprécier par l'architecte ou son fondé de pouvoir, quel est le retardataire passible de l'indemnité ; celui-ci paierait alors une somme de dix francs par jour et par groupe. La constatation de non-achèvement suffira pour établir le point de départ des dommages-intérêts. Le jugement écrit de l'architecte ou de son fondé de pouvoirs, concernant ce retard, sera accepté comme définitif et de convention formelle.

Aussitôt les travaux achevés, l'entrepreneur remettra son métrage dont la vérification sera faite sur place et non sur plans.

L'entrepreneur recevra des acomptes le premier lundi de chaque mois, désigné comme jour de paie. A cet effet, il sera fait un métré provisoire des travaux exécutés et mis en place quinze jours avant celui ci-dessus désigné, et le cinquième du montant de ce métré sera retenu jusqu'à complet achèvement de tous les travaux. Après la réception provisoire des travaux, l'entrepreneur sera soldé sauf un dixième qui restera jusqu'à la réception définitive qui se fera une année après celle provisoire.

L'inspecteur des travaux passera tous les huit jours dans les ateliers du soussigné pour voir l'état d'avancement des travaux.

Les entrepreneurs poseront tous les ferrements de charpente et menuiserie, sans augmentation de prix ; les ferrements des portes extérieures et des volets sont seuls exceptés. Les ferrements leur seront remis directement par le serrurier ou le fournisseur avec lequel ils devront s'entendre afin qu'une faute ne puisse être rejetée de l'un à l'autre.

Ils devront fournir gratuitement aux maçons, sans qu'ils aient besoin de nouveaux ordres, les fentons en chêne pour socles et volets ; ces fentons devront être taillés en coins.

Les prix convenus sont les suivants :

Charpente en bois de sapin de la Suisse, dans des conditions ordinaires de flèche, de bonne qualité, de toutes dimensions, posée et assemblée, les bois de cloisonnage cramponnés, avec entailles. Le mètre cube. .... 51 fr. »

(Pour les bois de cloisonnage, les dimensions sont celles de plans. Tout poteau de cloison devra être solidement cramponné haut et bas aux solives ; l'entrepreneur réclamera à temps les crampons au serrurier suivant détail du plan).

Planches d'entrevous posées sur lattis clouées contre les solives et comprises dans le prix ; lesdites planches seront bien jointes et à couvre-joints. Le mètre carré compris surface des solives 1 50

Escaliers en sapin à quartiers tournants de 0m 80 de large, girons de 0m 23 sans la saillie, limons extérieurs de 0m 06, les autres de 0m 05 ; marches de 0m 04 d'épaisseur avec contremarches et mains-courantes sur potelets. La marche, tout compris................................, 4 50

Escaliers de cave à quartier tournant, sans contremarche   3   »

    Id.   droits des maisons à rez-de-chaussée, sans contremarche...   2   75

Façons des têtes de chevrons et pannes rabotées, la pièce . . . .   »   15

Plancher du grenier à feuillure de 0ᵐ024 d'épaisseur. Le mètre carré.   1   80

Planchers en sapin, raboté, ordinaire, de 0ᵐ027 à joint plat. Le mètre carré   2   50

(Les planches en sapin pour planchers et cloisons qui seront trop larges et qui par leur nature tendraient à se fendre, devront être sciées par le cœur et mises bout à bout).

Socles de 0ᵐ13 de hauteur, 0ᵐ024 d'épaisseur, à rives abattues, le mètre linéaire . . . .   »   50

Volets unis en sapin de 0ᵐ027 avec deux écharpes en chêne et épousant la forme de l'appui en pierres de taille. La paire   6   »

Portes en sapin à 2 panneaux, avec chambranles et revêtements, de 0ᵐ70 à 0ᵐ80 de large sur 2ᵐ de hauteur, bâtis de 0ᵐ03 d'épaisseur, panneaux de 0ᵐ027 d'épaisseur, la pièce mise en place, compris fournitures et pose des peintures, mais seulement pose de la ferrure   16   »

Portes d'entrée en sapin, unies, avec écharpes en chêne, doublées extérieurement de lames de sapin, posées à recouvrement avec imposte en chêne, portant larmier saillant, fixe et vitré; hauteur de la baie, 2ᵐ40, largeur, 0ᵐ90. La pièce   18   »

Porte de cave, unie, en sapin, avec écharpes en chêne. La pièce   5   »

Cloisons en planches de sapin rabotées à 2 faces, à feuillures avec couvre-joints, épaisseur 0ᵐ027, planches alignées parallèlement et de largeur égale. Le mètre carré   3   »

Portes d'armoires des maisons à rez-de-chaussée. La pièce   3   75

     Id.   à étage.   id   2   80

Garde-corps de l'escalier du grenier avec potelets de 0ᵐ08 sur 0ᵐ08. la pièce   1   75

Siège des privés avec couvercle. La pièce   2   50

Tablette d'appui de croisée, en chêne. La pièce . . . .   »   75

Les soussignés seront responsables de toutes les clefs qui leur seront remises par le serrurier ou le fournisseur des serrures.

Fait double à Mulhouse, le 1ᵉʳ février 1853.

L'Entrepreneur,

Pour l'Administration des Cités ouvrières :

L'Architecte,

VITRERIE.

Entre l'Administration des Cités ouvrières de Mulhouse, etc.

Le sieur X... s'engage à faire toutes les fenêtres des maisons qui seront construites en 18... Bois, ferrements et façon seront irréprochables. Les traverses inférieures seront d'une seule pièce et épouseront la forme de la pierre. Le verre sera uni et de bonne qualité.

Le soussigné aura à prévenir l'inspecteur des travaux pour vérifier son travail avant de poser la première couche de peinture sur les fenêtres qu'il doit livrer peintes à deux couches.

Les maçons étant engagés à livrer leurs maisons à la pose de la menuiserie et de la vitrerie : la moitié, le 15 juin, l'autre moitié le 15 juillet, les fenêtres devront donc être prêtes à cette époque et posées immédiatement, de façon à ne pas retarder le menuisier, qui n'a que six semaines après chaque délai ci-dessus, pour livrer les maisons complètement achevées.

Les paiements se feront le premier lundi de chaque mois, désigné comme jour de paie. A cet effet, il sera fait un métré des travaux mis en place, et les quatre cinquièmes du montant de ce métré lui seront payés. Après l'achèvement des travaux, l'entrepreneur remettra son métré qui, après vérification, sera soldé, sauf un dixième qui restera en garantie pendant une année.

Le mortier de bourre sera posé par les maçons à la demande de l'entrepreneur soussigné qui les avertira la veille.

Le prix convenu est de *neuf francs cinquante centimes* par mètre carré.

Fait double à Mulhouse, le 1ᵉʳ février 1853.

L'Entrepreneur,

Pour l'Administration des Cités ouvrières :
L'Architecte,

SERRURERIE ET FERRONNERIE.

Entre la Société mulhousienne des Cités ouvrières, etc.

Il a été convenu ce qui suit :

L'entrepreneur soussigné X... entreprend la serrurerie des maisons qui seront construites en 18...

Tous les ferrements seront faits chez lui et non en fabrique ; ils seront solides, en fer de bonne qualité et conformes aux échantillons déposés, tant sous le rapport de la forme que sous celui des longueurs et épaisseurs.

La pose de tous les articles sera faite avec soin ; les pentures auront : celles des volets, un clou rivé ; celles des portes d'entrée, un bouton dans le premier trou, et toutes seront renforcées à côté des gonds. Fourniture et pose devront contribuer à donner la plus grande solidité à tous les ferrements. Les gros fers auront les dimensions prescrites. Les poids excédant aux demandes resteront à la charge de l'entrepreneur.

A mesure des livraisons des fers pour murs, planchers, etc., l'entrepreneur devra les faire reconnaître, et demander un attachement signé constatant leur poids avec désignation de la place.

A cet effet, à chaque livraison, l'entrepreneur présentera deux factures signées par lui; elles seront reconnues et l'une lui sera rendue, signée par l'Inspecteur; l'autre demeurera consignée dans les attachements.

L'entrepreneur garantit ses travaux pendant deux ans, qui courront à partir de leur achèvement. Il devra être prêt à livrer à mesure des besoins, et devra donc avoir préparé ses gros fers quand les maçons seront au premier poutrage, et sa serrurerie quand les menuisiers commenceront la pose; un retard de sa part autoriserait l'architecte à commander à d'autres entrepreneurs ce qui manquerait, et ce, à ses frais.

Les paiements se feront à mesure des livraisons, le premier lundi de chaque mois, considéré comme jour de paie, sauf un cinquième qui restera jusqu'à l'achèvement des travaux. Ceux-ci terminés, l'entrepreneur sera soldé jusqu'à concurrence d'un dixième qui restera en garantie pendant une année.

L'architecte se réserve le droit de refuser tous les ferrements défectueux et n'ayant pas les dimensions prescrites.

Les prix convenus sont les suivants :

Porte d'entrée, montée sur 2 pentures droites renforcées à la naissance, poids : 5 kilogr, compris les gonds, et dont le premier trou est disposé à recevoir un boulon, les autres trous ont des clous rivés ; 2 gonds à consoles et à scellement dans la pierre, une serrure deux tours, canon en fer pour l'arbre fixé sur faux fond, coffre renforcé, poignée en fer à bascule intérieurement et poignée en fer tournée à l'extérieur; longueur de la penture, 0^m 60; largeur, 0^m 044; épaisseur, 0^m 0065; quant à la forme, semblable au modèle ainsi que la ferrure. Par porte avec pose.. 13 fr. 30

Une paire volets, 4 pentures droites montées sur gonds, 2 tourniquets à équerre de battements et glissière de retenue fixée aux volets, 2 crochets à piton, poids total : 2 kil. 900 ; longueur de la penture, 0^m 48; largeur, 0^m 030, épaisseur, 0^m 003. Prix par paire, posée avec soin..... 4 50

Gros fers de toute nature pour ancres, étriers, tirants, etc. Le kilog. » 70

Bague et support de tuyau de fumée. La pièce....... .... 1 50

Id.   *de privés*.   Id. 1 50

Ferrements d'une porte de jardin : 2 pentures droites avec gonds sur platine et 1 loquet ; le tout posé avec soin, par porte.......... 2 50

Les serrures des portes d'entrée devront toutes avoir des clefs variées et différentes de celles des années précédentes.

Fait double à Mulhouse, le 1er février 18...

L'Entrepreneur,

Pour l'Administration des Cités ouvrières
L'Architecte,

FERBLANTERIE.

Entre la Société mulhousienne des Cités, etc.

Il a été convenu ce qui suit :

Le sieur X... s'engage à faire la ferblanterie de toutes les maisons qui seront construites en 18...

Tous les matériaux seront de bonne qualité.

Les gouttières pendantes et tuyaux de descente seront peints au blanc de zinc à deux couches avant la pose. Les gouttières devront être soudées intérieurement et extérieurement ; les tuyaux de descente devront être placés bien perpendiculairement et au milieu des trumeaux. Les crochets également peints à deux couches avant la pose.

L'entrepreneur devra être prêt à poser aussitôt qu'un bâtiment sera couvert, et devra avoir terminé à première réquisition ; faute par lui de s'y conformer, l'architecte est autorisé à faire exécuter par d'autres et à son compte, les travaux en retard et à lui faire subir une retenue de 4 fr. par jour et par groupe de quatre maisons.

L'entrepreneur garantit ses travaux pendant deux ans. Les paiements se feront à mesure des livraisons, sauf un cinquième qui restera jusqu'à l'achèvement des travaux. Ceux-ci terminés, les entrepreneurs seront soldés jusqu'à concurrence d'un dixième qui restera en garantie pendant une année.

Les prix convenus sont les suivants :

Chéneaux pendants petit modèle en fer-blanc XX soudés intérieurement et extérieurement, peints au blanc de zinc, comme dit, crochets peints et pose comprise. Le mètre linéaire mesuré en place. 1 75

Tuyaux de descente en fer-blanc XX petit modèle, peints à deux couches, crochets peints et pose comprise. Le mètre linéaire............. 1 60

Tuyaux d'écoulement des eaux ménagères, en zinc, n° 12. Le mètre linéaire posé, sans plus-value pour les coudes........ 1 90

Garniture d'une tuile vitrée de ventilation en fer-blanc XX, verre double compris. La pièce. .... 4 »

Garniture en fer-blanc XX d'une tuile de ventilation................ 2 50
(L'entrepreneur devra prendre la tuile chez le maçon et la lui rendre).

Crapaudine pour évier, la pièce posée.......................... » 50

Fer-blanc pour garnitures de cheminée sur le toit. Le mètre carré mis en place .... 6 »

Fait double à Mulhouse, le 1er février 18...

    L'Entrepreneur,

                  Pour l'Administration des Cités ouvrières :
                         L'Architecte,

PEINTURE.

Entre la Société mulhousienne des Cités ouvrières, etc.

Il a été convenu ce qui suit :

Le sieur X... déclare entreprendre la peinture des maisons qui seront construites en 18...

Toutes les fournitures seront de bonne qualité, le travail irréprochable et conforme aux règles admises.

Il devra être dès à présent à la disposition de l'inspecteur des travaux pour la peinture au minium des ferrements afin que ladite peinture ne souffre aucun retard.

Tous ces travaux devront être terminés le 15 septembre. Passé ce délai, l'architecte est autorisé à faire exécuter par d'autres les travaux en retard, et ce, aux frais du sieur X... sans autre sommation qu'un ordre transmis par lettre chargée.

Les fenêtres seront mesurées avec développement des feuillures ; les carreaux seront déduits, sauf cinq centimètres sur chaque face en hauteur et en largeur (pour chaque carreau) qui seront accordés pour plus-value.

Les paiements se feront au fur et à mesure de l'avancement des travaux. Ceux-ci terminés, ils seront soldés, sauf un dixième qui sera retenu pendant une année durant laquelle l'entrepreneur garantit tous ses travaux.

Les prix convenus sont les suivants :

Peinture à l'huile à 3 couches, compris rebouchage. Le mètre carré.. 0 fr. 70
Id. à 2 couches, id. id....... » 55
Un numéro comme ceux de la ville................................ » 40
Peinture de tous les ferrements intérieurs par maison............. 1 25
Id. au minium, des ferrements et crampons, par maison. ...... 1 »
Id. » d'une garniture de tuile de ventilation....... .. 1 25
Id. des ferrements d'une porte de jardin..................... » 80

Fait double à Mulhouse, le 1er février 18...

L'Entrepreneur,

Pour l'Administration des cités ouvrières :
L'Architecte,

COMPAGNIE IMMOBILIÈRE DE LILLE.

(1868)

ARTICLE PREMIER. *Formes de l'adjudication.* — L'adjudication se fera en deux lots, sur soumissions cachetées, au rabais de tant pour cent sur l'ensemble des travaux de chaque lot.

ART. 2. *Concurrents.* — Ne sont admis à concourir que les entrepreneurs et maîtres ouvriers en bâtiments, tels que maçons, charpentiers et menuisiers.

ART. 3. *Validité de la soumission.* — Toute soumission, pour être valable, devra :

1° Être rédigée sur papier timbré, et dans la forme indiquée au présent cahier des charges ;

2° Exprimer en toutes lettres le rabais offert par cent francs sans stipulation d'aucune condition éventuelle ; la quotité sera exprimée par franc ou demi-franc seulement ;

3° Être accompagnée de la patente du soumissionnaire ou d'un certificat constatant qu'il est patenté ;

4° Être accompagnée encore d'un certificat délivré par un architecte attaché à un service public constatant la capacité et la spécialité de l'entrepreneur : ce certificat ne devra pas avoir plus d'un an de date ;

5° Enfin être appuyée du récépissé du dépôt de garantie exigé par l'article 5.

Le soumissionnaire qui voudrait concourir pour plusieurs lots à la fois, devra remettre une soumission spéciale pour chaque lot.

ART. 4. *Dépôt de soumission.* — La soumission sera insérée dans une première enveloppe cachetée et sera ensuite mise avec la patente du soumissionnaire, le certificat de capacité et le récépissé dont il vient d'être parlé, sous une deuxième enveloppe portant pour inscription :

Soumission pour les travaux de maisons d'ouvriers (1ᵉʳ lot de 360 000 fr ou 2° lot de 240 000 fr.)

Les soumissions qui ne seraient pas accompagnées de ces pièces régulièrement établies, seront rendues à leurs auteurs sans être lues ; de plus, le Conseil d'administration de la Compagnie se réserve expressément le droit de refuser toute soumission qui, quoique régulièrement présentée, lui semblerait devoir être rejetée pour des motifs qu'il ne sera pas tenu de faire connaître.

ART. 5. *Dépôt de garantie.* — Toute soumission devra être précédée du versement d'un dépôt de garantie qui est fixé à 3 000 fr. pour le 1er lot, et à 2 000 francs pour le 2e lot.

Ces sommes devront être déposées en numéraire à la caisse du receveur général du département.

Les dépôts de garantie des soumissions non acceptées seront rendus dans les trois jours qui suivront l'adjudication.

ART. 6. *Prononcé de l'adjudication.* — La réception des soumissions étant terminée, il sera procédé à l'ouverture des paquets par la rupture d'un premier cachet, afin d'examiner d'abord les certificats des architectes et les récépissés de versement du dépôt de garantie. Les concurrents et le public se retireront ensuite de la salle d'adjudication, et le président, après avoir consulté son Conseil d'administration, arrêtera la liste des concurrents agréés. Cette opération terminée, la séance redeviendra publique et les concurrents seront rappelés dans la salle ; le président annoncera la décision du Conseil. Les soumissions des concurrents seront alors ouvertes, elles seront lues publiquement, numérotées et paraphées.

L'adjudication sera prononcée séance tenante en faveur du soumissionnaire qui aura offert le plus fort rabais, et à défaut de validité de la soumission de ce dernier, en faveur de l'entrepreneur dont la soumission reconnue régulière suivra immédiatement dans l'ordre des prix.

Dans le cas où plusieurs soumissionnaires auraient fait le même rabais et où ce rabais serait le plus avantageux, ils se retireraient immédiatement dans des pièces séparées pour y dresser de nouvelles soumissions qu'ils déposeront cachetées sur le bureau. L'adjudication sera ensuite prononcée en faveur de l'auteur de la soumission la plus avantageuse

ART. 7. *Cautionnement.* — Pour sûreté et garantie de l'adjudication, l'adjudicataire sera tenu de fournir dans les dix jours qui suivront l'adjudication, un cautionnement en numéraire dont le montant est fixé à 6 000 fr. pour le premier lot, et à 4 000 fr. pour le second.

Les valeurs versées à titre de dépôt de garantie de soumission pourront être affectées au cautionnement.

Ce cautionnement sera versé à la recette générale du département du Nord pour le compte de la Caisse des dépôts et consignations

Art. 8. *Dommages-intérêts en cas de renonciation.* — En cas de renonciation de la part de l'adjudicataire, soit par refus de signer au procès-verbal d'adjudication, soit par non-accomplissement de l'obligation de fournir le cautionnement dans le délai fixé par l'article précédent, le dépôt de garantie fait en exécution de l'article 5 restera acquis à la Compagnie à titre de dommages-intérêts.

Art. 9. *Délai pour l'achèvement des travaux.* — Immédiatement après l'adjudication, l'entrepreneur devra, sur l'ordre écrit du président de la Compagnie, se mettre en mesure de commencer les travaux et les poursuivre activement, de manière à ce que toutes les maisons soient couvertes pour le 1er novembre prochain, et le tout complètement achevé pour le 15 mai 1869 ; passé ce délai, il lui sera fait une retenue de 50 francs par chaque jour de retard, sans préjudice des mesures qui pourraient être prises en vertu de l'article 18.

Le resserrement des planchers se fera dans le courant du mois d'août 1869.

Art. 10. *Sous-traités.* — L'adjudicataire ne pourra sous-traiter pour la totalité de ses travaux, il ne pourra le faire pour quelques parties qu'avec le consentement du président de la Compagnie, qui devra agréer le sous-traitant. Les adjudicataires n'en demeureront pas moins seuls engagés vis-à-vis de la Compagnie et responsables des travaux.

Art. 11. *Conduite des travaux.* — Les travaux seront exécutés sous la direction et la surveillance immédiate de l'architecte de la Compagnie, aux ordres duquel l'entrepreneur sera tenu de se conformer.

L'entrepreneur sera tenu d'avoir dans ses chantiers un nombre suffisant d'ouvriers pour conduire activement les travaux, et l'architecte aura le droit d'en exiger l'augmentation toutes les fois qu'il le jugera nécessaire.

L'entrepreneur devra se conformer aux indications du devis ainsi qu'aux plans et instructions qui lui seront donnés par l'architecte, tant pour la bonne confection des travaux que pour l'ordre à suivre dans leur exécution successive.

Il ne pourra réclamer en sa faveur les usages anciens ou nouveaux établis, soit pour la qualité des matériaux, soit pour le métré, soit pour la manière d'employer ces matériaux.

Art. 12. *Formalités municipales.* — L'entrepreneur devra se procurer, à ses frais, tous les objets de sûreté commandés par la police ; il devra faire les démarches auprès des autorités locales pour obtenir toutes les permissions que les circonstances exigeront, et il se conformera à toutes les lois et ordonnances de police. Il exécutera également à ses frais toutes les clôtures tant intérieures qu'extérieures, que nécessitera la sûreté de la construction et qui lui seront commandées par l'architecte.

ART. 13. *Modifications pendant les travaux.* — Si, pendant le cours des travaux, il était reconnu nécessaire de faire des augmentations, suppressions ou modifications aux ouvrages indiqués aux devis, l'entrepreneur serait tenu de se conformer aux nouveaux détails ou ordres qui, à cet effet, lui seront donnés par écrit par l'architecte, et il lui en sera tenu compte en plus ou en moins, d'après les prix portés aux devis et réduits du rabais de l'adjudication ; il ne pourra réclamer de plus-value à propos de prétendus bénéfices qu'il aurait pu faire sur les articles supprimés ou modifiés.

Si l'on jugeait nécessaire d'exécuter des ouvrages ou parties d'ouvrages non prévus aux devis estimatifs, les prix en seraient réglés par assimilation aux ouvrages les plus analogues, ou d'après les prix de la ville, sur lesquels on appliquera le rabais fait par l'adjudication.

Dans l'un ou l'autre cas, l'entrepreneur acceptera par écrit, dans un délai de dix jours, les prix arrêtés ; passé ce délai, ces prix seront censés avoir été acceptés par lui.

La Compagnie, s'il lui convient, pourra fournir des matériaux, et, dans ce cas, la mise en œuvre sera seule payée à l'entrepreneur, avec application du rabais.

La Compagnie pourra également, pour certaines parties des travaux qu'elle désignera pendant l'exécution, prendre à compte les frais de main-d'œuvre.

ART. 14. *Réception des matériaux.* — L'entrepreneur ne pourra employer que des matériaux de bonne qualité. Ces matériaux seront reçus par l'architecte ou son représentant ; ceux qu'ils n'admettront pas seront enlevés sur-le-champ ou jetés aux décombres. L'enlèvement aura lieu aux frais de l'entrepreneur, s'il ne l'exécute pas d'après l'ordre qui lui en sera donné par l'architecte.

ART. 15. *Vice de construction et emploi de matériaux défectueux. Dégâts.* — Si quelques défauts échappaient dans l'examen et qu'ils fussent aperçus après l'emploi, l'entrepreneur n'en sera pas moins obligé de démolir les ouvrages et de les faire reconstruire avec d'autres matériaux reconnus valables.

Il en sera de même pour toutes les fournitures et mains-d'œuvre qui ne seraient pas faites selon les règles de l'art.

Il sera responsable de tous les dégâts qui résulteraient des retards qu'il apporterait à l'exécution de ses ouvrages et du défaut de précautions suffisantes.

ART. 16. *Mise en régie.* — Si, par suite de négligence ou de retard dans la fourniture ou l'emploi des matériaux, l'entrepreneur apporte à l'exécution des travaux une lenteur préjudiciable à leur achèvement pour l'époque fixée par 'article 9, le Conseil d'administration, sur le rapport de l'architecte, fera poursuivre les travaux aux frais dudit entrepreneur, sans être obligé d'employer les voies judiciaires. Cette décision lui sera signifiée par écrit par le président du Conseil.

ART. 17. *Règlement des travaux.* — Tous les ouvrages qui ne seront pas susceptibles d'être mesurés, seront réglés par l'architecte aux taux ordinaires, avec déduction du rabais obtenu par l'adjudication.

A ART. 18 *Résiliation.* — Si un adjudicataire ne remplit pas fidèlement les obligations qui lui sont imposées par le présent cahier des charges, si les travaux sont mal confectionnés, s'ils ne sont pas terminés dans le délai stipulé par l'article 9, l'architecte pourra suspendre les travaux sans autre forme qu'une simple notification approuvée par le Conseil d'administration de la Compagnie.

ART. 19. *Folle enchère.* — Dans le cas où la résiliation serait prononcée, l'architecte dresserait un état de situation des travaux exécutés, leur valeur y serait fixée conformément aux devis et diminuée du rabais consenti par l'entrepreneur.

Il serait ensuite pourvu à la continuation des travaux par voie de régie, aux frais et risques de l'adjudicataire déchu, à moins que la Compagnie ne préfère procéder à une nouvelle adjudication à folle enchère.

Si cette dernière ou l'exécution en régie présentait des excédents de dépenses, ils seront prélevés sur les sommes dues à l'entrepreneur et sur son cautionnement, sans préjudice des recours à exercer contre lui en cas d'insuffisance.

Si, au contraire, l'exécution en régie ou l'adjudication sur folle enchère amenait une diminution dans les prix des ouvrages, l'entrepreneur déchu ne pourra réclamer aucune part du bénéfice, qui restera acquis à la Compagnie.

ART. 20. *Réception des travaux.* — Après l'exécution des travaux, l'entrepreneur fera place nette de tous les matériaux et gravois qui se trouveraient sur les chantiers.

ART. 21. — Lorsque les travaux seront terminés, l'architecte en fera réception, s'il y a lieu, et dressera procès-verbal de cette opération en présence du Conseil d'administration et de l'entrepreneur. L'adjudicataire restera responsable de ses travaux, conformément aux articles 1729 et 1799 du Code Napoléon, même après la restitution de son cautionnement.

ART. 22. — Il ne pourra sous aucun prétexte d'erreur ou omission dans la composition des prix des estimations, revenir sur ceux par lui consentis, attendu qu'il a dû s'en rendre préalablement un compte exact

Art. 23. *États de situation des travaux.* — Au fur et à mesure de l'avancement des travaux, l'architecte dressera des états de situation et proposera, s'il le juge nécessaire, le paiement d'acomptes pouvant s'élever aux 8/10ᵉˢ du montant des travaux exécutés et de la valeur des matériaux rendus à pied-d'œuvre.

Il ne sera pas accordé d'acompte pour une somme moindre que 10,000 fr.

Le neuvième 10ᵉ sera payé après la réception provisoire, et le dernier 10ᵉ ainsi que le cautionnement seront remboursés un an après ladite réception.

Art. 24. *Police des ateliers.* — L'architecte et son représentant auront le droit de renvoyer les agents et ouvriers de l'entrepreneur pour cause d'insubordination, d'incapacité ou pour défaut de probité.

Art. 25. *Frais d'adjudication.* — Les droits de timbre, les frais d'impression et de publicité auxquels l'adjudication aura donné lieu, seront à la charge des adjudicataires, qui seront tenus d'en acquitter le montant au prorata de l'importance de chaque lot, dans les trois jours qui suivront l'adjudication.

Si, par suite de l'inexécution par l'adjudicataire de l'une des conditions ci-dessus, il devenait nécessaire de soumettre les présentes à la formalité de l'enregistrement, tous les droits auxquels cette formalité donnerait ouverture seront entièrement à la charge de l'adjudicataire, et, à défaut par ce dernier de consigner l'importance de ces droits en temps utile, la Compagnie immobilière pourra en faire la retenue sur le prix des travaux.

Fait en Conseil d'administration, à Lille, le 26 mai 1868.

Le président du Conseil,

Henri VIOLLETTE.

MODÈLE DE SOUMISSION.

Je soussigné (nom et prénoms), entrepreneur de... demeurant à... après avoir pris connaissance des plans, devis, avant-métré et cahier des charges concernant les travaux à exécuter pour la construction de maisons d'ouvriers à Lille, m'engage à exécuter les travaux formant le... lot de l'adjudication, et qui sont évalués au devis à la somme de... (Porter la somme en toutes lettres) moyennant un rabais unique de... (Mettre le rabais en toutes lettres) par cent francs.

Je me soumets et m'engage en outre à l'exécution de toutes les clauses et conditions insérées dans les devis et cahier des charges dont j'ai pris connaissance.

Fait à   le   1868.

SOCIÉTÉ LIÉGEOISE DES MAISONS OUVRIÈRES

CHAPITRE PREMIER.

CONDITIONS GÉNÉRALES.

ARTICLE PREMIER. — Les matériaux à employer doivent être de première qualité et conformes aux plans et devis descriptifs ci-annexés. Ils seront mis en œuvre suivant les règles de l'art et devront être acceptés avant leur emploi par le directeur de la Société ou son délégué.

Les bois devront être bien secs, sans nœuds vicieux, ni aubier, ni flaches. Les assemblages des charpentes et de la menuiserie seront ajustés et exécutés avec soin ; les mortaises recevront de la couleur à l'huile avant d'être chevillées.

ART. 2. — Lorsque les modèles seront donnés comme types, l'adjudicataire devra s'y conformer rigoureusement, à moins qu'il n'ait été dérogé à cette condition par une autorisation expresse et écrite du directeur.

ART. 3. — Les ouvrages non conformes aux plans et conditions générales ou spéciales déterminées dans le présent cahier des charges seront démolis et reconstruits aux frais de l'entrepreneur.

Si l'origine et la qualité des matériaux, les dimensions et les détails des ouvrages, n'ont pas été spécialement définis au cahier des charges et aux plans, l'entrepreneur sera tenu de se conformer à ce qui est généralement en usage dans les bonnes constructions faites selon les règles de l'art.

ART. 4. — L'entreprise constitue un forfait. L'entrepreneur est censé s'être rendu compte et avoir calculé les prix et métrés des travaux repris aux plans, devis descriptifs et cahier des charges. Il ne pourra réclamer aucune indemnité du chef de pertes, fausse main-d'œuvre ou travail imprévu.

ART. 5. — Le directeur de la Société pourra toujours exiger le nombre d'ouvriers qu'il jugera nécessaire pour que les travaux soient terminés aux époques fixées au présent cahier des charges.

Dans ce cas, il devra en prévenir l'entrepreneur par écrit, et si, dans les trois jours qui suivront il n'est pas fait droit à sa demande, il pourra prendre d'office des ouvriers aux frais de l'entrepreneur.

ART. 6. — Les outils ou autres objets nécessaires à l'exécution des travaux, tels que cordages, chèvres, pompes, brouettes, échaffaudages, etc., sont à la charge de l'entrepreneur, qui devra fournir en outre les jalons, niveaux, gabarits et aides nécessaires aux tracés et métrés.

ART. 7. — L'entrepreneur reste soumis à la responsabilité prévue par les lois et règlements de police, et notamment à celle qui résulterait de son imprévoyance. Il devra se trouver constamment sur les travaux, ou s'y faire représenter par un maître-ouvrier ayant ses pleins pouvoirs pour faire exécuter les ordres du délégué de la Société.

ART. 8. — L'entrepreneur peut être tenu de faire au prix de 5 p. 100 au-dessous des prix du bordereau de l'entretien des bâtiments de la ville de Liège, les travaux supplémentaires ou accessoires qui ne seraient pas compris dans le traité à forfait conclu par lui.

ART. 9. — Si pendant la durée des travaux, la Société reconnaissait la convenance ou la nécessité de modifier les plans, l'entrepreneur devra se conformer à ce qui sera prescrit à ce sujet, sauf à régler les conséquences des changements, soit quant au prix, soit quant au délai accordé pour l'exécution des travaux, sur les bases de l'article 8 ci-dessus.

ART. 10. — L'entrepreneur devra garantir à ses frais toutes les parties de constructions sujettes à détérioration pendant l'exécution des travaux et jusqu'à leur réception définitive.

ART. 11. — Il y aura deux réceptions des travaux, l'une provisoire au moment de leur achèvement, l'autre définitive, trois mois après. La réception ne sera considérée comme définitive, que lorsqu'il en aura été donné acte par un administrateur de la Société.

ART. 12. — En cas de retard dans l'achèvement des travaux, la Société pourra mettre l'entrepreneur en demeure, par exploit d'huissier ou par lettre recommandée, et si, dans la huitaine de la date de la lettre ou de l'exploit, les travaux n'étaient pas achevés complètement, l'entrepreneur subira de plein droit une pénalité de   francs pour chaque maison et par jour de retard. Cette somme stipulée à titre d'indemnité sera retenue sur le prix de l'entreprise. L'entrepreneur ne pourra s'y soustraire sous aucun motif, s'il ne reproduit pas la preuve écrite, qu'il lui a été accordé un délai par le directeur-gérant de la Société.

Art. 13. — Les dispositions et dimensions en général sont indiquées aux plans joints au présent cahier des charges, mais les détails seront donnés à l'entrepreneur pendant l'exécution des travaux.

Les maçonneries sont figurées par une teinte rose, les pierres de taille par une teinte bleue, les bois par une teinte jaune.

CHAPITRE II.

CONDITIONS SPÉCIALES. — DÉBLAIS, FOUILLES DES CAVES ET FONDATIONS, ETC.

Art. 14. — Les terres végétales seront déposées aux endroits indiqués par la direction; les graviers, schistes et décombres seront transportés hors de la propriété. Après l'achèvement des travaux, le terrain sera bien nivelé, et les terres végétales seront mises au-dessus, sur une épaisseur de 0^m 30 ou moins, le tout aux frais de l'entrepreneur et selon les indications du directeur-gérant de la Société.

Maçonneries.

Art. 15. — Les maçonneries seront assises sur bon sol, reconnu tal par le directeur-gérant ou son délégué. L'assise sera bien damée et recouverte d'une couche de chaux en poudre. Les premières assises seront faites en libages ou en briques au choix du directeur; les briques seront bien cuites et bien dures.

L'entrepreneur pourra employer dans les fondations des briques provenant de démolition, à la condition qu'elles soient reconnues de bonne qualité et bien nettoyées avant leur emploi.

Toutes les maçonneries, à partir du niveau du terrain, seront faites en briques neuves posées suivant les meilleures règles de l'art en liaison à refus.

Art. 16. — Les conduites de cheminées auront une forme elliptique régulière de 0^m 15 × 0^m 21, faite sur un calibre en bois. Ces conduites seront bien enduites à l'intérieur, au mortier, à la bourre avec chaux coulée.

Il sera laissé une conduite de cheminée dans l'une des caves de chaque bâtiment.

Les souches de cheminées dépasseront le faîtage du toit de 0^m 95 au moins; elles seront bien récrépies.

Des conduites d'un diamètre de 0^m 15 pour la ventilation de chaque chambre seront ménagées dans les mur. elles sortiront du toit au moyen

d'un tuyau en grès. Le tout sera fait selon les indications du directeur de
la Société.

L'entrepreneur reste responsable du tirage des cheminées et des conduites
d'aérage.

ART. 17. — Les voûtes des caves extradossées de niveau et bien soi-
gnées auront une brique d'épaisseur à la clef. Les briques seront de première qualité. Les caves seront pavées de briques sur plat posées au mortier
sur fond de sable ou de cendres ; un lait de chaux sera coulé dans les joints
après l'achèvement de ce pavage.

Mortiers.

ART. 18. — Les mortiers pour les différentes espèces de maçonnerie
seront faits d'après les règles de l'art et les instructions de la direction,
sous un hangar pavé en briques situé près des travaux.

Le mortier employé dans les maçonneries de fondations sera composé
d'égales parties de chaux hydraulique et de sable ou cendrées de briques.

Le mortier, pour les maçonneries en élévation, sera composé de six
parties de même chaux éteinte, deux de sable et deux de cendrées de briques
ou gravier fin tamisé.

Les façades et pignons seront récrépis solidement et proprement, au
naturel avec joints bien coupés. — Les autres murs, en général, tels que les
parements de caves, de greniers, etc., se feront à la dague, au fur et à
mesure de l'exécution des maçonneries.

Pierres de taille.

ART. 19. — Les pierres de taille seront de l'espèce dite petit granit des
carrières de l'Ourthe ; elles seront d'une nuance uniforme, sans taches
blanches ni défaut quelconque, taillées au fin ciseau sur toutes les faces
apparentes ; elles auront les formes et dimensions indiquées aux épures,
plans et tableau d'appareil remis à l'entrepreneur, qui devra les retailler
après leur placement, si elles ne se raccordaient pas parfaitement entre elles ;
les joints seront mastiqués au ciment après leur pose.

Carrelage.

ART. 20. — Les vestibules, les places du rez de chaussée, et les entrées
de caves seront pavés en pierres bleues sciées de Dinant. — Ces pavés
devront avoir une épaisseur de 0^{m} 04 au moins ; ils seront posés au mortier,
sur fond de sable bien battu. — Les joints seront réguliers et ne pourront
excéder 0^{m} 002 de largeur. La pose se fera d'après les indications du directeur de la Société.

Enduits sur murs et plafonds.

Art. 21. — Tous les murs, cloisons et plafonds seront enduits de trois couches de mortier. — La première couche sera très mince ; la seconde sera dressée de manière à ce que les surfaces des murs et cloisons soient parfaitement d'aplomb ; la troisième couche sera en blanc pour les plafonds et en gris pâle pour les murs et cloisons des vestibules, cages d'escaliers et chambres, ces faces devant être peintes à la détrempe.

Les lattes des plafonds seront en chêne, sans aubier, bien droites et placées jointives. — Après l'achèvement des travaux, les plafonds qui ne seraient pas parfaitement blancs, seront peints à la détrempe aux frais de l'entrepreneur.

La chaux sera coulée sur place, un mois avant son emploi. — Les mortiers se feront dans des bacs et à couvert ; ils devront être faits quatre jours avant leur emploi.

Charpentes.

Art. 22. — Les charpentes des cloisons seront construites en posselets de sapin du Nord, de $0^m 08 \times 0^m 11$ d'équarrissage.

Les montants seront d'une pièce sur leur hauteur. Les montants et traverses des portes seront préparés de manière à être bien d'aplomb et de niveau.

Les traverses des cloisons sur les murs du rez-de-chaussée seront en posselets de chêne de $0^m 11 \times 0^m 12$ d'équarrissage. — Les vernes de la toiture et pièces des charpentes seront en sapin du pays, d'un équarrissage de $0^m 18 \times 0^m 20$ et d'une pièce sur leur longueur ; elles seront solidement ancrées aux pignons.

Les linteaux des fenêtres et portes seront en vieux bois de chêne, et reliés entre eux au moyen de bandes de fer.

Les refendages des étages et greniers seront en bois de sapin du Nord, ils seront espacés l'un de l'autre de $0^m 28$ à $0^m 30$ d'axe en axe, ils porteront au moins de $0^m 12$ dans les murs en reposant sur une filière en wère de chêne ; les bouts seront enduits d'une couche de goudron.

Ils seront d'une seule pièce sur leur longueur et posés suivant les indications du directeur de la Société. Ils seront reliés entre eux dans les grandes pièces, au moyen d'une chaîne composée de bouts et de refendages.

Tous ces refendages auront un équarrissage de $0^m 065 \times 0^m 15$.

En dessous de chaque cloison, on placera deux refendages boulonnés ensemble.

Les assemblages des âtres seront en posselets de sapin.

Planchers.

ART. 23. — Les planchers des étages, paliers, mansardes et greniers seront en planches de Canada de première qualité. — Ces planches devront être bien sèches, rabotées et jointes avec soin à joints réguliers, clouées avec des pointes de Paris et avoir la même largeur dans leurs cours. — Il ne pourra y avoir que deux pièces sur la longueur d'un cours de plancher.

Au cas où les planchers se retireraient, l'entrepreneur devra les relever à son compte.

Ce travail se fera un an au plus tard après la réception provisoire. L'entrepreneur devra en outre réparer à ses frais les dégradations résultant de cette opération.

Socles.

ART. 24. — Tous les locaux, excepté les greniers et caves, seront garnis de socles (plinthes) en lattes de sapin de 0^m 12 de hauteur et un centimètre et demi d'épaisseur fixées aux murs et cloisons au moyen de crochets en fer incrustés dans les socles.

Escaliers.

ART. 25. — Les escaliers seront faits d'après les instructions du directeur de la Société. — Ils seront en madriers de hêtre, avec contre-marches en feuillets de même bois. — Ils auront un côté à noyau, sur lequel sera placé un guide-main avec fuseaux tournés formant rampe.

Les escaliers des caves seront également en hêtre, mais sans contre-marches.

Les paliers seront en planches de Canada rabotées sur terrasses en chêne.

Les cloisons sous les escaliers du rez-de-chaussée seront en planches de Canada, assemblées à rainures et à languettes.

Portes.

ART. 26. — Il sera placé au rez-de-chaussée de chaque maison une porte principale à un vantail en double quartier de sapin rouge du Nord, avec revêtement en planches de même bois placées à rubans, à rainures et à languettes.

Le châssis sera en terrasses de bois de chêne, il sera plombé aux montants de la baie de la porte.

L'attique sera vitrée et divisée au milieu par un montant de fer.

Cette porte, pendue par trois pentures, sera munie d'une serrure lançante et dormante posée entre deux bois et avec crossette en fonte.

Les autres portes extérieures seront en planches de bois blanc clouées sur trois barres en chêne, avec trois pentures et serrure appliquée.

ART. 27. — Les portes intérieures du rez-de-chaussée et de l'étage, seront en simple quartier de sapin rouge, avec panneaux et chambranle en bois blanc.

Toutes ces portes seront munies de bonnes serrures posées entre deux bois, avec lançants et dormants et crossettes unies en cuivre ou en fonte, au choix du Directeur de la Société.

Les chambranles seront unis, à part l'arête intérieure.

Il sera creusé dans chaque embrasure, une rainure servant d'arrêt à la porte.

ART. 28. — Les portes des greniers, des mansardes, des lieux d'aisances et des entrées des caves seront en planches de Canada clouées sur trois traverses en chêne ; celles des caves seront à claire voie et construites de la même façon ; celles des mansardes et greniers auront un chambranle.

Toutes ces portes auront deux fortes pentures et une serrure appliquée.

Fenêtres.

ART. 29. — Les fenêtres seront en quartier de chêne, et les jets d'eau et châssis en terrasses de chêne, avec de petites traverses en fer pour séparer les carreaux. — Les fenêtres des façades principales auront une attique.

Ces fenêtres seront garnies de crémones avec bouton en cuivre. — Celles des mansardes et greniers auront deux plats-verroux.

Des fenêtres à tabatière en bois de chêne seront placées dans la toiture comme l'indique le plan. — Ces fenêtres seront garnies de toutes leurs ferrures, de zinc et de plomb.

Volets.

ART. 30. — Des volets seront placés aux fenêtres du rez-de-chaussée ; ils seront à panneaux en feuillets de bois blanc, avec encadrement en sapin rouge. — Chaque volet aura trois pentures sur la hauteur.

Serrurerie.

ART. 31. — Les fers employés pour la serrurerie seront de toute première qualité, doux, liants, sans pailles, travaillés proprement suivant les formes indiquées.

Toute la serrurerie sera parfaitement exécutée, les ressorts de serrures seront en acier.

Les clefs, écussons, crémones, pentures, serrures, plats-verroux et autres objets, seront bien polis à la lime douce, et conformes aux modèles déposés dans les bureaux de la Société.

Vitrerie.

ART. 32. — Les carreaux seront en verre demi-blanc, d'une épaisseur régulière et exempts de défauts; chaque carreau sera fixé par des pointes aux angles et garni de bon mastic.

Le Directeur de la Société fixera l'époque de leur pose.

Marbrerie.

ART. 33. — Il y aura dans chaque pièce du rez-de-chaussée et du premier étage une tablette avec devanture en granit formant cheminée. — Chaque cheminée sera fixée par des agrafes en fer et placée au plâtre. Devant les cheminées il y aura une dalle aussi en granit formant âtre: cette dalle reposera sur une maçonnerie d'une brique d'épaisseur.

Le granit sera bien poli, de première qualité, exempt de défaut quelconque et aura une épaisseur de $0^m 02$.

Toiture.

ART. 34. — Il sera placé sur les vernes de la toiture des wères en sapin du Nord, destinées à recevoir les lattes portant les tuiles. — Ces wères seront droites et bien équarries; elles seront d'une pièce sur la longueur, espacées de trente centimètres d'axe en axe et solidement fixées aux vernes et à la sablière de la corniche.

Les corniches d'amortissement seront en sapin, clouées sur un grillage en wères de chêne, et conformes aux dessins qui en seront donnés par le Directeur-Gérant.

ART. 35 — Les toitures seront faites en tuiles rouges et bleues d'après les indications du Directeur de la Société.

Ces tuiles proviendront de....; elles devront être bien formées, bien cuites et sans défauts. — Elles seront posées avec soin sur les lattes en sapin, avec torches en paille. — Celles du faîtage seront faites de manière à ce qu'elles recouvrent bien les premières rangées de chaque versant. Le recouvrement des tuiles les unes sur les autres sera de $0^m 07$.

ART. 36. — Les fonds des chéneaux et le zinc garnissant les tabatières seront en n° 14.

Les tuyaux de descente, en zinc n° 9, de $0^m 08$ de diamètre, seront placés à chacune des façades et solidement fixés au moyen de crochets en fer.

Peinture.

Art. 37. — Tous les travaux de peinture seront exécutés avec de la couleur à l'huile de lin pour les travaux extérieurs, et à l'huile de pavot pour les peintures intérieures, à la céruse bien pure et de première qualité.

Les boiseries seront bien poncées et mastiquées avant de recevoir la seconde couche de couleur.

La menuiserie tant intérieure qu'extérieure recevra trois couches de couleur, dont les nuances et teintes seront choisies par le Directeur de la Société.

Les couleurs à employer seront de première qualité et pourront être soumises à l'analyse, si le Directeur de la Société le juge convenable.

Ancres, ferrures, bandes de cheminées, etc.

Art. 38. — Chaque plancher d'une maison aura quatre ancres du poids de 2 kil. y compris les clous ; ces ancres seront placées suivant les instructions du Directeur de la Société.

Les assemblages des êtres seront reliés par des bandes de fer. Les manteaux des cheminées reposeront sur une bande de fer de 0^{m}015 d'épaisseur, ayant une portée de 0^{m}015 sur chaque jambe de cheminée.

Les pierres de taille seront reliées entre elles au moyen d'agrafes en fer scellées à plomb.

Une grille en fonte d'une valeur de cinq francs sera placée dans chaque foyer.

Tous les fers placés dans la maçonnerie seront enduits d'une couche de minium.

Lieux d'aisances.

Art. 39. — Les lieux d'aisances seront entourés d'une cloison d'une demi-brique, avec charpente en terrasses de sapin, sur semelle en bois de chêne. La cloison reposera sur une maçonnerie d'une brique d'épaisseur. Les encadrements des portes seront en terrasses de chêne, formant chambranle ; les faces extérieures seront bien rabotées.

Les lieux seront recouverts par une plate-forme en zinc n° 12 posée sur planches de Canada et wères en sapin. Un conduit en zinc de 0^{m}03 de diamètre déversera les eaux pluviales.

Les sièges et bouchons seront en planches de Canada reposant sur une maçonnerie d'une demi-brique ; la face du siège sera faite de manière à pouvoir y placer un banc en bois.

Les lieux seront pavés en briques sur champ.

Canalisation de l'eau alimentaire.

ART. 40. — L'entrepreneur devra faire exécuter le placement des eaux alimentaires dans les maisons. Il y aura des robinets d'arrêt avec des prises sur la conduite établie par la ville. Ces prises seront placées à peu près en face du milieu du terrain laissé entre chaque groupe de maisons.

Les tuyaux pour les prises principales partant des robinets d'arrêt seront en plomb ; ils auront un diamètre intérieur de $0^m 02$ et devront peser 5 kil. par mètre courant.

Les tuyaux dont il vient d'être question seront enterrés à une profondeur de $0^m 75$ au moins ; le Directeur de la Société pourra exiger même une plus grande profondeur, s'il le juge nécessaire.

Il sera placé à l'intérieur des maisons, à l'extrémité de chaque branchement, un robinet élevé de $0^m 75$ au-dessus du sol et espacé de $0^m 15$ du mur.

Les tuyaux et robinets seront conformes aux modèles déposés dans les bureaux de la Société.

Les terrassements pour la pose des tuyaux et des robinets, les crochets ainsi que les réparations des murs, des haies, peintures, etc., seront faits par l'entrepreneur.

Haies et portes des jardins.

ART. 41. — Les jardins seront clôturés par des haies de premier choix ; les pieux, en bois de sapin, auront un diamètre moyen de $0^m 06$; ils seront enterrés profondément et distants de 1 mètre l'un de l'autre. Trois lattes seront clouées sur la hauteur de la haie. Entre chaque piquet, il y aura sept plants d'épines qui devront avoir une hauteur moyenne de $1^m 20$ au-dessus du sol du jardin et seront bien liés aux lattes.

Une porte de même hauteur que les haies, en lattes de planche de chêne à claire voie clouée sur trois terrasses en chêne, sera placée vis-à-vis de la porte d'entrée de chaque maison. — Cette porte sera en deux montants en posselets de chêne, solidement fixés en terre et enduits de goudron jusqu'au niveau du sol.

Il y aura par porte deux pentures et une serrure avec crossette en fonte.

CHAPITRE III.

CONDITIONS DIVERSES.

ART. 42. — L'entrepreneur devra faire assurer les constructions jusqu'à ce que l'entreprise soit terminée ; il reste, en tout cas, responsable des incendies qui pourraient survenir dans les travaux en cours d'exécution, ainsi que dans les matériaux déposés sur le terrain.

ART. 43. — Nul ne sera admis à concourir à l'adjudication s'il ne présente une personne honorable et solvable pour lui servir de caution.

Les plans, le cahier des charges et la soumission seront signés par l'entrepreneur et par sa caution.

Les travaux supplémentaires ne seront reconnus que pour autant que l'entrepreneur produise des bons signés du Directeur de la Société ou de son délégué.

En cas de décès de l'entrepreneur, la Société pourra faire achever les travaux par les héritiers ou par la caution à son choix.

ART. 44. — Les sous-traitants que l'entrepreneur s'associerait ne seront pas admis en cette qualité par la Société.

ART. 45. — Les administrateurs de la Société, le Directeur-gérant ou son délégué pourront, en tout temps et à toute heure, visiter les ateliers où s'exécutent la menuiserie et la serrurerie.

ART. 46. — Tout différend qui surgira entre l'entrepreneur et la Société sera jugé en dernier ressort par trois arbitres à désigner par le Président du tribunal civil de Liège ou par le juge qui le remplace.

ART. 47. — Les travaux seront commencés le
et complètement terminés le
sous peine de l'amende stipulée à l'article 12 du présent cahier des charges.

PAIEMENTS.

ART. 48. — Les paiements seront faits par cinquièmes de la manière suivante, après réception provisoire des travaux par le Directeur de la Société :

1° Un cinquième quand les refendages du premier étage seront placés ;

2° Un cinquième après la pose des solives du grenier ;

3° Un cinquième après la pose des toitures et des chéneaux, le récrépissage des façades et la pose des fenêtres ;

4° Un cinquième lorsque tous les travaux seront entièrement terminés et reçus par l'administration de la Société ;

5° Un dernier cinquième après la réception définitive, sauf une somme de fr.   qui ne sera payée que lors du relevage des planchers.

N. B. Ce cahier des charges suppose la construction complète de la maison par un seul entrepreneur.

Lorsque la Société juge plus avantageux de faire des adjudications séparées pour la maçonnerie, les pierres, la menuiserie, etc , il est fait alors des cahiers des charges spéciaux pour chaque objet, d'après les conditions qui sont reprises ci-dessus.

BUREAU DE BIENFAISANCE D'ANVERS

Description et conditions spéciales des travaux à exécuter pour la construction de cent trente maisons.

DÉMOLITION, DÉBLAIS, REMBLAIS ET MAÇONNERIE EN FONDATION.

ARTICLE 1er. — Les restes des murs en fondation de l'ancien Pesthof seront démolis, autant qu'il sera nécessaire pour l'exécution des travaux ; dans aucun cas les anciennes maçonneries ne pourront être incorporées ou reliées aux nouvelles.

ART. 2. — Les fondations des façades des maisons récemment démolies, rue de l'Ecole, seront démolies jusqu'à la dernière assise.

ART. 3. — Le niveau des nouvelles rues se rapportera aux rues de l'Ecole, du Commerce et du Lazaret ; néanmoins, et cela sans augmentation sur le prix de l'entreprise, l'entrepreneur sera tenu de se conformer au niveau exact à donner ultérieurement par M. l'Ingénieur de la ville.

ART. 4. — Toutes les terres à provenir des déblais seront employées à remblayer les maisons, cours, jardins et rues, en prenant soin de réserver la meilleure terre végétale pour exhausser les jardins de quelques maisons de la sect. F.

ART. 5. — S'il était constaté que des terres, sables ou décombres, avaient été transportés des travaux par l'entrepreneur, il sera tenu de remplacer immédiatement la quantité enlevée et, en outre, une amende de cinq francs par tombereau lui sera appliquée.

ART. 6. — Le sable coquilleux à découvrir sera, le cas échéant, mis par l'entrepreneur, et à ses frais, à la disposition de l'Administration.

ART. 7. — Les cours et jardins des maisons seront remblayés jusqu'au niveau des trottoirs. On choisira les terres les plus sèches pour remblayer l'intérieur des maisons.

ART. 8. — Les murs des façades en fondation seront remblayés jusqu'au niveau et à la largeur des trottoirs, c'est-à-dire de 1ᵐ 50 pour les rues de 10 mètres et de 2 mètres de largeur pour les rues de 12 mètres, ensuite en pente de 30 degrés vers le niveau actuel des rues se trouvant dans la partie désablée du terrain.

ART. 9. — Dans le cas où les déblais fourniraient plus de terres qu'il n'en faut pour faire les remblais susmentionnés, l'entrepreneur les utilisera pour exhausser les rues dont le niveau actuel serait le plus en contre-bas des maisons. Dans le cas contraire, l'entrepreneur est tenu de suppléer les terres manquantes.

ART. 10. — Le terrain ne pourra pas être désablé ; uniquement le sable à provenir des déblais pourra être employé pur ou mélangé avec du sable de mer pour les ouvrages de maçonnerie ou plafonnages, ou pour former le lit des pavements, suivant l'avis de l'architecte dirigeant.

ART. 11. — Les remblais se feront toujours par couches de 0ᵐ 30 au maximum, et chaque couche sera fortement damée.

ART. 12. — Aucun remblai ne pourra se faire avant que l'architecte ait vérifié si les joints des murs en fondation ont été cirés et lavés à la brosse avec du mortier de cendrée.

ART. 13. — Pour les cent et trente maisons, il sera fait vingt-huit puits d'eau de source, aux endroits indiqués et à la profondeur voulue pour conserver au mois de septembre une hauteur d'eau d'au moins 1ᵐ 45.

Les puits auront 1ᵐ 35 de diamètre intérieur et seront maçonnés avec des grandes briques de puits, dites klampsteen, de 0ᵐ 19. La cuve sera formée d'une roue en bois de hêtre de 0ᵐ 05 d'épaisseur, avec planches en sapin de 0ᵐ 024 d'épaisseur sur 0ᵐ 08 de largeur et 2 mètres de hauteur clouées jointivement et revêtues de deux forts cercles en fer.

Les remblais autour des puits d'eau de source seront faits avec des terres fraîches, fortement damées.

Au-dessus du puits, la maçonnerie du puits sera élevée en forme de cône tronqué, de manière à conserver au niveau du pavement une ouverture de 0ᵐ,60, l'orifice sera couvert d'une pierre de taille bleue de 0ᵐ 08 d'épaisseur.

ART. 14. — Les citernes suivantes seront construites suivant les dimensions indiquées ci-après :

Toutes ces mesures sont prises entre les revêtements.

Toutes les citernes auront 1ᵐ 80 de hauteur entre l'empavement et l'intrados de la voûte.

Les murs des citernes auront deux briques d'épaisseur (0ᵐ 38) sous les façades postérieures ou latérales et une brique et demi (0ᵐ 28) sous les murs des cours, non compris le revêtement d'une demi-brique (klinkaart) d'épaisseur, maçonné au mortier de trass.

Les voûtes et murs des cheminées des citernes auront 0ᵐ 18 d'épaisseur.

Les reins des voûtes seront remplis jusqu'au niveau de l'intrados.

Les pavements seront composés d'une brique sur champ en mortier cendrée et d'une brique posée sur plat au mortier de trass ou de ciment.

A chaque citerne, il y aura un trop-plein ou décharge de 0ᵐ 10 sur 0ᵐ 10 dans œuvre et dont les pavements, parois et couvertures, maçonnés au mortier de ciment, auront 0ᵐ 10 d'épaisseur.

Art. 15. — Les fosses d'aisances, avec grands ou simples conduits de décharge des lieux, seront faites comme suit :

Elles auront des dimensions qui varieront suivant le nombre des maisons qu'elles desserviront. Ces dimensions sont indiquées dans le cahier des charges.

Les murs des fosses d'aisances auront une épaisseur de deux briques, non compris le revêtement intérieur d'une demi-brique (klinkaart) d'épaisseur faite au mortier de trass. Les pavements seront composés d'une demi-brique sur champ et d'une brique sur plat en mortier de cendrée, ainsi que d'une assise de grands carreaux rouges, posée au mortier de trass. Le pavement sera mis au-dessus de l'empatement de trois assises de hauteur et descendra en pente vers l'ouverture pour le curage.

La voûte aura une brique (0ᵐ 19) d'épaisseur, ainsi que les parois de l'orifice ; l'orifice ou cheminée de curage conservera 0ᵐ 60 carrés, mesuré dans œuvre.

Les deux grands conduits à construire sous les maisons, pour vider les fosses à la rue, auront la même hauteur entre les voûtes et le pavement que les fosses ; en outre, le pavement aura une pente de 0ᵐ 04 par mètre vers la rue. Les murs de ces conduits auront une épaisseur de une brique et demie, non compris le revêtement intérieur, qui sera fait, ainsi que les voûtes et pavements. comme il est prescrit pour les fosses d'aisances. Ces deux conduits auront 0ᵐ 80 de largeur et la cheminée pour le curage à la rue 0ᵐ 30 carrés, le tout mesuré dans œuvre.

Les grands conduits de décharge auront 0ᵐ 40 de largeur et 0ᵐ 45 de hauteur intérieurement au point de départ de la pente vers la fosse ; une pente en sens inverse sera établie sous les lieux d'aisances ; malgré la pente des pavements, la couverture sera toujours de niveau et la hauteur s'augmentera proportionnellement de 0ᵐ 04 par mètre courant de pente vers les fosses.

Les murs auront une épaisseur d'une et demi-brique, et le pavement sera composé de deux assises de briques, posées sur plat et d'une brique sur champ, en forme de voûte renversée. Dans chaque parcours de ces grands conduits, dépassant la longueur de 6 mètres, il sera établi une ouverture de 0ᵐ 40 carré, pour faciliter, le cas échéant, le débouchage. Ces ouvertures seront bouchées au niveau du sol par un encadrement en pierre de taille de 0ᵐ 10 avec couverte de 0ᵐ 06 d'épaisseur, munie d'un anneau en fer scellé au plomb.

Les conduits simples, se déchargeant directement dans les fosses ou dans les grands conduits, auront 0ᵐ 25 sur 0ᵐ 30 dans œuvre, les parois auront 0ᵐ 19 d'épaisseur et le pavement sera composé de deux assises de briques sur plat et d'une assise posée sur champ en forme de voûte renversée, avec 0ᵐ 05 de flèche.

Les pierres de recouvrement des grands et des simples conduits de décharge seront en pierre de taille de Tournay, posées au mortier de tras, à joints droits et serrés, couvrant, de chaque côté, au moins la moitié de l'épaisseur des murs formant parois.

Les pierres de recouvrement auront 0ᵐ 06 d'épaisseur pour les petits conduits et 0ᵐ 08 d'épaisseur pour les grands.

Art. 16. — Les cheminées des citernes et fosses d'aisances seront couvertes par des pierres de taille bleues de 0ᵐ 06 d'épaisseur avec anneau en fer, et encadrements à battes de 0ᵐ 12 sur 0ᵐ 10 d'épaisseur.

Les encadrements des citernes conserveront 0ᵐ 50 d'ouverture et ceux des fosses d'aisance 0ᵐ 60 carré.

Art. 17. — Les cheminées des deux grands conduits seront couvertes, à la rue, au niveau des trottoirs par des encadrements de 0ᵐ 30 d'ouverture et de 0ᵐ 14 × 0ᵐ 10 d'épaisseur, avec couverte de 0ᵐ 08 d'épaisseur en pierre de taille et munie d'un œillet en fer avec crampon.

Les anneaux ou œillets en fer seront toujours noyés dans la pierre de couverture et scellés au plomb.

Tous les murs à l'intérieur des citernes, fosses d'aisances, grands ou petits conduits de décharge, ainsi que les pavements et les voûtes, seront couverts d'une couche de ciment de 0ᵐ 008 d'épaisseur, lissée avec une palette en bois.

Art. 18. — Les reins des voûtes des citernes, des fosses d'aisances et des deux grands conduits sous les maisons, seront remplis à la hauteur de l'intrados et la chape sera recouverte d'une couche de crépi en mortier cendrée, parée à la brosse.

Art. 19. — *Lieux d'aisances.* — Le siège des lieux d'aisances sera maçonné en mortier de cendrée et briques Klampsteen dures. Chaque lieu d'aisances aura un pot en fer de 0ᵐ 36 de diamètre, un entonnoir en faïence jaune ou blanche, avec anneau en terre cuite, verni à l'intérieur.

Toutes les maçonneries en contact avec des matières fécales seront revêtues d'une couche de ciment.

Afin de pouvoir vider le pot en fer des lieux d'aisances, il y aura devant chaque siège une ouverture, fermée par une pierre de taille de 0^m 06 d'épaisseur munie d'un œillet avec agrafe, — avec encadrement de 0^m 20 d'ouverture.

ART. 20. — *Égouts et rigoles.* — Pour la décharge des eaux ménagères et des trop-pleins des citernes, il sera construit des égouts et rigoles, suivant les indications du plan des ouvrages en fondation.

Dans la cour de chaque maison, il sera fait un puisard de 0^m 25 sur 0^m 45, mesuré dans œuvre et dont le pavement sera établi 0^m 20 en contrebas du pavement des égouts de décharge. Chaque puisard aura un siphon en pierre de taille, taillé avec chanfrein à vives arêtes et une grille en fer dont les barreaux ne seront espacés que de 0^m 006.

Les égouts de décharge, ainsi qu'il est indiqué au plan, conduiront les eaux jusqu'à des puisards à la ligne des façades sur la rue et conserveront sur tout leur parcours une largeur de 0^m 20 sur 0^m 25 de hauteur.

ART. 21. — Dans les caves des maisons boutiques et bourgeoises, les égouts seront établis sur des voûtes d'une brique d'épaisseur et dont les piédroits, placés à deux mètres de distance, auront une brique et demie d'épaisseur.

Les murs formant les parois des égouts et puisards n'auront jamais moins de $0^m,19$ d'épaisseur, et les pavements seront formés de deux assises de briques sur plat.

ART. 22. — Les rigoles conduisant les eaux pluviales dans les citernes auront 0^m 10 de largeur et 0^m 15 de hauteur intérieurement ; les parois et les pavements de ces rigoles seront maçonnés au mortier de trass et la couverture se fera en grands carreaux rouges de Boom.

Les égouts, rigoles et puisards, seront revêtus intérieurement, sur toutes leurs parties, d'une couche de ciment ; les joints des murs seront cirés et lavés à la brosse.

Les égouts et rigoles seront couverts avec des dalles en pierres dures, bleues ou blanches, de 0^m 04 d'épaisseur, couvrant au moins, de chaque côté, la moitié de l'épaisseur des murs et fichés avec du mortier cendrée.

ART. 23. — Les puisards seront couverts par des encadrements de 0^m 25 sur 0^m 45 d'ouverture et 0^m 08 d'épaisseur avec couvertes en pierre de taille de 0^m 04 d'épaisseur et de 0^m 25 sur 0^m 30 carré, ensuite par un grillage en fer, dont les barreaux ne seront espacés que de 0^m 008.

ART. 24. — Les puisards seront construits de manière à ne pas couper le cours des égouts, mais s'y déchargeront au moyen de petits embranchements.

ART. 25. — L'entrepreneur est prévenu que tous les ouvrages doivent être exécutés dans les meilleures conditions et qu'ils seront spécialement surveillés.

Art. 26. — Les tranchées pour les murs en fondation seront creusées à la profondeur nécessaire pour atteindre la couche de sable jaune vierge, parfaitement de niveau et fortement damées.

Art. 27. — Le dessus du pavement des caves des maisons boutiques, grandes et petites maisons bourgeoises et des maisons ouvrières se trouvera à un 1^m 95 en contre-bas du niveau des trottoirs.

Art. 28. — La maçonnerie des murs en fondation commencera au moins à 0^m 30 sous le pavement des caves, par un empatement à deux retraites, la première à trois assises et la seconde à deux assises de hauteur.

Art. 29. — Lorsque le niveau du sable vierge se trouvera à des profondeurs inégales, comme il est à présumer, pour une partie plus ou moins désablée du terrain, les tranchées seront creusées avec des banquettes de 0^m 20 de hauteur, de niveau sur une longueur d'au moins 14^m 00, avant de faire une nouvelle banquette, avec remarque que les murs en fondation, aux endroits où il n'existe pas de caves, auront au moins 0^m 60 de profondeur en contre-bas du niveau des rues ou du niveau existant pour les parties plus ou moins désablées.

Art. 30. — Pour les murs en fondation de deux briques d'épaisseur, les trois premières assises de l'empatement auront trois briques (0^m 56) et les deux suivantes deux et demi briques (0^m 47) de largeur.

L'empatement des murs en fondation d'une brique et demie d'épaisseur sera établi proportionnellement, la retraite étant toujours de 0^m 045 de chaque côté du mur.

Art. 31. — Les murs des façades principales de toutes les maisons et les murs des façades postérieures et latérales de toutes les maisons à deux étages, auront en fondation deux briques d'épaisseur (0^m 38) et les murs des façades postérieures et des caves des maisons ouvrières, ainsi que tous .es murs de refend et les murs de séparation des cours des cinq premières sections auront en fondation une et demi brique (0^m 28) d'épaisseur.

Les murs de clôture entre les cours ou jardins des maisons de la section F, ainsi que les murs de clôture des propriétés voisines, auront en fondation, c'est-à-dire jusqu'à la hauteur du niveau des trottoirs des nouvelles rues, une épaisseur de deux briques (0^m 38).

Art. 32. — *Les voûtes des caves* des maisons boutiques et des grandes et petites maisons bourgeoises, seront construites sur une demi-brique (0^m 08) d'épaisseur entre poutrelles en fer de 0^m 16 de hauteur, pesant au moins seize et demi kilog. le mètre courant. Ces poutrelles porteront au moins de chaque côté de 0^m 15 sur les murs et seront placées, comme il est indiqué au plan, de 0ᵐ 80 à 1ᵐ 00 distance, qui ne sera jamais dépassée. Les poutrelle, de plus de 3ᵐ 50 de longueur seront reliées par des lattes en fer de 0ᵐ 026 de largeur sur 0ᵐ 008 d'épaisseur.

ART. 33. — Les voûtelettes des caves des maisons ouvrières seront construites entre une poutrelle en fer pour chaque cave, de 0ᵐ 12 de hauteur.

ART. 34. — Les cintres à employer pour la construction des voûtes, des fosses et citernes, ainsi que les voûtelettes des caves, seront établis solidement à environ 0ᵐ 75 de distance et recouverts de planches de 0ᵐ 08 de largeur.

ART. 35. — Au-dessus des fosses ou citernes il sera maçonné, dans les murs des maisons, deux assises au mortier de ciment.

ART. 36. — Les caves seront pavées au moyen de briques dures Klampsteen, posées sur champ et soigneusement rejointoyées.

ART. 37. — Les escaliers de caves seront maçonnés en briquettes bleues, 1ʳᵉ qualité, au mortier de cendrée et rejointoyées; les onze marches de chaque escalier seront recouverts de tranches en pierre bleue de 0ᵐ 05 d'épaisseur avec chanfrein de 0ᵐ 02, d'une longueur pour chaque marche de 0ᵐ 24 de largeur.

ART. 38. — Dans chaque cave il sera construit un soupirail dont les murs auront 0ᵐ 19 d'épaisseur, 1ᵐ,00 de longueur et 0ᵐ 25 de largeur dans œuvre, pour les maisons boutiques, grandes et petites maisons bourgeoises, et 0ᵐ 22 de largeur sur 0ᵐ 50 de longueur pour les caves sous les cuisines des maisons ouvrières. Les encadrements en pierre bleue pour les soupiraux de cave auront 0ᵐ 12 sur 0ᵐ 15 d'épaisseur du côté de la rue et 0ᵐ 10 sur 0ᵐ 14 du côté des cours ou jardins. Dans les encadrements à batées du côté de la rue, il sera placé un grillage mobile, composé de quatre barreaux de 0ᵐ 022 d'épaisseur avec crampons et chaîne avec cadenas en fer galvanisé.

Dans les encadrements des soupiraux de cave du côté des cours, il y aura trois barreaux de 0ᵐ 02 d'épaisseur, scellés au plomb.

ART. 39. — *La maçonnerie en fondation*, ainsi que les pavements en briques, seront exécutés en briques dures, dites Klampsteen, de Boom ou Niel, et mortier de cendrée, à l'exception des parties décrites en mortier de trass ou de ciment. Le mortier de cendrée sera composé *de quatre parties de chaux hydraulique* de Tournay, *de trois parties de cendres de houille* finement tamisées et *d'une partie de sable.*

Le mortier de ciment sera composé de parties égales de ciment de Josson, Picha ou autres, approuvés par l'architecte, et de sable de mer bien pur, pour les ouvrages de maçonnerie; *le ciment sera employé sans mélange pour le crépissage des fosses, citernes, égouts et rigoles.*

ART. 40. — Le mortier de trass sera composé de parties égales de trass d'Andernach, moulu à Anvers, et de chaux de Tournay, passée au fin tamis.

MAÇONNERIE EN ÉLÉVATION

ART. 41. — Les façades principales, latérales et postérieures de toutes les maisons, ainsi que les murs de refend et des jardins de côté des propriétés voisines, auront une brique et demie (0ᵐ 28) d'épaisseur ; — par façades latérales on comprend également les murs de séparation entre les maisons ouvrières et les maisons à deux étages.

ART. 42. — Les murs de séparation ou de refend entre les maisons de même élévation auront une brique (0ᵐ 18) d'épaisseur et seront toujours élevés jusqu'au toit.

ART. 43. — Les murs intérieurs, les conduits, trumeaux et voûtelettes des cheminées, n'auront jamais moins d'une demi-brique (0ᵐ 08) d'épaisseur.

ART. 44. — Les murs intérieurs des maisons boutiques auront au rez-de-chaussée une brique d'épaisseur, à l'exception de ceux qui ne sont plus répétés aux étages : les murs intérieurs d'une brique des maisons boutiques conserveront la même épaisseur jusqu'au toit.

ART. 45. — Les piédroits des cheminées, le siège des lieux d'aisance et les parties des cheminées dépassant le toit seront maçonnés en briquettes bleues et jointoyées.

ART. 46. — Les languettes des cheminées seront crépies intérieurement avec du mortier à poil, et afin d'en faciliter le nettoyage, on ménagera dans chaque conduit au grenier, une ouverture bouchée par une tôle de 0ᵐ 003 d'épaisseur glissant dans un encadrement à battée.

ART. 47. — Les murs de jardin entre les propriétés voisines auront une élévation de 3ᵐ 20 y compris la chape, qui sera formée de carreaux rouges de 9 pouces et de faîtières soigneusement crépies.

ART. 48. — L'administration aura la faculté de faire construire ces murs de jardin par un autre entrepreneur, suivant convention à intervenir entre les propriétaires voisins ; dans ce cas il sera déduit du prix de l'entreprise une somme de vingt-cinq francs par mètre cube de maçonnerie non exécutée tant en fondation qu'en élévation.

ART. 49. — Tous les autres murs entre cours et jardins, ainsi que les murs des lieux d'aisances, auront une brique (0ᵐ 18) d'épaisseur et une hauteur de 1ᵐ 90 au-dessus du niveau du pavement des cours. Les murs entre les cours, seront couverts de carreaux rouges de sept pouces et de faîtières, crépis soigneusement avec du mortier de cendrée.

Les murs de jardin dépassant 4^m 00 de longueur seront construits avec des pilastres de 0^m 36 carré ; la saillie des pilastres sera couverte avec des carreaux. On exigera que les tuiles faîtières soient de formes régulières et placées aussi droites que possible.

ART. 50. — Les façades des maisons ouvrières seront construites en briques apparentes par les meilleurs ouvriers maçons, avec des briques choisies de teinte uniforme et appareillées suivant toutes les règles de l'art; les bandes, claveaux, etc., indiqués au plan, seront faits en briques jaunes dures de Hollande et briques Papesteen bleues, coupées à vives arêtes et de mêmes dimensions que les briques ordinaires, afin de conserver toujours un appareil régulier ; — les briques pour ces façades, ainsi que pour les façades postérieures de toutes les maisons qui ne seront pas crépies mais rejointoyées, seront mises en tas séparément.

ART. 51. — *La maçonnerie en élévation* sera exécutée en briques, dites Papesteen rouges de Boom ou de Niel et mortier composé de *parties égales de chaux* de Tournay de 1re qualité et de sable jaune très maigre, *mélangé avec ou remplacé par du sable de mer*, suivant les instructions de l'architecte ou de son préposé.

ART. 52. — Toutes les briques à employer, Klampsteen pour les fondations, briques dites Klinkaart pour le revêtement intérieur des fosses et citernes, Papesteen pour la maçonnerie en élévation et briques jaunes de Hollande pour quelques parties des façades, seront de la meilleure qualité, bien cuites, régulières de formes, bien sonnantes, sans crevasses ni parties vitrifiées, posées en *liaison à bain flottant de mortier*, en appareil à désigner par l'architecte avec de très petits joints et suivant toutes les règles de l'art.

ART. 53. — Pour les maçonneries en parements des façades principales et postérieures on n'emploiera que des briques entières et la quantité de demi-briques à employer dans les autres murs sera toujours déterminée par la direction des travaux.

ART. 54. — On mouillera toujours les briques avant de les employer.

ART. 55. — Il est rigoureusement défendu de marcher sur les maçonneries ; s'il était impossible de faire autrement, on les couvrira de planches, et en tous cas les briques salies ou ébranlées seront enlevées et remises avec du mortier frais ; le mortier à provenir de ces démolitions ou des ouvrages démolis pour cause de malfaçon, c'est-à-dire, les maçonneries qui ne seraient pas en parfaite liaison, hors d'aplomb ou de niveau, non faites au cordeau ou avec de grands joints, sera mêlé aux terres à employer pour les remblais.

ART. 56. — L'entrepreneur soumettra à l'approbation de l'architecte un modèle des briques de Hollande ou de Papesteen bleues, avant d'en faire la commande.

ART. 57. — Dans les cheminées des petites cuisines des maisons ouvrières on placera un collier en fer ; ces cheminées dépasseront suffisamment les toitures des cuisines pour assurer un bon tirage.

ART. 58. — Dans les plafonds des chambres à l'usage de cuisines des maisons boutiques ou bourgeoises, et où le plan n'indique pas des trumeaux de cheminées, on placera des colliers en fer, se fermant au besoin par un clapet. On en placera de même dans les voûtes des caves du côté de la rue des 29 grandes maisons bourgeoises, afin de pouvoir convertir ces caves en laveries ou cuisines souterraines.

COUVERTURE EN PANNES

ART. 59. — Les toits de toutes les maisons seront couverts avec des grandes pannes, pannes faîtières et arêtières rouges ou bleues, provenant de Beerse ou de Minderhout, *posées en liaison* suivant les indications de l'architecte. Les pannes, faîtières et arêtières seront régulières de forme, sans crevasses ni autres défauts, bien sonnantes et placées au cordeau.

ART. 60. — Les chapes des cheminées des cuisines des maisons ouvrières seront faites avec des faîtières et carreaux bleus.

Les pannes faîtières et arêtières seront, ainsi que les pannes couvrant les parties mansardées des toits, crépies à l'extérieur, et les autres pannes des toits seront crépies avec soin à l'intérieur avec du mortier à poil.

JOINTOIEMENT

ART. 61. — Les façades des maisons ouvrières seront nettoyées, aussitôt après l'exécution de la maçonnerie et on grattera les joints pour les rejointoyer à nouveau avec du mortier composé de 2/3 de chaux de Tournay et 1/3 de sable blanc de ménage ; cet ouvrage sera fait par des ouvriers spéciaux et suivant échantillon à approuver par l'architecte.

ART. 62. — On procédera comme il est dit à l'article ci-dessus pour le rejointement des maçonneries en briquettes bleues, des escaliers de caves, piédroits et parties dépassant le toit des cheminées, sièges des lieux d'aisances et corps des pompes.

ART. 63. — Il est sévèrement défendu de peindre à l'eau les maçonneries à rejointoyer. Seulement l'architecte pourra exiger que quelques joints soient peints à l'huile.

ART. 64. — Seront rejointoyés au fur et à mesure de l'exécution des maçonneries, les murs des façades postérieures des maisons ouvrières, un côté des murs entre cours ou jardins d'une brique d'épaisseur, et des deux côtés des murs susdits d'une épaisseur plus forte entre jardins et propriétés voisines, ainsi que les murs en fondation et les pavements en briques.

Les murs des caves et greniers seront rejointoyés et ensuite badigeonnés sur deux couches.

ART. 65. — Le côté non muni des murs d'une brique d'épaisseur des lieux et entre cours ou jardins sera enduit d'une légère couche de c'épissage et ensuite badigeonné deux fois. L'architecte décidera lequel des deux côtés de ces murs sera travaillé, uni ou crépi.

PAVEMENTS.

ART. 66. — Les chambres de derrière et cuisines des maisons bourgeoises, toutes les places au rez-de-chaussée des maisons boutiques, les vestibules d'entrée et les cages d'escaliers de toutes ces maisons au rez-de-chaussée, ainsi que les portails des maisons ouvrières, seront pavés en carreaux noirs et blancs en ciment de Gand, des fabriques de Piche ou de Scheepens, et de 0^m 30 carré, posés au bain de mortier de ciment sur lit de sable de mer. Ces carreaux seront mis en losange, et suivant les indications de l'architecte dans les vestibules d'entrée.

Les carreaux de ces pavements devront être confectionnés depuis plus de six mois avant la mise en œuvre, et seront posés avec de très petits joints par des ouvriers spéciaux.

ART. 67. — Toutes les chambres et cuisines au rez-de-chaussée des maisons ouvrières seront pavées de carreaux en terre cuite de Boom ou Niel de neuf pouces carrés, ces carreaux seront bien cuits, de teinte uniforme, sans crevasses, d'équerre, proprement recurés et posés avec de très petits joints sur lit de sable, ensuite rejointoyés avec du mortier composé de 2/3 de chaux de Tournai et 1/3 de sable blanc de ménage.

ART. 68. — Dans les cours, lieux d'aisances et abris de pompes, le pavement se fera en briques dures (Klampsteen), posées sur champ au mortier de cendrée sur lit de sable et rejointoyé au mortier de ciment.

Dans les maisons ouvrières avec jardin, on établira ce même pavement en briques sur champ, jusqu'à la ligne des lieux d'aisances, et dans les maisons bourgeoises n°s 127 et 128, à deux mètres de largeur des façades postérieures, ces pavements s'arrêteront contre des bordures en pierres blanches et bleues d'au moins 0^m06 d'épaisseur sur 0^m25 de hauteur.

PIERRE DE TAILLE.

ART. 69. — En dehors de la pierre de taille prescrite pour encadrements des ouvertures des fosses et citernes, soupiraux des caves, égouts, couvertures des marches des escaliers de cave, puisards et lieux d'aisances (voir maçonnerie en fondation), l'entrepreneur livrera et placera avec les ancres en fer et scellement au plomb nécessaires, les pierres de taille suivantes, provenant des carrières des Ecaussinnes, de Feluy-Arquennes ou de Comblain-au-Pont.

Art. 70. — Une plinthe de 0^m 45 de hauteur et de 0^m 04 d'épaisseur à toutes les façades des maisons sans exception, et une seconde plinthe sous les vitrines de toutes les maisons boutiques jusqu'à la hauteur du cordon.

Art. 71. — Un cordon avec arêtes arrondies pour les vitrines de toutes les maisons boutiques, de 0^m 10 d'épaisseur et de 0^m 22 de largeur.

Art. 72. — Des socles pour 139 portes d'entrée de 0^m 45 de hauteur et 0^m 14 sur 0^m 10 d'épaisseur. Deux montants pour chacune des 139 portes d'entrée de 2 mètres de hauteur et de 0^m 10 sur 0^m 18 d'épaisseur.

Art. 73. — Les socles entre les portes accouplées des maisons ouvrières seront formés d'une pièce qui aura par conséquent 0^m 33 de largeur.

Art. 74. — Les socles, plinthes et cordons des vitrines des maisons boutiques, seront recurés et polis.

Art. 75. — Un seuil pour chacune des 139 portes d'entrée, formant marche de 0^m 14 de hauteur, 0^m 24 de largeur et 0^m 10 de longueur, avec coin arrondi.

Art. 76. — Un seuil pour chaque porte dans les façades postérieures de toutes les maisons et de 0^m 12 de hauteur, 0^m 18 de largeur et 0^m 85 de longueur.

Art. 77. — Tous les seuils des fenêtres des façades principales et postérieures, indiqués au plan, de 0^m 10 d'épaisseur, 0^m 26 de largeur et 1^m 35 de longueur pour les fenêtres dans les façades postérieures, et de 1^m 40 de longueur pour les fenêtres des façades principales sans chambranles, et de 1^m 55 de longueur pour les fenêtres avec chambranles.

Art. 78. — Entre les seuils des fenêtres au 1er étage dans les façades principales de quelques maisons, il sera placé des pierres formant cordon avec retours, de mêmes épaisseurs que les seuils, de 0^m 20 de largeur et de longueurs indiquées aux plans.

Art. 79. — Dans les façades de huit maisons bourgeoises, il y aura des fenêtres aux chambres mansardées dont les seuils auront 0^m 10 d'épaisseur, 0^m 26 de largeur sur 1^m 05 de longueur.

Art. 80. — Les seuils des deux petites fenêtres éclairant chaque cage d'escalier des maisons boutiques et bourgeoises auront 0^m 08 d'épaisseur, 0^m 25 de largeur et 1 mètre de longueur.

Art. 81. — Les seuils des petites fenêtres des cuisines des maisons n° 113 jusqu'au n° 124 inclusivement auront les mêmes dimensions que ceux prescrits à l'article 80.

ART. 82. — La marche supérieure des escaliers de cave des 130 maisons aura 1 mètre de longueur, 0^m18 de hauteur sur 0^m10 d'épaisseur et sera taillée à battée.

ART. 83. — La contre-marche de la première marche des escaliers dans toutes les maisons aura la longueur nécessaire, 0^m14 de hauteur, et sera faite avec tête arrondie.

ART. 84. — Les couvertures de toutes les cheminées, à l'exception des cheminées de cuisine des maisons ouvrières, seront en tranches de 0^m06 d'épaisseur et dépassant de 0^m06 le carré extérieur des murs.

ART. 85. — Le corps des 62 pompes à placer dans les maisons boutiques et bourgeoises sera revêtu d'une tranche de 0^m04 d'épaisseur et le corps des 10 pompes à placer contre les façades des maisons ouvrières, sera taillé dans une pierre d'un bloc.

ART. 86. — Un bac de dessus pour chaque pompe avec bec en cuivre pour les 62 pompes des maisons boutiques et bourgeoises et bec en fonte pour les pompes dans la rue.

ART. 87. — Un lavier en pierre de taille écurée pour chacune des 62 pompes, de 0^m70 de longueur, 0^m40 de largeur et 0^m14 d'épaisseur, avec entre-pièces de 0^m06 d'épaisseur entre le corps de pompe.

ART. 88. — Toutes les pierres de gonds et de châssis de portes exigées dans une bonne construction.

ART. 89. — Toutes les pierres d'angles à placer au-dessus des seuils de fenêtres dans les façades principales des maisons boutiques et bourgeoises, et à moulures suivant les chambranles, en pierres de France, Liais ou Savonnières dures.

ART. 90. — Les consoles (124) en pierres de Savonnières à placer sous les corniches de quelques maisons boutiques et bourgeoises.

ART. 91. — Toutes les pierres de taille bleues à employer seront faites de tranches sciées, sans crevasses limées ou grandes taches noires ou blanches, taillées à vives arêtes avec rabats d'eau et dents de loup pour tous les seuils des fenêtres, au fin ciseau pour tous les seuils, plinthes, cordons, socles, montants et bacs de pompes, écurées pour les laviers avec entre-pièces et contre-marches des escaliers et polis pour les plinthes et cordons sous les vitrines, toujours suivant profils à donner par l'architecte lors de l'exécution des travaux.

ART. 92. — Un dessin spécial sera donné par l'architecte pour l'exécution des consoles en pierre blanche à placer sous les corniches des façades principales.

CHEMINÉES EN MARBRE.

Art. 93. — L'entrepreneur livrera et placera les cheminées en marbre ci-dessous désignées :

1° Pour chacune des 29 maisons bourgeoises, une cheminée en marbre dans la chambre au rez-de-chaussée, d'une valeur de trente-huit francs, et quatre cheminées pour les chambres aux étages desdites maisons, d'une valeur de vingt-cinq francs chaque, soit pour les 29 maisons bourgeoises une valeur totale de quatre mille deux cents francs ;

2° Pour chaque petite maison bourgeoise une cheminée au rez-de-chaussée, de la valeur de trente-huit francs, et deux cheminées pour les chambres à l'étage, d'une valeur de vingt-cinq francs, soit pour les 13 petites maisons bourgeoises une valeur totale de mille cent quatorze francs ;

3° Pour chaque maison ouvrière une cheminée en granit poli d'une valeur de dix-huit francs, soit pour les maisons ouvrières une valeur totale de mille deux cent vingt-quatre francs ;

4° Une cheminée au rez-de-chaussée pour chaque maison boutique, d'une valeur de trente-huit francs, soit pour 20 maisons boutiques un total de sept cent soixante francs ;

5° Aux différentes chambres des 1er et 2e étages des maisons boutiques, un total de 92 cheminées d'une valeur de vingt-cinq francs chaque, soit pour une somme de deux mille trois cents francs.

Par cheminée de trente-huit francs, on comprend des cheminées avec accotements et foyers en marbre bleu belge, Sainte-Anne, Florence, rouge ou autre marbre du pays.

Par cheminée de vingt-cinq francs, on comprend des cheminées simples avec foyers mais sans accotements, dans les mêmes marbres prescrits.

Les cheminées des maisons ouvrières d'une valeur de dix-huit francs seront faites également avec foyers, mais en pierre de taille bleue polie, dite petit granit, et de 0m 02 d'épaisseur.

Art. 94. — La somme totale des cheminées en marbre à livrer par l'entrepreneur s'élève donc à neuf mille quatre cents francs, et l'Administration se réserve le droit de livrer, moyennant les prix susdits, les cheminées ou une partie de celles-ci, à son choix, en déduisant les sommes ainsi employées du montant du prix de l'entreprise.

Dans la valeur des cheminées, la pose n'est pas comprise et reste en tous cas à la charge de l'entrepreneur.

Les différents marbres sont aussi laissés au choix de l'Administration ou de l'architecte.

Art. 95. — L'intérieur des foyers sera pavé avec des carreaux bleus en terre cuite de sept pouces, sur lit de sable et ainsi qu'il a été dit à l'article pavement. Au rez-de-chaussée, ces carreaux seront mis en losanges.

PLAFONNAGE ET CRÉPISSAGES.

Art. 96. — Les gîtages au-dessous de toutes les chambres, cuisines, corridors et paliers ; le dessous de tous les escaliers en bois, à l'exception des parties non apparentes sous les escaliers des maisons ouvrières ainsi que les parties du toit des chambres mansardées et au-dessus des cages d'escaliers, seront lattés avec des lattes en bois de sapin et plafonnés sur trois couches, la dernière en blanc.

Art. 97. — Les murs français, à l'étage des maisons ouvrières, seront lattés et plafonnés des deux côtés sur deux couches et proprement achevés.

Art. 98. — Tous les murs à l'intérieur des maisons ouvrières et des chambres de toutes les maisons, ainsi que des lieux et des abris pour les pompes, seront crépis sur deux couches.

Art. 99. — Les murs à l'intérieur des corridors, cages d'escaliers, boutiques, mansardes et greniers des maisons boutiques et bourgeoises seront crépis sur trois couches, la dernière en blanc.

Art. 100. — Dans le blanc en bourre pour la troisième couche des murs des cuisines, il sera mis de la couleur, au choix de l'Administration.

Art. 101. — Les façades principales, latérales et postérieures des maisons boutiques et bourgeoises, seront *crépies à l'intérieur avec du mortier de sable*, à l'exception des façades latérales du côté des propriétés voisines, qui seront rejointoyées.

Art. 102. — Les façades principales seront crépies avec bandes rustiques, moulures et corniches, à peu près ainsi que le plan l'indique et suivant détails à donner par l'architecte lors de l'exécution des travaux.

Art. 103. — Dans deux chambres de chaque maison boutique ou grande maison bourgeoise et dans une chambre de chaque petite maison bourgeoise, il sera placé une rosace en plâtre avec vis en fer et d'une valeur de dix francs, non compris le placement ni la vis.

L'Administration se réserve aussi le droit de livrer les rosaces et de décompter du prix de l'entreprise ladite somme de dix francs par chaque rosace livrée à l'entrepreneur.

Art. 104. — Les mortiers pour les travaux de plafonnage et de crépissage seront composés comme suit :

De parties égales de chaux de Tournai de 1re qualité et de sable gras pour la première couche de plafonnage, *de parties égales de chaux comme ci-dessus et de sable maigre,* pour la seconde couche de plafonnage et pour le crépissage des murs intérieurs. *De chaux de Namur* blanche, grasse et sans mélange, pour la troisième couche en blanc.

Dans chaque mètre cube de mortier pour le plafonnage ou le crépissage, on incorporera, lors du coulage, neuf kilogrammes de bourre grise ou blanche suivant l'ouvrage ; la bourre sera bien battue sur les travaux avant de la mélanger au mortier.

Il est sévèrement défendu d'employer de la chaux grasse pour d'autres ouvrages de plafonnage ou de crépissage.

Art. 105. — Le crépissage des murs intérieurs et des façades sera toujours dressé à la règle et il est spécialement exigé que toutes les parties soient droites, unies et travaillées suivant toutes les règles de l'art et suivant les profils donnés par l'architecte.

Art. 106. — La chaux sera éteinte et le mortier préparé, rabattu et travaillé de nouveau dans une grande grange couverte, fermée et pavée.

Art. 107. — Les mortiers pour les maçonneries seront préparés, et pour le plafonnage et crépissage coulés au moins quatre jours avant leur emploi.

CHARPENTE.

Art. 108. — Les gîtes composant les gîtages de toutes les maisons auront $0^m 065 \times 0^m 18$ dimension nommée dans le commerce $2\ 1/2 \times 7$ pouces, et ne seront jamais espacés de plus de $0^m 35$ d'axe en axe.

Art. 109. — Les gîtages contre les murs mitoyens entre les propriétés voisines porteront toujours sur des lambourdes de $0^m 18 \times 0^m 08$; porteront également sur des lambourdes de mêmes dimensions les gîtages contre les murs d'une demi-brique d'épaisseur des cages d'escaliers.

Art. 110. — Entre les gîtes dont la portée dépassera trois mètres on placera des étrésillons de $0^m 18$ de hauteur sur au moins $0^m 03$ d'épaisseur.

Art. 111. — Les pièces d'enchevêtrure et les gîtes qui les supportent auront $0^m 18 \times 0^m 10$ d'épaisseur $(7 \times 4\ \text{pouces})$.

Art. 112. — Les petits gîtages au-dessus des chambres à l'étage des maisons ouvrières, ainsi que les gîtages au-dessus des cages d'escaliers et des mansardes des maisons boutiques et bourgeoises, seront formés de pièces de $0^m 08 \times 8^m 11$, soit un madrier de 3×9 pouces scié en deux ; ces pièces seront espacées de $0^m 40$ d'axe en axe.

Art. 113. — Les plates-formes au-dessus des cuisines des maisons ouvrières et de deux cuisines de petites maisons bourgeoises (n° 81, section D et n° 125, section F) seront formées de gîtes de $0^m 065$ d'épaisseur sur 0^m 11 de hauteur à un bout et de 0^m 07 à l'autre bout, de manière à donner à la plate-forme une pente de 0^m 04, tout en conservant le plafond de niveau. Ces pièces seront clouées à 0^m 35 de distance d'axe en axe, sur des sabliers de 0^m 18 × 0^m 065.

Art. 114. — Les châssis des portes intérieures dans les murs d'une demi-brique d'épaisseur seront composés de pièces assemblées à tenons et mortaises de 0^m 08 × 0^m 08.

Art. 115. — Les chevrons composant les murs français séparant les chambres à l'étage des maisons ouvrières auront la même dimension (0^m 08 sur 0^m 08) et seront espacés de 0^m 38 d'axe en axe ; à chaque extrémité ces pièces seront engagées avec des faux tenons dans des traverses de mêmes dimensions ; à environ 1^m 20 de hauteur, on placera des étrésillons également de 0^m 08 × 0^m 08 entre les chevrons susdits.

Art. 116. — Au-dessus des murs des lieux et des abris pour les pompes on mettra des madriers de 0^m 18 de largeur sur 0^m 065 d'épaisseur, pour fixer les tôles ondulées formant la toiture des lieux et abris, des surfaces apparentes seront rabotées et peintes à l'huile.

Art. 117. — La charpente des toits des maisons ouvrières sera composée de deux cours de pannes de 0^m 23 × 0^m 08 et d'un faîtage de 0^m 08 × 0^m 11. — Les chevrons des toits de toutes les maisons auront pour dimension 0^m 08 × 0^m 65, seront espacés de 0^m 38 d'axe en axe et cloués solidement sur chaque point d'appui.

Art. 118. — Les sablières de toutes les maisons auront 0^m 045 d'épaisseur et une largeur suffisante pour, en dehors de la saillie, couvrir toute la largeur des murs de façade.

Art. 119. — Les planches clouées au pied des chevrons n'auront jamais moins de 0^m 56 de largeur sur 0^m 025 d'épaisseur.

Art. 120. — Les murs de refend des grandes maisons bourgeoises étant élevés jusqu'au toit, la charpente du toit de ces maisons sera uniquement composée de : quatre cours de pannes de 0^m 23 × 0^m 08 et d'un faîtage de 0^m 18 × 0^m 065. Entre les cours de pannes et sous chaque faîtage il sera établi des liens formant jambes de force de 0^m 17 × 8^m 06.

Art. 121. — Dans chacune des seize maisons boutiques et petites maisons bourgeoises, savoir : n°s 11 et 19 section A, 36 et 47 section B ; 50, 57, 60 et 66, section C ; 69, 81, 85 et 98, section D ; 181 et 108, section E ; 111 et 125, section F, maisons dont les toitures sont à arêtières, la charpente du toit sera formée d'une ferme, composée de deux arbalétriers et jambes de force de 0^m 23 × 0^m 08, d'un poinçon de la même dimension et de deux entraits de 0^m 20 × 0^m 035 en bois de sapin du Nord et de deux paires de blochets en bois de chêne de 0^m 11 × 0^m 06.

Les jambes de force reposeront sur un madrier de 0^m 05 d'épaisseur et de longueur suffisante pour porter sur trois gîtes.

Art. 122. — Les arêtiers et les pans coupés dans les toitures des maisons de coins auront 0^m 16 × 0^m 65 et la dimension des noues sera de 0^m 18 × 0^m 08.

Les toitures des maisons boutiques et des petites maisons bourgeoises seront faites avec deux cours de pannes et ainsi qu'il a été stipulé pour la charpente des toitures des maisons ouvrières.

Art. 123. — La charpente des lucarnes droites sera composée de pièces en bois de sapin rouge de 0^m 11 × 0^m 08, assemblées à tenons et mortaises.

Art. 124. — Les pièces doubles des fermes seront fixées par des boulons en fer.

Art. 125. — Dans les greniers et chambres mansardées, il sera placé des lucarnes à tabatières en fonte de 0^m 65 de largeur sur 1 mètre de hauteur comme suit : deux dans la toiture de chaque maison bourgeoise, une dans la toiture de chaque petite maison bourgeoise, trois dans chaque toiture des sept maisons boutiques et deux dans chaque toiture des autres maisons boutiques. Ces lucarnes s'ouvriront au moyen de fers avec fortes poignées et attaches.

Art. 126. — Les lucarnes figurées dans les façades au plan ci-joint sont comptées en diminution du nombre de lucarnes à tabatières prescrites à l'article précédent, mais ne sont pas comprises dans ce nombre les lucarnes à tabatière au-dessus de chaque escalier des maisons boutiques, bourgeoises et petites maisons bourgeoises et dont les encoffrements auront 0^{m}85 de largeur sur 1^m 20 de hauteur dans œuvre ; les planches formant les encoffrements en bois de sapin rouge du Nord de 0^m 025 d'épaisseur et de 0^m 26 de largeur avec assemblages à queue d'hironde.

Art. 127. — Tout le bois à employer pour gîtages et charpente des toits sera du bois de sapin rouge du Nord reconnu dans le commerce pour bonne qualité, scié à vives arêtes, sans crevasses, nœuds vicieux ou autres défauts pouvant nuire à la solidité.

Toutes les parties en contact avec la maçonnerie seront enduites d'une bonne couche de goudron de Suède.

Art. 128. — Pour chacune des quarante vitrines, on placera une poutre en vieux bois de chêne, de longueur suffisante pour porter à chaque bout au moins de 0^m 15 sur les murs d'appui et de 0^m 28 sur 0^m 26 d'épaisseur, sans grandes crevasses, entailles, parties vermoulues ou autres défauts pouvant nuire à la solidité.

Art. 129. — Les linteaux en bois de hêne pour les portes dans les murs de plus d'une demi-brique d'épaisseur, auront toujours la largeur de l'épaisseur des murs et au moins 0^m 10 d'épaisseur.

Les linteaux des fenêtres et portes extérieures seront également en bois de chêne et auront 0^m 08 × 0^m 09 d'épaisseur.

Art. 130. — Sans description spéciale, on placera dans les baies des portes et fenêtres les blocs en bois de chêne nécessaires pour attacher les embrasures, chambranles, etc., suivant les exigences d'une bonne exécution.

Art. 131. — Les pannelattes seront en bois de sapin rouge du Nord, d'au moins 3^m de longueur, 0^m 025 sur 0^m 035 d'épaisseur, sans grands nœuds ou nœuds vicieux, et cloués sur chaque point d'appui à 0^{m}25 de distance.

CORNICHES, DEVANTURES ET REVÊTEMENTS EN PLANCHES DE QUELQUES PARTIES DES TOITS

Art. 132. — Les corniches et devantures des chéneaux seront en bois de sapin rouge du Nord, de même qualité que le bois à employer pour la menuiserie.

Les corniches des façades principales et latérales des maisons boutiques, grandes et petites maisons bourgeoises, seront faites avec moulures, larmiers et pour quelques maisons centrales ou boutiques avec modillons ou denticules, suivant les profils et détails à donner lors de l'exécution.

Les devantures des façades postérieures seront faites avec simple latte arrondie sur laquelle sera contourné le zinc des chéneaux, et auront 0^m 035 d'épaisseur sur 8^m 21 de hauteur.

A environ 1^m 25 de distance, les corniches et devantures seront fixées sur les sablières au moyen d'équerres en fer.

Art. 133. — Les plates-formes au-dessus des cuisines de toutes les maisons ouvrières et de deux petites maisons bourgeoises, au-dessus de deux lieux d'aisances, ainsi que les lucarnes dans les façades, seront revêtues de planches en sapin de 0^m 025 d'épaisseur, clouées jointivement.

Art. 134. — Les devantures des plates-formes auront 0^m 25 d'épaisseur sur 0^m 16 de hauteur.

MENUISERIE

Art. 135. — *Portes d'entrée*. — Chacune des vingt portes vitrées d'entrée avec vasistas pour les maisons boutiques sera faite avec deux montants et trois traverses dont l'inférieure aura une largeur double de 0^m 845 de longueur sur 0^m 135 de largeur et à moulures ; le panneau inférieur en bois de 0^m 025 d'épaisseur engagé sera travaillé des deux côtés avec bossages. Le panneau vitré sera fait avec divisions en fer ornementé pour les carreaux et sera fermé au moyen de volets mobiles en bois de sapin blanc de 0ᵐ022 d'épaisseur avec emboîtures en bois de chêne se fermant avec barres, clavettes et plaques en fer.

ART. 136. — Les quarante et une portes pour les entrées séparées des maisons boutiques, grandes et petites maisons bourgeoises, seront faites comme les précédentes. A l'exception des panneaux vitrés qui seront remplacés par des panneaux en bois de sapin semblables aux panneaux inférieurs.

ART. 137. — Chaque porte d'entrée des soixante-huit maisons ouvrières sera faite avec deux montants et trois traverses de 0ᵐ 035 d'épaisseur avec revêtements en planches de 0ᵐ 025 d'épaisseur, ornées d'une baguette aux jointures.

ART. 138. — Les vasistas au-dessus de toutes portes d'entrée des maisons ouvrières auront 0ᵐ 035 et ceux des autres maisons 0ᵐ 045 d'épaisseur.

ART. 139. — La largeur de toutes les portes d'entrée sera réduite à environ 0ᵐ 85; à cette fin les portes seront enchâssées dans un encadrement dormant de même épaisseur que les portes, lequel encadrement aura un revêtement à moulures pour les maisons boutiques et bourgeoises, et à simple baguette pour les portes des maisons ouvrières.

ART. 140. — Il y aura des plinthes à toutes les portes d'entrée.

ART. 141. — Toutes ces portes tourneront au moyen de pentures solides, auront des serrures à deux tours et des menottes en fer.

ART. 142. — La serrure de chaque porte d'entrée pour les maisons ouvrières aura une valeur de 7 fr. 50 et celle des autres portes aura deux clefs et une valeur de 14 fr. 50.

A chaque porte d'entrée il y aura une paire de plats verrous solides d'une valeur de 2 fr. 80 et une menotte en fer de 1 fr. 80 et à poignée de cuivre pour les portes des maisons boutiques et bourgeoises d'une valeur de francs 2.50.

ART. 143. — Les montants et traverses des vitrines auront 0ᵐ 45 d'épaisseur, les pilastres seront faits avec des moulures et auront 0ᵐ 035 d'épaisseur ; un dessin spécial en sera donné lors de l'exécution, ainsi que des corniches. Les embrasures et revêtements intérieurs seront ornés d'une baguette, auront 0ᵐ 02 d'épaisseur et seront garnis de chambranles à moulures comme les portes.

ART. 144. — Les vitrines seront clôturées avec des volets extérieurs mobiles en bois de sapin blanc de 0ᵐ 022 d'épaisseur à emboîtures en chêne et se fermeront au moyen de barres avec clavettes et plaques en fer.

Art. 145. — Les portes de derrière des grandes maisons bourgeoises seront faites avec deux montants et trois traverses de 0^m 35 d'épaisseur lt revêtues de planches de 0^m 02 d'épaisseur, avec baguettes aux jointures.

Art. 146. — Les portes de derrière des petites maisons bourgeoises de ea maison ouvrière n° 107, et des maisons boutiques, seront faites comme les précédentes mais avec vasistas de 0^m 35 d'épaisseur avec rabats d'eau et croisillons en fer pour la division des carreaux.

Art. 147. — Les portes extérieures des cuisines des maisons ouvrières et de deux petites maisons bourgeoises seront faites avec deux montants et trois traverses de 0^m 045 d'épaisseur avec revêtements pour les panneaux inférieurs de 0^m 02 à baguettes aux jointures, surmontées d'une moulure formant rabat d'eau et avec panneaux supérieurs vitrés avec croisillons en fer à battés servant de division pour les carreaux et de clôture pour les portes.

Au-dessus de ces portes il y aura un vasistas en bois de 0^m 035 d'épaisseur basculant dans un châssis dormant de même épaisseur, au moyen de pivots en fer ; il y aura également au vasistas un crochet et petite chaîne en fer pour l'ouvrir.

Art. 148. — Dans les cuisines, éclairées par de petites fenêtres, le vasistas sera fait avec châssis dormant.

Art. 149. — Du côté intérieur des portes de derrière des maisons boutiques et bourgeoises on appliquera une moulure dans les encadrements formés par les montants et traverses.

Art. 150. — Toutes les portes de derrière sans exception auront des embrasures et chambranles unis dans les maisons ouvrières et à moulures pour les maisons boutiques et bourgeoises ; chaque porte tournera au moyen d'une paire de solides pentures et aura une serrure entaillée à un tour d'une valeur de 3 fr. 50 avec crosses en fer d'une valeur de 2 fr. 20 la paire ; à chaque porte il y aura également un verrou rond, dit verrou anglais et d'une valeur de 1 fr. 80.

Art. 151. — *Portes intérieures.* — Toutes les portes intérieures des maisons boutiques grandes et petites maisons bourgeoises, seront faites avec encadrements de deux montants et de trois traverses, dont celle de dessous aura une largeur double et avec panneaux engagés en bois blanc abeel, de 0^m 022 d'épaisseur à bossages.

Les encadrements seront faits en bois de sapin blanc de 0^m 045 d'épaisseur pour les portes au rez-de-chaussée des maisons boutiques et bourgeoises et de 0^m 035 d'épaisseur pour les entrées de caves, les chambres aux deux étages, les greniers et chambres mansardées, mêmes maisons ; à tous les montants et traverses de ces portes il y aura des moulures.

La serrure engagée de chaque porte aura une valeur de 5 francs, non compris les crosses en fer émaillé, dont la valeur sera de 2 fr. 50 la paire.

ART. 152. — Les portes intérieures, y compris les entrées des caves, des maisons ouvrières seront faites avec encadrements de deux montants et de trois traverses de 0^m 035 d'épaisseur avec chanfreins ; les panneaux engagés en bois de sapin auront 0^m 023 d'épaisseur. La serrure engagée de ces portes sera à un tour, d'une valeur de 2 francs 50, et les crosses, en fer émaillé seront du modèle prescrit pour les portes des maisons bourgeoises et auront la même valeur.

ART. 153. — Toutes les portes intérieures tourneront avec trois solides charnières de 0^m 08 de hauteur.

ART. 154. — Une des caves de chaque maison boutique sera fermée par une porte, composée d'un encadrement de deux montants et de trois traverses de 0^m 035 d'épaisseur sur lequel on clouera des panlattes rabotées à 0^m 08 de distance d'axe en axe. Ces portes tourneront dans des embrasures au moyen de trois solides charnières à pans et se fermeront avec un cadenas ou serrure à bosse en fer galvanisé avec accessoires et d'une valeur de 1 fr. 25.

ART. 155. — Les portes des lieux d'aisances seront faites en sapin rouge avec encadrements de 0^m 035 d'épaisseur, revêtus de planches de 0^m 025 d'épaisseur avec baguettes aux jointures. Ces portes tourneront au moyen de solides pentures et se fermeront avec une clichette d'une valeur de 1 fr. 25, y compris les accessoires.

ART. 156. — Le panneau supérieur des portes intérieures dans les boutiques sera vitré et avec croisillons et petits ornements en fer pour la division des carreaux.

ART. 157. — *Fenêtres.* — Toutes les fenêtres dans la façade principale, même les petites fenêtres des lucarnes de quelques maisons centrales et boutiques, les fenêtres dans les façades postérieures de toutes les maisons sans exception, seront faites avec des châssis dormants et châssis mobiles en bois de sapin rouge du Nord de 0^m 045 d'épaisseur, avec traverses inférieures et rejets d'eau en bois de chêne et croisillons en fer à battées pour la division des carreaux. A chaque partie mobile il y aura trois fiches solides de 0^m 10 de hauteur.

ART. 158. — Les petites fenêtres dans les cuisines de quelques maisons ouvrières (n° 113 jusqu'au n° 124 inclusivement) et de 0^m 80 de largeur sur 1^m 30 de hauteur, ainsi que les deux fenêtres éclairant la cage d'escalier de chaque maison boutique ou bourgeoise, feront seules exception à cette règle et seront faites en bois de sapin de 0^m 035 d'épaisseur.

ART. 159. — Toutes les fenêtres dans les façades principales ainsi que celles dans les façades postérieures des maisons qui ne sont séparées des propriétés voisines que par un seul mur de clôture (sections E et F) auront des volets intérieurs, dont les planches en bois de sapin blanc de 0^m 02 d'épaisseur avec emboîtures en chêne et baguettes aux jointures se replieront en trois avec des charnières et se fermeront avec des barres en fer et accessoires.

ART. 160. — Les fenêtres des chambres, au rez-de-chaussée des maisons boutiques et bourgeoises, se fermeront au moyen de crémones avec crosses et boules en corne d'une valeur de 5 francs 50 chaque. Les autres fenêtres aux différents étages de toutes ces maisons ainsi que les fenêtres des maisons ouvrières et des petites cuisines, sans exception, se fermeront au moyen de crémones avec boules en cuivre d'une valeur de 3 francs 50 chaque.

ART. 161. — L'Administration se réserve la faculté de livrer la serrurerie en tout ou partie à son choix, et à décompter de la somme de l'entreprise, suivant les prix fixés plus haut, toutes les serrures, crémones, etc., livrées à l'entrepreneur.

Dans les prix susmentionnés n'est pas compris le placement qui, en tous cas, est à la charge de l'entrepreneur.

ART. 162. — A toutes les fenêtres il y aura des tablettes et des devantures. A toutes les portes et à toutes les fenêtres il y aura des embrasures et des chambranles en bois de sapin blanc, à moulures dans les maisons boutiques et bourgeoises et unis dans les maisons ouvrières, où les chambranles auront 0^m 11 de largeur sur 0^m 015 d'épaisseur.

ART. 163. — Les lucarnes à tabatière au-dessus des cages d'escaliers des maisons boutiques et bourgeoises, seront faites en bois de sapin rouge de 0^m 05 d'épaisseur avec traverses inférieures en chêne de 0^m 035 d'épaisseur, et avec des fers à battées pour la division des carreaux.

ART. 164. — Les lunettes des lieux d'aisances, avec couvercle en bois blanc (abeel) de 0^m 035 d'épaisseur, seront garnies en dessous de deux taquets en bois de chêne.

Les couvercles des lieux d'aisances des maisons boutiques et bourgeoises seront faits au tour et ceux des lieux des maisons ouvrières seront attachés aux siéges au moyen de deux charnières ; à ces derniers il y aura un anneau en fer.

Une petite plinthe sera clouée au-dessus de chaque siége.

ART. 165. — Les bacs à placer sur la tête de chaque pompe des maisons boutiques ou bourgeoises seront faits en bois de sapin rouge de 0^m 025 d'épaisseur et assemblés à queue d'hironde.

Art. 166. — Au-dessus de toutes les tablettes des cheminées, on clouera des plinthes de 0^m 06 de hauteur.

Art. 167. — *Escaliers.* — Tous les escaliers des maisons boutiques, bourgeoises et ouvrières, seront faits en bois de hêtre, avec limons et marches de 0^m 045 d'épaisseur et contre-marches de 0^m 015 d'épaisseur.

Toutes les marches auront environ 0^m 18 de hauteur sur 0^m 245 de largeur pour les maisons bourgeoises et boutiques, et 0^m 21 de largeur pour les maisons ouvrières. La rampe des escaliers des maisons boutiques et bourgeoises sera faite en bois d'orme avec creux et surface arrondie suivant profil à donner ; ces rampes seront rabotées avec soin pour être vernies et non peintes.

Les balustres et les colonnettes de ces escaliers seront faites au tour, en bois de tilleul poli, suivant détails à donner par l'architecte, lors de l'exécution des travaux.

Art. 168. — La rampe des escaliers des maisons ouvrières sera faite en fer rond de 0^m 02 de diamètre, solidement fixée dans les murs.

Art. 169. — Les escaliers des maisons boutiques et bourgeoises auront environ 0^m 72, et ceux des maisons ouvrières 0^m 80 de largeur y compris l'épaisseur des limons.

Art. 170. — Toute la menuiserie sera faite en bois de sapin du Nord (Riga, Dantzig, Memel ou Stockholm) blanc pour les portes intérieures et volets, et rouge pour les fenêtres, portes extérieures, portes de caves et des lieux, vitrines et corniches ; dans tous les cas, de la meilleure qualité, bien sec, droit de fil, sans crevasses, aubier, grands nœuds, nœuds vicieux ou autres défauts quelconques. Les ouvrages de menuiserie qui ne seraient pas exécutés suivant les règles de l'art ou dont les bois viendraient à se tourmenter ou à crevasser, seront immédiatement remplacés.

Art. 171. — Avant d'assembler les pièces de menuiserie, on prendra soin de couvrir les tenons, mortuises ou autres parties engagées, d'une bonne couche de couleur à l'huile.

Art. 172. — L'entrepreneur soumettra à l'approbation de l'architecte un modèle des portes et fenêtres avant d'en exécuter le nombre prescrit et qui seront alors en tous points semblables aux modèles adoptés.

Art. 173. — Aucune pièce de menuiserie ne pourra être peinte avant que l'architecte l'ait approuvée et trouvée conforme aux profils et détails donnés.

Art. 174. — Sans description spéciale, l'entrepreneur livrera tous les clous, vis à bois, boulons, etc., employés ordinairement dans une bonne construction.

Art. 175. — Toutes les pièces en fer de la serrurerie, telles que serrures, gâche, crémones, équerres, charnières, pentures, etc., seront toujours placées avec des vis à bois.

PLANCHERS ET PLINTHES.

ART. 176. — Les planchers des chambres à la rue, au-dessus des caves des maisons bourgeoises seront mis avec des planches de sapin rouge du Nord (Stockholm ou Memel), de 0^m 025 d'épaisseur et d'au moins 0^m 145 de largeur, rabotées, rainées, languettées sur gîtages à placer au-dessus des poutrelles en fer, composés de pièces en sapin rouge de 0^m 06 sur 0^m 08 d'épaisseur, espacées de 0^m 36 d'axe en axe.

ART. 177. — Les planchers de toutes les chambres, dégagements, paliers, greniers et chambres mansardées, aux différents étages des maisons boutiques et bourgeoises, ainsi que les chambres à l'étage des maisons ouvrières et au-dessus des portails d'entrée de ces maisons seront mis avec des planches de sapin du Nord, rabotées, rainées et languettées, reconnues dans le commerce pour bonne seconde qualité ; ces planches auront au moins 0^m 023 d'épaisseur sur 1^m 035 de largeur. Toutes les planches auront la longueur des chambres, et seront exemptes de crevasses, de grands ou de plusieurs nœuds, ainsi que de nœuds vicieux ou parties échauffées ; les planches seront aussi de couleur uniforme pour chaque chambre ; serrées aussi fort que possible et clouées provisoirement avec quelques clous pour être définitivement fixées dans le courant des mois d'août, septembre et octobre de l'année prochaine, au moyen de deux clous d'épingle pour chaque planche, et dont les têtes seront noyées dans le bois.

ART. 178. — Il est dans l'intérêt de l'entrepreneur de ne livrer pour les planchers que du bois sec, car si à l'époque fixée pour la pose définitive, il était constaté que cette opération ne pourrait se faire dans de bonnes conditions, l'Administration aura le droit, sur la proposition de l'architecte, de remettre à l'année suivante l'achèvement de ce travail, sans indemnité pour l'entrepreneur qui, au surplus, subira seul toutes les conséquences de ce retard.

ART. 179. — Sur le gîtage au-dessus de l'étage des maisons ouvrières, ainsi qu'au-dessus des mansardes, cages d'escaliers et corridors au troisième étage des maisons boutiques et bourgeoises, on clouera jointivement deux planches de 0^m 26 de largeur sur 0^m 025 d'épaisseur.

ART. 180. — Les têtes des pièces formant les gîtages des chambres mansardes, cages d'escaliers et couloirs, seront masquées par une planchette rabotée de 0^m 015 d'épaisseur.

ART. 181. — Dans le gîtage au-dessus de l'étage des maisons ouvrières, il sera ménagé une trappe de 0ᵐ 50 × 0ᵐ 50 d'ouverture, formée de planches de 0ᵐ 025 d'épaisseur avec deux taquets ; chaque trappe s'ouvrira au moyen de deux charnières à pans, et se fermera avec une serrure à bosse d'une valeur de 1 fr. 20.

ART. 182. — Autour de toutes les chambres, tant au rez-de-chaussée qu'aux étages mansardes, dégagements, paliers, vestibules ou portails d'entrée, cages d'escaliers et boutiques, on clouera contre les murs des plinthes en bois de sapin rouge de 0ᵐ 13 de hauteur sur 0ᵐ 015 d'épaisseur ; autour des murs des greniers on clouera des lattes arrondies.

Sur les limons des escaliers on appliquera contre les murs de petites plinthes à moulures. Toutes les plinthes seront peintes deux fois avant de les clouer.

OUVRAGES EN PLOMB ET EN ZINC.

ART. 183. — L'entrepreneur fournira et placera contre les façades des maisons ouvrières aux endroits indiqués sur le plan, dix pompes à eau de source ; le corps en plomb de chaque pompe pèsera trente-huit kilogrammes, et les tuyaux d'alimentation descendant jusqu'au fond des puits ne pèseront pas moins de huit kilogrammes le mètre courant. Le bec de ces pompes ainsi que la couverture du bac de dessus seront en fer de fonte, d'après détail à fournir lors de l'exécution.

Le levier et les accessoires en fer seront particulièrement solides.

Le bac de dessus en pierre de taille sera garni intérieurement de plomb pesant trente-six kilogrammes le mètre carré.

ART. 184. — Les deux corps en plomb de chaque double pompe à placer dans 62 maisons, pèseront vingt-trois kilogrammes la pièce. Les tuyaux d'alimentation descendant jusqu'au fond des citernes ou puits d'eau de source, pèseront cinq et 6/10 de kilogramme le mètre courant. Le bac de dessus sera revêtu intérieurement de plomb comme il est prescrit pour les dix pompes à l'article précédent.

ART. 185. — Un double entonnoir en cuivre et un cabas en plomb seront scellés dans chaque lavier. Le petit tuyau de décharge en plomb prolongé jusque dans les puisards, pèsera deux kilogrammes le mètre courant.

ART. 186. — La garniture en zinc des chéneaux des façades principales des maisons boutiques et bourgeoises aura 0ᵐ 75, celle des chéneaux des façades des maisons ouvrières 0ᵐ 65 et celle des chéneaux de toutes les façades postérieures 0ᵐ 60 de développement.

Le zinc à employer pour la garniture des chéneaux, ainsi que pour la couverture des plates-formes au-dessus des cuisines des maisons ouvrières et de deux petites maisons bourgeoises, la couverture de deux lieux d'aisances et les revêtements extérieurs des lucarnes droites à placer dans les toits de quelques maisons bourgeoises et boutiques, sera du n° 16 de la Vieille-Montagne.

Art. 187. — Le zinc des chéneaux sera placé à dilatation libre et avec séparations à chaque tuyau de descente.

Art. 188. — Dans le chéneau de la façade postérieure de chaque maison ouvrière, il sera placé un tuyau de descente avec coude à la hauteur de $0^m 06$ d'ouverture intérieure : chaque tuyau sera fixé par trois colliers à charnières en fer galvanisé ; l'eau des plates-formes se déchargera également ment dans ces tuyaux, et au-dessus des ouvertures on soudera un entonnoir en zinc percé de trous.

Art. 189. — Dans les façades postérieures des maisons boutiques, grandes et petites maisons bourgeoises, aux endroits où des citernes seront construites, on placera des tuyaux de descente de $0^m 08$ de diamètre intérieur en zinc n° 13, et qui seront fixés par quatre colliers à charnières en fer galvanisé ; sous le sol, ces tuyaux en zinc seront remplacés par des conduits en plomb du même diamètre intérieur de $0^m 40$ de longueur et pesant quatorze kilogrammes le mètre courant.

Art. 190. — Les eaux des toits des façades principales se déchargeront dans les chénaux des façades postérieures, aux endroits où les tuyaux de descente seront posés au moyen de conduits en bois de $0^m 14$ d'ouverture, revêtus intérieurement de zinc du n° 14 et recouverts de planches de $0^m 025$ d'épaisseur.

Art. 191. — Pour la décharge des chéneaux des façades principales des maisons ouvrières, il sera établi un total de 20 tuyaux de descente en zinc n° 13 et de $0^m 08$ de diamètre ; chaque tuyau sera fixé dans la façade par trois colliers en fer galvanisé et remplacé à la hauteur de 2 mètres du sol par un tuyau en fonte du même diamètre intérieur.

Art. 192. — Les noues seront en zinc n° 16 et auront au moins $0^m 55$ de développement.

Art. 193. — Le zinc relevé contre les murs sera couvert par des bandes en plomb de $0^m 14$ et pesant douze kilogrammes le mètre carré.

Art. 194. — Le zinc des plates-formes sera placé avec tasseaux et coulisses suivant les instructions de l'architecte.

Art. 195. — On n'emploiera que du plomb et du zinc de toute première qualité ; ces matériaux seront toujours, avant leur emploi, pesés sur les travaux.

Art. 196. — Les devantures, corniches et moulures des lucarnes droites, de quelques maisons centrales et boutiques, seront en zinc, suivant les dessins n°s 64, 160 ou autres, à choisir par l'architecte, dans l'album de la Vieille-Montagne, et dont le prix ne dépassera pas 86 centimes par lucarne prise à l'usine.

Les fenêtres à tabatière en bois auront un revêtement de chaque côté et en dessous en zinc n° 14 et de largeur suffisante pour couvrir au moins la moitié du creux des pannes. La gouttière supérieure sera en plomb pesant dix-huit kilogrammes le mètre carré.

GROS FERS ET SERRURERIE.

Art. 197. — Les lieux d'aisances et les abris pour les pompes seront couverts en tôles ondulées et galvanisées de 0^m 001 d'épaisseur et de 1^m25 de longueur, fixées sur les sablières au moyen de petits boulons avec écrous également en fer galvanisé.

Art. 198. — En dehors des poutrelles en fer (voir maçonnerie en fondation) et des fenêtres à tabatière en fonte (voir charpenterie), l'entrepreneur fournira et placera là où la bonne exécution et la direction des travaux l'exigeront toutes les ancres dont le poids sera de quatre kilogrammes chacun, les barres de cheminées, tirants, corbeaux, agrafes, grilles pour soupiraux de cave, etc., etc. De tous ces objets et de chaque espèce, il sera soumis un modèle à l'approbation de l'architecte avant de faire la commande en masse.

Le poids des gros fers cités ci-dessus à employer dans les différentes maisons est déterminé comme suit : soixante-dix-huit kilogrammes pour les maisons ouvrières, quatre-vingt-seize kilogrammes pour les petites maisons bourgeoises, cent vingt-quatre kilogrammes pour les maisons bourgeoises plus grandes, cent trente-six kilogrammes pour les maisons boutiques à deux places au rez-de-chaussée et cent soixante-deux kilogrammes pour les maisons boutiques plus grandes.

Le plus ou moins de gros fers à employer dans cesdites maisons sera ajouté au, ou déduit du prix de l'adjudication, à raison de 35 centimes par kilogramme.

Il est bien entendu qu'il ne s'agit pas dans cet article des poutrelles en fer pour les voûtelettes des caves, dont le plan indique suffisamment le nombre et les dimensions.

Art. 199. — Le fer de fonte uniquement à employer pour les lucarnes à tabatière des greniers et mansardes, couvertures et bacs de pompes à la rue ainsi que pour le prolongement de vingt tuyaux de descente, sera de seconde fusion, purement moulé, sans fentes, soufflures, bavures, flaches ou autres défauts nuisibles, et exactement suivant les modèles approuvés par l'architecte.

Art. 200. — Aucune pièce de serrurerie telle que serrures, clefs, charnières, fers pour fermeture des volets, crémones, clichettes, plaques, etc., ne pourra être placée avant que l'architecte ait vérifié si ces objets ne contiennent pas de parties en fonte, ont été bien exécutés et suivant le modèle approuvé.

Art. 201. — Pour chaque maison boutique, grande ou petite maison bourgeoise, l'entrepreneur fournira et placera une sonnette en métal, d'une grandeur moyenne et avec tirant en fer.

A côté de la porte d'entrée de chacune des maisons susdites, il sera placé un grattoir en fonte ornementée, entaillé et scellé au plomb dans la plinthe en pierre de taille.

La sonnette, y compris le ressort, aura une valeur de 4 fr. 25, le tirant avec accessoires 3 fr. 50, et chaque grattoir 2 fr. 80.

L'administration se réserve le droit de fournir lesdits objets aux prix indiqués, mais dans tous les cas le placement sera fait au compte de l'entrepreneur.

Art. 202. — Tous les petits fers, tels que croisillons pour la division des carreaux dans les portes vitrées et fenêtres, les équerres des corniches et autres seront galvanisés.

VITRERIE.

Art. 203. — Les carreaux des portes vitrées, vasistas et fenêtres seront en verre demi-blanc et de simple épaisseur, les vitres des lucarnes à tabatière auront une épaisseur double.

Art. 204. — Les carreaux des vitrines auront environ 0ᵐ 60 de largeur et ne seront divisés dans la hauteur qu'en deux carreaux jusqu'à la traverse.

Art. 205. — Toutes les vitres, simples ou doubles épaisseurs, seront de premier choix, sans ondes, griffes, stries ou étoiles et posées avec du bon mastic de vitrier.

Art. 206. — Dans la toiture de chaque maison ouvrière il sera placé quatre pannes vitrées.

PEINTURAGE.

Art. 207. — Toute la menuiserie apparente, c'est-à-dire : portes, vitrines, fenêtres, corniches, devantures, plinthes, etc., sera peinte sur quatre couches en couleur à l'huile, les deux premières couches en gris-perle clair, et les deux suivantes en teintes à déterminer par l'Administration.

Art. 208. — Les portes du côté des boutiques, ainsi que celles donnant dans le vestibule d'entrée des maisons boutiques, seront peintes en bois de chêne et deux fois vernies.

Art. 209. — Avant de mettre la seconde couche on aura soin de mastiquer tous les joints, fentes et vides ; de bien égaliser les surfaces, battées et moulures avec du papier de sable, de manière à faire disparaître toutes les bavures. L'entrepreneur est prévenu que l'exécution de cette clause sera spécialement surveillée.

Art. 210. — Les battées des fenêtres recevront deux couches d'huile de lin non bouillie et sans mélange de céruse.

Art. 211. — Tous les gros fers seront peints sur deux couches au minium, et les fers des pompes recevront en plus deux couches de couleur noire à l'huile.

CONDITIONS GÉNÉRALES D'ENTREPRISE ET D'EXÉCUTION DES TRAVAUX.

Art. 212. — L'entreprise des travaux faisant l'objet du présent cahier des charges, constitue un forfait absolu, dans la plus large acception du mot, et, en conséquence, l'entrepreneur doit vérifier et est en tous cas censé avoir vérifié par lui-même tout ce qui se rattache à l'exécution desdits travaux et s'être assuré de la possibilité de leur exécution, dans toutes leurs parties comme dans leur ensemble, car il sera tenu, pour et moyennant le prix d'adjudication, d'exécuter à ses frais, risques et périls, non seulement les ouvrages tels qu'ils sont décrits et indiqués aux plans ci-joints, mais également ceux qui résultent d'une bonne exécution, en fournissant et en mettant en œuvre tous les matériaux nécessaires à cet effet, sans, dans aucun cas, pouvoir réclamer une somme quelconque pour ouvrages ou frais imprévus.

Art. 213. — L'administration aura le droit, avant ou pendant l'exécution des travaux, d'y apporter les changements jugés utiles ou nécessaires en augmentant pour les ouvrages à faire en plus, ou en diminuant pour les ouvrages à faire en moins, la somme de l'entreprise, suivant les prix fixés au bordereau des ouvrages d'entretien de la ville d'Anvers. Aucune augmentation pour ouvrages supplémentaires ne sera admise s'il n'existe un ordre écrit par l'architecte et approuvé préalablement par l'Administration.

Art. 214. — Ne sera pas admis comme soumissionnaire l'entrepreneur qui, antérieurement adjudicataire de travaux ou fournitures pour compte d'une administration publique, n'a pas satisfait à ses engagements.

Art. 215. — Nul ne sera admis comme soumissionnaire s'il n'est accompagné de deux cautions solvables, agréées par l'Administration. Les entrepreneurs et les cautions sont engagés irrévocablement envers l'Administration par le dépôt de leur soumission, et l'Administration n'est engagée envers eux qu'après l'approbation de l'adjudication par les autorités supérieures.

L'Administration n'est pas tenue d'accepter le plus bas soumissionnaire et, sans en faire connaître le motif, elle pourra faire choix entre les concurrents ou procéder à une réadjudication.

ART. 216. — Tous les frais de timbre, d'impression, de publication dans les journaux et affiches, d'enregistrement ou autres résultant de l'adjudication seront supportés par l'entrepreneur.

ART. 217. — L'adjudication a lieu par soumissions cachetées, écrites sur timbre.

Ces soumissions doivent être adressées au président de l'administration, par lettres recommandées qui devront être remises à la poste, au plus tard, le dimanche 15 avril, à onze heures du matin. Elles porteront pour souscription :

« *Soumission pour l'entreprise de la construction de 130 maisons à Stuivenberg.* »

Seront considérées comme non avenues, les soumissions dont l'enveloppe porterait une indication postale, d'une date postérieure à celle fixée pour le dépôt.

ART. 218. — La soumission portera les nom, prénoms et domicile réels de l'entrepreneur et aussi qu'il s'engage sur tous ses biens, meubles et immeubles, à l'exécution des travaux faisant l'objet de la présente adjudication et conformément aux plans et cahier des charges, et ce moyennant une somme à indiquer en toutes lettres.

ART. 219. — La soumission sera souscrite, indépendamment du soumissionnaire, par les deux cautions, qui déclareront s'engager avec lui comme entrepreneurs principaux et solidaires.

ART. 220. — Dans la huitaine qui suivra l'approbation de l'entreprise par les autorités supérieures, il en sera donné connaissance à l'entrepreneur, qui sera invité en même temps, par lettre chargée, à commencer les travaux dans la quinzaine suivante.

ART. 221. — L'entrepreneur commencera par faire une grande grange, comme il est dit plus haut, pour la préparation des mortiers et aussi un bureau de 3 mètres sur 3 mètres à l'usage exclusif de l'architecte et de son préposé.

ART. 222. — Le tracé des constructions et le niveau seront établis avec des jalons, piquets, niveaux, règles et équerres à livrer par l'entrepreneur, en présence de l'architecte du bureau de M. l'ingénieur de la ville ; l'entrepreneur restera toujours responsable de la conservation des piquets indiquant les tracés ou les niveaux et de toutes les suites qui pourraient résulter des changements y apportés.

Art. 223. — Les travaux, commencés à l'époque fixée, seront continués sans interruption jusqu'à l'achèvement complet. Toutes les maisons seront sous toits, couvertes en pannes et les chéneaux en zinc placés six mois après l'approbation de l'entreprise, et entièrement achevées avec murs de clôtures et dépendances huit mois après, sous peine d'un dédommagement, dû à l'administration, de 5 francs par jour et pour chaque maison non couverte ou non achevée aux termes fixés.

Art. 224. — S'il y avait possibilité d'achever quelques maisons avant l'époque fixée, l'entrepreneur sera tenu de satisfaire à la demande qui lui en sera faite et sans qu'il puisse s'en prévaloir pour la non-exécution de la clause stipulée à l'article précédent. L'administration aura également le droit de faire occuper les maisons achevées avant le terme fixé, et cela sans indemnité pour l'entrepreneur.

Art. 225. — Quoique les sous-entrepreneurs devront préalablement être acceptés par l'architecte, ils ne seront jamais reconnus en cette qualité; l'entrepreneur et ses cautions restent seuls responsables de la bonne exécution des travaux, de tous les accidents qui pourraient s'y produire et de toutes les contraventions aux règlements existants de la police.

Art. 226. — L'entrepreneur, autant que possible, surveillera les travaux en personne, et, en tous cas, il s'y rendra à la première demande de l'administration ou de l'architecte; il sera représenté également par un délégué capable et qui ait plein pouvoir d'agir en son nom; néanmoins, et comme suite à l'article précédent, il ne pourra jamais invoquer les fautes commises par cette personne ou par n'importe quel employé ouvrier pour couvrir sa responsabilité.

Art. 227. — L'entrepreneur est tenu d'avoir constamment sur les travaux les approvisionnements de matériaux, ainsi que le nombre d'ouvriers de chaque métier jugés nécessaires pour prévenir tout retard dans l'exécution.

Art. 228. — L'entrepreneur aura également, sur les travaux, les échelles et échafaudages nécessaires pour permettre d'examiner, sans danger, les travaux dans tous les détails.

Art. 229. — Tous les ouvrages seront exécutés avec des matériaux de la meilleure qualité, à moins que les conditions qui précèdent ne l'indiquent autrement; dans tous les cas, ils seront exécutés par les ouvriers les plus capables dans leur spécialité et selon toutes les règles de l'art.

Art. 230. — Les travaux non exécutés suivant la clause qui précède, ou suivant les dessins et indications de l'architecte, seront immédiatement démolis par l'entrepreneur et à ses frais, transportés des travaux et remplacés, sans que, dans aucun cas, il puisse s'y opposer.

Art. 231. — Seront aussi démolis les travaux exécutés la nuit, les dimanches ou jours de fête consacrés.

Art. 232. — Dans le cas de fraude, l'architecte en fera rapport à l'administration du bureau de bienfaisance, qui, après avoir examiné en séance la gravité des faits, appliquera à l'entrepreneur une amende de 10 francs à 100 francs. Les décisions prises à ce sujet seront irrévocables.

Art. 233. — L'entrepreneur est tenu de se conformer à toutes les prescriptions de l'architecte, même sans indemnité, si les mesures à prendre dans l'intérêt d'une bonne exécution, ne sont pas mentionnées dans le cahier des charges ; l'architecte est seul juge de l'opportunité de ces mesures à prendre, et, à défaut de l'entrepreneur de s'y conformer, on agira sur rapport de l'architecte comme il est dit à l'article précédent, et les mêmes amendes y mentionnées seront applicables.

Art. 234. — Toutes les amendes encourues et tous les frais de citations seront déduits du premier paiement qui suivra les faits qui y auraient donné lieu.

Art. 235. — L'entrepreneur est tenu de prendre à ses frais une copie, au bureau de l'architecte, de tous les plans et conditions de l'entreprise. Tous les dessins et profils, donnés pendant l'exécution des travaux, seront après l'achèvement retournés au bureau de l'architecte.

Art. 236. — L'entrepreneur est obligé de fournir à l'architecte tous les moyens de s'assurer de la bonne qualité ou de la provenance des matériaux à employer.

Art. 237. — Après l'achèvement et avant la réception des travaux, l'entrepreneur fera nettoyer les vitres et arrangera toutes les parties des maisons, de manière à ce qu'il n'y ait plus rien à désirer.

Pendant l'année de garantie, après l'achèvement complet des travaux, l'entrepreneur y fera, à la première demande de l'architecte, tous les ouvrages de réparations et même les remplacera à ses frais si cela est reconnu utile ou nécessaire.

Art. 238. — Dans le cas où les travaux ne seraient pas achevés aux époques fixées à l'art. 221, ou qu'il fût à présumer que par inactivité dans l'exécution des travaux, des retards pourraient se produire, l'administration aura le droit, après avoir mis l'entrepreneur en demeure, par simple lettre recommandée, de pourvoir d'office au parachèvement de ces ouvrages, soit en employant les ouvriers, le matériel et les matériaux de l'entrepreneur, soit en se procurant d'autres ouvriers ou matériaux nécessaires, soit même en procédant à une nouvelle adjudication, à son choix ; en tous cas, toutes ces mesures seront prises aux frais, risques et périls de l'entrepreneur et de ses cautions et sans qu'il puisse s'y opposer.

ART. 239. — En vertu de l'article 1139 du Code civil, l'entrepreneur sera mis en demeure, sans qu'il soit besoin d'acte et par la seule échéance du terme fixé.

ART. 240. — Les contestations relatives aux travaux ou à l'interprétation des présentes conditions seront jugées en dernier ressort en séance de l'administration du bureau de bienfaisance, après avoir entendu l'architecte, l'entrepreneur et, le cas échéant, une troisième personne à nommer de commun accord. L'entrepreneur déclare dès à présent et pour lors se soumettre aux décisions de cette administration et renoncer à tous recours en justice.

PAIEMENTS.

ART. 241. — Le paiement du prix de l'entreprise sera effectué en six parties égales.

Le premier paiement aura lieu après l'exécution des ouvrages en fondation, les voûtes des caves construites, et les plinthes en pierre de taille placées.

Le second paiement aura lieu lorsque les maisons seront à la hauteur du premier étage et les gîtages mis.

Le troisième paiement se fera lorsque les maisons seront sous toits et les murs des jardins construits.

Le quatrième paiement se fera après l'achèvement des ouvrages de plafonnage et de crépissage et la livraison des planches.

Le cinquième paiement aura lieu après la pose de la menuiserie, y compris les escaliers.

Le sixième paiement aura lieu après l'entier achèvement de tous les travaux.

ART. 242. — Chacun de ces paiements sera subdivisé en trois parties approximativement égales, suivant l'avancement des travaux, successivement constaté par procès-verbaux dressés par l'architecte et soumis à l'approbation de l'administration.

ART. 243. — Il sera effectué sur chaque paiement une retenue de cinq pour cent qui servira de garantie et qui sera payée à l'entrepreneur pour solde de compte, après l'année d'entretien des travaux, constaté par procès-verbal de réception définitive, et lorsque l'entrepreneur aura satisfait à tous ses engagements.

ART. 244. — A mesure de l'avancement des travaux et jusqu'au jour

de la réception définitive, l'entrepreneur est tenu de faire assurer les constructions contre l'incendie par une société d'assurance acceptée par l'Administration et, à chaque paiement, il présentera les quittances des sommes
payées à cet effet.

*Ainsi dressé le présent cahier des charges par l'architecte soussigné et
approuvé par l'administration du bureau de bienfaisance en séance au
15 mars 1877.*

L'*Architecte*,
Victor Durlet.

POUR L'ADMINISTRATION :

Le Président,
JEAN FLORUS.

Par ordonnance :

Le Secrétaire,
A. DE SCHUTTER.

CHAPITRE XIV.

Devis estimatif d'habitations ouvrières.

DEVIS D'UNE MAISON D'HABITATION

De M. Japy, à Beaucourt (Haut-Rhin).

	SURFACE ou CUBES.	PRIX.	MONTANT.	
Creusage des fondations............. m³.	24.700	1 »	24	70
Nivelage des caves........ à la journée.	1	3 60	3	60
MAÇONNERIE.				
8.50 × 6.03 × 0.50... = 25.627				
8.50 × 6.03 × 0.50... = 25.627				
6.00 × 6.03 × 0.50... = 18.000				
6.00 × 6.03 × 0.50... = 18.090				
6.00 × $\frac{2.80}{2}$ × 0.50... = 4.200				
6.00 × $\frac{2.80}{2}$ × 0.50... = 4 200				
95.834				
A diminuer pour ouvertures.				
2.30 × 0.90 × 0.50 =				
1.80 × 0.90 × 0.50 =				
1.50 × 0.90 × 0.50 =				
4 semblables.				
1.30 × 0.80 × 0.50 =				
3 semblables.				
65.30 × 18/18...... =				
9.315				
Reste m³... 86.519				
Massif pour les escaliers, 2.00 ×				
0.90 × 1.00................. 1.800				
Reste m³... 88.319	88.319	11 75	1.037	74
À REPORTER......	......	......	1.076	14

	SURFACE ou CUBES.	PRIX.	MONTANT	
Report............	....	....	1.076	14
Taille pour porte et fenêtre, mètre courant.	65.30	3 80	248	65
Pose de cette taille........ mètre courant.	65.30	» 50	32	50
Escaliers en taille........ marches.....	3	4 50	13	»
Plate-forme.............. pièce	1	»	16	33
Galandures de 11 c. ép. 7.50 × 2.50 =18.75 m. q.				
A diminuer pour ouvertures, une porte 2.05 × 0.90..... = 1.85				
A diminuer pour ouverture une porte 2.05 × 0.90... = 1.85				
3.70				
Reste, mètres carrés...... 15.05	15.05	4 50	67	72
Galandure sur champ, 2.95 × 2.50. = 7.37 m. q. 2.90 × 2.50. = 7.25				
Total, mètres carrés.... 14.62				
A diminuer pour ouvertures, une porte de 2.05 × 0.90.. = 1.85				
A diminuer pour ouvertures une porte semblable. = 1.85				
3.70				
Reste, mètres carrés...... 10.92	10.92	3 25	35	50
Galandure sur champ 7.60×2.30. = 17.25 m. q. 2.95×2.30. = 7.80 2.95×2.30. = 6.80 3.22×2.30. = 7.40				
Total, mètres carrés.. 38.25				
A diminuer pour ouvertures, une porte de 0.85 × 2.00 × 1.70... 4 semblables.................. Inclinaison du toit............ . } 9.50				
Reste net, mètres carrés... 28.75	28.75	3 25	93	43
Cheminée dépassant le toit : 0.70×0.70 = 0.490 Une semblable, 0.490				
A reporter.............	....	....	1.583	58

	SURFACE ou CUBES.	PRIX.	MONTANT.	
Report...........	....	....	1.583	58
0.30 × 0.70 = 0.210				
Une semblable. 0.210				
Total, mètres carrés.... 1.400				
Une semblable........ 1.400				
Total, mètres carrés.... 2.800	2.800	4 50	12	60
Couverture lambrissée, lattée, tuiles d'Altkirch et pose :				
5.30 × 8.80 = 46.64				
Une semblable. 46.64				
Total, mètres carrés.. 93.28	93.28	4 75	443	08
Rez-de-chauss. Plafond. 7.50 × 6.00 = 45.00				
Mansardes.... id. 6.70 × 7.50 = 50.25				
Total, mètres carrés.. 95.25				
A diminuer pour ouvertures d'escalier, 1.00 × 1.65 = ... 1.65				
Reste, mètres carrés. 93.60	93.60	2 00	187	20
Foyer en briques............... pièce.	1	6 00	6	»
Manteau de cheminée........... id.	1	8 00	8	»
Evier .... id.	1	18 00	18	»
Chéneaux............. mètre courant.	17.60	2 30	40	48
Tuyaux de descente..... id.	12.20	2 20	26	84
CHARPENTE & MENUISERIE				
10 poutres....... 6.60 20/15 = m³ 1.980				
10 poutres....... 6.60 20/15 1.980				
11 entraits 4.10 12/12 0.650				
22 chevrons 5.15 12/12 1.630				
2 sablières...... 8.50 16/12 0.326				
18 arrière-couvert 1.30 18/15 0.630				
2 enchevêtrures. 0.90 20/15 0.054				
1 sommier...... 8.90 20/18 0.288				
1 colonne 1.80 18 18 0.057				
1 panne........ 8.50 20/18 0.306				
1 bras de force.. 1.80 18/16 0.103				
1 poinçon....... 1.50 16/16 0.042				
Total m³.... 8.046	8.046	50 00	402	30
A reporter.............	....	....	2.717	48

	SURFACE ou CUBES	PRIX.	MONTANT.	
			fr.	c.
REPORT............	......	......	2.717	48
Rez-de-chaussée et mansardes, socles, mètre courant......................	81.000	1 00	81	»
Contre-cœur convertis en socles, mesure) triple........ .... }	18.000	1 00	18	»
4 pièces de 1.50. Ensemble, mètre courant				
Portes en assemblage intérieur... Pièce.	4	20 00	80	»
Id. simples................. Id.	5	12 00	60	»
Id. d'entrée doublée.......... Id.	1	24 00	24	»
Id. de cave doublée.......... Id.	1	20 00	20	»
Fenêtres, rez-de-chaussée....... Id.	5	20 00	100	»
Id. mansardes .... Id.	4	17 00	68	»
Guichet, cave................. Id.	2	3 00	6	»
Rampe d'escalier............ Marches.	15	3 80	57	»
Plancher du r.-de-ch.. 7.50 × 6.00 = 45.00				
Id. des mansardes. 7.50 × 6 00 = 45.00				
Total. mètres carrés .. 90.00				
A dimin p' cage d'escal. 1.00 × 1.65 = 1.65				
Reste, mètres carrés... 88 35	88.35	2 25	198	78
6 manchons pour tuyaux de poêle. Pièce,	6	0 40	2	40
TOTAL..........	......	....	3.432	66

SOCIÉTÉ DES CITÉS OUVRIÈRES DE MULHOUSE
1853.

Devis estimatif d'une des maisons, assemblées par groupe de quatre, à étages sur rez-de-chaussée, avec cave et grenier et privés en dehors.

DÉTAILS.	NOMBRE de pièces.	DIMENSIONS.			Produits bruts.	Déductions.	Produits nets.	Prix.	Sommes.
CHAPITRE I.									
TERRASSEMENTS.									
Article unique. — Fouille des caves et fondations.									
Fouilles de la cave................	...	6·25	5·25	0·80	26·25				
— des rigoles de fondation, 1re partie	...	10·95	0·55	0·20	1·20				
— — — 2e partie	...	10·20	0·20	0·15	0·30				
— de la fosse des privés...........	...	1·60	1·15	1·00	1·84				
— des fondations de l'escalier	...	1·30	0·80	1·00	1·04				
							m. c.	fr. c.	fr. c.
Total du chapitre 1er..	...	....	....	....	....	....	30·63	0 50	15.31
CHAPITRE II.									
MAÇONNERIES ET PLATRERIE.									
Article 1er. — Maçonnerie en moellons et mortier de chaux, pour fondations et murs de cave, compris les enduits au mètre cube.									
Les murs de face jusqu'au-dessus du socle......	...	10·95	1·75	0·55	10·53				
Les murs de refend, mitoyens, du socle	...	10·20	1·70	0·20	3·46				
Fondation d'un dé sous poteau......	...	0·50	0·50	0·50	0·12				
Fondation sous l'escalier...........	...	1·30	1·00	0·80	1·04				
A REPORTER......	...	....	....	....	....				

DÉTAILS.	NOMBRE de pièces.	DIMENSIONS.			Produits bruts.	Déductions.	Produits nets.	Prix.	Sommes
Report.........	...	....	....	....	....	....	....		
Fondation derrière la première marche de l'escalier...............	...	1·30	0·55	0·20	0·14				
Fondation derrière la deuxième marche de l'escalier.........	...	1·30	0·25	0·20	0·66				
La fosse des privés, la moitié seulement........................	...	2·35	1·35	0·40	1·27				
A déduire :									
2 soupiraux de cave	2	0·90	0·55	0·12	....	0·12			
La maçonnerie en briques et les vides des cheminées dans les murs mitoyens...........	...	1·15	0·70	0·20		0·16			
Ensemble.........	...	....	....	....	16·62	0·28	16·34	10·00	163·40
Art. 2. — Maçonnerie comme ci-dessus pour murs en élévation, compris les enduits intérieurs et extérieurs, au mètre cube.									
Les murs de face, au rez-de-chaussée	...	10·90	0·50	3·55	19·34				
Les murs de refend, mitoyens.....	...	8·90	0·20	3·55	6·32				
Les murs de face à l'étage.........	...	10·95	0·45	2·91	14·31				
Les murs de refend à l'étage	...	8·00	0·20	2·91	4·65				
Les murs de face au grenier.......	...	6·20	0·45	0·25	0·70				
Le pignon	...	4·70	0·40	1·50	2·82				
A déduire :									
Une porte d'entrée......	1	0·90	0·50	2·40	....	1·08			
2 fenêtres au rez-de-chaussée......	2	1·10	0·50	1·60	....	1·76			
La maçonnerie en briques et les petites fenêtres	...	1·20	0·50	1·04	....	0·62			
2 voûtes de décharge des fenêtres...	2	1·20	0·25	0·15	....	0·09			
1 — — de porte......	1	1·10	0·25	0·15	....	0·04			
1 — — de la petite fenêtre	1	0·60	0·25	0·15	....	0·02			
2 — — de soupiraux de cave..........	2	1·10	0·25	0·15	....	0·08			
3 fenêtres à l'étage	3	0·90	0·45	1·50	....	1·82			
3 voûtes de décharge de ces fenêtres.	3	1·10	0·25	0·15	....	0·12			
Une double fenêtre au grenier.....	1	1·00	0·40	0·80	....	0·32			
1 voûte de décharge de cette fenêtre.	1	1·60	0·25	0·15	....	0·06			
La demi du pilier en briques de cette fenêtre.......	...	0·35	0·40	1·40	....	0·20			
La cheminée dans le mur de refend.	...	1·15	0·20	6·46	....	1·48			
Ensemble	...	....	....	....	48·14	7·69	40·45	11·00	444·95
A reporter	...	....	....	....	....	....	....		608·35

DÉTAILS.	NOMBRE de pièces.	DIMENSIONS.			Produits bruts.	Déductions.	Produits nets.	Prix.	Sommes.
REPORT............	...	....	....	....	....	....	....	....	608.35
Art. 3. — Maçonnerie en briques et mortier de chaux, avec enduits intérieurs et extérieurs, au mètre cube..............									
1 pilier près des petites fenêtres de cuisine..........	1	1·20	0.50	1.04	0·62				
2 voûtes de décharge de soupiraux de cave.....................	2	1·10	0.55	0·15	0·0J				
2 voûtes de décharge de fenêtres...	2	1·20	0.25	0·15	0·09				
2 — — de porte d'entrée..	1	1·10	0.25	0·15	0·04				
1 — — de la petite fenêtre.	1	0·60	0.25	0·15	0·02				
3 — — de fenêtres à l'étage	3	1·10	0.25	0·16	0·12				
1 — — — au grenier.	1	1·60	0.15	0,15	0,06				
1 partie de mur de refend au rez-de-chaussée......	1	1·30	0·075	2·95	0·29				
1 partie de mur de refend à l'étage.	1	2·20	0·075	2.91	0·48				
Le mur de refend au grenier, 1re partie...... ····	...	5·80	0·075	2·80	1·21				
Le mur de refend au grenier, 2e partie.....................	...	1·00	0·075	0.67	0·05				
Le mur de refend au grenier, 3e partie.....................	...	2·59	0·075	2·20	0·42				
1 cloison au rez-de-chaussée.......	...	4·50	0.15	1·35	1·85				
La moitié du pilier entre les fenêtres du grenier..	...	0·35	0·40	1·40	0·20				
Revêtement intérieur de la fosse...	...	0·75	0·15	1·35	0·15				
A déduire :									
1 petite fenêtre de cuisine.........	1	0·50	0.50	0·80	....	0·20			
1 porte de chambre	1	0·80	0·15	2·15	....	0·26			
Ensemble..........	...	....	....	....	5.69	0.46	5·23	25·00	130.75
Art. 4. — Maçonnerie en briques posées de champ, enduites de deux côtés, au mètre carré.									
La cheminée de cuisine.............	...	1·60	10·03	....	16·05				
Les cloisons à l'étage..............	...	7·45	2·75	....	21·31				
A déduire :									
2 portes......	2	0·80	2·15	....	....	3·44			
Ensemble..........	...	....	....	....	37.36	3·44	33·92	2·50	84.80
A REPORTER...........	...	....	....	....	....	....	....	....	823.90

DÉTAILS.	NOMBRE de pièces.	DIMENSIONS			Produits bruts.	Déductions.	Produits nets.	Prix.	Sommes
REPORT............	...	....	...	...	...	....	...	....	823 90
Art. 5.— Pierres de taille, pose comprise, au mètre cube.									
2 linteaux de soupiraux de caves...	2	1.20	0.15	0.15	0.054				
2 montants de porte..............	2	1.30	0.20	0.20	0.104				
2 boutisses —	2	0.50	0.20	0.20	0.040				
2 montants de porte..............	2	1.10	0.20	0.20	0.088				
1 linteau —	1	1.30	0.20	0.20	0.055				
2 appuis de fenêt. au rez-de-chauss.	2	1.42	0.25	0.14	0.099				
4 montants — — .	4	1.60	0.16	0.16	0.161				
2 linteaux — —	2	1.42	0.16	0.16	0.072				
1 app. de la petite fenêtre — .	1	0.80	0.25	0.14	0.028				
1 linteau — — .	1	0.80	0.12	0.12	0.012				
3 appuis de fenêtres à l'étage.....	3	1.22	0.25	0.14	0.128				
6 montants —	6	1.50	0.16	0.16	0.230				
3 linteaux —	3	1.22	0.16	0.16	0.093				
1 appui de fenêtre au grenier....	1	1.45	0.20	0.15	0.043				
3 montants — ...	3	0.80	0.15	0.10	0.054				
1 linteau — ...	1	1.45	0.15	0.15	0.033				
1 seuil de porte..................	1	0.90	0.20	0.20	0.045				
3 marches d'escalier.....	3	0.85	0.20	0.30	0.153				
1 marche d'escalier de cave.......	1	0.85	0.20	0.30	0.051				
1 dalle de recouvrement de la fosse.	1	1.43	1.03	0.20	0.295				
Ensemble......	...	....	....	....	...	....	1.838	85,00	156 25
Art. 6. — Dalles de 0ᵐ,08 à 0ᵐ,10, au mètre carré.									
Le socle à l'extérieur........ ...	...	10.23	0.30	....	3.07	....	....	8,00	24 55
Art. 7. — Carrelage en briques bien cuites, posées à bain de mortier, au mètre carré.									
La cuisine.................	...	3.20	2.00	....	6.40				
1 embrasure de porte............	1	1.05	0.30	...	0.32				
Ensemble......	...	....	....	...	....	....	6.72	2.25	15 10
Art. 8. — Plafonds sur lattis, au mètre carré.									
La cuisine.................	...	3.10	2.00	....	6.20				
1 faux-linteau de porte..........	1	1.06	0.33	....	0.30				
1 — de la petite fenêtre.	1	0.65	0.39	....	0.25				
La chambre.................	...	4.50	3.39	....	15.26				
A REPORTER..........	..	....	....	....	11.11	....	....	....	1.019 80

DÉTAILS.	NOMBRE de pièces.	DIMENSIONS			Produits bruts.	Déductions.	Produits nets.	Prix.	Sommes.
REPORT.............	...	....	....	....	11.11	....	....	....	1.019 80
2 faux linteaux de fenêtres........	2	1.38	0.34	....	0.93				
1 chambre à l'étage..............	1	5.55	2.27	....	12.60				
1 —	1	3.42	2.20	....	7.52				
Le palier......................	...	2.20	1.33	....	1.06				
3 faux linteaux.................	...	1.48	0.30	....	2.92				
Ensemble.............	...	....	....	....	....	....	47.08	1.85	87 10
Art. 9. — Tuyaux de privés, au mètre linéaire.									
Les tuyaux de chute en grès......	...	....	....	....	....	....	4.70	5.50	25 85
Les tuyaux de ventilation en terre cuite........................	...	....	....	....	....	....	1.25	3.50	4 35
Art. 10.— Remplissage de planchers d'entrevous en matières sèches, au mètre carré.									
La chambre au rez-de-chaussée....	...	4.50	3.40	....	15.30				
La cuisine......................	...	3.37	2.00	....	6.74				
Ensemble.............	...	....	....	....	....	....	22.04	0.15	3 30
Art. 11. — Enduit au ciment, au mètre carré.									
Les parois de la fosse des privés...	1/2	5.00	1.00	....	2.50				
Le fond — ...	1/2	1.50	1.00	....	0.75				
Ensemble	...	....	....	....	....	....	4.25	3.00	9 75
Art. 12. — Béton au mètre cube.									
Dans la fosse des privés...........	1/2	1.56	1.06	0.30	0.25	....	....	12.00	3 00
Art. 13. — Couverture en tuiles, compris le lattis.									
Tuiles à emboîtement de la maison.	...	6.70	6.54	....	43.81				
— des privés...	...	1.50	1.50	....	2.26				
Ensemble.............	...	....	....	....	....	....	46.07	2.80	129 00
Tuiles de rives de la maison......	...	....	....	....	6.70				
— des privés	...	....	....	....	1.50				
Ensemble.............	...	....	....	....	....	....	8.20	2.00	16 40
Faîtières ordinaires de la maison..	...	....	....	....	....	....	3.57	1.50	5 35
A REPORTER.........	...	....	....	....	....	....	....	....	1.303 90

DÉTAILS.	NOMBRE de pièces.	DIMENSIONS.			Produits bruts.	Déductions.	Produits nets.	Prix.	Sommes
Report.........	...	....	....	....	....	....	....	....	1.383 90
Faîtières demi-cylindriques des pri-vés...................	...	....	....	....	....	....	0·65	3·00	1 95
Art. 14. — Divers à la pièce.									
1 foyer de cuisine................	1	....	....	....	....	....	....	7·00	7 00
1 hotte de cheminée..............	1	....	....	....	....	....	....	6·00	6 00
1 évier, fourniture et pose	1	....	....	....	....	....	....	10·00	10 90
1 siége de privés, avec cuvette.....	1	....	....	....	....	....	....	6·00	6 00
Entaille de 3 barres d'appui de fenêtres...................	3	....	....	....	....	....	....	0·30	0 90
1 tuile de ventilation de la fosse...	1/2	....	....	....	....	....	....	3·00	1 50
1 tuile à vitre et de ventilation des privés............	1	....	....	....	....	....	....	3·00	3 00
Pose de 5 châssis de fenêtres dans le blanc de bourre	5	....	....	....	....	....	....	0·75	3 75
Total du chapitre II..	...	....	....	....	....	....	....	....	1.344 »

CHAPITRE III.

CHARPENTE.

Article 1er. — Bois de sapin, au mètre cube.

DÉTAILS.	NOMBRE de pièces.	DIMENSIONS.			Produits bruts.	Déductions.	Produits nets.	Prix.	Sommes
Cave, 2 faux linteaux.............	2	1·30	0·14	0·40	0·145				
— 4 solives......	4	5·50	0·10	0·22	0·484				
— 1 —	1	4·80	0·10	0·22	0·106				
— 2 —	2	5·30	0·10	0·22	0·233				
— 1 —	1	3·60	0·10	0·12	0·079				
— 1 poteau.................	1	1·60	0·25	0·15	0·100				
— 1 poutre.................	1	4·50	0·12	0·15	0·081				
— 1 chevêtre pr. de la cheminée	1	1·95	0·20	0·22	0·965				
Rez-de-chaussée, 2 faux linteaux de fenêtres	2	1·60	0·14	0·30	0·134				
— 1 faux linteau de fe-nêtre et de porte	1	2·60	0·14	0·28	0·102				
— 6 solives..........	6	5·00	0·12	0·22	0·792				
— 1 —	1	3·95	0·12	0·22	0·104				
— 2 —	2	3·50	0·12	0·22	0·185				
— 1 —	1	5·00	0·20	0·22	0·220				
à Reporter........	...	....	....	....	11·11				

DÉTAILS.	NOMBRE de pièces.	DIMENSIONS.			Produits bruts.	Déductions.	Produits nets.	Prix.	Sommes
REPORT............	...	....	....	....	11.11				
Rez-de-chaussée, 2 sablières, ens..	»	7·40	0·07	0·14	0.073				
— 1 poteau.........	1	2·65	0·15	0·20	0.079				
— 1 poutre........	1	2·40	0·15	0·20	0.072				
Etage, 3 faux linteaux de fenêtres.	3	1·60	0·14	0·25	0·168				
— 6 solives...............	6	5·00	0·10	0·18	0.540				
— 3 —	3	3·90	0·10	0·18	0·210				
— 1 —	1	5·00	0·18	0·18	0.162				
— 1 chevêtre près la cheminée	1	2·35	0·18	0·18	0.076				
— 2 sablières, ensemble......	»	7·20	0·07	0·14	0.071				
Comble, 1 faux linteau de fenêtre double............	1	1·80	0·12	0·22	0.048				
— 1 poteau....	1	1·60	0·12	0·15	0.029				
— 2 contrefiches............	2	1·00	0·10	0·10	0.020				
— 1 panne et la moitié de la faîtière	1 1/2	6·60	0·15	0·12	0.178				
— 1 sablière..............	1	6·60	0·12	0·12	0.095				
— 9 chevrons.............	9	6·55	0·08	0·12	0.566				
— Bois de cloisonnage au rez-de-chaussée........	....	10·30	0·14	0·14	0·201				
— Bois de cloisonnage à l'étage................	....	23·20	0·10	0·08	0·185				
Ensemble...........	...	....	....	....	....	....	5.623	51·00	286 75
Art. 2. — Planchers d'entrevous, au mètre carré.									
Au rez-de-chaussée	....	5·00	5·00	....	25·00				
A déduire :									
Ouverture de l'escalier.............	....	0·70	2·70	....	....	1·89			
Ensemble...........		....	....	....	25·00	1·89	23·11	1·50	34 65
Art. 3. — Escaliers à la marche.									
1 escalier de cave en sapin, sans contremarche	11	....	....	....	....	....	....	3·00	33 00
1 escalier du rez-de-chaussée, y compris la rampe avec contremarches..........	15	....	....	....	....	....	....	4·50	67 50
1 escalier de grenier avec contremarches.............	15	....	....	....	....	....	....	4·50	67 50
Total du chapitre III....		....	....	....	....	....	....	....	489 40

DÉTAILS.	NOMBRE de pièces.	DIMENSIONS.			Produits bruts.	Déductions.	Produits nets.	Prix.	Sommes

CHAPITRE IV.

MENUISERIE.

DÉTAILS.	NOMBRE de pièces.	DIM.	DIM.		Produits bruts.	Déductions.	Produits nets.	Prix.	Sommes
Article 1er. — Planchers en planches de sapin, rabotées, de 0ᵐ 027 d'épaisseur, au mètre carré.									
La chambre, au rez-de-chaussée....	...	4.50	3.40	....	15.30				
2 embrasures de fenêtres..........	2	..40	0.25	...	0.70				
Le corridor à l'étage	...	2.12	0.92	....	1.95				
1 chambre à l'étage..............	...	3.40	2.20	....	7.48				
1 — —	...	5.55	2.28	....	12.65				
3 embrasures de fenêtres..........	3	1.20	0.20	....	0.72				
Ensemble..........	...	....	....	....		38.80	2.50		97 00
Art. 2. — Planchers bruts à feuillures, au mètre carré.									
Au grenier.....................	...	5.70	4 80	....	27.06				
A déduire :									
L'ouverture de l'escalier...........	...	2.15	0.90	....	....	1.93			
Ensemble.........	...	....	...	....	27.36	1.93	25.43	1.80	45.75
Art. 3. — Revêtements en planches de sapin rabotées des deux côtés, avec couvre-joints, au mètre carré									
Le devant de l'armoire , au rez-de-chaussée..................	...	1.30	2.50	....	3.25				
Les trois côtés ensemble	...	1.20	2.70	....	3.24				
1 rayon..................... ...	...	0.37	0.42	....	0.16				
1 —	...	0.60	0.50	....	0.50				
A déduire :									
La porte de la cave	...	1.95	0.63	....	....	1.22			
Les deux portes d'armoires........	...	1.95	0.35	....	....	0.68			
Sur les solives de l'ouverture de l'escalier..........	...	2.05	0.25	....	0.51				
Garniture de l'escalier du grenier, 1°	...	0.75	0 09	....	0.07				
— — 2°	..	2.55	0.22	....	0.56				
Dans l'armoire	...	0.60	0.40	....	0.24				
L'armoire de l'étage	...	1.80	2.70	....	4.86				
1 rayon.....................	...	0.36	0.50	....	0.48				
A REPORTER...........	...	....	....	....	13.37	1.90	...	....	142.75

DÉTAILS.	NOMBRE de pièces.	DIMENSIONS.			Produits bruts.	Déductions.	Produits nets.	Prix.	Sommes
REPORT.........	....	....	....	....	13·37	1.90	....	....	14 .75
1 fond..................	...	0.65	0. 37	....	0·24				
A déduire :									
Les deux portes d'armoire..........	...	1.95	0.35	....	....	0.68			
Ensemble.........	...	....	....	....	13·61	2.58	11·00	3·00	33.10
Art. 4. — Divers, à la pièce.									
3 portes de chambre avec chambranles et revêtements..........	3	....	....	....	....	....	....	16.00	48.00
1 porte de grenier à panneaux sans chambranle ni revêtement.......	1	....	....	....	....	....	....	13·00	13.00
2 paires de volets unis, en sapin, avec écharpes en chêne	2	....	....	....	....	....	....	6·00	12.00
5 tablettes d'appui de croisées en chêne.................	5	....	....	....	....	....	....	0·75	3. 75
1 cabinet de privés . compris charpente , revêtement en planches rabotées, avec couvre-joints, porte et siége..................	1	....	....	....	....	....	....	50.00	50.00
1 porte d'entrée en sapin doublée de lames de sapin, avec imposte vitrée, en chêne	1	....	....	....	....	....	....	18·00	18.00
1 porte de cave en sapin, unie, avec écharpes en chêne	1	....	....	....	....	....	....	5·00	5.00
4 portes d'armoires en sapin, unies.	4	....	....	....	....	.. .	....	2·00	8.00
1 garde-corps de l'escalier du grenier.....	1	....	....	....	....	....	....	1 75	1.75
Art. 5. — Socles unis, en sapin, de 0ᵐ 13 de hauteur, au mètre linéaire									
Celui de la chambre , au rez-de-chaussée.	...	....	....	....	....	....	14·70		
Celui de la cuisine...............	...	....	....	....	....	....	1.50		
Celui du palier de l'étage	...	....	....	....	....	....	2·15		
Celui d'une chambre à l'étage......	...	....	....	....	....	....	10.10		
Celui de l'autre —	.....	....	....	....	....	....	14·50		
Ensemble.........	...	....	....	....	....	....	42,95	0·50	21.50
Total du chapitre IV...	....	....	....	....	....	....	....	.	356 95

DÉTAILS.	NOMBRE de pièces.	DIMENSIONS.			Produits bruts.	Déductions.	Produits nets.	Prix.	Sommes
CHAPITRE V.									
VITRERIE.									
Article unique. — Fenêtres en chêne, compris vitrage, au mètre carré.									
2 croisées au rez-de-chaussée......	2	1·65	1·20	...	3·96				
3 — à l'étage	3	1·55	1·00	....	4·62				
2 — au grenier.............	2	0·85	0·60	....	1·02				
1 — de la cuisine	1	0·87	0·60	....	0·51				
Ensemble du chapitre V....	...	....	....	....	....	....	10.11	9.50	96.05
CHAPITRE VI.									
SERRURERIE.									
Gros fers pour ancres, tirants, crampons, supports de hottes de cheminées................	...	....	....	....	....	..	61·20	0·70	42.85
1 collier pour supporter le tuyau de fumée traversant la cuisine.....	...	....	....	....	....	....	....	...	1.50
Fourniture et pose des ferrements de la porte d'entrée..............	...	....	....	....	....	....	...	....	13.30
Fourniture et pose des ferrements de deux paires de volets.........	2	....	....	....	....	....	....	4·50	9.00
Fourniture et pose d'un anneau au couvercle de la fosse............	...	....	....	....	....	....	....	....	1.50
Fourniture des ferrements de la porte de cave....................	...	....	....	....	....	....	....	....	2.20
Fourniture des ferrements de la porte du grenier.................	...	....	....	....	....	....	....	....	2.00
Fourniture des ferrements de la porte des privés	...	....	....	....	....	....	....	....	1.10
Fourniture des ferrements de trois portes de chambre..............	3	....	....	....	....	....	....	5·10	15.30
Fourniture des ferrements de quatre portes d'armoire...............	4	....	....	....	....	....	....	1·60	6.40
Total du chapitre VI.....	...	....	....	....	....	....	....	....	95.15

DÉTAILS.	NOMBRE de pièces.	DIMENSIONS.		Produits bruts.	Déductions.	Produits nets.	Prix.	Sommes.
CHAPITRE VII.								
FERBLANTERIE.								
Gouttières petit modèle en fer-blanc, peintes à deux couches, mètres linéaires......................	...	....	....	....	....	6·75	1·75	11.80
Cors pendants petit modèle, en fer-blanc, peints à 2 couches, mètres linéaires	...	....	....	....	....	3·05	1·60	4.90
Tuyaux en zinc pour écoulement des eaux ménagères, mètres linéaires.	...	....	....	....	....	3·20	1·90	6.10
1 grille sur l'évier...............	...	....	....	....	....	....	....	0.50
Garniture de la cheminée sur le toit.	...	....	....	....	....	....	....	1.00
1 tuyau de ventilation des lieux garni d'un chapeau à vitres, compris le vitrage.	...	....	....	....	....	....	....	4.00
1 chapeau en fer-blanc du tuyau d'évent de la fosse, la moitié	1/2	....	....	....	....	....	2·50	1.25
Total du chapitre VII......	...	....	....	....	....	....	....	29.55
CHAPITRE VIII.								
PEINTURE A L'HUILE.								
Article 1er. — Peinture à l'huile, à 3 couches, au mètre carré.								
2 croisées aux rez-de-chaussée sur deux faces	2	2·75	1·65	....	9·07			
A déduire :								
32 faces de vitres...........	32	0·33	0·24	....	»	2·52		
2 tablettes d'appui de croisées......	2	1·28	0·14	....	0·36			
3 croisées à l'étage, sur deux faces..	3	2·15	1·55	....	10·00			
A déduire :								
36 faces de vitres...............	36	0·25	0·33	....	»	2·97		
3 tablettes d'appuis de croisées	3	0·44	1·10	....	0·46			
2 croisées au grenier, sur deux faces.	2	1·20	0·80	....	1·92			
1 croisée de la cuisine, —	...	1·20	0·80	....	0·96			
La porte d'entrée à l'extérieur	...	1·05	2·30	....	2·42			
2 paires de volets au rez-de-chaussée	2	1·70	2·50	....	8·50			
La guérite des privés, à l'extérieur..	...	5·00	3·00	....	15·00			
Ensemble........	...	....	....	....	48·69	5·49	43·20	0·70	30.25
A REPORTER	...	....	....	....	....	....	....	30.25

DÉTAILS.	NOMBRE de pièces.	DIMENSIONS.			Produits bruts.	Déductions.	Produits nets.	Prix.	Sommes.
REPORT........	...	....	....	....	....	....	....	....	30.25
Art. 2. — Divers à la pièce.									
3 barres d'appui des fenêtres du premier étage.................	3	....	....	....	....	....	....	0.10	0.30
Les ferrements intérieurs en noir..	...	....	....	....	....	....	....	....	1.25
Les gros fers au minium...........	.	....	....	....	....	....	....	....	1.00
Les garnitures de tuiles de ventilation..............	...	....	....	....	....	....	....	....	1.25
Le numéro de la maison.	...	....	....	....	....	....	....	....	0.40
Total du chapitre VIII....	...	....	....	....	....	....	....	....	34.45
CHAPITRE IX.									
ASPHALTE.									
Article unique.									
Couche d'asphalte de 0ᵐ 015 d'épaisseur, empêchant l'humidité de monter dans les murs, cette couche étendue sur le mur au-dessus du socle.................	...	....	....	....	mèt^res	carrés	5.70	3.00	17.10

Résumé du prix de revient de la construction d'une maison d'ouvriers, par groupe de quatre, à étage sur rez-de-chaussée, privés en dehors.

CHAPITRE I. Terrassements	15 fr.	31 c.
— II. Maçonnerie et plâtrerie.........................	1.344	00
— III. Charpente	489	40
— IV. Menuiserie	356	85
— V. Vitrerie	96	05
— VI. Serrurerie	95	15
— VII. Ferblanterie	29	55
— VIII. Peinture	31	45
— IX. Asphalte.....................	17	10
TOTAL.............	2 477 fr.	86 c.

SOCIÉTÉ LIÉGEOISE DES MAISONS OUVRIÈRES.

Prix de revient de maisons de 5m00 sur 7m40, construites en groupes de deux.

ARTICLES.	DÉSIGNATION des OUVRAGES	NOMBRE.	QUANTITÉS.			PRIX de L'UNITÉ.		SOMMES	
			MÈTRES courants.	MÈTRES carrés.	MÈTRES cubes.				
1	Terrassements	...	......	.....	71.000	»	72	51	12
2	Maçonneries des fondations., ...	...	......	.....	23 790	11	50	273	58
3	— en élévation...........	...	......	.....	72.300	12	45	900	13
4	Plâtrages sur murs..............	...	......	260.00	......	»	48	124	80
5	— sur plafond...........	...	......	68.00	......	»	91	61	88
6	Carrelage du rez-de-chaussée en pierres polies	...	......	28.30	......	4	10	116	03
7	Pierres de taille	...	......	.....	0.710	90	»	67	60
8	Poutrelles en fer	...	......	......	......	....	...	71	50
9	Poses de cheminées et appuis......	...	......	.....	......	....	...	15	40
10	MARBRERIE.								
	Cheminée en granit..............	3	......	.....	......	11	»	33	»
	Appuis de fenêtres en granit	5	......	.....	......	2	40	12	»
11	MENUISERIE MOUVANTE ET DORMANTE.								
	Escalier de caves	1 complet	......	.....	......	24	»	24	»
	— principal	31 marches	......	.....	......	3	65	113	15
	Charpente des cloisons...........	...	......	58.50	......	1	40	81	90
	Plancher de l'étage...............	...	......	26.60	......	5	73	152	42
	Socle en sapin	...	75.00	.....	......	»	39	30	42
	Plancher du grenier	...	......	26.60	......	5	50	146	30
	Contregitage de la mansarde......	...	......	5.00	......	»	96	4	80
	A REPORTER.........	...	......	.....	......	....	...	2.280	03

ARTICLES.	DÉSIGNATION des OUVRAGES.	NOMBRE.	QUANTITÉS.			PRIX de L'UNITÉ.		SOMMES	
			MÈTRES courants.	MÈTRES carrés.	MÈTRES cubes.				
	Report............	...	.....	....	.....	.....	...	2.280	03
	Arrière-linteaux en vieux bois de chêne.......................	...	.....	....	0.400	48	»	19	20
	Appuis de fenêtres en planches....	2	.....	....	.....	1	90	3	80
	Porte extérieure (dite principale)..	1	.....	....	.....	32	"	32	»
	— à la façade de derrière.......	1	.....	....	.....	24	»	24	»
	— à panneaux	5	.....	....	.....	19	»	95	»
	— sur barres	2	.....	....	.....	12	»	24	»
	Paires de volets au rez-de-chaussée.	2	.....	....	.....	19	»	38	»
	Fenêtres du rez-de-chaussée.......	2	.....	....	.....	23	»	46	»
	— de l'étage	3	.....	....	.....	21	"	63	»
	— du grenier...............	2	.....	....	.....	8	60	17	20
	Corniche de la toiture............	...	10 80	....	.....	3	95	42	66
12	Chéneaux de zinc...............	...	.....	6 45	.....	5	65	36	44
	Conduit de descente en zinc.......	...	6 00	....	.....	1	61	9	84
13	Grilles aux âtres...............	3	.....	....	.....	9	60	28	80
	Ancres, bandes de cheminées, etc...	...	.....	48 00	.....	.....	...	23	»
14	Toiture en tuiles...............	...	.....	....	.....	4	"	192	»
15	Peinture à l'huile....							52	»
16	Organisation de l'eau alimentaire..							60	»
17	Intérêt pendant la construction....							37	»
18	Haie et porte du jardin...........							42	94
19	Lieux d'aisances...............							94	»
20	Frais généraux, 2 1/2 p. 100.......							80	72
	Prix de revient, total : fr....	...	.....	....	.....	.....	...	3.341	63

Prix de revient de maisons de 4ᵐ90 sur 5ᵐ20, *construites en groupes de deux.*

ARTICLES.	DÉSIGNATION des OUVRAGES.	NOMBRE.	QUANTITÉS.			PRIX de L'UNITÉ.		SOMMES	
			MÈTRES courants.	MÈTRES carrés.	MÈTRES cubes.				
1	Terrassements, y compr. le transport	...	.....	....	52 70	1	10	56	92
2	Maçonneries des fondations.......	...	.....	....	17 500	11	50	212	77
	A reporter........	...	.....	....	.....	.....	...	379	69

ARTICLES.	DÉSIGNATION des OUVRAGES.	NOMBRE.	QUANTITÉS. MÈTRES courants.	MÈTRES carrés.	MÈTRES cubes.	PRIX de L'UNITÉ.		SOMMES
	Report............	...	......	......	......	....	...	379	69
3	Maçonneries en élévation............	...	......	... ...	62.720	13	»	815	42
4	Enduits sur les murs................	...	......	192.59	.....	»	50	96	29
5	— sur plafonds............	...	......	57.02	.....	1	»	57	02
6	Pavé du rez-de-chaussée en pierres bleues polies..................	...	......	18.96	......	5	10	96	60
7	Pierres de taille	...	......	......	0.526	118	»	62	06
8	MARBRERIE.								
	Cheminées en granit..............	2	......	.....		10	90	21	80
	Appuis de fenêtres..............	3	......			2	93	8	79
9	MENUISERIE MOUVANTE ET DORMANTE.								
	Escalier de caves..............	1 complet	.....			24	»	24	»
	— principal	31 marche'				3	80	117	80
	Charpente des cloisons............	...		36.30	.....	1	50	54	54
	Plancher de l'étage	...	......	18.96	.....	5	70	108	07
	Socles en sapin	...	50.00	......	.....	»	45	22	50
	Plancher du grenier	...	......	18.79	.....	5	50	92	31
	Contregîtage de la mansarde....	...		.....		....	..	10	»
	Arrière-linteaux, en bois de chêne..	...				....	...	15	»
	Porte extérieure (dite principale)..	1	.....			40	»	40	»
	— à panneaux............	3	.....			26	•	78	»
	— sur barres............	2	.....			15	»	30	»
	Fenêtre du r.-de chauss.(vénitienne)	1	.....			50	»	50	•
	— à l'étage (vénitienne)	1	.....			50	»	50	»
	— d'escalier	1	.....			28	50	28	50
	— du grenier mansardé	1	.....			22	»	22	»
	Paire de volets à 2 vantaux........	1	.....			28	50	28	50
	Corniche, façade principale......	...	5.25	.....		4	20	22	05
	— — de derrière..	..	5.25	.....		3	»	15	75
10	Fond de chéneaux en zinc..........	...	......	6.24	.....	6	10	38	06
	Tuyaux de descente en zinc.......	...	12.00	......	.....	1	65	19	80
11	Grilles aux âtres..............	2	......		/	9	50	19	»
12	Ancres, bandes en fer p. cheminées	...				....	...	110	»
13	Toiture en tuiles..............	...	......	34.32	.....	4	»	37	28
14	Peinture à l'huile..............	...	......					40	»
15	Organisation de l'eau alimentaire....	...	......					60	»
16	Intérêt pendant la construction....	...	......					25	»
17	Haie et porte du jardin............	...	......					29	10
	A REPORTER........	...	......	......	......	....	...	2.615	96

ARTICLES.	DÉSIGNATION des OUVRAGES.	NOMBRE.	QUANTITES.			PRIX de L'UNITÉ.		SOMMES	
			MÈTRES courants.	MÈTRES carrés.	MÈTRES cubes.				
	REPORT...........	...	......	....	......	...		2.615	96
18	Lieux d'aisances	...	......	....	......	...		90	»
19	Frais généraux, 2 1/2 p. 100.......	...	......	....	......	...		67	12
	Prix de revient, total : fr..	...	......	....	......	...		2.772	08

Prix de revient d'une maison de 8ᵐ30 sur 4ᵐ52, construite rue de Meuse, quartier du Nord, à Liége, suivant le plan V.

ARTICLES.	DÉSIGNATION des OUVRAGES.	NOMBRE.	QUANTITÉS.			PRIX de L'UNITÉ.		SOMMES	
			MÈTRES courants.	MÈTRES carrés.	MÈTRES cubes.				
1	Terrassements..................	...	......	.....	77.400	1	25	96	75
2	Maçonneries des fondations........	...	.....	.....	22.790	11	50	262	8
3	— en élévation.., ...	...	.....	.....	84.390	13	50	1139	26
4	Plâtrages sur les murs	...	.....	211 25	......	»	50	105	62
5	— sur plafonds...........	...	.....	60 83	......	»	95	57	78
6	Pavé du rez-de-chaussée en pierres polies..	...	.....	26 74	......	5	20	139	04
7	Pierres de taille................	...	.....	.....	0.811	110	»	89	21
8	Pose des cheminées et appuis......	...	......	.....	......	....	...	15	»
9	MARBRERIE								
	Cheminées en granit............	4	.....	.....	......	11	»	44	»
	Appuis de fenêtre en granit........	5	.....	.....	......	2	50	12	50
10	MENUISERIE MOUVANTE ET DORMANTE								
	Escalier de cave	1 complet	.....	......	......	24	»	24	»
	— principal..............	31 marches	.....	......	......	3	65	113	15
	Charpente des cloisons............	...	.....	55.00	......	1	50	82	50
	Plancher de l'étage	...	.....	25.87	......	5	75	148	75
	Socles en sapin.............'....	...	75.00	.....	......	»	40	30	»
	Plancher du grenier.............	...	.....	5.00	......	5	50	142	28
	Contregitage de la mansarde	...	.....	......	......	»	50	2	50
	A REPORTER......	...	......	.....	......	»	...	2.504	42

ARTICLES.	DÉSIGNATION des OUVRAGES.	NOMBRE.	QUANTITÉS.			PRIX de L'UNITÉ.		SOMMES	
			MÈTRES courants.	MÈTRES carrés.	MÈTRES cubes.				
	REPORT	...	......	......	......	......	...	2.504	42
	Arrière-linteaux en vieux bois de chêne......................	...	......	......	......	...	...	19	»
	Porte extérieure (dite principale)...	1	......	......	......	35	»	35	»
	— de la façade de derrière sur barres.......	1	......	......	......	15	»	15	»
	— à panneaux	4	......	......	......	22	»	88	»
	— sur barres	5	......	......	......	12	»	60	»
	Paires de volets	2	......	......	......	19	»	38	»
	Fenêtres du rez-de-chaussée.......	2	......	......	......	23	»	46	»
	— de l'étage..............	3	......	......	......	21	»	63	»
	— du grenier.............	2	......	......	......	10	»	20	»
	Corniche de la toiture.............	...	8.38	......	......	4	»	33	52
11	Chéneaux en zinc.............	...	......	4.98	......	6	»	29	88
	Conduit de descente en zinc........	...	7.00	......	......	1	65	11	55
12	Grille aux âtres.............	...	......	......	......	5	»	20	»
	Ancres, bandes de cheminées, etc...	...	......	......	......	......	...	24	»
13	Toiture en tuiles	...	......	47.57	......	3	30	156	98
14	Peinture à l'huile	...	......	......	......	......	...	70	»
15	Organisation de l'eau alimentaire...	...	......	......	......	......	...	70	»
16	Intérêt pendant la construction	...	......	......	......	......	...	40	»
17	Haie et porte de jardin	...	......	......	......	......	...	50	»
18	Lieux d'aisances..	4	......	. ...	......	......	...	90	»
19	Frais généraux, 2 1/2 p. 100........	...	......	...	......	......	...	97	10
	Prix de revient, total : fr.	...	......	......	......	......	...	3.571	45

DEVIS ESTIMATIF DE DEUX MAISONS

établies passage Boileau.

———

Fouilles des caves avec jet sur berge : $6,00 \times 7,00 = 42$ m.

42×1^m de profondeur $=$ $\hspace{4em}$ 42

Cube des autres parties du mur, environ $\hspace{1em}$ 8

$$\text{Total} \ldots \ldots \ldots \overline{50} \text{ mètres cubes}$$

A 1 fr. 10 en moyenne, $50 \times 1,10 =$ .... $\hspace{2em}$ 55 f. »

Remblai avec reprise des terres, étendage et pilonnage.
Même cube de 50 mètres à 0.46 ; $50 \times 0,46 =$ .... $\hspace{2em}$ 23 »

Fondations, murs et rigoles au ras du sol, compris la pus-
value de hauteur nécessitée par le contrebas du sol.

$$
\begin{aligned}
7,00 \times 1,50 \times 0,30 &= 3,150 \\
14,00 \times 1,50 \times 0,20 &= 4,200 \\
10,00 \times 1,50 \times 0,30 &= 4,500 \\
16,00 \times 0,75 \times 0,30 &= 3,600 \\
2,70 \times 0,75 \times 0,15 &= 1,575 \\
\hline
\text{Cube total} \ldots \ldots &\ 17,025
\end{aligned}
$$

A 35 fr. le mètre cube de béton aggloméré, murs et rigoles ;
$17,025 \times 35 =$ .... $\hspace{2em}$ 595 88

Fondation des deux cabinets dans la cour.

$$
\begin{aligned}
3,00 \times 0,50 \times 0,20 &= 0,308 \\
6,00 \times 0,75 \times 0,15 &= 0.675 \\
\hline
\text{Cube total} \ldots \ldots \ldots &\ 0,975
\end{aligned}
$$

A 30 fr. le mètre (rigoles) ; $0,975 \times 30 =$ .... $\hspace{2em}$ 29 25

Socle sur les deux façades. Développement : $40,00 \times 050$
$\times 0,30 = 6$ m. à 40 fr. le mètre cube de béton aggloméré :
$6,00 \times 40 =$ .... $\hspace{2em}$ 240 »

$$\textit{A reporter} \ldots \ldots \ldots \ldots \hspace{2em} 943\ 13$$

Report.................... 943 13

Trois pignons mitoyens, soit deux murs, $2 \times 6,0\,0 \times 3,60 \times 0,25 = 10,800$ à 45 fr. le mètre cube de béton aggloméré : $10,800 \times 45 =$ .... 486 »

Façades sur cours et jardins développées :

$$28 \times 10 \times 3,25 \times 0,22 =$$ 20,020

Déduction des portes et fenêtres........ 2,500

Reste.................. 17,520

A 60 fr. le mètre cube de béton aggloméré, briques hourdées. mortier de ciment de Portland ; $17,520 \times 60 =$ 1051 20

Plus-value pour travaux apparents. Jointoiement sur les façades. Remplissage des joints avec plus-value des tableaux et corniches ; $112 \times 1,50 =$.................................... 166 50

Élévation des cabinets.

$$300 \times 2,50 \times 0,11 = 0,825$$
$$2\,(2,00 \times 2,00 \times 0,11) = 0,880$$

Total........ 1,705

A 65 fr. le mètre cube de béton aggloméré, briques hourdées avec mortier de ciment de Portland ; $1,705 \times 65 =$.......... 110 82

Dallage des cabinets : 2 mètres superficiels à 5 fr. le mètre en ciment de Portland ; $2 \times 5 =$ .... 10 »

Enduit en ciment de Portland à l'intérieur, 4 mètres à 3 fr. le mètre superficiel ; $4 \times 3 =$ ... . 12 »

Dans la cave : pour les chambres de la tinette. Pour les deux chambres, développement de $5,00 \times 2,00 \times 0,11 = 1,100$ à 65 fr. le mètre cube de briques en béton aggloméré =........ 71 50

Enduit en ciment de Portland pour les deux chambres, 10 mètres à 4 fr. le mètre superficiel ; $10 \times 4 =$ .... 40 »

Dallage des deux chambres ; 10 m. à 5 fr. le m.; $10 \times 5 =$ 50 »

Plâtres intérieurs : Cloisons en carreaux de plâtre de 0,005.

$$4\,(6,00 \times 3,00) = 72 \text{ »}$$
$$6,60 \times 3,00 = 18 \text{ »}$$
$$3,00 \times 3,00 = 9 \text{ »}$$

Total.... 99 »

A déduire les portes.. 14 40

Reste...... 84 60

Surface en carreaux de plâtre avec léger enduit sur les deux faces à 4 fr. 35 le mètre superficiel ; $84,60 \times 4.35 =$ 368 01

A reporter.................. 3308 66

Report.	3308 66

A l'intérieur : Enduit en plâtre sur les pignons de re-
fend .... 4 (6,00 × 3,00) = 72
Sur les murs de façade........... 2 (14,00 × 1,75 = 77
Tableaux des portes, des fenêtres et naissances diverses. 25

Total....................... 1̅7̅4̅

174 × 0,25 légers = 43,58 unités de légers à 4,35 ; 43,50
× 4,35 = ... **189 22**

Plafond.

Enduit plâtre avec lattes espacées ; surface 80 mètres à 0,585
= 48 unités de légers à 4,35 ; 48 × 4,35 = ... 20 »
8 souches de cheminées avec toutes façons à 12 fr. : 8×12= 96 »
Deux cuisines : pour panneaux de 1,00 × 0,50 ; 2 hottes en
panneaux de plâtre avec 4 jambages briques ; 6 trous à feu ;
2 dessus carreaux faïence.................................... 165 »
2 pierres d'évier de 0,50 × 0,60, avec jambages et pose...... 30 »
Poteries pour 8 conduits : 32 mètres de poteries rondes de
0,16, garnies et ravalées à 3 fr. 91 le mètre linéaire ; 32×3,91= 125 12

Descente à la cave et seuil des portes sur cour et jardin.

14 marches en chêne et terre à 3 fr.; 14 × 3 = ... 42 »
12 seuils de 1,00 × 0,30 × 0,16 à 8 fr.; 12 × 8 = ... 96 »
Fondation des 4 seuils des portes sur cours et jardin 4 (0,50
× 0,40 × 8,00) = 0,807 à 22 fr. ; 0,800 × 22 = ... 17 60
Fondation et soutènement, descente de cave : 3 (2,000
× 1,25 × 0,20 = 1,500) 40 fr. le mètre cube ; 1,500 × 40= 60 »
Solives au pourtour des dormants et croisées de planchers,
tuyaux, etc.: 200 mètres linéaires à 0,05 : 10 unités de légers à
4,35 ; 10 × 4,35 = ...,................ .... 43 50
Feuillures diverses dans la brique : trous divers avec scellement pour portes et fenêtres ; 100 à 0,75 : 108 × 0,75 = ... 75 »
Pose et scellements d'huisserie et divers...................... 25 »

Total.......... .... **4545 40**

Menuiserie et charpente pour une maison.

Plancher sur cave et terre-plein ; 105 bastaings de 16 × 5
= 1,008 à 99 fr. 05, sapin non appareillé ; 1,008 × 99,05 = 99 84
Faux plancher, moitié du cube ci-dessus, bastaing fendu en
deux, 0,500 à 133 fr. 05 ; 0,500 × 133,05 = ... 66 52

A reporter................ **166 36**

Report ....,	166	36
Comble pannes, faîtage et chevrons, cube de 2,500 à 133 fr. 40 ; 2,500 × 133,40 = ...	333	50
Parquet sapin de 0,027 × 0,10, à l'anglaise. Surface ; 39 mètres à 5 fr. 15, avec remplissage ; 39 × 5,15 = ...	200	85
Plinthes sapin de 0,013 × 0,11 ; 55 mètres linéaires à 0 fr. 56 le mètre ; 55 × 0,56 =.........	30	80
Baguettes d'angles et demi-baguettes, portes et fenêtres ; 120 mètres linéaires à 0 fr. 30 le mètre avec plus-value pour coupe d'angle ; 120 × 0,30 = ...	36	»
5 portes de 2,00 × 70, petit cadre, 2 parements sapin, lattes de 0,027, panneau de 0,013, pour une surface de 1,40 à 8 fr. le mètre superficiel — 11,55 ; soit 5 portes à 11 fr. 55 ; 5×11,55=	57	75
2 portes de 2,30 × 0,80, table saillante, bâti chêne 0,034, panneaux sapin, 0,018 × 2 parements pour une surface de 1,84 à 14 fr. 45 = 26 fr. 58 ; soit 2 × 26,58 = ...	53	16
4 fenêtres de 2,20 × 1,10, en chêne de 0,034, ouvrant à noix et gueule de loup avec dormant de 0,041, jet d'eau et appui, compris plus-value petit bois pour une surface de 2,42 à 14 fr. 15 le mètre superficiel = 34 fr. 24, soit 4 × 34,24 = ...	136	96
4 paires volets-persiennes en sapin de 0,034, à glace, deux parements, panneaux de 0,018 avec cinq lames. Soit une porte de 2,00 × 1,10 = 2,20 à (7 fr. 60 + 1 fr.) 8 fr. 60 le mètre carré = 18 fr. 92 ; soit pour 4 : 4 × 18,92 =.............	75	68
Porte des cabinets : sapin de 2,00 × 0,65 à glace, 1,30, avec 5 lames en haut, à 8 fr. 60 le mètre carré ; 1,30 × 8,60 = ...	11	18
Porte de la chambre à tinette, sapin brut rainé de 0,034, barres chêne de 2,00 × 0,80 = 1,60, à 5 fr. 25 le mètre carré, 1,60 × 5,25 =.........	8	40
Barres chêne	2	»
Porte d'entrée de la cave, analogue à la précédente.........	10	40
Huisseries diverses sur toutes les portes : pour 5 portes inté- rieures et un cabinet, 6 de 5 mètres = 30, sapin de 0,08 ×0,86. à 1,80 le mètre linéaire ; 30 × 1,80 = ...	54	»
Pour 2 portes extérieures de 5 mètres, soit 10 mètres chêne de 0,04 × 0,06 à 2 fr. le mètre linéaire ; 10 × 2,00 = ...	20	»
Siége de cabinet d'aisances ; devant sapin, 0,027 ; dessus, 0,027, tampon...............	25	»
Scellement des bastaings, planchers et faux planchers .... (Mémoire).		
Total..	**1222**	**04**

Serrurerie pour une maison.

Ferrures de 5 portes sapin.

Pour une porte. 3 fiches chanteau,	0 52	
— 1 serrure bec-de-cane,	2 60	
— 1 bouton double,	1 20	
— 7 pattes à 0 fr. 29	2 03	
Total pour une porte	7 39	

et pour 5 ; 5 × 7,39 =... 36 95

Ferrures de 2 portes extérieures.

Pour une porte. 3 paumelles,	1 56	
— 1 serrure de sûreté.	6 35	
— 1 bouton,	1 30	
— 7 pattes à 0.29	2 03	
Total pour une porte	11 24	

et pour 2, 2 × 11, 24 = ... 22 48

Ferrures de 4 fenêtres.

Pour une fenêtre. 8 équerres à 0,16,	1 28	
— 6 fiches chanteau à 0,52	3 12	
— 7 pattes à 0,29	2 03	
— 1 crémone,	2 55	
Total pour une fenêtre	8 98	

et pour 4, 4 × 8,98 = ... 35 92

Ferrures de 4 volets.

Pour un volet. 8 équerres à 0,16	1 28	
— 4 paumelles à 0,75	3 12	
— 1 loqueteau,	0 75	
— 1 crochet,	0 40	
— 3 battements à 0,11	0 33	
Total pour un volet	5 76	

et pour 4, 4 × 5,76 = ... 23 04

Porte cabinet.

2 fiches chanteau à 0,52,	1 05	
1 targette,	0 70	
1 crochet,	0 40	
Total.................	2 14	2 14

Porte de la chambre à tinette.

2 pentures à 1,25	2 50	
2 gonds à 0,80	1 60	
1 targette,	0 70	
Total..............	4 80	4 80

À reporter 125 33

Report........................ 125 33

Porte de la cave.

2 pentures à 1,25	2 50	
2 gonds à 0,80	1 60	
1 serrure pène dormant,	3 35	
Total	7 45	7 45

1 barre de fer à T de 0,14, pour le support de la cloison au-dessus de la cave.. 15 »

Ferrures pour contours des fourneaux et pour ancres de chaînages .. .. 70 »

Total......................... .... 217 78

Plomberie, zingage, canalisation pour une maison.

1 siége, garde-robe, mouvement engrenage et crémaillère avec pose .... 30 »

Tuyaux fonte de 0,16, avec branchement pour ventilateur, fourniture et pose... 15 »

Tuyau en plomb pour la pierre d'évier, fourniture et pose....... 6 »

2 descentes en zinc 0,88 de 4 mètres, ensemble 8 mètres à 1 fr. 60 de mètre linéaire ; $8 \times 1,50 =$ 12

14 mètres de gouttières de 0,16, en zinc de 0,11, fourniture avec pose et accessoires, à 1 fr. 70 le mètre ; $14 \times 1,70 =$.... 23 80

Canalisation en grès de 0,20, avec pose et collets, 13 mètres à 5 francs le mètre ; $13 \times 5 =$ .... 65 »

Couverture en tuiles avec liteaux, solins, plâtres, surface développée de 65 mètres à 4 fr. le mètre superficiel ; $65 \times 4 =$ 260 »

Faîtage, 7 mètres à 3 fr. ; $7 \times 3 =$........................ 21 »

Total......................... 433 60

Peinture et vitrerie pour une maison.

Surface de 49 mètres : plafond, égrenage, rebouchage et deux couches à la colle à 0 fr. 14 le mètre courant ; $49 \times 0,14 =$... 6 86

Antichambre : $2 \times 6 = 12 \times 2,75 = 33$ mètres.		
Cuisine............................	20 »	
Salle à manger	12 »	
Total...........	65 mètres	

Rebouchage, 2 couches à l'huile à 1 fr. 07 le m.; $68 \times 1,07 =$ 69 55

À reporter............... 76 41

Report...............	76	41
Boiseries diverses, fenêtres, portes, plinthes, volets, surface 70 mètres, rebouchage deux couches à l'huile, 70 × 1,07 =...	74	90
Papier peint pour chambre et salle à manger : 25 rouleaux à 0 fr. 40 ; 25 × 0,40 = ...	10	»
Collage de 25 rouleaux à 0,53 ; 25 × 0,53 =..............	13	25
Bordure	5	»
Vitrerie : 8 mètres carrés, verre troisième choix à 3 fr. 60 le mètre carré ; 8 × 3 60 =...................................	28	80
Total	208	36

Récapitulation.

Maçonnerie pour une maison ...	2272	70
Menuiserie et charpente.........	1222	04
Serrurerie......................	217	78
Plomberie, zingage, canalisation..	433	60
Peinture, vitrerie	208	36
Total............	4354	48

M. Carré a fait dix maisons analogues, dont nous donnons les plans, moyennant une somme de 36.000 fr.

Ce prix ne comprend pas les cheminées, les appareils nécessaires à l'écoulement des eaux ménagères, la clôture des jardins et leur arrangement, les murs de clôture, les frais de viabilité des passages.

Groupes Boileau de la Société de Passy-Auteuil.

Mise en état de réception par la ville de l'Impasse Boileau. — *Viabilité exécutée par la ville, comprenant chaussée pavée et trottoirs réglementaires*

1° Au droit du passage commun aux 10 maisons...............	2ᵐ	72
2° Au droit du lot de façade du terrain Blard	13	84
3° — du terrain Massié...............................	11	10
4° — id. id.	11	27
Total..............	38ᵐ	93

La largeur de l'impasse Boileau étant de 8 mètres, la surface du terrain mise en état de viabilité par la Ville, pour le compte de la Société, sera de

38,93 × 4 = 155,72 mètres carrés. La Ville se fait rembourser ses dépenses sur le pied de 12 fr. le mètre superficiel, la Société de Passy-Auteuil payera donc de ce chef 155,72 × 12 = ... 1868 f. 64

A cette somme il faudra ajouter une part contributive dans la construction de l'égout public. En prenant le type n° 14 qui revient à 76 francs le mètre linéaire, il faudra payer pour l'égout. ....39 × 76 = 2965
Tampons, branchement de regard de bouche 134 44

Total........... <u>3100 00</u>

et pour la part de la Société................................. .... 1550 00

Nous croyons qu'il suffirait pour faire le service de l'impasse Boileau d'un égout revenant à 46 francs le mètre linéaire, mais comme le devis que nous donnons a été fait par un employé supérieur de la Ville, qui a cherché à réaliser le plus d'économies possible, nous ne croyons pas que la municipalité permettra de faire cette économie.

Il faut ajouter à ces frais la part contributive relative à l'éclairage de l'impasse.

La pose de la conduite, le branchement, les candélabres et les lanternes se paient à raison de fr. 25 le mètre linéaire, soit 39 × 25 = 975 et pour la part de la Société................ 487 50

Total..................... 3906 f. 64

Soit par mètre linéaire de
façade sur le passage .... <u>3906 64</u>

$$\frac{3906\,64}{39} = 100 \text{ fr.}$$

Groupes Boileau. — TRAVAUX INTÉRIEURS
Mise en état de viabilité du passage Boileau.

Déblais : 108 × 2,72 × 0,20 = 58,75 à 4 fr. 50 = ... 264 38
58,75 mètres cubes à 7 fr. par mètre pour empierrement =.. 411 25
1/3 de cailloux soit 20 mètres cubes à 5 fr. 50 e mètre, pour agrégation ; 20,00 × 5,50 =................. .... 110 »
Répandage de 80 mètres caillou et sable à la brouette, à 0,25 le mètre superficiel ; 80,00 × 0,25 =.................... 20 »
Cylindrage de 294 mètres cubes, à raison de 0,50 le mètre cube : 294 × 0,50 = ... 147 »

Total .... <u>952 63</u>

*Assainissement. Écoulement des eaux pluviales et ménagères
à l'égout public.*

Pose d'une canalisation en tuyaux Doulton, dans toute la longueur du passage. 108 mètres linéaires de fouille en tranchée pour tuyaux de 0,225 à 3 fr. 10 le mètre linéaire ; $108 \times 3,10 =$.... | 334 80

42 mètres linéaires de fouille pour branchements de 0,150 ; $42 \times 3,18 =$......... | 130 20

108 mètres de tuyaux Doulton de 0,225 pour fourniture et pose, compris toute la main-d'œuvre, à 5 fr. 45 le m.; $108 \times 5,45 =$ | 588 60

42 mètres de branchement de 0,150 à 3 fr. 25 ; $42 \times 3,25 =$. | 136 50

Plus-value pour joints, raccords, culotte, 40 pour % de 42 mètres, soit 17 mètres à 3 fr. 25 ; $17 \times 3,25 =$............ | 55 45

Total................... | 1245 35

Alimentation de chaque maison en eau de la Ville.

1 prise de 0,06 sur conduite en fonte de 0,10, compris bouche à clef, etc............... | 145 »

10 prises de 0,027 sur conduite de 0,06 à 61 fr.; $10 \times 61 =$ | 610 »

108 mètres linéaires de conduite en fonte de 0,06, pour fourniture et pose à 8 fr. 90 ; $108 \times 8,90 =$......... | 961 20

45 mètres linéaires de conduite en plomb de 0,027, fourniture et pose à 8 fr. 80 le mètre linéaire ; $45 \times 8,80 =$ .... | 396 »

1 appareil de jauge complet de 0,06, posé par terre.......... | 179 »

10 appareils de jauge complets de 0,027 à 73 ; $10 \times 73 =$.. | 730 »

Total....................... | 3021 20

Rabais de 25 %...... | 755 30

Reste à compter.. | 2265 90

à ajouter pour percements de murs, raccords, frais imprévus... | 134 10

Total........... | 2400 »

Il faudrait donc dépenser 240 fr. par maison pour obtenir un abonnement de 20 francs par an qui permettrait d'obtenir une fourniture de 125 litres d'eau par jour.

CHAPITRE XV

Modèles d'Actes de Location.

———

BAIL EMPHYTÉOTIQUE

consenti par la ville de Paris à des constructeurs d'habitations ouvrières.

CHARGES ET CONDITIONS DE L'ADJUDICATION DU BAIL DE TERRAINS POUR LA CONSTRUCTION DE LOGEMENTS A BON MARCHÉ.

DÉSIGNATION.

. . . .

Ainsi au surplus que lesdits terrains s'étendent, poursuivent et comportent, sans garantie de la contenance sus-indiquée, comme aussi sans que l'adjudicataire puisse exercer aucun recours contre la ville de Paris à raison de la nature du sol ou du sous-sol.

DURÉE DU BAIL.

Le bail aura une durée de soixante-quinze années entières et consécutives à compter du jour de l'adjudication.

CHARGES ET CONDITIONS.

ARTICLE PREMIER. — L'adjudicataire devra élever des constructions dans le délai d'une année à compter du jour de l'adjudication ; la moitié de la surface habitable de ces constructions sera affectée à des logements destinés à être loués dans les conditions déterminées par l'art. 5 ci-après.

Pour édifier ces constructions, l'adjudicataire devra se conformer aux conditions détaillées au *Cahier des charges générales pour la construction de logements à bon marché*, indépendamment de celles en usage pour édifier de bonnes constructions, satisfaire aux règles de l'art et se conformer aux règlements de voirie.

ART. 2. — A la fin de la jouissance, à quelque époque et pour quelque cause qu'elle ait lieu, même dans le cas de résiliation du bail ou d'expulsion de l'adjudicataire, toutes les constructions élevées par l'adjudicataire seront la propriété exclusive de la ville de Paris sans qu'elle ait à payer aucune indemnité.

En conséquence, tous les droits de privilège ou hypothèque dont les constructions pourraient être grevées pendant la durée du bail, s'éteindront de plein droit en même temps que le droit au bail.

ART. 3. — L'adjudicataire sera tenu, avant tout commencement d'exécution de travaux, de soumettre ses plans et devis de construction et de canalisation à l'approbation de M. le Préfet de la Seine, et d'y apporter toutes modifications et tous changements qui pourront être demandés par l'Administration.

L'autorisation de construire ne sera délivrée qu'après cette approbation.

Les constructions devront être faites conformément aux plans et devis approuvés et aux clauses du cahier des charges générales ci-annexé. Elles seront exécutées sous le contrôle et la surveillance des agents de l'Administration désignés à cet effet, qui auront le droit d'ordonner la suspension des travaux dans le cas où une modification quelconque aux dispositions arrêtées serait faite sans l'approbation préalable de l'Administration.

Aucune construction annexe ne devra être élevée sans l'autorisation de l'Administration.

ART. 4. — En garantie de la bonne exécution des constructions, l'adjudicataire déposera à la Caisse municipale, dans la huitaine de l'adjudication, un cautionnement montant à la somme de dix mille francs.

Ce cautionnement pourra être constitué soit en numéraire, soit en rentes sur l'État, en obligations de la ville de Paris ou du département de la Seine, bons de la Caisse municipale ou du Trésor, le tout au choix de l'adjudicataire. La valeur de ces titres sera calculée d'après le dernier cours moyen de la Bourse.

Le cautionnement versé en numéraire à la Caisse municipale produira un intérêt à 3 %.

S'il est constitué en titres, l'adjudicataire touchera les intérêts ou arrérages dont ces titres sont productifs.

Il est expressément convenu que les valeurs ainsi déposées ne pourront pendant la durée des travaux être retirées de la Caisse municipale sous aucun prétexte, même pour être remplacées par des valeurs équivalentes, si ce n'est dans le cas de remboursement par voie de tirage au sort, auquel cas chaque valeur sortie devra être remplacée par une valeur de même nature.

En cas d'inexécution des travaux dans le délai d'un an après l'adjudication, le bail sera résilié de plein droit après trois mises en demeure successivement faites chacune à un mois de distance, et l'adjudicataire devra remettre à ses frais les lieux en leur état primitif. Il devra en plus verser à la Caisse municipale une indemnité égale au cinquième du cautionnement, ou bien cette indemnité sera prélevée d'office sur le cautionnement, qui ne sera restitué qu'après ce versement.

Dans le cas où les constructions seraient commencées mais non achevées dans ledit délai d'une année, l'adjudicataire sera mis en demeure de les terminer dans le délai qui sera fixé par l'Administration, et, s'il ne satisfait pas à cette mise en demeure, le bail sera également résilié de plein droit et les constructions commencées deviendront immédiatement la propriété de la ville de Paris, qui n'aura de ce chef aucune indemnité à payer à l'adjudicataire.

En cas de malfaçons ou d'inexécution des charges relatives au mode de construction et aux diverses dispositions intérieures, l'Administration pourra, après une mise en demeure restée sans effet, ordonner l'exécution des travaux en régie aux frais, risques et périls de l'adjudicataire. Le cautionnement sera affecté également à la garantie du paiement des dépenses de cette nature.

La remise du cautionnement provisoire aura lieu sous réserve du versement immédiat du cautionnement définitif, dont il sera parlé ci-après, et aussitôt que la maison sera entièrement terminée et déclarée reçue par une Commission spéciale nommée par M. le Préfet de la Seine.

La maison ne pourra être habitée que trois mois au moins après cette réception.

Art. 5. — La moitié au moins de la surface habitable des étages de chaque maison sera affectée pendant une durée de soixante-quinze années consécutives à des logements dont le prix annuel maximum de location est déterminé ainsi qu'il suit :

Une chambre et une cuisine contenant ensemble une surface minimum de 20 mètres superficiels, 150 francs ;

Deux chambres, une cuisine, contenant au moins 30 mètres carrés, un cabinet d'aisances, une cave, 225 francs ;

Trois chambres, une cuisine, contenant au moins 40 mètres carrés, un cabinet d'aisances, une cave, 300 francs.

Des prix moyens entre les trois types ci-dessus pourront être établis, en prenant pour base le prix de 7 fr. 50 c. par mètre de surface habitable.

Le prix de chaque logement ou chambre vacants sera inscrit en caractères apparents sur la porte d'entrée à l'intérieur. Il sera déposé chez le concierge un registre spécial de location fourni par l'Administration.

Le propriétaire et chaque locataire devront constater sur ce registre le prix auquel chaque logement ou chaque chambre sont loués, ainsi que la date de la location. Ce registre sera contrôlé deux fois par trimestre par les agents de l'Administration.

Le tarif qui vient d'être fixé ne pourra subir d'augmentation qu'en vertu d'une décision de M. le Préfet de la Seine rendue après avis conforme du Conseil municipal de Paris.

Le propriétaire ne louera jamais à des individus de mauvaises vie et mœurs.

Toute sous-location est interdite.

Art. 6. — En garantie des dispositions de l'article précédent, l'adjudicataire versera, aussitôt après l'achèvement de la maison et sa réception par l'Administration, un cautionnement équivalent au cinquième du cautionnement provisoire, sans que le cautionnement puisse être jamais inférieur à 10 000 francs.

Ce cautionnement ne pourra être constitué qu'en numéraire et sera productif d'intérêts à raison de 3 % par an. Il demeurera affecté pendant toute la durée du bail à l'application sincère du tarif maximum de location fixé dans l'article qui précède.

Chaque fois que l'adjudicataire sera convaincu d'avoir dépassé ce tarif maximum, il sera passible, de plein droit et par décision du préfet de la Seine agissant comme maire de Paris, d'une amende égale au montant du prix annuel de location du logement ou de la chambre dont il aura majoré le prix.

Le montant de cette amende sera prélevé directement sur le cautionnement et demeurera acquis à la ville de Paris.

Dans le cas où, par suite de plusieurs amendes successives, le cautionnement dont il s'agit viendrait à être épuisé, le bail serait résilié de plein droit et toutes les constructions élevées par l'adjudicataire deviendraient la propriété exclusive de la ville de Paris, sans qu'elle ait à payer aucune indemnité de ce chef.

Art. 7. — Les constructions devront être tenues en tout temps par l'adjudicataire en bon état de grosses et de menues réparations.

En cas d'infraction à cette obligation, l'adjudicataire sera passible de dommages-intérêts qui seront fixés à dire d'expert.

Art. 8. — L'adjudicataire sera tenu de garantir la ville de Paris contre toute contestation relative aux mitoyennetés et contre tous recours des voisins.

Il devra s'opposer à toutes usurpations et à tous empiétements ou créations de servitudes de la part des voisins tant sur les terrains loués que sur les constructions, et il devra dénoncer à la ville de Paris, dans le délai d'un mois tout fait qui serait de nature à engendrer au profit des tiers un droit quelconque sur lesdits terrains et constructions.

ART. 9. — Il sera tenu au paiement de tous les impôts et de toutes les charges grevant la propriété, et acquittera toutes les charges de ville et de police déjà existantes ou qui viendraient à être créées sans aucune exception ni réserve.

ART. 10. — Il devra faire assurer contre l'incendie, par la Compagnie d'assurances *la Mutuelle*, rue de Castiglione, 14, les bâtiments édifiés sur les terrains donnés à bail par les présentes, et ce pour une valeur égale au montant des mémoires des travaux de construction contrôlés par les architectes de la Ville. L'assurance devra porter non-seulement sur les incendies ordinaires, mais encore sur les autres risques avec ou sans incendie, notamment sur les dégâts à provenir des atteintes de la foudre ou de l'explosion, soit du gaz, soit de toute autre matière inflammable.

Il devra également faire assurer à la même Compagnie, proportionnellement au chiffre de l'assurance contre l'incendie, les risques locatifs et les risques pour recours des voisins.

Il sera tenu de justifier, à toute réquisition de l'Administration, de la police d'assurance et du paiement régulier des annuités.

En cas de sinistre, l'adjudicataire sera tenu d'employer le montant de l'indemnité à la réédification ou à la réparation des constructions.

Pour assurer l'exécution de cette dernière clause, il devra être stipulé dans la police d'assurance que le montant de l'indemnité ne sera délivré à l'adjudicataire qu'avec le consentement écrit de M. le Préfet de la Seine.

Dans le cas où cette indemnité serait insuffisante pour couvrir les frais de réparations ou de reconstructions, l'adjudicataire sera tenu de parfaire de ses deniers la somme nécessaire.

Faute par l'adjudicataire de réédifier ou réparer les constructions, le bail sera résilié de plein droit si bon semble à la ville de Paris ; cette dernière aura seule droit à l'indemnité allouée par la Compagnie d'assurances, sans préjudice de tous ses droits et actions contre l'adjudicataire, notamment à raison de la différence qui pourrait exister entre l'indemnité allouée et le prix des réparations ou reconstructions.

ART. 11. — L'adjudicataire ne pourra céder ni transporter son droit au bail sans l'autorisation expresse et par écrit de M. le Préfet de la Seine.

ART. 12. — L'adjudicataire sera tenu, en ce qui concerne la construction et la disposition du bâtiment à édifier, de se conformer au *Cahier des charges générales pour la construction de logements à bon marché* ci-annexé.

ART. 13. — Le loyer sera payé entre les mains de M. le Receveur municipal, trésorier de la ville de Paris, en quatre termes égaux, les 1ᵉʳ janvier, avril, juillet et octobre de chaque année.

Le premier terme sera exigible à celle des époques ci-dessus indiquées qui suivra la date de l'adjudication et comprendra seulement le prorata, couru depuis le jour de l'adjudication.

A défaut de paiement par l'adjudicataire d'un seul terme de loyer à son échéance, le bail sera résilié de plein droit par le seul fait d'une notification laquelle ne pourra être faite que huit jours après un commandement de payer resté infructueux, sans préjudice de toutes autres poursuites que pourra exercer M. le Préfet de la Seine.

ART. 14. — L'adjudicataire paiera, soit le jour même de l'adjudication, soit le lendemain avant midi, entre les mains et sur la quittance de Mᵉ , l'un des notaires soussignés :

1° Le montant des frais d'annonces, d'affiches et autres déboursés de ce genre, sur le simple état qui en sera fourni et dont la quotité sera déclarée avant l'adjudication ;

2° Les honoraires de publication et d'adjudication, y compris ceux d'une expédition pour l'adjudicataire, lesquels honoraires seront perçus sur la réunion du loyer et des charges du bail et sont fixés à trente centimes par cent francs sur les neuf premières années cumulées du bail et à quinze centimes par cent francs sur les soixante-six dernières ;

3° Les honoraires du notaire ou de l'avoué adjudicataire, fixés à moitié de ceux des notaires soussignés ;

4° Les droits d'enregistrement et de timbre, tant des présentes que du procès-verbal d'adjudication, et les droits de timbre de la grosse à en délivrer ;

5° Et le coût d'une grosse pour la ville de Paris ;

Le tout en sus du prix de l'adjudication.

ART. 15. — Les enchères ne seront reçues que de la part d'avoués à Paris ou de notaires du ressort de la Chambre.

Elles seront de cent francs au moins.

Les avoués ou notaires enchérisseurs ne pourront pas enchérir pour des personnes notoirement insolvables.

L'adjudication sera faite au plus offrant et dernier enchérisseur ; elle ne pourra être prononcée qu'à l'extinction des feux, dont les deux derniers auront brûlé et se seront éteints sans nouvelles enchères.

Les enchères seront portées de vive voix ; on ne constatera que la dernière.

L'avoué ou le notaire dernier enchérisseur sera tenu de faire connaître son mandant et de faire accepter l'adjudication par celui-ci, ou de rapporter son pouvoir pour être annexé à la minute de la déclaration, le tout, soit à l'instant de l'adjudication et par le procès-verbal même, soit par acte passé en suite de ce procès-verbal le lendemain avant midi, et, faute de satisfaire à ces conditions, l'adjudication demeurera pour le compte personnel de l'avoué ou du notaire enchérisseur.

ART. 16. — L'adjudicataire déclaré par l'avoué ou le notaire dernier enchérisseur à l'instant de l'adjudication et par le procès-verbal même, jouira de la faculté d'élire command jusqu'au lendemain avant midi, mais, dans le cas où il userait de cette faculté, il restera solidairement obligé avec le command qu'il so sera substitué au paiement du prix et à l'exécution des clauses et conditions de l'enchère.

Dans le cas où la déclaration de command serait faite devant un autre notaire que Mᵉ l'adjudicataire devra, dans les huit jours de l'adjudication, déposer à ses frais une expédition de ladite déclaration de command au rang des minutes dudit Mᵉ , par acte en suite du procès-verbal d'adjudication.

ART. 17. — Si, en exécution des articles qui précèdent, il est déclaré plusieurs adjudicataires ou commands, il y aura dans tous les cas solidarité entre eux et les droits et actions de la ville de Paris seront indivisibles à leur égard.

ART. 18. — Faute par l'adjudicataire ou les adjudicataires de faire les versements stipulés par les art. 4 et 14 dans les délais fixés par ces articles, il pourra être procédé à une nouvelle adjudication, sur folle enchère, sans préjudice du droit qu'aurait la ville de Paris d'agir contre les adjudicataires fols enchérisseurs par toutes les autres voies de droit.

Si le prix de la nouvelle adjudication est inférieur à celui de la première, le fol enchérisseur sera contraint au paiement de la différence.

S'il est supérieur à celui de la première adjudication, la différence appartiendra à la ville de Paris.

ART. 19. — La ville de Paris et l'adjudicataire demeureront soumis pour tous les effets de l'adjudication à la juridiction du Tribunal de première instance de la Seine et, à défaut d'élection de domicile spécial en cette ville pour l'adjudicataire, elle sera de plein droit chez l'avoué ou le notaire enchérisseur.

ART. 20. — Sous ces conditions, M. le Préfet de la Seine a porté la mise à prix du loyer annuel à cent francs et a fixé le jour de l'adjudication au......

LOCATION

SOCIÉTÉ DES CITÉS OUVRIÈRES DE BARMEN.

CONTRAT DE LOCATION.

Les soussignés
agissant comme membres du bureau et comme représentants de la Société
par actions résidant à Barmen sous la raison sociale « Société des cités
ouvrières de Barmen ».

D'une part,
et M.   d'autre part, déclarent avoir conclu le contrat
suivant :

§ 1. — La Société des cités ouvrières de Barmen donne en location
au soussigné M.   une maison, située : (*Indiquer
l'emplacement.*)

Le locataire se fournit d'eau pour les besoins du ménage à la fontaine
commune à plusieurs maisons.

Il contribue proportionnellement à la valeur de sa propriété, à l'entretien
et aux réparations de cette fontaine.

§ 2. — La location part du   (*date*), et finit après cinq
années, le   (*date*).

Elle peut cesser par un congé donné, de part ou d'autre, six mois
d'avance : au 1er novembre ou au 1er mai.

§ 3. — Le loyer annuel est fixé à la somme de 216 marcs, soit :
deux cent seize marcs.

Le locataire est tenu de payer ce loyer par termes égaux, mensuels, le
dernier samedi de chaque mois, après midi, au bureau de la Société à
Barmen, exclusivement en monnaie de l'Empire, sans frais ni déduction et
sous renonciation à toute réclamation.

§ 4. — A moins d'autorisation formelle de la Société, le locataire n'a pas le droi', de sous-louer tout ou partie de sa location, ni de passer ses droits à un tiers.

Il ne peut également, qu'avec l'autorisation formelle de la Société, agrandir ou surélever la maison louée, ou modifier le terrain qu'il occupe.

§ 5. — Le locataire ne peut pas tenir d'auberge dans la maison louée ; il lui est spécialement interdit de débiter ou de vendre des spiritueux.

§ 6. — Le locataire est tenu d'entretenir en bon état le terrain, les chemins en bordure et en particulier les bâtiments constituant sa location et d'y faire à ses frais toutes les réparations nécessaires.

Il a à veiller au bon état de la couverture et de la clôture ; il a à renouveler les enduits extérieurs et les plafonds comme aussi ceux des murs, ou à garnir ceux-ci de papiers de tenture.

Le tout à ses frais.

§ 7. — (*Spareinlage*.) Le locataire doit verser à son entrée en location à titre de caution, la somme de six cents marcs, et il s'engage à verser ultérieurement et au même titre, d'autres sommes d'au moins 36 marcs : trente-six marcs en douze termes, le premier versement et les suivants le dernier samedi de chaque mois après midi au bureau de la Société.

Ces dépôts rapportant au locataire un intérêt de 5 p. %.

Pendant toute la durée de la location, ces dépôts restent consignés à la Société.

Si le locataire devient propriétaire, conformément à l'article 8, ces dépôts sont déduits du montant de la vente.

Si le locataire ne devient pas propriétaire, ses dépôts lui sont rendus à l'échéance de sa location, déduction faite des retenues que la Société serait en droit d'exiger.

§ 8. — La Société confère au locataire le droit de changer le contrat de location contre celui de propriétaire ci-après, moyennant la somme de 3 600 marcs : trois mille six cents marcs.

Ce droit est périmé après cinq années, le   (*date*).

Ce contrat peut être rendu valable aussitôt que les dépôts effectués s'élèvent au tiers de la somme de 3 600 marcs.

Dans ce cas, 1/6 des loyers payés est bonifié au locataire et ajouté au montant de ses dépôts.

Le locataire élit domicile pour l'exécution de ce contrat dans la maison louée.

Ce contrat est fait en double, signé des deux parties contractantes, qui en gardent chacune une expédition.

Barmen, le

Le preneur,

SOCIÉTÉ ANONYME DES HABITATIONS OUVRIÈRES DANS L'AGGLOMÉRATION BRUXELLOISE.

Entre,

La Société anonyme des habitations ouvrières dans l'agglomération bruxelloise, ici représentée par son président, M. Jules Malou, et son directeur, M. Victor Limauge d'une part

et

le sieur   d'autre part

Il a été dit et convenu ce qui suit :

ARTICLE PREMIER. — La Société concède au sieur

qui l'accepte, la jouissance pour lui et sa famille   maison portant le n° du plan général de la propriété de la Société sise à

avec le jardin qui en dépend, pour l'habiter en qualité de locataire.

ART. 2. — Le preneur reconnaît que la maison est en parfait état locatif.

ART. 3. — Le preneur accepte de se soumettre à toutes les stipulations du règlement ci-annexé, relatif à l'occupation des maisons de la Société.

ART. 4. — Le présent bail est fait à la semaine et à raison de   par semaine, payables par anticipation.

ART. 5. — Le preneur déclare que sa famille se compose de

ART. 6. — A défaut d'exécution de l'une quelconque des conditions du présent bail ou du règlement ci-annexé, il sera facultatif à la Société de considérer le présent bail comme résilié de plein droit sans assignation préalable ni recours en justice et sous réserve de tous autres droits.

BUREAU DE BIENFAISANCE DE NIVELLES.

Contrat de location des habitations ouvrières (1).

Par-devant N., notaire à la résidence de la ville de Nivelles, etc.;
Ont comparu :

Messieurs N. et N., agissant en qualité de membres du Bureau de bienfaisance de Nivelles, et sous la réserve formelle d'approbation par l'autorité administrative compétente ;

Lesquels ont mis en bail à loyer, pour le terme de six années consécutives, qui prendront cours le
pour finir, de plein droit, sans congé ni renon, la veille de pareil jour en 18....

Les maisons ci-après désignées, construites pour habitations d'ouvriers, par ledit bureau de bienfaisance, formant un groupe de douze demeures, tenant l'une à l'autre, avec jardins en face, toutes érigées à l'endroit nommé Gotissart, au faubourg de Namur, sous Nivelles.

CHARGES ET CONDITIONS.

ART. PREMIER. — Les locataires qualifiés ci-après, déclarent et reconnaissent que les maisons par eux reprises, à titre de bail, sont toutes en parfait état de construction et d'entretien ; que les portes sont munies de bonnes serrures avec clefs, et celles intérieures, de cliches ; que les portes, fenêtres, châssis, pentures, cliches ne laissent rien à désirer sous aucun rapport ; enfin que les murs de construction sont plâtrés à l'intérieur, ainsi que les plafonds ;

_____

(1) J'ai cru devoir donner comme complément du Mémoire qui précède, un projet de contrat de location, dont les principales clauses ont été fixées dans les délibérations mêmes du bureau de bienfaisance.

Que les pavements et les planchers sont dans le meilleur état et que les soubassements des murs, tant à l'intérieur qu'à l'extérieur, ne présentent aucune détérioration.

En conséquence, à l'expiration de leur jouissance, les preneurs devront remettre les biens loués dans l'état parfait où ils se trouvent.

A cette fin, ils devront jouir desdits biens en bons pères de famille, comme de bons et loyaux locataires doivent le faire, sans surcharger ni détériorer les bâtiments en aucune manière, faire toutes les réparations locatives à leurs frais et en temps opportun, sans diminution aux loyers fixés ci-après. Toutes les autres réparations restent à la charge de l'établissement propriétaire.

Art. 2. — En cas de sinistre, le bureau de bienfaisance ne sera pas tenu de fournir un autre logement aux preneurs, mais il fait toutes ses réserves de droit vis-à-vis de ceux-ci, en ce qui concerne leur responsabilité dans les cas déterminés par la loi.

Les maisons qui font l'objet du présent bail, seront toutes assurées contre les risques d'incendie, par les soins et au profit de l'établissement propriétaire. Les primes d'assurances seront acquittées par le bureau de bienfaisance.

Art. 3. — Les parcelles de terrain devant chaque maison louée et formant jardins, ne pourront recevoir d'autre destination et seront cultivées à la bêche et annuellement engraissées de bon fumier.

De même, il est formellement défendu de faire aucun changement intérieur ou extérieur aux bâtiments.

Art. 4. — Toute sous-location, cession et remise de bail est formellement interdite. Les preneurs devront habiter et occuper les biens par eux-mêmes et leur famille.

Art. 5. — Défense expresse est faite de tenir cabaret, de débiter des boissons et surtout des liqueurs spiritueuses.

Art. 6. — Toute détérioration intérieure est à la charge des locataires, de même que toute détérioration extérieure. Les réparations seront, le cas échéant, exécutées par les soins et sous la surveillance du bureau de bienfaisance, qui désignera un délégué à cet effet. Les frais en seront remboursés sur présentation d'états ou mémoires acquittés.

En ce qui concerne les détériorations extérieures, les frais de réparations qu'elles occasionneront, si l'auteur n'est pas connu, pourront être mis à la charge de tous les locataires, solidairement et après enquête administrative.

Toutefois, cette stipulation ne fait pas obstacle à la réclamation des frais dont il s'agit, du locataire de la partie détériorée.

ART. 7. — Les locataires devront se conformer à toutes les mesures qui pourront être prises par le bureau de bienfaisance dans l'intérêt du quartier formant les biens loués, comme dans l'intérêt du bien-être, de la santé et de la moralité de ses habitants.

Le bureau de bienfaisance se réserve le droit de surveillance et de visite intérieure de la propriété, chaque fois qu'il le jugera utile, afin de veiller à la parfaite tenue des maisons et au rigoureux accomplissement des conditions du contrat.

ART. 8. — Les couleurs données aux portes et aux châssis, ainsi qu'aux murs, seront respectées et ne pourront subir aucun changement, afin de conserver l'aspect et la symétrie que présente le groupe des maisons louées.

ART. 9. — Toutes les charges et conditions qui précèdent, sont de rigueur et ne peuvent être considérées comminatoires, étant stipulées tant dans l'intérêt général que dans l'intérêt bien compris de chacun des preneurs et de l'établissement propriétaire.

En cas d'infraction constatée, la résolution du présent bail aura lieu de plein droit, sans autre formalité de justice que la signification du procès-verbal constatant la contravention. Cette formalité remplie, le locataire en défaut sera expulsé des lieux, si le bureau de bienfaisance le juge à propos, sans titre ni droit à aucun dédommagement pour travaux de culture du jardin, fruits, semences et engrais.

ART. 10. — L'impôt foncier et les autres contributions de toute nature, soit générales, soit provinciales ou locales, nulles exceptées, seront à la charge des locataires, en sus des loyers.

Le paiement devra en être fait tous les mois, par douzièmes au moins, et il en sera justifié à toute demande du préposé du bureau de bienfaisance par la production des quittances du receveur de l'établissement.

Cette charge est évaluée pour chaque maison louée, à fin de base de droit d'enregistrement, à vingt centimes annuellement.

ART. 11. — Si le bureau de bienfaisance le juge à propos, et sans qu'il résulte pour l'établissement aucune obligation civile, il pourra accorder soit périodiquement chaque année, soit aux époques qu'il lui conviendra, des récompenses aux familles des locataires dont les maisons et les jardins seront le mieux tenus, et qu'il jugera avoir pris le plus de soin de leurs enfants sous le rapport de l'hygiène, de la propreté, du travail et de l'éducation.

ART. 12. — Les prix annuels de location seront acquittés en mains et au domicile du receveur du bureau de bienfaisance, par douzièmes, tous les mois et d'avance. Ainsi, le premier terme devra être payé avant l'entrée en jouissance, et les autres successivement, au plus tard du 26 au 27 de chaque mois.

Le paiement du premier terme sera imputé sur le dernier terme de jouissance. La plus grande exactitude est rigoureuse dans les paiements aux époques déterminées.

Le défaut de paiement de deux termes échus entraînera la résolution du bail, qui sera prononcée sans frais ni recours de justice ; il suffira d'une simple mise en demeure pour obtenir de plein droit l'expulsion du locataire défaillant, sans aucune indemnité de quelque chef que ce soit.

Aux charges, clauses et conditions ci-dessus, Messieurs N... et N..., agissant en leur qualité exprimée en tête, ont accordé à titre de bail pour le terme indiqué ci-dessus, savoir :

Au profit de N... à ce présent et acceptant la maison portant le n° 1 du groupe, avec la parcelle de jardin en face, moyennant un loyer annuel de cent vingt francs. Au profit de N... la maison portant le n° 2, au loyer annuel de cent vingt-six francs, etc., etc.

Les preneurs ont tous déclaré individuellement connaître parfaitement les biens loués et ont promis d'exécuter et de remplir fidèlement et loyalement les clauses et conditions imposées.

AUTRES STIPULATIONS CONVENUES DANS LA SEULE VUE DE L'INTÉRÊT BIEN ENTENDU DES PRENEURS.

a. Lors du payement de chaque terme de loyer à faire mensuellement, ainsi qu'il a été expliqué, le bureau de bienfaisance ou son délégué fera le dépôt à la Caisse d'épargne de Nivelles d'une somme de quatre francs par chaque locataire.

Cette somme portera annuellement l'intérêt fixé par l'administration de la Caisse. Elle ne pourra être retirée et les intérêts même ne pourront être exigés. Leur montant sera ajouté au capital et produira aussi des intérêts.

b. Le bureau de bienfaisance ne se considère pas comme propriétaire exclusif ni définitif du montant des dépôts dont il s'agit, quoique faits en son nom, dans la pensée philanthropique d'en faire profiter, dans les cas et les proportions ci-après déterminées, les preneurs à bail.

c. Aussitôt que les versements de dépôts avec les intérêts cumulés, en y ajoutant au besoin les économies personnelles, auront produit une somme égale à la valeur du bien habité et occupé par le locataire, celui-ci, s'il le désire, deviendra propriétaire de sa maison et de la parcelle de jardin qui en dépend.

Cette valeur sera déterminée par arbitrage, et, à cette fin, sont nommés comme arbitres experts messieurs le juge de paix, le bourgmestre et le président de la Commission administrative des hospices de Nivelles, au rapport desquels les parties seront tenues de se conformer.

En cas de vente de la part du preneur, devenu propriétaire, ou de la part de ses héritiers ou ayants droit, le bureau de bienfaisance se réserve le droit facultatif de redevenir propriétaire en remboursant la valeur du bien à fixer comme ci-dessus.

Si le bureau de bienfaisance n'use pas de la faculté qui lui est réservée, le preneur, vendeur ou ses héritiers et ayants droit seront tenus d'imposer au nouvel acquéreur l'obligation formelle de remplir personnellement par lui-même, les siens et sa famille, les conditions énoncées dans le règlement administratif établi spécialement pour maintenir le bon ordre et la discipline dans le quartier où le groupe des maisons louées a été construit. A cet effet, l'acte éventuel de vente de la part du bureau de bienfaisance rappellera expressément les principales dispositions dudit règlement, ce qui a été accepté par tous les preneurs, pour les cas prévus.

d. Les sommes déposées et les intérêts cumulés qu'elles auront produits, étant destinés à faciliter les acquisitions dont il vient d'être parlé, profiteront, dans le cas de vente, exclusivement aux preneurs; car telle est la volonté de l'établissement propriétaire, qui renonce éventuellement à son droit de propriété sur ces valeurs, afin d'encourager les locataires à se bien conduire, à travailler assidûment, comme aussi à les porter à veiller à la bonne éducation de leurs enfants et à leur inculquer de bons principes et l'amour du travail.

e. D'après un calcul approximatif, vingt années consécutives d'habitation pendant lesquelles s'opéreront les retenues mensuelles de quatre francs avec les intérêts, peuvent suffire pour que le locataire puisse devenir propriétaire de sa demeure et du jardin qui en dépend.

Il ne sera pas obligé toutefois d'en faire l'acquisition, et s'il manifeste une intention contraire à cet égard, le bureau de bienfaisance lui remettra un livret de dépôt à la Caisse d'épargne en son nom personnel, comprenant le capital et les intérêts accumulés jusqu'au jour de la délivrance du nouveau livret, sauf retenues pour dommages s'il y a lieu.

f. A l'expiration de la période du bail, le locataire qui voudra abandonner la jouissance concédée, recevra du bureau de bienfaisance le montant des dépôts faits à la Caisse d'épargne, y compris les intérêts.

Toutefois cette remise pourra être refusée à ceux des locataires qui auront donné de justes plaintes, soit pour infractions aux articles du présent bail, soit pour contraventions au règlement administratif dont il a été fait mention. — Cette remise, dans le cas où elle aura lieu, ne sera jamais faite en numéraire, mais toujours au moyen d'un livret de dépôt en nom personnel.

Il en sera de même à l'expiration de la période d'un deuxième ou troisième bail, à consentir sur pied et conformément aux stipulations ci-dessus, éventuellement, sous promesse formelle de renouvellement de bail, laissée à la disposition de l'établissement propriétaire.

g. En cas de résolution de bail, soit pour défaut de paiement, soit pour toute autre cause prévue avant son expiration, le locataire ne pourra réclamer que le tiers des dépôts faits en son nom avec les intérêts en proportion et sous déduction de tous frais de justice, dommages et intérêts.

h. Si par suite d'un évènement malheureux, tout à fait indépendant de la volonté du locataire ou de sa famille, tel par exemple que la mort du chef, une blessure grave ou autre accident, le preneur ou sa famille ne pouvait plus, à défaut de ressources suffisantes, continuer les effets du bail commencé, le bureau de bienfaisance aura la faculté d'accorder à cette famille la totalité des dépôts avec intérêts, sans obligation aucune à cet égard.

Les frais du présent bail seront supportés par les preneurs (1).

La convention qui précède sera soumise à l'avis et à l'approbation des autorités administratives compétentes, et jusqu'à cette approbation les effets en seront suspendus.

---

(1) Voici quel serait le prix du contrat de location des douze maisons :

Minute .... fr.	12,00
Timbres.........................	2,40
Enregistrement..................	7,40
Grosse (six rôles)..............	12,00
Timbres.........................	3,00
	37,50

Ce qui revient à 3 fr. 13 pour chaque ménage.

Comme il serait certainement facile de trouver à Nivelles un notaire assez philanthrope pour faire l'abandon de ses honoraires à la classe si intéressante des travailleurs, les frais ne s'élèveraient plus qu'à 13 fr. 50 pour le groupe, soit 1 fr. 13 par ménage.

SOCIÉTÉ FONDÉE POUR AMÉLIORER LES HABITATIONS OUVRIÈRES, A ZWOLLE (HOLLANDE).

CONDITIONS DE LOCATION.

ARTICLE PREMIER. — La location est faite à la semaine ; elle commence le lundi matin et finit le dimanche soir.

La résiliation de la location verbale se fait en prévenant les bailleurs une semaine à l'avance.

ART. 2. — Le prix du loyer doit être remis à l'avance, le premier jour de la semaine, entre les mains du gérant de la Société ou de son fondé de pouvoirs.

ART. 3. — Il est interdit au locataire de sous-louer, soit en totalité, soit en partie, à moins de permission écrite émanant du Conseil d'administration.

ART. 4. — Il est interdit au locataire de transformer les maisons louées en cabarets, en tavernes, en mauvais lieux ou d'y exercer des industries insalubres. Le preneur ne pourra élever dans les lieux loués des animaux sans l'autorisation du Conseil d'administration.

ART. 5. — Le preneur est tenu de jouir des lieux loués en bon père de famille ; il est chargé du balayage des trottoirs et de la rue bordant sa maison jusqu'à moitié de sa largeur. Il est interdit au locataire de couper du bois, de la tourbe ou autres substances sur les planchers ou dans les greniers ; il lui est également défendu de rien jeter dans les lieux d'aisances.

ART. 6. — Les locataires sont tenus de laisser visiter les lieux loués par les inspecteurs délégués de la Société, chaque fois qu'elle jugera convenable de s'assurer de l'exécution des clauses des présentes.

CONTRATS DE LOCATION.

SOCIETY FOR IMPROVING THE DWELLINGS OF THE LABORIOUS CLASSES

A LONDRES.

Termes et conditions pour la location des cottages.

Termes et conditions pour la location des cottages appartenant à
situés dans la paroisse de
comté de

1° Le montant du loyer, tel qu'il sera convenu, sera payé exactement;

2° Tous les impôts et taxes du bâtiment seront acquittés par le propriétaire;

3° Chacune des parties peut terminer le bail à volonté en donnant, une
semaine à l'avance, avis de sa résolution;

4° Il n'est permis qu'à une seule famille d'habiter un cottage. Il lui est
défendu de sous-louer, de prendre un locataire ou d'exercer un commerce
ou une industrie quelconques, d'élever des volailles ou des porcs, sans avoir
au préalable obtenu l'autorisation par écrit du propriétaire ou de son agent;

5° Les fenêtres doivent être tenues propres et les cheminées du rez-de-
chaussée ramonées une fois tous les six mois. Aucun changement consistant à placer ou déplacer des rayons ou autres objets ne sera fait sans la
permission du propriétaire ou de son agent;

6° Les grosses réparations à l'extérieur seront supportées par le propriétaire;

7° Les dépenses pour réparations aux fenêtres, fours, chaudières, sont faites par le propriétaire et remboursées par le locataire, ainsi que le badigeonnage annuel et les dommages faits aux plâtres ;

8° Les clôtures seront réparées par le propriétaire ; la dépense lui sera remboursée proportionnellement par les différents locataires occupant les cottages entourés par ces clôtures ;

9° Les remboursements convenus dans les articles 7 et 8 ci-dessus seront faits à l'agent du propriétaire et dans la semaine qui suivra sa demande ;

10° Le locataire doit, chaque semaine, enlever les cendres, fumiers, etc., qui pourraient avoir été déposés près de l'habitation ;

11° Le jardin devant le cottage doit être tenu en bon état, et l'habitation elle-même doit toujours être propre et à la satisfaction du propriétaire ou de son agent ;

12° L'entrée du cottage doit être en tout temps laissée libre au propriétaire, à son agent, ouvrier ou serviteur.

FORME DU BAIL.

convient par le présent acte

avec de louer le cottage

à la semaine, et au prix par semaine de

qui sera payé par ledit

audit à la fin de chaque semaine et conformément aux termes et conditions ci-dessus relatées.

En foi de quoi ont signé, ce jour de 18

Signé:

RÈGLEMENTS.

COMPAGNIE IMMOBILIÈRE DE LILLE.

Règlements.

I. — DU RÉGISSEUR.

La Compagnie immobilière de Lille est représentée, dans ses rapports avec les acquéreurs et les locataires des maisons construites par elle, par un agent qui a le titre de régisseur.

Le régisseur de la Compagnie a pour mission :

1° De recevoir, pour les transmettre au conseil d'administration, les demandes tendant à l'acquisition des maisons construites par la compagnie;

2° De traiter de la location des maisons de la Compagnie ;

3° De recevoir des occupants des maisons vendues ou louées par la Compagnie les demandes tendant à obtenir l'autorisation d'y exercer un commerce. Ces demandes doivent être adressées sur des formules imprimées, délivrées par le régisseur ;

4° De toucher toutes sommes dues à la Compagnie par les acquéreurs ou par les locataires et d'en donner quittance ;

5° De veiller à l'entretien des maisons louées par la Compagnie, tant à l'intérieur qu'à l'extérieur. A cet effet, le régisseur, en réclamant les loyers, a le droit de visiter les maisons au rez-de-chaussée et à l'étage ainsi que la cour ;

6° De signifier congé aux locataires lorsqu'il y aura lieu par suite du défaut de paiement des termes exigibles, par suite du défaut d'entretien ou pour tout autre motif;

7° De recevoir les réclamations des acquéreurs et des locataires des maisons construites par la Compagnie.

II. — DES VENTES.

Les demandes d'achat sont remises au régisseur et dressées sur des formules imprimées et délivrées par lui.

La quotité des intérêts et des acomptes dus sur le prix d'acquisition est fixée par le contrat de vente.

Au moment de son entrée en possession de la maison, l'acquéreur reçoit un carnet sur lequel sont mentionnés : 1° l'importance du prix d'acquisition ; 2° le paiement effectué par lui lors de la signature du contrat, et sur lequel sont inscrits les paiements ultérieurs.

A l'expiration de chaque année, les intérêts sont arrêtés sur le carnet, et le solde restant dû est rapporté à nouveau pour servir de base à l'intérêt dû pour l'année suivante.

III. — DES LOCATIONS.

L'entrée en jouissance implique, de la part du locataire, la reconnaissance du bon état d'entretien de la maison.

Le loyer est exigible à l'expiration de chaque quinzaine.

Le bail ne prend fin que moyennant une déclaration faite par le locataire quinze jours à l'avance, au moment où le paiement du loyer lui est réclamé.

Mention de cette déclaration est faite par le régisseur sur la quittance de loyer.

Cette quittance est détachée d'un livre à souche.

Le bail ayant pris fin, le locataire doit, en acquittant les loyers échus, demander au régisseur, avant de procéder à l'enlèvement du mobilier, un permis qu'il rendra en même temps que la clef de la maison.

Le régisseur, en présentant la quittance du loyer, a le droit de visiter la maison au rez-de-chaussée et à l'étage ainsi qu'à la cour, pour s'assurer du bon état d'entretien.

Le prix du loyer comprend les contributions foncières et des portes et fenêtres, ainsi que la prime d'assurance contre le risque d'incendie et le risque locatif.

Il est expressément défendu au locataire de modifier en quoi que ce soit la distribution intérieure de la maison, de pratiquer des ouvertures pour pénétrer dans le grenier et d'élever des constructions dans la cour.

Toute sous-location totale ou partielle est absolument interdite.

Lorsqu'un locataire, sans avoir à sa disposition toute la somme nécessaire au paiement du premier acompte sur le prix d'acquisition et des frais du contrat, manifestera l'intention d'acquérir la maison qu'il occupe, le Conseil d'administration pourra l'autoriser à verser à la Caisse de la Compagnie ses fonds disponibles et ses économies ultérieures.

Aussitôt cette autorisation donnée, il sera remis à l'auteur de la demande un carnet où seront inscrits ses versements successifs, lesquels produiront en sa faveur un intérêt de 5 %.

Lorsque la somme inscrite à son avoir sur le carnet sera suffisante, la maison pourra lui être vendue et, dans ce cas, il lui sera tenu compte de la différence entre les loyers par lui payés depuis la remise du carnet et la somme qu'aurait représentée l'intérêt à 5 % sur le prix de vente de la maison, sous déduction des frais d'assurance, des contributions et des frais d'entretien.

Si la vente ne se réalise pas dans les délais qui auront été fixés par le Conseil d'administration, la somme inscrite au carnet sera remboursée avec les intérêts courus, moyennant un avertissement préalable de quinze jours.

IV. — DISPOSITIONS GÉNÉRALES.

L'entrée en jouissance des acquéreurs et des locataires emporte de plein droit adhésion de leur part à toutes les dispositions du présent règlement.

En cas de désaccord entre le régisseur et les acquéreurs ou les locataires des maisons construites par la Compagnie, ceux-ci peuvent exposer leurs réclamations par lettre à l'adresse de M. le président du Conseil d'Administration.

Le balayage et l'arrosage de la moitié de la rue faisant face à chaque maison sont à la charge des occupants, qu'ils soient propriétaires ou locataires.

SOCIÉTÉ AUTRICHIENNE I R P DES CHEMINS DE FER DE L'ÉTAT.

———

Règlement sur la remise, l'usage et l'entretien de maisons d'ouvriers appartenant à la Société autrichienne I R P des Chemins de fer de l'État.

ARTICLE PREMIER. — L'usage des logements, ainsi que celui des cours et jardins qui en dépendent, est exclusivement réservé aux agents et ouvriers de la Compagnie dont l'engagement est définitif.

La redevance qu'ils ont à payer pour cet usage ne constitue pas un loyer; elle n'est qu'une indemnité pour les dépenses d'entretien que fait la Compagnie; les occupants ne peuvent donc à aucun titre être considérés comme locataires.

Les contributions foncières sont à la charge de la Compagnie.

ART. 2. — La Compagnie répartit les logements à son gré et en change les occupants comme il lui convient, sans que ceux-ci soient fondés à faire valoir aucune espèce de réclamation; ils ont, au contraire, à se conformer à toutes les dispositions que la Compagnie juge convenable de prendre à cet égard.

ART. 3. — La rentrée des indemnités à percevoir pour les logements se fait par retenues mensuelles sur les salaires des occupants.

ART. 4. — Il est expressément interdit aux habitants de débiter aucune espèce de boissons ou d'héberger des personnes étrangères. Ils pourront, toutefois, avec l'autorisation de l'administration locale, donner logis à des ouvriers de la Compagnie. Tout commerce ou trafic qui pourrait donner lieu à des réclamations, compromettre la salubrité ou causer des dommages aux bâtiments est généralement interdit.

ART. 5. — La surveillance et la police des logements appartenant à la Compagnie, de leurs dépendances, des terrains, chemins, plantations, puits, conduites d'eau, etc., etc., s'exercent, sans préjudice de l'action des autorités constituées, par les organes de la Compagnie, qui sont en même temps chargés de veiller au bon entretien et à la propreté des logements.

ART. 6. — Les habitants sont tenus d'entretenir la plus grande propreté dans leurs logements et d'en blanchir les murs au moins deux fois par an, au printemps et à l'automne. Les organes chargés de la surveillance des logements y feront des inspections fréquentes et s'assureront, surtout en avril et en octobre, que les murs ont été blanchis; s'il s'en trouve qui ne l'aient point été, la Compagnie aura le droit de les faire blanchir aux frais de l'habitant.

ART. 7. — Deux fois au moins par semaine les habitants balayeront proprement les abords de leurs logements et nettoieront les latrines.

Un surveillant fera, aux jours désignés pour ces soins de nettoyage, la ronde devant les maisons et en donnera le signal au moyen d'une cloche; lorsqu'un logement sera inoccupé, les habitants des logements voisins auront à en balayer les abords.

ART. 8. — Les cendres et les ordures ne pourront être déposées qu'en un endroit désigné à cet effet.

ART. 9. — Il est interdit aux habitants:

1° De faire du feu ailleurs que dans les foyers réservés à cet usage;

2° De porter d'un lieu à un autre des charbons incandescents, de déposer les cendres dans l'intérieur de leurs logements et d'y entasser soit dans les chambres, soit dans les greniers, de la paille ou toute autre matière facilement inflammable;

3° La paille et les matières inflammables seront déposées dans les cours ou jardins, aux endroits que les surveillants désigneront à cet effet.

ART. 10. — Il est expressément interdit d'entretenir dans les logements des poules, des pigeons, des lapins ou autres animaux domestiques qui salissent les logements et les rendent insalubres.

ART. 11. — Tout changement ou adaptation dans l'intérieur des logements est absolument interdit; mais les habitants pourront, avec l'autorisation de l'administration locale, établir à leurs frais de petits hangars dans leurs cours ou leurs jardins; l'emplacement et les dimensions de ces constructions seront déterminés par l'administration locale.

Les hangars ainsi construits, demeurent propriété de la Compagnie sans qu'elle soit obligée à aucune indemnité lorsque les occupants, par un motif ou par un autre, viennent à quitter les logements où ils les ont établis.

S'il venait à être constaté que l'entretien dans ces hangars de vaches, porcs ou autres animaux domestiques est contraire à la salubrité, il serait immédiatement interdit.

Les constructions que les habitants feraient faire sans autorisation préalable, ou contrairement aux prescriptions qui leur auront été faites, seront immédiatement abattues à leurs frais.

ART. 12. — Tous dommages et dégâts que viendraient à subir du fait des habitants, les portes et fenêtres, les planchers, les puits, les latrines ou autres parties du logement, seront réparés aux frais des habitants; les autres réparations sont à la charge de la Compagnie. Les organes chargés de la surveillance auront à faire, sans délai, la déclaration des réparations devenues nécessaires, surtout lorsqu'elles concerneront les toitures.

Si les dégâts occasionnés par les habitants, soit à l'intérieur, soit au dehors des logements, sont le fait d'une négligence de leur part, les habitants pourront, en outre, être passibles d'une amende; lorsque notamment ils négligeront de faire replacer les carreaux de vitres cassés, le travail sera fait d'office et ils auront à en payer deux fois les frais, à titre d'amende.

Il est interdit aux habitants et à leurs enfants de monter sur les toits.

ART. 13. — Il est interdit de laisser les volets et les double fenêtres ouverts ou fermés sans les fixer dans leur position par leurs crochets ou targettes. S'il venait à se produire un dommage par oubli ou par négligence de cette précaution, les habitants auraient à en supporter les frais et seraient en outre passibles d'une amende.

ART. 14. — Lorsqu'un habitant sera sur le point de quitter son logement, le surveillant en donnera avis à l'administration. Celle-ci procédera à une révision pour constater l'état dans lequel le logement se trouve et ordonnera, s'il y a lieu, aux frais de l'habitant, les réparations nécessaires.

L'administration locale tiendra un état exact des logements et de leurs occupants.

ART. 15. — Le médecin de la Compagnie, accompagné du surveillant, visitera de temps à autre les logements pour en constater l'état au point de vue sanitaire.

Le surveillant assistera à la paye des ouvriers pour donner tous les renseignements nécessaires sur ceux qui occupent des logements.

ART. 16. — Le surveillant portera une attention spéciale aux plantations que les habitants feront dans leurs jardins et aura soin que les haies soient entretenues en bon état.

Les arbres que les habitants plantent dans leurs jardins deviennent propriété de la Compagnie, et leur entretien, voire même leur remplacement, sont à la charge des habitants, aussi bien de ceux qui les ont plantés que de leurs successeurs.

ART. 17. — Les surveillants ont, en général, à porter leur attention sur tout ce qui se rapporte aux logements et font leurs rapports à l'administration locale.

ART. 18. — Les habitants qui ne se conformeraient pas aux prescriptions du présent règlement, pourront être frappés, indépendamment de toute autre mesure de police, pour la première fois d'une amende égale au salaire d'une journée de travail.

En cas de récidive, surtout s'ils montrent un penchant habituel à négliger leurs logements, ils pourront en être expulsés sans préjudice des dommages qu'ils auront à rembourser, et suivant les circonstances, ils pourront même être renvoyés du service de la Compagnie.

ART. 19. — La surveillance des logements, conformément au présent règlement, s'exerce par l'administration locale, et par l'intermédiaire d'organes spéciaux préposés à ce service.

Si ces organes ou surveillants ne remplissaient pas exactement leur devoir ou s'ils négligeaient de porter à la connaissance de l'administration un fait important, ils seraient frappés d'amendes et auraient, en outre, à rembourser le dommage qui pourrait résulter de leur négligence.

ART. 20. — Les infractions à ce règlement qui viendraient à se produire, seront portées à la connaissance de la direction générale.

Les amendes seront proposées par l'administration locale et confirmées par la direction générale.

ART. 21. — Le présent règlement sera affiché dans les maisons et logements auxquels il s'applique.

CITÉ OUVRIÈRE SAINT-MAURICE

A FIVES LEZ-LILLE.

Livret de location.

CONDITIONS D'ADMISSION.

ARTICLE PREMIER. — Nul n'est admis à habiter la Cité s'il n'a été accepté comme locataire par la Commission de surveillance, sur la proposition du Directeur-Gérant, conformément à l'art. 34 des statuts.

ART. 2. — A son entrée dans la Cité, le locataire marié devra présenter son acte de mariage.

ART. 3. — Le paiement du loyer est exigible d'avance, un mois ou un terme, suivant les conditions de la location.

ART. 4. — Il est expressément défendu de sous-louer en tout ou en partie, à quelque condition que ce soit, et d'avoir des logeurs.

ART. 5. — Les locataires devront tenir leurs habitations très proprement et en jouir en bons pères de famille.

ART. 6. — Il est défendu de pratiquer des trous ou faire des dégradations quelconques aux murs intérieurs ou extérieurs de la Cité, pour quelque cause que ce puisse être.

ART. 7. — Le Directeur-Gérant aura le droit de visiter les maisons et habitations composant ladite Cité quand bon lui semblera, à l'effet de s'assurer de l'état dans lequel le tout sera tenu.

ART. 8. — Les locataires ne pourront suspendre ni étaler leurs linges, nippes et habillements, pour quelque motif que ce soit, aux fenêtres ou contre les façades de leurs maisons ou habitations, ni étendre ou déposer des linges et autres objets de cette nature sur les haies, soit de l'intérieur, soit de l'extérieur de la Cité.

ART. 9. — Il est aussi formellement défendu de placer des pots de fleurs ou caisses et plantes aux fenêtres extérieures des habitations, sans l'autorisation du Directeur-Gérant, laquelle ne pourra être accordée qu'à la condition d'établissement de barres de bois solidement attachées au mur, de façon à prévenir tout accident.

ART. 10. — Aucun locataire ne pourra avoir ni poules, ni chiens, ni pigeons, ni lapins, soit dans l'intérieur des habitations, soit dans des cabanes ou cages placées à l'extérieur.

ART. 11. — Il est fait défense d'uriner et de déposer des ordures, de quelque nature que ce soit, le long des murs, sur les trottoirs, dans la cour, et dans tout l'espace compris entre la façade des maisons et la haie de clôture du jardin ; il est aussi défendu d'obstruer le passage des piétons et des voitures dans ledit chemin longeant les façades desdites maisons à l'intérieur.

ART. 12. — Chaque locataire est obligé de tenir en parfait état de propreté le trottoir et le fil d'eau dans toute l'étendue de sa façade.

ART. 13. — Les latrines seront toujours fermées à clef; chaque maison aura sa clef pour l'usage particulier de ses habitants, qui en seront respectivement responsables.

ART. 14. — L'entrée par les deux grandes portes de la Cité du côté du chemin de fer est interdite aux chariots, chevaux et voitures, même celles à bras.

ART. 15. — Les voitures, chevaux et chariots, entreront dans l'intérieur de la Cité par la grande porte de l'établissement, rue de la Cité.

ART. 16. — Les conducteurs devront toujours, et sans exception, tourner à droite dans le jardin, sans pouvoir revenir sur leurs pas, de manière à sortir par la gauche de la même entrée principale. Ils ne pourront en conséquence ni retourner leur voiture, ni se croiser, ni chercher à se dépasser dans ledit chemin intérieur.

ART. 17. — Tout rassemblement de locataires, soit chez l'un d'eux, soit dans un endroit quelconque de la Cité, est formellement interdit.

ART. 18. — Toutes les infractions à l'une ou l'autre des conditions ci-dessus emporteront la résolution du bail à l'expiration du terme courant.

Mais si cette résolution du bail devait être prononcée par justice, les frais en résultant seront à la charge des délinquants.

ART. 19. — Les maisons et habitations étant louées au mois ou par trimestre, les congés devront être donnés réciproquement, soit par le gérant, soit par les locataires, savoir : pour les locations payables par mois, moyennant un avertissement d'un mois, outre le mois courant, et

pour les locations payables par trimestre, d'un mois et demi *avant* l'expiration du terme courant.

ART. 20. — Un exemplaire du présent règlement sera délivré à chacun
des locataires, qui, par son admission comme habitant de la Cité, sera
censé avoir pris une connaissance parfaite des dispositions qu'il contient et
s'être obligé à l'exécuter en ce qui le concerne.

Fait à la Cité ouvrière Saint-Maurice, à Fives, le 31 mai 1859.

Les Membres de la Commission de surveillance,

Le locataire devra remettre le présent livret, à sa sortie d'occupation,
entre les mains du Gérant de ladite Cité.

SOCIÉTÉ VANCAUVELAERT, WAGRET ET Cⁱᵉ

Règlement.

Tous les locataires des maisons appartenant à l'établissement devront se conformer au règlement suivant. Il sera considéré comme accepté par eux, du moment où ils entreront en jouissance de leur habitation.

Art. 1ᵉʳ. — Nul ne pourra être admis dans l'un des logements, s'il n'est attaché à la verrerie d'Escautpont pour quelque cause que ce soit.

Art. 2. — Un état des lieux sera dressé au moment de l'entrée d'un locataire, et il devra rendre la maison dans le même état lors de sa sortie, ou payera une indemnité représentant les dégradations qui auraient pu avoir lieu.

Pour garantie de tout ou partie de cette indemnité, les locataires qui n'ont pas de décomptes, seront tenus de laisser au bureau une somme mensuelle de 3 francs jusqu'à concurrence de 36 francs. Cette somme sera remboursée intégralement au locataire qui sortirait, si nul dommage n'est constaté à son logement.

Art. 3. — Le loyer mensuel de chaque habitation sera de   , sauf les maisons de coin dont le chiffre est fixé à

Art. 4. — Il est interdit à tout locataire d'élever ou d'entretenir aucune espèce d'animal domestique ou de basse-cour, à l'exception du chien et du chat.

Pour ce qui est du chien, on sera en outre obligé de suivre tout règlement qu'il plaira aux propriétaires de donner ultérieurement.

Art. 5. — Les propriétaires auront droit de visite en personne, ou par un de leurs agents, toutes les fois qu'ils le jugeront convenable, dans toutes les parties de chaque habitation, pour juger de l'état d'entretien et de propreté.

Art. 6. — Si un locataire était jugé entretenir sa maison dans un état de propreté qui ne parût pas suffisant, cette raison seule suffirait pour qu'on fût en droit de lui signifier son congé.

Art. 7. — Chaque locataire sera tenu de déposer les ordures provenant de sa maison, telles que balayures et cendres dans les lieux à ce destinés qui lui seront indiqués.

Art. 8. — Le balayage du devant de chaque maison, soit à l'extérieur, soit dans la cour, sera confié aux soins de chaque locataire.

Art. 9. — Les arbres situés en face de chaque maison seront entretenus par les locataires, qui, cependant, ne pourront y couper aucune branche. Ils veilleront seulement à l'entretien des pieds et aux dégradations qu'on pourrait faire aux troncs. Ils en seront responsables.

Art. 10. — Chaque locataire ayant un jardin, sera tenu de l'entretenir convenablement, suivant la régularité qui lui sera prescrite, et sans dégradations dans les jardins des voisins.

Art. 11. — Il est défendu de déposer quoi que ce soit sur les façades-vues des maisons, les fleurs exceptées ; le linge ne pourra être étendu que sur les lieux à ce destinés.

Art. 12. — Il est expressément défendu de faire des ordures de quelque nature qu'elles soient, autre part que dans les lieux destinés à cet usage. Toute contravention à cette règle sera punie d'une amende spéciale de 1 franc pour la première fois et de 2 francs en cas de récidive.

Art. 13. — Tout locataire sera libre de quitter son logement quand bon lui semblera après huit jours d'avertissement. Il ne sera tenu de payer que la location due pour les jours échus.

Art. 14. — Droit reste aux gérants de la verrerie de congédier les locataires en les prévenant de huit à quinze jours à l'avance, suivant que l'exigeront les circonstances..

Art. 15. — Dans quelque cas de départ que ce soit, l'état des lieux sera fait au moment de ce départ, et les indemnités, s'il y a lieu, seront réglées immédiatement.

Art. 16. — Il est entendu, qu'en cas de départ d'un locataire, pour quelque cause que ce soit, il ne pourra faire, dans son jardin, aucune espèce de dégradation. Le jardin, au contraire, devra être remis aux propriétaires ou au successeur en parfait état d'entretien, sous peine d'amende.

Art. 17. — La buanderie sera commune à toutes les habitations. Chaque ménage aura la faculté d'y laver deux jours par semaine, et ce dans l'ordre suivant, sauf arrangement particulier, savoir : les nᵒˢ 1 à 4 auront leur tour les lundis et jeudis ; les nᵒˢ 5 à 8, les mardis et vendredis ;

les n°s 9 à 12, les mercredis et samedis. Les n°s 13 faisant partie des sections n° 1 et 4 auront leur tour, les deux jours de la semaine où les quatre autres ménages seront reconnus composer un personnel moins nombreux.

ART. 18. — Deux jours par semaine, les jeudi et vendredi, le four à cuire le pain sera chauffé. Ceux qui voudront y prendre part en préviendront la concierge pour s'entendre avec elle sur l'heure à donner à chacun.

ART. 19. — Une baignoire est à la disposition des habitants du carré. Chaque bain sera payé vingt-cinq centimes.

ART. 20. — Lorsque pour une cause de coalition ou de refus de travail, des ouvriers se seront mis dans le cas de se faire renvoyer immédiatement, les maîtres pourront aussi exiger l'évacuation immédiate des logements.

ART. 21. — Lorsqu'un ouvrier sortira de son logement, si les maîtres reconnaissent que les récoltes abandonnées du jardin méritent une indemnité, il en sera tenu compte par eux-mêmes ou par le locataire successeur, d'après estimation.

ART. 22. — Les querelles entre les ouvriers et les membres de leur famille sont entièrement interdites sur les propriétés de la Société ; toute contravention à cette défense sera punie d'une amende qui ne pourra être moindre de 1 franc. Cette contravention peut même, suivant la gravité, entraîner l'exclusion du délinquant.

ART. 23. — Il est expressément défendu de faire des dégradations dans les propriétés de toute nature qui avoisinent les logements des ouvriers ; la moindre infraction à cette défense sera sévèrement punie.

ART. 24. — Il est aussi défendu, sous peine de 50 centimes d'amende, de prendre de l'eau de citerne pour autre usage que la lessive.

ART. 25. — Le présent livret et les clefs des habitations devront être remis au comptable, qui ne pourra régler les comptes qu'après les avoir reçus.

SOCIÉTÉ ANONYME DES HABITATIONS OUVRIÈRES

DANS L'AGGLOMÉRATION BRUXELLOISE.

———

Règlement relatif à l'occupation des maisons de la Société anonyme des habitations ouvrières, *à la chaussée de Louvain.*

ARTICLE PREMIER. — Les loyers sont payables par quinzaine et par anticipation, entre les mains du receveur de la Société ; en cas de non-payement à l'échéance, le receveur aura le droit d'expulser immédiatement les locataires en défaut.

ART. 2. — Les locataires, en cas de renonciation au bail de la maison ou de la partie de maison louée, devront en prévenir le receveur au moins quinze jours à l'avance.

ART. 3. — A défaut d'observations adressées par écrit au directeur de la Société, les locataires, en prenant possession d'une partie de maison, reconnaissent qu'elle est en parfait état, toutes les portes munies de clefs, les fenêtres entières et saines. Ils doivent la rendre de même lors de leur sortie, et notamment remplacer les carreaux de vitres brisés, les serrures et pompes de fenêtres détériorées, les clefs cassées ou perdues.

ART. 4. — Les locataires doivent maintenir constamment leur logement en parfait état de propreté, et notamment les latrines, éviers, etc.

Ils doivent veiller avec soin à l'entretien des robinets des eaux de la ville et préserver ces robinets de la gelée ; ils doivent aussi éviter de laisser couler les eaux inutilement et ne les employer que pour les besoins de leur ménage.

ART. 5. — Les locataires du rez-de-chaussée sont tenus de nettoyer tous les matins, et à tour de rôle par semaine, le vestibule d'entrée de leur habitation : chacun d'eux doit nettoyer journellement le trottoir devant son appartement.

Art. 6. — Les locataires des étages sont tenus de nettoyer tous les matins, et à tour de rôle par semaine, le palier et la volée d'escalier comprise entre leur appartement et l'étage immédiatement inférieur.

Les grosses provisions, telles que houille, bois, paille, etc., ne pourront être introduites dans les maisons ni les appartements après neuf heures du matin.

Art. 7. — Il est formellement défendu :

1° De faire aucun changement à la propriété ;

2° De sous-louer en tout ou en partie ;

3° D'établir dans les appartements aucune boutique ou magasin.

Les locataires des magasins ne pourront débiter d'autres articles que ceux pour lesquels le magasin leur aura été loué ;

4° De déposer aucun objet dans les vestibules, paliers ou escaliers ;

5° De lessiver dans les rues et d'étaler du linge aux fenêtres ;

6° De tenir sans autorisation spéciale de la Société aucun animal domestique ou volatile quelconque ;

7° De faire aucune entaille dans les portes, fenêtres, tablettes et boiseries quelconques ;

8° De faire aucune inscription sur les murs, portes, etc.

Art. 8. — Le receveur et les agents de la Société auront en tout temps accès dans les appartements pour les inspecter et constater leur état d'entretien et de conservation.

Art. 9. — Le receveur aura le droit de faire déloger immédiatemen les locataires qui ne se conformeront pas rigoureusement au règlement ci-dessus

Arrêté par le Conseil d'administration, en séance du 12 avril 1876.

Pour copie conforme :

Le Directeur,

V. LIMAUGE.

MODÈLE DE RÈGLEMENT POUR HOTEL MEUBLÉ A L'USAGE DES CÉLIBATAIRES

Adopté par le Gouvernement français pour son établissement de ce genre construit avec une partie des fonds affectés à l'amélioration des logements d'ouvriers.

ADMINISTRATION.

La maison meublée dite des célibataires, située rue   ,
est administrée en régie par un régisseur.

Le régisseur a sous ses ordres immédiats un gardien-chef, aidé d'un ou de deux garçons de service selon les besoins de la maison.

Ces sous-employés sont nommés par l'administration, qui peut également les révoquer ou leur infliger des amendes.

Le gardien-chef reçoit un traitement annuel de 1 000 fr., qui peut être élevé à 1 200 fr. après deux années de service, et à 1 500 fr. après deux autres années.

Chaque garçon de service reçoit un traitement annuel de 900 fr., qui peut être élevé à 1 000 fr. après deux années de service et à 1 100 fr. après deux autres années.

Le gardien-chef est logé dans la maison. L'administration lui fournit le mobilier de bureau, les registres, les ustensiles nécessaires à son service. Il est chauffé et éclairé aux frais de l'usine. Il doit être marié et habiter avec sa femme, qui est tenue de le suppléer dans la surveillance à exercer en cas de maladie ou d'absence.

Les garçons de service sont également logés dans la maison, meublés et éclairés aux frais de l'administration. S'ils sont mariés, ils ne pourront faire loger avec eux leur femme et leurs enfants que sous la réserve de l'approbation du régisseur. Il leur est interdit de découcher, à moins qu'ils ne soient en permission.

Le gardien-chef a le droit de donner aux garçons de service des permissions de sortie qui ne peuvent dépasser vingt-quatre heures.

Les permissions de sortie ne peuvent être accordées que lorsqu'il a été pourvu d'une manière convenable au service du permissionnaire.

Un médecin du bureau de bienfaisance de l'arrondissement est spécialement attaché à la maison des célibataires.

AMÉNAGEMENT DE LA MAISON.

La maison est divisée en trois parties : les chambres à louer, situées aux étages ; la salle de réunion, située au rez-de-chaussée, côté gauche du passage d'entrée, et le restaurant, situé au rez-de-chaussée, côté droit du passage.

CHAMBRES EN LOCATION.

Les chambres ne peuvent être louées qu'à des ouvriers seuls, porteurs de certificats de bonne conduite et de moralité.

Il ne peut être loué plus d'une chambre au même locataire.

La location ne peut être faite pour moins de quinze jours. Elle est payable d'avance.

Si à l'échéance d'une quinzaine, un locataire ne paie pas la quinzaine suivante, il doit quitter sa chambre immédiatement, à moins que le régisseur ne l'autorise à rester.

La quinzaine commencée est acquise à l'administration de l'asile.

Le prix d'une chambre dans les étages est fixé à 18 fr. par mois ; il est de 14 fr. dans les mansardes.

Tout locataire est en droit, à l'expiration d'une quinzaine, d'exiger qu'on lui donne telle autre chambre disponible qu'il désignera.

En cas de concurrence pour la même chambre, la préférence sera donnée au locataire le plus ancien en date. Dans le doute ou à égalité de date entre plusieurs locataires, le sort décidera.

SALLE DE RÉUNION.

La jouissance de la salle de réunion est commune à tous les locataires, qui peuvent y écrire, lire, travailler ou s'y reposer selon leur convenance, à la seule condition de s'y comporter avec décence, et de manière à ne pas troubler l'ordre.

Elle est pourvue de tables, de chaises, d'encriers et de livres de lecture.

Sur la demande des locataires, le gardien-chef met à leur disposition des jeux de dames, d'échecs et de dominos, et les livres de la bibliothèque, aussitôt qu'il sera possible d'en former une dans l'établissement. Les jeux de cartes et en général les jeux de hasard y sont interdits. Il est expressément défendu d'y faire de la consommation.

La salle de réunion est chauffée et éclairée ; elle demeure ouverte en toute saison depuis midi jusqu'à onze heures du soir.

SERVICE INTÉRIEUR.

Le gardien-chef est placé sous l'autorité immédiate du régisseur.

Il tient les registres comptables et de police prescrits par le régisseur ou par les règlements d'administration publique. Il loue les chambres et reçoit les prix de location dont il fait le versement immédiat entre les mains du régisseur, qui en demeure responsable.

Il est chargé du service de la porte, des chambres, de la salle de réunion et des calorifères.

Il relève sur un carnet les quantités d'eau et de gaz consommées chaque jour dans la maison.

Il assure la propreté de la maison au dedans et au dehors, par des nettoyages et des balayages fréquents.

Les garçons de service sont placés sous les ordres immédiats du gardien-chef et concourent avec lui à tous les services intérieurs et extérieurs, à l'exception du travail de bureau et de la garde de la porte, dont le gardien-chef reste exclusivement chargé.

Le gardien-chef ne peut s'absenter pour vaquer à des affaires personnelles, qu'avec l'autorisation du régisseur et après avoir pourvu aux nécessités de son service. Cette autorisation ne peut dépasser la journée.

Toute demande de congé excédant la journée doit être adressée au directeur de l'asile par l'intermédiaire et avec l'avis motivé du régisseur.

Pendant la durée des congés du gardien-chef et des garçons de service, il est pourvu à leur remplacement à leurs frais, à moins d'une décision contraire du directeur.

MESURES D'ORDRE.

Les locataires doivent faire leurs ablutions dans les lavabos de l'étage où ils ont leurs chambres.

Chaque jour avant midi, les chambres sont balayées, nettoyées et remises en ordre par le gardien-chef ou les garçons de service.

Chaque semaine, le gardien-chef est tenu de faire la revue générale et détaillée des chambres et de la salle de réunion. Il relève sur un carnet spécial les objets qui ont besoin d'être réparés ou remplacés. Un extrait de ce carnet est remis au régisseur qui le transmet au directeur avec un bon indiquant les réparations à faire ou les remplacements à opérer.

Les draps de lits sont changés tous les quinze jours, et les serviettes deux fois par semaine dans les chambres occupées par le même locataire.

Tout nouveau locataire a droit à une paire de draps et à une serviette propres.

Le gardien-chef indique ces changements à leur date en indiquant le numéro de la chambre et l'étage où ils ont lieu.

Le linge de la maison des ouvriers célibataires est blanchi et réparé à l'asile national de Vincennes.

Le gardien-chef tient un inventaire général des objets mobiliers de toute nature appartenant à l'administration. Il en est responsable et fournit à cet effet un cautionnement de mille francs, qui est versé à la caisse de l'asile comme les cautionnements des fournisseurs adjudicataires et produit le même intérêt.

Tous les trois mois le régisseur doit procéder au récolement du mobilier de la maison. Il dresse, s'il y a lieu, un procès-verbal de mise en destruction des objets reconnus hors de service, détruits ou perdus, par cas de force majeure, et met au compte du gardien-chef, les objets manquants ou détruits par fait de négligence, sauf le recours du gardien-chef contre qui de droit.

Le procès-verbal de destruction est visé par l'économe et par le directeur de l'asile.

Le gardien-chef tient à la disposition des locataires, au prix d'achat, les objets nécessaires à la correspondance, ainsi que des timbres-poste.

En cas de maladie ou d'accident d'un locataire, le gardien-chef est tenu de prévenir, sans retard, la famille du malade, le médecin de la maison ou les autres personnes dont le malade lui désigne les noms et les adresses. Il doit également, si le malade en fait la demande, appeler près de lui une garde-malade, religieuse ou laïque.

Dans ce cas, et si la maladie n'offre aucun danger pour la santé des autres locataires, le gardien-chef est tenu de préparer dans son logement les potions simples prescrites par le médecin.

Si la maladie présente, au contraire, des dangers pour la santé des autres locataires, ou si le médecin déclare que le malade ne peut être soigné à domicile, le gardien-chef doit le faire transporter à l'hôpital.

Hormis le cas de maladie, le gardien-chef ne doit se charger d'aucune course ou commission pour les locataires, ni permettre que sa femme ou les garçons de service s'en chargent.

Les frais de toute nature, occasionnés par la maladie d'un locataire, sont à sa charge. Le gardien-chef ne peut en faire l'avance qu'à ses risques et périls.

Chaque locataire reçoit une clef de sa chambre, qu'il est tenu de représenter au terme de sa location. Le prix d'une clef perdue ou détruite est fixé à un franc.

Les locataires, en sortant de leur chambre, doivent fermer leur porte et en remettre la clef au bureau.

Le gardien-chef et autorisé à prendre en dépôt les objets qui lui seront confiés par les locataires.

Tout locataire dont la conduite exciterait le scandale ou le désordre pourrait être expulsé par le régisseur, sauf recours au directeur de l'asile.

ANNEXES.

MOBILIER DES CHAMBRES.

Chaque chambre sera garnie des meubles ci-après désignés :

Une couchette en fer avec sommier élastique, un matelas en laine et crin, un traversin, un oreiller, une couverture en laine légère pour l'été, une seconde couverture en laine forte pour l'hiver, une paire de draps en toile grise et un essuie-mains;

Une armoire basse en chêne plein, à deux portes fermant à clef, avec rayons et tiroirs supérieurs ;

Une table de nuit en chêne plein avec dessus en marbre, munie d'un vase de nuit ;

Un miroir,

Une cuvette avec carafe et verre,

Une chaise en chêne avec siége en canne,

Une serviette,

Des rideaux de fenêtre en toile de coton blanche,

Trois crochets pour suspendre les vêtements,

Un crachoir en bois avec revêtement intérieur en zinc, garni de sable,

Un bougeoir en cuivre.

Le locataire pourra, en outre, se servir des porte-manteaux établis sur chaque palier, pour brosser et battre ses vêtements.

L'établissement modèle dont nous nous occupons, ne donne pas de bénéfices, quoique toutes les chambres soient louées aux prix habituels que paient les ouvriers dans les garnis privés, savoir de cinq à sept francs par quinzaine. Les chambres sont trop confortables d'après nous, et ce qui nous confirme dans notre opinion, c'est que 60 % d'entre elles sont habitées par des employés. Pour retirer des bénéfices d'un hôtel garni, il faudrait construire un bâtiment bien plus économiquement que celui qui a été fait par l'État. Les architectes du gouvernement construisent très solidement, mais à un prix très élevé, et nous croyons qu'il y a intérêt à établir le plus économiquement possible, les bâtiments destinés aux ouvriers pour deux raisons, savoir :

1° L'argent placé à intérêts composés double en quatorze ans, tandis qu'une construction faite très légèrement dure toujours plus de quinze ans ;

2° Les hôtels garnis sont placés dans les villes industrielles. L'importance des villes industrielles augmente souvent dans des proportions considérables ; il en résulte une plus-value pour la propriété telle qu'il est souvent avantageux de changer la destination des immeubles habités par les ouvriers. Ainsi, à Paris, le quartier Chaillot était en grande partie habité par des ouvriers ; aujourd'hui on n'y trouve plus de terrain à moins de 300 à 400 francs le mètre, et les petits logements sont transformés en grands appartements. C'est pour ces deux raisons que nous proposons d'établir un hôtel garni en réduisant les dépenses au minimum.

SOCIETY FOR IMPROVING THE DWELLINGS

OF THE LABORING CLASSES.

Règlement pour une maison garnie pour ouvriers non mariés.

I. *Devoirs du régisseur.* — Le régisseur et sa femme doivent donner l'exemple de la sobriété, des convenances et de la bonne conduite, en s'abstenant de tout ce qui pourrait encourager chez les locataires une infraction au règlement général de la maison.

Le régisseur doit fidèlement tenir compte de l'argent reçu des locataires par lui et sa femme, au moment et de la manière exigés par le propriétaire de la maison.

Il doit tenir un livre sur lequel, indépendamment d'une inscription régulière mentionnant les noms, la durée du séjour du locataire et les sommes payées par lui, il notera toutes les circonstances particulières qui pourront se présenter, plaintes ou autres.

Il occupera sans payer de loyer l'appartement affecté à son usage ; il sera fourni de combustibles, de chandelles, sel, savon et autres articles indispensables à la bonne tenue de la maison.

Il est responsable des lits, literies, meubles et autres effets mobiliers, et tenu d'empêcher, autant qu'il sera en son pouvoir, qu'il n'y soit fait, ainsi qu'au bâtiment, aucune dégradation.

Il doit, de concert avec sa femme, entretenir dans un parfait état de propreté la maison et les meubles, et diriger de son mieux l'établissement suivant les règles fixées, indépendamment des instructions suivantes qui doivent être soigneusement observées :

1° Il ne sera admis aucun locataire de mauvaise réputation et d'une malpropreté évidente ;

2° Bien que la règle de la maison soit que tout locataire paye d'avance, cependant, comme de temps à autre, il peut arriver que des locataires, favorablement connus du régisseur, soient, faute de travail ou pour d'autres motifs, dans l'impossibilité de payer sur-le-champ, il pourra leur être fait crédit, pour deux semaines au plus ; et jamais, en aucune circonstance, cette faveur ne pourra être étendue au delà de la troisième semaine ; l'arriéré sera acquitté graduellement, mais cependant dans le délai le plus court possible.

3° Quant au congé à donner avant de quitter la maison, bien que le locataire soit à la semaine, si une circonstance particulière et imprévue exige un départ précipité, ou si le locataire est depuis trois mois dans la maison, ses avances pourront lui être restituées.

4° Le régisseur doit exiger des locataires la stricte observation du règlement, auquel ils se soumettent en entrant ; et dans l'exécution assez difficile de cette partie de son devoir, il doit allier la fermeté à la bienveillance, et s'abstenir de toute intervention inutile ou vexatoire pour les locataires.

5° Il doit observer une sévère économie dans l'administration de la maison, de manière à empêcher tout gaspillage des articles fournis aux locataires, et qui comprennent le combustible, la chandelle, le sel et le savon.

6° Quant aux livres confiés à ses soins, le régisseur doit en tenir un catalogue, inscrire régulièrement le nom de chaque locataire à qui il les prête et vérifier s'ils lui sont rendus en bon état.

II. *Règlement pour les locataires.* — Les locataires sont admis à la semaine, moyennant   par semaine, payés d'avance, et sont soumis aux règles ci-dessous établies, pour la commodité générale et le bon ordre de l'établissement :

1° La maison est ouverte depuis cinq heures du matin jusqu'à dix heures du soir, sauf notification suivant la saison et les occupations des locataires.

2° La lampe, dans la chambre à coucher, doit être allumée depuis neuf heures du soir jusqu'à dix heures et demie, heure à laquelle on doit l'éteindre.

3° Comme la location est à la semaine, chaque locataire doit donner congé au régisseur deux jours au moins avant la fin de la semaine, s'il n'a pas l'intention de prolonger son séjour. Dans le cas contraire, il sera regardé comme devant continuer sa location.

4° Chaque locataire sera fourni d'un coffre fermant à clef pour la sûreté de ce qu'il possède : la clef lui en sera confiée sur dépôt d'un schelling (1 fr. 25), qui lui sera restitué quand il remettra la clef. Tout ce qui appartient aux locataires reste à leurs soins et à leurs risques et périls.

5° Chaque locataire sera fourni d'un plateau, de deux assiettes, d'une cuvette, d'une tasse avec sa soucoupe ou d'une tasse de métal, d'un couteau, d'une fourchette et de deux cuillers, le tout confié à ses soins et devant être rendu par lui en bon état quand il quittera la maison.

6° Toute dégradation de la propriété mobilière ou immobilière de l'établissement est sévèrement interdite, et il est particulièrement défendu d'entailler les tables, chaises ou autres objets, d'écrire dessus et de charbonner sur les murs. Toute détérioration faite par le locataire sera mise à sa charge ; les objets qui lui seront confiés pour son usage, qui seront brisés ou perdus, seront remplacés à ses frais.

7° Il ne peut être introduit ni bu aucune liqueur spiritueuse dans la maison. Il n'y sera admis ni toléré aucun individu en état d'ivresse. L'entrée de la maison est interdite aux étrangers, excepté avec la permission du régisseur.

8° Les jeux de hasard, de cartes, les querelles, les rixes, les propos licencieux ou profanes sont interdits. Le régisseur et sa femme doivent être traités avec respect. Leur devoir d'assurer le confortable des locataires consiste à maintenir la stricte observation du règlement.

9° On attend des locataires des habitudes de propreté, et toute personne coupable d'infractions à cet égard ou qui serait une cause de désagréments pour les autres, sera exclue de la maison. Il est défendu de fumer dans la chambre commune ou dans le dortoir ; on ne le tolère que dans la cuisine.

10° La violation volontaire de toute partie de ce règlement entraînera pour le délinquant l'exclusion immédiate. L'argent qu'il aurait déposé d'avance lui sera rendu, déduction faite du loyer échu et du montant des dégradations qu'il aurait pu commettre.

11° On attend, le dimanche, de tout locataire une conduite convenable pour un jour consacré.

12° Les Saintes Écritures et d'autres livres intéressants et instructifs seront prêtés par le régisseur dans l'espoir que les locataires emploieront leurs heures de loisir d'une manière utile, comme il convient à des êtres intelligents et raisonnables (1).

(1) Nous ne donnons ce règlement que comme document curieux, car à Paris il serait inapplicable.

CHAPITRE XVI

Modèles d'actes de vente.

FORMULE DE DEMANDE D'ACQUISITION DE MAISON.

Monsieur le Président

Timbre

de la Société des Habitations Économiques,

1, Rue de Choiseul,

PARIS.

Monsieur le Président de la Société des Habitations économiques.

J'ai l'intention d'acquérir une des maisons du groupe
sise   N°

Je m'engage par les présentes à me soumettre aux clauses du cahier des
charges relatif à ces maisons, dont j'ai pris connaissance, et dont les
principales conditions sont énumérées ci-contre. Je m'engage, en outre,
à payer comptant une somme de   et à verser.
au siége de la société, une annuité de   par mois ou
de   par trimestre.

Cette annuité comprendra l'intérêt et l'amortissement du prix de vente.

Comptant sur une prompte réponse, je vous prie d'agréer, Monsieur,
mes civilités empressées.

       Nom :

       Prénoms :

       Adresse :

Le but de cette lettre est d'engager l'acquéreur et de lui faire savoir que le
concierge ne peut engager la société à l'égard de personnes qui ne seraient pas
agréées par le Conseil d'administration.

Il est utile d'exiger un acompte pour payer les frais d'actes, qui resteraient
pour compte à la société si le preneur ne donnait pas suite à son engagement.

QUESTIONNAIRE A REMPLIR PAR LE DEMANDEUR.

Nom et âge de l'acquéreur ?
Prénoms ?
Profession ?
Nom de sa femme et âge ?
Prénom ?
Profession ?
Nombre d'enfants et âge ?

Mariés sous le régime :

de la communauté { légale ?
{ conventionnelle ?

sans communauté ?
de la séparation de biens ?
dotal ?

Date du contrat ?
Nom du notaire qui a fait l'acte ?
Un des époux a-t-il exercé les fonctions de tuteur de mineur ou d'interdit ?
A-t-il été comptable de deniers publics ?
Ou a-t-il rempli toute autre fonction emportant hypothèque légale ?

NOMBRE D'ANNÉES PENDANT LEQUEL IL FAUDRA VERSER	SOMME NÉCESSAIRE POUR AMORTIR UN CAPITAL DE 1 000 fr.			OBSERVATION
	Mensuelle	Trimestr.	Annuelle	
10	10,25	30,75	123	Le contrat ne sera réalisé
15	7,50	22,50	90	qu'après paiement du 1/4
20	6,10	18,25	73	du prix de l'immeuble.

EXEMPLE : Pour devenir propriétaire au bout de 15 ans d'une maison qui vaut 6 600 fr., il faudra payer comptant une somme de 600 fr. et une annuité 6 × 90 = 540 fr. pendant 15 ans.

EXTRAIT DU CAHIER DES CHARGES.

PRINCIPALES CONDITIONS DE LA VENTE

1° L'acquéreur paiera une somme comptant égale au dixième au moins du prix de revient de la maison ; il paiera le solde par annuités au siège de la Société.

2° En cas d'inexactitude dans les paiements, la Société reprendra possession de l'immeuble et elle restituera au preneur ses acomptes versés en déduisant tous les frais qui seront occasionnés par lui.

3° Tous les frais d'actes sont à la charge du preneur. Le contrat ne sera réalisé qu'après paiement du quart de la valeur de la maison. La vente sera confirmée par bail sous seing privé avec promesse de vente.

4° La Société fera assurer à son profit, aux frais du preneur, la maison vendue.

5° Les impôts de toute nature, les frais résultant de l'entretien des rues et passages, les charges de ville et de police, les réparations de toute nature sont à la charge des preneurs.

6° Il est interdit aux preneurs de modifier les constructions sans un ordre écrit de l'architecte de la Société.

7° Il est interdit de construire dans les jardins et dans les cours.

8° La Société livre la propriété close. Tous frais résultant de modifications faites aux clôtures devront être supportés par ceux qui les exécuteront.

9° Les lieux vendus devront être habités bourgeoisement ; il ne pourra y être exercé ni commerce de marchand de vin, ni aucune profession bruyante ou insalubre, pouvant nuire aux voisins.

10° L'acquéreur ne pourra revendre ni sous-louer sa maison tant que le prix ne sera pas payé intégralement, sans le consentement par écrit du vendeur.

11° Tant que la Société restera propriétaire, elle fera exécuter tous les travaux nécessaires au bon entretien des constructions, des rues et passages. Aussitôt qu'elle le jugera convenable, elle se fera remplacer par un syndic nommé par les acquéreurs ou par le président du tribunal civil de la Seine.

Nota — Le cahier des charges complet est à la disposition des acquéreurs, au siège de la Société.

MODÈLE DE CONTRAT DE LOCATION AVEC PROMESSE DE VENTE ET AVANCE D'ARGENT POUR PERMETTRE AU LOCATAIRE DE CONSTRUIRE

Il est souvent avantageux de louer des maisons avec promesse de vente. Quand le locataire ne peut satisfaire à ses engagements, on résilie purement et simplement le contrat. A côté de cet acte on en fait un autre par lequel on régularise la manière d'effectuer les placements par annuités. Bien des personnes préfèrent réaliser les actes par-devant notaire, car, avec une grosse notariée, on arrive plus facilement à expulser le locataire récalcitrant.

Tant que le preneur n'a pas fini de payer le prix d'acquisition, il est préférable d'employer des actes sous seing privé :

1° Les actes sont plus rapidement préparés et signés ;

2° On perd moins de temps que dans les études de notaire ;

3° On économise aux acquéreurs les honoraires payés au notaire.

Tous ces avantages compensent bien au delà tous les désagréments que l'on peut avoir avec de rares mauvais payeurs. On exagère les inconvénients des baux sous seing privé de faible importance. Avec l'aide d'un huissier expérimenté, on arrive très rapidement à annuler des conventions qui ne sont pas observées par des acquéreurs.

Entre les soussignés :

M. X... d'une part et Mme X... son épouse qu'il autorise, aux effets ci-après, demeurant à Paris.

Et M. Y... d'une part et Mme Y.. son épouse, qu'il autorise à l'effet des présentes, demeurant ensemble aux Lilas.

A été fait, convenu et arrêté ce qui suit :

M. et Mme X... louent, à titre de bail à loyer pour quinze années consécutives, qui commenceront à courir le premier juillet mil huit cent soixante-quinze,

A M. et Mme Y... qui acceptent conjointement et solidairement preneurs pour ledit temps,

Une portion de terrain faisant partie d'un plus grand terrain appartenant en propre à M. X... sis au Lilas, n° 101, à côté du terrain loué à M. et Mme Z... longeant d'autre côté la rue projetée.

Cette portion de terrain présentement louée, est d'une contenance de environ de superficie, ayant a, mètres de façade sur la rue de Paris et b, mètres de profondeur en longeant ladite rue projetée.

Ainsi, telle au surplus que ladite propriété se poursuit et comporte, elle est close par un mur sur la route de Paris et par des planches sur la rue projetée, lesquelles M. et Mme X... se réservent le droit de faire enlever quand il y aura lieu ; et enfin dans l'état où ce terrain se trouve actuellement, les preneurs déclarant parfaitement le connaître pour l'avoir vu et visité et en être satisfaits.

CONDITIONS

Cette location est faite à la charge par les preneurs qui s'y obligent solidairement, et ce, sans diminution du loyer ci-après fixé, de payer l'impôt foncier et les autres charges et impôts de toute nature qui seraient dus par suite de constructions qui pourront être édifiées sur ledit terrain, et enfin de satisfaire à toutes les charges de commune et de police dont les propriétaires et les locataires sont ordinairement tenus.

Lesdits preneurs paieront aussi les frais d'enregistrement auxquels donneront lieu ces présentes et les doubles droits et amendes encourues, s'ils négligent de les faire enregistrer dans les délais prescrits par la loi.

PRIX

En outre, le présent bail est fait moyennant un loyer annuel de francs, que les preneurs s'obligent sous la même solidarité à payer aux bailleurs en leur demeure à Paris, en quatre portions égales aux quatre termes ordinaires de l'année.

CLAUSE DE RIGUEUR

Il est expressément convenu ici, sans quoi le présent bail n'eût point eu lieu, que les loyers seront payés exactement à leur échéance et qu'après un simple commandement de payer non suivi de paiement, dix jours après sa date, le présent bail sera résilié de plein droit, si bon semble aux bailleurs, sans qu'il soit besoin de faire prononcer cette résiliation par un' jugement, et les bailleurs, dans ce cas, auront le droit de faire expulser les preneurs, en obtenant, à ce sujet, une simple ordonnance de référé, rendue sur requête par M. le président du tribunal civil de la Seine, en dernier ressort et sans appel ni opposition, ce qui est accepté formellement par lesdits preneurs.

D'un autre côté, comme il va être fait ci-après une promesse de vente aux preneurs, s'il est élevé par ces derniers des constructions sur le terrain loué, les bailleurs, dans le cas où ils le jugeraient utile, auront la faculté de fournir, dans ce but, des fonds jusqu'à concurrence de dix mille francs, lesquels produiront un intérêt annuel de cinq pour cent, qui sera payable de trois mois en trois mois à partir du jour où ces fonds auront servi au paiement des constructions élevées sur le terrain, d'après les mémoires réglés par l'architecte de M. et Mme X... lesquels mémoires acquittés par l'entrepreneur des travaux feront foi des avances de fonds par lesdits bailleurs; mais ces fonds qui se trouveraient ainsi avancés, seront remboursés par annuités.

Il est encore bien entendu et convenu ici que si, pendant le cours du présent bail, les preneurs venaient à être expulsés dudit terrain, faute de paiement exact des loyers à leur échéance, comme il est dit plus haut, ou s'ils venaient à tomber en faillite ou en déconfiture, lesdites constructions alors élevées sur ce terrain, quelles qu'en fussent l'importance et la valeur, resteraient la propriété exclusive des bailleurs, sans qu'ils eussent à tenir compte d'aucune indemnité ni de plus-value pour les constructions élevées, soit aux preneurs soit aux créanciers ou à toute autre personne, étant expressément interdit à M. et Mme Y... ou leurs représentants, de faire aucune cession à qui que ce soit, en tout ou en partie, de leurs droits aux présents, sans le consentement exprès et par écrit de M. et Mme X

Si les cas ci-dessus prévus ou tous autres arrivaient pendant le cours du présent bail, M. et Mme X... n'auraient point à réclamer les sommes qu'ils auraient pu fournir pour le paiement des mémoires réglés des constructions élevées ; et, de leur côté, les preneurs étant expulsés ou n'ayant plus de droits au présent bail, se trouveraient libérés, vis-à-vis des bailleurs, des sommes avancées et payées par ces derniers pour lesdites constructions.

PROMESSE DE VENTE.

M. et Mme X... consentant, par les présentes, à laisser à M. et Mme Y qui l'acceptent, pendant le cours du présent bail, la faculté de se rendre acquéreurs solidaires de la portion de terrain présentement louée, moyennant, outre les frais et charges de l'acquisition, un prix principal de ... francs payable suivant les conventions arrêtées par les parties. Le contrat de vente ne sera toutefois réalisé qu'après paiement du quart du prix de l'immeuble.

Les frais d'établissement de la rue projetée, au devant du terrain loué seront payés par M. et Mme Y... mais remboursés par M. et Mme X... en cas de non-réalisation de ladite promesse de vente.

Le contrat de vente devra être régularisé en l'étude de M. Poletnich, notaire à Paris, où se trouvent les renseignements nécessaires pour faire l'établissement de la propriété du terrain en la personne des bailleurs, ces derniers n'entendant, à ce sujet, fournir à M. et Mme Y... s'ils deviennent acquéreurs, aucuns titres de propriété, libre à eux de s'en faire délivrer, à leurs frais, là où il en existera.

Dans le cas où, six mois avant l'expiration du présent bail, M. et Mme Y.. ne se rendraient pas acquéreurs de ladite portion de terrain présentement louée, la promesse de vente ci-dessus stipulée serait considérée comme nulle et non avenue.

Dans ce dernier cas, les constructions qui se trouveraient élevées sur le terrain loué, resteraient la propriété exclusive des bailleurs, sans qu'ils eussent à payer aucune espèce d'indemnité ni dommages et intérêts auxdits preneurs ou à leurs représentants.

Telles sont les conventions des parties.

Pour l'exécution des présentes, les parties font élection de domicile, M. et Mme X... en leur demeure à Paris, et M. et Mme Y.. en leur demeure aux Lilas.

Fait en double à Paris le

MODÈLE D'ACTE RELATIF AUX PAIEMENTS A FAIRE EN SUS DU LOYER POUR DEVENIR PROPRIÉTAIRE.

Entre les soussignés,

Monsieur X... et Mme X... son épouse qu'il autorise aux effets ci-après, demeurant ensemble   d'une part,

Et Monsieur Y...   d'autre part, a été convenu et arrêté ce qui suit :

Suivant acte sous seing privé, fait double à Paris le   et portant la mention d'enregistrement. Enregistré.

M..et Mme X... ont fait bail à M. Y... d'une propriété sise et ce, pour une durée de vingt années qui commenceront à courir le   moyennant un loyer de

Ledit acte de bail contient promesse de vente de l'immeuble loué moyennant un prix de   payable à l'expiration du bail.

Par dérogation à ladite clause de promesse de vente, il est expressément convenu entre les parties. que, moyennant la somme de   payée régulièrement chaque trimestre, en sus du loyer ci-dessus énoncé, pendant toute la durée du bail, M. Y... deviendra propriétaire de l'immeuble loué.

M. et Mme X... reconnaissent avoir reçu la somme de
imputable sur le dernier versement annuel stipulé à la présente convention.

Les frais d'enregistrement et les doubles droits encourus pour n'importe quelle cause sont à la charge du preneur.

Les parties font élection de domicile

CITÉS OUVRIÈRES DE M. IMBACH, A LOERACH

Le contrat suivant a été conclu aujourd'hui entre Ph. Imbach et

§ 1. — Ph. Imbach vend le terrain à bâtir, figuré sur le plan général avec le n°   , avec cour et jardin, attenant :
d'un côté   , de l'autre
ainsi que la part du chemin, du puits et du lavoir dont les 36 possesseurs de maisons jouissent en commun, pour la somme de 200 francs.

§ 2. — Ph. Imbach s'engage par cet acte à construire à l'acheteur de ce terrain une maison à deux étages conforme au plan ci-joint, et à ne dépasser dans aucun cas, pour le complet achèvement de la maison, le prix de 2 800 francs.

§ 3. — Sur ce prix stipulé, l'acheteur est tenu de payer, à Ph. Imbach, avant le 1er septembre, 400 francs comptant; à partir de cette époque, il paiera 5 % d'intérêt pour le reste de la somme, 2 400 fr., à laquelle s'ajoutent encore les 200 francs stipulés au paragraphe 1, soit 2 600 francs.

§ 4. — Le prix de l'achat du terrain, ainsi que de la construction doit être remboursable d'après le plan d'amortissement suivant : par suite de convention passée entre la fabrique Kœchlin Baumgartner et Cie et Ph. Imbach, l'acheteur s'engage à laisser à la fabrique et sur le montant de chaque paie, c'est-à-dire de quinze en quinze jours, la somme de 8 francs pour le compte de Ph. Imbach. Les paiements faits de cette manière sont additionnés à la fin de chaque année et portés en compte à l'acheteur avec les intérêts courants, sur un livret spécial.

Il est permis à l'acheteur de faire par quinzaine de plus gros paiements que ceux stipulés ; ils seront également portés dans le livret.

Chaque année, les sommes versées seront décomptées à l'acheteur.

§ 5. — Dans le cas où l'acheteur quitte la fabrique Kœchlin Baumgartner et Cie ou vient à mourir, il est tenu, ou ses héritiers de faire les mêmes paiements toutes les quinzaines.

§ 6. — Si le paiement stipulé au paragraphe 3 pour le 1er septembre de l'année n'était pas effectué, Ph. Imbach a le droit d'annuler le présent contrat et de reprendre la place à bâtir.

§ 7. — Dans le cas où cette somme de 400 francs serait payée, Ph. Imbach a encore le droit de résilier le contrat, lorsque les versements par quinzaine figurant au paragraphe 4, ont fait défaut par six fois et que la moitié au moins de cette somme n'a pas été payée avant la fin de l'année.

§ 8. — Dans le cas d'une telle résiliation, l'acheteur est tenu, après avoir reçu son dédit par écrit, d'évacuer la maison dans les quatre semaines qui suivent. On prélèvera sur la somme qu'il a payée comme acompte 5 % d'intérêt de toute la somme due au moment de la résiliation, ainsi que des frais et avances que Ph. Imbach a payés pour lui, et cela jusqu'au jour de sa sortie de la maison. Ce qu'il aura payé en plus de ces frais et intérêts lui sera remboursé.

Dans ce décompte, les sommes qu'il aura payées chaque année, en tant qu'elles dépasseront les intérêts échus, lui porteront également 5 % d'intérêt.

L'acheteur est responsable des dégâts faits aux bâtiments et dépendances.

§ 9. — Il est stipulé expressément que Ph. Imbach seul peut résilier le contrat et non l'acheteur.

§ 10. — Jusqu'à paiement complet de la somme convenue et des frais qu'il aura pu faire, Ph. Imbach se réserve le droit de première hypothèque.

§ 11. — Jusqu'à paiement complet, l'acheteur s'engage expressément à maintenir la maison et le jardin en très-bon état, à faire blanchir chaque année les murs et les plafonds et à ne pas élever dans le jardin de constructions dépassant 3 pieds de hauteur.

L'acheteur est tenu de maintenir le mur mitoyen en bon état, seulement la partie qui est sa propriété.

§ 12. — Pour que les logements construits dans l'intérêt des ouvriers ne puissent pas servir à des spéculations d'argent, il est stipulé qu'aussi longtemps que la somme entière n'a pas payé (et ceci dans les dix premières années et au prix mentionné aux paragraphes 1 et 2), plus les frais ou avances d'argent, Ph. Imbach a le droit de reprendre la propriété, si, pour un motif ou un autre, elle devait être vendue. Après ce temps, une vente de la maison à une tierce personne, dans les dix années suivantes, ne peut avoir lieu que par le consentement de Ph. Imbach.

§ 13. — Si l'acheteur de cette maison était, par suite d'un jugement, déclaré voleur ou receleur, il appartiendrait à Ph. Imbach d'user du droit que lui confère le paragraphe 8.

§ 14. — Les quatre cinquièmes de la valeur immobilière de la maison sont assurés à la Compagnie d'assurance badoise, l'acheteur s'engage à assurer l'autre cinquième au *Phénix* français pour douze ans.

§ 15. — Comme il est de l'intérêt de chaque propriétaire d'une maison ouvrière que sa propriété conserve la plus grande valeur possible, et comme cette valeur dépend de la bonne renommée de son quart de maison, chaque acheteur est obligé de s'engager à ne supporter aucun désordre, et de s'attacher à vivre en paix au milieu de l'ordre et de la propreté.

Ce contrat est fait en double, signé des deux parties, et chacune d'elles conserve un acte.

Loerrach, le

LA CONSTRUCTORA BENEFICA

ASSOCIATION DE CHARITÉ.

Règlement pour le paiement de l'intérêt et l'amortissement successif du capital que représentent les 4 premières maisons construites dans le quartier du Pacifique, rue de la Charité.

Superficie de chaque maison....................	232.07 mètres carrés
Equivalant à	2988.24 pieds carrés
Capital à amortir (réaux effectifs).	66.000
La moitié du haut en bas, avec 3 logements et service commun de la porte, de l'escalier et de l'éclairage des étages.:.........................	33 000
Chaque logement du rez-de-chaussée, avec sa cour respective...................................	12 000
Chaque logement du premier....................	11 000
— — second....................	10 000
	66 000

Loyer et amortissement du capital.

	PRIX DES LOYERS		TAUX de L'AMORTISSEMENT.		ESCOMPTE OU REMISE accordée au locataire pour chaque côte mensuelle qu'il verse pour l'amortissement du capital jusqu'au moment où il devient définitivement propriétaire.	
	ANNUEL.	MENSUEL				
	Réaux.	Réaux.	Réaux, Cts.	Réaux, Cts.	Réaux, Cts.	Réaux, Cts.
En 8 ans — Chaque maison entière...	» 3.840	» 320	»	687 50	»	3 34
Moitié du haut en bas....	1.920	160	343 75		1 67	
Logement du rez-de-chaus.	720	60	125 »		0 63	
— du premier....	600 {3.840}	60 {320}	114 60	687 55	0 52	3 34
— du second......	600	50	104 20		0 52	
	Égal.	Égal.	Différ. insig. 0,05		Égal.	
En 12 ans — Chaque maison entière...	» 3.840	» 320	»	458 34	»	2 24
Moitié du haut en bas....	1.920	160	229 17		1 12	
Logement du rez-de-chaus.	720	60	83 34		0 42	
— du premier....	600 {3.840}	50 {320}	76 40	458 37	0 35	2 24
— du second.....	600	50	69 46		0 35	
	Égal.	Égal.	Différ. insig. 0,03		Égal.	
En 16 ans — Chaque maison entière...	» 3.840	» 320	»	343 75	»	1 67
Moitié du haut en bas....	1.920	160	171 87		0 84	
Logement du rez-de-chaus.	720	60	62 50		0 32	
— du premier...	600 {3.840}	50 {320}	57 30	343 77	0 26	1 68
— du second.....	600	50	52 10		0 26	
	Égal.	Égal.	Différ. insig. 0,02		Différence....0,01	
En 20 ans — Chaque maison entière..	» 3.840	» 320	»	275 »	»	1 34
Moitié du haut en bas....	1 020	160	137 50		0 67	
Logement du rez-de-chaus.	720	60	50 »		0 25	
— du premier.....	600 {3.840}	50 {320}	55 84	275 02	0 21	1 34
— du second.....	600	50	41 68		0 21	
	Égal.	Égal.	Différ. insig. 0,02		Égal.	

AVERTISSEMENT

Dans le contrat de location, on indiquera :

En premier lieu, le mode choisi par le locataire pour acquérir la propriété de la maison, soit huit, douze, seize ou vingt années, ainsi que le taux mensuel correspondant à l'amortissement et la somme restant.

En second lieu, les cinq clauses que renferme l'article 27 du règlement de l'association, qui dit que :

1° Le locataire qui n'aura pas payé son loyer pendant six mois recevra son congé et le contrat sera annulé. On lui rendra les sommes qu'il aura versées pour l'amortissement, moins les frais que cette restitution occasionnera et qui seront fixés sans recours par le comité directeur.

2° Une famille quelconque qui donnera lieu, avec récidive, à du scandale par sa conduite, sera congédiée par le Comité directeur et le contrat annulé. Dans ce cas comme dans le précédent, on lui rendra les sommes payées pour l'amortissement, moins les frais sus indiqués.

3° Tant dans ce cas que dans l'autre, ou dans celui de mort sans héritier ou d'abandon volontaire d'un locataire, dans lequel les sommes versées pour amortissement reviendront au bénéfice de l'association, le comité admettra qu'un autre le remplace par les mêmes voies établies dans l'article précédent.

4° Quand un locataire transmettra à un autre ses droits, il faudra, pour la validité de cette transmission, l'approbation du Comité sur la demande de la commission économique ; et le second locataire complétera les intérêts de l'amortissement pendant les délais restant à courir.

5° Les locataires auront la faculté d'accélérer le paiement de l'amortissement, en versant des sommes plus fortes à chaque terme, ou en rachetant en une seule fois la propriété entière, afin que cela serve de stimulant à l'augmentation de leurs économies ou à la bienfaisance de personnes charitables ; mais cela, toujours sous la réserve de l'approbation du comité directeur et sur la demande de la commission économique, afin d'éviter les abus qui pourraient se produire dans ce cas et dans l'autre en faveur de personnes non nécessiteuses recherchant les privilèges accordés à celles qui le sont.

En troisième lieu, la déclaration du paiement de la dernière cote mensuelle d'amortissement, soit par l'expiration des délais stipulés, soit par les autres moyens que le règlement indique pour se libérer plus tôt ; la propriété complète passera au locataire et acheteur, en vertu de l'inscription que l'on fera alors sur un registre au profit du nouveau propriétaire ; avec l'exemption des frais qu'établit la loi du 9 janvier 1877.

En quatrième lieu, les clauses générales opportunes des contrats aussi bien de loyers que de contrats.

CITÉS OUVRIÈRES DE MM. JAPY FRÈRES
A BEAUCOURT

Modèle de contrat de vente et d'ouverture de crédit.

Par-devant M.

ont comparu

MM. Japy frères et Cie, manufacturiers, dont le siége est à Beaucourt,
                        Lesquels ont vendu avec toutes les garanties
de fait et de droit, au sieur G. P., ouvrier chez MM. Japy frères et Cie,
et dame R. H., son épouse, qu'il autorise, demeurant à Beaucourt, ce
acceptant, un emplacement d'habitation avec dépendances, sis au village
de   , lieu dit   , désigné sous le n°   du plan,
d'une superficie de   . Les acquéreurs pourront jouir de cet
emplacement en toute propriété à partir de ce jour, à charge par eux, qui
s'y obligent, d'y faire construire, dans le courant de cette année et de
l'année prochaine, par l'entrepreneur qui leur sera désigné, une habitation
dans l'alignement et conforme à un plan et à un devis dressé par MM. Japy
frères, sans pouvoir par la suite l'agrandir ou élever un bâtiment ou en
ajouter tout autre sur le jardin qui en dépendra, sans le consentement des
vendeurs. A charge encore par eux, ce à quoi ils s'obligent solidairement
et sous peine de résiliation de la présente pour cause d'inexécution des
conditions, de ne pas ouvrir dans la maison qu'ils construiront sur cet
emplacement une auberge ou débit quelconque de boissons.

Cette clause est de rigueur; elle devra être ponctuellement remplie,
ainsi que celle de ne pouvoir vendre l'immeuble avant que les remboursements, capital et intérêts, ne soient intégralement effectués, car ce n'est
que sous la foi de leur accomplissement que les vendeurs ont consenti à
cette aliénation.

Cette vente a lieu moyennant le prix de   , que la Société immobilière de Beaucourt payera, du consentement et à la décharge des acquéreurs, aux vendeurs qui la subrogent dans tous leurs droits et actions.

Le paiement de ce prix se fera dans les termes et de la manière ci-après indiquée ;

Et à la garantie de ce payement l'immeuble vendu demeurera affecté par privilège.

Et par ces mêmes présentes ;

Les gérants de la Société immobilière, d'une part,

Et les époux   , d'autre part,

Ont arrêté entre eux ce qui suit :

La Société immobilière de Beaucourt ouvre aux époux un crédit de la somme de 3 500 francs.

Elle s'oblige en conséquence à payer, jusqu'à concurrence de cette somme, à l'acquit des crédités, ce qu'ils resteront devoir à l'entrepreneur de la maison immédiatement après l'achèvement et la réception du bâtiment. Les époux   s'obligent solidairement à rembourser et payer à la Société immobilière de Beaucourt :

1° Le prix de la vente qui vient d'être faite à leur profit ;

2° La somme qu'elle aura avancée pour eux, le tout avec intérêts à cinq pour cent l'an, à partir des époques des déboursés, au moyen d'une retenue annuelle de   que MM. Japy frères et Cie prélèveront pour le compte de ladite Société sur le prix du travail que les débiteurs feront dans leurs établissements et pour leur compte. Ces retenues commenceront à partir du jour de la réalisation dudit crédit, et continueront de mois en mois, à la même époque, jusqu'à extinction du capital prêté et des intérêts qu'il produira à cinq pour cent par an. Les six dernières retenues ne pourront dans aucun cas être remboursées avant le 1er novembre 1884.

Pour constater ces versements et remboursements, il sera ouvert sur les livres de la Société immobilière, un compte courant au nom du débiteur.

A la garantie de ces engagements, outre le privilège conservé au profit de la Société immobilière, le terrain ci-devant acquis, ensemble le bâtiment qui y sera construit, demeurera affecté et hypothéqué.

Et pour plus de garantie, la débitrice, autorisée de son mari, cède et délègue au profit de la Société immobilière pareille somme, ensemble les intérêts et accessoires qui en seront dus, à prendre par priorité et préférence à elle cédante et à tous autres dans le montant des reprises, créances, indemnités et autres droits matrimoniaux de toute nature qu'elle a et pourra avoir à exercer contre son mari.

La Société immobilière exercera ces droits aux lieux et place de la débritrice comme celle-ci pourrait les faire valoir elle-même, à l'effet de quoi elle la met et subroge en tous ses droits, nom, raisons et actions contre son mari, notamment dans l'effet entier de son hypothèque légale et de l'inscription à prendre en conséquence.

Pour nouvelle sûreté des mêmes remboursements et paiements, les débiteurs s'obligent de faire assurer contre les risques du feu, immédiatement après son achèvement, le bâtiment hypothéqué par la compagnie établie en France, qui leur sera désignée par la créancière, et de le maintenir ainsi assuré pour la valeur de sa construction jusqu'à parfait paiement.

En cas de sinistre de tout ou partie dudit bâtiment avant la libération des débiteurs, la créancière aura seule droit de toucher, jusqu'à due concurrence de ladite compagnie, les indemnités qui seront accordées ou dues, les débiteurs lui en faisant dès à présent transport qu'elle accepte, la mettent et subrogent en tous leurs droits contre ladite compagnie, à laquelle elle pourra faire notifier les présentes pour en assurer l'exécution aux frais des débiteurs. Ceux-ci seront tenus de justifier à la créancière, toutes les fois qu'elle l'exigera, de l'exécution de cette mesure de précaution et du paiement exact des primes à leurs échéances, à défaut de quoi elle pourra faire faire cette assurance en son nom et au nom des débiteurs.

Par l'avènement d'un seul des cas ci-dessous prévus, les débiteurs seront déchus de plein droit du bénéfice des termes ci-devant accordés et pourront être contraints immédiatement au remboursement de la somme qu'ils resteront devoir en capital et intérêts sur les causes du prêt dont il s'agit sans qu'il soit besoin d'aucune mise en demeure ni d'autres formalités de justice, savoir :

1° Si par telle cause ou un motif quelconque une seule des retenues mensuelles, dont il s'agit ne pouvait avoir lieu par le fait des débiteurs ;

2° En cas de détérioration ou faute d'entretien en état du bâtiment hypothéqué ;

3° Et en cas d'inexactitude de la déclaration qu'ils font ici que le bien par eux donné en gage est franc de toute hypothèque.

SOCIÉTÉ HAVRAISE DES CITÉS OUVRIÈRES.

___

BUT DE LA SOCIÉTÉ

La Société a pour but de construire de petites maisons séparées, avec jardin et cour, et de les vendre au prix coûtant aux ouvriers qui, en payant une certaine somme par mois, somme qui n'est pas sensiblement plus forte que celle d'un loyer ordinaire, deviendront propriétaires au bout d'un certain nombre d'années.

La Société, fondée au capital de 200 000 fr., s'est engagée à se contenter, pour tout bénéfice, d'un intérêt de 5 %.

Le Conseil municipal du Havre, vu le but philanthropique poursuivi par la Société, lui a accordé une subvention de 25 000 fr. pour l'établissement des rues et autres dépenses accessoires.

CONDITIONS DE VENTE

Un premier versement de 300 fr. payé comptant, pour une maison de 3 000 fr. et devant servir à payer les frais de contrat.

Un paiement mensuel de 24 fr. 05 par mois pour devenir propriétaire en 15 années, ou de 20 fr. 05 en 20 années, suivant le tableau ci-dessous.

Faculté à l'acquéreur, en dehors du paiement mensuel et obligatoire, de hâter sa libération envers la Société par des versements en compte courant ; ces versements, productifs d'un intérêt de 5 %, ne pourront être inférieurs, chaque fois, à 50 francs.

En cas d'inexactitude dans les paiements mensuels, la Société aura le droit de reprendre possession de l'immeuble, en remboursant simplement à l'acquéreur tout ce qu'il aura pu verser en plus de 20 francs par mois pendant toute la durée de son occupation.

Les frais d'acte notarié et les droits d'enregistrement, en un mot tous les frais du contrat, à la charge de l'acquéreur. — Le contrat, dans l'intérêt

de l'acquéreur, et pour le cas où il ne pourrait pas faire face à ses engagements, ne sera passé qu'après paiement du tiers au moins de la valeur
de la maison ; en attendant, un sous-seing confirmera la vente.

La Société fera assurer l'immeuble pour une somme de 3 000 fr. et
e recours des voisins pour une somme égale. — L'acquéreur devra le remboursement des primes. Cette assurance sera faite par la Société aussi
longtemps que l'acquéreur restera débiteur envers elle ; une fois le prix
d'acquisition entièrement soldé, l'assurance sera faite par l'acquéreur lui-
même qui devra, chaque année, justifier de sa police.

Les impositions foncières et celles des portes et fenêtres sont naturellement à la charge de l'acquéreur.

Afin que rien ne vienne changer sans son consentement le plan d'ensemble
de la cité, pour que le coup d'œil des maisons et des jardins reste le même,
que les conditions de salubrité ne soient pas altérées et que chaque habitation reste indépendante et isolée de manière à ce que chacun soit bien
chez soi, la Société impose à l'acquéreur, qui les accepte, les conditions
suivantes :

Aucune construction ne devra être édifiée dans le jardin. — La maison ne
pourra être plus élevée qu'elle ne l'est actuellement ; aucun étage ou grenier ne devront être construits au-dessus du premier étage. — L'acquéreur
pourra prolonger le hangar dans la cour, mais sans pouvoir ni l'élever plus
qu'il ne l'est actuellement, ni dépasser l'alignement de la maison elle-même,
de manière à ce qu'il ne soit aperçu ni de la rue ni du jardin.

En cas d'incendie, l'acquéreur s'engage à reconstruire la maison sur la
même place et dans les mêmes conditions.

L'acquéreur ne pourra revendre ou sous-louer pendant les dix premières
années, sans le consentement par écrit du vendeur.

La Société se réserve le privilège du vendeur jusqu'à parfait paiement
de la propriété.

TABLEAU D'AMORTISSEMENT

Indiquant la quotité des versements à effectuer pour solder le prix
d'une maison de 3 000 fr. dans un délai variant de 1 à 20
ans à la volonté de l'acquéreur.

TERME de LIBÉRATION	VERSEMENT ANNUEL.	VERSE- MENT MENSUEL	PROPOR- TION par 100 fr. ET PAR AN.	TERME de LIBÉRATION	VERSEMENT ANNUEL.	VERSE- MENT MENSUEL	PROPOR- TION par 100 fr. ET PAR AN.
ANNÉES.				ANNÉES.			
1	3.150 »	262 50	105 » °/₀	11	361 15	30 10	12 04 °/₀
2	1.613 40	134 45	53 78 —	12	338 45	28 20	11 28 —
3	1.101 68	91 80	36 72 —	13	319 35	26 60	10 64 —
4	846 »	70 50	28 20 —	14	303 »	25 25	10 10 —
5	693 »	57 75	23 10 —	15	288 95	24 05	9 63 —
6	591 »	49 25	19 70 —	16	276 70	23 05	9 23 —
7	518 10	43 20	17 27 —	17	266 »	22 15	8 87 —
8	464 10	38 65	15 47 —	18	256 55	21 35	8 55 —
9	421 80	35 15	14 06 —	19	248 15	20 65	8 27 —
10	388 20	32 35	12 94 —	20	240 70	20 05	8 02 —

SOCIÉTÉ DES HABITATIONS OUVRIÈRES DE PASSY-AUTEUIL

ACTES TYPES POUR LA LOCATION

AVEC PROMESSE DE VENTE

d'habitations appartenant à la Société dans les Groupes de l'impasse Boileau.

———

I. — Cahier des charges générales.

ARTICLE PREMIER. — Les habitations sont louées avec promesse de vente.

La durée des baux est fixée par le Conseil d'administration.

Chaque habitation fait l'objet d'un seul et même bail (1).

La Société ne traite qu'avec des personnes d'une moralité notoire.

Le locataire ne peut exiger la réalisation de la promesse de vente avant l'expiration du délai fixé par son bail et qu'à son profit ; mais le Conseil d'administration peut autoriser une réalisation anticipée et même l'admission d'un remplaçant.

Si le locataire n'a pas manifesté par écrit l'intention de profiter du bénéfice de la promesse de vente avant l'expiration de son bail, cette promesse sera considérée comme nulle et non avenue, sans indemnité de la part de la Société, qui lui retirera la jouissance de son habitation en le prévenant seulement trois mois d'avance.

Si un locataire décède avant l'expiration du bail, sa famille ou ses représentants peuvent demander la résiliation du traité fait avec lui.

ART. 2. — Le locataire paie sous le titre d'annuité :

1° *Le loyer* de son habitation.

2° *Un acompte de garantie* sur le prix de la promesse de vente.

Le loyer, basé sur le prix de revient de l'habitation, en représente

———

(1) La Société s'interdit la construction de maisons à étages.

l'intérêt au taux de 4 ou 5 % par an, selon que le locataire use, ou non, de la promesse de vente.

Si le locataire devient propriétaire de son habitation, c'est le taux de 4 % seulement qui est appliqué au calcul de l'annuité, pour toute la durée du bail, sans subir aucune augmentation, cette réduction à 4 % du taux de l'intérêt, dans le cas de réalisation de la vente, étant une sorte de prime destinée à encourager le locataire à faire l'acquisition de sa maison.

Mais si le locataire renonce à acquérir son habitation, la Société lui applique alors le taux normal de 5 %, au lieu du taux réduit de 4 %, et lui réclame, à la fin de son bail et pour toute la jouissance, un loyer supplémentaire calculé d'après la différence entre ces deux taux.

Les acomptes de garantie sur le prix de la promesse de vente sont réglés de façon à constituer, à la fin du bail, (avec les intérêts capitalisés à 4 % pendant la durée de ce bail), la totalité du prix de la vente que la Société pourrait avoir à réaliser. Grâce à cette combinaison, le locataire, parvenu à la fin du bail, se sera libéré du prix de la maison insensiblement et par acomptes successifs ; il pourra donc à ce moment en acquérir la propriété, sans autres frais que ceux qu'entraînera la réalisation de l'acte de vente.

Le locataire doit en outre supporter, indépendamment de ses contributions personnelle et mobilière, la part, applicable à son habitation, des diverses charges auxquelles peut être soumis l'ensemble des propriétés de la Société.

La Société fait l'avance de toutes les charges (1).

Le montant des annuités et de ces charges est fixé pour chaque locataire par le Conseil d'administration. Il est exigible en quatre termes égaux, les 8 janvier, avril, juillet et octobre de chaque année.

La Société fait au locataire une bonification de trois pour cent sur toutes portions d'annuités qu'il lui verse par anticipation plus de quinze jours d'avance.

Le locataire, en signant son bail, doit verser à la Société, sur le prix de la promesse de vente, un premier acompte de garantie d'au moins 500 fr., restant en dehors des annuités qui sont dues intégralement dès la première année du bail.

ART. 3. — Le locataire ne peut faire aucune sous-location ni céder son droit au bail et à la promesse de vente.

_____

(1) En faisant l'avance de toutes les charges, la Société est certaine d'avoir des immeubles bien tenus et une propriété en parfait état d'entretien.

Le jour où la Société ne sera plus propriétaire de maisons, cette clause sera sans intérêt pécuniaire pour elle, et elle n'aura plus que les ennuis de la perception des frais.

Il doit se conformer à tous règlements et mesures de toute nature arrêtés par le Conseil d'administration, dans un intérêt général, pour la conservation des propriétés, leur bon aspect, leur tenue, le bon ordre et la décence.

ART. 4. — Les habitations sont livrées par la Société en parfait état lors de l'entrée en jouissance des locataires.

ART. 5. — Le locataire doit jouir de son habitation en bon père de famille, l'entretenir comme le devrait un usufruitier, et la rendre telle à la fin de son bail, s'il n'en devient pas propriétaire.

ART. 6. — Il doit faire ramoner, en temps utile et à ses frais, toutes les cheminées de son habitation.

ART. 7. — Les charges dont la Société fait l'avance en l'acquit des locataires et qu'ils doivent lui rembourser conformément à l'article 2 comprennent notamment :

Les contributions personnelle, mobilière et des portes et fenêtres, toutes charges de ville et de police ;

L'impôt foncier ;

Le balayage ;

Le curage des puits et l'entretien des égouts ;

L'entretien des fontaines, des puits et de leurs appareils ;

Le ramonage des cheminées ;

L'abonnement aux eaux ;

L'éclairage ;

La vidange ;

L'assurance contre l'incendie des maisons et du mobilier, avec assurance contre les risques locatifs et de voisinage.

ART. 8. — L'occupant ne peut faire ni percement de murs, ni changement quelconque dans son habitation, sans l'autorisation formelle et par écrit du Conseil d'administration.

Aucune habitation ne pourra être surélevée tant que durera ladite Société.

ART. 9. — Si le locataire n'use pas de la promesse de vente, la Société profite à la fin du bail, sans indemnité, de tous changements et améliorations qu'elle aurait autorisés, ainsi que de tous embellissements et plantations dans les jardins.

ART. 10. — Le locataire doit souffrir, sans indemnité, toutes réparations que peut faire la Société, quelle qu'en puisse être la durée.

ART. 11. — Toutes les habitations doivent être occupées bourgeoisement par tous locataires et propriétaires.

Aucune partie n'en pourra jamais être affectée à l'établissement de cabarets ou débits quelconques, ni, d'ailleurs, d'aucun commerce ou d'aucune industrie, sauf le droit qu'aura chaque occupant de travailler chez lui de son état et à façon pour livrer au dehors.

Art. 12. — A défaut de paiement par un locataire de sommes devenues exigibles , tant pour le loyer que pour acompte de garantie , le traité fait avec lui se trouve résilié de plein droit et immédiatement, si bon semble au Conseil d'administration, sans qu'il y ait lieu de recourir à aucune formalité judiciaire (1). Si le locataire se refuse à quitter son habitation, il suffira, pour l'y contraindre, d'une simple ordonnance de référé.

Il en serait de même, si la conduite du locataire et de sa famille devenait notoirement immorale. Il encourrait de plein droit la résiliation du traité et l'expulsion, du moment où il cesserait de remplir la condition principale qui l'a fait admettre par la Société et qui est la raison d'être de l'institution.

Art. 13. — En cas de résiliation et d'annulation d'un bail, ou si le locataire renonce à devenir propriétaire de son habitation, la Société retient sur le montant des annuités qu'elle a touchées, et sans tenir compte d'aucun intérêt :

1° Le montant des loyers courus et échus depuis l'entrée en jouissance du locataire ;

2° Le loyer du terme courant ;

3° Un loyer supplémentaire, applicable à toute la durée de la jouissance et qui est calculé sur le prix de la maison d'après la différence de 1 % entre le taux réduit de 4 % , qui a servi de base pour la fixation de l'annuité conformément à l'article 2, et le taux normal de 5 % qui devient exigible dans le cas où le locataire n'use pas de la promesse de vente, comme dans tous les cas de résiliation ou d'annulation d'un bail. D'après ces bases, ce loyer supplémentaire sera égal au quart du montant cumulé de tous les loyers échus pendant la durée de l'occupation du locataire ;

4° Enfin, le montant de toutes indemnités fixées par le Conseil d'administration pour réparations à faire dans l'habitation, dégâts et préjudices causés par le locataire.

Art. 14. — Le prix de revient de chaque habitation, sur lequel doit être basé le loyer annuel, est indiqué au bail. Il comprend :

1° Le coût du terrain, de l'habitation et de sa mise en parfait état ;

---

(1) Cette clause n'est pas valable en justice. — M. Cacheux a voulu contraindre un occupant à payer des annuités , le tribunal a décidé en première instance que le preneur était simple locataire.

2° Toute perte d'intérêts jusqu'au jour de l'entrée en jouissance du locataire ;

3° Une part proportionnelle dans tous les frais d'administration et ceux d'établissement et de mise en état de viabilité des passages, ainsi que dans tous frais relatifs aux égouts et à l'installation des eaux et de l'éclairage.

ART. 15. — Les habitations seront desservies par des passages, établis à perpétuité, sur lesquels tous locataires et propriétaires ont droit de vue, de sortie et de libre parcours.

Le sol de chaque passage appartient aux propriétaires des habitations dans la proportion de leurs façades, soit pour toute sa largeur, s'il n'existe d'habitation que d'un seul côté, soit pour la moitié seulement de sa largeur s'il y a des habitations de chaque côté.

Tous les locataires et propriétaires auront une clef du passage desservant leurs habitations, dans le cas où il serait fermé par une grille.

ART. 16. — Les propriétés seront closes par des treillages sur le devant, par des treillages ou haies vives sur les côtés, et au fond par des treillages ou des murs.

Il est interdit de changer la nature des clôtures sans l'autorisation du Conseil d'administration.

Les haies seront élaguées en temps utile pour ne pas dépasser la hauteur des treillages.

Il ne peut être élevé aucune construction dans les cours et jardins.

Les cours et jardins doivent être bien tenus en tout temps.

Il est interdit d'étaler du linge dans les jardins pour le faire sécher et d'étendre des toiles sur les clôtures.

Les ordures ne peuvent être déposées qu'aux endroits désignés par le Conseil d'administration.

ART. 17. — La Société stipule, dans un intérêt général et à titre de convention expresse et d'honneur, un droit de préemption à son profit, pour le rachat, au prix offert par un tiers, de toute habitation qu'un propriétaire serait disposé à vendre.

Ce propriétaire devra faire connaître ses intentions au Conseil d'administration par lettre recommandée, adressée à son président, qui, dans la huitaine de cet avis, lui transmettra la décision prise.

Si le droit de préemption est adopté, la revente à la Société sera réalisée immédiatement et le prix en sera payé dans un délai de quatre mois.

Si ce droit de préemption n'est pas exercé, le propriétaire de l'habitation pourra traiter avec un tiers, en lui imposant les servitudes qui dérivent du cahier des charges, et sans que ce puisse être à un prix inférieur à celui dont il aura donné connaissance au Conseil d'administration.

Tout propriétaire qui contreviendrait à la présente clause, serait passible de dommages-intérêts que la Société pourra réclamer par tous moyens et voies de droit.

Cette clause, applicable aux ventes amiables ou judiciaires après le décès du propriétaire, ne l'est pas aux mutations par voie de constitution de dot ou de donation à titre de partage anticipé.

Fait à Passy-Auteuil, le   1882.

Pour le Conseil d'Administration :

———

ACTES TYPES POUR LA LOCATION

AVEC PROMESSE DE VENTE

d'habitations appartenant à la Société dans les Groupes de l'impasse Boileau.

II. — Bail.

ENTRE LES SOUSSIGNÉS :

M.

Administrateur délégué de la Société anonyme des habitations ouvrières de Passy-Auteuil, au capital de 200 000 francs, dont le siége est à Paris,

et dont les statuts ont été arrêtés suivant acte passé devant Mes Auguste Jozon et Poletnich, notaires à Paris, le

d'une part ;

Et M.

d'autre part ;

Il a été convenu ce qui suit :

M.

audit nom,

fait bail pour

années,

à partir du

jusqu'

à M.

qui l'accepte,

D'une habitation située à Paris-Auteuil,

comprenant :

Ainsi que ladite habitation se poursuit et comporte, sans aucune exception ni réserve, le preneur reconnaissant l'avoir visitée et l'avoir trouvée en parfait état.

CHARGES ET CONDITIONS GÉNÉRALES.

Le présent bail est fait sous les charges et conditions générales applicables à toutes les habitations de la Société, et contenues en un cahier des charges déposé pour minute audit Mᵉ Jozon, notaire, par acte passé devant lui et ledit Mᵉ Poletnich le

dont il a été donné connaissance au preneur et qu'il s'oblige à exécuter dans toutes ses parties.

PRIX DE REVIENT DE L'HABITATION.

Le prix de revient servant de base aux stipulations du présent bail, tel qu'il est défini à l'article 14 du cahier des charges générales, est fixé à la somme de

LOYER SIMPLE.

Le présent bail est fait moyennant un loyer annuel de

Ce loyer, basé sur le prix de revient de l'habitation ci-dessus fixé, en représente l'intérêt à un taux de 4 %, qui a été ainsi réduit pour faciliter au locataire l'acquisition de sa maison.

Mais, dans les divers cas, prévus aux articles 12 et 13 du cahier des charges générales, soit de résiliation ou d'annulation du bail, soit d'éviction, soit de non-réalisation par le locataire de la promesse de vente qui va lui être faite, le locataire n'aura plus droit à la bonification d'intérêt qui lui avait été consentie en vue de l'aider à devenir propriétaire de sa maison, et il est tenu de rembourser à la Société un loyer supplémentaire applicable à toute la durée de la jouissance et calculé sur le prix de revient de la maison d'après la différence de 1 % entre le taux réduit de 4 % et le taux normal de 5 %, ce qui fait ressortir ce supplément au quart du montant cumulé de tous les loyers échus pendant l'occupation du locataire.

PROMESSE DE VENTE.

M.   audit nom,
fait promesse de vente, au nom de ladite Société, à M.
                    de l'habitation qui vient de lui être louée, moyennant
le prix ci-dessus fixé de

sur lequel M.

a présentement versé à M.
qui le reconnaît, en bonnes espèces de numéraire, une somme de

à titre de premier acompte de garantie, en s'obligeant à verser encore à titre de garantie, de nouveaux acomptes annuels, qui sont compris dans l'annuité ci-après fixée, et payés en même temps que le loyer et aux mêmes termes :

Ces acomptes ont été calculés de telle sorte qu'à l'expiration du bail, et grâce aux combinaisons de l'article 2 dudit cahier des charges générales, le locataire en acquittant régulièrement ses annuités, puisse bénéficier de la promesse de vente, sans avoir à supporter d'autres frais que ceux qu'entraînera la réalisation de l'acte de vente.

ANNUITÉ.

Sous le titre d'annuité, le locataire paiera chaque année régulièrement le loyer simple et l'acompte de garantie sur le prix de la promesse de vente (en dehors du premier versement qui vient d'être constaté).

Cette annuité se trouve ainsi fixée à une somme invariable de

non compris les charges spécifiées aux articles 2 et 7 du cahier des charges.

CONVENTIONS PARTICULIÈRES.

Il est expressément convenu :

Que le locataire devra demander la réalisation de ladite promesse de vente, au plus tard dans les trois derniers mois du présent bail, mais ne pourra l'exiger qu'au bout de dix ans à partir de l'origine de ce bail, c'est-à-dire au plus tôt le

le Conseil d'administration pouvant autoriser une réalisation anticipée, sous la condition du paiement immédiat de ce qui resterait dû sur le prix de vente, déduction faite des acomptes de garantie déjà versés, lesquels s'imputeront sur ce prix jusqu'à due concurrence ;

Qu'il ne pourra exiger cette réalisation qu'à son profit ;

Que, si cette vente n'est pas réalisée, les acomptes de garantie qu'il aura versés lui seront restitués dans les termes de l'article 2 et 13 dudit cahier des charges ;

Que tous les frais de réalisation, soit de la vente anticipée, soit de celle qui s'accomplira naturellement à la fin du bail, et tous autres frais qui en seraient la conséquence, seront à la charge de l'acquéreur ;

Que, dans l'acte de réalisation, la propriété ne sera établie que du chef de la Société et que, pour l'origine antérieure, il sera référé à son titre d'acquisition ;

Que l'annuité ci-dessus fixée sera payée en quatre termes égaux, les

15 janvier, avril, juillet et octobre, pour le premier paiement avoir lieu le

Que le locataire paiera régulièrement chaque terme de ces annuités, comprenant à la fois le loyer et l'acompte de garantie, à peine d'éviction et des autres conséquences déterminées au cahier des charges générales ;

Que le locataire remboursera également en quatre termes égaux et aux mêmes époques, le montant des charges annuelles dont la Société doit faire l'avance en son acquit conformément aux articles 2 et 7 dudit cahier de charges ;

Que, faute par le locataire d'avoir manifesté par écrit l'intention de profiter du bénéfice de ladite promesse de vente avant l'expiration de son bail, cette promesse, qui n'est ainsi faite que sous condition suspensive, sera considérée comme nulle et non avenue, sans indemnité de la part de la Société, et sous réserve de l'application des articles 2 et 13 du cahier des charges ;

Que le locataire, dans le cas de difficultés avec ses voisins sur l'interprétation de leurs droits respectifs de jouissance, s'en rapportera à l'arbitrage amiable du Conseil d'administration.

Fait double à

Pour le Conseil d'Administration,

Le Preneur,

L'UNION FONCIÈRE

SOCIÉTÉ MUTUELLE POUR LA PROPRIÉTÉ, FONDÉE EN 1870.

Médaille d'Or en 1878.

Entre les soussignés : 1.   , président de la Société *l'Union Foncière*, demeurant à Reims, agissant au nom et pour le compte de ladite Société, d'une part ;

2. Et M.   , demeurant à Reims, d'autre part.

Il a été convenu et arrêté ce qui suit :

La Société *l'Union Foncière* fait bail pour   entières et consécutives qui commenceront le   pour finir à pareille époque, en l'année

A M.   qui accepte ;

D'une maison, située à Reims, et dont la désignation suit :

CONDITIONS

Ce bail est fait aux conditions ordinaires et de droit, et encore à celles suivantes, que le preneur s'oblige d'exécuter, savoir :

1. Le preneur devra habiter la maison par lui-même et en jouir en bon père de famille, en se conformant à tous les arrêtés de ville et de police, pendant toute la durée du présent bail ;

2. Il sera tenu de faire toutes les réparations d'entretien et autres, dont ladite maison et les clôtures pourraient avoir besoin pendant la durée du bail, sans pouvoir faire, dans le jardin ou cour, aucun dépôt insalubre ou gênant pour les voisins ;

3. Il paiera, pendant le cours du bail en sus et sans diminution sur le prix de loyer, les contributions pouvant grever ladite maison, même les

impôts fonciers. Il paiera également la prime d'assurance qui reste au nom de la Société pendant la durée du bail ;

4. Il contribuera, pour sa part proportionnelle, dans les frais de réparation du puits commun, ainsi que dans ceux de réparation et de vidange de la fosse d'aisances ;

5. Il est interdit au preneur de tenir un cabaret ou débit de boissons dans ladite maison, ni d'y faire aucun changement sans le consentement exprès et par écrit du Président, et dans ce dernier cas, les changements qui auront été faits feront retour à la Société sans aucune indemnité, si toutefois ils sont à sa convenance, et dans le cas contraire, le preneur sera tenu de remettre toute chose en l'état primitif ;

6. Il ne pourra non plus céder ses droits au présent bail ni sous-louer en tout ou partie, sans le consentement exprès et par écrit du Président de la Société ;

7. La Société se réserve de faire visiter ladite maison, au moins deux fois par an, par les membres de son Conseil de salubrité ; l'entrée ne pourra leur être refusée ;

8. Et il paiera les frais et droits des présentes.

PRIX DU BAIL

Le présent bail est en outre consenti et accepté moyennant un loyer annuel de   , payable par mois, et pour la première fois, le

Le preneur sera tenu également de payer chaque mois, en même temps que son loyer, toutes les indemnités qu'il pourrait devoir pour détériorations et réparations, après constatation par l'architecte de la Société.

Les charges ci-dessus sont évaluées pour la perception du droit d'enregistrement seulement et sans tirer à conséquence, entre les parties à la somme de   par année, compris contributions.

PROMESSE DE VENTE

Le preneur pourra devenir propriétaire de la maison ci-dessus désignée, dans la dernière année de son bail, pour le prix principal de
et s'il remplit les conditions suivantes :

1. Il devra payer ce prix par voie d'amortissement en vingt années, et par paiements mensuels de   , y compris un premier versement de   , qui devra être effectué avant le jour de l'entrée en jouissance fixé par le bail ;

2. Il pourra aussi se libérer par anticipation comme bon lui semblera et la présente promesse de vente sera réalisée aussitôt sa libération complète, pourvu qu'elle ait lieu avant l'expiration dudit bail ;

3. Les frais de cette réalisation seront supportés par le preneur et lesdits frais amortis avec le prix principal.

CLAUSES COMMUNES

1. Les paiements des loyers et prix de vente devront être effectués entre les mains et au domicile du caissier de la Société ou de son collaborateur ;

2. Dans le cas où M.   serait en retard dans ses paiements de plus de deux mois, le bail et la promesse de vente qui précèdent seront considérés comme nuls et non avenus et résiliés de plein droit sans qu'il soit besoin de remplir aucune formalité de justice, le preneur s'engageant, dès à présent et d'honneur, à quitter ladite maison sur simple invitation du Président de la Société, faite par lettre chargée ;

3. Le preneur, devenu propriétaire de ladite maison par la réalisation de cette promesse de vente, ne pourra établir dans les cour et jardin dépendant de cette maison, aucune industrie rentrant dans la première classe des établissements dangereux, insalubres ou incommodes ;

4. Dans le cas où M.   , devenu propriétaire de ladite maison, voudrait la vendre avant l'expiration des vingt années, il sera tenu, à prix égal, de donner la préférence à la Société *l'Union Foncière* ;

5. Enfin, le preneur déclare se soumettre pour toutes les clauses non prévues aux présentes, aux Statuts de la Société, arrêtés par acte passé devant Mᵉ BERQUE, notaire à Reims, le 30 janvier 1870, et modifiés le 21 mars 1880, dont il reconnaît avoir pris connaissance, et en dernier ressort à toutes les décisions du Conseil, relativement aux contestations qui pourraient s'élever relativement à la jouissance de l'immeuble ci-dessus désigné.

Fait double à Reims, le

ANNÉES	Sommes dues au commencement de l'année	INTÉRÊTS	Sommes dues à la fin de l'année	Annuité à verser	Versements
0	5,000 f »	à la prise de possession		400	1er
1re	4,600 »	230 »	4,830 »	400	2e
2e	4,430 »	221 50	4,651 50	400	3e
3e	4,251 50	212 55	4,464 05	400	4e
4e	4,064 05	203 20	4,267 25	400	5e
5e	3,867 25	193 35	4.060 60	400	6e
6e	3,660 60	183 »	3,843 60	400	7e
7e	3,443 60	172 15	3,615 70	400	8e
8e	3,215 70	160 75	3,370 45	400	9e
9e	2,976 45	148 70	3,125 15	400	10e
10e	2,725 15	136 25	2,861 40	400	11e
11e	2,461 40	123 05	2,584 45	400	12e
12e	2,184 45	109 20	2,293 65	400	13e
13e	1,893 65	94 75	1,988 30	400	14e
14e	1,588 30	79 40	1,667 70	400	15e
15e	1,267 70	63 35	1,331 05	400	16e
16e	931 05	46 55	977 60	400	17e
17e	577 60	28 85	606 45	400	18e
18e	206 45	10 30	216 75	400	19e

Amortissement d'une propriété de 5 000 fr. avec frais de contrat.

AVOIR, boni applicable aux frais de contrat

| 19e | 183 25 | 9 15 | 192 40 | 400 | 20e |

TOTAL : 592 fr. 40, sur lesquels seront prélevés les frais d'actes.

MODÈLE DE CONTRAT DE VENTE.

Par-devant M° Poletnich et son collègue, notaires à Paris, ont comparu :
M. X... et Madame X... demeurant ensemble à Paris.

Lesquels comparants ont, par ces présentes, vendu en s'obligeant solidairement à la garantie de tous troubles, dettes, évictions et autres empêchements quelconques,

A M. et Mme Y... qui acceptent l'immeuble ci-après désigné.

DÉSIGNATION

Une maison d'habitation, sise à Paris, dans un passage dit passage Murat, allant de la rue de Billancourt au boulevard Murat.

CONSISTANCE

Tel au surplus que ledit immeuble s'étend, se poursuit et comporte, avec toutes ses dépendances et les droits de toute nature y attachés, sans aucune exception ni réserve, mais sans garantie, soit pour vices de construction ou autres causes, soit enfin de la contenance sus indiquée, dont le plus ou le moins, excédât-il un vingtième, tournera au profit ou à la perte de l'acquéreur sans recours contre les vendeurs.

ORIGINE DE PROPRIÉTÉ

L'immeuble, dont fait partie la maison présentement vendue, dépend de la communauté de biens qui existe entre M. et Mme X... vendeurs, aux termes de leur contrat de mariage plus loin énoncé :

Les bâtiments, pour les avoir fait édifier sans conférer de privilège de constructeur ;

Et le terrain, au moyen de l'acquisition que M. X... en a faite des époux Z...suivant contrat passé devant M° Mahot Delaquérantonnais et M° Poletnich, notaires à Paris, le 23 août 1879.

Pour l'établissement de la propriété dudit immeuble en la personne de

M. et Mme X... et des précédents propriétaires, les parties déclarent se référer expressément au cahier de charges dressé pour le lotissement qui a déjà été énoncé, où le droit de propriété est régulièrement constaté.

CONDITIONS PARTICULIÈRES

L'immeuble vendu forme, ainsi qu'on l'a dit dans la désignation, le lot n°

Pour desservir les habitations élevées actuellement sur la propriété et celles à édifier, M. X... a ouvert un passage appelé le passage Murat, d'une largeur de 2^m80 centim. dans toute la longueur de cette propriété, allant en ligne droite du boulevard Murat à la rue de Billancourt.

Un puits avec pompe a été établi pour l'usage commun des treize lots dans le passage Murat, sur un terrain formant hache rentrante sur les cinquième et septième lots.

Le cahier de charges et l'acte modificatif qui y fait suite contiennent des conditions obligatoires pour les acquéreurs de M. X... et M. X... lui-même, tant qu'il restera propriétaire d'un ou plusieurs lots, et auxquelles il entend soumettre M

Une expédition du cahier de charges sus énoncé et du dire modificatif dressé ensuite, a été transcrite au deuxième bureau des hypothèques de la Seine, le 2 mai 1881, vol. 5139, p. 22.

M   acquéreur, déclare avoir pris entière et parfaite connaissance tant du cahier de charges sus énoncé que des modifications y apportées, par la lecture qu'il en a faite personnellement et par une nouvelle lecture entière que M.   l'un des notaires soussignés, vient de faire.

Il reconnaît en outre que M. X... a remis dès avant ce jour, une copie autographiée de ces deux actes, et il lui en donne décharge.

En conséquence, M. et Mme   s'obligent conjointement et solidairement à l'exécution entière et sans réserve de toutes les clauses, conditions et obligations insérées dans les cahiers de charges et acte modificatif sus énoncés en tant qu'elles concernent l'immeuble présentement vendu, le tout à leurs risques et périls, et sans recours contre les vendeurs.

ENTRÉE EN JOUISSANCE

....

CHARGES ET CONDITIONS

La présente vente est faite aux charges et conditions suivantes que les acquéreurs s'obligent solidairement à exécuter et accomplir, savoir :

1° De prendre l'immeuble vendu dans son état actuel ;

2° D'acquitter les contributions et autres charges de toute nature auxquelles l'immeuble vendu peut et pourra être assujetti, à partir du

3° De jouir des servitudes actives et de supporter les servitudes passives, apparentes ou occultes, continues ou discontinues pouvant exister au profit ou à la charge de l'immeuble vendu, à leurs risques et périls, sans recours contre les vendeurs et sans que la présente clause puisse donner à qui que ce soit plus de droits qu'il n'en aurait, soit en vertu de la loi ou de titres réguliers et non prescrits, comme aussi sans préjudice aux dispositions de la loi du 23 mars 1855, que l'acquéreur pourra toujours invoquer.

A l'égard des servitudes, M. et Mme X... déclarent qu'il n'est pas à leur connaissance qu'il en existe d'autres que celles pouvant résulter du cahier de charges et du dire modificatif sus énoncés.

4° Et de payer les frais, droits et honoraires des présents et ceux qui en seront la conséquence.

ASSURANCE CONTRE L'INCENDIE

Les vendeurs déclarent que les bâtiments de l'immeuble présentement vendu sont assurés contre l'incendie et le recours des voisins à la société d'assurances Mutuelle-Immobilière et Mobilière, ayant son siège à Paris, rue Royale Saint-Honoré, n° 9, suivant police d'assurance, prise au profit de M. X... sur toutes les maisons d'habitation construites sur la propriété du boulevard Murat et de la rue de Billancourt, en date à Paris du 14 octobre 1880, n° 239 694.

L'acquéreur s'oblige solidairement à continuer cette assurance au lieu et place de leurs vendeurs, à en payer exactement les primes et cotisations annuelles et à remplir toutes les formalités prescrites, tant par la police que par les statuts de la société, notamment à déclarer sans délai à la société d'assurances la mutation opérée à leur profit et à la faire mentionner.

PRIX

En outre, la présente vente est faite et acceptée moyennant le prix principal de

ÉTAT-CIVIL

M. et Mme X... déclarent :

1° Qu'ils sont mariés tous deux en première noce sous le régime de la communauté de biens réduite aux acquêts, sans clause restrictive de la capacité légale de Mme X...

2° Et qu'ils n'ont jamais rempli de fonctions emportant hypothèque légale.

SUR LES TITRES

M. et Mme X... ne remettront aucun titre aux acquéreurs, mais ceux-ci demeurent subrogés, dès à présent, dans les droits des vendeurs pour se faire délivrer à leurs frais tous ceux qui leur seront nécessaires.

ÉLECTION DE DOMICILE

Pour l'exécution des présentes, les parties font élection de domicile, savoir :

M. et Mme X... en l'étude de Me Poletnich, notaire à Paris.

Et M

Dont acte :

———

MODÈLE DE CAHIER DES CHARGES.

Le cahier de charges suivant est calqué sur celui que M. Cacheux a fait établir pour la vente de ses maisons situées passage Murat.

Il est inutile et coûteux de reproduire à chaque contrat de vente sur du papier timbré à 3 *francs le rôle* l'origine de propriété. De plus, en réalisant les contrats devant notaire, on perd beaucoup de temps quand l'origine de propriété est lue chaque fois. Il est donc préférable de déposer pour minute un cahier de charges complet dans l'étude de son notaire et de joindre à chaque contrat de vente un exemplaire imprimé du cahier des charges contenant l'établissement de l'origine de la propriété et les conditions destinées à assurer une jouissance paisible aux acquéreurs.

Cahier de charges concernant les maisons du groupe X...,
appartenant à la Société parisienne des Habitations économiques.

L'an   le   par-devant Mes Poletnich et Théret, notaires à Paris, soussignés   a comparu   **M. X.** demeurant à   agissant en qualité de président de la Société Parisienne des Habitations Economiques, dont le siège est à Paris,   et constituée suivant acte déposé pour minute en l'étude de Me Théret, notaire à Paris, à la date de   , et comme ayant spécialement tout pouvoir à cet effet.

VARIANTE

M. M   , agissant comme administrateur délégué par le conseil d'administration de la Société.

Ou M. N   , agissant comme gérant de la Société, ayant pouvoir général et spécial à cet effet.

Lequel a dit et exposé ce qui suit :

La Société est propriétaire, au moyen de l'acquisition faite à M. N suivant contrat passé par-devant M° Poletnich, notaire , d'un terrain sis (arrondissement) rue et boulevard d'une contenance de ; que sur ce terrain elle a fait édifier des constructions de différents types destinés à l'habitation ; que pour l'accès de ce terrain par les rues citées, il y a lieu d'ouvrir des rues et passages et qu'en vue des ventes que la Société se propose de faire du terrain et des habitations, elle a par les présentes établi :

1° La désignation générale du terrain et la division par lots ;

2° L'origine de propriété ;

3° Et les conditions se rapportant à la division du tout et à l'ouverture des rues et passages.

DÉSIGNATION GÉNÉRALE.

Le terrain, d'une contenance de , sis rue tenant à M. M au nord sur mètres

— M. N au sud — —

— à l'ouest — —

— à l'est — —

Sur ce terrain sont édifiées maisons. Le terrain est clos du côté sud par ; au nord ; à l'est ; à l'ouest .

Les clôtures sont construites sur sol mitoyen et appartiennent à

DIVISION PAR LOTS.

1er Lot.

Une maison d'habitation sise , comprenant : un rez-de-chaussée, élevé partie sur caves partie sur terre-plein divisée en pièces, et un premier étage composé de pièces ; jardin à côté.

Le tout d'une contenance de dont sont occupés par les constructions.

La propriété tient au nord à , au sud , à l'est , à l'ouest

2e Lot.

Désignation analogue ainsi que pour les autres lots.

RUES ET PASSAGES

Une rue ou passage d'une largeur de dans toute sa longueur, va de la rue A à la rue B ; elle occupe une superficie de mètres carrés.

Ses limites sont déterminées par rapport aux propriétés voisines par le plan joint au présent cahier des charges.

La rue ou passage portera le nom de

PUITS

Un puits avec une pompe dans le passage ou dans la rue, entre les lots   N°

La partie de terrain occupée par ce puits et son entourage est d'une superficie de   ; il tient par devant à la rue ou passage   ,
au fond   au lot   N°   sur   mètres, ou   lot   mètres au lot.   sur

PLAN

Le tout est désigné en un plan dressé par l'architecte de la société, sur une feuille de papier, timbrée à l'extraordinaire   , lequel est demeuré joint aux présentes après avoir été certifié véritable par X... comparant et revêtu d'une mention constatant son annexe, signée des notaires.

ORIGINE DE PROPRIÉTÉ

L'immeuble a été acquis par la Société parisienne des Habitations économiques de M.

Suivant contrat passé devant M⁽ᵉˢ⁾ N... et T... son collègue, notaires.

Cette acquisition a eu lieu moyennant un prix de

Une expédition de ce contrat a été transcrite au bureau des hypothèques, le

Trois certificats délivrés par M. le conservateur audit bureau, constatent :

Le premier, qu'il n'existait aucune inscription grevant le terrain vendu à la Société, du chef des vendeurs, jusqu'au jour de la transcription du contrat sus énoncé.

Le deuxième, que du chef des mêmes personnes, jusqu'audit jour, il n'avait été transcrit relativement au terrain en question, aucun des actes ou jugements spécifiés aux articles 1 et 2 de la loi du 23 mars 1855 autres que : la vente à la Société sus énoncée, et le troisième, qu'à la même époque il n'avait été fait au terrain acquis par la Société, aucune transcription ou mention de jugement prononçant la résolution, nullité, rescission totale ou partielle du titre à la propriété dudit immeuble.

La Société a fait ou n'a pas fait remplir sur son acquisition, les formalités prescrites par la loi pour la purge des hypothèques légales.

Quand les vendeurs sont mariés sous le régime de la communauté, en premières noces, qu'ils signent les deux au contrat et qu'ils déclarent n'avoir jamais été tuteurs de mineurs ou d'interdits, ni comptables de deniers publics, on peut se dispenser des formalités de la purge.

Origine de la propriété   en la personne des vendeurs.

Il faut la faire remonter à trente années au moins.

CONDITIONS DIVERSES

Sur l'élévation des bâtiments et les constructions dans les cours.

CHAPITRE Iᵉʳ

Sur les constructions

Les acquéreurs ou locataires des lots, les vendeurs eux-mêmes ou leurs représentants, ne pourront élever de constructions qu'à deux mètres de l'alignement actuel des rues sur lesquelles ils auront acheté ou loué, afin de permettre à la Ville, lors du classement de ces rues, de les porter à la largeur réglementaire, sans avoir de constructions à exproprier.

Sur les clôtures

Les acquéreurs ou locataires devront clore leurs lots dans le délai de trois mois, à partir du jour de la vente ou de la location.

Cette clôture pourra n'être qu'un simple treillage.

Si les acquéreurs ou locataires veulent clore par des murs, ils le feront suivant les règlements concernant les murs de clôture, mais sur le sol mitoyen et à frais communs.

Les acquéreurs ou locataires de lots voisins de terrains non encore vendus ou loués par les propriétaires, pourront se clore par des murs élevés sur le sol mitoyen, mais à leurs frais, sans pouvoir réclamer la mitoyenneté desdits murs à la Société des habitations économiques ou à leurs représentants, à moins qu'elle ne s'en serve.

Mais en cas de vente ou de location desdits terrains, la Société devra imposer à ses acquéreurs ou locataires le paiement de la mitoyenneté de ces murs.

En ce qui concerne les clôtures du terrain appartenant à d'autres propriétaires que ceux susnommés, les acquéreurs ou locataires rentreront dans le droit commun.

CHAPITRE II

Clauses diverses

Art. 1ᵉʳ.—Chacun des acquéreurs ou locataires aura droit de circulation, de jour et d'issue sur la rue projetée devant son lot, et droit de circulation sur toutes les rues que les vendeurs établiront sur leurs terrains.

Ces mêmes droits sont réservés aux représentants de la Société, tant qu'elle possédera une partie de ces terrains, si minime qu'en soit l'importance.

De plus, le droit de circulation sur toutes lesdites rues est réservé aux représentants de la Société des habitations économiques.

ART. 2. — Le sol de chaque rue projetée restera la propriété commune des acquéreurs riverains, au regard de la façade de chaque lot jusqu'à l'axe de ladite rue, avec destination à perpétuité de voie publique ; mais lors du classement des rues par la Ville de Paris, elle en deviendra propriétaire de plein droit, par le seul fait de la délibération du conseil municipal ou de l'arrêté préfectoral ordonnant ce classement, sans qu'aucun des riverains puisse y faire opposition, ni élever aucune prétention contraire, ni réclamation, et ce, sans nuire à la charge ci-dessous imposée à chaque acquéreur ou locataire, de contribuer aux frais de viabilité que la Ville exigerait.

ART. 3. — Chaque acquéreur ou locataire devra participer avec tous les autres riverains de la rue sur laquelle sera son lot, proportionnellement à sa façade et jusqu'à l'axe de la rue, au paiement des contributions foncières de ladite rue, à son entretien, ainsi qu'à toutes mesures d'utilité, de sanité et de salubrité qui seront jugées utiles par les vendeurs ou par la majorité des acquéreurs ou locataires des lots en façade sur cette rue.

Chaque acquéreur ou locataire participera dans la proportion ci-dessus énoncée à tous frais de viabilité, — éclairage, établissement des eaux qui seront faits soit par la Société venderesse, soit par la Ville de Paris.

La Société des Habitations économiques se réserve le droit de faire exécuter ces travaux quand elle le jugera convenable et, dans ce cas, les acquéreurs ou locataires devront lui rembourser leur quote-part dans tous les frais, dans un délai de cinq années, du jour de l'achèvement des travaux, par annuités et avec intérêts à 5 % l'an.

Si les travaux sont exécutés par la Ville de Paris, les acquéreurs et locataires devront payer leur quote-part de ces frais en se conformant aux règlements de la Ville.

ART. 4. — Les acquéreurs ou locataires devront se conformer, en ce qui concerne les lots achetés ou loués par eux, à tous règlements de police et de l'autorité municipale, notamment pour la fermeture des rues, si elle était exigée, et les frais de fermeture seraient supportés par eux au prorata de leurs façades.

Ils feront le balayage desdites rues et les tiendront en bon état de propreté, chacun au droit de la façade de son terrain et dans la moitié de la largeur de la rue.

Ils ne pourront y faire aucun dépôt d'immondices ou de matériaux, ni y laisser séjourner aucune voiture ni autres objets pouvant gêner la circulation.

Quant aux alignements et nivellements des rues et écoulements des eaux, les acquéreurs et locataires les prendront dans leur état le jour de l'entrée en jouissance, sans recours contre les propriétaires pour quelque cause que ce soit, notamment à raison de tous changements que la ville pourrait prescrire ultérieurement.

ART. 5. — Il ne pourra être créé, dans les lots vendus ou loués, aucun établissement dangereux et insalubre, ou gênant les voisins par la mauvaise odeur.

CHAPITRE III

ART. 1er. — Jusqu'au jour du classement, par la Ville de Paris, des rues et voies de communication ouvertes par la Société des habitations économiques, ses acquéreurs ou leurs représentants seront constitués en syndicat pour la conversion de ces rues en voies publiques, et, quant à présent, pour leur gestion et leur entretien sous les conditions qui ont été stipulées plus haut et celles qui vont suivre.

ART. 2. — Il y aura un délégué des propriétaires ou syndic nommé par eux d'un commun accord, ou, à défaut d'entente, sur simple requête par M. le président du tribunal civil de première instance de la Seine.

ART. 3. — Le délégué ou syndic représentera les propriétaires vis-à-vis des tiers, il contractera les abonnements pour l'eau de la ville, le balayage, l'entretien et les réparations de toute nature, tant des rues ouvertes et à ouvrir que de la canalisation pour l'eau et le gaz, et encore l'abonnement pour l'éclairage.

Le syndic fera toutes les recettes relatives auxdites rues ; il réglera tous comptes à ce sujet.

Il fera faire toutes les réparations nécessaires et veillera strictement au bon entretien des rues.

Il sera chargé de l'exécution de toutes les décisions qui auront été prises par l'assemblée générale des propriétaires.

Chaque année, au mois de janvier, il soumettra aux propriétaires réunis en assemblée générale l'état des dépenses qui auront été faites pendant l'année écoulée, ainsi que toutes les questions qui seront à examiner et à résoudre pour la bonne administration des rues.

ART. 4. — Les propriétaires se réuniront chaque année, dans le mois de janvier, en assemblée générale.

Les convocations seront faites par lettres recommandées, adressées par le syndic à chaque propriétaire, quinze jours à l'avance.

Les réunions auront lieu au domicile du syndic ou dans tout autre local choisi par les intéressés, d'un commun accord.

Ils fixeront en même temps la somme présumée nécessaire pour l'entretien des rues et les autres dépenses s'y rattachant pendant l'année à courir.

Chacun d'eux versera entre les mains du syndic les sommes qu'il pourra rester devoir sur les dépenses de l'année précédente et lui remettra également le montant de sa quote-part présumée sur les dépenses de l'année à courir.

Les propriétaires statueront sur toutes les questions concernant les rues.

Toutes les décisions seront prises à la majorité des voix ; en cas de partage, la voix du président sera prépondérante.

La proportion pour laquelle chaque propriétaire prendra part au vote de l'assemblée générale sera déterminée ultérieurement par le comparant.

ART. 5. — La rémunération du syndic sera déterminée par l'assemblée générale.

ART. 6. — Tous les règlements de police et de voirie de la Ville de Paris pourront être mis en vigueur dans les rues, et le syndic devra les faire exécuter par tous les moyens et voies de droit.

L'opportunité de cette mise en vigueur sera décidée par l'assemblée générale, sur la proposition d'un intéressé.

ART. 7. — L'assemblée générale nomme un président.

Tout propriétaire peut se faire représenter à l'assemblée générale par un mandataire choisi parmi les propriétaires, qui ne pourra agir qu'au nom d'une seule personne ; le mandat peut être donné par lettre.

L'assemblée générale est régulièrement constituée lorsque, sur une première convocation, la moitié au moins des propriétaires sont présents ou représentés.

Dans le cas où, faute d'un nombre suffisant de propriétaires, l'assemblée n'aurait pu être régulièrement constituée, il sera procédé à une autre convocation à huit jours d'intervalle, et les résolutions prises dans cette seconde réunion seront valables, quel que soit le nombre des propriétaires présents ou représentés.

ART. 8. — Le syndic ou deux propriétaires pourront provoquer une réunion extraordinaire, dans le cas où il s'agirait de statuer sur des questions dont la solution ne pourra être différée jusqu'à la réunion annuelle ordinaire.

DISPOSITIONS TRANSITOIRES

1

L'époque du fonctionnement du syndicat constitué comme il vient d'être dit est laissée à l'appréciation de la Société des Habitations économiques, qui, jusque-là, restera chargée de faire exécuter, par les acquéreurs ou locataires des terrains dont il s'agit, les clauses et conditions insérées aux présentes sous les deux premiers chapitres.

II

La Société des Habitations économiques se réserve le droit d'apporter aux présentes toutes les modifications qu'elle jugera utiles; mais ces modifications ne nuiront en rien aux droits des tiers qui auraient contracté antérieurement, lesquels demeureront soumis au règlement en vigueur au moment de leur traité, sauf cependant le cas où ces mêmes tiers auraient fait avec les comparants des conventions dérogatoires aux présentes.

III

Toutes contestations qui pourront s'élever au sujet de l'application du présent règlement seront soumises à la juridiction du tribunal civil de première instance de la Seine.

SOCIÉTÉ DES CITÉS OUVRIÈRES DE MULHOUSE

Conditions d'admission à l'acquisition provisoire d'une maison, et ne devant être définitive que lorsque la vente pourra être réalisée par acte notarié :

1° Un premier versement de 250 francs payé comptant et des versements mensuels de 18 à 20 francs pour une maison au-dessus de 3 000 fr.

Et de 300 fr. et des versements de 25 fr. pour celles de 3 000 fr. et au-dessus.

2° En attendant la réalisation notariée après paiement du tiers au moins de la valeur de la maison, l'acquéreur conditionnel sera considéré comme locataire ; il sera crédité de ses versements et débité du prix de la maison, le tout sous l'intérêt réciproque de 5 % l'an, réglé au 30 juin. — Les contributions et l'assurance payées par la Société seront portées en compte à son débit.

3° Au cas de résiliation par la Société, par défaut d'exactitude dans les paiements mensuels, ledit acheteur conditionnel s'engage à quitter la maison sur simple avertissement et à la rendre en bon état de conservation, sous peine de dommages-intérêts ; son compte sera établi ainsi : son loyer calculé à 16 fr. par mois pour une maison au-dessous de 3 000 fr. et de 18 fr. pour une maison de 3 000 fr. et au-dessus, et le montant de ce loyer étant défalqué des paiements faits, l'excédent sera remboursé contre la remise des clefs, du livret et des quittances délivrées par la Société.

4° Les conditions principales des contrats de vente sont relatées ci-après savoir :

L'immeuble sera conservé en son état actuel ; les arbres tilleuls et ceux à fruits, ainsi que les clôtures, seront entretenus par le propriétaire, qui devra tenir le jardin en bon état de culture, sans bâtir dessus, le tout pour conserver aux Cités l'harmonie qui y règne et pour ne pas nuire au voisin.

La faculté de vendre ou de sous-louer, sans autorisation de la Société, est interdite pendant les dix années qui suivent la date du contrat notarié ;

L'acquéreur paiera les droits et frais dudit acte ;

Le paiement intégral du capital, intérêts et avances, s'effectuera dans les termes annuels indiqués au contrat, lesquels seront de 14 ans au plus depuis l'entrée en jouissance ;

La maison demeurera assurée au nom de la Société jusqu'à parfait paiement.

Le soussigné   acquéreur provisoire
depuis le   de la maison n°   , rue
              pour fr.
déclare acquiescer à tout ce qui précède et vouloir s'y conformer.

Ainsi fait double et signé,
A Mulhouse, le

L'acquéreur,

AVIS

Le Conseil d'administration de la Société Mulhousienne des Cités ouvrières a arrêté ce qui suit :

1° Tous les ans il sera ouvert un concours entre les familles ouvrières résidant aux Cités qui se seront distinguées par l'ordre, la propreté et en général la bonne tenue de leur habitation, comme aussi par la bonne culture du petit jardin qui en dépend.

2° Des primes en argent et des attestations honorables seront accordées au mieux méritants.

3° Ne seront point admises au concours les familles dont les enfants de 7 à 12 ans no fréquenteraient pas assidûment les écoles.

4° Il sera formé une Commission chargée de constater par des visites réitérées, et à époques déterminées, le mérite des familles qui voudront prendre part au concours.

Il est fait appel à chacun pour communiquer aux membres de cette Commission les renseignements propres à les guider dans leur mission.

5° L'examen de cette Commission, lors de ses visites, embrassera :

L'aspect intérieur et extérieur de l'habitation et du jardin ;

L'état du mobilier ;

L'ordre et l'économie dans le ménage ;

La tenue des enfants et l'effet de leur fréquentation des écoles ;

Le taux du gain des membres de la famille.

6° La Commission tiendra un registre dans lequel les notes recueillies seront consignées.

En conséquence de ce qui précède, toutes les familles habitant les constructions élevées par cette Société, qui voudront concourir à cette lutte pacifique et honorable de l'ordre et de la propreté contre le désordre et la mauvaise tenue, voudront bien se faire inscrire au bureau de l'administration.

7° Le registre des inscriptions restera ouvert jusqu'au 1er juin, et chaque année, le 1er octobre, le Conseil d'aministration des Cités ouvrières s'assemblera pour arrêter et accorder les primes ou mentions honorables dans l'ordre de mérite qui aura été constaté.

8° Il sera accordé pour la présente année 18 primes dont : 3 de 60 fr., 3 de 40 fr., 4 de 20 fr., et 10 mentions honorables.

Fait à Mulhouse, le 31 mars 1864.

MARCHE DE LA VENTE DES MAISONS.

30 juin	1854	49	
»	1855	67	18
»	1856	72	5
»	1857	124	52
»	1858	234	110
»	1859	294	60
»	1860	364	70
»	1861	463	99
»	1862	529	66
»	1863	548	19
»	1864	576	28
»	1865	606	30
»	1878	948	342

On a vendu en outre 8 maisons plus grandes et plus chères, spécialement bâties en vues des contre-maîtres ; aujourd'hui on construit tous les ans, quarante maisons ; elles sont vendues à peine achevées.

Contrat de vente.

Par-devant Mᵉ Heckel, notaire à Mulhouse,

Fut présent :

M.

Agissant au nom et comme l'un des administrateurs de la Société civile établie et ayant son siége à   , sous la dénomination de Société   des Cités ouvrières, — de laquelle les statuts ont été arrêtés par acte passé devant Mᵉ   , le **M.**   ayant en sadite qualité, aux termes des articles   et   desdits statuts, le droit et le pouvoir de consentir la vente qui fait l'objet des présentes.

Lequel comparant ès-qualité a par ces présentes vendu, cédé et abandonné en toute propriété, en obligeant ladite Société des Cités ouvrières qu'il représente, à la garantie de tous troubles, dettes, charges, évictions, privilèges, hypothèques, surenchères ou autres empêchements généralement quelconques.

A M.

Désignation. — Une maison d'habitation à un étage sur rez-de-chaussée, avec grenier, jardinet, droits, appartenances et dépendances, le tout situé sur le territoire de   , rue   d'une contenance superficiaire d'environ un are   ; tenant d'un côté à   , de l'autre côté à   , devant à   et derrière à

Ainsi que cet immeuble se trouve et comporte, avec tous les droits qui en dépendent, sans aucune exception ni réserve, et tel au surplus qu'il se trouve figuré sur un plan dressé par M.   , architecte à   , sur une feuille de papier au timbre de dimension de   , lequel plan, dûment enregistré, a été déposé pour minute à Mᵉ   ; suivant acte passé devant son collègue et lui le

Sur ce plan, ledit immeuble porte le nº   , et est distingué, quant aux bâtiments, par une teinte, et quant au jardin par une teinte.

Afin de déterminer d'une manière exacte les droits actifs et passifs qui forment accessoire de l'immeuble présentement vendu, M   ès-qualité, fait observer :

Que les murs ou pignons existant entre ladite maison et celles adjacentes ou contiguës, portant sur ledit plan les numéros   , sont ou devront rester mitoyens dans toute leur hauteur entre l'acquéreur et la

Société venderesse ou ses ayants cause, et conséquemment être entretenus par eux à frais communs ;

Qu'il en est de même des clôtures faisant séparation entre les jardins dépendant desdites maisons ;

Et enfin que les arbres qui devaient d'abord être placés sur le trottoir, en dehors de la palissade et qui l'ont été en dedans et le long de cette même palissade dans le jardin dépendant de l'immeuble vendu, sont et demeureront toujours la propriété, soit de la Société venderesse, soit de la ville de   , et devront être considérés comme plantés sur ledit trottoir même ; en conséquence, M.   , acquéreur, sera tenu, ainsi qu'il s'y oblige, de souffrir l'élagage et le remplacement de ces arbres toutes les fois que l'autorité municipale le jugera convenable.

ORIGINE DE LA PROPRIÉTÉ.

Jouissance. — Pourra, M   , acquéreur, jouir, profiter, faire et disposer de l'immeuble faisant l'objet de la présente vente, soit par lui-même, soit par la perception des loyers, comme bon lui semblera et comme de chose lui appartenant en toute propriété au moyen des présentes et à compter de ce jour.

CONDITIONS.

La présente vente a été faite sous les charges, clauses et conditions suivantes, que M. l'acquéreur s'oblige à exécuter ponctuellement :

1° De prendre l'immeuble vendu dans l'état où il se trouve actuellement, avec tous les droits qui en dépendent sans aucune exception ni réserve, sans pouvoir exercer aucun recours ni répétition contre la Société venderesse, en raison, quant aux bâtiments, des dégradations, grosses ou menues réparations apparentes ou occultes qui seraient à y faire, et, quant au sol, de la contenance exprimée ci-devant ; le bon ou le mauvais état desdits bâtiments, ainsi que la différence, excéderait-elle un vingtième, devant tourner au profit ou à la perte de l'acquéreur ;

2° D'acquitter à l'avenir et à compter de ce jour les contributions foncières, des portes et fenêtres, et toutes autres taxes généralement quelconques auxquelles ledit immeuble est ou pourra être imposé par la suite, ainsi que toutes primes ou cotisations auxquelles l'assurance contre l'incendie des bâtiments faisant partie de ce même immeuble donnera lieu ;

3° De souffrir toutes les servitudes passives, apparentes ou occultes, continues ou discontinues, dont ce même immeuble peut se trouver légitimement grevé, sauf à s'en défendre et à profiter en revanche de celles actives, s'il en existe, le tout à ses frais, risques, périls e fortune.

A l'égard des servitudes passives qui peuvent grever ledit immeuble, M. l'acquéreur sera tenu de souffrir les réparations et le curage des égouts souterrains conduisant à l'égout principal et pouvant passer sous l'immeuble vendu ;

4° De ne jamais donner aux murs, volets, boiseries et palissades dudit immeuble d'autres couleurs que celles qu'ils ont actuellement, et cela afin qu'il ne soit pas porté atteinte à la symétrie régnant en ce moment entre cette maison et celles contiguës et voisines.

A cet égard, les parties déclarent que lesdits murs sont peints en blanc, les volets et les palissades en vert et la boiserie en couleur chêne ;

5° D'entretenir constamment en bon état de réparations de toute nature et en parfait état de propreté l'immeuble vendu et, en ce qui le concerne, les clôtures en faisant partie ;

6° De ne pouvoir, sans autorisation de la Société venderesse, louer une partie de la maison vendue à une seconde famille, afin qu'il n'y ait jamais deux ménages dans la même maison ;

7° De ne pouvoir revendre ledit immeuble avant le délai de dix ans, à compter de ce jour, sans l'autorisation expresse de la Société venderesse ;

8° De ne jamais donner au jardin qui se trouve devant et à côté de ladite maison d'autre destination que celle de jardin, ni de construire aucun bâtiment dessus ;

9° Et enfin de payer tous les frais, droits et honoraires auxquels les présentes donneront ouverture.

PRIX.

La présente vente a lieu, en outre, moyennant le prix de
en diminution duquel M   , ès-qualité qu'il agit, reconnaît avoir reçu déjà avant la passation des présentes, en bonnes espèces d'argent au cours actuel de France, comptées, nombrées et réellement délivrées, hors la vue des notaires soussignés, la somme de
de l'acquéreur, auquel il donne pour autant bonne et valable quittance.

Sur le restant dudit prix, M   , ès-qualité, charge et délègue l'acquéreur de payer en l'acquit de la Société venderesse au Crédit foncier de France, compagnie anonyme, ayant son siège à Paris rue Taitbout, numéro cinquante-sept (n° 57), la somme de (1)
à l'effet de le remplir de pareille somme, à lui due hypothécairement sur l'immeuble présentement vendu.

(1) Environ le tiers ou la moitié du prix.

Ces   font partie du capital de
de l'obligation que la Société venderesse a souscrite au profit dudit Crédit   francs, montant
foncier de France par acte passé devant ledit Me

Aux termes de cette obligation, lesdits
intérêts qu'ils produisent depuis le   francs, avec les
pour cent par an, et l'allocation annuelle de quarante-neuf centimes par   , au taux de cinq
cent francs, à laquelle ledit Crédit foncier a droit pour frais d'administration,
ont été stipulés remboursables en trente annuités, à compter dudit jour (1).

Ces annuités, chacune de l'importance de   sont payables
savoir : moitié le   et moitié le   de chaque année,
à Paris, au siége de la Société dudit Crédit foncier, ou vingt jours avant
lesdites échéances, dans le cas où l'acquéreur préférerait se libérer
à   (nom de la succursale par l'intermédiaire de laquelle
l'emprunt a été réalisé), et pour la première fois au   .   pour
alors ainsi continuer de six mois en six mois, exactement sans aucune
retenue.

En conséquence, M.   , acquéreur, s'oblige, en
renonçant pour ses héritiers et ayants cause au bénéfice de division et de
discussion, à payer audit Crédit foncier de France lesdits
ensemble, tant les intérêts que ce capital produit depuis le
au taux déjà indiqué, que les quarante-neuf centimes par cent francs,
alloués pour frais de gestion, dans les trente annuités, chacune de
et aux soixante échéances ci-devant fixées, et de faire en
sorte qu'à l'égard de ces paiements la Société venderesse ne soit et ne
puisse jamais être recherchée ni inquiétée.

Par le paiement desdites trente annuités, en principal, intérêts et frais,
desquels il est fait toute délégation nécessaire au profit dudit Crédit foncier,
paiements qui pourront avoir lieu hors la présence des membres de la
Société venderesse, M   , acquéreur,
sera valablement libéré d'autant de son prix d'acquisition, et en vertu de la
main levée, avec renonciation au privilège et à l'action résolutoire qu'en
consentira ledit Crédit foncier de France, M. le conservateur des hypothèques au bureau de   sera tenu de radier jusqu'à due
concurrence l'inscription qui sera prise lors de la transcription des présentes.

Comme condition de cette indication de paiement, M.

---

(1) A raison de trente annuités, chacune d'elles s'élève à environ 7 p. 100, de
sorte que l'acquéreur, en payant chaque année 2 p. 100 de plus que l'intérêt
ordinaire, éteint le capital avec 60 p. 100, ou en d'autres termes paie 100 francs
avec 60 francs.

acquéreur, sera tenu, sous les peines de déchéance prévues, ainsi que d'ailleurs il s'y oblige, d'acquitter, en ce qui concerne les délégués, les intérêts qu'ils produisent et lesdits frais d'administration, toutes les charges, clauses et conditions renfermées dans l'obligation dudit jour   , du contenu de laquelle obligation il déclare au surplus avoir pleine et entière connaissance, pour en avoir entendu la lecture qui lui en a été faite par M   , l'un des notaires soussignés.

Quant aux   restants, formant le complément dudit prix de vente, M   promet et s'oblige à les payer à la Société venderesse en   termes annuels et égaux, dont le premier écherra d'aujourd'hui en un an, et les   autres à pareil jour de chacune des   années immédiatement suivantes, le tout avec l'intérêt au taux de cinq pour cent par an à compter d'aujourd'hui, payable exactement avec chaque terme ou d'année en année, selon qu'il y aura lieu.

Tous les paiements, tant en principal qu'en intérêts et accessoires, devront être effectués, savoir : quant audit Crédit foncier de France, soit à Paris, au siége de cette Société, soit à   , ainsi que cela a été dit ci-dessus, et quant à la Société venderesse, en son siége, à   , le tout au frais, risques et fortune de l'acquéreur, et aucun de ces paiements ne pourra avoir lieu qu'en bonnes espèces d'or ou d'argent au cours actuel de France et non autrement, sous peine de nullité et de payer deux fois.

RÉSERVE DE PRIVILÈGE

Jusqu'à parfait paiement dudit prix, en principal, intérêts et accessoires, l'immeuble présentement vendu demeurera, par privilège, expressément réservé, et spécialement hypothéqué, savoir: en premier rang, au profit du Crédit foncier de France, et en second rang, au profit de la Société venderesse.

Sous la réserve de ce privilège, l'acquéreur est mis et subrogé avec les garanties susexprimées dans tous les droits de propriété, possession et autres de la Société venderesse, et de tous précédents propriétaires sur l'immeuble vendu.

TRANSCRIPTION

Une expédition des présentes sera transcrite au bureau de la conservation des hypothèques, établi à
Si lors de cette transcription, ou dans la quinzaine qui la suivra, il y a ou survient contre la Société venderesse ou tous précédents propriétaires des inscriptions autres que celle prise au profit dudit Crédit foncier de

— 648 —

France, en vertu de l'obligation ci-dessus relatée, grevant l'immeuble vendu, ladite Société venderesse sera tenue, ainsi que M
l'y oblige, d'en apporter à l'acquéreur certificat de radiation dans les quinze jours de la notification que ce dernier lui en aura fait faire, et de l'indemniser de tous frais extraordinaires de transcription.

DÉCLARATION

M   déclare que l'immeuble présentement vendu étant un bien social, ne peut être grevé d'aucune hypothèque légale.

ASSURANCES CONTRE L'INCENDIE

Aux termes d'une police d'assurance, en date du
frappée au timbre d'abonnement et portant la mention suivante :
Enregistrée à   , la Société d'assurances contre l'incendie   , dont le siège est à
a assuré contre l'incendie au profit de la Société venderesse, tous les immeubles affectés et hypothéqués par cette dernière dans ladite obligation au profit du Crédit Foncier de France, et au nombre desquels immeubles se trouve celui présentement vendu.

Pour couvrir, en cas de sinistre, ledit Crédit Foncier de France et ladite Société venderesse des sommes dont ils sont créanciers, M
acquéreur, leur délègue et transporte à titre de garantie et dans l'ordre de leur rang hypothécaire, ce qui est accepté pour tous par M
les indemnités à payer par ladite Société ou par tout autre, avec laquelle un nouveau contrat d'assurance serait ultérieurement passé.

En conséquence, toutes les sommes dues pour cause de sinistres en capital et accessoires, devront être versées par la Société d'assurances débitrice, même hors la présence et sans le consentement de l'acquéreur, entre les mains dudit Crédit Foncier et de la Société venderesse, jusqu'à due concurrence de leurs créances, d'après le compte présenté par eux, sans que les contestations auxquelles ce compte donnerait lieu, puissent retarder ou invalider les versements faits par la Société venderesse, tous droits étant réservés au profit de l'acquéreur, mais seulement contre ledit Crédit Foncier et ladite Société venderesse pour la restitution de ce qu'ils auraient indûment touché.

Pendant une année à partir du règlement du sinistre, l'acquéreur aura le droit de se faire remettre les sommes versées par la Société d'assurances en justifiant qu'il a rétabli l'immeuble incendié dans son état primitif.

Jusqu'à reconstruction de l'immeuble, ou au plus tard jusqu'à l'expiration de ladite année, les sommes reçues seront conservées par lesdits

Crédit Foncier et Société venderesse et pourront être versées en leur nom, par la première de ces Sociétés, en compte courant au Trésor public, et par la Société venderesse à la Caisse des Dépôts et Consignations, et les intérêts servis seront bonifiés à l'acquéreur.

Ces sommes seront considérées comme détenues à titre de garantie seulement par ledit Crédit Foncier et la Société venderesse, qui demeureront conservés sans novation ni dérogation dans tous les droits résultant de leurs titres.

A l'expiration de l'année, si l'acquéreur n'a pas usé du droit qui lui est accordé, les sommes reçues seront définitivement acquises auxdits Crédit Foncier et Société venderesse, et imputées sur leurs créances respectives comme remboursement anticipé fait à cette époque.

Dans le cas où avant l'expiration de l'année l'acquéreur notifierait auxdits Crédit Foncier et Société venderesse son intention de ne pas reconstruire l'immeuble incendié, l'imputation se ferait à la date de la notification.

En cas de cessation du contrat d'assurance, l'acquéreur devra en contracter immédiatement un nouveau, à défaut de quoi les Crédit Foncier et Société venderesse demeurent autorisés à souscrire pour le compte de l'acquéreur, et huit jours après une simple mise en demeure, une nouvelle assurance avec telle compagnie qu'il leur plaira de choisir.

La délégation qui précède, s'étendra à toute indemnité due en vertu de ce nouveau contrat ; elle pourra même être constatée dans la police.

REMISE DE TITRES

L'acquéreur n'aura droit à la remise d'aucun titre de propriété, mais il est dès maintenant autorisé à se faire délivrer, à ses frais, extraits ou expéditions de tous ceux dont il pourra avoir besoin par la suite.

ELECTION DE DOMICILE

Pour l'exécution des présentes, il est fait élection de domicile par les parties savoir :

Pour la Société venderesse en son siège, à

Et pour l'acquéreur, en la maison présentement acquise ;

Et pour faire signifier le transport d'indemnité qui précède à qui besoin sera, tous pouvoirs sont conférés au porteur d'un extrait des présentes.

Fait et passé à

SOCIÉTÉ COOPÉRATIVE IMMOBILIÈRE DES OUVRIERS DE PARIS

Conditions de vente des maisons de la villa***, rue des Rigoles, 61 et 63, à Paris-Belleville.

ARTICLE PREMIER. — Conformément aux statuts de la Société, pour devenir acquéreur de l'une des maisons, il faut être actionnaire.

ART. 2. — Tout acquéreur d'une maison doit rester actionnaire jusqu'au paiement intégral du prix de l'acquisition.

ART. 3. — Chaque sociétaire ne peut être propriétaire de plus d'un corps de bâtiment.

ART. 4. — L'acquéreur prendra la maison dans l'état où elle se trouve, sans pouvoir exercer aucun recours contre la Société, soit pour le mode de construction, distribution, ou toute autre cause.

ART. 5. — Il ne pourra être établi dans les maisons aucune industrie insalubre ou susceptible d'enquête.

ART. 6. — L'acquéreur pourra vendre ou louer sa propriété et y apporter les modifications qu'il jugera convenables, en observant seulement la surface et la hauteur qui ne pourront être dépassées.

ART. 7. — L'acquéreur n'aura droit à aucune indemnité pour les désagréments que pourraient lui causer les constructions nouvelles que la Société se réserve d'ériger, tant sur le terrain actuellement sa propriété que sur celui qu'elle pourrait acquérir par la suite, à la charge par elle de laisser permanent un passage suffisant à la jouissance des maisons déjà habitées.

MODE DE PAIEMENT

ART. 8. — Il sera payé un tiers comptant, les deux autres tiers seront répartis par annuités de sommes égales pouvant s'étendre jusqu'à quinze.

Art. 9. — Le chiffre de l'annuité comprend l'amortissement, l'intérêt et les frais d'administration ; il est fixé d'après le tableau d'amortissement dressé par le conseil d'administration de la Société.

Art. 10. — L'annuité est payable par trimestre ; néanmoins l'acquéreur pourra effecter ses versements de mois en mois ; en cas de retard trimestriel, il sera dû *cinq pour cent* d'intérêt à la Société ; toute dérogation au présent mode de paiement ne devra être que le résultat d'une délibération spéciale du conseil d'administration.

Art. 11. — Le passage desservant la Villa restant la propriété de la Société, aucun acquéreur n'aura le droit d'en surcharger la servitude en livrant passage sur son lot à un propriétaire voisin ; il ne pourrait même pas réclamer ce droit de passage dans le cas où lui-même ferait l'acquisition de l'une ou de plusieurs propriétés voisines, ou en serait déjà propriétaire.

Art. 12. — La Société conservera l'administration de la Villa pendant tout le temps que dureront les constructions, tant sur le terrain actuellement sa propriété que sur celui qu'elle pourrait acquérir par la suite et jusqu'à ce qu'elle ait opéré le remboursement des sommes engagées par elle.

Art. 13. — Les frais de viabilité, entretien et éclairage du passage commun seront supportés proportionnellement par chaque acquéreur.

COMPAGNIE IMMOBILIÈRE DE LILLE

———

Acte de vente.

Par-devant M^{es}   notaires à Lille,
        Ont comparu
MM.

Administrateurs de la Compagnie immobilière de Lille, Société civile constituée par acte du 7 novembre 1867, reçu par Me DEFONTAINE et son collègue, notaires à Lille, enregistré le 8 du même mois, folio 34, verso, case 7 ;

Agissant au nom et pour le compte de ladite Société, de première part ;

Et M.

de seconde part.

Les soussignés de première part, en leur qualité , vendent, cèdent et transportent à M.   qui accepte, sous les conditions ordinaires de droit et sous les réserves ci-après :

Une maison sise à Lille, rue   N°
tenant de   à
de   à
au fond   à
ladite maison érigée sur environ   mètres carrés, pour
l'acquéreur en jouir de ce jour.

ÉTABLISSEMENT DE PROPRIÉTÉ

La propriété vendue appartient à la Compagnie immobilière de Lille, pour l'avoir fait construire de ses deniers sur un terrain acheté par elle aux hospices civils de Lille, suivant acte reçu par M° Leclercq, notaire à Lille, en date du 12 septembre 1868, enregistré, lequel acte porte quittance.

Cette vente est faite aux charges, clauses et conditions suivantes, que le comparant de seconde part déclare accepter.

Le prix principal de la vente, qui fait l'objet des présentes, est fixé à la somme de

A valoir sur ce prix, M   a, en signant les présentes, payé une somme de fr.

dont quittance.

Les fr.   restant dus seront payables de la manière suivante :

Dix francs à l'expiration de chaque quinzaine, ou vingt et un francs par mois.

La somme restant due sera productive, au profit de la Société venderesse, d'un intérêt annuel de cinq pour cent.

M.   comparant de seconde part, aura la faculté de se libérer par anticipation et par acomptes, lesdits acomptes ne pouvant être inférieurs à dix francs.

Les versements effectués par M.   comparant de seconde part, seront consignés sur un carnet qui lui a été remis au moment de la signature des présentes.

A l'expiration de chaque année, les intérêts dus par le soussigné de seconde part seront portés à son débit sur le carnet susmentionné, et la somme restant due par lui sera portée à son débit sur le carnet à compte nouveau.

Les frais d'enregistrement et autres auxquels donnera lieu la présente vente sont à la charge du comparant de seconde part.

M.   comparant de seconde part, s'oblige d'entretenir en bon état la maison vendue jusqu'à parfait paiement du prix.

La compagnie venderesse se réserve le droit de faire visiter la maison vendue par telle personne qu'elle jugera convenable, quatre fois dans le cours de chaque année.

M.   , comparant de seconde part, acquittera, à partir de ce jour, les contributions foncières et autres à charge de la maison vendue ; il sera tenu de faire assurer à ses frais la maison vendue contre les risques d'incendie, par une compagnie française d'assurances à prime fixe, et ce jusqu'à parfait paiement du prix ci-dessus fixé. L'indemnité due par la Compagnie en cas de sinistre sera déléguée à la Compagnie immobilière de Lille jusqu'à due concurrence, pour la couvrir de la somme lui restant due sur le prix de la vente.

M.   , comparant de seconde part,
s'interdit de louer en totalité ou par parties la maison dont la vente fait
l'objet des présentes, avant le paiement d'une somme de
fr., représentant les 4/10 du prix de vente.

M.   , comparant de seconde part,
sera tenu, ainsi que ses cessionnaires, de respecter l'architecture extérieure
de la maison et de maintenir les plantations dans leur état primitif. Il s'interdit et interdira auxdits cessionnaires d'ériger de nouvelles constructions
dans les parties laissées libres.

A aucune époque la maison ne pourra être vendue à une personne déjà
possesseur de trois maisons construites par la Société venderesse.

Il ne pourra être exercé dans la maison vendue aucun commerce, sans
l'autorisation du Conseil d'administration de la Compagnie immobilière de
Lille, et, dans aucun cas, aucun débit de boissons ou autres de cette nature,
aux termes de l'acte du 12 septembre 1868.

ÉTABLISSEMENT DE DOMICILE.

Pour l'exécution des présentes, il est élu domicile par les comparants de
première part, au siége de la Compagnie immobilière de Lille, et, par le
comparant de seconde part, en l'étude du notaire soussigné.

Dont acte à Lille,

Demande tendant à l'acquisition de la maison
  Rue   *N°*

Le soussigné   , né à
   , âgé de   , profession
de   , époux de
âgée de ans, père de   enfants,
propose à la Compagnie immobilière de Lille de lui acheter la maison,
rue   n°

Il s'engage à payer, lors de la signature du contrat, la somme
de fr., représentant le   du prix.

Il s'engage en outre à acquitter les frais d'enregistrement et autres
auxquels donnera lieu ladite vente.

Il déclare avoir pris connaissance de la formule d'acte de vente qui
lui a été remise par le régisseur de la Compagnie et en accepter les clauses
et conditions.

Lille, le

Carnel n°

M.   , acquéreur
de la maison, rue   , n°   , suivant contrat du

Le présent carnet a été délivré à M.   , acquéreur
de la maison sise à Lille, rue   , n°   , suivant
acte du

_____

Extrait dudit acte.

Les versements effectués par l'acquéreur seront consignés sur un carnet
qui lui a été remis au moment de la signature des présentes.

A l'expiration de chaque année, les intérêts dus par l'acquéreur seront
portés à son débit sur le carnet susmentionné et la somme due par lui
sera portée à son débit sur le carnet à compte nouveau.

_____

Extrait du registre des délibérations du Conseil d'administration de la Compagnie immobilière de Lille, séance du

Le Conseil décide que, dans le cas où l'acquéreur d'une des maisons
construites par la Compagnie, usant de la faculté de se libérer par anticipation, aurait versé des acomptes sur le prix d'acquisition indépendamment
des paiements auxquels il est tenu à l'expiration de chaque
ces acomptes seront imputés sur les paiements ultérieurs, de telle sorte que
la Compagnie ne pourra se prévaloir du défaut de paiement aux époques
fixées par le contrat de vente que si l'acquéreur se trouve en retard, déduction faite des paiements faits par anticipation.

Doit M			DATES.				AVOIR :	
Prix d'acquisition....Fr								
Acompte versé et dont le contrat porte quittance								
DATES.								
	Fr.							

Demande d'autorisation de modifier l'état des lieux.

Le soussigné   , propriétaire de la maison,
rue   , n°   , sollicite du Conseil d'administration de la Compagnie immobilière de Lille l'autorisation de modifier, ainsi
qu'il suit, l'état des lieux de la maison, rue de
n°   :

    1°

Le soussigné s'engage à faire exécuter ces travaux exclusivement sous la
direction et conformément aux plans de l'architecte de la Compagnie.

Il s'engage de plus à faire disparaître les constructions demandées et à
remettre le tout en l'état primitif à la première demande de la Compagnie.

Lille, le   187 .

*A Monsieur le Président du Conseil d'administration de la Compagnie
immobilière de Lille.*

LOCATAIRES

État des recettes effectuées pendant la semaine du   au

N°s	OCCUPANTS	ARRIÉRÉ	SOMME DUE	REÇU	OBSERVATIONS

ACQUÉREURS

État des recettes effectuées pendant la semaine du   au

N°s	ACQUÉREURS	ARRIÉRÉ	SOMME DUE	REÇU	OBSERVATIONS

SOCIÉTÉ DES CITÉS OUVRIÈRES DE BARMEN.

Contrat de vente.

Les soussignés

à Barmen, membres du bureau et représentants de la Société par actions résidant à Barmen sous la raison sociale : Société des cités ouvrières de Barmen,

D'une part ;

Et M. d'autre part, déclarent avoir conclu le contrat suivant :

§ 1. — Ladite Société vend à M. la maison n° située au prix de

§ 2. — L'acheteur endosse les charges et contributions à partir de la réalisation du contrat, soit le 1ᵉʳ novembre, soit le 1ᵉʳ mai suivant. De ce jour cessent les clauses de la location.

§ 3. — Sont payés à compte sur le prix ci-dessus
Le reste est à acquitter par termes mensuels.
Le premier acompte est à verser le
les suivants, le dernier samedi de chaque mois, après midi, au bureau de la Société, le dernier acompte devant être versé le
Les intérêts sont compris dans le chiffre de ces termes.

§ 4. — L'acheteur est toujours en droit d'anticiper pour tout ou partie sur les termes fixés.
La cession absolue de propriété est faite après versement complet du prix de la vente.

§ 5. — La Société venderesse est en droit de résilier la vente par congé donné six mois d'avance ou d'exiger le paiement immédiat du solde du prix de vente, dans chacun des cas suivants :

a. Quand le paiement des termes n'a pas été effectué 30 jours après l'époque stipulée ;

b. Quand les bâtiments ne sont pas tenus en bon état ;

c. Quand ils ne sont pas suffisamment garantis contre le risque d'incendie ;

d. Si le preneur a fait sans autorisation des additions ou modifications à l'immeuble, bâtiment ou terrain s'y rapportant ;

e. Si le preneur a, sans autorisation formelle, sous-loué ou cédé ses droits à un tiers ;

f. Si le preneur fait défaut par décès ;

Lorsque la venderesse résilie le contrat de vente, le règlement s'établit ainsi qu'il suit :

Le preneur garde à sa charge 6 p. % du prix de vente pendant la durée de l'engagement ; ses dépôts sont crédités de 5 p. % d'intérêt à partir du jour de son entrée en jouissance.

Le surplus est remboursé à l'acheteur.

La Société ne donne pas d'indemnité pour frais d'assurance contre l'incendie, réparations, ou contributions, auxquels la propriété peut avoir donné lieu pendant l'occupation.

§ 6. — Dans le but de soustraire à la spéculation et de ne pas détourner de leur but les habitations ouvrières construites par la Société, il est formellement stipulé qu'il ne peut y être fait de changements pendant une période de 10 années.

§ 7. — L'acheteur doit continuer la police d'assurance de sa maison à la Société d'assurance contre l'incendie   (nom).

Il consent à ce que le privilège de la venderesse auprès de la Compagnie d'assurance désignée soit maintenu et laisse à la venderesse le soin de réclamer, en cas de sinistre, l'indemnité correspondant à sa propriété.

§ 8. — L'acheteur s'engage à n'établir autour de la maison ou dans le jardin aucune construction en avant sur l'alignement des maisons, à n'utiliser que comme jardin l'espace réservé devant la maison, ne clore cet espace qu'en clôture à claire voie, haie vive ou sèche ou palissade, ou, en cas de construction d'un mur, à ne pas lui donner plus de 1 mètre de hauteur. Il s'engage à entretenir en bon état toute l'étendue de sa propriété, à supporter les frais d'entretien de la rue sur la partie en bordure de sa propriété jusqu'à ce que ladite rue soit déclarée voie publique et prise à la charge de la ville.

L'acheteur accepte comme une servitude au profit des propriétés riveraines, de ne rien faire qui puisse diminuer la lumière ou la vue de ces propriétés voisines.

Il ne peut être installé, pendant les 10 premières années, de débit ou cabaret, à moins d'autorisation spéciale de la Société venderesse, dans la maison vendue.

§ 9. — Les acquéreurs ou leurs successeurs ont droit de propriété à l'usage des fontaines ou pompes appartenant à la Société. Ils ont leur part des charges d'entretien et de réparation des susdites.

§ 10. — L'acheteur supporte les frais de la vente, il élit domicile pour l'exécution du contrat dans la maison achetée par lui.

Le présent contrat est fait en double, signé des deux parties, qui en gardent chacune un exemplaire.

Barmen, le

L'acheteur,

La Société des cités ouvrières de Barmen.

SOCIÉTÉ LIÉGEOISE DES MAISONS OUVRIÈRES

—

Contrat de vente des Maisons.

ARTICLE PREMIER. — Le prix de vente est fixé à la somme de sur quelle somme la Société reconnaît avoir reçu un acompte de

En règle générale, cet acompte devra être de 10 % du prix convenu, à moins que, dans des cas exceptionnels, le Conseil d'administration ne juge pouvoir en disposer momentanément.

Dans ces cas, les versements mensuels, dont il est parlé à l'article 2, devront être majorés de manière que le versement du dixième du prix et les intérêts soient atteints par cette majoration après un certain laps de temps.

ART. 2. — L'acquéreur s'oblige à verser mensuellement et anticipativement une somme de jusqu'à ce que le prix et les intérêts soient entièrement soldés.

Les paiements mensuels varieront suivant l'importance du prix de la maison et de l'acompte stipulé à l'article premier. — Ils seront calculés, en règle générale, de manière qu'avec l'acompte, le prix et les intérêts soient amortis en 15 ou 16 ans au plus tard.

Il sera néanmoins facultatif à l'acquéreur d'augmenter les versements mensuels pour devenir plus tôt propriétaire.

L'acquéreur devant payer l'intérêt à 5 % sur le prix de la maison, et la Société lui comptant le même intérêt sur toutes les sommes qu'il verse, l'acquéreur a tout avantage à apporter son argent disponible à la Société.

Dans le cas où l'acquéreur, profitant de cette faculté, se trouverait ainsi en avance sur les conditions générales de paiement reprises au présent article et à l'article premier, et viendrait à se trouver momentanément hors d'état d'effectuer les versements mensuels ultérieurs par des circonstances indépendantes de sa volonté et qui ne seraient pas le résultat d'inconduite, les sommes versées en avance lui seront comptées pour les versements mensuels ; il pourra de plus recevoir le remboursement partiel de ces sommes jusqu'à ce que les circonstances aient pris fin.

Toutefois le remboursement, en sus de la somme affectée aux paiements mensuels, ne sera opéré que jusqu'à concurrence de 0 fr. 60 par mois, la

Société devant conserver en tout cas une avance suffisante pour garantir pendant trois mois les paiements mensuels stipulés ci-dessus.

Mais il peut arriver qu'un acquéreur qui a usé de cette faculté se trouve momentanément dans l'impossibilité d'opérer les versements mensuels, et cela non par inconduite ou paresse, mais par des causes indépendantes de sa volonté : crise industrielle. maladie soit de lui-même, soit de sa femme ou de ses enfants.

Pendant la durée de ces circonstances pénibles, l'avance que l'acquéreur sera parvenu à se créer lui fera l'office d'une caisse d'épargne. — Tous les avantages sont donc réunis pour que l'acquéreur verse à la Société ses fonds disponibles :

1° Amortissement plus rapide du prix d'achat de la maison et, par suite, diminution proportionnelle du montant des intérêts;

2° Sécurité du placement de l'argent;

3° Assurance qu'en cas de crise ses fonds lui viendront en aide, sans qu'il ait besoin d'emprunter ou de prendre à crédit les objets nécessaires pour vivre.

ART. 3. — La Société ouvrira un compte à l'acquéreur.

Seront portés à son débit :

1° Le prix principal ; 2° l'intérêt annuel ; 3° la contribution foncière jusqu'au moment de la réalisation de la présente convention en la forme authentique, et 4° l'assurance faite au nom de la Société jusques à parfait paiement.

Les versements effectués et l'intérêt de ces versements seront portés à son crédit, de même que le remboursement de la contribution foncière et de l'assurance que l'acquéreur devra opérer après que la Société en a fait le règlement.

L'intérêt à 5 p. 100 (cinq pour cent) l'an sera réciproque ; le compte sera arrêté le 30 juin de chaque année.

Cet article fait connaître comment est établi le compte de l'acquéreur.

Pour que l'acquéreur puisse toujours se rendre compte de sa situation vis-à-vis de la Société, il lui est remis un registre qui renferme deux colonnes. — Dans l'une on inscrit ce qu'il doit, dans l'autre ce qu'il verse. — Un employé se rend au domicile des acquéreurs et donne reçu des versements en les inscrivant sur le registre ; l'acquéreur n'a donc pas besoin de venir au bureau de la Société pour faire ses versements.

ART. 4. — La passation de l'acte authentique de vente aura lieu aussitôt après que le prix stipulé ci-dessus et les intérêts auront été intégralement payés.

Jusque-là la vente est conditionnelle, et le second nommé acquéreur n'est considéré que comme locataire.

L'acte sera passé par un notaire à désigner par la Société, mais aux frais de l'acquéreur, qui aura également à payer les droits de transcription et d'enregistrement.

L'acte authentique n'étant passé qu'après parfait paiement, il en résulte que si le contrat venait à être résilié en suite soit de l'article 9, soit de l'article 10, il n'y aurait pas de perte du chef des frais d'acte et des droits d'enregistrement et de transcription.

La Société stipule que les actes seront passés par le notaire qu'elle désignera, parce qu'elle sera en mesure d'obtenir les conditions les plus favorables.

Les frais et les droits réunis ne dépassent pas 7 1/2 %.

En vertu de la loi du 13 août 1863, les droits sont payables, après la passation de l'acte, par dixième, d'année en année sans intérêt. C'est là une clause très avantageuse pour l'acquéreur.

Art. 5. — Toutes les réparations d'entretien ou autres sont à charge de l'acquéreur, qui s'oblige à entretenir en bon état les constructions, jardin, clôtures et dépendances ; à ne pas mettre sécher le linge ou d'autres objets sur les haies de clôture et à ne pas faire dans les jardins ou cours des dépôts insalubres ou incommodes pour le voisinage.

L'article 5 et l'article 6 se comprennent d'eux-mêmes.

Les réserves et interdictions qui y sont stipulées sont faites entièrement dans l'intérêt présent et futur des acquéreurs, qui sont assurés de ne pas voir leurs maisons dépréciées par le fait de leurs voisins.

Art. 6. — L'acquéreur ne pourra, même après le paiement de son prix, exercer dans l'immeuble une industrie rentrant dans la première classe des établissements dangereux, insalubres ou incommodes.

Art. 7. — Tant que le prix n'a pas été intégralement payé, l'acheteur second nommé ne peut tenir cabaret, céder ses droits, sous-louer en tout ou en partie, faire aucun changement aux constructions, jardin, clôtures et dépendances, sans l'autorisation écrite de la Société.

L'autorisation de tenir cabaret ou de sous-louer pourra toujours être retirée lorsque la Société le jugera bon.

Cet article prévoit quatre cas soumis à l'autorisation de la Société :

1° *L'acheteur ne peut tenir cabaret :* cette interdiction se comprend trop naturellement pour qu'il soit nécessaire d'en donner l'explication.

2° *Céder ses droits,* c'est-à-dire revendre sa maison.

Il est évident que la Société doit se réserver de juger si la personne par laquelle le premier acheteur veut se faire remplacer présente les mêmes conditions de moralité et de bonne conduite.

3° *Sous-louer en tout ou en partie :* le but de la Société n'est pas simplement de fournir des logements tels quels, mais des logements salubres.

Or, une maison, même dans les meilleures conditions de salubrité, devient malsaine si on y fait loger un nombre de personnes hors de proportion avec les dimensions de cette maison.

Le seul moyen efficace pour empêcher cet abus est que la Société se réserve le droit, tant qu'elle est propriétaire, d'autoriser les sous-locations.

On comprend que la Société ne refusera pas cette autorisation dans tous les cas où elle pourra être donnée sans devenir une cause d'insalubrité, car elle facilite beaucoup aux acquéreurs le paiement de leurs maisons.

Les maisons de la Société ont : les unes 38m,50 carrés, les autres 27 mètres carrés ; en thèse générale, les premières peuvent recevoir de dix à onze personnes, les autres sept, mais cela reste toujours subordonné à l'autorisation.

4° *Faire aucun changement aux constructions, etc.* — On comprend que la Société se réserve d'autoriser ou de refuser les changements, afin de voir au préalable si ces changements ne nuisent pas à la valeur ou à l'aspect des maisons.

Art. 8. — La Société se réserve le droit, aussi longtemps que le paiement intégral du prix n'a pas été effectué, de faire visiter par ses délégués l'immeuble vendu, pour s'assurer de l'accomplissement des conditions stipulées dans les articles qui précèdent.

Cet article n'a pas besoin d'explication ; on comprend qu'elle ne peut s'assurer sérieusement de l'exécution du contrat à l'égard des maisons qu'en se réservant le droit de les visiter.

Art. 9. — En cas d'inexécution des conditions, la Société a le droit d'exiger qu'elles soient exécutées. Si la Société le préfère, la convention sera résiliée de plein droit après une sommation d'un mois, sans autre formalité ni délai, spécialement en cas de non-paiement des sommes à payer chaque mois et de dégradation ou de mauvais entretien de l'immeuble.

La Société se réserve en outre tout spécialement le droit de résilier les contrats, comme il vient d'être dit, dans le cas d'inconduite notoire, soit des acquéreurs, soit de leur famille, comme dans le cas où ils occasionneraient des troubles et des disputes entre les voisins.

Le compte sera alors réglé comme suit :

Le prix du loyer sera calculé à raison de 7 % (sept pour cent) l'an du prix fixé ci-dessus.

Le montant sera déduit des versements effectués, et l'excédent de ceux-ci sera remboursé contre la remise de l'immeuble, sous déduction éventuelle de la moins-value résultant des dégradations qui y auraient été commises.

En stipulant qu'en cas de résiliation le taux du loyer sera calculé à raison de 7 % l'an du prix de la maison, et qu'il sera ajouté à ce loyer la moins-value qui résulterait de dégradations de l'immeuble, la Société est restée dans des limites excessivement modérées, car les loyers des maisons occupées par les ouvriers ne se font jamais au-dessous d'un taux de 11 à 12 %, et même 15 %, ce qui représente bien plus que la location à 7 %, augmentée de la somme qui pourrait être due pour les dégradations que la Société a intérêt à ne pas laisser aggraver dès qu'elles se produiront par le fait de l'acheteur.

Art. 10. — Si par suite de décès ou d'autres circonstances graves indépendantes de la volonté de l'acquéreur, celui-ci ne pouvait maintenir son contrat, la Société pourra convenir de sa résiliation à des conditions qui seront arrêtées d'un commun accord.

Il importe beaucoup que les personnes qui achètent des maisons se rendent bien compte de cet article, qui est tout en leur faveur et qui fait de la Société une véritable caisse d'épargne pour eux.

Plusieurs cas peuvent se présenter. Ainsi :

1° Un ouvrier meurt après quelques années, ayant bien exécuté ses obligations, laissant une femme et des enfants hors d'état de continuer le contrat ;

2° Ou la femme meurt et laisse son mari avec de petits enfants, aussi hors d'état de continuer ;

3° Ou encore le mari ou la femme impotents deviennent par maladie ou accident, et le contrat devient encore une charge trop lourde ;

4° Ou encore l'enfant devient orphelin. Dans ces divers cas, la Société sera prête à admettre la résiliation. Elle calculera comme si l'acquéreur n'avait été que locataire, et elle remettra à lui, à sa femme ou à ses enfants tout l'argent qu'il aura versé en plus que la location et les quelques réparations s'il y en avait à faire.

L'article ne fixe pas le taux auquel sera calculée la location, parce que la Société a voulu se réserver de pouvoir le fixer équitablement en tenant compte de la position de l'acquéreur ou de sa famille ; on comprend qu'elle ne pourra pas demander plus de 7 %, mais au contraire moins, puisque déjà dans le cas de l'article 9 elle n'exige que 7 %.

ART. 11. — La Société se réserve le droit d'organiser dans la maison qui fait l'objet des présentes la distribution de l'eau alimentaire de la ville, sous obligation pour l'acquéreur de rembourser la dépense d'organisation, qui ne pourra excéder 60 à 70 fr., et de payer à la ville la redevance pour l'usage de l'eau.

La dépense relativement petite qui résultera de l'exécution de cet article est bien plus que compensée pour l'acquéreur par l'avantage d'avoir de bonne eau alimentaire dans la maison.

Lorsqu'on doit aller prendre de l'eau à une pompe publique, quelquefois assez éloignée, la ménagère perd du temps et laisse ses enfants seuls au logis, ce qui amène souvent des accidents.

S'il fait chaud ou s'il fait froid, s'il pleut ou s'il neige, on y va alors le moins possible, au grand détriment de l'hygiène et de la propreté.

Observations générales. — Lorsqu'un acquéreur le désire, la Société peut lui construire un atelier, un hangar, ou un fournil, etc..., dont le prix est ajouté au prix de la maison.

Si un acquéreur le préfère, il peut faire lui-même la construction qu'il désire, en se mettant d'abord d'accord avec la Société sur le genre de construction.

Enfin, suivant les cas, la Société impose la servitude de non-bâtir entre la rue principale et la façade des maisons, pour conserver toujours un bel aspect aux maisons et ne pas restreindre la circulation de l'air, qui est une des grandes causes de salubrité.

TABLE DES MATIÈRES.

Description des maux causés par les habitations insalubres et malpropres. — Influence de l'habitation démontrée par la statistique. — Heureux résultats obtenus en Angleterre par l'amélioration des petits logements. — Revue de ce qui a été fait en France et dans les divers pays de l'Europe pour mettre à la disposition des travailleurs des habitations saines, commodes et économiques.

CHAPITRE II.

Études relatives à l'emplacement, au sol, au voisinage, à l'altitude, à l'exposition; au choix des matériaux, aux caves et planchers, aux plafonds et toitures, à la disposition intérieure, pour assurer le bien-être de la vie domestique. — Chauffage. — Fourniture d'eau. — Écoulement des eaux pluviales et ménagères. — Vidanges. — Enlèvement des détritus. — Dépendances et annexes.

CHAPITRE III.

Maisons à étages. — Maisons mixtes. — Maisons isolées. — Distribution des maisons pour un seul ménage. — Groupement des maisons. — Maisons pour ouvriers célibataires. — Maisons avec ateliers industriels.

CHAPITRE IV.

Considérations relatives aux dépenses à faire pour établir des habitations

Cahier des charges générales pour la construction de logements à bon marché sur des terrains communaux appartenant à la ville de Paris. — Marchés avec les entrepreneurs comprenant les devis descriptifs relatifs à la construction des maisons :

1° De la Société des Cités ouvrières de Mulhouse ;
2° De la Compagnie Immobilière de Lille ;
3° De la Société liégeoise des maisons ouvrières ;
4° Du Bureau de bienfaisance d'Anvers.

CHAPITRE XIV.

CHAPITRE XV.

CHAPITRE XVI.

L'ÉCONOMISTE PRATIQUE

Émile CACHEUX, ♦. U

Fondateur des Cités ouvrières des Lilas, du boulevard Morat, de l'impasse Delbesc,
de Fontenay-Rétzerques, etc.,
Lauréat de l'Exposition d'hygiène de Londres
et de l'Exposition universelle de 1871 (Médaille d'or).

Tome de 815 pages.

Première Partie. — Construction et organisation des crèches, Asiles maternels,
de la première et de la deuxième enfance. Écoles primaires. Écoles professionnelles.
Cours d'adultes.

Deuxième Partie. — Moyens de créer des sources de travail par le développement de l'agriculture, de l'industrie et du commerce.